KB119581

세계의 문화와 조직

정신의 소프트웨어

세계의 문화와 조직
정신의 소프트웨어

Geert Hofstede · Gert Jan Hofstede · Michael Minkov 공저

차재호 · 나은영 공역

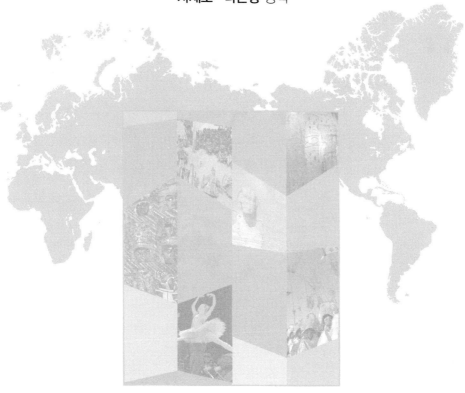

CULTURES AND ORGANIZATIONS

학지사

이 책은 2010년에 나온 헤르트 홉스테드(Geert Hofstede) 외 2인의 『문화와 조직 (Cultures and Organizations)』 제3판을 번역한 것이다. 2005년에 나왔던 제2판은 아들인 헤르트 얀 홉스테드(Gert Jan Hofstede)와 개정 작업을 하며 초판 53개국의 IBM 조사자료를 74개국으로 확대했다는 점을 제외하고는 초판과 큰 차이가 없었다. 그에 비해 이번 개정 판은 분량도 방대해졌고, 내용상 질적으로 달라진 부분이 많아 그 의미가 크다.

제3판에서 가장 크게 달라진 점은 1991년 초판에서 이야기한 문화의 5차원(개인주의-집단주의, 권력거리, 남성성-여성성, 불확실성 회피-수용 및 단기-장기 지향 차원)에, 세 번째 공저자인 미카엘 민코프(Michael Minkov)가 '자적-자제(indulgence-restraint)' 차원을 제8장으로 추가했다는 점이다. 한국은 이 차원에서 자적보다 '자제' 쪽에 훨씬 더 가깝다(93개국 중 25위). 자제적이지 않은 '자적' 쪽에 속한 국가의 특성은 생활을 즐기며 재미있게 지내고, 인간의 자연스러운 욕망 충족을 비교적 많이 허용한다. 반면에 자제적인 국가에서는 사람의 욕망과 개인의 행위를 사회적 규범으로 금지하는 부분이 많고, 여유로운 행동과 지출 등을 제한하는 경향이 있다. 국민의 행복감 수준은 자제적이지 않은 국가일수록 높게 나타난다.

두 번째로 크게 달라진 점은 제12장이다. 여기서는 진화론적 관점에서 문화를 분석하고 있다. 조금 더 짧게 요약해서 포함시켰더라면 하는 아쉬움이 있지만, 제2판까지와는 달리 문화의 국가 간 차이에 대한 횡적 분석에서 더 나아가 종적, 역사적 분석에까지 눈을 돌렸다는 점이 특기할 만하다. 문화가 발달하는 과정을 살펴보면 역사적으로 인류가 환경에 적응해 오면서 생존에 적합한 방향으로 진화해 왔다는 것이 핵심이다. 이 장은 특히 2011년 『사이언스(Science)』지에 무려 45명의 연구자가 힘을 모아 작성한 문화의 '빠듯함-느슨함(tightness-looseness)' 관련 논문과 유사한 관점을 가지고 있어 흥미롭다. 이 논문에서 한국은 '빠듯-느슨' 차원에서 33개국 중 빠듯한 국가 상위 5위에 해당한다. 앞서 말한 민코프의 자적-자제 차원과 유사해 보인다. 대개 인구밀도가 높고 천연자원이 부족하고 환경적 위협이 큰 사회에서 빠듯함이 높게 나타난다. 그 이유를 이 논문에서는 사람들이 환경 위협이 큰 사회에서 살아가며 마주치게 되는 생태학적 압력과 취약성에 적응해 가면서 빠듯한 성질을 발전시키게 되었다고 설명하는데, 이처럼 인류의 문화가 발달해 가는 과정에서 환경의 차이가 문화의 차이에 반영된다는 이 책의 주장과 일맥상 통한다.

초판이 주로 심리학자(저자 자신이 심리학자였음), 문화인류학자, 그리고 경영학자의 흥미를 돋우는 내용이었다면 3판은 기업가들, 특히 다국적 기업 종사자들이 관심 있어 할 내용을 많이 담고 있으며 사회학자, 행정학자, 정치학자도 흥미를 느낄 새로운 내용을 많이 담고 있다. 그만큼 3판은 다루는 분야의 범위가 넓어졌고 논의의 깊이도 깊어졌다.

개정판에 새로 첨가된 국가들의 자료가 저자들이 새로 수집한 것이 아니라 기존 문헌들에서 모아 종합한 것이기 때문에 약간의 아쉬움은 있지만, 현재까지 국가를 단위로 조사된 문화 차 연구들을 방대하게 종합했다는 점에서 이 책의 의미는 매우 크다. 덧붙인다면, 저자들도 제12장의 끝부분에서 언급했듯이, 미디어 기술의 발달로 인한 소통 증대가 문화를 수렴하는지에 관해서는 더 많은 연구가 필요하다. 마침 헤르트 얀 홉스테드가 새로운 미디어 네트워크에 관심이 많아, 후속 연구에서는 이런 점이 보완되리라 믿는다. 무엇보다 1980년 무렵 여러 국가의 IBM 직원을 대상으로 수집했던 데이터에만 의존할 것이 아니라, 국가를 단위로 한 데이터 자체를 한 시점에서 동시에 새로 모아서 비교해 보아야 할 때가 아닌가 생각된다. 끝으로 개정판 번역과 교정에 큰 도움을 준 서강대학교 박사과정 차유리 양에게 깊은 감사의 뜻을 전한다.

2014년
역자

1990년 초 첫 번역자는 중국을 방문할 일이 있었는데, 중국과학원 심리학연구소의 徐聯 倉 교수 집에 들렀었다. 이때 박사과정 학생을 소개받았는데 그는 Cheng Long이란 학생 으로, 이 책을 중국어로 번역하고 있었다. 그는 내게 한국어판 번역자를 구하고 있는데 할 생각이 있느냐고 물었다. 홉스테드의 연구는 잘 알고 있었던 터라 하겠다고 답했고, 얼마 후인 1991년 10월 말에 홉스테드에게서 직접 의뢰 편지가 왔다. 이렇게 해서 이 책 을 번역하게 된 것이다. Cheng Long 씨는 홉스테드의 학생이기도 하다. 1991년 말 당시 에 이미 이 책은 중국어, 네덜란드어, 독일어, 덴마크어, 일본어, 스웨덴어로 번역이 됐거 나 진행되고 있었다. 이번에 한국어로 이 책이 나오게 된 것을 기쁘게 생각한다.

홉스테드의 한국어판은 이번이 처음은 아니다. 이 책에 앞서 연구보고서 성격을 띤 『문 화의 결과』가 1990년에 한국생산성본부의 김주수(金朱洙) 씨 번역으로 『경영 문화의 국 제비교(Culture's consequences: International differences in work-related values. Beverly Hills, CA: Sage)』란 제목으로 출판되었다. 우리가 번역한 책은 그 후 1991년에 나온 것으 로, 원제는 『문화와 조직: 정신의 소프트웨어(Cultures and organizations: Software of the mind. London: McGraw Hills)』다.

이 책은 원저자의 말처럼 일반인도 쉽게 읽을 수 있도록 집필되었으며, 마침 우리 정부 가 세계화를 국정 목표로 내세우고 있는 현 시점에서 좋은 읽을거리가 되리라 생각한다.

끝으로 이 책의 출판을 흔쾌히 수락해 주신 학지사의 김진환 사장님께 감사를 드린다. 그리고 이 책에 관심을 갖고 서평을 소개해 준 전남대학교의 한규석 교수와 원고 입력을 도와준 서울대학교 사회심리연구실의 최영주 군에게 사의를 표한다.

1995년 8월 25일 관악캠퍼스에서
車載浩
羅恩暎

9

머리말

1960년대 후반에 헤르트(Geert)는 우연히 문화 차이에 관심을 갖게 되었으며, 이를 위해 문화 차 연구를 위한 자료를 많이 수집하게 되었다. 이 연구는 1980년에 『문화의 결과 (Culture's Consequences)』라는 책으로 출판되었는데 이 책은 학자들을 대상으로 한 것이었다. 이렇게 할 수밖에 없었던 이유는 이 책이 심리학, 조직사회학, 경영이론 분야의 기존 이론의 보편적 타당성에 의문을 제기하였기 때문이다. 그래서 헤르트는 결론을 뒷받침하기 위해 이론적 추론, 기본 자료, 그리고 통계적 과정 모두를 보여 주어야만 했었다. 1984년에 나온 반양장본(paperback)은 기본 자료와 통계 부분을 삭제한 것을 제외하고는 1980년 양장본의 내용과 같다.

『문화의 결과』는 국가 간 문화 차와 조직 간 문화 차에 대한 관심이 급격히 증가하고 있던 시기에 나왔는데, 그 당시에는 이 주제에 대한 경험적 자료가 턱없이 부족한 상태였다. 앞서 나온 책은 국가 차에 관한 정보를 분명히 담기는 했으나, 한꺼번에 너무 많은 양의 정보를 쏟아 놓은 감이 없지 않았다. 그래서 많은 독자는 책에서 말하고자 하는 내용을 제대로 파악하지 못하는 경향이 있었다. 예를 들어, 헤르트가 IBM〔또는 '헤르메스(Hermes)'〕 경영자들의 가치를 연구했다고 주장하며 이 책을 인용한 사람들의 수가 헤아릴 수 없을 정도로 많았는데, 실은 헤르트가 사용했던 자료는 IBM 경영자들이 아니라 직원들에게서 얻은 자료였다. 이 책을 읽어 보면 알 수 있듯이 둘 간에는 커다란 차이가 있다.

여러 부류의 사람을 대상으로 강연을 하고 다수의 독자에게 도움을 받아 검증을 받은 후인 1991년, 헤르트는 보다 전문적인 성격의 책인 『세계의 문화와 조직: 정신의 소프트웨어 (Cultures and Organizations: Software of the Mind)』를 새로 출간했다. 물론, 문화 차이라는 주제는 사회과학자들이나 국제경영과정 학생들만이 관심을 갖는 주제도 아니고, 또 이런 사람들이 일차적으로 관심을 갖는 주제도 아니다. 자신의 좁은 영역 밖에 있는 사람들을 만나는 사람이면 누구나 문화 차이에 관심을 갖는다. 오늘날과 같은 국제화 시대에는 사실 모든 사람이 문화 차이에 관심을 갖고 있다고 해도 과언이 아니다. 이 책은 문화 차이에 관심 있는 독자라면 누구나 쉽게 읽어 내려갈 수 있도록 썼다. 여기서는 사회과학적 전문용어를 가능한 한 쓰지 않았고, 꼭 써야 할 필요가 있는 경우에는 설명을 덧붙였으며, 이 목적을 위해 용어 해설란을 첨가하였다. 개정본의 문고판이 1994년과 1997년에 발행된 바 있다.

그동안 세계는 정치, 비즈니스 및 사고방식에서 급속한 변화를 겪었다. 헤르트는 1980년 이후에 다른 연구자들의 반복 연구에 대한 논의를 추가한 『문화의 결과』 개정판을 2001년에 발표했다. 연구나 학술적 조사가 목적인 사람들은 이 책을 참고하기 바란다.

2005년에 헤르트는 『세계의 문화와 조직: 정신의 소프트웨어』의 개정판을 펴냈는데, 이 때 헤르트 얀 홉스테드(Gert Jan Hofstede)가 공동 저자로 참여했다. 생물학을 전공하고 와게닝겐 농업대학(Wageningen Agricultural University)에서 정보 시스템을 강의한 헤르트 얀은 자신의 강의와 연구에 아버지 헤르트의 연구를 차용하기 시작했다. 2002년에 그는 헤르트와 폴 B. 페데르슨(Paul B. Pederesen)이 저술에 참여한 『문화 탐험: 경험, 이야기, 종합적 문화(*Exploring Culture: Exercises, Stories and Synthetic Cultures*)』라는 자신의 저서를 이미 출간한 바 있다. 헤르트 얀은 전 세계적 네트워크에서 문화의 역할에 관한 견문, 시뮬레이션 게임을 통한 강의의 실제 경험, 문화의 생물학적 유래에 대한 식견을 제공하였다.

헤르트는 처음 문화 간 연구를 시행한 이후부터, 원래의 IBM 직원 자료 세트를 보충하고 증명하기 위해 대안적 자료들을 계속 검토해 왔다. 지난 30년 동안, 자기 채점 방식으로 수집된 가치관 관련 자료 분량은 막대하게 늘어났다. 이에 따라 헤르트는 자신의 연구를 다시 해야 한다면, 이 새로운 데이터베이스를 활용했을 것이라고 말하곤 했었다. 약 10년 전에, 헤르트는 불가리아에서 유효 데이터베이스를 조사하고 통합 결과의 구조를 탐색하는 일을 하는 연구자와 이메일로 연락을 맺게 되었다. 그 연구자의 이름은 미카엘 민코프(Michael Minkov)였는데, 미소(Misho)라고 부르기도 했다. 2007년에 미소는 『무엇이 우리를 다르게 하고 비슷하게 만드나: 세계 가치 조사 및 기타 비교 문화 자료에 관한 새로운 해석(*What Makes Us Different and Similar: A New Interpretation of the World Values Survey and Other Cross-Cultural Data*)』이라는 책을 출판했다. 이 저서에는 우리가 아쉬워하던 통찰력이 새롭게 포함되어 있었다. 게다가 동부 유럽인이었던 미소는 헤르트의 원(原)자료에서 빠진 국가 집단 및 유럽 대륙의 미래에 중대한 문제에 관하여 본토인으로서의 지식을 가져다주었다.

그래서 2010년에 발행된 『세계의 문화와 조직: 정신의 소프트웨어』 세 번째 개정판에는 미소가 세 번째 공저자로 헤르트 및 헤르트 얀과 합류하게 되었다. 헤르트 얀은 제1장 상당 부분을, 그리고 제12장 전부를 썼고, 미소는 제2장, 제4장에 도움을 주었고, 제7장과 제8장을 혼자 썼다. 저자들은 서로의 작업을 검토하고 의견을 교환하였다. 최종 원고는 헤르트가 감수하였다.

몇 년 전 세계 여행 중에, 헤르트는 세 가지 세계지도를 구입했다. 세 가지 모두 평면에 지구의 표면이 그려진 형태였다. 첫 번째 지도는 유럽과 아프리카가 중간에 있고 미국이 서쪽에 있으며 아시아가 동쪽에 있었다. 서양(West)과 동양(East)이라는 용어는 유럽 중심적 세계관에서 나온 것이다. 하와이에서 구입한 두 번째 지도는 태평양이 중간에 있었고, 아시아와 아프리카는 왼쪽, (유럽은 훨씬 상단의 왼쪽에 작게 위치했으며) 미국은 오른쪽에 있었다. 하와이에서는 동양이 서쪽에 있고 서양이 동쪽에 있다. 뉴질랜드에서 구입한 세 번째 지도는 두 번째 지도와 유사했지만 위와 아래가 달랐다. 남쪽이 위에 있고 북쪽이 밑에 있었다. 그러니 유럽은 훨씬 하단의 오른쪽에 위치하였다. 어떤 지도가 제대로 된 것일까? 당연히 세 가지 모두다. 지구는 둥글기 때문에 표면의 어떤 지점이라도 축이 될 수 있다. 세상 사람들 모두가 자신의 국가가 세상의 중심이라고 여겨왔다. 중국인은 중국을 '중화왕국(Middle Kingdom: 中華王國)'이라고 선언하고, 고대 스칸디나비아 사람들은 자신의 국가를 이와 유사한 명칭(중앙의 국가: Midgaard)으로 칭했다. 오늘날에도 어느 국가든 국민, 정치인, 학자 대부분은 자신의 국가가 중심에 있다고 여길 테고, 그에 상응하게 행동할 것이다.

책을 읽다 보면 이런 느낌은 매우 강한지라, 저자의 구체적인 국적이 책에 적혀 있지 않더라도 그의 국적을 판별할 수 있다. 우리 작업에서도 당연히 마찬가지였다. 우리가 영어로 저술하기는 했지만, 헤르트와 헤르트 얀이 네덜란드인이니 우리 정신에 있는 네덜란드식 소프트웨어가 주의 깊은 독자에게는 티가 날 것이다. 미소의 동부 유럽식 사고방식도 탐지될 수밖에 없다. 저자들과 같은 국적이 아닌 사람에게는 그 자체로 비교 문화적 경험이 될 테고, 크게는 문화 충격으로 다가올 수도 있을 것이다. 그래도 괜찮다. 문화 충격을 경험하지 않고 문화를 연구하는 것은 물 없이 수영 연습을 하는 것과 다름없으니 말이다. 유명한 프랑스 만화인 『아스테릭스(*Asterix*)』에서는 최고령자인 마을 사람이 방문 중인 외국인에 대한 반감을 다음과 같이 표현한다.

"나는 외국인들에게 아무런 반감도 없다. 나랑 제일 친한 친구들 중 몇몇이 외국인인 걸. 그렇지만 이 외국인들은 이곳 출신이 아니잖아!"

비교 문화 교육을 위한 시장은 날로 호황을 누리고 있지만, 문화적 갈등은 다루지 않고 문화적 시너지와 같은 밝은 면만 보여 주는 강의와 책들이 적지 않다. 그런 내용이 사업 경영에 관심 있는 사람들이 원하는 것이라고 하더라도, 이는 잘못된 것이다. 문화적 충격이 없는 문화 연구는 자신과 같은 곳에 사는 외국인 얘기를 듣는 것과 다름없기 때문이다.

1991년에 헤르트는 자신의 첫 번째 손자이자 미래의 주역들에게 첫 번째 개정판을 바쳤다. 두 번째 개정판에서는 헤르트 얀의 장녀 리즈벳(Liesbeth)이 서지를 정리하고 타이핑해 주면서 문서 작업을 도와주었다. 이번에는 리즈벳의 여동생인 캐티 홉스테드(Katy Hofstede)가 표와 그림을 준비하는 데에 긴요한 도움을 주었다.

학계 인물로는 문화가 결정적인 역할을 수행하는 마케팅, 광고, 소비자 행동의 세계의 길 안내를 해 준 무이즈(Marieke de Mooij)에게 특히 감사드린다. 이 책의 여러 곳에서 그녀의 연구가 언급된다. 완전히 새로운 모험인 제12장을 씀에 헤르트 얀은 윌슨(David Sloan Wilson)에게서 많은 영감을 얻었고, 교정원인 아넨(Duur Aanen), 브레펠드(Josephie Brefeld), 오스캄(Arie Oskam), 소콤(Inge van Stokkom), 비써(Arjan de Visser), 그리고 위어신가(Wiersinga)도 많은 조언을 해주었다.

첫 번째 개정판은 17가지 언어(영어 원문을 불가리아어, 중국어, 체코어, 덴마크어, 네덜란드어, 핀란드어, 프랑스어, 독일어, 일본어, 한국어, 노르웨이어, 폴란드어, 포르투갈어, 루마니아어, 스페인어, 스웨덴어로 번역)로 출판되었다. 두 번째 개정판은 그동안 중국어, 체코어, 덴마크어, 네덜란드어, 독일어, 헝가리어, 폴란드어, 스웨덴어로 발행되었다. 새 개정판도 다시 많은 언어로 배포되기를 바란다.

제4장 │ 개인주의 문화와 집단주의 문화 ▪ 115

제5장 │ 남성적 문화와 여성적 문화 ▪ 163

제6장 | 불확실성 회피 문화와 수용 문화 • 217

제3부   조직문화

제4부 결론

제1부

문화의 개념
THE CONCEPT OF CULTURE

제1장

사회적 게임의 규칙
THE RULES OF THE SOCIAL GAME

11번째 배심원: (일어나면서) 죄송합니다만, 그 문제를 논의할 때…….

10번째 배심원: (말을 가로막으며 흉내투로) 죄송합니다만, 대체 무엇 때문에 그처럼 점잔
을 떤단 말이오?

11번째 배심원: (10번째 배심원을 똑바로 쳐다보며) 당신이 공손치 못한 것과 같은 이유 때
문이오. 난 그렇게 자랐어요.

— 로오즈(Reginald Rose)의 「화난 열두 사람」 중에서

『화난 열두 사람(*Twelve Angry Men*)』은 1955년 미국의 연극 각본으로, 헨리 폰다가 주연으로 등장한 영화가 나오면서 유명해진 작품이다. 앞의 장면은 뉴욕 법정의 배심원실이다. 처음 만난 12명의 배심원이 살인죄로 기소된 빈민굴 출신 소년의 죄의 유무를 만장일치로 결정해야 하는 상황이다. 여기 인용된 부분은 연극의 마지막이기도 한 제2막의 일부로 감정이 폭발 직전으로 고조되는 시점이다. 자동차 정비소 주인인 10번째 배심원과 오스트리아계로 보이는 유럽 태생의 시계 수리공인 11번째 배심원 간의 의견 충돌 장면이다. 10번째 배심원은 11번째 배심원의 지나치게 점잖게 구는 태도가 영 못마땅하다. 그러나 시계수리공은 그렇게밖에 행동할 수가 없었다. 미국으로 이민 온 지 여러 해가 되었지만 그는 여전히 어릴 때부터 해오던 식으로 행동한다. 그는 자신 안에 지울 수 없는 행동 형태를 내장하고 있었던 것이다.

◐ 다른 정신세계 그러나 같은 문제

이 세상에는 생각과 느낌과 행동이 서로 다른 사람, 집단, 국가가 끝없이 대결을 벌이고 있다. 또한 이들은 『화난 열두 사람』에 등장하는 12인처럼 해결을 위해서는 서로 협력해야 할 공동의 문제를 안고 있다. 생태, 경제, 군사, 위생, 기상 등의 문제는 모두 국경이나 지역 경계선을 넘어서는 문제들이다. 핵전쟁, 산성비, 해양 오염, 동물 멸종의 위기, 그리고 후천성 면역결핍증(AIDS)이나 전 세계적인 불황 같은 문제는 여러 국가 지도자들이 협력해야만 해결할 수 있다. 이 지도자들은 그들의 결정을 실천에 옮기기 위해서는 광범위한 지지집단의 지원을 필요로 한다.

지도자들이나 그들의 지지자들이 어떻게 서로 달리 생각하고, 느끼고, 행동하는가를 이해해야만 세계 차원의 문제의 실효성 있는 해결을 기대할 수 있다. 이제까지 경제, 과학기술, 의학 또는 생물학 등 분야에서의 협력은 단순히 기술적 차원의 문제로 간주하는 경향이 있었다. 많은 해결책이 실효를 거두지 못하거나 실천에 옮겨지지 못하는 이유 중 하나는 동참자 간의 사고방식의 차이를 고려하지 않기 때문이다. 사고방식의 차이를 이해하는 것은 기술적인 문제를 이해하는 것 못지않게 필수적이다.

이 책의 목적은 세계 사람들이 사고, 감정 그리고 행동에서 보이는 차이에 대응하는 것을 돕기 위한 것이다. 이 책은 세계 각국의 사람들 마음에는 커다란 차이가 있지만 이 차이 속에 존재하는 구조를 알면 서로 이해할 수 있음을 보여 준다.

◐ 문화는 정신 프로그램이다

누구나 평생 동안 배워 온 일정한 형태의 생각이나 느낌, 잠재적 행동을 자기 안에 내장하고 있다. 이런 형태의 대부분은 어릴 때 습득된 것으로, 이때가 무엇이든 가장 쉽게 배우고 잘 동화시키는 시기이기도 하다. 한 사람의 의식 속에 일정한 형태의 생각, 느낌, 행동이 일단 정립되고 나면 이와 다른 형태를 배우기 위해서는 이미 배운 것을 지워야 하는데, 있던 것을 지우는 일은 무엇을 새로 배우는 것보다 더 어렵다.

컴퓨터에 프로그램을 입력하는 것에 비유하여 이 책에서는 어떤 형태의 생각·감정·행동을 **정신 프로그램**(mental program) 또는 이 책의 부제이기도 한, **정신의 소프트웨어**(software of the mind)라고 부르기로 한다. 그렇다고 사람이 컴퓨터와 똑같은 방식으로 프로그램된다는 뜻은 물론 아니다. 사람의 행동이 전적으로 정신 프로그램에 의해 결정되는 것은 아니다. 사람은 그 프로그램을 벗어나 행동할 수 있는 기본적인 능력을 지니는데, 새롭게, 독창적으로, 파괴적으로 또는 엉뚱하게 반응할 수도 있다. 이 책에서 말하는 정신의 소프트웨어란 단지 한 개인의 과거를 알면 어떤 반응이 예측될 수 있고 또 납득될 수 있음을 가리킬 뿐이다.

한 사람의 정신 프로그램은 그가 자라고 생활 경험을 축적한 사회 환경 속에 뿌리를 두고 있다. 그 프로그램 주입은 가족 안에서 시작되고, 이어 이웃·학교·서클·직장·지역사회에서도 일어난다. 서두의 인용문에서 본 유럽 출신 시계수리공은 오늘날에도 공손한 행동을 중시하는 국가와 사회계층에서 자라났다. 그런 환경에서 성장한 사람이라면 그 누구라도 그와 같은 방식으로 행동했을 것이다. 한편 빈민굴에서 태어나 자수성가한 미국인 자동차 정비소 주인은 그와는 아주 다른 정신 프로그램을 갖추게 될 것이다. 정신 프로그램을 습득한 사회적 환경이 다르면 정신 프로그램도 달라지기 마련이다.

그러한 정신의 소프트웨어를 흔히 **문화**(culture)라고 부른다. 이 낱말은 몇 가지 의미를 지니는데, 이런 뜻들은 '땅을 경작한다'는 뜻을 가진 라틴어에서 유래한 것이다. 대부분의 구미권 언어에서는 '문화'란 대개 '문명(civilization)' 또는 '정신의 세련화'를 뜻하며, 특히 이러한 세련화의 결과로 생기는 교육, 예술, 문학 등 협의의 문화를 의미한다. 반면 정신의 소프트웨어로서의 문화는 사회학자들, 특히 인류학자들이 쓰는 광의의 문화 개념과 같다.[1] 이 책에서는 문화를 후자의 뜻으로 쓴다.

사회(또는 문화)인류학은 인간의 사회, 특히 전통적 또는 '원시적' 사회를 연구하는 과학이다. 사회인류학에서 **문화**란 앞에서 언급한 것과 같은 온갖 형태의 생각, 느낌, 행동을 포괄하는 단어다. 정신을 세련화하는 활동뿐만 아니라 일상생활의 평범하고 사소한 일들(예: 인사, 식사, 느낌의 표출 또는 억제, 다른 사람과의 일정한 물리적 거리 유지, 성교 또는 건강의 유지 등)이 모두 포함된다.

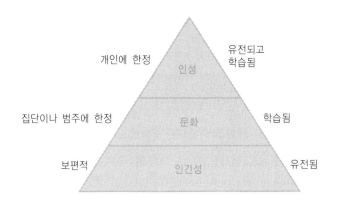

개인에 한정   인성   유전되고
학습됨

집단이나 범주에 한정   문화   학습됨

보편적   인간성   유전됨

| 그림 1-1 | 인간의 정신 프로그램에서 독특성의 세 수준

문화는 언제나 집단적인 현상일 수밖에 없는데, 그 이유는 적어도 부분적으로 같은 사회환경 속에서 살고 있거나 산 적이 있는 사람들과 공유하는 것이기 때문이다. 문화란 그곳에서 학습이 된 것이며, 한 집단 또는 한 범주를 구성하는 사람들을 다른 집단 또는 범주의 성원들과 구별케 하는 집단적 정신 프로그램이다.[2]

문화는 학습되는 것이지 유전되는 것이 아니며, 개인의 사회적 환경에서 나오는 것이지 유전 인자에서 나오는 것이 아니다.[3] 인간성과 문화 사이, 그리고 성격과 문화 사이의 경계선이 정확히 어디냐에 대해 사회과학자들 사이에서도 이론이 분분하지만, 문화는 한편으로는 인간성과 구별되어야 하고, 또 다른 한편으로는 개인의 성격과도 구별되어야 한다([그림 1-1] 참조).

인간성은 모든 인간, 즉 러시아 교수에서 호주 원주민에 이르기까지 모든 인간이 공유하는 것으로서, 개인의 정신 소프트웨어 중 보편적 수준을 나타낸다. 이 인간성은 유전 인자를 통해 유전된다. 컴퓨터에 비유한다면 이것은 사람의 신체 및 기본 심리 기능을 결정하는 '운영체계'다. 인간이 두려움, 노여움, 사랑, 기쁨 또는 슬픔을 느낄 수 있는 능력, 그리고 다른 사람들과 어울리려는 욕구, 놀이를 하고 운동하려는 욕구, 주변 환경을 관찰하고 본 것에 대해 다른 사람들과 이야기할 수 있는 재능 등 모든 것이 이 수준의 정신 프로그램에 속한다. 그러나 인간이 이런 느낌들을 어떻게 처리하는가, 즉 공포, 기쁨, 관찰 등을 어떻게 표현하는가 하는 것은 문화에 따라 수정된다. 인간성은 말처럼 그렇게 '인간적인' 것만은 아니다. 왜냐하면, 인간성의 어떤 면은 동물과 공유하는 것이기 때문

이다.[4]

한편, 개인의 **성격**은 다른 사람과 공유하지 않는 그 사람 특유의 정신 프로그램들의 모음이다. 성격을 구성하는 특성들은 얼마간은 개인 특유의 유전자와 함께 유전된 것이고 나머지는 학습된 것이다. 학습된다는 의미는 집단적 프로그램(collective programming, 즉 문화)의 영향 못지않게 개인이 겪은 독특한 경험의 영향에 의해서도 수정이 된다는 뜻이다.

지금까지 흔히 문화에 의해 생긴 특성은 유전되는 것으로 여겨 왔는데, 그 이유는 과거에는 철학자들이나 다른 학자들이 문화권들 간의 차이가 놀라울 정도로 지속적이라는 사실을 달리 설명할 수 없었기 때문이다. 과거의 학자들은 사람이 선조에게 배우고 자기가 배운 것을 후세에 가르침으로써 오는 효과를 과소평가하였다. 인종에 관한 사이비 이론들에서는 유전의 역할이 더 과장되었는데, 제2차 세계대전 때 나치에 의한 유대인 대학살도 이런 사이비 이론이 일조했다. 인종 간 또는 민족 간의 분쟁은 종종 한 문화의 우월성이나 열등성에 관한 근거 없는 주장으로 정당화된다.

1960년대 말에 미국에서는 특정 민족 집단(특히 흑인)의 지능이 여타 집단(특히 백인)의 것보다 유전적으로 열등한지에 관한 과학적 논의가 꾸준히 이어져 왔다.[5] 이러한 유전적 차이에 관한 논쟁 결과, 오히려 미국 거주 아시아인의 평균 지능이 백인의 것보다 더 높다는 것이 드러났다. 하지만 문화의 영향을 받지 않는 검사를 만들기란 아예 불가능하지는 않더라도 극도로 어려운 것이다. 이러한 검사에서는 선천적인 능력만을 반영하고 사회적 환경의 차이는 반영하지 말아야 한다. 미국에서는 사회적으로 불우한 환경에서 성장한 흑인 비율이 같은 경우의 백인 비율보다 더 높은데, 이는 우리가 피할 수 없다고 알고 있는 문화적 영향력 때문이다. 이런 논리는 다른 국가의 민족적 집단 간 지성 차이에 관해서도 동일하게 적용된다.

◉ 상징, 영웅, 의식, 가치

문화 차는 여러 형태로 나타난다. 문화의 여러 표현을 가리키는 많은 용어 중에 상징, 영웅, 의식, 가치라는 네 가지 문화의 개념은 이를 비교적 잘 요약한다. [그림 1-2]에 이

| 그림 1-2 | 양파 모형: 문화 표현들의 여러 수준

네 가지가 수준에 따라 양파 모양으로 그려져 있는데, 문화의 가장 피상적인 수준에 해당하는 것이 상징이며, 가장 깊은 수준에 해당하는 것이 가치다. 그리고 영웅과 의식은 이둘의 중간 수준에 해당한다.

상징(symbols)이란 어떤 문화를 공유하는 사람들에게만 통하는 특별한 의미를 지닌 말, 동작, 그림 또는 대상을 가리킨다. 한 국가 언어를 구성하는 낱말이나 은어가 대표적이고 그밖에 의상, 헤어스타일, 코카콜라, 국기, 지위 상징 등도 이 범주에 속한다. 끊임없이 새로운 상징이 등장하며 옛 상징이 사라진다. 한 문화 집단에서 생긴 상징은 대개 다른 문화 집단으로 확산된다. [그림 1-2]에서 상징을 가장 피상적인 층에 그려 넣은 것은 이 때문이다.

영웅(heroes)이란 (살아 있는 사람이든 죽은 사람이든, 실제 인물이든 가상의 인물이든) 어떤 문화 안에서 높이 받드는 특징을 지닌, 그래서 행동의 귀감이 되는 사람들을 말한다. 미국의 바비 배트맨이나 스누피, 네덜란드의 범블 씨(Mr. Bumble, 현지 이름으로는 Ollie B. Bommel) 같은 만화 주인공들까지도 문화적 영웅의 구실을 한다. 오늘날과 같은 TV시대에는 옛날에 비해 겉모습이 영웅 선택의 기준으로 한층 중요해졌다.

의식(rituals)이란 엄밀한 의미에서 원하는 목표 달성에는 불필요하지만 한 문화 안에서는 사회적으로 없어서는 안 될 것으로 간주되는 집합적 활동을 가리킨다. 그러므로 이러한 의식은 의식 그 자체를 목적으로 거행되는 것이다. 인사하는 법과 존경을 표하는 법, 사회적·종교적인 의식들이 그 예다. 겉보기에는 합리적인 이유로 소집되는 사업이나 정치모임도 흔히 지도자에게 자신을 드러낼 기회를 마련해 주는 등 실제로는 의식을 주목적으로 하는 경우가 있다. 이 의식에는 **화법**(discourse)이 포함된다. 화법은 일상의 상호작용에서 의견을 전달할 때 글과 말에서 언어가 쓰이는 방식이다.[6]

[그림 1-2]에서는 상징, 영웅 그리고 의식을 통틀어 **관행**(practices)이라 부르는데, 그 이유는 이것들이 모두 외부 관찰자가 볼 수 있는 것이기 때문이다. 그러나 이들의 문화적인 의미는 남이 볼 수 없으며, 그 문화권에 사는 사람들이 내리는 관행의 해석이 바로 그 문화의 의미가 된다.

[그림 1-2]에서 문화의 핵은 **가치**(values)로 되어 있다. 가치란 어떤 한 상태보다 다른 상태를 선호케 하는 포괄적인 경향성을 말한다. 가치는 화살표가 달린 감정이다. 즉, 가치는 긍정적인 면과 부정적인 면을 지니고 있다. 예를 들어, 다음과 같이 구분되는 감정이다.

선(善)	대	악(惡)
깨끗함	대	더러움
아름다움	대	추함
자연스러움	대	부자연스러움
정상	대	비정상
논리성	대	비논리성
합리성	대	비합리성

[그림 1-3]은 우리가 가치 및 관행을 획득하는 장소와 시기를 나타낸 것이다. 우리의 가치는 우리의 삶 중 어린 시절에 습득한다. 대부분의 다른 생물과 달리, 인간은 태어날 당시에 생존을 위한 채비를 거의 갖추지 못했다. 다행스럽게도 우리 인간에게는 생리적으로, 필요한 정보를 자신의 환경에서 빠르고 폭넓게 무의식적으로 받아들일 수 있는 10년 내지 12년의 수용기가 주어진다. 상징(언어 등), 영웅(부모 등), 의식(배변 훈련 등)도 그러하며, 무엇보다 중요한 점은 이것이 우리의 주요 가치에 포함된다는 것이다. 이 수용기의

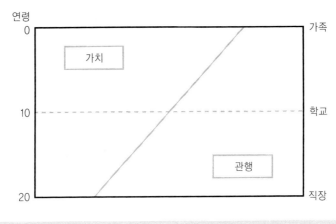

| 그림 1-3 | 가치와 관행에 대한 학습

말미에 우리는 새로운 관행에 주로 초점을 맞추면서, 학습하는 방식을 다양하고 의식적인 것으로 점차 전환시킨다.

● 문화는 스스로를 재생산한다

어린 아이였던 적을 떠올려 보라. 당신은 당신의 가치를 어떻게 획득하였는가? 태어난 첫 해는 기억이 나지 않겠지만, 이때는 영향력이 큰 시기다. 하루 종일 엄마의 등이나 엉덩이에 얹혀 다녔는가? 엄마랑 잤나 아니면 형제나 자매와 잤나? 자기만의 요람, 유모차, 침대를 썼는가? 양친 모두가 돌봐줬는가, 아니면 어머니만이 혹은 다른 사람들이 돌봐줬는가? 당신 주위는 시끌벅적하였나 아니면 조용하였나? 말없는 사람, 웃는 사람, 노는 사람, 일하는 사람, 부드럽거나 폭력적인 사람을 겪었는가? 당신이 울면 어떤 일이 벌어졌는가?

이윽고, 기억이 시작된다. 누가 당신의 본보기였고 인생의 목표는 뭐였는가? 거의 대부분이 당신의 부모나 자기보다 나이 많은 형제자매가 당신의 영웅이어서 그들을 따라 하려고 했을 것이다. 당신은 어떤 것이 더럽고 나쁜 것인지와 어떻게 깨끗해지고 좋아질 수 있는지를 학습했다. 예를 들어, 당신은 남 앞에서 트림하기, 대변보기, 코 풀기, 왼손으로 먹기, 침 뱉기와 같은 신체의 기능에 대해 청결하고 더러운 것이 무엇인지, 앉아 있거나 서 있을 때 신체를 노출하거나 몸 이곳 저곳을 만지는 것 같은 제스처에 대한 **규칙**(rules)을 배웠다. 당신은 규칙을 깨는 것이 얼마나 나쁜 것인지를 익혔다. 당신이 잡고 있는 주도권이 어느 정도인지, 사람들을 얼마나 가깝게 대해야 하는지, 당신이 남자아이인지 여자아이인지의 여부, 또한 다른 누군가가 남자아이인지 여자아이인지의 여부, 그리고 그것이 무엇을 의미하는 것인지를 배웠다.

다음으로, 6세 내지 12세가량의 아이가 되자 학교 선생님들과 친구들, 스포츠와 TV 아이돌, 국가적 혹은 종교적 영웅이 새로운 모델로서 당신의 세계에 들어왔다. 당신은 종종 그런 것들을 모방해 나갔다. 부모님, 선생님 등이 당신의 행동에 상을 주거나 벌을 주었다. 질문하고, 큰 소리로 말하고, 싸우고, 울고, 열심히 공부하고, 거짓말하고, 버릇없이 구는 것에 대해 어떤 것이 좋고 나쁜지를 배웠다. 당신은 언제 자랑스럽고 부끄러워지는지를 습득했다. 또한 당신은 또래를 대상으로 정치적 수단을 행사했다. 친구는 어떻게 만드는가? 친구 사이에서 서열이 올라갈 수 있는가? 어떻게? 누가 누구에게 무엇을 신세졌는가?

10대가 되자 또래의 타인에게로 당신의 관심이 바뀌었다. 당신은 친구와의 관계 형성과 성 정체성에 대해 격하게 고민했다. 당신은 또래의 동성과 혹은 이성과 시간을 보냈다. 친구 중 누군가를 열렬히 숭배하였을 수도 있다.

그다음에는 아마도 당신의 국가에서 다른 젊은이들이 가진 것과 유사한 기준으로 배우자를 정했을 것이다. 그리고 아이들을 가졌을 수도 있고, 이러한 과정은 다시 반복된다.

이 순환에는 생물학자들이 **항상성**(homeostasis)이라고 부르는 강력한 안정화의 힘이 작용한다. 부모는 그들이 원하든 그렇지 않든 간에, 자신이 받은 교육을 재생산하는 경향이 있다. 이때 과학기술의 역할은 거의 없다. 어린 시절 동안 가장 두드러진 학습은 사람들 간의 관계와 신체에 대한 것이다. 당연히 이는 강력한 **금기**(taboos)의 근원이 된다.

수많은 가치가 삶의 초기에 획득되기 때문에, 이는 행위자에게 무의식적인 것으로 남는다. 그러므로 가치는 논의할 수도, 외부자가 직접적으로 관찰할 수도 없다. 가치는 각종 환경에서 사람들이 행동하는 방식을 통해 추론할 수 있을 뿐이다. 누군가 사람들에게 왜 그와 같은 행동을 했는지를 묻는다면, 그들은 어떻게 해야 옳은지를 '알거나' '느껴서' 했다고 말할 것이다. 그들의 마음이나 의식이 그들을 이끈다.

➡ 집단은 문화를 벗어날 수 없다

통상적으로 문화에는 연속성이 있다. 그러나 당신이 탄 배가 바다에서 폭풍우를 만나 승객 30명이 무인도에 좌초되었다면 어떠할까?[7] 당신과 다른 사람들이 출신 지역 연고가 없다면, 언어가 통하지 않고 관습이 달라 어려움을 겪을 것이다. 당신이 첫 번째로 할 일은 초기의 공용 언어 및 행동, 협동, 통솔상 공통 규칙을 고안하는 게 될 것이다. 저연령층과 고연령층, 남성과 여성 간 역할 분배가 이루어질 것이다. 갈등이 생길 것이고, 이는 어떻게 해서든 통제될 것이다. 두 사람을 짝 지울지 말지의 여부는 누가 결정할 것인가? 사망자, 병자, 섬에서 태어난 아이들을 누가 돌보는가?

이 예시의 핵심은 어떤 집단도 문화에서 자유로울 수 없다는 것이다. 문화에 대해 기록된 적이 없다 하더라도 공유된 규칙을 만드는 것은 집단 생존을 위한 필수 조건이다. 무작위로 묶인 30명의 개척자 집단 사람들은 새로운 문화를 만들어 나가야 한다. 그곳의 문화적 사항들은, 특히 두드러진 집단 구성원들이 지녔던 가치에서 이어지는 것으로, 매우 우연적일 것이다. 그러나 일단 문화가 형성되고 집단에 아이들이 태어나면, 그 문화는 스스로를 재생산하게 된다.

➡ 가치와 도덕권

1940년에서 1945년 동안, 제2차 세계대전 중에 독일은 네덜란드를 점령했다. 1945년 4월에 독일 군대는 황급히 철수하게 되었고, 그러한 가운데 독일군은 네덜란드인들로부터 많은 수의 자전거를 징발했다. 2009년 4월 네덜란드 네이께르끄(Nijkerk) 마을에 있는 성 카타리나 교회의 교구회(Parish Council)는 캐나다군의 진주로 인해 독일로 도망가면서, 교회 앞에 세워 두었던 자전거를 탈취한 독일 병사에게서 한 통의 편지가 왔다. 편지를 쓴 병사는 보상을 하고 싶어 했고, 피해자의 손해를 보상할 수 있도록 그 자전거의 소유주나 상속인을 교구회가 찾아 주기를 요청했다.[8]

인간이 엄청난 반성, 공감, 커뮤니케이션 기술을 소유했지만, 그럼에도 매사 대규모의 갈등이 발생할 수 있다는 것은 매우 당혹스러운 점이다. 집단 안의 갈등이 명백히 해로운데도 왜 여전히 계속되는 것일까? 외관상으로 우리는 남들에게 적용하는 도덕적 규칙을 우리 집단의 구성원들에게 동일하게 적용하지 않는다. 그러나 누가 '우리 집단(our group)'이란 말인가? 이는 누가 우리 집단의 구성원이고 아닌지, 그것이 무엇을 의미하는지를 학습하는 유년기 때부터 어느 집단에게나 나타나게 되는 주요 의문이다. 사람들은 자신의 집단이라고 간주되는 것들 주변에 **도덕권**(道德圈, moral circle)을 형성한다. 그 도덕권의 구성원만이 완전한 권리와 책무를 가질 수 있다.[9]

우리 이야기에 등장하는 그 독일인 병사는 오랜 세월 동안 그의 전쟁 경험을 반추하면서 지내왔을 것이다. 노년기의 독일인 병사는 과거 자신이 탈취한 자전거의 소유주인 교회 신도와 자신이 동일한 도덕권에 속한 것으로 재정의했고, 자신이 자전거를 차지한 것이 절도죄라는 사실을 인정하게 되고, 그래서 이를 보상하고 싶어 하게 된 것이다.

우리의 정신 프로그램은 도덕권 안에서의 삶에 맞게 적용된다. 우리는 우리 아이들이 성취한 것을 자랑스러워하고, 지지하던 팀이 승리하면 기뻐하며, 대부분 애국적이거나 종교적인 노래를 부르고, 국기에 대한 맹세를 하기도 한다. 우리는 자신의 집단 구성원이 저지른 잘못을 수치스러워 하고 그들의 죄에 대해 가책을 느낀다. 이러한 감정의 미세 조정은 집단마다 다르다. 예컨대, 어떤 사회에서는 여자가 남자와 부정한 잠자리를 했다는 소문이 나면 그 여자는 남자 가족 구성원에게 죽임을 당할 수 있는 반면, 다른 사회에서는 매춘이 발각될 경우 성의 매수자인 남자가 법적 처벌을 받을 수 있다. 그럼에도 불구하고 도덕적, 집단 관련 감정들은 보편적이다. 우리는 스포츠, 축제, TV 퀴즈 같은 사소한 것에 대해서도 이러한 감정을 지닌다. 도덕권은 우리의 상징, 영웅, 의식뿐만 아니라 가치에도 영향을 미친다.

집단에서 누가 좋고 나쁜지에 관해서는 사회마다 의견이 다르다. 정치는 그 차이를 가려내는 데 도움을 준다. 정치적으로 다원적인 사회에서, 우익 정당은 전형적으로 강한 구성원을 보호하고 좌익 정당은 약한 구성원을 보호하며, 녹색 정당은 환경을 보호하고, 인민당은 국민 중 일부에게 악당이라는 오명을 씌운다. 전 미국 대통령 부시(George W. Bush) 같은 지도자는 적대자를 만들어 내부 집단의 단결을 촉진하고자 했다. 그들은 인민당원들과 독재자들이 행했던 것과 동일한 방식으로 도덕권을 축소시킨 것이다. 위협을 느끼면 사람들은 현 정권의 지도자를 지지하게 만든다. 미국의 오바마(Barack Obama) 대통령과 같은 지도자들은 외교관들과 협상가들이 하는 방식대로 친구들을 만들어 도덕권을 확대시키는 노력을 한다. 그러면서 그들은 자신들만의 도덕권에서 분열이 일어나는 것을 감수한다. 이집트의 엘 사다트(Anwarel-Sadat, 1918~1981) 대통령과 이스라엘의 라빈(Yitzhak Rabin, 1922~1995) 총리는 둘 다 전통적인 적대자와 화해한 후에 내부집단 사람에게 암살되었다.

하나의 혼인에서부터 전 인류의 인간성을 아우르는 범주까지 다양한 형태로 나타나는 도덕권은 사회적 삶의 주요 결정 요소이며, 이는 우리의 문화를 창조하기도 하고 전승시키기도 한다.

도덕권의 경계: 종교와 철학

철학, 영성, 종교는 좋은 것과 나쁜 것의 차이를 구분한다. 2500년 동안 동양과 서양의 철학자들은 "남에게 대접받고 싶은 대로 남을 대접하라."라는 황금률(Golden Rule)을 설파해 왔다. 이 황금률은 도덕권의 주장 그 자체와 다름없다.[10] "이웃 사랑하기를 네 몸 같이 하라."와 같은 계명도 동일한 목적으로 쓰인다. 종교적 분파는 도덕권을 자신들의 공동체 구성원에 한해 그리는 경향이 있다. 도덕적 권리와 의무, 저승에서의 보상은 신앙심을 가진 구성원들에게만 허락되는 것이다. 특정한 것에 대한 구체적 신념을 막론하고 본질적으로 종교는 도덕권을 형성하고 그 윤곽을 그리는 데 중요한 역할을 수행한다.

국가와 종교가 같은 국가에 저마다 사회적 수준의 도덕권을 그리려 할 경우, 국가와 종교는 경쟁적 관계가 될 수 있다. 이런 일들은 우리 역사상 빈번하게 발생해 왔고 오늘날에도 여전히 벌어지고 있다. 국가와 종교 간 대립적 폭력이 도덕권에 속하는 것의 중요성을 증명한다. 이는 도덕권의 경계를 정의할 수 있는 사람이 대단히 많은 특권을 보유하고 있다는 것을 시사하기도 한다. 지도자들은 취임 시 통상 방문 및 연설을 통하여 자신이 이끄는 도덕권의 경계를 재정의하는 행위를 취한다.

어떤 사회와 종교는 도덕권을 확대하여 모든 인간이 단일 도덕적 공동체에 속하는 것으로 간주하기도 한다. 이에 따른 것이 세계인권선언(Universal Declaration of Human Rights)[11]이고, 이에 따라 개발 지원이 가능해진다. 실제 도덕권에는 짐승도 속할 수 있다. 사람들은 협회나 정치적 단체를 구성하여 애완동물의 장례를 엄숙하게 치르기도 한다. 그러나 거대한 도덕권에서 권리와 의무는 필연적으로 희석된다. 역사적으로, 종교적 다양성을 용인한 종교는 폐쇄적인 성향의 종교에 밀렸다. 지배력은 대부분 내부부터 약화된다.

악인들과 신참자들을 다루는 규칙 또한 사회마다 다르며, 그에 대한 예는 바로 다음 장에서 다룰 것이다. 우리 인간은 도덕권의 경계를 지속적으로 조정해 나아가는데, 그 방식은 문화마다 다르다. 문화는 개인의 속성이나 생득적 자질에 따라 도덕권에서 어떻게 좋은 구성원이 될 수 있는가, 그리고 나쁜 사람들이 있을 경우에는 어떻게 해야 할 것인가, 입회 대상자를 누구로 할 것인가의 문제 등과 관련된다.

● 인종과 가족 너머

헤르트 얀(Gert Jan)은 비엔나에서 암스테르담으로 가는 밤기차를 탄 적이 있다. 나이가 지긋한 오스트리아 여성과 같은 칸에 타게 되었는데 그녀는 헤르트 얀에게 집에서 재배한 맛있는 살구를 건네주었다. 그 무렵 잘생긴 흑인 젊은이 한 명이 들어왔다. 그러자 이 여성은 손을 뻗으면 닿을 만큼 가까운 거리에 흑인 남성과 함께 있다는 것을 불안해하는 것 같았다. 헤르트 얀은 다시 화기애애한 분위기를 만들어 보려고 했다. 알고 보니 그 젊은이는 수리남 출신이고, 네덜란드 국립발레단(Dutch National Ballet)의 전통 발레 무용수로 비엔나에서 공연을 했었다. 하지만 그 여성은 공포, 즉 외국인 혐오증(xenophobia) 때문에 계속 안절부절못했다. 그녀는 무용수와 헤르트 얀이 음악에 대해 이야기를 나눌 때조차도, 그 음악이 아프리카의 탐탐일 것이라는 확신에서 벗어나지 못했다. 다행스럽게도 그 무용수는 견문이 넓어 개의치 않았다. 영어로 으레적인 잡담을 나눈 후 그 세 사람은 암스테르담에 안전하게 도착했다.

인간은 저마다 세계 각지에서 온 조상을 두었기 때문에 서로 달라 보인다. 하나의 종이기도 한 우리의 유전적 차이가 침팬지들 간의 경우보다 작다 할지라도, 우리의 유전적 차이는 겉으로 드러난다. 생물학자들은 인간의 게놈이 잘 섞여 있다고 말한다. 우리는 확실히 단일 종이기에, 우리 인간을 한 인종(human race)이라고 말하는 것이 사실상 바람직한 것이다.[12] 그러나 생물학적으로 말하면, 우리의 종에는 시각적·유전적 방법으로 확인할 수 있는 인종들이 존재한다. 하지만 유전적 차이는 집단 경계의 주요 근거가 되지 않는다. 우리의 게놈에는 연속성이 있지만 집단 소속은 불연속적이다. 수백만의 이주민들이 자신의 선조가 거주하던 곳과 다른 대륙에서 산다. 눈으로 보는 것만으로 그 사람의 국적과 인종적 태생을 모두 알아 맞추기란 매우 전문적인 관찰자가 아닌 이상 어려운 일이다. 그러나 집단 정체성을 식별하는 것은 매우 중요하다. 종교, 언어, 그 밖의 상징적 집단 경계는 인간에게 매우 중요하며, 우리는 이 상징적 집단 경계를 설정하고 조정하고 바꾸는 데에 많은 시간을 쏟는다. 사람들은 거의 모든 상징적 문제를 놓고 단결하거나 싸운다. 그 흔한 집안 분쟁에서 지역 다툼, 모욕에 대한 명예의 수호나 어느 책의 의미에 이르기까지 온갖 것을 놓고 뭉치고 싸운다.

역사상 사회의 구성원이 수백만 명으로 팽창함에 따라 관련 특성도 변화했다. 오늘날 많은 사람은 타인을 불가피하게 유전적으로 엮인 대상으로서가 아니라 상징적 집단 멤버십(membership)을 공유하는 대상으로 느낀다. 우리는 자신의 국가를 위해 투쟁하고 죽음도 불사하며, 가끔은 축구팀 때문에 그러기도 한다. 수백만 명이 무아지경의 군중을 형성하여 팝스타, 정치가 또는 목사에 대한 열기로 일체감을 느끼기도 한다. 컴퓨터를 매개로 전 세계 사람들이 사회적 네트워크 활동에 참가하는데, 한 번도 만나 보지 못한 이 사람들의 관계도 매우 중요할 수 있다. 우리에게는 출산이나 상속처럼 특정한 경우를 제외하고, 가족 연계와 상관없이 사람들에게 권리와 의무를 부여하는 법률(laws)이 있다. 가족에 대한 충성은 여전히 매우 중요하고 그 중요함이 지속될 것은 당연하지만, 가족이란 것은 보다 넓은 사회활동 체제 중의 일부분일 뿐이다. 우리는 혈연만이 또는 혈연이 가장 중요하게 도덕적 권리와 의무를 결정하는 요인이 아닌, 매우 넓은 사회에서 살고 있다. 그러나 피가 물보다 진하다는 것은 의심할 여지가 없다. 제4장에서 다루는 내용처럼 어떤 사회에서는 유난히 더 그렇다.

◆ 우리와 그들

사회과학자들은 내집단(in-group)과 외집단(out-group)이라는 용어를 쓴다. 내집단은 우리가 직관에 의하여 '우리'라고 느낄 수 있는 집단, 외집단은 우리가 직관에 의하여 '그들'이라고 느낄 수 있는 집단을 말한다. 우리는 타인을 어느 한 집단으로 분류하고자 하는 끊임없는 생리적 욕구를 지니며, 인간은 이 단순한 방식으로 움직인다. 어떤 사회에서 내집단에 대한 정의는 매우 가변적일 수 있지만 항상 분명하다. 우리는 인척 대 친척, 적수 대 우리 팀, 다른 인종 대 우리 같은 사람들이라고 쓴다. 한 실험에서, 미국 연구자들은 상대 인종 집단 구성원 또는 자신의 인종 집단 구성원이 있는 그림을 아프리카 출신 미국인과 유럽 출신 미국인 피험자들에게 보여 주고 그들의 정서적 반응을 보았다.[13] 아프리카 출신 미국인과 유럽 출신 미국인 피험자들은 다른 인종보다 자신과 같은 인종의 사람들의 그림에 대해 더 큰 정서 생리 반응을 보였다. 이런 식으로 피험자들은 내집단 구성원에게 정서적으로 더 밀착되어 있었다. 그 실험에서 내집단에 대한 공감(in-group empathy) 가설은 지지를 받았지만, 외집단에 대한 반감(out-group antipathy) 가설은 지지되지 않았다.

한 종에서 남녀 역할이 집단 범주와 무관하게 역사적으로 매우 다르게 여겨지는 것처럼, 남녀 역시 내집단-외집단 가르기 역학에 한 역할을 수행한다. 여자들은 보통 성인기 초반에 새로운 집단의 정식 구성원으로 살기 위해 다른 집단으로 온다. 남자들은 싸우거나 지배하기 위해 새 집단에 온다. 남성이든 여성이든 친숙해 보이지 않는 여성에 대한 공포를 극복하는 법은 쉽게 배우지만, 외집단 남성의 얼굴에 대해서는 여전히 겁을 먹는 경향이 있다.[14] 이는 당연히 외집단으로 생각되는 얼굴에는 어딘지 모르게 다른 점이 있고, 이는 곧 유년 시대에 접했던 얼굴에 따라 달라진다는 것을 뜻한다.

내집단-외집단 구분 실험에서 공포를 측정하기 위해서는 설문지와 함께 생리적 측정치를 쓸 수 있다. 사람들의 신체는 정신이 보여 주지 않는 정보를 준다. 그 결과, 가족은 인간 사회 생태와 광의적으로 연결되어 있고, 인종 특성이 누가 내집단 소속인지를 결정하는 데 매우 중요하다는 것이 확인되었다. 사람들은 '우리' 대 '그들'의 산물이다. 유년기에 그들은 누구든지 혹은 어떤 얼굴 유형이든 '우리'로 여기도록 학습할 수 있지만, 몇 달 후에 그들의 인식은 고정된다. 사람들이 인종적 특성에 대해 직관적인 내집단-외집단 반응을 바꾸는 것은 시간이 지날수록 어려워진다. 우리-그들 상황에 대한 생리적 반응은 기타 어떤 집단 구별에서도 일어날 수 있다. 각기 다른 단과대학 소속의 학생들 간에서조차 그렇다.[15]

● 이데올로기도 집단표식이 된다

당신 자신을 세 문장으로 말한다면 당신은 무엇이라고 말할 텐가? 당신의 눈동자 색, 선호하는 스포츠나 음식 등과 같은 개인적 특성을 언급할 것인가? 아마 당신은 성별, 직업, 국적이나 종교, 선호하는 스포츠 팀, 사회에서 당신이 이행하는 역할 등과 같은 **집단 멤버십**(membership) 등 속성들을 들 것이다. 개인적 특성만을 언급했다면, 그 특성들은 아마도 당신에게 중요한 사람들이 중요하게 여기는 것들일 것이다. 사람들의 사회적 행위 중 상당 부분은 명백히 상징적 집단 유대를 유지하는 데에 쓰인다. 사람들은 그들이 속한 집단에서 훌륭한 구성원이 되기 위해 많은 시간을 소비한다. 그렇다는 것은 의복, 몸짓, 말투, 소지품, 직업으로 알 수 있다. 대부분의 사람은 담화, 웃기, 놀이, 접촉, 노래하기, 장난조의 싸움, 먹기, 마시기 등을 돕는 의식에 많은 시간을 들인다. 이와 같은 활동 모두가 **도덕권**을 강화하는 데 목적을 둔다. 그러나 의식적인 수준에서는, 일상생활이 그러한 방식으로 돌아간다는 것을 깨닫는 사람들은 극소수에 지나지 않을 것이다. 대부분의 사람은 이데올로기를 정당화하는 방향으로 행동한다. 그들은 일을 하러 가며, 전략적으로 계획을 짜며, 팀을 만들고, 교회에서 예배를 드리며, 국가를 위해 근무하고, 특별한 날을 기념하고 있다고 생각한다.

대부분의 사람은 인류학자나 생물학자가 발견하는 유사성에 주목한다. 우리는 누가 어떤 집단에 속하는지, 집단에서 수행하는 역할이 무엇인지를 지속적으로 정의하고 재정의하기 때문에 이 특징은 중요하다. 집단을 형성하고 멤버십을 바꾸는 것은 사람들의 삶에서 이루어지는 핵심 활동 중 하나다. 사회는 한 집단을 이탈하여 다른 집단에 들어가는 것이 얼마나 나쁜지에 대해 각기 다른 **규칙**을 지닌다. 당연히 많은 집단은 집단을 이탈하는 것을 강력히 금지하며, 때로는 엄격한 처벌을 가한다. 이를테면, 사는 국가가 어디인지와 상관없이 소수 종교에 들어가는 것은 절대 쉽지 않다. 집단들이 일탈을 상징하는 소속과 행동을 벌하는 정도는 사회마다 큰 차이가 있으며, 이에 대해서는 다음 장에서 논할 것이다.

➲ 문화의 층

실제로 우리는 각자 살아가면서 스스로의 위치를 여러 **도덕권** 내에서 탐색한다. 사람 집단이나 범주는 언제나 그 문화를 구성하는 일련의 공통적 정신 **프로그램**을 지니고 있다. 사람은 대개 수많은 집단 또는 범주에 동시에 속해 있기 때문에, 우리는 불가피하게 자신 안에 몇 가지 층의 정신 프로그램을 함께 지니고 다닌다. 특히 다음의 수준에서 그렇다.

- 국가 수준, 즉 자기가 속한 국가(이주자에게는 몇 개의 국가)
- 지역, 인종, 종교 또는 언어 집단 수준(대부분의 국가는 문화적으로 다른 지역, 인종, 종교 또는 언어 집단으로 구성됨)
- 성별 수준(한 개인이 여자로 또는 남자로 태어났는지에 따름)
- 세대 수준(조부모, 부모, 자식의 세대 중 어느 세대에 속하는지에 따름)
- 사회 계층 수준(교육 기회나 직업과 연관됨)
- 조직 또는 기업 수준(직장인의 경우, 근로자들이 직장 조직에 의해 독특하게 사회화되는 방식에 따름)

이 목록은 얼마든지 늘릴 수 있다. 이와 같이 다양한 수준의 정신 프로그램들이 반드시 조화로운 것만은 아니다. 현대 사회에서는 이들 간에 종종 부분적인 마찰이 있다. 예를 들면, 종교 가치와 세대 가치가 또는 남녀 가치와 조직 내 관행이 갈등을 빚을 수 있다.

개인의 정신 프로그램 내에 갈등이 있는 경우에는 새로운 상황에서 그의 행동이 어떻게 나올지 예측하기 어렵다.

◑ 문화 변동: 변하는 관행과 변치 않는 가치

만약 당신이 타임머신을 타고 당신의 부모나 조부모의 시간대인 60년 전으로 여행을 갈 수 있다면, 세상이 참 많이 변했음을 알게 될 것이다. 그때는 텔레비전도 흔하지 않았고, 컴퓨터도 없었다. 자동차나 큰 도매 상가도 몇 없는 도시는 소규모에, 촌스럽게 보일 것이다. 거기서 또 60년 전으로 이동하면 거리의 자동차, 하늘의 비행기, 집의 진공청소기, 세탁기, 전화기도 보이지 않는다.

우리의 세상은 변화하고 있다. 사람들에 의해 고안된 과학기술이 우리의 환경이 되었다. 월드와이드웹(The World Wide Web)은 우리의 세계를 보다 작게 만들어 '지구촌(global village)' 개념이 실감나게 되었다. 비즈니스 기업들은 범세계적 차원에서 운영되고 있고 급속하게 혁신이 진행 중이다. 현재 그 기업들 대부분은 내년에 생산하고 판매할 상품이나 5년 이내에 필요하게 될 새로운 직업 유형을 알지 못한다. 기업합병 및 주식시장의 변동이 비즈니스 지형을 흔든다.

표면상 변화는 그렇게 막강하다. 그러나 이 변화의 깊이는 얼마나 될까? 인간 사회가 과연 사납게 몰아치는 변화의 바다에 방향을 잃고 떠다니는 배와 같을까? 아니면, 매번 새로운 물결에 뒤덮이지만 곧 다시 윤곽을 드러내며, 연속적인 조류를 따라 아주 천천히 변하는 해안과 같을 것인가?

미국 방문에 관해 한 프랑스인이 쓴 책에는 다음과 같은 내용이 나온다.

미국 교회의 목사들은 인간에 대한 관념 모두를 내세 중심으로 강요하거나 돌리지 않는다. 그들은 현세의 문제를 돌보는 데에도 기꺼이 자기 열의 일부를 바친다. ······목사들 자신이 생산노동에 참여하고 있지 않다 해도, 적어도 그 노동의 진척에 관심을 두며, 그 성과에 갈채를 보낸다.

독자는 저자가 미국 TV의 복음전도자 이야기를 하는 것이라 생각할 수도 있다. 실제로 이 글의 저자는 프랑스인 방문객 토크빌(Alexis de Tocqueville)이었고, 그의 책은 1835년에 출간되었다.[16]

다른 국가에서 온 방문자들이 기록한 의견은 국가 간 문화 차가 과거에 어떻게 인식되었는지에 관한 풍부한 정보의 원천이다. 또한 그런 것들이 수세기에 걸쳐 이루어진 것이라 하더라도 매우 현대적인 것처럼 보이는 경우가 흔하다.

사회에는 변하지 않는 과학기술과 제품이 많이 있다. 터키 청소년들이 코카콜라를 마시는 것이 반드시 웃어른에 대해 가지는 태도에 영향을 미치지는 않는다. 어떤 점에서는 터키 청소년들은 터키 노인들과 다르다. 미국 청소년들 역시 마찬가지로 미국 노인들과 다르다. [그림 1–2]의 '양파 모형'에서, 그러한 차이들은 대부분 패션과 소비처럼 비교적 피상적인 상징 및 영웅의 범주에서 나타난다. 타인과 삶에 대한 근본적인 감정인 가치의 범주에서, 나이든 터키인들이 나이든 미국인들과 다른 것과 마찬가지로 젊은 터키인들은 젊은 미국인들과 다르다. 다른 국가들의 현 세대 가치가 수렴된다는 증거는 없다.

관행(practices)이라고 명명된 문화는 양파 그림의 다른 층에 비해 빨리 변화할 수 있다. 관행은 문화의 가시적인 부분이다. 새로운 관행은 평생에 걸쳐 학습될 수 있다. 70세가 넘은 노인들이 그들 생애 첫 개인 컴퓨터에서 새로운 상징을 획득하고 새로운 영웅과 조우하며 새로운 의식을 통해 소통하면서 인터넷 서핑을 배운다. 가치(values)라고 명명된 양파의 핵에 해당하는 문화의 변화는 느리다. 이미 앞에서 논의했듯이, 가치는 우리가 어린이였을 때 습득된다. 따라서 관행에서 활발한 변화가 있다 해도, 사회의 주요 가치는 상당히 안정적이다.

이러한 주요 가치는 무엇보다 남녀 성(gender) 문화, 국가문화에 영향을 미치고 지역문화에도 영향을 준다. 국가의 가치를 개혁하겠다는 주장을 하는 정치가나 종교지도자 또는 사업계 거물들을 절대로 믿지 마라. 국가의 가치 체계(national value systems)는 한 국가의 지리적 위치나 기후와 같은 것으로 간주되어야 한다. 삶에서 늦게 획득된 문화의 층은 상대적으로 변하기 쉽다. 특히 어른일 때 조직 구성원으로 합류하는 조직문화가 그 경우다. 그렇다고 **조직문화**를 바꾸는 것이 쉽다는 것은 아니다. 제10장에서 이야기하겠지만, 적어도 실현 가능성이 있다는 것이다.

눈부신 과학기술 변화가, 빈곤하거나 외딴 지역에 사는 사람들을 제외한 모두에게 영향을 미친다는 것은 의심의 여지가 없다. 사람들은 이 새로운 과학기술을 친숙하게 이용한다. 그것들 대부분이 조부모가 했던 것과 거의 동일한 용도로 쓰인다. 돈을 벌고, 타인을 감동시키고, 인생을 보다 편하게 만들고, 타인을 억압하고, 혹은 배우자로 가능성 있어 보이는 상대를 유혹하는 것들 말이다. 이 모든 행동은 사회적 게임의 일부다. 우리는 타인이 과학기술을 어떻게 이용하고, 입는 옷, 하는 농담, 먹는 음식이 무엇이고, 휴가를 어떻게 보내는지에 주의를 기울인다. 또한 우리에게는 특정한 사회권(social circle)에 속하고 싶을 때 어떤 결정을 내려야 할지 알려 주는 성능 좋은 안테나가 있다.

사회적 게임 그 자체는 오늘날의 사회 변화로 인해 크게 변하지 않는다. 성공, 실패, 소속, 기타 우리 삶의 주요 속성상의 불문율은 마찬가지로 남아 있다. 우리는 자신이 속한 집단에 맞추어 그 집단이 용인하는 방식대로 행동할 필요가 있다. 대개 변화하는 것은 우리가 게임할 때 쓰는 게임도구와 관련된다.

제12장에서 문화적 변화의 기원과 역학에 관한 내용을 다룰 때, 문화적 변동에 대해 더 많이 알게 될 것이다.

국가문화 간의 차이

민족국가(nation)라는 개념이 생긴 것은 인간의 역사에 비추어 볼 때 최근에 나타난 현상이다. 지금은 전 세계가 이 '국가'라는 정치적 단위들로 나뉘어, 모든 사람은 그중의 어느 것에, 즉 그의 여권에 나와 있는 국가에 속한다. 전에는 **국가**(states)는 있었지만 모든 사람이 그 국가들 중 하나에 꼭 소속되거나 그 국가에 동질감을 갖지는 않았다. 민족국가 체계는 20세기 중반에 와서야 비로소 세계적으로 번지게 되었고, 이전 3세기 동안에 만들어진 식민지 체계를 따랐다. 식민지 시대 동안 과학기술이 앞서 있던 서구의 몇몇 국가가 당시 강력한 정치 세력이 점하고 있지 않은 지구상의 거의 모든 영토를 나누어 가졌다. 식민지 전력을 가진 국가들 간의 국경은 아직도 식민지 시대의 유산을 나타낸다. 특히 아프리카에 있는 국경은 현지 주민들의 문화적 경계보다는 오히려 식민 강대국의 논리에 부합한다.

그러므로 민족국가를 사회(society)와 동일시해서는 안된다. 역사적으로 볼 때 사회란 유기적으로 발달된 형태의 사회 조직이다. 엄밀히 말해서 공통문화라는 개념은 민족국가 보다는 사회에 더 적합한 것이다. 그러나 많은 민족국가가 서로 분명히 다른 집단들로 구 성되고, 잘 통합되지 않는 소수집단을 포함하고 있음에도 불구하고, 역사적으로는 전체 적으로 발전이 이루어져 왔다.

오래 지속되어 온 민족국가들 안에는 통합 압력이 강하게 작용한다. (대부분) 하나의 지 배적인 언어가 있고, 공통된 매스미디어와 전국적인 교육, 군대, 정치체제를 지니며, 스 포츠도 강력한 상징적·정서적 호소력을 지닌 국가행사가 되고, 특정한 기술, 생산품 및 서비스의 국내시장이 있다. 오늘날의 민족국가들은 대체로 인류학자들이 연구하는 것과 같은 고립된 미개 사회만큼의 내부 동질성을 갖지는 못하지만, 그들 국민에게 상당한 양 의 공통된 정신 프로그램을 주입하는 원천이 된다.[17]

다른 한편, 한 민족국가 안의 여러 민족, 언어, 종교 집단이 반드시 민족국가로서의 독립 까지는 아니더라도 그들의 정체성에 대한 인정을 얻기 위해 투쟁하는 경향은 남아 있다. 이러한 경향은 1960년대 이후부터 오히려 증가했다. 그런 예로 아일랜드 얼스터(Ulster)의 천주교도들, 벨기에의 홀랜드족, 스페인과 프랑스 안의 바스크족, 이란·이라크·시리 아·터키에 산재하는 쿠르드족, 그리고 구 유고슬라비아의 민족 집단들, 르완다의 툿시족 (Tutsi)과 후투족(Hutu), 러시아의 체첸족(Chechens)과 같은 소수 **민족 집단** 등을 들 수 있다.

따라서 문화 차이 연구에서 국적(개인이 가지고 있는 여권에 나타난 국적)은 아주 조심스 럽게 다루어야 한다. 그럼에도 불구하고 국적이 유일한 분류 기준이 되는 경우가 흔히 있 다. 어느 국가의 국민에게나 옳든 그르든 집단적 속성이 부여된다. 사람들은 '전형적으 로 미국인다운' '전형적으로 독일인다운' 또는 '전형적으로 일본인다운' 행동에 관해 말한다. 국적을 기준으로 삼을 때는 편의상 그렇게 하는 것이다. 왜냐하면 유기적으로 동 질적인 사회에 관한 자료를 얻기보다 민족국가에 대한 자료를 얻기가 훨씬 더 수월하기 때문이다. 하나의 정치적 단위로서 민족국가는 자국민에 관한 온갖 유형의 통계치들을 공급한다. 조사 연구 자료, 즉 응답자들이 지필형 설문지에 자신의 문화에 관해 기입하는 응답도 전국 조사망을 통해 수집된다. 조사 수집 결과를 가지고 지역, 인종, 혹은 언어 집단별 분류가 이루어질 수 있다면 매우 유용할 것이다.

민족국가 수준에서 자료 수집을 해야 하는 큰 이유 중 하나는 연구 목적의 하나가 국가 간 협력 증진이기 때문이다. 이 장의 서두에서 논의했던 것처럼 오늘날(2백여 개가 넘는) 민족 국가들이 한 지구상에 존재하고 있으며, 살아도 같이 살고 죽어도 같이 죽을 운명에 놓여 있다. 따라서 민족국가들을 갈라놓거나 하나로 결합시키는 문화적 요인을 연구 대상으로 삼는 것은 실용적 의미를 지닌다.

● 국가의 정체성, 가치, 제도

국가와 지역은 문화 면에서 대단히 다르다. [그림 1-4]에서는 국가 간 차이를 정체성, 가치, 제도라는 세 가지 유형으로 구별한다. 정체성, 가치, 제도 모두가 역사에 뿌리를 두고 있다. 정체성은 '나는 어느 집단에 속해 있는가?'라는 질문에 답을 한다. 이는 대개 언어와 소속 종교에 뿌리를 둔다. 또한 정체성을 가진 사람뿐만 아니라 정체성이 공유되지 않는 환경을 통해서도 가시적으로 감지될 수 있는 것이다. 그러나 정체성은 국가 문화의 핵심적 부분이 아니다. [그림 1-2]에 따르면 정체성의 차이는 관행(공유되는 상징, 영웅, 의식을 공유한)에 뿌리를 둔다.

인간의 정체성은 이민에 성공한 사람들의 경우에서 볼 수 있듯이 일생에 걸쳐 변할 수 있다. 2세대 이민자들이 흔히 겪는 경험은 자신들이 부모의 귀화국에서 사는 동안에는

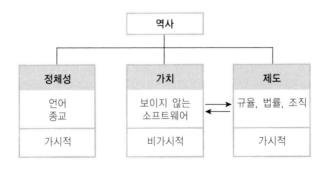

| 그림 1-4 | 나라, 집단 차이의 근원

본국과 동일시하지만, 부모의 본국을 방문할 때에는 자신이 새로운 국가에 속해 있다고 느낀다는 것이다. 2세대 이민자들은 양쪽 사회의 것이 뒤섞여 있는 (비가시적) 문화 규칙에 따라 살지만, 동일시할 일차적 집단을 감정적으로 필요로 하는 경향이 있다. 당연히 그들 대부분이 서로 위안을 구한다.

정체성은 명시적이다. 즉, '여자' '두 문화 속에서 자란 개인' '미국 국민'이라는 단어로도 표현할 수 있다. 실제로 당신이 한 명의 여자에게 어떻게 묻는지에 따라 그 사람은 세 가지 중 특정 단어를 당신에게 말할 것이다. 그러나 정체성이 다양할 수 있는 수준은 문화에 따라 다르다. 이는 앞으로 제4장에서 다룰 개인주의-집단주의 간 차이와 연관되는 내용이다. 현대화된 도시, 대학 환경, 현대화된 비즈니스처럼 개인주의적인 환경에서는 사람들이 여러 정체성을 지니며, 자신이 가진 정체성을 바꾸는 것도 쉽게 허용된다. 여전히 전 세계 인구의 대다수가 사는 집단주의 사회의 개인은 그 사람이 속한 공동체가 민족, 지역 혹은 국가든 간에 자신을 그 공동체의 일원으로써 더 많이 떠올리며, 그 개인의 정체성은 주로 그 집단에 속함으로써 얻어진다.

가치는 암묵적이다. 즉, 우리 정신에 비가시적으로 존재하는 소프트웨어에 속한다. 가치는 동기, 감정, 금기에 대한 문제를 내포하고 있기 때문에 우리 고유의 가치에 대해 이야기하기란 쉽지 않다. 우리 고유의 문화는 우리가 숨 쉬는 공기처럼 우리를 위한 것이고, 또 다른 문화는 물과 같은 것이다. 두 가지 문화 모두에서 살기 위해서는 특별한 기술이 필요하다. 이는 서로 다른 문화 간 만남에 관한 내용으로, 제11장에서 본격적으로 다룰 것이다.

일상에서나 언론에서나 정체성과 문화는 서로 뒤섞여 쓰이는 것이 보통이다. 어떤 곳에서는 우리가 집단 정체성이라고 부르는 것을 **문화적 정체성**(cultural identity)이라고 말한다. 그러나 국내에서 혹은 국가를 가로질러 각기 다른 자신들의 정체성에 입각하여 서로 싸우는 집단들이 문화적 가치를 공유하는 경우도 있다. 이러한 예는 발칸반도의 민족집단들, 북아일랜드 지역의 가톨릭교도들과 개신교도들, 벨기에의 프랑스어 사용자들과 네덜란드어 사용자들의 과거나 현재에서 발견된다. 다른 한편으로, 비즈니스나 대학이나 전문 축구팀처럼 상이한 문화적 배경을 가진 사람들이 단일한 정체성을 가진 단일 집단을 형성할 수 있다.

역사적으로 발달한 제도에서도 국가마다 분명한 차이가 있는데, 이 제도가 가정생활, 학교, 건강 관리, 비즈니스, 정부, 스포츠, 미디어, 예술, 과학을 다루는 규칙, 법률 및 조직을 구성한다. 상당수의 사회학자들과 경제학자들을 비롯한 많은 사람은 사고의 차이가 생기는 진짜 이유가 여기에 있다고 본다. 명확하게 가시적인 제도를 가지고도 사고의 차이를 설명할 수도 있다면, 굳이 비가시적인 정신 프로그램인 문화에 대해 깊이 생각할 필요가 왜 있단 말인가?

이 의문에 대한 답은 200년 전보다 더 오래 전에 프랑스 귀족인 몽테스큐(Charles-Louis de Montesquieu, 1689~1755)가 저술한 『법의 정신(Del' esprit des lois: The Spirit of the Laws)』에 이미 나와 있다.

몽테스큐는 (우리가 지금 문화라고 부르는) '민족국가의 일반 정신' 개념을 제시하면서, "입법자(the legislator)는 이러한 민족국가(nation)의 정신을 따라야만 한다. 우리는 자유롭게 그리고 저마다 타고난 능력에 따라 행할 때 가장 잘 해낼 수 있기 때문이다."라고 주장했다.[18] 결국 제도는 정신 프로그램을 따르고, 현지 문화(local culture)에 기능적으로 적응한다. 유럽연합(European Union: EU)이 여러 번에 걸쳐 경험해 왔듯이, 유사한 법률이 국가마다 달리 시행된다. 결과적으로, 문화에서 성장한 제도가 제도의 토대가 되는 정신 프로그램을 영속케 한다. 문화에 대한 고려 없이는 제도를 이해할 수 없고, 제도에 대한 통찰 없이 문화를 이해할 수는 없다. 어느 한쪽을 줄여 설명하려는 시도는 헛된 것이다. 한 국가의 가치는 제도의 기능 및 구조와 밀접히 연관되어 있고, 정체성과의 연관성은 훨씬 적다. 따라서 [그림 1-4]에서의 가로 화살표는 '가치'와 '제도' 칸 사이에만 그려진다.

이러한 내용의 중요성은 우리가 단순히 외국의 제도를 들여온다고 해서 사람들이 생각하고 느끼며 행하는 방식을 바꿀 수는 없다는 것이다. 구 소련 연방 및 동구권에 있는 다른 지역에서 공산주의가 막을 내린 이후, 몇몇 경제학자들은 과거 공산주의 국가 모두가 부를 축적해 나가기 위해서는 미국 스타일의 자본주의 제도가 필요하다고 생각했다. 그러나 실제로는 그렇지 않았다. 각 국가들은 특유의 정신 소프트웨어에 적용된 유형으로 개혁하느라 분투해야 했다. 경제체제는 문화로부터 자유롭지 않기 때문에, 세계은행(World Bank) 같은 초국가적 제도와 다국적 기업은 현지의 격렬한 저항에 부딪쳤다.

● 국가의 경영문화 첫걸음

경영 및 경영학대학원 문헌에서는 국가의 '경영(management)'이나 '지도력(leadership)' 문제를 자주 거론한다. 그러나 경영과 지도력은 사회의 다른 부분과 별개일 수 없다. 미국의 인류학자 해리스(Marbin Harris)는 "인류학자들이 언제나 강조하는 한 가지는, 서로 연관된 것처럼 보이지 않는 사회적 측면이 실제로는 연관된다는 점이다."라고 경고한다.[19]

경영자들과 지도자들은 그들이 함께 일하는 사람들과 마찬가지로, 국가 사회의 일부다. 우리가 경영자나 지도자들의 행동을 이해하고 싶다면, 우리는 그들의 사회를 이해해야 한다. 예를 들어, 그들 국가에서 공통적 유형의 성격은 무엇인지, 가족이 어떻게 기능하는지, 아이들을 양육하는 방식상 그 의미는 무엇인지, 학교 체제가 어떻게 운용되고 누가 어느 유형의 학교에 다니는지, 정치 체제와 정부가 국민의 삶에 어떻게 영향을 미치는지, 그들 세대가 어떤 역사적 사건을 경험해 왔는지 등에 대해서 말이다. 우리는 또한 그들의 종교적 행사, 범죄 및 처벌, 건강 및 질병에 대한 신념, 소비자의 행동에 대해 알 필요가 있다. 우리는 그들 국가의 문학, 예술, 과학을 통해 많은 것을 습득할 수 있다.

다음 장에서는 이 분야 전반에 대해 가끔 관심을 기울일 것이다. 그중에서도 특히 국가의 경영에 대한 이해와 관련하여 다룰 것이다. 문화에서 비즈니스 세계로 이르는 지름길이란 존재하지 않는다.

● 문화상대주의

일상의 대화, 정치적 담화, 미디어에서조차 외국 문화가 도덕적 조건에 따라 보다 좋고 나쁘다는 식으로 자주 묘사된다. 그러나 특정 집단의 생각하기, 느끼기, 행동의 방식을 보는 데 있어 본질적으로 어떤 것이 우월하고 열등한지 판단할 과학적 기준은 없다.

집단이나 사회 간의 문화 차이를 연구할 때에는 **문화상대주의**(cultural relativism)의 입장을 전제로 한다. 프랑스 인류학의 거장인 레비스트로스(Claude Lévi-Strauss, 1908~2009)

는 이를 다음과 같이 표현했다.

> 문화상대주의는 한 문화가 다른 문화의 활동에 대해 '저속하다'거나 '고상하다'고 판단할 절대적인 기준이 없음을 인정한다. 그러나 각 문화는 자체의 활동에 대해서는 그런 판단을 내릴 수 있고 또 내려야 한다. 왜냐하면 한 문화의 구성원은 그 문화 안에서 관찰자일 뿐만 아니라 행위자이기도 하기 때문이다.[20]

문화상대주의는 개인 또는 사회에 규범이 결여되어 있음을 의미하지는 않는다. 문화상대주의는 자기 집단과 다른 집단이나 사회를 다룰 때 비판을 보류할 것을 요구한다. 자신의 규범이나 자기 집단의 규범을 다른 개인이나 집단에 적용하기 전에 누구나 한 번 더 숙고해야 한다는 것이다. 사회 간의 문화 차이, 그 차이의 근원, 그 결과에 대해 알고 나서 어떤 판단을 내리거나 행동을 취해야 한다.

심지어 그런 문화 차이에 관해 알고 난 후에도 외부의 관찰자는 타 집단의 어떤 사고방식을 여전히 못마땅하게 여기는 경향이 있다. 만약 그 사람이 그 타문화 속에서 외국인 경영자나 개발 원조 전문가와 같은 직책을 지니고 있다면, 그는 그 문화에 어떤 변화를 일으키고 싶어 할 것이다. 식민지 시대의 예를 보면 외국인이 자기 사회가 아닌 다른 사회에서 절대권력을 휘두르며 자신들의 규칙을 그 사회에 강요하는 경우가 허다했다. 오늘날과 같은 식민지 후 시대에는 자기가 속하지 않은 타 사회에서 무엇을 바꾸고자 하는 사람은 자신의 개입 여부를 협상해야 할 처지에 놓여 있다. 이런 협상도 관계 당사자들이 서로 간에 관점의 차이가 왜 생기는지에 대해 잘 알고 있어야 순조롭게 진행될 것이다.

🔘 문화는 불사조다

인간의 일생 동안 새로운 신체 세포는 오래된 세포를 지속적으로 대체한다. 20세에 이르면 태어날 당시의 세포는 하나도 남아 있지 않다. 따라서 신체적인 면에서, 좁은 의미로 우리는 단지 연속적인 세포 집합 형태로 존재한다고 할 수 있다. 그러나 우리는 우리 자체로서 존재한다. 이 신체 세포 모두가 동일한 유전인자를 공유하고 있기 때문이다.

사회의 수준에서도 유사한 현상이 일어난다. 우리 사회는 수없이 많은 다양한 변화의 영향력에도 불구하고, 연속적인 구성원 세대를 통해 그 사회 특유의 문화를 보존할 줄 아는 놀라운 능력을 가지고 있다. 변화가 외면을 쓸고 지나갔다고 해도, 더 깊은 층은 여전히 안정적이며 문화는 불사조처럼 잿더미에서 부활한다.

그렇다면 이 깊은 층이 이루고 있는 것은 무엇일까? 유전인자 덕분에 문화를 형성하고 유지할 수 있기는 하지만, 문화는 유전인자보다 우리 경험의 영향을 더 크게 받는다는 근거가 훨씬 더 강하다. 문화는 사회적 게임의 규칙을 지닌 불문율로서, 사람들의 정신에 둥지를 틀고 구성원에 의해 후대로 전승된다. 다음에 나오는 장들에서 우리는 이 불문율이 포괄하는 주요 테마를 다룬다. 이는 인간의 사회적 삶에 관한 주요 이슈를 포함한다.

제2장

문화 차이 연구하기
STUDYING CULTURAL DIFFERENCES

패러다임의 새로운 후보에는 원래 지지자들도 거의 없고, 그 지지자들의 동기마저도 간혹 의심스러울 때가 있다. 그럼에도 불구하고, 지지자들이 유능하다면 그 패러다임을 개선하고, 그 가능성을 탐구하며, 거기에 기반을 둔 공동체에 속하는 것이 어떤 것인지를 보여 줄 것이다. 만약 그 패러다임이 투쟁에서 승리를 거둘 운명이라면, 일이 진행됨에 따라 그 패러다임을 설득력 있게 지지하는 논증의 수와 강도가 증가할 것이다. 그러다 보면 많은 과학자가 전향하게 될 것이고, 새 패러다임의 탐구작업이 계속될 것이다. 그 패러다임을 기반으로 한 실험, 검사도구, 논문 및 서적 등의 수가 점진적으로 늘어날 것이다. 더욱 많은 사람이 새로운 관점의 유익함을 깨닫고 정상 과학을 수행하는 새로운 양식을 채택함으로써 결국에는 소수의 연로한 저항자만이 남게 될 것이다. 그래도 우리는 그들이 틀리다고 말할 수는 없다.

쿤, 『과학 혁명의 구조(The Structure of Scientific Revolutions)』, 1970년 2차 개정판, p. 159

쿤(Thomas S. Kuhn, 1922~1996)은 미국의 과학 역사가이자 철학자다. 앞의 인용문은 쿤의 유명한 저서에서 발췌한 것이다. 이 책에서 쿤은 과학에 관한 여러 사례를 들어 과학적 혁신이 어떻게 나타나는지를 보여 주었다. 한 시기에 패러다임(paradigms)이라고 부르는 특정 가정이 그 시기의 과학 분야를 지배하여 과학자들의 사고를 제한한다는 것이다. 쿤은 이 패러다임 안에서 이루어진 연구를 **정상과학**(normal science)이라고 불렀다. 때로 정상과학은 한계에 부딪친다. 정상과학이 새로운 사실을 설명할 수 없거나 새로운 도전에 대응할 수 없는 경우가 생긴다는 것이다. 그러면 패러다임의 변화가 시작된다. 점진적으로 점점 더 많은 사람이 새로운 패러다임 쪽으로 옮겨가게 되어, 이 새로운 패러다임이 새로운 유형의 정상과학이 되기에 이른다.

이번 장에서는 이 책이 사용한 연구 절차를 설명할 것이다. 이 연구 절차는 1980년에 발행한 헤르트의 저서 『문화의 결과(Culture's Consequences)』에서 도입한 패러다임에 기반을 둔 것인데, 그 차원 접근법은 나중에 정상과학 상태가 되었다.

◉ 가치 측정

문화에서 가치는 관행보다 더 안정적인 요소이기 때문에, 문화 비교 연구는 가치의 측정을 기점으로 한다. 사람들의 행동을 통해 가치를 추측하는 것은 번거롭고 모호하기만 하다. 따라서 선택지로 사람들의 선호를 묻는 지필형 설문지가 여럿 개발되어 왔다. 그러나 그 설문지에 기입한 답을 말 그대로 받아들여서는 안 된다. 현실에서 사람들이 항상 그런 설문지에 채점된 대로 행동하지 않기 때문이다. 그럼에도 설문지법은 유용한 정보를 제공하는데, 이는 그런 설문지가 응답자 집단이나 범주 간 차이를 보여 주기 때문이다. 예를 들어, 사람들에게 작업 중 휴식 시간과 임금 인상 중 어느 쪽을 더 선호하는지를 물었다고 가정해 보라. 휴식 시간을 더 선호한다고 응답한 노동자도 실제로 선택할 때는 돈을 택할 수 있다. 그런데 만약 집단 A 사람들이 집단 B 사람들보다 휴식 시간을 선호한 비율이 더 높다면, 이는 휴식 시간과 임금 인상의 상대적 가치에 있어서 두 집단 간의 문화 차이를 나타내는 것이다.

자신의 가치에 관해 사람들이 진술한 내용을 해석할 때에는 바람직한(desirable) 것과 바라는(desired) 것을 구분하는 것이 중요하다. 세상이 이렇게 되어야 한다고 생각하는 것과 그들 자신이 원하는 것은 다르다는 것이다. 바람직한 것에 관한 질문들은 대개 '사람들'에 관한 것으로, '옳다/그르다' '해야 한다/하지 말아야 한다' '동의한다/반대한다' '중요하다/중요하지 않다' 등과 같은 표현으로 되어 있다. 이론상으로는 모든 사람이 선을 추구하며 악을 배척한다. 따라서 바람직한 것에 관한 대답은 무엇이 선을 상징하며 무엇이 악에 해당하는지에 관한 사람들의 생각을 나타낸다. 이와 반대로, 개인이 바라는 것은 '당신' 또는 '나'라는 말을 쓰며, 고상하지 않은 바람까지 포함해 우리 자신이 바라는 것이 무엇인지를 묻는다. 바람직한 것보다는 실제 행동에 더 가깝지만 이 역시 실제 선택 상황에서 반드시 행동으로 직결되는 것은 아니다.

규범(norm)의 개념을 중심으로 바람직한 것과 바라는 것의 차이가 갈라진다. 규범이란 한 집단 또는 한 범주의 사람들이 지니고 있는 행동기준이다.[1] 바람직한 것의 경우, 규범은 절대적이며, 무엇이 윤리적으로 옳고 그른가에 관한 것이다. 바라는 것의 경우, 규범은 통계적이며, 다수인(majority)의 실제 선택이 규범이 된다. 바람직한 것은 이데올로기와 더 관련이 있으며, 바라는 것은 실제적 측면과 더 관련이 있다.

가치연구를 해석할 때 바람직한 것과 바라는 것 간의 차이를 무시하면 모순되는 결과가 나올 수 있다. 다음 장에 나오는 IBM 연구에는 완전히 모순적인 답에 관한 세 가지 사례가 나온다. 각기 다른 국가의 근로자들에게 '산업체 근로자들에게 경영 결정 참여 기회가 더 많아져야 한다.'는 진술에 대한 찬반을 물었다. 이는 바람직한 것에 관한 진술이다. 한편, 사람들에게 '결정하기 전에 평소 부하 직원들과 상의하는' 경영진을 얼마나 좋아하는지를 물었다. 이것은 바라는 것에 관한 진술이다. 두 질문에 대한 응답을 실제로 비교해 보면, 부하 직원과 상의하여 결정하는 경영자가 많지 않은 국가에서는 근로자의 의사 결정 참여가 확대되어야 한다고 생각하고, 반대로 부하 직원과 상의해서 결정하는 경영자가 많은 국가에서는 근로자 참여 기회 확대에 대한 바람이 그리 크지 않았다. 이데올로기는 상사와의 일상 관계를 반대로 비춰 주는 거울 이미지였다.[2]

국가문화의 차원

20세기 전반에 사회인류학자들은 근대적이든 전통적이든 모든 사회는 기본적으로 동일한 문제에 직면해 있다고 확신하게 되었다. 다만 그 문제에 대한 답이 다를 뿐이라는 것이다. 미국 인류학자들, 그중에서도 특히 베네딕트(Ruth Benedict, 1887~1948)와 미드(Margaret Mead, 1901~1978) 같은 사람들이 이러한 생각을 널리 퍼뜨리는 데 중요한 역할을 했다.

그다음 단계로 사회과학자들은 개념적인 추리와 현장 경험에 대한 고려뿐만 아니라 통계적 연구를 통해 모든 사회에 공통적인 문제가 무엇인지를 찾아내고자 하였다. 1954년 미국의 사회학자 인켈리스(Alex Inkeles)와 심리학자 레빈슨(Daniel Levinson)은 다음과 같은 것들이 세계적으로 공통되게 나타나는 기본적인 문제들이며, 사회나 그 사회 내의 집단들, 그리고 그 집단 속 개인들의 활동에 영향을 준다고 지적했다.

① 권위와의 관계

② 자아개념

ⓐ 개인과 사회 간의 관계

ⓑ 개인의 남성성과 여성성 개념

③ 공격 통제와 감정 표현을 포함한 갈등 대처 방법[3]

(Inkeles & Levinson, 1969, p. 447ff)

그로부터 20년이 지난 후, 헤르트는 전 세계 50여 개국 국민이 지니고 있는 가치 조사 자료를 검토할 기회를 가졌다. 피조사자들은 IBM이라는 하나의 거대 다국적 기업의 현지 회사에 근무하는 사람들이었다. 얼핏 보기에 한 다국적 기업의 직원이라는 매우 특이한 집단의 사람들이 **국가 가치 체계**의 차이를 알아내는 데 활용할 수 있었다는 점이 놀라울 것이다. 그러나 이 피조사자 집단은 서로 거의 완벽하게 조건이 같은 표본들이었다. 이들은 국적만 빼고는 서로 비슷했고, 따라서 그들의 답에서 국가 간 차이가 아주 분명하게 드러나게 되어 있었다.

여러 국가의 비슷한 IBM 직원들의 가치에 관한 응답 내용을 통계적으로 분석해 보니[4] 공통적인 문제가 드러났다. 그러나 이에 대한 해결책은 국가마다 달랐다. 그 공통적인 문제란 다음과 같다.

① 권위와의 관계가 포함된 사회적 불평등

② 개인과 집단 간의 관계

③ 남성성과 여성성 개념: 남아 또는 여아로 태어나는 것에 대한 사회적 · 정서적 함의

④ 불확실성과 애매성에 대처하는 방식: 감정 표현 및 공격 통제와 관련된 것으로 밝혀짐

이와 같은 경험적 연구의 결과는 20년 전 인켈리스와 레빈슨이 예측한 것과 놀라울 정도로 일치한다. 모든 인간 사회에 공통되는 기본적인 문제들은 연구의 방법론과 상관없이 여러 연구에서 동일하게 나타난다. 인켈리스와 레빈슨의 연구는 헤르트가 20년 후에 발견한 것을 매우 잘 예측했다.

인켈리스와 레빈슨이 정의하고 IBM 자료에서 경험적으로 발견한 네 개의 기본문제 영역은 **문화의 차원**에 해당한다. 차원이란 여러 문화에 대해 측정할 수 있는 문화의 한 측면을 말한다. 이 책에서는 제3장에서 제6장에 걸쳐 네 가지 문화 차원에 대해 설명할 것이다. 그 네 개의 차원은 **권력거리**(power distance, 작음-큼), **개인주의**(individualism)-**집단주의**(collectivism), **남성성**(masculinity)-**여성성**(femininity), **불확실성 회피**(uncertainty avoidance, 약함-강함)로 명명되었다. 각 용어 모두 사회과학의 어디엔가 이미 존재했던 것들로, 각 차원이 나타내는 주요 문제 영역에 잘 적용된다. 이것들을 종합해 국가문화 간의 차이에 관한 4차원 모델을 생각할 수 있다. 이 모델에서 각 국가는 4차원 각각에서 하나의 점수로 나타난다.

한 사회 내의 많은 현상이 서로 함께 발생해야 할 논리적 필연성이 있어 보이는지의 여부를 떠나, 하나의 차원은 경험적 연구에서 실제로 함께 발생함을 볼 수 있는 현상들을 묶어 준다. 사회의 논리는 그 사회를 바라보는 개인들의 논리와는 다르다. 한 차원으로 묶인 다양한 면의 묶음은 언제나 통계적 관계에 기반을 둔 것으로, 절대적 관계가 아니라 경향적 관련성에 입각한 것이다. 대부분의 사회에서 발견되는 일반적인 경향이 일부 사회에서는 달리 나타날 수 있다. 이런 경향은 통계적 방법을 통해 발견되므로, 많은 국가(적어도 10개국)에 대한 자료가 있어야만 문화 차원을 알아낼 수 있다. IBM 연구에서 헤르트는 다행히 (초기) 40개국으로부터 문화적으로 결정된 가치에 관한 자료를 얻을 수 있었기 때문에 국가 간 차이 속에 들어 있는 차원을 뚜렷하게 볼 수 있었다.

한 차원상에서 각 국가가 차지하는 점수는 하나의 점으로 표시할 수 있다. 한 번에 두 차원씩 동시에 표시하면 국가들의 점수는 평면 좌표상의 점들로 나타난다. 세 차원을 동

시에 표시하면 각 국가는 3차원 공간상의 한 점이 된다. 4차원이나 그 이상의 차원이 되면 표현하기 어려워질 것이다. 이것이 차원 모델의 단점이다. 국가(혹은 사회적 체제) 간 차이를 그려 볼 수 있는 다른 방식 중 하나는 유형론(typology)을 이용하는 것이다. 유형론은 생각하기 쉬운 일련의 이상형 유형들을 그려 낸다. 20세기 후반에 존재하는 전 세계 국가는 공통점에 따라 제1세계(자본주의), 제2세계(공산주의), 그리고 제3세계(과거 식민지권)로 나뉜다.

유형이 차원보다 이해하긴 쉽지만, 경험적 연구에서는 여전히 문제를 지닌다. 실제 사례가 어느 한 이상형에 완전히 들어 맞는 경우란 거의 없다. 모든 사례는 혼합형이며, 이들 유형들 중 어느 하나에 속하는 것으로 분류하기 위해서는 억지의 규칙을 적용해야 한다. 이와 달리, 차원 모델에서는 모든 사례를 항상 명확하게 점수로 나타낼 수 있다. 각 국가의 차원 점수들을 근거로 하여, 점수가 비슷한 사례들끼리 몇 개의 군집으로 나중에 경험적으로 분류할 수 있다. 이와 같이 하여 얻는 군집들은 경험적 유형을 이룬다. IBM 연구에 포함된 50개가 넘는 국가가 각국의 네 가지 차원 점수에 따라 그러한 군집 열두 가지로 분류되었다.[5]

실제로 유형과 차원 모델은 상호 보완적이다. 차원 모델은 연구용으로 좋고 유형론은 가르칠 때 좋다. 이 책에서는 각 차원들을 설명할 때 일종의 유형론적 접근을 사용하겠다. 각 차원의 양극은 상반되는 일종의 순수형(pure types)으로 설명된다. 이어서 어떤 차원에 대해서는 두 개를 동시에 다루게 되는데, 이때는 네 개의 유형이 생긴다. 각 국가의 차원 점수들을 보면 알 수 있듯이 실제 사례의 대부분은 이들 극단 사이의 어느 한 지점에 놓인다.

◈ 상관관계 이용하기

차원은 **상관관계**(correlation)를 토대로 한다. 상관관계와 상관계수의 의미에 익숙하지 않은 독자들을 위해 간단히 설명하면 다음과 같다. 두 개의 측정치가 함께 변하는 경향이 있을 때 **변인**(variables)이라고 부르는 이 두 측정치는 서로 상관이 있다고 한다. 예를 들어, 만약 길거리에서 100명을 **무선적으로** 뽑아 그들의 키와 몸무게를 재었을 때, 사람들의 키 측정치와 몸무게 측정치 간에 상관이 있는 것을 발견할 수 있다. 즉, 키가 큰 사람들이 대개 몸무게도 더 나가는 경향이 있으며, 키가 작은 사람들은 체중도 더 가볍다. 하지만 키는 크지만 마른 사람도 있고 키는 작지만 뚱뚱한 사람도 있기 때문에 이런 상관관계는 완벽하지 않다.

상관계수는 관계의 강도를 나타낸다.[6] 상관관계가 완벽해서 한 측정치가 다른 측정치와 완전히 똑같이 오르내린다면 이때의 상관계수는 1.00이다. 상관관계가 전혀 없을 때, 즉 두 측정치가 완전히 따로 움직이면 상관계수는 0.00이 된다. 만약 한 측정치가 증가할 때 다른 측정치가 감소하거나 한 측정치가 감소할 때 다른 측정치가 증가하는 경우에는 상관계수가 마이너스(−) 부호를 취한다. 예를 들어, 사람의 키와 그보다 더 큰 사람을 만나는 횟수 사이의 상관계수는 마이너스가 된다. 가능한 가장 작은 상관계수는 −1.00이다. 이 경우에도 두 측정치 간에 완벽한 상관이 있지만, 한쪽이 증가하면 다른 쪽은 감소하며, 한쪽이 감소하면 다른 쪽은 증가하는 경우다. 사람들의 몸무게와 신장에 관한 예로는 약 0.80 정도의 상관계수를 기대할 수 있다. 만약 표본 안에 어린이와 어른이 모두 있으면 그 값은 좀 더 커진다. 아이들은 어른들에 비해 극도로 작거나 가볍다.

상관계수가 0으로부터 (플러스 또는 마이너스 쪽으로) 충분히 떨어져 있으면 이 상관계수는 **통계적으로 유의**하다고 말한다. 상관계수가 유의하다는 말은 두 측정치 간의 유사성이 단순한 우연적으로 얻어졌다고 보기 어렵다는 뜻이다. **유의수준**(significance level)으로 보통 사용되는 0.05, 0.01 혹은 0.001과 같은 수치의 의미는 이와 같은 두 측정치 간의 유사성이 우연히 얻어졌을 가능성의 정도를 나타낸다. 즉, 유의도 수준이 0.05이면 두 측정치 간의 상관관계가 우연히 나왔을 확률이 20분의 1이고, 0.001일 때는 1000분의 1이 된다.[7]

두 변인 간 상관계수가 1.00 또는 −1.00이면, 한 변인을 알 경우에 다른 한 변인을 명백하고 완전하게 예측할 수 있다. 두 변인 간 상관계수가 ±0.90이면, 한쪽 변인을 아는 경우에 나머지 다른 변인에서의 **변량**(variance)의 81%를 예측할 수 있다. 또한 ±0.80이면, 마찬가지로 그 변량의 64%를 예측하는 것이 가능하다. 예측의 힘은 상관계수의 제곱에 따라 감소한다. 자료가 많으면, 0.40의 상관계수도 여전히 유의할 것이다. 첫 번째 변인이 단지 0.40×0.40인 경우 두 번째 변인의 변량 16%를 예측할지라도 말이다. 우리가 이렇게 상대적으로 약한 상관관계에 관심을 갖는 이유는 사회적 세계의 흔한 현상이 수많은 요인이 동시에 작용한 결과이기 때문이다. 즉, 사회적 세계는 다중인과적이다. 상관관계 분석은 가능한 원인을 분리한다는 점에서 유용성을 지닌다.

측정치가 세 가지 혹은 그보다 여럿일 경우에는 측정치 중 하나를 종속변인으로 택하여 이 종속변인에 대한 나머지 독립변인의 종합 효과(combined effect)를 계산할 수 있다. 예를 들어, 무작위로 선택된 검사 대상자들의 신장뿐만 아니라 어깨 넓이도 측정할 수 있다. 이 두 가지 '독립 변인' 이 체중이라는 '종속 변인' 과 이루는 상관은 신장 변인 하나일 때의 상관보다 더 강할 것이다. 회귀분석(regression)이라고 부르는 통계기법은 각 독립변인의 기여도(contribution)를 개별적으로 측정할 수 있게 한다. 저자들은 종속변인에 대한 기여도에 따라 독립변인을 차례로 분류하는 방법인 단계적 회귀분석(stepwise regression)을 자주 이용한다. 기여도는 대개 그 독립변인에 속한 변량의 백분율로 나타낸다. 가상 인물 100명의 신체 측정에 관한 단계적 회귀분석에서는, 가령 신장이 체중의 변량 64%에 기여했고, 신장 변인과 어깨 넓이 변인을 합한 경우에는 체중의 변량 83%에 기여했다는 것을 파악할 수 있다.

가독성을 높이기 위해, 이 책에서는 상관계수 및 회귀분석 결과는 주석으로 제시한다. 주석의 내용은 상관계수 및 회귀분석에서 얻은 결과에 관한 것이며, 변량의 백분율에 관해서도 가끔 설명했다. 통계적 증명에 관심 있는 독자들은 헤르트의 저서 『문화의 결과 (Culture's Consequences)』(2001)를 참고하기 바란다.

● IBM 연구의 반복 검증

IBM 연구자료를 1970년대에 계속 수집하는 동안, 헤르트는 전 세계의 비 IBM 경영진들에게 동일한 설문 조사를 수행했다. 그 경영진들은 15개국의 각기 다른 회사 소속으로, 헤르트가 교수로 방문한 스위스의 경영대학원 과정을 밟고 있었다.[8] 헤르트가 자료에서 차원의 개념을 명확하게 갖고 있지 않을 때였지만, 그 반복연구는 권력(이후의 권력거리 차원)에 대한 질문과 관련된 것이었고, 각 국가의 순위는 IBM 연구의 내용과 정확히 일치했다.

다른 질문은 우리가 지금 개인주의-집단주의로 부르는 국가 차이를 나타내는 것이었고, 이 역시 IBM의 것과 매우 유사했다. 이로써 헤르트는 IBM 내부에서 발견된 국가 차이가 다른 곳에서도 마찬가지로 존재한다는 것을 처음으로 증명했다.

세월이 지난 후에 여러 사람이 IBM 설문지나 설문지의 일부 혹은 개정판인 가치조사 모듈(Values Survey Modules: VSMs)을 활용해 다른 집단의 응답자들을 대상으로 조사를 수행했다.[9] 반복연구의 유용성은 포함된 국가 수가 늘어날수록 증가한다. 국가가 여럿일수록 결과의 유사성 정도를 입증하는 통계적 검증을 이용하기 수월해진다. 여러 소규모 연구는 별도로 하고, 이 글을 쓰던 당시를 기준으로, IBM 데이터베이스에 있는 14개국 이상을 망라하는 반복연구는 여섯 개로 집계되었다. 그 목록이 〈표 2-1〉에 나와 있다.

〈표 2-1〉에 나와 있는 여섯 개 반복연구 중 네 개가 전체 네 차원 중 세 차원을 확인했지만, 빠져 있는 한 차원은 달랐다. 예를 들어, 소비자들에게서 얻은 자료에서는 권력거리 차원이 재확인되지 않았다. 그 조사의 응답자들 중에 학생이나 주부처럼 봉급을 받지 않는 사람들, 혹은 권력에 대해 각기 다른 관계에 있는 다양한 직업의 사람들이 섞여 있어서 그랬을 것이라고 추측된다.

소규모 연구에서는 대개 2개국 내지 3개국을 동시에 비교했다. 이렇게 할 때 IBM 연구 결과가 더 잘 확인될 것 같지만, 덴마크의 연구자 손더가드(Mikael Søndergaard)가 실시한 소규모 반복연구 19편을 재검토해 보면 이것들을 종합했을 때만 네 가지 차원 모두가 통계적으로 확인된다.[10] 가장 명확한 확인은 개인주의 차원에서 있었다. 대부분의 반복연구는 미국에서 실시되었는데, 미국은 IBM 연구 결과 개인주의에서 가장 높은 점수를 보인 국가였다. 그래서 미국과 다른 국가를 비교하기만 하면 개인주의에서 분명한 차이가 나타나는 경향이 있다.

반복연구가 성공했다고 해서 IBM 연구 이후에 국가들의 문화가 반드시 변하지 않았다는 것을 뜻하지는 않는다. 다만 그 국가들의 문화가 변했다 해도 다 같이 변화했기 때문에 국가들 간 상대적 위치는 그대로 존재함을 의미한다.

〈표 2-2〉는 이 책에서 제시하는 차원 점수를 가진 전체 국가/지역을 가나다순으로 정렬한 것이다. 제3장부터 제6장까지는 IBM 연구 및 그에 대한 반복연구에 근거를 둔 76개국/지역의 점수가 나와 있다. 제7장부터 제8장까지는 세계 가치 조사(World Values Survey:

WVS) 자료에 근거를 둔 93개국/지역의 각 점수가 제시된다.

| 표 2-1 | IBM 연구에 대한 여섯 가지의 주요 반복 검증 |

저자	출판 년도	표본	국가 수	반복 검증된 차원			
				권력거리 지수	개인주의 지수	남성성 지수	불확실성 회피 지수
Hoppe	1990	사회엘리트①	18	○	○	○	○
Shane	1995	직원②	28	○	○		○
Merritt	1998	항공기 조종사③	19	○	○	○	○
Mooij	2001	소비자④	15		○	○	○
Mouritzen	2002	지방자치 단체장⑤	14	○		○	○
van Nimwegen	2002	은행 직원⑥	19	○	○	○	

① 정부 요원, 국회의원, 노조 간부, 학자 및 예술가를 1984년 아메리카 연구(American Studies)의 잘츠부르크 세미나 (Salzburg Seminar)를 통해 조사했다. VSM82를 토대로 한 조사 응답 결과, 권력거리, 불확실성 회피 및 집단주의가 확인되었다(Hoppe, 1990). 또한 VSM94를 이용하여 남성성도 확인되었다(Hoppe, 1998).

② 28개국 내지 32개국의 국제기업(IBM은 아님) 직원들: Shane(1995); Shane & Venkataraman(1996). 권력거리, 불확 실성 회피 및 개인주의를 확인했다. 사회적으로 차별 문제의 소지가 있다고 판단된 남성성은 포함시키지 않았다.

③ 19개국의 민간항공기 조종사들: Helmreich & Merritt(1998). 이 연구는 VSM82를 이용하여 권력거리 및 개인주의를 확인했다. 또한 조종사의 상황에 보다 적절하다고 판단된 다른 IBM 질문을 포함하여, 네 가지 차원 모두를 확인했다 (Merritt, 2000).

④ 유럽 15개국의 소비자들: de Mooij(2004), *Culture's Consequences*(2001, p.187, 262, 336). 이 연구는 VSM94를 이용하여 불확실성 회피, 개인주의 및 남성성을 확인했다. 권력거리는 확인되지 않았다. 아마도 소비자들이 (조금이라도 보수가 있는 직업을 가졌는지 여부나 혹은) 직업을 토대로 선발되지 않았기 때문이었을 것이다.

⑤ 14개국의 지방자치단체장: Søndergaard(2002); Mouritzen & Svara(2002). VSM94를 이용하여 권력거리, 불확실성 회피 및 남성성을 확인했고, 그 국가들의 지역 정부 형태는 처음 두 차원과 연관되었다.

⑥ 19개국의 국제은행 직원들: van Nimwegen(2002), 이 연구에서는 권력거리 및 개인주의가 확인됐다. 또한 다소 적합성 이 떨어지지만 남성성과 장기지향(Long Term Orientation)이 확인됐고, 불확실성 회피 성향은 확인되지 않았다.

◢ 표 2-2 │ 차원 점수가 있는 107개국/지역

가나②	보스니아②	이스라엘④
과테말라①	부르키나 파소②	이집트
그루지야②	불가리아	이탈리아
그리스	브라질	인도
나이지리아②	사우디아라비아②	인도네시아
남아프리카 공화국⑦	세르비아	일본
남한	수리남①	자메이카①
네덜란드	스웨덴	잠비아①
노르웨이	스위스 (독일어 언어권)⑤	중국
뉴질랜드	스위스 (프랑스어 언어권)⑤	짐바브웨②
대만	스페인	체코공화국
덴마크	슬로바키아	칠레
도미니카 공화국②	슬로베니아	캐나다
독일	싱가포르	캐나다 퀘벡①
독일 동부②	아랍어권 국가들① (이집트, 이라크, 쿠웨이트, 레바논, 리비아, 사우디아라비아, 에미리트)	코스타리카①
라트비아	아르메니아③	콜롬비아
러시아	아르헨티나	크로아티아
루마니아	아이슬란드②	키르키즈 공화국②
룩셈부르크	아일랜드	키프로스⑤
르완다②	아제르바이잔②	탄자니아②
리투아니아	아프리카 동부 지역¹ (에티오피아, 케냐, 탄자니아, 잠비아)	태국
마케도니아②	아프리카 서부 지역① (가나, 나이지리아, 시에라리온)	터키
말레이시아	안도라⑤	트리니다드 토바고
말리②	알바니아②	파나마①
멕시코	알제리아②	파키스탄
모로코	에스토니아	페루
몬테그로②	에콰도르①	폴란드
몰도바②	엘살바도르	포르투칼
몰타	영국	푸에르토리코(미국)②
미국	오스트리아	프랑스
방글라데시	요르단②	핀란드
베네수엘라	우간다②	필리핀
베트남	우르과이	헝가리
벨기에 왈로니아⑥ (프랑스어 언어권)	우크라이나②	호주
벨기에 플랑드르⑥ (네덜란드어 언어권)	이라크②	홍콩 (중국)
벨로루시②	이란	

주) ① 최초 네 가지 차원에만 해당, ② 마지막 두 가지 차원에만 해당, ③ LTO(장기지향-단기지향 차원)에만 해당,
④ IVR(구자적-자제차원) 빠짐, ⑤ IVR에만 해당, ⑥ LTO와 IVR 전체 국가, ⑦ IBM 백인들만 해당.

⊙ IBM 모델의 확장: 중국식 가치조사

『문화의 결과』가 출판된 직후인 1980년 대 후반 헤르트는 본드(Michael Harris Bond)를 홍콩 중문대학교(Chinese University of Hong Kong)에서 만났다. 당시 본드와 본드의 아시아 태평양 지역 출신 동료들은 각 지역의 국가적 혹은 민족적 집단별 남녀 심리학도의 가치 비교를 마친 직후였다.[11] 그들은 미국 심리학자 로키치(Milton Rokeach)가 1970년 무렵의 미국 사회 가치 목록을 기반으로 개발한 로키치 가치조사(Rokeach Value Survey: RVS)의 수정판을 실시했다. 본드는 헤르트가 IBM 자료를 분석했던 것과 동일한 방식으로 RVS 자료를 분석했고, 그 결과 유의한 네 가지 차원을 발견했다. 두 연구 모두에 포함된 6개국만을 고려할 때, 각 RVS 차원이 IBM 차원의 것과 유의한 상관을 보였다.[12]

완전히 다른 자료에서 유사한 차원을 발견한 것은 그동안 논의한 점의 주요 특성을 강력하게 지지하는 결과로 볼 수 있다. 별도의 설문지를 가지고, 다른 응답자들(IBM 직원 대신 학생)을 대상으로 다른 시기에 조사했는데(1970년이 아니라 1979년 무렵에 수집된 자료), 해당 국가에 대해 비슷한 네 가지 차원이 나타났던 것이다. 하지만 본드와 헤르트는 기쁘기만 한 것이 아니라 곤혹스럽기도 했다. 조사 결과 자체가 사람들의 사고방식이 문화적으로 구속된다는 것을 증명했기 때문이다. 우리는 우리 문화권에서 어린이로도 존재했었다. IBM 설문지와 RVS 모두 서양 정신으로 만든 것이다. 이 두 가지 경우 모두 비서양권 국가의 응답자들이 서양식 질문에 답해야 했다. 이러한 점이 두 연구의 결과 간 상관성에 미친 영향력은 어느 정도였을까? 관련 없는 질문이 요청되었을 경우, 관련 질문이 빠졌을 경우는 얼마나 될까?

본드는 캐나다인이지만 1971년 이래로 극동아시아에 살면서 연구를 진행해 온 사람이다. 그는 서양식 편파(bias) 문제에 대해 창의적 해결책을 발견했다. 그는 의도적으로 비서양식 편파가 있는 새로운 설문지를 설계해서 서양식 설문지와 똑같은 방식으로 실시해봄으로써 그 결과들을 비교해 보았다. 그는 홍콩과 대만에 있는 수많은 중국인 동료들에게 중국 사람의 주요 가치 목록을 작성할 수 있도록 도와달라고 요청했다. 새로 만든 설문지는 **중국식 가치조사**(Chinese Value Survey: CVS)라고 불렸다. 번역된 CVS로 전 세계에 흩어져 있는 23개국 출신의 학생 100명(남성 50명, 여성 50명)에게 설문조사를 실시했다. CVS에 대한 통계 분석 결과에서도 네 개의 차원이 확인되었다. 중복되는 20개국에 대해 CVS의 세 가지 차원이 IBM 조사에서 얻었던 차원들을 재확인했지만, 4번째 CVS 차원은 4번째 IBM 차원과 상관관계가 없었다. 즉, IBM의 4번째 차원인 불확실성 회피가 CVS에서의 것과 일치하지 않았다. 오히려 4번째 CVS 차원은 미래 지향과는 역이 되고 현재 및 과거 지향과는 부합하는 가치와 관련된 것이었다.[13] 헤르트는 그것을 **장기지향−단기지향**(Long-Term vetsus Short-Term Orientation: LTO)이라고 명명하고, 5번째의 보편적 차원으로 채택했다. 20년 후에 민코프(Michael Minkov)는 세계 가치조사에서 LTO와 상관관계가 있는 차원을 찾아냈다. 그는 우리가 그 차원을 재정의하고 보다 많은 국가를 포괄할 수 있도록 도와주었다. 본격적인 이야기는 제7장에서 다룰 것이다.

◆ 다른 측정치에 대한 국가문화 점수의 타당화

다음 단계는 해당 국가별 차원 점수가 가지는 실제적 함의(practical implications)를 제시하는 것이었다. 이는 동일한 문화 차이를 나타낼 것이라고 논리적으로 예상할 수 있는 다른 측정치와 차원 점수 간의 양적 상관관계를 입증함으로써 이루어졌다. 이 양적 검증은 해당 국가에 대한 질적·기술적(descriptive) 정보로 보완되었다. 이 전체 과정을 **타당화**(validation)라고 부른다.

제3장부터 제8장에 걸쳐 상세하게 설명할 사례들로, 권력거리는 한 국가에서의 소득 불균형, 국내 정치에서의 폭력 행사와 상관관계가 있음이 밝혀졌다. 개인주의는 국가의 부(1인당 국민총소득) 및 한 세대에서 다음 세대로의 사회적 계층 간 이동성과 상관관계가 있었다. 남성성은 부유한 국가의 정부가 제3세계 원조 개발에 들이는 금액이 국민총소득(Gross National Income: GNI)에서 차지하는 비율과 부적 상관관계가 있었다. 불확실성 회피는 선진국 국민의 신분증 소지에 대한 법적 의무 및 로마 가톨릭교(Roman Catholicism)와 연관이 있었다. 장기지향은 국가 저축률과 상관관계가 있었다.

전 세계에서의 예측 가능한 현상 간 관계는 매우 복잡할 수 있다. 다음 장에서 하게 되는 국가문화 차원에 대한 설명은 그 복잡성을 감소시켜 이해를 향상시키기 위한 것이지만, 그렇다고 복잡성이 사라지지는 않는다. 우리의 설명은 각 차원에서 매우 강한 상관관계를 보이는 현상들로 이루어진다. 그 설명을 위해서는 때로 두 개, 드물게는 세 개의 차원이 필요하다. 하지만 자료가 허용하는 한 단순하게 설명하는 것이 우리의 목표다.

전체적으로 보아 『문화의 결과』 2001년 개정판에는 다른 측정치들과 IBM 차원 점수 간 400여 개의 유의한 상관관계 목록이 나온다. 6개 사례 중 하나에는 두 개의 차원이 필요하고, 50개 사례 중 하나에는 세 가지 차원이 필요하다.[14] 타당화가 다양하게 이루어지는 가운데 나타난 두드러진 사실은 상관관계가 시간이 지나면서 약화되는 경향이 없다는 것이다. IBM 국가 차원 점수(혹은 적어도 점수의 상대적 위치)는 이 국가들에서 상대적으로 지속적인 측면을 나타내는데, 이런 경향은 1970년 무렵만큼 2010년에도 여전히 유효했다.

◉ 고정관념화의 문제를 야기하지 않는 문화 점수와 성격

20세기의 상반기에 미국의 사회인류학자들은 문화와 문화 속에 있는 사람들의 성격 간의 밀접한 관계에 주목했다. 우리가 지금 **국가문화**(national culture)라고 부르는 것은 **국민성**(national character)이나 **전형적 성격**(modal personality)에 해당한다. 미국의 선구자적 인류학자 베네딕트(Ruth Benedict)는 인간문화를 '성격의 확장(personality writ large)'으로 간주했다.[15]

그에 대한 비판은 이러한 관점이 개인을 고정관념화한다는 것이었다. 고정관념(Stereotype)은 문자 그대로 판을 찍어 내는 것으로서, 한 사람의 배경에 근거하여 대개 무비판적으로 그 사람과 엮어지는 인습적·상징적 관념이다. 개인을 고정관념화하는 것에 대한 비탄으로 종종 국가문화 차원 패러다임에 대한 이의가 제기된다.

보다 질 높은 자료가 생기게 되자 20세기 말에는 국가문화와 성격 간의 관계가 새로운 주목을 받게 되었다. 문화 측면에서 이 새로운 주목은 우리의 가치연구에서 비롯되었으며, 성격 측면에서는 성격검사의 발달에 따라 이루어졌다. 성격검사에서 개인은 자신에 관한 수많은 질문에 응답한다. 20세기 중반에는 성격검사에 대한 역동적인 경쟁으로 인해 혼란스러운 시절이 있었다. 그러나 1990년대에 들어서는 주로 성격 요인을 주요 다섯 가지로 구분한 '빅 파이브(Big Five)'라고 부르는 유용한 차원 세트를 대부분의 국가에서 사용하게 되었다.

> O: 경험에 대한 개방성(Openness) 대 폐쇄성
> C: 철저함(Conscientiousness) 대 엉성함
> E: 외향성(Extraversion) 대 내향성
> A: 상냥함(Agreeableness) 대 무뚝뚝함
> N: 신경증(Neuroticism) 대 정서적 안정성

미국 심리학자 코스타(Paul T. Costa)와 맥크래(Robert R. McCrae)는 빅 파이브에 토대를 둔 자기 채점 성격 검사인 '개정판 NEO 성격 검사(Revised NEO Personality Inventory: NEO-PI-R)'를 개발했다. 이는 20세기 말까지 미국식 영어에서 수많은 다른 언어로 번역되었고, 수많은 국가에서 같은 수준에 대한 표본에 실시되었다.

맥크래와 홉스테드(Hofstede)의 공동 논문에서 그들은 성격 차원 점수와 국가 문화 차원 점수 간의 관계를 탐구했다. 33개국 비교 표본에서의 다섯 가지 NEO-PI-R 평균점수는 IBM 문화 차원 네 가지 모두와 유의한 상관관계를 보였다.[16] 다음 장에서는 이 중 몇 가지 상관관계에 대해 다룰 것이다. 우리의 공동연구를 통해 문화와 성격이 독립적이지 않다는 것을 알 수 있었다([그림 1-1]과 비교해 보라). 모든 국가에는 다양한 성격이 존재하지만, 성격 검사에서 개인들이 스스로를 기술하는 방식은 국가문화의 영향을 어느 정도 받는다.

그러나 성격과 문화 간의 연계는 절대적인 것이 아니라 통계적인 것이다. 성격과 문화 간 연관성이 통계적으로 나타났다고 해서 국가문화 점수를 이용하여 그 국가 출신 개인을 정형화하는 것은 정당화되지 않는다. 그러기에는 각 국가 내부에 존재하는 성격 범위가 너무나도 넓다. 국가문화 점수는 개인이 아닌 국가사회에 관한 것이다.

➲ 국가문화의 기타 분류

1980년 『문화의 결과』가 처음 출간된 당시에는 국가문화를 여러 차원에 따라 분류한 것이 혁신적이었다. 이 장의 서두에서 논의했던 바와 같이, 이는 문화연구의 새 패러다임이 근본적으로 새로운 접근임을 의미하는 것이다. 패러다임은 이론이 아니라 이론 전의 한 단계로, 이론의 발전을 이끄는 사고방식이다. 새로운 패러다임은 예외 없이 논쟁거리가 된다. 그동안 고수해 온 진실을 뒤집을 뿐만 아니라 전에 없던 시각이 새롭게 등장하기 때문이다. 『문화의 결과』가 출판된 이래, 국가문화에 대한 여러 다른 연구에서는 동일한 패러다임을 활용하되 각각 독자적인 방식으로 국가문화를 분류하였다.

차원 패러다임을 정교하게 응용한 유명 연구로는 이스라엘 심리학자 슈워츠(Shalom H. Schwartz)의 연구를 들 수 있다. 그는 문헌조사를 통해 56개의 가치 목록을 구성했다. 그 목록에 대한 주요 영감은 미국 심리학자 로키치의 연구(Milton Rokeach, 1973)에서 얻은 것이다. 로키치는 18개의 '궁극적(terminal) 가치'처럼 바람직한 종국적 상태를 나타내는 명사(예컨대, 평등)와 18개의 '도구적(instrumental) 가치'처럼 가치를 달성하기 위한 수단을 기술하는 형용사(예컨대, 정직한)로 미국 내의 집단들을 비교하였다. 응답자들에게 '당신의 인생에 지침이 되고 있는 원칙'으로 각 문항이 차지하는 중요성을 최하 점수 −1 = '가치에 반대', 0 = '중요하지 않다'부터 최고 점수 7 = '대단히 중요하다'로 이루어진 9점 척도에서 자기 입장을 표시하도록 요청했다. 이 장의 앞부분에 나온 가치 측정 구분과 관련해 슈워츠의 가치 문항은 바라는(desired) 것보다는 바람직한(desirable) 것에 가까운 것이다.[17]

슈워츠는 동료 네트워크를 통해 60개가 넘는 국가의 대학생들, 초등학교 교사들의 표본에서 응답을 얻었다.[18] 슈워츠는 처음에는 개인들을 비교했고, 이후에 최소공간분석(smallest space analysis)이라는 통계 절차를 통해 그의 가치를 열 가지 차원으로 나누었다. 이에 앞서 헤르트가 그랬던 것처럼 슈워츠도 국가 수준에 대한 분석을 진행하면서 경험으로 배울 기회를 가졌다. 처음 기대와 다르게, 국가 수준에서는 다른 차원 세트가 필요하다는 것을 깨달았던 것이다. 그 세트에서의 일곱 가지 국가 수준 차원은 보수주의

(conservatism), 위계(hierarchy), 숙달(mastery), 정서적 자립(affective autonomy), 지적 자립 (intellectual autonomy), 평등주의 신념(egalitarian commitment), 조합(harmony)으로 명명되었 다. 슈워츠의 국가 점수와 우리의 점수 간에는 유의한 상관관계가 있었지만, 주로 개인주 의-집단주의에서 그랬다. 슈워츠의 국가 점수에서는 국가의 부가 통제되지 않은 것도 그 원인 중 하나로 볼 수 있다(제4장 참조).[19]

차원 패러다임에 대한 대규모 응용연구 사례로는 1991년에 미국 경영학자 하우스 (Robert J. House)가 시작한 **글로벌 리더십과 조직행동 효능성**(Global Leadership and Organizational Behavior Effectiveness: GLOBE) 프로젝트도 있다. 처음에 하우스는 리더십 에 초점을 맞췄지만 연구는 곧 국가문화와 조직문화의 다른 면으로 갈라져 나갔다. 1994~1997년의 기간 동안 170명의 자발적 협동 연구진이 자료를 수집했다. 그 자료는 전 세계 60여 개 사회 내 세 가지 산업(식품가공, 금융서비스, 전자통신서비스) 중 한 곳에 속하는 1000여 개의 현지 (비다국적) 조직 경영자 17,000여 명에 대한 것이었다.[20] 프로젝 트를 설명하는 책의 서문에 하우스는 "우리는 홉스테드의 획기적인 연구(Hofstede, 1980) 를 반복·검증하는 데에 매우 적절한 자료를 가지고 있으며, 이 연구의 범위를 사회활동 수준 변인들, 조직 관행들, 지도자 속성들 간의 관계와 관련 있는 가설을 검증하는 것으 로 넓힌다."라고 적었다.

개념적인 이유로 GLOBE는 홉스테드의 5개 차원을 9개 차원으로 확장했다. GLOBE는 권력거리(power distance)와 불확실성 회피(uncertainty avoidance)라는 명명은 유지했다. 집단주의(collectivism)는 제도적 집단주의(institutional collectivism)와 내집단 집단주의(in-group collectivism)로 나누고, 남성성-여성성(masculinity-femininity)은 자기주장 (assertiveness)과 성 평등주의(gender egalitarianism)로 구분하였다. 장기지향(long-term orientation)은 미래지향(future orientation)으로 바꾸었다. 끝으로 인정지향(humane orientation)과 성과지향(performance orientation)이라는 두 차원을 추가했다. 이 역시 우리 의 남성성-여성성 구분에서 영감을 얻은 것이었다. 9개 차원에 총 78개 조사 문항이 포함 되었는데, 이 중 반은 응답자들이 자신들의 문화를 '실태 그대로(as it is)' ('실태'로 요약-역자 주)로 기술하는 문항이고, 나머지 반은 자신들의 문화를 '희망상태(as it should be)' ('희망'으로 요약-역자 주)로 평가하게 하는 문항이다. 이에 GLOBE는 9개 차원×2가지 유형의 문항들＝18개 문화 점수를 산출하게 되었다(9개 '실태' 차원과 9개 '희망' 차원). 또한 GLOBE는 두 가지 유형의 설문지를 이용했다. 한 설문지에서는 '이 사회의' 문화에 대해 응답자들에게 질문했고, 다른 설문지에서는 '이 조직의' 문화에 대해 물었다.

GLOBE 프로젝트를 평가하면서,[21] 헤르트는 GLOBE가 (주로 일선에 있는) 경영자들이 염두에 두고 있는 문제와는 동떨어져 있는 연구자 전문 용어(jargon)로 질문을 꾸민 점을 비판했다. GLOBE는 응답자들에게 자신의 국가문화에 대해 일반적인 기술과 평가를 요청했을 뿐만 아니라, 그곳 시민들의 특성과 행동을 기술하고 평가하도록 요청했다. 이런 방법은 이를테면 가족관계처럼 이슈가 간단할 때에만 유의한 결과를 낸다. 추상적인 이슈의 경우에는 응답이 무엇을 의미하는지를 알기 어렵다.[22] GLOBE 항목에는 다음과 같은 질문이 보인다. "이 사회에서 대부분의 사람은 고도로 구조화되어, 돌발사건들이 거의 수반되지 않는 생활을 한다." 사회과학자들도 파악하기 어려운데, 이런 문항에 응답을 해야 하는 경영자들은 어떨까?

GLOBE의 '실태 문항'은 기술적(descriptive)이 되도록 의도한 것인데, 이들 질문에 대한 응답 대다수는 국가적 (성격) 고정관념을 나타내는 것들이었다.[23] GLOBE의 '희망 문항'은 이 장의 앞에서 한 구분 중 바람직한 것에 대해 다룬다. 홉스테드의 연구와 달리, GLOBE 프로젝트에선 응답자들이 개인적으로 바라는(desired) 것은 전혀 다루지 않는다.

국가들 간에 일부 GLOBE 차원들은 서로 강력한 상관관계를 보였다. 또한 '실태'와 '희망' 간에는 대부분 부적 상관관계가 나왔다. 헤르트의 재분석 결과, 열여덟 가지 차원이 국가 점수를 근거로 다섯 가지 군집으로 분류된다는 것이 밝혀졌다. GLOBE 차원 일곱 가지가 묶인 가장 강력한 군집은 국가의 부와 가장 높은 상관을 보였다. 그다음에는 홉스테드의 사회적 거리, 개인주의, 불확실성 회피 차원 순으로 유의한 상관을 나타냈다. 그 밖의 세 가지 군집은 홉스테드의 차원(불확실성 회피, 개인주의, 장기지향) 중 각각 하나씩과 유의한 상관을 보였다. 홉스테드가 보기에는 GLOBE 설문지에 남성성에 대한 항목이 거의 포함되지 않았지만, 어쨌든 남성성은 5번째 군집에 포함된 것으로 드러났다. 매우 다른 접근이었음에도 불구하고, GLOBE 자료의 대부분은 홉스테드의 원래 모형 구조를 그대로 보여 준다.

GLOBE 보고서는 동일한 용어를 매우 다른 의미로 자주 썼기 때문에 우리 연구 결과와

GLOBE 보고서를 비교하는 것은 곤란하다. 이 문제는 우선 차원의 명칭에서 잘 드러난다. 문항 구성 방식이 완전히 달랐기 때문에 '권력거리', '불확실성 회피'처럼 동일한 명칭을 한 GLOBE 차원이 홉스테드 차원과 동일한 것을 측정했다고 여길 수는 없다. 이에 대해서는 제3장부터 제7장에 걸쳐 다룰 것이다. 다음으로, GLOBE는 문화의 '실태' 응답에 관행 (practices), 문화의 '희망' 응답에 가치(values)라는 용어를 쓴다. [그림 1-2]에서 우리는 외부 관찰자가 볼 수 있는 상징, 영웅, 의식에 '관행(practices)'이라는 용어를 썼고 응답자가 자신도 모르게 선호하는 것에 대해 '가치(values)'라는 용어를 썼다. 마지막으로, GLOBE는 '이 사회의'로 시작하는 문항이 국가문화를 보여 줄 것이고, '이 조직의'로 시작하는 동일한 문항이 조직문화를 나타낼 것이라고 간주했다. GLOBE는 관행에 대한 이 두 가지 유형의 응답이 실질적으로는 동일하여 이 두 가지 세트의 자료를 이후에 결합했다고 말한다. 이 장의 말미에 소개하고 제10장에서 광범위하게 설명하겠지만, 조직문화에만 초점을 맞추는 대규모 연구 프로젝트에서 헤르트와 동료들은 조직문화와 국가문화가 매우 다른 현상이고, 따라서 동일한 문항으로 측정할 수 없다는 것을 알게 되었다.

국가문화 차원을 연구한 이로는 네덜란드 경영 컨설턴트 트롬페나르(Fons Trompenaars)가 있다. 그는 차원을 총 일곱 가지, 즉 보편주의(universalism)-특수주의(particularism), 개인주의(individualism)-집단주의(collectivism), 감정(affectivity)-무감정(neutrality), 구체성 (specificity)-산만성(diffuseness), 성취(achievement)-인품(ascription), 시간지향(time orientation)-자연과의 관계(relation to nature)로 분류했다.[24] 그러나 각 차원의 구분은 경험적 연구를 기반으로 한 것이 아니라 1950년대와 1960년대 미국 사회학자들이[25] 특별히 국가에 대한 설명을 하지 않은 채 구분한 개념을 차용해 이루어진 것이다. 트롬페나르는 미국 20세기 중반의 사회학 문헌에서,[26] 여러 국가의 비즈니스 연락책과 지지자들에게서 설문 문항 데이터베이스를 수집했다. 그는 데이터베이스에 '경영관리자' 55,000명의 자료가 포함되어 있다고 웹(Web)상으로 주장했다. 불행하게도 트롬페나르는 동료 전문가에게 심사를 받은 학술논문을 게재한 적이 없다. 데이터베이스에 포함된 것이 무엇인지를 어디에도 명시하지 않아, 트롬페나르의 개념적 구분에 기여할 수 있는 게 뭔지도 분명히 알 수 없었다. 트롬페나르의 자료 중에서 동료 전문가의 심사를 받은 통계분석은 1990년대 영국 심리학자 스미스(Peter Smith)와 듀간(Shaun Dugan)에 의한 것으로, 지금껏 단 한 번 있었을 뿐이다. 스미스와 듀간은 43개국 9,000여 명(경영자 및 비경영자)의 점수에서 두 개의 독립적 차원을 발견했고, 이 두 개의 독립적 차원 중 하나가 우리의 개인주의-집단 주의 차원과 상관관계가 있음을 발견했다. 나머지 한 차원은 우리의 권력거리 차원과 큰 상관을 보였으며, 다음으로 큰 상관은 개인주의-집단주의 차원과의 관계에서 나타났다.[27] 트롬페나르의 설문은 국가문화의 다른 측면까지 망라한 것이 아니었다.

◉ 홈스테드 차원 모형의 2차 확장: 민코프의 세계 가치조사

1980년대 초기에 유럽의 신학대학교 여섯 곳이 여론 조사 방법을 통해 그 국가 사람들의 가치를 공동 조사했다. 이 '유럽 가치조사(European Values Survey)'의 규모가 이듬해 확장되면서 초점도 변화했다. 미국 사회학자 잉글하트(Ronald Inglehart)의 주도로 유럽 가치조사가 세계 가치조사(World Values Survey: WVS)로 발전하게 되었다. 이후의 자료 수집은 10년 주기로 계속되었다. 이 글을 쓰고 있는 동안에는 4번째 라운드(round)가 진행 중이다. 그 조사는 360개가 넘는 양자택일 문항의 설문지를 가지고 현재 전 세계 100여 개국에서 이루어지고 있다. 조사에서 다루는 영역은 자연환경, 경제, 교육, 정서, 가족, 성과 성생활, 정부와 정치, 건강, 행복, 여가와 친구, 도덕, 종교, 사회와 국가, 그리고 직업이다. 예전 라운드부터 최근 라운드까지의 개인 응답자 점수가 포함된 WVS전 데이터 뱅크를 웹에서 자유롭게 만날 수 있다.[28]

비단 WVS뿐만 아니라, 또 다른 귀중한 가치조사 자료〔예: 유럽 사회 조사(European Social Survey), 아시아·태평양 경제 사회 조사(Economic and Social Survey of Asia and the Pacific)〕도 탐색할 용기만 있다면 누구나 웹에서 볼 수 있다. 1980년대에 헤르트가 가치 조사를 시작했을 때에는 전 세계 국가 간 가치 진술 모음집으로는 IBM 직원 조사 자료가 최대 규모였다. 헤르트가 지금 연구를 다시 시작해야 한다면, 전 세계 가치조사를 가지고 실시할 것이다.

WVS 책임자 잉글하트는 안녕(well-being)-생존(survival), 세속·합리적 권위(secular·rational authority)-전통적 권위(traditional authority)라고 명명한 두 가지 주요 요인을 발표

했다. 두 가지 모두 우리의 차원 점수와 상관관계를 가진다는 것을 다음 장에서 보게 될 것이다. 그러나 WVS에 있는 막대한 양의 자료 보고(寶庫) 속에는 아직 발견되지 않은 보물이 더 들어 있을 것이라는 점은 처음부터 자명했다.

도전은 미소(Misho Minkov)에 의해 시작되었다. WVS라는 정글을 용감하게 탐험하면서 그는 다른 관련 자료에 현재 자료를 추가했고, 결국 세 가지 차원을 끌어냈는데, 이는 배타 (exclusionism)−보편(universalism), 자적(indulgence)−자제(restraint), 과시(monumentalism)− 겸손(flexhumility)이라고 명명되었다.[29]

그 결과 미소는 이 책의 저자로 합류하게 되었고 우리는 서로의 연구 결과를 통합하였다.[30] 미소의 세 가지 차원에서 보편−배타는 개인주의−집단주의와 강력한 상관을 보였다. 그에 대한 이야기는 제4장에 나올 것이다. 겸손−과시는 장기지향−단기지향 차원과 유의한 상관관계를 보였다. 이로 인해 장기지향−단기지향 차원에 대해 새로운 측정치를 산출하는 WVS 데이터베이스에 대해 또 다른 탐색을 하게 되었고, WVS 데이터베이스의 함의에 관해 이해를 풍부하게 하고, 신뢰할 수 있는 유효 점수를 가진 국가의 수를 대폭 늘릴 수 있게 되었다. 이에 대한 모든 것은 제7장에서 설명할 것이다. 자적−자제는 제 8장에서 6번째 차원으로 완전히 새로 추가되었다.

◉ 지역, 민족, 종교, 남녀, 세대, 계층에 따른 문화 차이

지역 · 민족 · 종교문화는 한 국가 내의 차이를 설명해 준다. 민족집단이나 종교집단은 가끔 정치적인 국경선을 넘어서는 경우가 있다. 이런 집단들은 그 국가의 지배적인 문화와 자기들 자신의 전통적인 집단문화 사이에 낀 소수집단을 형성하고 있다. 이들 중 일부는 국가의 주류문화 속으로 흡수되는데, 이렇게 되기까지 한 세대 이상 걸릴 수 있다. 다른 이들은 그들의 고유 방식을 고집한다. 이 세계에서 이민자들로 구성된 국가의 가장 대표적인 미국에서는 문화의 **동화**(assimilation, '용광로'에 비유됨)와 몇 대에 걸친 자신의 집단 정체의 고수가 모두 보인다. 인종에 따른 차별은 동화 과정을 지연시키는데, 많은 국가에서 이것이 문제가 되고 있다. 지역, 민족, 종교문화는 국가문화와 같은 방식으로 묘사할 수 있다. 즉, 국가문화 간의 차이를 나타내는 차원은 한 국가 내의 이런 집단 간 차이에도 기본적으로 그대로 적용된다.

남녀 차는 대개 문화 차로 보지 않는 경향이 있는데, 남녀 차를 문화 차로 보면 새로운 사실이 눈에 띈다. 각 사회 안에 여성의 문화와 구별되는 남성의 문화가 있다는 점을 인정한다면, 전통적인 **남녀** 역할을 바꾸기가 왜 그렇게 어려운지를 이해하는 데 도움이 될 것이다. 전통적으로 남자가 하던 일에 여자가 적합하지 않다고 간주하는 이유는 그 일을 기술 면에서 해낼 능력이 없어서가 아니라, 남자 문화의 상징을 지니지 않고, 남자 문화 속의 영웅 이미지에 맞지 않고, 남자 문화 속의 의식에 참여하지 않으며, 또 남자 문화의 지배적 가치도 북돋아 주지 않기 때문이다. 그 반대의 경우도 마찬가지다. 이성의 행동에 대해 느끼는 두려움은 사람들이 외국 문화에 처음 접했을 때 보이는 반응과 크게 다르지 않다. 남녀 문화의 주제는 제5장에서 다시 다룰 것이다.

상징, 영웅, 의식, 가치에서의 세대 차는 누구나 잘 알고 있다. 그러나 이 세대 차를 지나치게 과장하는 경우가 많다. 노년층의 가치를 존중하지 않는 젊은이에 대한 불평은 기원전 2000년 이집트의 파피루스 두루마리 종이에도 나타나며, 기원전 8세기 말의 그리스 문필가 헤시오드(Hesiod)의 글에도 나타나 있다. 관행과 가치에서 드러나는 세대 차는 각 세대마다 반복되어 나타나는 지극히 정상적인 특성이라고 할 수 있다. 그러나 역사적인 사건이 어떤 세대에 특별한 방식으로 영향을 주는 경우가 있다. 1966~1976년 사이 문화대혁명(文化大革命: Cultural Revolution) 당시 학생이었던 중국인들이 그 예다. 이 시기의 중국 학생이었다면 통상적으로 지방에 노동자로 보내져 학교에 다니지 못했을 것이다. 그 중국인들은 '잃어버린 세대(the lost generation)'에 대해 이야기한다. 과학기술의 발전 역시 세대 간 차이로 이어진다. 그에 대한 한 예가 텔레비전의 전파로, 사람들은 예전 같았으면 자신의 시야 바깥에 있을 다른 측면에서의 인생사를 볼 수 있게 되었다.

사회 계층마다 또한 각기 다른 문화를 가지고 있다. 사회 계층에 따라 교육을 받을 수 있는 기회도 다르고 직업도 다르다. 이런 현상은 심지어 계급 없는 사회라고 일컬어지는 사회주의 국가에서도 마찬가지다. 교육과 직업은 그 자체로서 문화 학습의 막강한 원천이 된다. 사회 계층에 관한 한, 모든 국가에 통용되는 표준적인 사회 계층의 정의는 없다. 국가마다 따지는 사회 계층의 유형이나 수가 다르다. 한 사람을 하나의 계층으로 분류하는 기준은 흔히 문화적 성격을 띤다. 여기서 상징들이 중요한 역할을 하는데, 예컨대 말의 억양이라든가, 특정한 단어를 쓰는지의 여부, 그리고 예절 같은 것이 중요한 역할을 한다. '화난 열두 사람(Twelve Angry Men)' (제1장)에 나오는 두 배심원 간의 대결은 계층 요소를 분명히 포함하고 있다.

국가문화에서 발견된 차원들을 근거로 구분할 수 있는 남녀, 세대, 계층 문화는 일부분에 지나지 않는다. 이는 남녀, 세대, 계층 문화가 민족적 집단이나 국가와 같이 사회적 체제와 통합된 것이 아니라, 사회적 체제 내부에 존재하는 인간 범주이기 때문이다. 남녀, 세대, 계층 문화는 해당 문화에 대한 특별 연구를 기반으로 하여 그 문화 나름의 언어로 기술되어야 한다.

◆ 조직문화

조직(organizational) 또는 기업(corporate)문화는 1980년대 초반부터 경영학 분야에서 유행을 타기 시작한 연구 주제다. 그 무렵 경영학 관련 도서의 저자들은 한 조직의 성원들이 공통적으로 생각하고, 느끼고, 행동하는 법을 잘 학습하는지 여부가 그 조직원의 '수월성(excellence)'을 결정한다는 생각을 보급하기 시작했다. 기업문화는 개념으로서는 비교적 부드럽고 전체론적인 개념이지만, 그것이 수반하는 결과는 누구나 짐작하는 엄한 것이다.

조직사회학자들은 지난 반 세기 이상 조직 내의 부드러운 요소의 역할을 강조해 왔다. 조직 구성원이 공유하는 정신 소프트웨어를 문화(culture)라고 부르는 것은 이러한 사회학적 견해를 되살리는 이점을 지닌다. 그러나 조직문화는 국가문화와는 여러 측면에서 구별되는 것으로, 그 나름의 독자적 현상이다. 조직은 국가와는 다른 속성을 지닌 하나의 체계다. 무엇보다 조직의 성원이라도 그 조직 속에서 성장하지 않는 것이 일반적이다. 오히려 기업의 성원은 대부분의 경우 자기 자신의 결정에 따라 그 기업에 입사했으며, 근무시간에만 그 기업에 관여하며, 또한 언젠가는 그 기업을 떠날 수 있다.

국가문화와 그 차원에 대한 연구 결과는 조직문화를 이해하는 데 큰 도움이 되지 않는다는 것이 드러났다. 이 책에서 조직문화들 간의 차이를 다루는 부분(제10장)은 IBM 연구를 근거로 한 것이 아니다. 문화 간 협력 연구소(Institute for Research on Intercultural Cooperation: IRIC)에서 1980년대에 덴마크와 네덜란드의 20개 조직 단위 내부에서 수행된 특별 연구 프로젝트에 입각한 것이다.

➔ 정신 프로그램 읽기: 연구자들을 위한 제언

동물들이 어떻게 학습하는가는 끈기 있는 관찰과 실험을 통해 최근 많은 연구가 이루어졌다. 연구 문제에 따라 어떤 성과를 낸 것도 있으나, 일반 원리에서는 여전히 논쟁의 여지가 많이 남아 있다. 대체로 주의 깊은 관찰의 대상이 된 모든 동물은 관찰 시작 전부터 관찰자가 믿고 있던 철학을 확인하는 방향으로 행동해 왔다고 말해도 좋을 것이다. 오히려 그 동물들은 모두 관찰자의 국가적 특성(national chara-cteristics)을 보여 왔다고 해야 옳을 것이다. 미국인이 연구한 동물들은 이리저리 날뛰다가 마침내 우연히 원하던 결과를 얻는다. 독일인이 관찰하는 동물들은 조용히 앉아서 생각하며, 마침내 그들의 내부 의식으로부터 결론을 도출해 낸다. 나처럼 평범한 사람은 이런 상황을 보고 자포자기에 빠진다. 그러나 내가 관찰한 바에 의하면, 인간이 동물에게 자연스럽게 설정하는 문제의 유형은 그 자신의 철학에 따라 달라지며, 결과도 이에 준하여 달라진다. 동물은 한 유형의 문제에는 이런 방식으로, 다른 유형의 문제에는 저런 방식으로 반응한다. 그러므로 연구자마다 얻은 결과가 서로 다르다 하더라도 양립할 수 없는 것은 아니다. 그러나 어떤 한 사람에게 연구 분야 전부를 연구하도록 맡겨 둘 수 없다는 사실은 여전히 기억할 필요가 있다.

러셀(Bertrand Russell)의 『철학개론(Outline of Philosophy,)』 1927.[31]

영국의 위대한 철학자 러셀(Bertrand Russell)이 3세대 전에 쓴 글에서 발췌한 이 인용문은 과학적 연구의 결과가 연구자 자신도 모르는 사이에 연구자의 성향에 따라 다르게 나올 수 있음을 경고하고 있다. 이와 똑같은 주제가 이 장의 앞부분에서 인용한 쿤의 책에서 다른 방식으로 재차 언급되었다. 과학자들은 동시대의 패러다임에 매몰된다.

서로 다른 문화 간 비교 연구는 쿤의 관점에서 새로운 정상 과학에 속하기 쉽다. 석사나 박사과정 학생들이 흔히 써 온 접근은 한 국가에서, 주로 미국 응답자들을 대상으로 미국 학자가 미국에서 개발한 측정 도구(대다수가 지필형 질문지)를 사용해서 조사를 실시하는 것이었다. 불행하게도 그런 도구에는 자신의 사회에서 일어나지 않기 때문에 설계자가 깨닫지 못한 질문은 배제되고 도구가 개발된 사회에서 중시되는 이슈만을 다룬다. 문화적 시점에서 특정 사회의 사람에게는 인식되지 않는 질문이야말로 가장 흥미로운 것이다. 도구가 개발된 사회에서 중시되는 이슈만을 다루는 연구가 품고 있는 보이지 않는 자민족 중심주의는 쓸모없는 결과를 낼 뿐이다.

자신의 프로젝트에 이 접근을 적용하고 싶어 하고, 이 책에 영감을 받아 이문화 간 연구를 꿈꾸는 연구자들은 헤르트의 학술본 『문화의 결과』 2001년 개정판, 특히 그 책의 제10장을 참고하길 바란다. 초심자와 숙련된 연구자조차 쉽게 빠지는 수많은 함정을 피할 수 있게 될 것이다.

우리가 꼭 하고 싶은 말은 고유의 문화 자료를 수집하기 전에 숙고하라는 것이다. 연구에서는 자료 해석이 중요하기 때문에, 꼭 자료를 새로 수집할 필요는 없다. 인터넷과 문헌을 탐색하다 보면 대부분 어떤 응용 프로그램을 찾을 수 있다. 연관이 있는 전문적으로 수집된 데이터베이스가 조사, 해석, 비교, 적용되기를 기다리고 있을 수 있다. 한 예로 미소(Misho)도 그렇게 WVS를 활용했다. 연구자가 단독으로 문화를 측정하려는 시도는 대부분 시간 낭비다. 난잡한 자료와 쓸데없는 일로 시간을 허비할 가능성이 높기 때문이다. 최소 10개국에 미치지 못할 경우라면 IBM 연구에서 나온 가치 조사 모듈(Values Survey Module)[32]도 같은 방식으로 활용할 수 있다. 문헌을 익힌 다음 유효 데이터베이스를 골라서 이를 당신의 특정 연구 주제에 선별적으로 적용하면 좋을 것이다.

국가문화의 차원
Dimensions of National Cultures

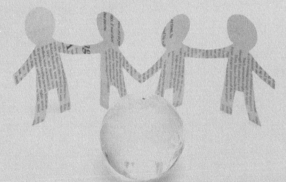

제3장

권력거리: 평등 문화와 불평등 문화

MORE EQUAL THAN OTHERS

스웨덴의 귀족들은 그들이 무능하다고 보아 온 국왕 구스타프(Gustav) 4세를 스웨덴 역사에서 마지막 혁명이기도 한 평화혁명을 통해 1809년에 추방하고, 놀랍게도 그들의 적인 나폴레옹 휘하에서 복무했던 프랑스의 장 밥띠스뜨 베르나도뜨(Jean Baptiste Bernadotte) 장군을 스웨덴의 왕으로 영입했다. 베르나도뜨는 이렇게 해서 국왕 찰스(Charles) 14세가 되었고, 그의 후손들이 오늘날까지 스웨덴의 왕좌를 지키고 있다. 새 국왕으로 취임할 때 그는 스웨덴 국회 앞에서 스웨덴 말로 연설하였다. 그가 스웨덴 말을 잘 못하자 청중들은 크게 웃으며 떠들어댔다. 스웨덴 국왕이 된 이 프랑스인은 너무 혼쭐이 나서 그 뒤로는 다시는 스웨덴어로 말하지 않았다.

이 사건에서 베르나도뜨는 문화충격(culture shock)의 희생자였던 셈이다. 그가 프랑스에서 성장하는 동안, 그리고 군복무 중 상사의 실수에 부하가 웃는 경우는 한 번도 겪어보지 못했다. 역사가들에 의하면 그는 스웨덴과 노르웨이(그는 후에 노르웨이의 국왕도 겸했다)의 평등주의적인 사고방식과 부하들이 지닌 헌법상의 권리에 적응하는 데 어려움을 겪었다고 한다. 그러나 언어 빼고는 학습능력이 높은 사람이었기에 그는 1844년까지 아주 존경받는 입헌군주로서 스웨덴을 다스렸다.

사회 속의 불평등

스웨덴이 프랑스와 다른 점 중 한 가지는 사회의 불평등(inequality)을 다루는 방식이다. 어느 사회에나 불평등은 존재한다. 심지어 가장 단순한 수렵·채집 무리에도 덩치가 더 크거나, 힘이 더 세거나 또는 더 똑똑한 사람들이 있기 마련이다. 또 한 가지 사실은 어떤 사람은 다른 사람들보다 더 큰 권력을 지닌다는 것이다. 이들은 권력이 약한 사람들보다 남의 행동에 더 큰 영향력을 행사한다. 일부는 다른 사람보다 더 많은 부(富)를 축적하고, 일부는 남보다 더 높은 지위와 존경을 누린다.

신체적·지적 능력, 권력, 부, 지위가 꼭 함께 따라다니는 것은 아니다. 뛰어난 운동선수나 예술가나 과학자는 대개 지위가 높지만, 사회에 따라서는 이런 사람들이 부도 함께 누린다. 그러나 이들이 정치권력까지 누리는 경우는 거의 없다. 어떤 국가에서 정치가는 지위와 권력은 누리지만 부는 누리지 못한다. 반면, 사업가는 부와 권력을 누리지만 지위는 못 누린다. 이와 같이 불평등이 여러 영역에 걸쳐 일관성 있게 나타난다는 사실은 종종 문젯거리로 여겨진다. 어떤 사회에서는 불평등이 여러 영역에서 좀 더 일관성 있게 전개되는 방향으로 문제를 풀고자 한다. 운동선수들은 부를 얻기 위해 프로선수가 된다. 정치가는 권력을 이용하여 매력적인 자리로 이동하여 부를 축적한다. 또 성공한 사업가는 지위를 얻기 위해 공직으로 들어간다. 이런 추세가 계속되면 결과적으로 사회 불평등의 정도가 전반적으로 높아질 것은 명확하다.

이와 대조적으로, 한 분야에서 순위가 높은 사람이 다른 분야에서 순위가 낮은 것이 문제라기보다는 오히려 바람직한 것이라고 생각하는 사회도 있다. 한 분야에서 순위가 높으면 다른 분야에서는 순위가 낮아야 한다는 입장이다. 이렇게 하면 모든 것을 가지고 있는 사람들과 아무 기회도 갖지 못한 사람들의 중간쯤에 위치한 중류층의 크기가 커지게 된다. 많은 국가에서 법은 지위, 부 또는 권력과 상관없이 모든 사람을 똑같이 다룸으로써 이런 평등의 이상을 실현할 목적으로 제정되었다. 그러나 현실이 이상대로 되어 있는 사회는 거의 없다. 기독교 성서에서 가난을 예찬하는 것은 평등에 대한 바람의 발현이라고 볼 수 있다. '프롤레타리아의 독재'를 호소한 칼 마르크스(Karl Marx)의 주장도 그렇게 볼 수 있다.

◉ 사회 속 불평등 정도의 측정: 권력거리 지수

스웨덴과 프랑스뿐 아니라 다른 국가들도 불평등을 다루는 방식에 따라 구분할 수 있다. IBM 근무자 중 지위는 비슷하지만 출신 국가가 다른 사람을 대상으로 한 연구를 통해 각 국가에 **권력거리**(power distance)의 크기를 나타내는 점수를 부여할 수 있었다. 권력거리는 제2장에서 소개한 국가문화의 차원 중 하나다. 이것은 사람들이 불평등하다는 사실을 어떻게 다룰 것인가에 관한 기본적인 물음에 대한 여러 국가 사람의 다양한 해법을 반영한다. 권력거리라는 명칭은 네덜란드의 실험사회심리학자인 뮐데르(Mauk Mulder)의 연구에서 비롯된 것인데, 그의 연구는 부하들이 그들의 상사들로부터 자신을 격리시키는 감정적 거리에 관한 것이었다.[1]

50개국과 3개의 다국지역에 대한 권력거리 점수는 같은 지위에 있는 IBM 근무자들이 같은 설문지에 대해 보인 응답을 토대로 산출했다. 모든 질문에 대한 응답은 선지가 있어서 대개 1, 2, 3, 4, 5 중 한 숫자로 부호화되었다.

동일한 직업을 가진 응답자들로 구성된 표준 표본을 각 국가에서 얻었으며, 각 표본마다 평균 점수를 산출하였다(예컨대, X국 평균은 2.53이고 Y국 평균은 3.43이라는 식으로). 아니면 특정 선지를 선택한 사람들의 백분율을 구했다(예컨대, X국에서는 선지 1이나 2를 택한 사람이 45%인데 Y국에서는 선택률이 33%였다는 식으로). 이렇게 해서 각 질문에 대해서 모든 국가의 평균이나 백분율이 표시된 표를 만들었다.

평균치나 백분율이 따라 움직이는 질문들을 **요인**(factor) 또는 **군집**(cluster)으로 묶기 위해 **요인분석**(factor analysis)이라는 통계적 절차를 사용하였다.[2] 만약 한 국가가 같은 요인에 속하는 여러 질문 중 한 질문에서 높은 점수를 얻었다면, 같은 요인에 속한 다른 질문에서도 높은 점수를 얻을 것이고, 그 요인과 반대되는 의미를 지닌 질문에서는 낮은 점수를 얻을 것이다. 반대로, 그 요인에 속하는 어떤 질문에서 낮은 점수를 얻은 국가는 같은 요인에 속한 다른 질문에서도 낮은 점수를 얻을 것이고, 그 요인과 반대되는 의미의 질문에서는 높은 점수를 얻을 것이다. 만약 어떤 국가가 한 요인에 속하는 어떤 질문에 대해 평균에 가까운 점수를 보였다면 다른 질문에서도 평균에 가까운 점수를 보일 가능성이 높다.

요인분석에서 찾아낸 요인 가운데 하나는 권력 및 평등-불평등과 직간접적으로 관련된 질문들이 모여 있었다. 우리는 이 요인에 속하는 질문 중에서 요인과 상관이 가장 높은 질문 세 개를 골랐다.[3] 이 세 질문에 대한 한 국가의 IBM 직원 표본의 평균 점수를 토대로 그 국가의 **권력거리 지수**(Power Distance Index: PDI)를 산출하였다(PDI는 앞으로 PDI 지수, PDI 점수 또는 권력거리 점수로 번역됨-역자 주). 여기에 이용한 공식은 아주 간단하다. 세 점수 각각을 어떤 상수로 곱한 다음 이것을 더하고, 끝으로 다른 상수 하나를 더하면 된다.

이 공식의 목적은, 첫째 세 가지 질문 하나하나가 최종 지수에서 똑같은 비중을 갖게 하며, 둘째 권력거리가 가장 작은 국가는 0, 가장 큰 국가는 100이 되는 지수를 만들어 내는 것이었다. 이후에 추가된 두 국가의 지수는 100을 초과했다.

권력거리 지수를 구성하는 데에 쓰인 조사 항목 세 가지는 다음과 같았다.

> ① 비경영직 직원에게 묻는 질문: 당신의 경험에 비추어 볼 때 다음의 문제가 얼마나 자주 일어납니까? 직원들은 상사에게 이견을 말하는 것을 겁내 한다('아주 잦다'부터 '거의 없게'까지의 1~5점 척도상의 평균점수).
>
> ② 부하 직원이 본 상사의 실제 의사결정 스타일(네 가지의 가능한 스타일과 '어느 것도 아님'이라는 총 다섯 가지 선지 중 독재 스타일이나 온정주의 스타일을 선택한 응답자 백분율).[4]
>
> ③ 부하 직원이 선호하는 상사의 의사결정 스타일(독재 스타일이나 가부장적 스타일 또는 그 반대로 상의하는 스타일이 아닌 다수결의 원칙 스타일을 선호한 응답자 백분율).

이렇게 해서 얻은 국가 PDI가 〈표 3-1〉에 나와 있다(〈표 2-2〉 참조). 57개의 국가/지역에 대한 지수가 IBM 데이터세트를 통해 직접 산출된 것이다. 나머지 사례들은 반복 연구 또는 전문가 추정치(informed estimates)를 기반으로 산출되었다.[5] 이 지수들을 산출한 방법 때문에, PDI는 각 국가의 절대적 위치가 아닌 상대적 위치만을 나타낸다. 즉, 다른 국가들과 비교했을 때의 차이만을 나타내는 것이다. 지수들은 IBM 근무자들의 응답을 토대로 한 것이지만, 역설적이게도 이 지수에는 IBM 기업문화가 전혀 들어 있지 않다. 이

지수 순위	중앙/ 남아메리카	남/ 남동유럽	북/북서유럽 영국계	중앙/동유럽 구 소련	이슬람계 중동 및 아프리카	동아시아 동남아시아	지수
1~2						말레이시아	104
1~2				슬로바키아			104
3~4	과테말라						95
3~4	파나마						95
5						필리핀	94
6				러시아			93
7				루마니아			90
8				세르비아			86
9	수리남						85
10~11	멕시코						81
10~11	베네수엘라						81
12~14					아랍어권		80
12~14						방글라데시	80
12~14						중국	80
15~16	에콰도르						78
15~16						인도네시아	78
17~18						인도	77
17~18					아프리카(서)		77
19						싱가포르	74
20				크로아티아			73
21				슬로베니아			71
22~25				불가리아			70
22~25					모로코		70
22~25			스위스(프)				70
22~25						베트남	70
26	브라질						69
27~29		프랑스					68
27~29						홍콩	68
27~29				폴란드			68
30~31			벨기에(프)				67
30~31	콜롬비아						67
32~33	엘살바도르						66
32~33		터키					66
34~36					아프리카(동)		64
34~36	페루						64
34~36						태국	64
37~38	칠레						63

표 3-1 | 76개국/지역에 대한 권력거리 지수 PDI: IBM 데이터베이스의 세 가지 항목 + 확장판 토대

순위							점수
37~38		포르투갈					63
39~40				벨기에(네)			61
39~40	우루과이						61
41~42		그리스					60
41~42						한국	60
43~44					이란		58
43~44						대만	58
45~46				체코 공화국			57
45~46		스페인					57
47		몰타					56
48					파키스탄		55
49~50			캐나다(프)				54
49~50						일본	54
51		이탈리아					50
52~53	아르헨티나						49
52~53					남아공		49
54	트리니다드						47
55				헝가리			46
56	자메이카						45
57				라트비아			44
58				리투아니아			42
59~61				에스토니아			40
59~61			룩셈부르크				40
59~61			미국				40
62			케나다(전체)				39
63			네덜란드				38
64			호주				38
65~67	코스타리카						35
65~67			독일				35
65~67			영국				35
68			핀란드				33
69~70			노르웨이				31
69~70			스웨덴				31
71			아일랜드				28
72			스위스(독)				26
73			뉴질랜드				22
74			덴마크				18
75					이스라엘		13
76			오스트리아				11

지수들은 단지 IBM X국 지사에 근무하는 사람들이 Y국 지사의 유사한 사람들과 비교해서 같은 질문에 어떻게 다르게 응답했는지를 보여 줄 뿐이다. 지수 차이가 각기 다른 국가 문화를 보여 준다는 결과는 IBM 밖 사람들에게도 동일한 차이가 나타난다는 것을 발견함으로써 증명되었다(제2장에서 설명한 바와 같은 타당화 과정).

다언어 사용국인 벨기에와 스위스는 〈표 3-1〉에서 두 언어권별 점수를 받았다. 캐나다의 경우에는 국가 전체에 대한 IBM 점수와 반복 연구에서 얻은 프랑스어권 지역(퀘벡) 대상 점수가 있다. 구 유고슬라비아의 경우에는 IBM 표본이 크로아티아, 세르비아, 슬로베니아로 나뉜다. 〈표 3-1〉에서 나머지 국가들은 모두 단일 점수를 가진다. 그렇다고 해서 그 국가들이 반드시 문화적으로 같은 종류라는 것은 아니다. 단지 유효 데이터가 하위 문화(subcultures)로 더 세분되지 않았을 뿐이다.

〈표 3-1〉을 보면 대부분의 아시아권 국가들(예: 말레이시아, 필리핀), 동유럽권 국가들(예: 슬로바키아, 러시아), 라틴계 국가들(예: 파나마와 멕시코와 같은 라틴 아메리카국가들, 그보다는 정도가 덜하지만 프랑스 및 벨기에의 불어 사용권인 왈로니아(벨기에 남반부–역자 주) 지역 같은 라틴 유럽권), 아랍어 사용권, 그리고 아프리카의 국가들이 권력거리 지수(PDI)가 높다는 것을 알 수 있다. 이 표에서 권력거리 점수가 작은 국가/지역은 독일어 사용권(예: 오스트리아, 스위스의 독일어 사용권, 독일 등), 이스라엘, 북유럽국(덴마크, 핀란드, 노르웨이, 스웨덴), 발트제국(에스토니아, 라트비아, 리투아니아), 미국, 영국, 구 대영제국의 백인 식민지권(뉴질랜드, 아일랜드, 호주, 캐나다) 및 네덜란드(왈로니아와 매우 유사한 점수를 낸 벨기에의 네덜란드어 사용권인 플랑드르는 제외)로 나타난다. 스웨덴의 PDI는 31이고 프랑스의 PDI는 68이다. 만약 이러한 차이가 200년 전에도 존재했다고 한다면(그리고 그랬다고 믿을 만한 증거는 뒤에 제시하겠지만) 앞에 이야기했던 베르나도뜨(Bernadotte)가 겪은 문화 충격을 납득할 수 있을 것이다.

🔿 권력거리의 정의

PDI의 근거가 된 세 개의 질문을 살펴보면, 질문 1(직원들의 겁먹음)과 질문 2(독재적 내지 가부장적 상사)는 응답자들이 자신의 일상적 작업 환경을 어떻게 지각하고 있는지를 가리킨다. 반면에 질문 3은 그들의 선호를 나타낸다. 즉, 그들이 희망하는 작업 환경을 나타낸다.

이 세 질문이 모두 한 요인으로 분류되었다는 사실에서 알 수 있는 점은 국가마다 국민이 지각하는 현실과 바라는 현실 간에 밀접한 관계가 있다는 것이다.[6] 상사를 두려워하지 않고, 상사들이 별로 독재적이거나 가부장적이지 않은 국가 직원들은 협의적 의사결정 스타일을 선호한다. 즉, 설문지에 표현된 대로 '대체로 어떤 결정을 내리기 전에 부하 직원들과 상의하는' 상사를 선호한다.

권력거리 척도상에서 이와 반대쪽에 위치하는 국가, 즉 직원이 상사와 다른 의견을 갖는 것을 두려워하는 경우가 많고, 상사가 독재적이거나 가부장적인 국가의 직원은 상의해 오는 상사를 덜 선호하는 경향이 있다. 이런 국가의 직원 대부분은 오히려 독재적 내지 가부장적으로 결정을 내리는 상사를 더 선호하는 경향이 있다. 그러나 일부 직원은 반대쪽 극단으로 흘러, 상사 자신이 전혀 결정하지 않는, 다수결 원칙에 따라 다스리는 상사를 선호한다. 실제로 대부분의 조직에서 다수 찬성이란 다루기가 아주 어려운 방법이며, 자신의 상사가 의사결정을 할 때 이런 스타일을 사용한다고 보는 사람들은 거의 없다(이런 스타일을 사용하는 시늉을 하는 상사들은 흔히 조작을 한다는 비난을 받는다).

요약하면, PDI 지수는 한 국가에서의 의존(dependence) 관계를 말해 준다. 권력거리가 작은 국가(PID 지수가 작은 국가-역자 주)에서는 부하 직원이 상사에게 의존하는 정도가 약하며, 상사와 부하 직원 간의 협의, 즉 **상호 의존**(interdependence)관계를 선호한다. 상사와 부하 직원 간의 감정적 거리는 비교적 작은 편이다. 그래서 부하 직원은 상사에게 다소 수월하게 접근해서 반대 의견을 낼 수 있다. 권력거리가 큰 국가에서는 부하 직원이 상사에게 의존하는 정도가 높다. 부하 직원은 그런 의존관계(독재적 또는 가부장적 상사에게 의존) 자체를 선호하거나, 전적으로 거부한다. 후자는 심리학에서 반(反)의존 (counterdependence)관계로 알려져 있다. 의존관계에 부정적 부호를 지닌 것이다. 따라서 권력거리가 큰 국가에서는 의존과 반의존의 극화 현상이 나타난다. 이런 경우에는 부하 직원과 상사 간의 심리적 거리는 크다. 그래서 부하 직원이 직접 상사에게 다가가서 반대 의견을 내놓는 일은 좀처럼 일어나지 않는다.

그러므로 권력거리란 한 국가의 제도나 조직의 힘 없는 구성원들이 권력의 불평등한 분포를 기대하고 수용하는 정도라고 정의할 수 있다. 시설(institutions)이란 가족, 학교, 지역사회와 같은 사회의 기본 단위를 말하며, 조직(organizations)이란 사람들이 일하는 곳을 가리킨다.

권력거리는 이와 같이 힘 없는 사람들의 가치 체계로 볼 수 있다. 권력의 분포 양상은 대개 힘 있는 자들, 즉 추종자가 아닌 지도자의 행동의 결과로 볼 수 있다. '리더십'에 관한 일반경영서들은 흔히 리더십이 '복종정신(subordin-ateship)'이 있어야 가능하다는 사실을 잊고 있다. 권위는 복종이 따라주어야 유지될 수 있는 것이다. 베르나도뜨의 문제는 그에게 리더십이 없어서 생긴 문제가 아니었다. 베르나도뜨(Bernadotte)는 프랑스인이었으나 그가 다스려야 할 백성은 스웨덴 국민이었기 때문에 문제가 생긴 것이다. 스웨덴 국민은 프랑스인의 존대의 개념과는 다른 개념을 지니고 있었던 것이다.

리더십 가치에 관한 국가 간 비교 연구는 국가 간 차이가 지도자, 그리고 추종자 양자의 마음에 있음을 보여 주고 있다. 그러나 흔히 지도자 쪽의 진술(말)보다 추종자 쪽의 말에서 이런 차이점이 더 잘 드러난다. 왜냐하면, 우리는 모두 자신보다 상사의 리더십 행동을 보는 것이 더 쉽기 때문이다. 상사의 리더십 스타일에 대한 지각(PDI 질문 2)과 선호도(PDI 질문 3)에 관한 질문 이외에 IBM 조사는 경영관리자들에게 자신의 스타일에 대해서도 답하게 했다. 그 결과 경영자들의 자기 평가는 그들이 그들 상사에게 바라는 스타일과 아주 비슷했다. 그러나 그들의 부하 직원이 지각한 그들 자신의 실제 스타일과는 판이하게 달랐다. 사실, 부하 직원들의 관리직 간부들에 대한 지각은 경영자들의 그들 상사에 대한 지각과 거의 일치했다. 경영자들이 배울 것이 있다면 '당신의 부하 직원이 당신을 어떻게 보고 있는지를 알고 싶다면, 거울을 보려 하지 마라. 그 속에서는 다만 자신의 희망사항만을 볼 수 있을 뿐이다. 180° 돌아서서 당신의 상사를 보라.'는 것이다.[7]

반복 연구에서의 권력거리

제2장의 〈표 2-1〉은 1990년과 2002년 간 발표된 여섯 개 연구들의 목록이다. 이 연구들은 기타 비교 국가 모집단들에 대하여 IBM 질문이나 그 후속 버전을 가지고 이뤄졌다.

이 중 다섯 개 연구는 IBM 세트에 있는 14~28개국을 연구 대상으로 한 것으로, 원(原) IBM 점수와 매우 유의하게 상관된 점수를 냈다.[8] 나머지 한 연구에서는 응답자들을 그들의 권력 관계를 토대로 선발하지 않고, 학생이나 주부처럼 전혀 보수를 받지 않거나 서로 매우 상이한 일을 하는 소비자들로부터 자료를 얻었다. 우리는 새로운 점수가 원래의 IBM 점수 일부의 교정치로서 쓸만한 것인지를 살펴보았지만 새로운 점수들은 그런 검토를 하기에는 신뢰도가 부족했다.[9] 새 집단들은 어느 것도 원 IBM 세트만큼의 수의 국가들이 포함되지 않았고, IBM 세트에서와 같은 잘 맞추어진 표본이 사용되지 않았다. 또한 원 IBM 점수와 소비자 구매 같은 다른 자료와의 상관관계는 시간 경과에 따라 약화되지 않았다.[10] 그 점수들은 문화의 절대치가 아니라 국가문화 간의 차이를 측정했다는 것을 기억할 필요가 있다. 문화는 바뀌었을지 모르지만, 문화가 같은 세계적 힘의 영향력하에다 함께 바뀌는 한, 점수들의 타당성은 유지될 것이다.

본드(Michael Harris Bond)가 23개국의 학생들을 대상으로 수행한 '중국 가치조사 (Chinese Value Survey: CVS)' 연구를 통해 도덕적 절제(moral discipline)란 차원이 제시되었다(제2장 참조). 이 차원에 대하여 각 국가들은 IBM 연구에서 국가 권력에 대한 부분과 대부분 동일한 형태로 배치됐다(통계적으로 표현하자면, 도덕적 절제는 PDI와 유의하게 상관을 보였다).[11] 권력거리 지수가 큰 국가의 학생들은 특히 다음이 중요하다고 응답했다.

- 욕심이 별로 없음
- 중용, 어느 쪽에도 치우치지 않는 길을 택함
- 사리사욕을 버리고 청렴성을 지킴

불평등한 사회에서는 학생처럼 평범한 사람들은 자신의 지위를 넘어선 포부를 가지지 말아야 한다고 여긴다. 반면에 권력거리 지수가 작은 국가의 학생들은 다음과 같은 것을 특히 중시한다고 응답했다.

- 융통성
- 신중함(조심성)

평등한 사회에서는 학생들이 성공하기 위해 융통성을 지니는 것의 중요성을 강조했다. 그런 사회에서는 누군가의 권력을 보여 주는 것으로 문제가 해결될 수 없기 때문이다.

GLOBE 연구에는 권력거리(power distance) 차원을 측정하기 위한 문항들이 포함되었다(제2장 참조). 앞서 말한 바와 같이, GLOBE의 문항은 우리의 것과는 상당히 다르게 구성되었다. 그들은 응답자들이 평소에 쓰는 언어가 아니라 오히려 연구자 전문 용어(jargon)를 써서 응답자들로 하여금 답이 의미하는 것을 가늠하기 어렵게 했다. GLOBE의 18가지 차원에서 (응답자들에게 그들의 문화가 '실제로 그러한 정도'로 해달라는 요청 아홉 가지, '그래야 하는 정도'로 설명해 달라는 요청 아홉 가지) 아홉 가지 차원이 우리의 PDI와 유의한 상관관계를 보였다. PDI와 가장 강력한 상관은 GLOBE 차원의 내집단 집단주의 '실태(in-group collectivism asis)' 차원에서였다. PDI와 GLOBE의 권력거리 '실태'는 그저 약한 상관을 보였다. PDI와 GLOBE의 권력거리 '희망(Power distance should be)'은 아무런 상관이 없었다.[12] 실제, GLOBE의 권력거리 '실태'와 '희망' 모두가 우리의 불확실성 회피 지수(Uncertainty Avoidance Index: UAI)와 더 강력한 상관을 보였다(제6장).[13] GLOBE의 권력거리는 우리의 PDI가 아직까지 최선임을 시사한다.

🔘 국가 내의 권력거리 차: 사회계층, 교육 수준, 직종

한 사회 안의 불평등은 다른 사회계층이 존재한다는 사실에서 알아볼 수 있다. 상류층, 중류층, 하류층 또는 다른 방식으로 사회계층을 구분하지만, 한 사회 안의 불평등은 국가마다 다르다. 계층에 따라 사회에서 누릴 수 있는 혜택에 접근하고 그 혜택을 누릴 수 있는 정도에 차이가 있으며, 그런 혜택 중 하나가 교육을 받을 수 있는 기회다. 교육수준이 높으면 자동적으로 최소한 중류층은 될 수 있다. 교육은 사람이 넘볼 수 있는 직업의 종류를 결정하는 주요 요인의 하나다. 그래서 실제로 대부분의 사회에서는 사회계층, 교육 수준 그리고 직종이 서로 밀접하게 따라다닌다. 제1장에서는 이 세 가지 모두를 우리의 정신 소프트웨어의 근원으로 지적한 바 있다. 우리 문화에는 계층, 교육, 직종의 수준들이 있지만 이들은 상호 의존적이다.

IBM에서 PDI를 계산하는 데 쓰인 자료는 여러 직종에서 일하는, 따라서 교육수준과 사회계층도 다양한 IBM 직원들을 대상으로 수집한 것이다. 그러나 각 국가 간 직종들의 조합은 모두 일정하게 유지했다. 국가 간 비교를 할 때에는 각 국가의 응답자 직종 분포가 같아야 한다. 예컨대, 스페인의 엔지니어를 스웨덴의 비서와 비교할 수는 없다. 이 조사의 경우, 모든 국가에 공통되는 직종은 판매부와 서비스부였으므로 이 두 부서에 속해 있는 IBM 직원들의 자료만을 국가 간 비교에 이용하였다. 참고로 말하면, IBM 상품개발 연구실은 규모가 큰 10개국 현지 회사에만 있었으며, IBM의 생산 공장은 13개국에만 있었다.

판매부와 서비스부의 직원들은 모두 중·고등학교 또는 그 이상의 학력을 지니고 있었으며, 따라서 대체로 중류층으로 간주할 수 있었다. 그러므로 〈표 3-1〉의 PDI 점수들은 실제로 여러 국가의 중류층 사람들 간 차이를 보여 준다. 중류층 가치는 하류층 가치 보다 정부나 교육 체제와 같은 한 국가의 제도권에 더 많은 영향을 준다. 그런 기관들을 통제하는 사람들이 대체로 중류층에 속해 있기 때문이다. 심지어 노조위원장과 같은 하류층 집단의 대표들도 평균 하류층 사람들보다는 학력이 높거나 독학을 하기 때문에, 이 이유만으로도 그들은 중류층 가치를 일부 흡수하게 된다. 하류층 부모들은 대개 자식들이 중류층이 되기를 바란다.

온갖 종류의 산업 활동이 완비된 IBM 현지 법인을 가진 세 개의 큰 국가(프랑스, 독일, 영국)에 대해서는 그 기업에 있는 모든 직종에 대해서 PDI 점수를 산출하였다. 이런 직종에는 아주 낮은 수준의 교육만을 받은, 그래서 하류층 또는 '노동 계층'의 사람들이 종사하는 직종들도 있었다.[14] 이 세 국가 안에서 통틀어 38개 직종을 비교할 수 있었다.

국가들의 PDI 점수를 산출할 때 사용했던 세 개의 질문은 직종에 대해서도 상관이 있는 것이었다. 따라서 마찬가지로 직종별 PDI 점수를 산출할 수 있었다.[15]

38개 부서 간의 비교 결과가 〈표 3-2〉에 요약되어 있다. 이 표에서 알 수 있듯이, 지위와 학력수준이 가장 낮은 직종(비숙련 내지 준숙련 근로자)이 가장 높은 PDI를 보였으며, 지위와 학력수준이 가장 높은 직종(엔지니어나 과학자 같은 전문인력의 관리자)이 가장 작은 PDI를 보였다. 이 두 극단적인 직종 사이의 최대 PDI 차는 약 100점에 이른다. 즉 앞서 76개국/지역을 대상으로 한 국가별 PDI 분포에서의 최대 차와 같은 규모다(〈표 3-1〉

표 3-2 | 6개 범주의 직종에 대한 PDI(영국, 프랑스, 독일 IBM 자료 근거)

부서의 범주	이 범주에 포함된 직종 수	PDI 범위		평균
		최저치	최대치	
비숙련 내지 반숙련 근로자	3	85	97	90
사무직 근로자 및 비전문적 판매원	8	57	84	71
숙련 근로자 및 기술자	6	33	90	65
위 근로자 범주의 관리자	8	22	62	42
전문인력	8	−22*	36	22
전문인력의 경영자	5	−19*	21	8
계	38	−22*	97	47

*마이너스 값은 국가 간 차이를 구할 때 원래 설정했던 0부터 100까지의 범위를 벗어나는 수치.

참조, 그러나 국가 간 차이는 직종도 같고 학력수준도 같은 사람들의 표본을 대상으로 한 것이었다).

다음 문제는 직종 간 권력거리의 차가 모든 국가에서 동등하게 나타났는지의 여부를 파악하는 것이다. 이를 검증하기 위해 권력거리 수준이 다른 11개국에 속해 있는 네 개의 직종을 비교해 보았다. PDI가 가장 작은 국가에서 직종 간 권력거리 지수의 차이가 가장 크게 나타났고, PDI가 큰 국가에서는 직종 간 권력거리 지수의 차이가 상대적으로 작은 것으로 나타났다.[16] 다시 말하면, 〈표 3-1〉에서 권력거리가 큰 국가에서는 그 국가 IBM 회사 안에서 지위의 고저와 관계없이 모든 직원의 권력거리 지수가 높게 나타났다는 것이다. 권력거리가 작은 국가에서는 대개 중류층 및 상류층 직원만이 권력거리 지수가 낮게 나타났다. 하류층 및 저학력 직원의 PDI는 권력거리가 큰 국가의 직원만큼이나 높게 산출되었다. 지위가 높은 직원의 불평등에 대한 가치는 국가에 따라 크게 다른 것 같았고, 지위가 낮은 직원의 불평등에 대한 가치는 국가 간에 큰 차이가 없었다.[17]

서양 여러 국가에서 학력 수준과 지위가 낮은 직원이 지위가 높은 직원보다 '권위주의적(authoritarian)' 가치를 지니고 있다는 사실은 사회학자들이 이미 기술한 바 있다. 이와 같은 권위주의적 가치는 직장에서만이 아니라 가정에서도 드러난다. 미국과 이탈리아에서 행한 연구(Kohn, 1969)에 의하면, 근로자 계층의 부모가 중류층 부모보다 자식에게 복종을 더 많이 요구하며, 이러한 차이는 이탈리아보다는 미국에서 더 컸다.[18]

◐ 권력거리와 관련된 측정치: 이 장과 다음 장의 구성

이 장의 다음 부분에서는 국가 간 권력거리 지수 차이가 그 국가 안의 가족, 학교, 직장, 정부, 사상에서의 차이와 연관될 것이다. 또 다른 차원을 다루는 제4장부터 제8장까지도 대부분 이러한 방식으로 구성될 것이다. 대부분의 연관관계는 제2장에서 설명한 방식의 통계적 분석(국가 지수와 다른 수량적 연구 결과 간의 상관관계 분석) 결과를 토대로 설명했다. 그밖에 각 국가 안의 가족, 학교, 직장 등에 관한 질적인 정보들도 이용했다. 이 책에서는 통계적 검증을 생략했다. 통계적 검증에 관심 있는 독자들은 『문화의 결과(Culture's Consequences)』를 참고하기 바란다.

◐ 국가 간의 권력거리 차: 가족에 뿌리를 둔 권력거리

세상의 모든 사람은 대부분 태어나자마자 한 가족의 일원이 되며, 함께 살게 되는 어른들을 모방하면서 정신의 소프트웨어를 획득하기 시작한다.

권력거리가 큰 사회에서는 어린이는 자기 부모에게 복종할 것을 요구받는다. 때로는 어린이들끼리도 권위의 순서가 정해져 있어서, 연하의 아이는 연상의 아이에게 양보하게 되어 있다. 아이가 독립적인 행동을 하는 것을 좋게 여기지 않는다. 부모나 다른 연장자를 존경하는 것은 하나의 예의로 간주한다. 아이들은 다른 사람들이 그와 같은 존경을 표하는 것을 보고는 곧 스스로 그런 행동을 배운다. 부모나 나이든 아이들이 어린 아이들, 특히 아주 작은 아이들을 다룰 때 아주 따뜻하고 정성스럽게 돌봐주는 경향이 있다. 아이들은 보살핌을 받아야 하며 제멋대로 행동하는 것은 옳지 않다. 부모와 나이든 친척에 대한 존경은 본인이 성인이 되어도 계속된다. 부모의 권위는 부모님이 살아계시는 한 그 사람의 일생 동안 계속해서 영향을 준다. 자식이 일가를 이룬 후에도 부모와 조부모에게는 정식으로 경의를 가지고 대한다. 모든 인간 접촉에서는 연장자에 대한 일정한 의존 형태를 찾아볼 수 있으며, 사람들이 지니고 있는 정신의 소프트웨어에는 그러한 의존에 대한 강한 욕구가 포함되어 있다. 부모가 노년기가 되거나 쇠약해지면, 아이들은 재정적으로 또한 실질적으로 부모를 부양하고, 조부모는 흔히 제 아이들의 가족들과 산다.

권력거리가 작은 사회에서는 대체로 아이들이 활동할 수 있게 되면 바로 동등한 존재로 대접을 받는다. 이런 경향은 갓난아이를 목욕시킬 때부터 이미 드러난다.[19] 부모의 교육목표는 가능한 한 빨리 아이들이 자신의 일을 스스로 해내도록 하게 하는 것이다. 아이들이 적극적으로 실험할 때는 격려해 준다. 아이들이 부모 말을 반박하는 것을 허용하며, 그래서 아이들이 아주 일찍부터 '노(No)'라고 말하는 법을 배운다. 타인과의 관계에서도 타인의 연령이나 지위에 구애받지 않게 된다. 공식적인 존경과 경의의 표시는 거의 찾아볼 수가 없다. 이런 사회의 가족관계는 종종 다른 사회의 사람에게는 너무 풀어져 있는 것으로 비칠 수도 있다. 아이들이 성장하면 부모-자식관계는 대등한 관계로 변하게 되며, 중요한 결정을 하는 데 있어서도 부모의 허락은 물론 조언을 구하는 일도 드물다. 이상적인 가족상에서 성인 구성원은 상호 독립적이다. 독립(independence)에 대한 욕구는 성인의 정신 소프트웨어를 구성하는 주요 요소 중 하나로 간주된다. 부모들은 자신이 늙거나 쇠약해졌을 때에 관한 대책을 세워야 한다. 제 자식들이 자신을 부양하길 기대하거나 자식과 같이 살 것이라고 예상할 수도 없다.

앞의 두 문단에서는 고의로 두 극단의 모습을 대립시켰다. 실제 상황은 대부분 권력거리의 양극의 중간쯤 어디엔가 위치한다. 국가의 점수는 이 차원의 어떤 점에 오기 마련이다. 우리는 부모의 사회계층과 교육수준이 특히 권력거리가 좁은 국가에서 중대한 역할을 하는 것을 보았다. 가족은 전체 사회의 규범과는 다른 가족 특유의 문화를 발전시킨다. 따라서 부모와 자녀의 성격이 강할 때는 비전형적인 행동을 할 수 있다. 그러나 앞에서 제시한 두 극단은 가족 내 불평등 딜레마에 대한 인간의 해결이 보일 수 있는 범위를 보여 주는 것이다.

유로바로미터(Eurobarometer)는 유럽연합(European Union: EU)이 가맹국 및 신생 가맹국 인구에 대한 대표 표본을 가지고 정기적으로 실시하는 조사인데, 2008년에는 자녀가 있는 부모 간 상근직과 비상근직 분담에 대한 자료를 수집했다. 권력거리가 큰 국가일수록 양부모가 상근직인 경우가 많았고, 권력거리가 작은 국가일수록 부모 중 한 명이 상근직이고 다른 한 명도 일을 하긴 하지만 그 일이 비상근직인 경우가 많았다. 단, 가장 가난한 국가의 경우를 예외로 하고, 이러한 차이는 그 국가의 부와 무관하였다. 이러한 차이를 통해 권력거리가 작은 문화일수록 부모와 자녀 간 관계가 더 가깝다는 것을 알 수 있다.[20]

　가족은 제일 첫 번째로 이루어지는 사회적 정신 프로그래밍의 근원이기 때문에 가족이 우리의 정신 프로그램에 미치는 영향은 아주 강하며, 일단 가족 안에서 형성된 프로그램을 바꾸기란 대단히 어렵다. 정신과 의사들 및 정신분석학자들은 개인의 가족 내력이 가지는 중요성을 인식하고 있지만 그것의 문화적 배경에 대한 중요성은 잘 인식하지 못한다. 정신과 의사들은 사회 활동의 규범에서 이탈한 행동을 하는 개인들을 도우려 한다. 이 책에서는 규범들이 사회마다 어떻게 다른지 규범들 그 자체를 기술하려 한다. 각기 다른 규범들은 다른 사회 출신의 사람 혹은 같은 사회 내에서 출신 지역이 다른 사람을 정신의학적으로 도와준다는 것이 얼마나 어려운 일인지 말해 준다. 도움을 주려는 사람은 도움 대상 인물과의 문화적인 불화 및 그들에 대해 자신이 지닌 문화적 편견을 속속들이 깨닫고 있어야 한다.[21]

◉ 학교에서의 권력거리

　오늘날 대부분의 사회에서 어린이는 최소한 몇 년은 학교에 다닌다. 보다 풍요로운 사회에서는 학창 시절이 인생 중 20년 이상을 차지할 수도 있다. 어린이는 학교에서 자신의 정신 프로그램을 한층 발전시킨다. 그 사회의 가치를 옹호하는 문화의 일부라고 할 수 있는 교사와 학우들은 그에게 새로운 가치를 주입한다. 교육체계가 한 사회의 변화에 얼마만큼 공헌하는지는 아직 알 수 없다. 이제까지 존재하지 않던 가치를 한 학교가 창조할 수 있는지, 아니면 사회의 기존 가치를 자기도 모르게 강화하는 것인지 말이다. 어쨌든 여러 사회의 학교를 비교해 보면 가족 안에서 발견되는 것과 같은 형태의 차이가 학교 간에도 드러난다. 부모-자식 역할 짝이 교사-학생 역할 짝으로 바뀐다. 그러나 기본적인 가치와 행동은 영역이 바뀌어도 그대로 계속된다. 물론 대부분의 학생은 학교에 다니면서도 계속 가정에서 많은 시간을 보낸다.

권력거리가 큰 사회에서는 부모-자식 간 불평등은 학생의 의식 속에 이미 형성된 의존 욕구와 맞아 떨어지는 교사-학생 간 불평등으로 인해 자리를 굳히게 된다. 선생님은 존경 혹은 두려움의 대상이다(나이든 선생님일수록 더욱 그렇다). 선생님이 들어오실 때 학생들이 일어서야 하는 경우도 있다. 교육과정은 교사 중심적으로 되고, 학생들이 무엇을 배울지는 교사가 규정한다. 학급 안에는 엄격한 규율이 있어서 교사가 모든 대화를 주도한다. 반에서 학생은 허락할 때만 말할 수 있다. 교사의 말은 절대 남이 보는 데서 거스를 수도 비판할 수도 없으며, 교사는 학교 밖에서도 받들어 모셔야 한다. 어린이가 못된 행동을 할 때 교사는 그 부모에게까지 간섭하여 어린이의 버릇을 고치게 한다.

교육과정은 교사의 방식에 따라 크게 좌우된다. 특히 대학에서의 고급 과목에서는 객관적인 '진리(truth)'가 아니라 스승 개인의 지혜를 전달하면 되는 것으로 여긴다. 인도나 인도네시아에서는 스승은 실제로 구루(guru)라고 부르는데, 이 용어는 산스크리트어에서 나온 것으로 '무게 있는' 또는 '영예로운'이라는 뜻을 지닌다. 프랑스 용어로는 매트르 드 팡세(maître à penser), 즉 '사유의 스승'이라는 용어가 그렇다. 이러한 교육체계 속에서 학생의 학습의 질은 거의 전적으로 스승의 수월성에 의해 좌우된다.

권력거리가 작은 사회에서 교사는 학생을 기본적으로 동등한 존재로서 대하며, 학생도 역시 자신을 동등한 존재로 간주하길 기대한다. 젊은 교사는 나이든 교사에 비해 자신과 더 동등하며, 따라서 학생은 대개 젊은 교사를 더 좋아한다. 교육과정은 학생 중심이므로 학생 주도하에 운영되어 학생 스스로 자기가 알아서 공부하는 것으로 된다. 수업 시간에 교사가 묻지 않아도 학생은 의문 나는 점이 있을 때는 언제든지 질문해도 된다. 학생들은 교사와 논쟁도 하고, 교사의 말에 이견을 말할 수도 있고 그를 비판할 수도 있으며, 학교 밖에 나와서는 교사에게 각별한 존경을 보이지 않는다. 아이가 못된 행동을 할 때는 부모가 교사에 맞서 아이 편이 된다. 교육과정은 대체로 객관적이다. 즉, 특정한 교사와는 직접 관계없이 존재하는 '진리'나 '사실'을 전수하는 것이다. 이러한 교육체계 속에서 효과적인 학습이 이루어지기 위해서는 학생과 교사 간에 상호 의사소통이 잘 이루어져야 한다. 전체 교육체계의 성패는 학생의 독립에 대한 욕구가 얼마나 잘 발달되어 있느냐에 의해 좌우된다. 학습의 질은 상당 부분 학생의 수월성에 의해 결정된다.

이 장의 앞부분에서 적어도 권력거리 점수가 상대적으로 낮은 국가에서는 고등교육을 필요로 하는 직종에서 권력거리 점수가 더 낮음을 보았다. 이로 미루어 보아, 이런 국가에서는 학생이 고학년으로 올라갈수록 교사로부터 더 독립적이 될 것이란 추측을 할 수 있다. 즉, 학년이 올라갈수록 의존성에 대한 욕구가 감소할 것이다. 그러나 권력거리 점수가 큰 국가에서는 학생이 높은 교육수준에 도달한 후에도 계속 교사에게 의존하게 될 것이다.

권력거리가 작은 국가에서는 사회 내 중류층의 발달을 돕기 때문에 교육 예산이 모두를 위한 중등교육기관(중·고등학교)에 더 많이 쓰인다. 권력거리가 큰 국가에서는 엘리트들과 교육을 받지 못한 사람들 간의 양극화를 유지하기 때문에 대학 수준 교육에 예산 지출이 더 많고 중등교육에는 더 적다.

학교에서의 체벌은 적어도 사춘기 이전의 아이에게는 권력거리가 작은 국가보다 큰 국가에서 더 많이 용납된다. 체벌은 교사-학생 간의 불평등을 더 드러내고 상징할 뿐만 아니라, 종종 어린이의 성격 발달에 유익한 것으로 간주된다. 반면, 권력거리가 작은 국가에서는 교사에 의한 체벌은 당장 아동학대로 간주하며, 부모는 이를 경찰에 고발하기까지 한다. 예외도 있는데, 이것은 제5장에서 다루게 될 남성성-여성성의 차원과 관계가 있다. 영국처럼 남성적이면서 권력거리가 작은 국가에서는 모든 사람이 학교에서의 체벌을 나쁜 것으로 보지는 않는다.

이 앞 절에서 논의한 가족의 경우와 마찬가지로, 현실은 이 두 극단 상황 사이의 어딘가에 위치한다. 그 정도를 조절하는 요인 중 하나는 학생의 능력이다. 권력거리가 작은 국가에서는 능력이 부족하거나 정신장애를 가진 아이는 문화적으로 기대되는 독립성을 발달시키지 못하게 되고, 따라서 넓은 권력거리 방식으로 다루게 될 것이다. 권력거리가 작은 사회에서 **노동 계층 부모**를 둔 유능한 아이는 작은 권력거리 규범을 가정하는 대학과 같은 교육기관에서는 불이익을 받을 것이다. 앞에서 말했듯이, 노동계층 가족은 권력거리가 큰 하위 문화를 갖는 것이 상례이기 때문이다.

🔵 권력거리와 건강 관리

유럽연합 가맹국들의 건강 관리 체계의 기능 비교 연구에서는 예상대로 권력거리가 의사와 환자 간 관계를 반영하는 것으로 나타났다. 권력거리가 큰 국가에서는 진찰 시간이 더 짧았고 예기되지 않은 정보 교환 기회가 적었다.[22]

이러한 차이는 약물치료 적용에도 영향을 미친다. 상대적으로 권력거리가 큰 문화의 국가에서 의사들은 빠른 해결책으로 여기는 항생제를 처방하는 빈도가 더 높았다. 이런 국가에서는 환자가 자가 처방으로 항생제를 이용하는 빈도도 더 높았다.[23] 자가 치료로 항생제를 남용하면 내성이 생겨 위험해지기 때문에 이러한 연구 결과는 주목할 만한 것이다.

또 다른 연구에서는 유럽 25개국에서 수혈 관행을 비교하였다. 수혈은 자국 공정이기 십상이다. 혈액 제재를 국제적으로 거래하는 경우는 거의 없다. 권력거리가 상대적으로 작은 문화를 가진 국가는 혈액 기증자의 수, 채혈 건수, 병원에 공급된 혈액량이 더 많다. 후자의 두 가지 경우에서도 사람들의 평균 교육 수준이 역할을 했다. 그 차이는 상당한 것으로, 연구 대상국에 있어서 2004년 국민 천 명당 기증자 수는 2명부터 51명까지 다양했다.

혈액 기증이 항상 무보수의 자발적인 행위였던 바와 같이, 혈액 기증과 PDI와의 부적인 상관관계는 사람들이 상대적으로 힘 있는 이들의 **권위**에 덜 의존하고 사람들의 **교육** 수준이 더 높은 문화에서 혈액 기증 행위가 일어날 가능성이 높다는 것을 보여 준다. 상대적으로 힘 있는 사람들의 권위에 덜 의존하고 교육수준이 높은 문화에서 그러한 행위가 나타날 가능성이 훨씬 더 높았다는 것을 혈액 기증과 PDI와의 부적 상관관계에서 알 수 있다. 국가의 부는 그 어디에도 영향을 주지 않았다.[24]

〈표 3-3〉에는 권력거리가 큰 사회와 작은 사회에 관해 지금까지 논의된 핵심적인 차이점이 요약되어 있다.

표 3-3 │ 권력거리가 큰 사회와 작은 사회 간의 핵심적인 차이점
Ⅰ: 일반 규범, 가족, 학교 및 보건 관리 서비스

작은 권력거리	큰 권력거리
인간 간 불평등은 최소화되어야 한다.	인간 간 불평등은 당연하며 바람직한 것으로 여긴다.
사회적 관계는 배려 속에서 이루어져야 한다.	지위는 제약을 통해 균형을 잡아야 한다.
강자인 사람과 약자인 사람은 상호 의존적이어야 한다.	약자는 의존적이어야 한다.
강자인 사람들과의 상호 의존은 정서적으로 편하다.	약자는 정서적으로 의존과 반의존으로 양극화된다.
부모는 자식을 자신과 동등한 존재로 대한다.	부모는 자식에게 복종을 가르친다.
자식은 부모를 동등한 존재로 대한다.	부모와 나이든 친척 어른에 대한 존경은 일생의 주요 미덕이다.
자녀들은 부모의 노인 연금에 관여하지 않는다.	자녀가 부모의 노인 연금을 맡는다.
학생은 교사를 동등한 존재로 대한다.	학생은 교실 밖에서도 교사를 존경심으로 대해야 한다.
수업 시간에 교사는 학생이 주도적으로 나올 것을 기대한다.	교사가 교실에서 모든 주도권을 가져야 한다.
교사는 객관적 진리를 전달하는 전문가다.	교사는 자신의 지혜를 전달하는 스승이다.
학습의 질은 쌍방향 커뮤니케이션과 학생들의 우수성에 달려 있다.	학습의 질은 선생의 수월성에 달려 있다.
학력 수준이 낮은 사람들은 학력 수준이 높은 사람들보다 더 권위주의적인 가치를 지닌다.	학력이 높은 사람, 낮은 사람 할 것 없이 권위주의적 가치를 중시한다.
교육 정책은 중등학교에 주안점을 둔다.	교육 정책은 대학에 주안점을 둔다.
환자는 의사를 자신과 동등한 존재로 대하고 정보를 적극적으로 낸다.	환자는 의사를 윗사람으로 대한다. 상담은 의사 통제하에서 잠깐 이루어진다.

● 직장에서의 권력거리

대부분의 사람은 가정과 학교에서의 학습경험을 거친 후 젊은 성인으로서 직장생활을 시작한다. 이즈음에 부모-자식, 교사-학생, 의사-환자 역할 짝에 상사-부하 직원 역할 짝이 더해짐으로써, 우리의 정신 프로그램의 일부였던 부모, 특히 아버지나 교사에 대한 태도가 상사에 대한 태도로 옮겨진다고 해도 놀랄 일은 아닐 것이다.

권력거리가 큰 조직에서는 상사와 부하 직원이 서로를 다른 존재로 인식한다. 위계체계는 이와 같은 존재적 불평등에 근거한 것으로 인식된다. 조직은 권력을 가능한 한 소수

의 손에 집중시키는 경향이 있어서 부하 직원은 의당 해야 할 일에 대한 지시를 받는 것으로 되어 있다. 갖가지 감독 임원이 서로 보고하는 층층으로 된 위계 조직을 형성한다. 조직 내 급여체계에 있어서도 고위 간부와 하위 직원 간에 격차가 크다. 근로자는 상대적으로 교육수준이 낮으며, 육체 노동직은 사무직보다 지위가 훨씬 낮다. 상사는 특권을 누리며, 상사—부하 직원 간의 접촉은 언제나 상사가 주동하게 되어 있다. 부하 직원의 시각에서 이상적인 상사는 선의의 독재자나 '착한 아버지' 상이다. '악한 아버지'를 겪어 본 근로자는 이데올로기상으로는 상사의 권위를 완강히 거부할지 모르지만 현실에서는 그 상사에게 순종한다.

　권력거리가 큰 조직에서의 상사와 부하 직원 간 관계에는 흔히 감정이 개입되기 쉽다. 디리반느(Philippe d'Iribarne)는 프랑스 공영 국제경영연구소의 책임자였다. 그의 연구팀은 프랑스(PDI 68), 미국(PDI 40), 네덜란드(PDI 38)에 산재하는 동일한 프랑스 다국적 기업의 생산공장을 대규모 면접을 통해 비교했다. 이 프로젝트에 관한 그의 책에서 디리반느는 다음과 같이 말하고 있다:

> 프랑스의 위계 관계가 대체로 강한 감정적 성격을 띠고 있다는 사실은 흥미롭다. 상사에 대한 감정에는 큰 격차가 있다. 같은 상사를 어떤 사람은 대단히 숭배하는가 하면, 어떤 사람은 똑같은 정도로 멸시한다. 이런 현상은 보편적인 것이 아니다. 네덜란드나 미국에는 이런 현상이 없다.[25]

　권력거리가 큰 국가에서 우리가 발견한 권력에 대한 의존과 반의존 간의 양극화 현상이 앞의 인용문에서 확인되고 있음을 알 수 있다.

　권력거리가 큰 국가에서는 겉으로 드러나는 지위의 표시는 상사의 권위를 세우는 데 일조한다. 만약 어떤 사람이 이웃에게 자신의 상사가 이웃의 상사보다 더 큰 차를 타고 다닌다고 말할 수 있다면 그는 자기 상사에 대한 자긍심을 느낄 것이다. 대체로 나이 지긋한 상사가 젊은 상사보다 더 존경의 대상이 된다. 상사의 권력 남용으로 피해를 보면 재수가 없었던 것으로 치부할 뿐 이런 상황을 시정해야겠다는 생각은 전혀 하지 않는다. 권력 남용이 도를 지나치게 되면 그때는 여러 사람이 단합해 극단적인 방향으로 나아간다. 이런 국가에서는 미국에서 개발된 목표관리(Management By Objectives: MBO)[26]와 같은 틀에 짜인 리더십 기법은 별로 효과를 보지 못한다. 왜냐하면 이러한 프로그램은 부하 직원과 상사 간에 어떤 형태로의 협상을 전제로 하는데, 어느 쪽도 이런 협상을 제대로 할 줄 모르기 때문이다.

권력거리가 작은 조직에서는 부하 직원과 상사가 서로에 대해 존재적으로 동등하다고 여긴다. 위계체계는 편의상 마련한 역할에서의 불평등일 뿐이다. 역할은 고정적인 것이 아니어서 오늘 내 부하였던 사람이 내일은 내 상사가 될 수도 있다. 조직 구조는 위계적 평면 피라미드를 이루며, 감독 임원들의 수는 작고, 권력이 분산되어 있다. 고위 간부와 하위 직원 간의 급여 차도 크지 않다. 근로자의 자격 수준은 높고, 숙련을 요하는 육체 노동직은 무기능 사무직보다 더 높은 지위를 차지한다. 고위직 간부가 특권을 누리는 것은 기본적으로 옳지 않은 것으로 간주되며, 모든 사람이 같은 주차장, 화장실 그리고 식당을 사용해야 하는 것으로 여긴다. 상사는 언제나 부하 직원을 만나 주어야 하며, 이상적인 상사란 재능 있는(따라서 존경받는) 민주주의자다. 부하 직원은 자신의 일과 관련된 결정을 하기 전에 그들과 상의해야 하는 것으로 생각하나, 최종 결정은 상사가 한다는 것도 인정한다.

이런 국가에서는 지위 상징은 모두 지탄의 대상이 된다. 자기 상사가 회사 돈으로 비싼 차를 타고 다니면 부하는 이웃에게 자신의 상사 흉을 본다. 일반적으로 나이든 상사보다 젊은 상사가 더 인기 있다. 조직은 상사의 권력 남용에 관한 직원들의 제소를 처리하는 규정을 갖추고 있어야 한다. 목표관리(MBO)와 같은 틀에 짜인 리더십 기법도 관리에 충분한 주의만 하면 성공할 수 있다.

영국 서섹스대학(University of Sussex)의 스미스(Peter Smith)는 1990년대에 47개국 7천 명이 넘는 부서의 부장을 대상으로 어떤 업무 조직에서든 보통 일어나는 여덟 가지의 흔한 업무 '사안(events)'을 처리하는 방식에 대한 진술을 수집했다(예: 당신의 부서에 장비나 기계를 새로 바꿔야 할 것 같을 때). 각 사안의 경우, 여덟 가지 가능한 보기 목록(예: "공식 규정과 절차")을 제시하고 각각에 의존하는 정도를 표시하도록 했다. 스미스는 부장 자신의 경험에 대한 의존 및 자신의 부하 직원에 대한 의존이 아닌, 공식 규정에 대한 의존 및 자신의 상사에 대한 의존을 합하여 47개국의 **수직성 지수**(verticality index)를 산출했다. 이 수직성 지수는 PDI와 강력한 상관을 보였다. 즉, 권력거리가 큰 국가에서는 표본의 부장들이 자신의 상사와 공식 규정에 보다 의존하고 자신의 경험 및 부하 직원에게 덜 의존하는 것으로 나타났다.[27]

권력거리가 큰 국가냐 작은 국가냐에 따라 조직 간 효율성에 체계적 차이가 있다는 것을 증명한 연구는 없다. 업무 유형에 따라 유효성은 달라진다. 즉, 작은 권력거리 문화권은 부하 직원의 창의성을 필요로 하는 업무에서, 큰 권력거리 문화권은 규율을 필요로 하는 업무에서 유리하다. 경영상 중요한 것은 현지 문화의 강점을 활용하는 것이다.

이 절에서도 양극의 경우만 들었는데, 대부분의 업무 상황은 양극단 사이에서 벌어지며, 큰 권력거리와 작은 권력거리 양쪽 모두의 요소 몇 가지를 포함할 것이다. 경영 이론에서는 이들 두 모델의 존재와 그런 모델 차가 문화로 인해 생긴다는 것을 좀처럼 인정하지 않는다. 제9장에서는 이 문제로 다시 돌아가, 여러 다른 경영 내지 조직 이론이 그러한 이론을 만든 사람의 국적을 어떻게 반영하는지를 보여 줄 것이다.

〈표 3-4〉에는 권력거리가 큰 사회와 작은 사회 간 직장에서의 핵심적인 차이점이 요약되어 있다.

표 3-4 | 권력거리가 작은 사회와 큰 사회 간의 핵심적인 차이점 II: 직장

작은 권력거리	큰 권력거리
조직 안의 위계는 편의상 만들어진 역할의 불평등을 반영한다.	조직 안의 위계는 고위 간부와 하위 직원 간의 불평등을 반영한다.
조직에는 권력 분산이 흔하다.	조직에는 권력 집중이 흔하다.
상사 인원이 적다.	상사 인원이 많다.
고위 간부와 하위 직원 간의 임금 격차가 적다.	고위 간부와 하위 직원 간의 임금 격차가 크다.
부장들이 자신의 경험 및 부하 직원에게 의존한다.	부장들은 상사 및 공식 규정에 의존한다.
부하 직원과도 상의해야 한다.	부하 직원은 지시에 따라 일을 한다.
특권이나 지위 상징을 언짢게 여긴다.	특권이나 지위 상징은 당연한 것으로 여기며 인기가 있다.
육체 노동직은 사무직과 동일한 지위를 누린다.	사무직이 육체 노동직보다 귀한 것으로 평가된다.

➔ 권력거리와 정부

지금까지는 국가 간의 권력거리 차가 부모-자식, 교사-학생, 의사-환자, 상사-부하 관계의 역할 짝에 어떤 시사점을 주는지를 살펴봤다. 이와 비슷한 영향을 보일 관계 짝은 관청-국민 간의 관계다. 세계 뉴스를 읽어 본 사람이라면 정부 기관과 국민 간의 권력 차를 다루는 방식이 아주 다르다는 것을 분명히 알 수 있다. 이해를 위해서는 꼭 필요하지만 그리 분명하지 않은 점은 한 국가 권력을 다루는 방식이 인구 대부분이 지니고 있는 관청의 올바른 방식에 대한 신념에 뿌리를 박고 있는 경향이 있다는 점이다.

WVS를 통해 수집된 43개 사회에 대한 자료 분석에서(제2장 참조), 미국 정치학자 잉글하트(Ronarld Inglehart)는 '세속적·합리적 권한-전통적 권한' 차원상에 국가들이 배열될 수 있다는 것을 발견했다. 상관분석 결과 이 차원은 우리가 권력거리라고 부르는 것과 거의 일치했다.[28] 권력거리가 큰 사회에서는 관청이 전통적인 경향이 있으며, 때로는 종교에 뿌리를 두기도 한다. 권력은 선악(善惡) 분별의 바탕이 되는 기본 사항으로 여겨진다. 권력이 합법적이냐 아니냐 하는 것은 문제가 되지 않는다. 힘은 옳음(정당성) 위에 군림한다. 이것은 강한 표현으로, 이런 식으로 표현되는 경우는 드물지만 권력을 가진 자와 보통 사람의 행동에는 이것이 사실로 드러난다. 이 세상에는 불평등의 질서가 있으며, 각자는 자기가 설 자리가 따로 있다는 사실에 말 없는 합의가 존재한다. 이러한 질서는 사람들이 지니고 있는 의존 욕구를 만족시키며, 권력을 쥐고 있는 사람들과 복종하는 사람들 모두에게 안정감을 준다.

이 장의 서두에서 권력, 부(富), 지위에서 사람들이 차지하는 위치 간에 일관성을 유지하려는 일부 사회의 경향에 관해 말한 바 있다. 지위 합치에 대한 욕구는 권력거리가 큰 문화에서 볼 수 있다. 이런 문화에서는 권력을 쥔 사람에게 특권이 주어지며, 권좌에 있는 사람이 권력을 이용해 부를 축적하는 것을 당연한 것으로 여긴다. 될 수 있는 대로 더 권세 있는 것처럼 보이게 하는 상징적 행동으로 인해 그들의 지위는 과장된다. 그들 권력의 주된 원천은 가족과 친지, 카리스마, 힘을 사용하는 능력이다. 힘을 사용하는 능력은 권력거리가 큰 국가에서 왜 그렇게 자주 군부독재정권이 들어서게 되는지를 잘 설명해 준다. 권력 있는 사람이 개입된 스캔들은 당연시되지만, 그런 스캔들이 은폐된다는 것 또한 당연시된다. 어떤 일이 잘못되면 위계상 신분이 낮은 사람에게 책망이 돌아간다. 사태가 지나치게 악화될 때 체제를 바꾸는 방법은 혁명으로 권좌에 있는 사람들을 갈아치우는 것이다. 그런 혁명의 대부분은 성공을 해도 결국 실패로 돌아가는데, 그 이유는 새로 권력을 쥔 사람도 얼마 후에는 자기 앞의 집권자들과 같은 행동을 되풀이하기 때문이다. 이들의 행동은 사회에 지배적인 불평등에 관한 가치의 지지를 받아 강화되는 것이다.

권력거리가 큰 국가들에서는 사람들은 비교적 소수의 신문을 구독하며, (그러나 그 사람들은 그들이 구독하는 신문에 신임을 보인다) 정치이야기는 별로 하지 않는다. 이들에게 정치적 이견은 곧 폭력으로 변한다. 이러한 국가의 정치체계는 단일정당체제인 경우가 많다. 여러 개의 정당이 허용된다 해도, 거의 같은 정당이 선거에서 늘 승리한다. 권력거리가 큰 국가의 정치적 색깔은 좌우익 양극단이 강하고 중도 노선이 약한데, 이것은 이 장의 앞부분에서 말한 바 있는 의존과 반(反)의존 간 양극화의 정치적 반영이다. 이런 국가에서는 수입 분포가 크게 불균형을 이룬다. 부는 몇몇사람들에게 편중되어 있고 가난한 자가 대다수를 이룬다. 그밖에 조세 제도는 부유층에게 유리하게 짜여 있어서, 세금 공제 후의 수입 격차는 공제 이전보다 오히려 더 커질 수 있다. 노동조합도 정부의 통제 밑에 놓이는 경향이 있다. 그렇지 않은 경우 노동조합은 이데올로기에 따라 움직이고 정치에 개입한다.

권력거리가 작은 사회의 관청은 잉글하트에 따르면 세속적 · 합리적 유형에 해당한다. 전통적인 것보다 실용적 고려에 기반을 두는데, 이러한 사회에서는 정치와 종교가 분리되어야 한다는 의식이 지배적이다. 권력의 행사는 법률과 선악 판단의 통제를 받으며, 불평등은 기본적으로 바람직하지 못한 것으로 간주한다. 불평등이 아주 없을 수는 없지만 정치적 수단에 의해 최소화되어야 한다고 여긴다. 법은 모든 사람이 사회적 지위와 관계없이 동등한 권리를 지닌다는 사실을 보장해야 한다. 권력, 부, 지위의 높낮음이 반드시 따라 움직여야 할 필요는 없으며, 따라 움직이지 않는 것을 오히려 좋게 여기기까지 한다. 권력 있는 사람들의 지위 상징은 오히려 언짢게 여기며, 지도자는 형식적 상징을 버림으로써 비공식적 지위를 높일 수 있다. 예를 들어, 전차를 타고 출근하는 장관처럼 말이다. 이 범주에 있는 국가들은 대부분 부유하고 중류층의 규모가 크다. 권력의 원천이 되는 것은 공식적인 지위, 전문성, 보상을 줄 수 있는 능력이다. 스캔들이 일어나면 대개 정치적 생명이 끝난다. 혁명은 인기가 없고, 체제의 변화는 권좌에 있는 사람을 반드시 추방하지 않고 진화적인 방법으로 해낸다. 신문의 독자 수는 많지만, 독자들의 신문에 대한 신임은 높지 않다. 정치적 이슈에 대한 논의는 자주 일어나고, 국내 정치에서 폭력은 거의 일어나지 않는다.

권력거리가 작은 국가의 가치 체계에서는 대개 복수 정당 정부가 가능하며, 선거에 의해 평화로운 정권 교체가 이루어진다. 이런 국가들의 정치적 색깔은 좌우익 양극단이 약하고 중도 노선이 강하다. 권력거리가 큰 국가들에 비해 수입 분포의 불균형도 적다. 또한 조세 제도를 통해 수입의 재분배 효과를 얻는다. 즉, 세금 공제 후의 수입 격차는 공제 전보다 더 작아진다. 노동조합도 독립적이며, 이데올로기나 정치 지향적이라기보다는 조합원들의 이익을 대변하는 실용 지향적이다.

독자들은 여러 국가의 역사나 현행 관행으로부터 양극단의 요소를 쉽게 알아볼 수 있을 것이다. 유럽연합은 다원주의적 민주주의에 기초하지만, 여러 회원국은 독재적 과거를 완전히 청산하지 못했다. 문화에서의 권력거리 지수는 왜 그 국가들이 민주주의를 이루기가 어려운지를 설명하는 데 유용하다. 예컨대, 이 장의 앞부분에서 언급한 유로바로미터 조사에 따르면, PDI가 비교적 큰 곳에서는 경찰을 신뢰하는 사람, 정당에 가입하는 젊은이들, 정책 입안자와의 토의에 참여해 본 사람이 더 적었다. 가장 민주적인 체제에서조차 부정행위를 폭로한 언론인들이나 내부 고발자들은 고된 시간을 겪는다.[29] 상대적으로 민주적 체제가 약한 국가일수록 언론인들과 내부 고발자들의 생계는 위험하다.

정치적 사상도 이 국가에서 저 국가로 옮겨 다니기 때문에 때로는 권력거리가 작은 국가의 제도를 권력거리가 큰 국가가 모방하기도 한다. 다른 국가에서 공부하고 온 정치지도자가 그 국가의 정치 체제를 모방하려 하기도 한다. 권력거리가 작은 국가의 정부는 종종 개발 협력이라는 명목으로 자기 국가의 제도적 장치들을 다른 국가에 수출하는 데 열을 올린다. 그러나 대다수 국민의 정신 소프트웨어가 이미 뿌리 깊게 자리 잡혀 있는 경우에는 선거 실시라는 몸짓만으로 한 국가의 정치적 관행이 바뀌지는 않는다. 특히 제대로 먹지 못하고 교육 수준도 낮은 대중은 올바른 민주주의자가 되지 못하며, 부유한 국가에서 행하는 통치 방식들은 대개 가난한 국가에서는 제 기능을 못한다. 다른 국가를 민주적 방식과 인권 존중의 방향으로 유도하기 위해 취하는 외국 정부의 조치는 외국인 자신의 정신 프로그램에서 나온 것이다. 따라서 그런 조치들은 대개 도움을 받아야 할 국가의 문제를 해결하기보다 외국 유권자의 의견을 다루는 데 더 효과적이다. 제11장에서는 이 딜레마의 문제로 돌아가 그에 대한 극복 방법을 알아본다.

◉ 권력거리와 사상

부모, 교사, 경영자, 통치자는 모두 그들이 태어난 문화의 산물이다. 그들의 행동은 그의 자녀, 학생, 부하 직원, 국민의 정신 소프트웨어도 함께 이해할 때 비로소 잘 이해할 수 있다. 이 세상의 실천가만이 아니라 사상가 또한 문화의 산물이다. 경영학 서적의 저자나 정치 이념의 창시자들도 모두 자신이 자라면서 배운 것을 바탕으로 자기 나름의 생각을 창출해 낸 것이다. 그러므로 권력거리와 같은 가치 차원에서의 국가 간 차이를 아는 것은 지도자와 국민의 생각, 느낌, 행동에서의 차이를 이해하는 데 도움이 될 뿐만 아니라 생각, 느낌 및 행동을 설명하거나 규제하기 위해 이런 국가에서 만들어지거나 채택된 이론을 이해하는 데에도 도움이 된다.

세계의 역사를 보면 몇몇 철학자가 권력과 불평등의 문제를 아주 명시적으로 다루었음을 알 수 있다. 기원전 500년경 중국의 공자는 사회 안정이 사람들 간의 불평등한 관계를 통해 유지된다고 주장했다. 그는 오륜(五倫), 즉 다섯 가지의 기본적인 관계를 구분하였다. 군신(君臣, ruler-subject), 부자(父子, father-son), 장유(長幼, older brother-younger brother), 부부(夫婦, husband-wife), 붕우(朋友, senior friend-junior friend)의 관계가 그것이다. 이 각각의 관계 속에는 상호 보완적인 의무가 포함되어 있다. 각 쌍마다 후자는 전자에게 존경과 복종을, 전자는 후자에게 보호와 배려를 하도록 규정되어 있다. 공자의 생각은 오늘날까지 중국인에게 올바른 행동 지침으로 남아 있는데, 모택동은 공자의 이념을 말살하려고 했으나 자신의 규칙도 유교적 요소를 담고 있었다.[30] IBM 연구에서 중국인들이 다수를 차지하거나 중국 문화의 영향을 받은 국가들을 〈표 3-1〉에 나오는 순서대로 열거하면 싱가포르, 홍콩, 한국, 대만, 일본이다. 이 국가들은 모두 PDI 점수 분포에서 중상위권과 중위권을 차지한다. 이들 국가의 국민은 불평등을 수용하고 필요한 것으로 인정하지만, 권력의 행사는 의무감으로 조절되어야 한다는 생각을 지니고 있다.

기원전 350년경 고대 그리스에서는 플라톤(Plato)이 사람들 사이의 평등에 대한 기본적 필요를 인정했지만 동시에 엘리트 계층인 수호자들이 이끄는 사회의 정당성도 옹호했다. 그는 이런 모순을 해결하기 위해 평등(equality)이라는 말의 의미를 양적인 것과 질적인 것 두 가지로 구분하였다. 그러나 필자들이 생각하기에 그의 주장은 오웰(George Orwell)의 『동물 농장』에 나오는 유명한 말과 비슷해 보인다. '모든 동물은 평등하다. 그러나 어떤 동물은 다른 동물보다 더 평등하다.' 〈표 3-1〉에서 그리스의 오늘날 권력거리는 거의 중간쯤에 위치하는 것으로 나타난다(제41~42위, 60점).

서기 1세기에 지어진 『신약성서』는 빈곤의 미덕을 설교한다.[31] 이 미덕을 따르면 사회는 평등해지지만 그 관습은 종교단의 성원들에게만 한정된다. 빈곤의 미덕은 기독교 지도자들에게 인기가 없고, 정권에서도 비즈니스에서도, 심지어 로마 가톨릭교회 그 자체에서도 인기가 없다. 로마 가톨릭교회는 로마제국의 수직적 서열을 유지해 왔다. 동방정교회도 마찬가지다. 다양한 개신교파는 비계층적이다. 전통적으로 개신교도 국가는 PDI 면에서 가톨릭 국가나 정교 국가보다 낮은 점수를 가지는 편이다.

이탈리아 출신의 마키아벨리(Niccolo Machiavelli, 1469~1527)는 정치 권력의 행사에 관해서는 위대한 권위자로 꼽히는 사람이다. 그는 두 가지 모델을 구분했는데, 여우의 모델과 사자의 모델이 그것이다. 마키아벨리에 의하면, 사려 깊은 통치자는 이 두 가지의 모델을 시의적절하게 사용한다. 여우의 교활함으로 함정을 피할 것이며, 사자의 힘으로 늑대들에게 겁을 줄 것이다.[32] 마키아벨리의 생각을 국가의 권력거리에 관련시켜 보면, 권력거리가 작은 국가는 여우 모델에 가깝고 권력거리가 큰 국가는 사자 모델에 가까움을 알 수 있다. 20세기 IBM 연구 자료에서 이탈리아는 권력거리상 중간 정도의 점수를 보였다(제51위, 50점). 이 이탈리아를 지역별로 좀 더 면밀히 연구해 보면 북부 지역이 여우다운 쪽이고 남부 지역은 사자다운 쪽이다. 마키아벨리가 직접 언급하지는 않았지만 정치 체계와 국민의 정신 소프트웨어 간의 관계에서 시사하는 점은 통치자가 될 동물은 그를 따르는 동물들이 누구냐에 따라 상당히 달라진다는 것이다.

마르크스(Karl Marx, 1818~1883)도 권력을 다루었으나 그는 권력을 갖지 않은 자들에게 권력을 주고 싶어 했다. 그는 자기가 주장하는 혁명으로 인하여 새로운 무권력 계층이 등장할 것인지 여부는 미처 다루지 못했다. 사실 그는 권력 행사가 사람들로부터 체제로 이전될 수 있다고 가정했던 것 같다. 이와 같은 철학에서 우리는 오늘날 마르크스의 모국 독일이 속한 작은 권력거리 사회들의 정신 소프트웨어를 볼 수 있다. 이 장에서 일찍이 논의했던 바와 같이, 마르크스의 이념이 오늘날까지 주로 권력거리가 큰 국가, 즉 권력이 법에 복종해야 한다는 생각이 존재하지 않는 국가로 유입되었다는 사실은 근대사회의 한 비극이 아닐 수 없다. 권력에 대한 견제 장치가 없기 때문에 마르크스주의를 표방하는 정치 체제들이 마르크스도 돌아눕게 할 그런 곳에서도 유지되고 있다. 마르크스가 말한 '프롤레타리아 독재' 라는 개념 중에서 독재만이 권력거리가 큰 국가 통치자들의 마음에 들었고 프롤레타리아는 그렇지 못했다. 사실 이 개념은 너무나 어설프다. 인간의 불평등 추구 경향에 대한 우리 지식을 감안한다면, 프롤레타리아에 의한 독재란 논리적 모순이 된다.

어떤 생각이 생성된 가치 맥락과 관계없이 다른 국가로 유입되고, 또 이를 다른 국가의 남의 말 잘 믿는 사람들이 유입시키는 현상은 정치에만 국한된 것이 아니라 교육, 특히 경영과 조직 분야에서도 볼 수 있다. 제2차 세계대전 전후 수십 년간 미국이 경제적으로 성공을 하자 다른 국가 사람들은 미국식 경영 사상이 우수하다고 믿고 이것을 모방해야 한다고 여겼다. 그들은 어떤 사회에서 이러한 관념이 발달했는지, 또한 책에서 주장했던 것처럼 실제로 그런 사상이 적용되었다면, 그 사상이 적용된 사회는 어떠한지에 대한 의문을 갖지 않았다. 1960년대 말에는 일본식 경영 개념에 대해서도 똑같은 현상이 일어났다.

〈표 3-1〉에서 미국의 권력거리 점수는 작은 편이지만 극도로 낮은 것은 아니다(74개국 중 제57~59위). 미국의 리더십 이론은 높지도 낮지도 않은 중간 수준의 의존 욕구를 지닌 부하 직원에 바탕을 두는 경향이 있다. 핵심이 되는 생각은 참여경영(participative management), 즉 경영자의 판단과 주도하에 부하 직원을 의사결정에 참여시키는 것이다. 미국의 리더십 이론을 스웨덴이나 덴마크와 같은 국가(PDI가 아주 낮은 국가)의 '산업 민주주의' 와 비교해 보면, 이들 스칸디나비아 국가에서는 부하 직원이 참여 주도권을 행사하는 일이 흔한데, 이런 일을 미국 경영자가 소화해 내기란 어렵다. 미국 경영자에게는 부하 직원이 참여의 주도권을 행사하는 상황은 자신의 '경영권 침해' 로 간주하기 때문이다. 스칸디나비아에서는 경영권이라는 것이 그리 신성불가침의 것이 아니다. 다른 한편 미국의 참여경영 이론은 권력거리가 훨씬 큰 국가에는 적용할 가능성이 없다. 권력거리

에 익숙한 부하 직원들은 상사가 부하 직원들에게 의견을 구함으로써 제 역할에서 벗어나면 당황스러워 하거나, 심지어 그 상사를 무능하다고 여겨 그에 대한 존경심을 잃을지도 모른다.[33]

〈표 3-5〉에는 앞의 절에서 다룬 권력거리가 작은 사회와 큰 사회의 핵심 차이점이 요약되어 있다. 〈표 3-3〉과 〈표 3-4〉와 더불어, 이 장에서 논의한 모든 생활 영역 권력거리 차의 핵심을 한눈에 알아볼 수 있다.

표 3-5 | 권력거리가 작은 사회와 큰 사회 간의 핵심 차이점
Ⅲ: 정부의 사상

작은 권력거리	큰 권력거리
권력의 행사는 합법적이어야 하며 선악의 기준을 따라야 한다.	정당성보다 힘이 앞선다. 즉, 권력을 지닌 자는 누구나 정당하며 선하다.
기술, 부, 권력, 지위가 반드시 함께 따라다니지는 않는다.	기술, 부, 권력, 지위가 반드시 함께 따라다닌다.
주로 더 부유한 국가로 중류층이 많다.	주로 더 가난한 국가로 중류층이 적다.
모든 사람이 동등한 권리를 지녀야 한다.	권력을 가진 자가 특권을 누린다.
권력은 공식적 지위, 전문성, 보상을 줄 능력에 기반을 둔다.	권력은 가족이나 친구, 카리스마, 힘의 사용 능력에 기반을 둔다.
정치 체제의 변화는 규칙의 변화를 통해서 이룩된다(진화).	정치 체제의 변화는 권좌에 있는 사람을 바꿈으로써 이룩된다(혁명).
국내 정치에는 대화가 많고 폭력은 적다.	국내 정치에는 대화는 적고 폭력이 많다.
다수결 원칙에 토대를 둔 다당 정치	발탁을 토대로 한 전제 내지 과두 정치
정치적 색채는 중도가 강하고 좌우파 양극단이 약하다.	정치적 색채는 중도파가 약하고 좌우파 양극단이 강하다.
사회 안의 소득 격차가 작으며, 세금 공제 후 이 격차는 더 작아진다.	사회 안의 소득 격차가 크며, 세금 공제 후 이 격차는 더 커진다.
부정 행위에 연루된 사람의 정치 이력은 끝난다.	권력을 가진 사람이 연루된 부정 행위는 대개 은폐된다.
참여적 이론의 경영: 기독교 신약성서, 마르크스	권력 중심 관행의 경영: 공자, 플라톤, 마키아벨리

🔵 권력거리 차의 근원

〈표 3-1〉을 보면 스페인어, 포르투갈어, 이탈리아어, 프랑스어 등과 같은 라틴어 계통이 모국어인 유럽권 국가들은 권력거리 척도상에서 중위 내지 상위 점수를 보이고 있다(〈표 3-1〉에서 이탈리아의 PDI 50에서 루마니아 PDI 90까지). 덴마크어, 네덜란드어, 영어, 독일어, 노르웨이어, 스웨덴어와 같은 게르만어권의 국가는 권력거리 점수가 낮다(오스트리아의 PDI 11에서 룩셈부르크 PDI 40까지). 언어권과 권력거리에 관한 현재의 정신 소프트웨어 간에는 관계가 있는 듯하다. 어떤 국가가 어느 한 언어권에 속하게 된 것은 역사적 뿌리를 지닌다. 라틴계 말은 모두 저(低)라틴어에서 파생되었으며, 한때 로마제국의 일부였거나 혹은 라틴아메리카처럼 로마의 옛 식민지였던 스페인이나 포르투갈의 지배를 받던 국가가 사용하고 있다. 게르만어는 로마 시대에 '야만인'으로 있던 국가들, 혹은 한때 로마의 지배하에 있다가 야만인에 의해 다시 정복되었던 국가(예: 영국)가 사용하고 있다. 그러므로 권력거리라고 부르는 정신 프로그램의 근원은 적어도 2,000년 전의 로마 시대까지 거슬러 올라간다. 중국 공자의 문화적 유산을 이어받은 국가들도 권력거리 척도에서 중상위의 점수를 보이는데, 이것도 4,000년 이상이나 된 문화에 뿌리를 두고 있다.

문화 형태가 갈라져 나가기 시작하는 것을 본 사람은 지금은 한 사람도 없다. 따라서 이러한 문화 형태의 차가 생겨난 원인을 찾으려면 역사 시대 및 선사 시대의 자료에 입각해서 조심스런 추측을 해 보는 수밖에 없다. 옛 로마나 중국에는 통치 권력의 핵이 하나였다. 다시 말하면 대중은 중앙의 명령을 받는 것을 당연하게 여겼다. 반면 유럽의 게르만 지역은 외부의 그 누구의 지시받기를 꺼리는 지역 영주에 속한 작은 종족 집단으로 나뉘어 살고 있었다. 이와 같은 초기 국가 체험이 그들의 정치적·사회적 체계를 유지하기 위해 필요한 공통적인 정신 프로그램을 발전시키게 되었다고 보면 무리가 없을 것이다.

물론 왜 초기 국가 체험이 서로 달라지게 되었는가 하는 문제는 여전히 남는다. 그 원인을 추측하기 위한 한 가지 방법으로, 권력거리 점수와 상관 가능성이 있는 각 국가의 수량적 자료를 조사해 볼 수가 있다. 그런 수량적 변인들은 아주 많다. 제2장에서 설명한 단계적 회귀분석을 통해 이 변인들 중 〈표 3-1〉의 PDI 차이를 가장 잘 설명하는 변인부터 차례대로 골라 낼 수 있다. 그 결과 한 국가의 PDI를 상당히 정확하게 예언할 수 있는 변인들은 다음과 같다.

- 그 국가의 지도상의 위도(위도가 높을수록 PDI 점수가 낮음)
- 그 국가의 인구 크기(인구가 많을수록 PDI 점수가 높음)
- 그 국가의 부(부유한 국가일수록 PDI 점수가 낮음)[34]

50개국에 대해 첫 번째 분석을 실시했을 때 지도상의 위도(한 국가의 수도가 적도에서부터 떨어져 있는 정도)는 PDI 점수 차이(변량)의 43%를 예언하였다. 위도와 인구 크기를 합하면 변량의 51%를, 위도, 인구 크기, 국가 부의 수준(조사 기간의 중간쯤이었던 1970년의 1인당 GNP)을 합하면 변량의 58%를 예언할 수 있었다. 이 국가들에 관해 이 세 가지 정보만으로 PDI 점수를 예측한다면 그 지수는 〈표 3-1〉의 PDI 점수와 거의 같을 것이다. 평균적으로 예측값은 IBM 조사 점수와 불과 10점 정도의 차이밖에 나지 않는다.

통계적 관계가 인과관계의 방향을 말해 주지는 않는다. 어느 것이 원인이고 결과인지, 혹은 관계 있는 두 요인이 모두 공통된 제3의 원인에 의해 생긴 결과인지는 통계적 관계만으로는 알 수가 없다. 그러나 한 국가의 지리적인 위치에 관한 한 이것을 원인 이외의 다른 것으로 생각하기란 어렵다. 만약 선사시대에 사람들이 자기의 권력거리 개념에 잘 들어맞는 기후를 찾아 이주했다고 생각할 수도 있겠으나 그런 해석은 좀 지나쳐 보인다.

여러 연구[35]에 의해 지지되는 그 관계의 논리는 다음과 같은 것이 될 것이다. 먼저, 연구에 포함된 사회는 모두 정착 농경과 도시 산업의 수준까지 발달했다. 다른 논리를 적용할 가능성이 있는 보다 원시적인 **수렵·채집 사회**는 포함시키지 않았다. 위도가 낮은 국가, 즉 열대성 기후에 가까운 국가는 농사를 짓는 경우 일반적으로 풍족한 자연 조건을 만난다. 이런 기후에서는 모든 것이 저절로 자라기 때문에 사람이 자연에 크게 개입하지 않아도 생존하기가 쉽고, 따라서 인구도 점점 많아지게 된다. 이런 사회에 다가오는 위협은 주로 똑같은 영역 및 똑같은 자원을 놓고 다른 인간 집단과 경쟁하게 되는 상황이다. 이런 사회에서 생존 기회를 높이는 방법은 스스로 위계적 조직을 마련하고 질서와 균형을 유지시켜 주는 하나의 중앙 권력에 의존하는 것이다.

위도가 높은 고장, 즉 온대성이나 한대성 기후를 가진 곳에서는 자연이 그리 풍족하지 못하다. 이런 곳의 사람들은 살아가기 위해 자연에 더 많이 개입할 필요가 있다. 농업 다음으로는 공업으로 이어가게 하는 강한 힘이 작용한다. 다른 인간이 적이 아니라 자연이 가장 급한 적이다. 이런 환경에서는 자기보다 강한 사람들에게 크게 의존하지 않고 스스로를 꾸려나갈 수 있는 방법을 터득한 사람들이 사는 사회가 아이에게 복종을 가르치는 사회보다 생존 가능성이 더 높았을 것이다.

네덜란드의 사회심리학자 플릿(Van de Vliert)이 수행한 상당히 흥미로운 연구 주제는 기후와 부 간의 조합이다. 제12장에서 다시 언급하겠지만, 플릿은 **생존**(큰 PDI) 문화를 자기표현(작은 PDI) 문화에 대비시키면서, 문화에 대한 기후의 영향력을 연구했다. 그는 혹독하게 추운 기후나 더운 기후에는 생존 문화가 뒤따라왔다는 것을 증명했다. 단, 혹독한 기후일지라도 더위와 추위에 대처할 수단을 지니는 부유한 사회에서는 자기표현 문화가 발견되었다. 온대기후에서 부의 역할은 덜 두드러졌다.[36]

국가의 부(富)는 그 자체가 다른 여러 요인을 의미하는 것으로, 이들 요인 각각이 작은 권력거리의 원인과 결과 양자가 될 수 있다. 사실 인과관계는 거의 언제나 순환적인 현상을 다루고 있다. 닭이 먼저냐 달걀이 먼저냐 하는 문제와 같다. 국가의 부와 작은 권력거리 양자가 동시에 관련된 요인은 다음과 같다.

- 상대적으로 덜 전통적인 농업
- 상대적으로 더 현대적인 기술
- 상대적으로 더 도시적인 삶
- 상대적으로 더 큰 사회적 이동
- 상대적으로 더 좋은 교육 체계
- 상대적으로 더 많은 중류층

과거 식민통치를 한 국가보다 과거에 식민지였던 국가가 더 넓은 권력거리를 보인다. 그러나 과거 2세기 중 얼마간 식민지였거나 식민통치를 했던 경력과 오늘날의 부 사이에도 강력한 관계가 있다. 자료는 가난, 식민지화, 그리고 큰 권력거리라는 세 요인 간에 일방적인 인과 경로를 확정해 주지는 않는다. 이런 면에서 인과관계에 관한 가정은 대개 연구자가 무엇을 증명하고 싶어 하는가에 따라 달라진다.

권력거리의 두 번째 예언 변인인 인구의 크기가 권력에의 의존을 가져오는 이유는 인구가 많은 국가의 국민이 작은 국가의 국민보다 정치적 권력이 더 멀리 느껴져서 접근하기 어려운 것으로 보기 때문이다. 한편, 여기서는 인과관계를 뒤집어 말할 수도 있다. 즉, 덜 의존적인 사람일수록 큰 국가로 합해지는 것을 피하기 위해 더 열심히 투쟁할 것이라는 설명도 가능하다.

◈ 권력거리 차의 미래

지금까지 본 국가 간 권력거리 차에 대한 모습은 변화하지 않는 것이었다. 앞 절에서는 이 차이들 중 어떤 것은 4,000여 년의 오랜 역사적 뿌리를 가지고 있다는 주장을 한 바 있다. 과거는 그렇다 치고, 미래에는 과연 어떻게 될 것인가? 우리는 국제 커뮤니케이션이 전례 없이 활발하게 이루어지는 시대에 살고 있다. 그렇다면 이로 인해 국가 간 차이는 없어지고 하나의 세계적인 기준이 만들어질 것인가? 만약 그렇다면 그 권력거리는 대 · 중 · 소 중 어느 수준일까?

지난 두 세대에 걸쳐 세계의 많은 지역에서 다른 사람들의 힘에 의존하는 경향이 줄어들어 온 것으로 보인다. 우리 대부분은 우리의 부모나 조부모 때보다 덜 의존적이라고 생각한다. 더구나 독립이란 정치적으로 매력 있는 주제다. 자유와 해방 운동이 흔해졌다. 많은 국가에서 교육 기회가 증가하고 있는데, 한 국가 안에서는 교육수준이 높아질수록 권력거리 점수가 작아진다는 사실을 이미 앞에서 본 바 있다. 그러나 그렇다고 해서 이 장에서 논의한 국가 간의 차이가 반드시 변화하고 있다는 말은 아니다. 〈표 3-1〉에 나와 있는 권력거리의 순위에는 변화가 없이 모든 국가의 권력거리 수준이 전체적으로 작아질 수도 있다.

이 장의 앞 절에서 확인된 기저 요인들을 살펴봄으로써 권력거리의 장기적 변화를 예언해 볼 수도 있다. 권력거리와 가장 밀접하게 관련되어 있는 요인들(위도, 인구 크기, 부)

중에 첫 번째 것은 변화가 불가능하다. 두 번째 요인인 인구 크기의 경우, 범(汎)지구적 세상에서 작은 국가는 물론 큰 국가까지도 독자적인 결정을 내리기는 점점 더 어려워지고 있으며 해가 갈수록 우리는 국제적으로 이루어진 결정에 좌우되는 운명에 놓여 있다. 그 결과 범지구적인 권력거리는 증가하게 될 것이다.

세 번째 요인인 부(富)는 어떤 국가에서는 증가하겠지만 그 밖의 국가에서는 증가하지 않을 것이다. 부가 증가하는 국가에서는 권력거리가 줄어들 것이다. 20세기의 마지막 10년 이래 미국을 필두로 하는 부유한 국가의 소득 분배는 갈수록 불균등해졌다. 즉, 부의 증대는 불균형하게도 이미 매우 부유한 사람들에게 득이 되어 왔다. 이는 경제적으로뿐만 아니라 법적 측면에서도 사회의 불평등을 심화하는 역효과를 가져온다. 초부유층이 판사 봉급의 배를 버는 법조인들과 입법부 의원들에게 로비 활동을 할 수 있기 때문이다. 따라서 이런 종류의 부의 증대는 권력거리를 증가시킨다. 경제가 부패하거나 타락한 국가(예: 주로 이미 빈곤한 국가)의 권력거리가 감소하지 않거나 오히려 더욱더 증대할 것이라는 것은 어쩔 수 없이 예상되는 바다.

우리가 아는 한 권력거리에서의 차이가 더 작아지는 쪽으로 국가들이 수렴되었다는 증거를 제시한 연구자는 한 사람도 없다.[37] 이 장에서 제시한 바와 같이 오랜 역사적 뿌리를 지닌 국가 간 격차는 앞으로도 오랜 세월 동안, 적어도 수세기 동안 그대로 유지될 것이다. 소위 문화 융합이라는 과정 덕택으로 권력과 의존, 독립, 그리고 상호 의존에 관한 정신 프로그램의 범세계적 동질화가 혹 일어난다 해도 그 시기는 아직도 요원해 보인다.

1988년 12월에 다음과 같은 화젯거리가 신문에 보도되었다.

스톡홀름, 12월 23일. 금주에 스웨덴 국왕 칼 구스타프(Carl Gustav)는 아이들에게 줄 크리스마스 선물을 사는 데 한참을 기다려야 했다. 그 이유는 그가 수표로 지불하려는데 수표카드를 지니지 않았기 때문이다. 상점의 점원은 그의 수표를 확인 절차 없이 받을 수 없다고 버텼다. 구경하던 사람들이 주머니를 뒤져 국왕의 얼굴이 새겨져 있는 1크라운짜리 동전을 꺼내 점원에게 보이자 비로소 점원은 그 동전으로 수표의 확인이 끝난 것으로 처리하기로 결심했다. 그래도 점원은 수표의 진위 여부를 철저하게 검사하고 수표 소지자의 이름과 주소를 확인하고 난 후에야 그 수표를 받았다.[38]

　프랑스 장군 베르나도뜨 국왕의 직계후손이 자기 선조가 당면했던 것과 같은 평등 규범에 마찬가지로 부딪혔던 것이다. 미국, 러시아, 짐바브웨의 국민들이 자신들의 대통령을 이렇게 대하려면 얼마나 시간이 걸려야 할까? 혹은 태국 사람들이 자기 국가 국왕에게 대하는 방식과 마찬가지로 스웨덴 사람들이 자기 국가 국왕을 공경하게 되려면 얼마나 시간이 흘러야 할까?

제4장

개인주의 문화와 집단주의 문화
I, WE, AND THEY

중간 규모의 한 스웨덴 첨단기술 회사에 사우디아라비아와 깊은 관계를 맺고 있는 스웨덴 사업가가 접촉을 해 왔다. 이 스웨덴 회사에서는 엔지니어 한 사람을 사우디아라비아의 수도 리야드로 보냈다. 그의 이름을 요한슨이라고 해 두자. 리야드에서 요한슨은 사우디아라비아의 작은 공업회사에 소개되었는데, 이 회사는 영국 대학 학위를 가진 30대 중반의 두 형제들이 운영하고 있었다. 요한슨의 임무는 사우디아라비아 정부의 개발 계획을 돕는 것이었다. 그러나 2년 간에 걸쳐 여섯 차례 방문한 후에도 아무런 진전이 보이지 않았다. 요한슨이 사우디아라비아인 형제들과 만날 때마다 이전에 회사로 연락을 해 왔던 그 스웨덴 사업가가 끼어 있었다. 요한슨과 그의 상사들은 이 점이 싫었다. 이 사업가가 그들의 경쟁사와 접촉하고 있지 않다는 보장이 없었기 때문이다. 그러나 사우디아라비아인 형제들은 이 중개인을 통해서 일을 하길 원했다. 상담은 사업과는 거의 관계없는, 이 두 형제가 모두 좋아하는 셰익스피어 문학과 같은 주제로 흐르기 일쑤였다.

요한슨의 상사들이 이런 비싼 출장에 계속 돈을 댈 가치가 있는 것인지 망설이기 시작했을 때 요한슨에게 긴급 출장을 요청하는 텔렉스가 리야드로부터 날아왔다. 수백만 달러짜리 계약을 체결하자는 것이었다. 하루가 다르게 사우디아라비아인 형제들의 태도가 변했다. 중개인 사업가의 참석이 필요 없어졌고, 요한슨은 처음으로 사우디아라비아인 형제들이 웃고 농담까지 하는 모습을 볼 수 있었다.

여기까지는 좋았다. 그러나 이야기가 여기서 끝나는 것이 아니다. 엄청난 주문을 얻어

낸 공로로 요한슨은 다른 부서의 경영직으로 승진하게 되었다. 그래서 그는 이제 더 이상 사우디아라비아의 거래에 관여하지 않게 되었다. 후임으로 국제 경험이 풍부한 다른 엔지니어가 임명되었는데, 요한슨은 이 사람을 사우디아라비아인 형제들에게 직접 소개했다. 몇 주 후에 리야드에서 텔렉스가 왔는데, 사우디아라비아인들이 배달 조건의 세부사항 때문에 계약을 취소하겠다는 협박을 했다며 요한슨에게 도움을 요청했다. 그가 리야드에 도착해서 보니 그 갈등은 아주 사소한 문제에 관한 것이었고 쉽게 해결될 수 있는 문제였다. 그러나 사우디아라비아인 형제들은 요한슨이 그 회사의 대표로 와야만 쉽게 해결될 수 있는 문제로 여겼다. 그래서 그 회사는 규정을 약간 변경하여 비록 요한슨의 원 직책은 완전히 다른 것이었지만 사우디아라비아의 거래를 취급할 수 있게 해 주었다.

🔜 사회 속의 개인과 집단

이 실화에서 스웨덴인과 사우디아라비아인은 사업상 인간 관계의 역할에 관해 서로 다른 개념을 가지고 있음이 드러난다. 스웨덴인에게 사업은 회사를 상대로 하는 것이다. 반면 사우디아라비아인에게 사업은 자기가 잘 아는 믿을 수 있는 사람을 상대로 하는 것이다. 자기가 상대방을 잘 모를 때에는 양쪽 모두가 알고 있고 양쪽 모두의 신임을 받고 있는 중개자나 주선자가 입회한 가운데 서로를 만나는 것이 가장 유리하다. 이와 같은 문화 차의 뿌리에는 인간 사회의 기본 문제가 숨어 있다. 개인의 역할 대 집단의 역할에 관한 문제가 그것이다.

세계 사람들의 절대 다수는 개인의 이익보다 집단의 이익을 우선하는 사회에 살고 있다. 우리는 이런 사회들을 **집단주의적**이라고 부르겠다(초판에서는 '집합주의'라고 번역되었음-역자 주). 일부 독자들은 이 말을 정치적 의미로 해석할지 모르지만, 여기서는 정치적 의미로 쓰고 있는 것은 아니다. 이 말은 개인에 대한 국가의 권력을 지칭하는 것이 아니라 **집단의 권력**을 의미한다. 우리의 생애에서 만나게 되는 최초의 집단은 우리가 태어나는 가족이다. 그러나 가족 구조는 사회마다 다르다. 대부분의 집단주의 사회에서는 아이의 성장 배경이 되는 '가족'은 서로 가까이 모여 사는 여러 사람으로 이루어져 있다. 부모·형제자매만이 아니라 할아버지와 할머니, 삼촌, 고모나 이모, 하인 또는 다른 식구들이 함께 산다. 이것을 문화인류학에서는 확대가족(extended family)이라고 한다. 아이들이 자라면서 점차 자신은 '우리'라는 한 집단의 일부분이라고 생각하게 된다. 이 '우리'라는 집단은 자의적으로 선택할 수 있는 집단이 아니라 자연적으로 주어지는 집단이다. '우리'라는 집단은 사회의 수많은 '그들' 집단에 속해 있는 다른 사람들과 구별된다. '우리' 집단(또는 내집단)은 개인의 정체 형성의 주된 근원이 되며, 인생의 역경에 대항해서 개인이 지닌 유일한 안전 보호막이 되어 준다. 그러므로 개인은 자기 내집단에 대해 평생에 걸친 충성심을 보이며, 이 충성심을 위배하는 것은 사람으로서 해서는 안 될 가장 못된 일의 하나가 된다. 이렇게 해서 개인과 내집단 간에 실제적이면서 동시에 심리적인 의존 관계가 형성된다.

세계의 사람들 중 소수는 집단의 이익보다 개인의 이익을 우선으로 하는 사회에 산다. 이런 사회를 저자들은 개인주의적이라고 부르겠다. 개인주의 사회에서 대부분의 아이는 부모 또는 부모·형제자매만으로 구성된 가족의 일원으로 태어난다. 일부 사회에서는 부모 중 한쪽만이 있는 가족의 비율이 커지고 있다. 다른 친척들은 다른 고장에 살고 있어 서로 얼굴을 맞댈 기회가 거의 없다. 이런 유형을 핵가족(nuclear family)이라고 하는데, 이 말의 어원은 '핵심(core)'이라는 뜻의 라틴어 nucleus에서 왔다. 이러한 가족의 일원으로 태어난 아이들은 자라면서 곧 자기 자신을 '나'라고 생각하게 된다. 그들의 개인적 정체인 '나'는 다른 사람의 '나'와 다르며, 이와 같은 타인은 소속 집단에 따라 분류되는 것이 아니라 개인적인 특성에 따라 분류된다. 예를 들어, 놀이친구들도 개인의 선호에 따라 선택된다. 교육의 목적은 어린이가 자립할 수 있도록 돕는 것이다. 자립이 가능해지기가 무섭게 아이는 부모의 집을 떠나는 것이 당연한 것으로 되어 있다. 집을 떠난 후에 부모와의 관계를 최소한으로 줄이거나 완전히 관계를 끊는 경우도 없지 않다. 이런 유형의 사회에서는 건강한 사람이라면 실제적인 면에서나 심리적인 면에서나 집단에 의존하지 않아야 되는 것으로 여겨진다.

◉ 사회의 개인주의 강도 측정

극단적 집단주의와 극단적 개인주의는 제3장에서 언급한 권력거리에 이은, 국가문화의 두 번째 차원의 양극에 해당한다. IBM 연구의 대상국 모두에 개인주의 지수를 부여할 수 있는데, 이 점수는 집단주의 사회에서는 낮고 개인주의 사회에서는 높다.

이 새로운 차원의 정의는 다음과 같다. 개인주의(individualism)란 개인 간의 구속력이 느슨한 사회를 말한다. 모든 사람은 자기 자신과 자기의 직계 가족을 돌보면 되는 것으로 생각한다. 반대로 집단주의(collectivism)란 사람이 날 때부터 강력하고 단결이 잘된 내집단에 통합되어 있으며, 평생 무조건 내집단에 충성하는 대가로 그 집단이 개인을 계속 보호해 주는 사회를 가리킨다.

개인주의의 정도는 국가 간뿐만 아니라 한 국가 안에서도 정도에 차이가 있음은 말할 나위도 없다. 그렇기에 국가 간 비교를 하려면 다른 조건이 거의 비슷한 표본의 점수를 토대로 비교하는 것이 아주 중요하다. IBM 표본은 이러한 조건을 만족시키는 것이었다.

개인주의 지표로 사용된 조사 질문은 14개의 작업 목표에 관한 질문이었다. 사람들에게 다음과 같이 물었다.

> 이상적인 직장에서 당신이 보기에 중요하다고 생각되는 요인을 생각해 보십시오. 이 요인들이 당신의 현재 직장에 포함되어 있는 정도는 무시하십시오. (다음과 같이) ○○하는 것은 당신에게 얼마나 중요합니까?

이와 같은 질문에 이어 14개의 문항이 제시되었다. 각 문항마다 1점(절대 중요하다)부터 5점(전혀 또는 거의 중요하지 않다)까지의 점수가 채점되었다. 14문항에 관한 40개국 응답자의 응답 패턴을 분석한 결과 2개의 잠재 차원을 발견할 수 있었다. 그중 하나가 개인주의-집단주의 차원이었고, 다른 하나는 **남성성-여성성** 차원이었다(제5장 참조).

개인주의-집단주의 차원은 다음과 같은 작업 목표 항목에 부여된 상대적 중요도와 아주 높은 상관이 있었다.

〈개인주의 극에 해당하는 것〉

① **개인의 시간**: 당신의 개인생활 내지 가족 생활을 위한 충분한 시간을 가질 수 있는 직업
   일 것

② **자유**: 당신 마음대로 일하는 방식을 택할 수 있는 자유가 많을 것

③ **도전**: 하는 일이 도전적일 것, 즉 당신이 개인적 성취감을 맛볼 수 있는 것일 것

〈집단주의 극에 해당하는 것〉

④ **연수**: 당신의 기술 향상이나 새 기술을 배울 수 있는 연수의 기회가 있을 것

⑤ **물리적 조건**: 물리적 작업 조건들이 좋을 것(통풍과 조명이 잘 되고 작업 공간이 충분할
   것 등)

⑥ **기술의 활용**: 직장에서 당신의 기술과 능력을 충분히 활용할 수 있을 것

　어떤 국가의 IBM 직원들이 작업 조건 ①을 상대적으로 중요하게 생각한 경우, 그들은 일반적으로 ②와 ③도 중요하다고 반응했다. 그러나 ④, ⑤, ⑥은 중요치 않다는 반응을 보였다. 이런 답을 한 국가는 개인주의 사회로 간주했다. 만약 ①이 그다지 중요치 않은 것으로 평정된다면 일반적으로 ②와 ③도 마찬가지로 중요치 않게 평정되고, 반면 ④, ⑤, ⑥은 상대적으로 중요하게 평정되는데, 이런 국가는 집단주의로 간주되었다.

　IBM 질문지에서 나온 이런 문항들이 한 사회 안의 개인주의와 집단주의 간 구분을 총 망라하는 것은 분명 아니다. 이 문항들은 그 구분과 연관된 IBM 연구에서의 문제들을 나타내 줄 뿐이다. IBM 개인주의 국가 점수들과 사회들의 기타 특징에 대한 비IBM 자료들 간의 상관관계들이 IBM 자료에서 나온 이 차원이 정말 개인주의를 측정한다는 주장을 증명(타당화)한다.

　개인의 시간, 자유, (개인적인) 도전을 중요시하는 경향을 개인주의로 보기는 어렵다. 이들은 모두 근로자의 조직으로부터의 독립을 강조하고 있다. 이와 반대되는 편의 작업 목표들인 연수, 물리적 환경, 기술의 활용 등은 조직이 근무자를 위해 해 주는 것들을 가리킨다. 그런 면에서 이런 것들은 근로자의 조직에 대한 의존을 강조한다. 이런 의존관계는 집단주의에 해당한다. 앞으로 보게 되겠지만, 이러한 관계의 또 한 가지 고리는 대체

로 개인주의 국가는 부유하고 집단주의 국가는 빈곤하다는 것이다. 부유한 국가에서는 연수, 물리적 환경, 그리고 기술의 활용은 당연한 것이어서 작업 목표로서의 이들의 상대적 중요성은 줄어든다. 빈곤한 국가에서 이런 것은 흔하지 않기 때문에 이런 조건의 구비 여부가 좋은 직장과 나쁜 직장을 구분하는 기준이 되고, 따라서 개인의 작업 목표로서 이런 조건의 중요성은 매우 높을 수밖에 없다.

개인주의 지수의 실제 산출 방법은 권력거리의 경우에서처럼 단순히 질문 점수들을 상수와 곱한 후에 더하거나 뺀 것이 아니었다. 개인주의 차원과 제5장의 남성성 차원을 확인하기 위해 사용된 통계적 절차(14개의 작업 목표별 국가 점수의 요인분석)는 자동적으로 각 국가에 대해 이들 두 차원의 요인 점수를 산출한다. 이 요인 점수들은 질문 점수들을 더하거나 뺌으로써 얻을 수 있는 점수보다 각 차원에서의 한 국가의 위치에 대한 보다 정확한 측정치가 된다. 개인주의 차원에 대한 요인 점수에 25를 곱하고 상수 50점을 더했다. 이와 같은 절차를 통해 가장 집단주의적인 국가는 0점에 가까운 지수를 받게 되고 가장 개인주의적인 국가는 100점에 가까운 지수를 받게 된다. IBM 데이터베이스의 국가들에 대해서는 이 산출 방식이 쓰였다. 다양한 추적 연구의 경우에는 네 가지 작업 목표에 대한 평균치를 계산함으로써 개인주의 지수를 직접 산출할 수 있는 근사식을 이용했다.[1]

표 4-1 | 76개국/지역의 개인주의 지수(IDV)
IBM 데이터베이스 14가지 항목에 대한 요인 점수 + 확장판 토대

지수 순위	중앙/ 남아메리카	남/ 남동유럽	북/북서유럽 영국계	중앙/동유럽 구소련	이슬람계 중동 및 아프리카	동아시아 동남아시아	지수
1			미국				91
2			호주				90
3			영국				89
4~6			캐나다(전체)				80
4~6				헝가리			80
4~6			네덜란드				80
7			뉴질랜드				79
8			벨기에(네)				78
9		이탈리아					76
10			덴마크				74
11			캐나다(프)				73

12	벨기에(프)	72
13~14	프랑스	71
13~14	스웨덴	71
15~16	아일랜드	70
15~16	라트비아	70
17~18	노르웨이	69
17~18	스위스(독)	69
19	독일	67
20	남아공	65
21	스위스(프)	64
22	핀란드	63
23~26	에스토니아	60
23~26	리투아니아	60
23~26	룩셈부르크	60
23~26	폴란드	60
27	말타	59
28	체코공화국	58
29	오스트리아	55
30	이스라엘	54
31	슬로바키아	52
32	스페인	51
33	인도	48
34	수리남	47
35~37	아르헨티나	46
35~37	일본	46
35~37	모로코	46
38	이란	41
39~40	자메이카	39
39~40	러시아	39
41~42	아랍어권	38
41~42	브라질	38
43	터키	37
44	우루과이	36
45	그리스	35
46	크로아티아	33
47	필리핀	32
48~50	불가리아	30
48~50	멕시코	30
48~50	루마니아	30
51~53	아프리카(동)	27
51~53	포르투갈	27
51~53	슬로베니아	27

54		말레이시아	26
55~56		홍콩	25
55~56	세르비아		25
57	칠레		23
58~63		방글라데시	20
58~63		중국	20
58~63		싱가포르	20
58~63		태국	20
58~63		베트남	20
58~63		아프리카(서)	20
64	엘살바도르		19
65		한국	18
66		대만	17
67~68	페루		16
67~68	트리니다드		16
69	코스타리카		15
70~71		인도네시아	14
70~71		파키스탄	14
72	콜롬비아		13
73	베네수엘라		12
74	파나마		11
75	에콰도르		8
76	과테말라		6

개인주의 지수(Individualism Index: IDV)들이 〈표 4-1〉에 제시되어 있다. 제2장의 PDI(권력거리 지수, Power Distance Index)와 마찬가지로 이 지수도 역시 국가의 상대적 위치를 나타낸다. 〈표 4-1〉을 훑어보면 바로 알 수 있는 사실은 부유한 국가는 거의 모두 IDV 점수가 높은 반면, 가난한 국가는 거의 모두 IDV 점수가 낮다는 것이다. 한 국가의 부(富)와 그문화의 개인주의의 정도 사이에는 강한 상관관계가 있다. 이 문제는 이 장의 뒷부분에서자세히 다룰 것이다.

스웨덴의 IDV 점수는 71이고 사우디아라비아가 속하는 아랍어권의 IDV는 38이다. 이것을 보면 요한슨이 겪었던 딜레마의 문화적 근원을 알 수 있다. 물론 아랍어권 국가들 사이에도 개인주의-집단주의의 정도에 차이가 있는데, 얼핏 보아도 사우디아라비아인은같은 아랍어권 내의 레바논인이나 이집트인보다 오히려 더 집단주의적임을 알 수 있다. IBM 표본에는 사우디아라비아인보다도 레바논이나 이집트인의 수가 훨씬 더 많이 포함되었다. 76개국/지역 중에서 스웨덴의 IDV 점수는 13~14위였고, 아랍국들의 IDV 점수는 38위였다. 그러므로 아랍어권 국가들보다도 더 집단주의적인 국가들이 상당수 있음을 알수 있다. 앞에서 언급했듯이 세계적으로 볼 때 집단주의가 주류이고 개인주의는 예외에 속한다.

세계 가치조사에서의 개인주의-집단주의: 배타주의-보편주의

제2장에서 다뤘던 세계 가치조사(WVS)의 거대 데이터베이스에 대한 잉글하트(Inglehart)의 종합 분석은 두 가지 통계적 요인들을 산출했다. 이 요인들 중 하나인 세속적 · 합리적 권한(secular-rational authority)-전통적 권한(traditional authority) 요인은 큰 권력거리-작은 권력거리와 연관되었는데, 이에 대해서는 이전 장에서 다루었다. 또 다른 하나의 요인 안녕(well-being)-생존(survival)은 여성성(제5장 참조), 그리고 작은 권력거리 순서로 상관이 있었다.[2]

미소(Misho)는 2007년 저서에서 WVS 데이터베이스에 최신판을 포함시켜 더 자세하게 분석했다.[3] 그는 잉글하트의 두 번째 차원이 개념상 산만하다는 것을 알게 되었다. 요인분석에서 두 번째 차원은 두 가지 요소로 나뉜다. 요소 중 하나는 행복감의 차이로, 이에 대해서는 제8장에서 **자적-자제** 차원에 관한 내용으로 다룰 것이다. 나머지 다른 요소는 다음에서 보는 바와 같이 내집단과 외집단 관계에 대한 항목으로 이루어져 있다.

〈긍정적인 극에 해당하는 것〉
• 인종이 다른 이웃 사람들에 대한 거부감
• 가족과 남녀 문제에서의 여러 보수적 견해에 관한 것으로 다음과 같다.
  - 남자들이 여자들보다 지도자로 더 낫다는 것에 매우 동의
  - 부모에게 결함이 있다고 할지라도, 자녀들은 자신의 부모를 항상 사랑해야 한다는 것에 매우 동의
  - 한 아이가 행복하려면 양친(兩親)이 있어야 한다는 것에 동의

- 한 여자가 충만해지기 위해서는 자녀를 두어야 한다는 것에 긍정

〈부정적인 극에 해당하는 것〉
- 만인에 대한 존중과 포용력

미소는 이 차원에서의 긍정적 극이 내집단끼리의 강한 응집과 다른 집단 구성원에 대한 배척을 나타내고, 그와 달리 부정적 극은 자신이 속한 집단에 상관없이 타인에 대한 수용을 나타낸다고 결론짓고, 이를 배타주의(Exclusionism)−보편주의(Universalism)라고 명명했다.

배타주의는 집단 소속에 근거하여 사람들을 대하는 것으로, 친구와 친척 및 일체감이 드는 특정 집단을 위해서는 호의, 서비스, 특전 및 희생을 마련하는 반면에 외부인을 그러한 특혜를 받을 만한 사람들의 권역에서 배척하는 문화적 경향이라 정의할 수 있다. 배타주의 문화는 자신들의 집단 내부에서는 조화와 좋은 관계를 성취하기 위해 힘쓰지만, 외집단 구성원에 대해서는 매우 무관심하고 배려가 없으며 무례하고 적대적이기까지 하다.

보편주의는 그와 반대되는 문화적 경향이다. 즉, 사람을 대할 때 그 사람을 집단 소속과 상관없이 개개인으로 보는 게 일반적이다.

헤르트(Geert)는 일찍이 내집단과 외집단 간 구별에 집단주의를 결부시켰고, 미소의 배타주의−보편주의 WVS 차원은 IDV와 부적으로 강력하게 상관을 가지는 것으로 밝혀졌다. 헤르트의 원(原) IBM 세트의 일부 41개국에 대한 IDV는 WVS에서의 보편주의의 59%를 예언했다. 35년 이후에 IBM 데이터베이스의 타당성이 매우 강력하게 확인된 것이다.[4]

이미 제1장에서 설명한 외집단과 내집단을 구분하기는 문화적 집단주의에서 주로 나타나는 양상이다. IDV와 배타주의 간 상관관계는 강력하지만 양자가 서로 완전히 일치하는 것은 아니다. 개인주의와 집단주의에 관한 IBM 데이터베이스의 41개국 순위를 WVS에서의 보편주의 지수와 비교한 결과, 6개국(콜롬비아, 베네수엘라, 페루, 슬로베니아, 핀란드, 스웨덴)은 IDV가 예측했던 것보다 보편주의 지수가 상당히 더 높았다. 즉, WVS 자료에서 이 6개국의 문화는 예상됐던 것보다 외집단 구성원들에게 더 개방적이었다. 또 다른 5개국(인도, 이탈리아, 터키, 이란, 필리핀)의 점수는 IDV가 예측했던 것보다 배타주

의 지수가 훨씬 더 높았다. 즉, 이 5개국의 문화는 예상했던 것보다 외집단 구성원에게 더 적대적이었다.

보편주의는 다른 문화에 대한 존중을 뜻한다. 2008년 유로바로미터(Eurobarometer)는 26개국 인구에 대한 대표 표본에게 '당신에게 개인적으로 가장 중요한 가치'를(12개의 목록 중에 세 가지만) 택하도록 요청했다. 이 가치들 중 하나는 '다른 문화에 대한 존중'이었다. 그 답을 택한 응답자들 비율의 국가 간 차이는 IDV와 강한 상관을 보였다.[5]

◈ 기타 국가 비교 연구에서의 개인주의-집단주의

〈표 2-1〉은 1990~2002년 사이에 발표된 여섯 가지 주요 반복 연구에 대한 목록이다. IBM 세트 국가들 중 15개국 내지 28개국을 포함시킨 다섯 가지 연구에서 원(原)IBM 점수와 유의하게 상관관계가 있는 IDV가 산출되었다.[6] PDI의 경우처럼(제3장), 각종 반복 연구 결과는 국가 지수를 변경시키는 것을 정당화하는 것에 충분히 동의되지 않았다. 원(原)IBM 세트는 여전히 각종 연구 경우에서 최고 공통분모의 역할을 한다.

제2장에서는 본드(Bond)가 23개국 학생들을 대상으로 중국식 가치조사(Chinese Value Survey) 연구를 수행했다고 설명한 바 있다. 그 연구에서는 하나의 통합(integration) 차원이 도출되었다. 그 차원에서 각 국가들은 IBM 연구에서 개인주의-집단주의 차원이 그랬던 것과 대부분 동일한 방식으로 위치했다. CVS 통합 차원은 WVS 배타주의 차원과 유사하다.[7] 개인주의로 평정된 국가의 학생들은 특히 다음의 가치를 중요시한다고 응답했다.

- 타인에 대한 포용력
- 타인과의 조화
- 비경쟁성
- 한 명의 절친한 단짝 친구
- 신뢰성
- 인생에서 자기 위치에 대한 만족

- 타인들과의 유대감
- 보수적임

이는 단일 IBM 차원 극과 연계된 CVS 가치들 중에서 가장 큰 군집이었다. 개인주의 사회에서 타인들과의 관계는 뻔한 것이 아니고 미리 예정된 것이 아니다. 관계는 자발적이고 조심스럽게 키워 가야 하는 것이다. 통합 차원에서 개인주의의 극단에 있는 가치는 이상적인 자발적 관계에 대한 조건을 나타낸다.

집단주의 사회에서 학생들은 다음과 같은 가치를 특히 중요시한다고 응답했다.

- 효심(부모에 대한 복종, 부모에 대한 존경, 조상 숭배, 부모를 경제적으로 부양)
- 여자의 순결
- 애국심

집단주의 사회에서는 특별히 친구 관계를 따로 만들 필요가 없다. 내가 어느 가족, 집단에 속하느냐에 따라 내 친구가 누구인지가 자동적으로 정해진다. 가족관계는 효도, 여성의 순결과 같은 덕목에 의해 유지되며 애국심과도 관련되어 있다. IBM 설문지의 버전 중에는 과업 목표가 '국가에 봉사'하는 것과 관련되는지를 묻는 항목을 포함한 경우가 있다. 이 경우에도 역시 집단주의와 강력하게 상관되는 것으로 나타났다.

제2장에서는 슈워츠(Schwartz), GLOBE, 트롬페나르(Trompenaars)가 수집한 국가 간 가치 데이터베이스 세 가지에 관해 다뤘다. 세 가지 데이터베이스 모두에서 IDV와 강력한 상관을 보이는 범주나 차원이 제시됐다. 슈워츠는 일곱 가지 가치 범주 중 최소한 다섯 개가 IDV와 유의하게 상관됨을 확인했다.[8] 슈워츠의 일곱 가지 범주를 세 가지 군집으로 간소화시키자 이 세 가지 군집 중 두 가지, 즉 자립(autonomy)-편입(embeddedness), 평등주의(egalitarianism)-지배(mastery)는 IDV와 유의한 상관을 보였다.[9]

GLOBE 연구에서는 집단주의의 두 가지 범주를 정의하고 측정하려 했다. 그 두 가지 범주는 제도적 집단주의(institutional collectivism)와 내집단 집단주의(in-group collectivism)로, 양쪽 모두를 '실태'와 '희망'으로 측정했다. GLOBE의 열여덟 가지 차원 가운데 열

가지가 IDV와 유의한 상관관계를 보였지만, 내집단 집단주의 '실태'와 가장 유력한 상관이 있었다. 이 경우의 GLOBE 문항은 인간 행동에 있어서 비교적 단순한 측면을 다루었다. 해당 문항 측정치가 다른 차원보다 우리의 차원과 더 밀접해진 이유가 거기에 있다. IDV는 내집단 집단주의 '실태'에서의 국가 차이 58%를 설명한다.[10] 제3장에서는 내집단 집단주의 '실태'와 권력거리 지수 간 상관은 GLOBE 차원에서 가장 강력했다는 것을 보았지만, IDV와의 상관은 그보다 조금 더 강했다.

GLOBE의 집단주의에 대한 다른 세 가지 측정 중 제도적 집단주의 '희망'만이 IDV와 약하게 부적 상관이 있었지만, 우리의 불확실성 회피 지수(Uncertainty Avoidance Index: UAI, 제6장)와는 보다 강한 상관이 있었다. 제도적 집단주의 '실태'는 우리의 UAI와 독점적으로 상관이 있었다. 내집단 집단주의 '실태'는 저자들의 장기 지향 지수(Long Term Orientation Index: LTO, 제7장)와 상관을 보였다.[11]

영국 심리학자 스미스(Smith)는 트롬페나르(Trompenaars) 데이터베이스를 가지고 분석을 하여 두 가지 주요 차원을 추출했다. 두 가지 차원 모두가 IDV와 상관을 보였고, 그중 두 번째 차원은 오히려 PDI와 더 강한 상관을 가졌다.[12] 그러나 PDI와의 상관은 IBM 표본에 권력거리 지수가 큰 국가인 동유럽이 포함되지 않았다는 점에 영향을 받은 것이다. 실제, 두 번째 차원은 대부분의 동유럽 국가와는 역의 관계이고 동아시아 국가와는 정적 관계인데, 그 문항은 중국에서 긍정적인 의미로 파악되고 동유럽 국가에선 부정적 의미로 파악되는 공동 작업에 주로 초점을 맞춘 것이었다.

스미스의 독창적 연구 중 하나는 다양한 국제적 연구 결과를 비교하지 않고, 그 응답들이 드러내는 음낙(acquiescence) 정도를 비교했다. 음낙은 지필형 설문 조사에서 항상 나타나는 것으로, 질문 내용과 상관없이 긍정적으로 답하는 응답자 경향을 가리킨다. 스미스는 헤르트, 슈워츠, GLOBE의 연구를 포함한 34개국 이상을 대상으로 한 여섯 개 연구를 비교했다. 가치에 관한 질문에 대해 유사한 음낙 패턴이 여섯 가지 연구 모두에서 나타났다. 스미스는 이 여섯 가지 연구에서 긍정적인 응답을 하는 공통적 경향이 우리의 측정으로 집단주의 및 권력거리가 컸던 국가에서 더 강력했다고 밝혔다. 스미스의 연구는 한 문화권에서의 응답자들이 으레상 일치되고 싶어 하고 연구자들을 존중하고 싶어 하는 정도를 비간섭적으로 측정해 주었다.[13]

➲ 개인주의와 집단주의는 한 차원인가 두 차원인가

개인주의와 집단주의를 동일한 차원에서의 대립극으로 간주하는 것이 옳은지에 대한 의문은 빈번하게 제기된다. 개인주의와 집단주의를 두 가지 분리된 차원으로 보아선 안 되는가? 그 답은 (이 책에서 다루는) 전체 사회 또는 사회 구성원을 우리가 비교할 수 있는지의 여부에 따라 달라진다. 이를 **분석 수준**(level of analysis) 이슈라고 한다.

사회는 다양한 개인적 가치를 지니는 매우 다양한 개별적 구성원으로 구성된다. 그 결과 한 사람이 집단주의 가치와 개인주의 가치 모두를 높게 평정될 수 있고, 하나에는 높게 다른 하나에는 낮게 평정될 수도 있으며, 두 가지 모두에 낮은 점수를 받을 수도 있다는 것을 알 수 있다. 따라서 개인의 가치를 비교하려면 개인주의와 집단주의는 두 개의 다른 차원으로 간주해야 한다.[14]

사회를 연구할 때, 저자들은 두 가지 유형의 자료를 비교한다. 즉, 각 사회에서 개인들의 평균 가치 점수 자료와 제도와 같은 전체 사회 특성의 자료다. 우리와 다른 학자들의 연구 결과, 평균적으로 보다 개인주의 가치를 지닌 사람들이 있는 사회에서는 사람들이 평균적으로 집단주의 가치를 보다 적게 지닌다. 개인이 이 패턴과 다를 수도 있지만, 그러한 사람들의 수는 패턴에 일치하는 사람들 보다 더 적다. 이러한 사회의 제도는 주로 개인주의자들에 영합하도록 설계되거나 발전된다. 따라서 사회(또는 국가) 수준에서 개인주의와 집단주의는 한 차원의 양극단으로서 나타난다. 이 차원에서 국가의 위치는 보편적 딜레마에 대한 그 사회의 해결법을 나타낸다. 즉, 한 성인이 자신과 동일시하는 집단 혹은 집단들과 유지하고 싶어 하는 관계의 강도를 나타낸다.

➲ 권력거리 대 집단주의

권력거리 지수 (〈표 3-1〉)가 높은 국가는 대체로 개인주의 지수(〈표 4-1〉)가 낮으며, 권력거리 지수가 낮은 국가는 대체로 개인주의 지수가 높다. 다시 말하면, 이 두 차원 사이에는 부(否)적 상관관계가 있다. 권력거리가 크면 더 집단주의적이 되는 경향이 있고, 권력거리가 작으면 더 개인주의적이 되는 경향이 있다. 이 두 종류 지표 간의 관계를 나타내면 [그림 4-1]과 같다.

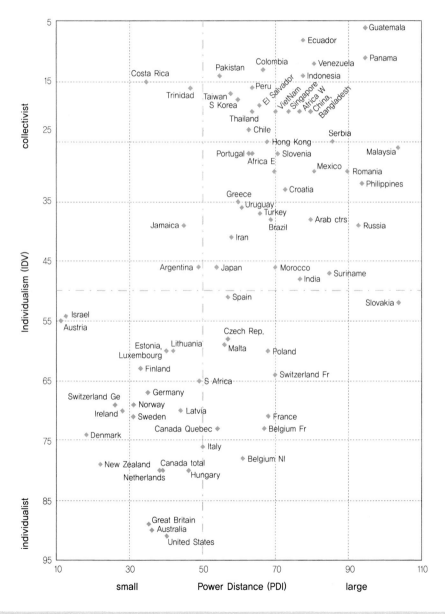

그림 4-1 │ 권력주의 대 개인주의

[그림 4-1]의 모양을 보면 국가들이 왼쪽 아래부터 오른쪽 위쪽으로 연결되는 대각선 부근에 몰려 있는데, 이것은 권력거리와 집단주의 간의 상관관계를 드러내는 것이다.[15] 사람들이 내집단에 의존적인 문화권에서는 대체로 권력자에게도 역시 의존적이다. 대부분의 확대가족은 가장이 강력한 도덕적 권위를 행사하는 가부장적 구조를 지니고 있다. 사람들이 내집단으로부터 비교적 독립적인 문화권에서는 대체로 권력자에게도 덜 의존적이다.

그러나 예외인 국가들도 있다. 라틴계 유럽국가, 그중에서도 특히 프랑스와 벨기에는 중간 정도의 권력거리가 강한 개인주의와 결합되어 있다. 프랑스 사회학자 끄로지어(Michel Crozier)는 자기 국가의 문화를 다음과 같이 묘사하고 있다.

> 프랑스 문화 상황에서, 면전에서의 의존 관계는 찾기 어려운 것으로 보인다. 그러나 일반인의 권위관은 아직도 절대주의적이다. 이 두 가지 태도는 서로 모순된다. 그러나 이 두 태도는 관료 체제 안에서 조화를 이룰 수 있다. 왜냐하면, 공적인 규칙과 중앙집권화로 인해 권한에 대한 절대주의적 생각을 지닌 채로 아주 직접적인 의존 관계는 대부분 피할 수 있기 때문이다.[16]

끄로지어와 마찬가지로 프랑스 출신 디리반느(Philippe d'Iribarne)는 프랑스, 미국, 네덜란드 간의 비교 연구에서 프랑스식 조직 원리를 '명예의 논리(la logique de l'honneur)'라고 묘사하였다. 그는 이 원리가 나폴레옹 이전의 18세기 프랑스 왕정 때부터 이미 존속해 왔다는 것을 발견했다. 이 원리의 의미는 모든 사람이 등급을 가지고 있지만(큰 권력거리), 어떤 사람이 그 등급에 속하는지는 집단에 의해 결정되기보다는 전통에 의해 결정된다는 것이다. 즉, '남에 대한 의무에서가 아니라 자신의 자신에 대한 의무, '결정하는 문제라기보다는, 자신이 결정해야 할 문제'인 것이며,[17] 우리는 이를 계층화된(stratified) 형태의 개인주의라고 부를 수 있다.

이것과 반대 형태로 권력거리는 작으면서 개인주의는 중간 수준인 국가로는 오스트리아와 이스라엘이 있으며, 비교적 작은 권력거리가 뚜렷한 집단주의와 결합되어 있는 국가로는 코스타리카가 있다. 대부분의 라틴아메리카가 권력 있는 지도자에게 의존하는 것이 대세인데, 여섯 개의 중앙아메리카공화국 중의 하나인 코스타리카는 이 대세와는 동떨어진 예외로 널리 알려져 있다. 힘 있는 지도자에게 의존하는 것을 스페인어로 페르소

날리스모(personalismo)라고 한다. 코스타리카에는 정규 군대가 없다. 코스타리카는 비록
세계의 산업시장 경제에 비해서는 상대적으로 가난한 국가이지만, 라틴아메리카에서
'가장 뿌리가 굳건한 민주국가'로 일컬어진다. 코스타리카보다 더 크지만 훨씬 더 가난
한 이웃 국가인 니카라과를 코스타리카와 비교하여, 미국의 개발전문가 해리슨(Lawrence
E. Harrison)은 다음과 같이 쓴 바 있다.

> ……코스타리카인이 니카라과인보다 자국인에게 더 강한 유대감을 느끼고 있다는 증거는
> 많다. 이러한 유대감은 코스타리카에서 옛부터 공교육과 공중건강을 강조해 온 점, 보다 활발
> 한 협동 운동, 라틴아메리카의 기준에서 볼 때 공정성과 적법 절차라는 기본 개념 준수 면에서
> 두드러진 사법 체제, 그리고 무엇보다도 정치의 탄력성, 평화적 해결책을 찾는 능력, 화해의
> 필요성의 이해 등에 반영되어 있다.[18]

대부분의 국가에선 권력거리와 집단주의가 함께 나타난다는 사실에도 불구하고, 프랑
스와 코스타리카 같은 사례에 따르면 권력거리와 집단주의를 별개의 두 가지 차원으로
간주하는 것이 타당하다. 권력거리와 집단주의의 상관이 높게 나온 이유의 하나는 이 두
가지 모두가 제3의 요인인 국가의 부와 관련되기 때문이다. 국가의 부가 통제될 경우(부
유한 국가는 부유한 국가끼리, 가난한 국가는 가난한 국가끼리 비교를 한다면), 권력거리와 집
단주의끼리의 상관은 상당히 약해진다.[19]

IBM 연구와 다른 연구들의 결과를 비교해 보면 권력거리와 집단주의를 구분해 두는 것
이 낫다는 결론에 더욱 확신을 갖게 된다. 권력 분포 문제를 다룬 연구들은 집단주의 차
원보다 권력거리 차원과 더 높은 상관을 보이는 반면, 사회적 통합 문제를 다룬 연구들은
권력거리보다 집단주의 차원과 더 높은 상관을 보인다.[20]

직종에 따른 개인주의-집단주의

권력거리와 집단주의의 구분을 지지하는 또 하나의 주장은, 제3장에서 보았듯이 권력

거리 지수는 국가에 대해서만이 아니라 직종에 대해서도 산출할 수 있는 반면, 개인주의 지수는 국가에 대해서만 산출이 가능할 뿐 직종에 대해서는 산출이 불가능하다는 것이다. 직종이 다른 사람들의 IDV 산출을 위한 14개의 작업 목표 질문에 대한 답을 비교했을 때 이들의 응답은 개인주의나 집단주의로 분류할 수 없었다. 예를 들면, 직업 구분에 있어서는 '도전'과 '기술 사용'의 중요성이 같은 방향으로 나온 반면, 국가 구분에 있어서는 이 두 가지가 정반대가 되었다. 직종 간 비교에서는 '개인의 시간'이 중요하게 평정될 때 '도전'은 중요치 않게 평정되는 경향이 있었던 반면, 국가 간 비교에서는 이 두 가지가 서로 같이 평정되었다.[21]

직종 간의 구분에 사용할 수 있는 한 쌍의 용어는 내재적(intrinsic) 대 외재적(extrinsic)이라는 말이다. 이 단어는 무엇이 사람들로 하여금 그 일을 하도록 동기화시키는가, 즉 그 일 자체 때문인가(내재적으로 동기화된 일) 아니면 그 일을 함으로써 얻게 되는 외적인 조건이나 물질적인 보상 때문인가(외재적으로 동기화된 일) 하는 것을 가리킨다. 이와 같은 구분은 1950년대 미국의 심리학자 허츠버그(Frederick Herzberg)와 그의 연구팀이 행한 작업 동기에 관한 연구를 통해서 유명해졌다. 그들은 내재적 요인들이 참된 '동기 유발 요인'이며, 외재적 요인은 그 일의 심리적 '위생 요인'이라는 주장을 폈다.[22] 높은 교육 수준을 요구하는 직종에서 일하는 사람들은 내재적 요인을 더 중시하는 경향이 있고, 지위가 낮고 교육 수준도 낮은 직종에 종사하는 사람은 외재적 요인을 더 선호한다. 내재적-외재적 동기의 구분은 직종 문화를 비교·구분하는 데에는 유용하지만 국가 간 비교에는 맞지 않는다.

🔵 가정에서의 개인주의-집단주의

이 장의 서두에서 보았듯이 개인주의는 핵가족 구조와 집단주의는 확대가족 구조와 연결되며, 후자는 또한 내집단·외집단의 구분으로 이어진다. 인간 문화를 구성하는 다른 기본 요소와 마찬가지로 개인과 집단 간의 관계도 가족 상황에서 처음 배우게 된다. 〈표 4-1〉에서 일본이 중간 정도의 개인주의 지수(35~37위, IDV 46)를 받고 있다는 사실은 전통적인 일본 가족에서 장남만이 부모와 계속 함께 살고, 그래서 핵가족과 확대가족의 중간쯤 되는 가계 구조를 만든다는 진상에서 적어도 부분적으로는 이해가 가는 것이다.

여러 명의 어른, 또래, 동생 사이에서 자라는 아이는 자연히 자기 자신을 '우리(we)'라는 집단의 일부로 보게 된다. 이렇게 될 가능성은 핵가족 속에서 자라는 아이의 경우보다 훨씬 더 높다. 확대가족의 아이는 낮이건 밤이건 혼자 있는 경우가 거의 없다. 벨기에 대학으로 유학온 한 아프리카 여학생은 꽤 오랜 시간 동안 방 안에 혼자 있는 것은 이번이 처음이라고 말했다. 반대로, 페루나 말레이시아에서 직무 연수를 마치고 되돌아가는 북유럽의 견습생들은 페루나 말레이시아의 집주인 때문에 전혀 혼자 있을 수 없었다고 불평했다.

강도 높은 사회적 접촉을 오래 계속해야 하는 상황에서는 자신의 사회적 환경과 화합(harmony)을 이루는 것이 핵심적인 미덕이 되며, 이것은 가족 밖의 다른 영역에까지 적용된다. 대부분의 집단주의 문화에서는 남에게 정면으로 대드는 것은 무례하고 바람직하지 않은 것으로 간주된다. '아니요(No)'라고 말하는 경우가 거의 없는데, 아니라고 말하는 것 자체가 대드는 것이 되기 때문이다. '그럴지도 모르죠.' 또는 '한번 생각해 보죠.'와 같은 말은 부탁을 완곡히 거절하는 예다. 마찬가지로 '예(Yes)'라는 말은 반드시 승인을 의미하는 것이 아니라 대화를 계속 이어가는 방편으로 쓰인다. 일본에서는 '예, 당신이 하는 말 들었어요.'라는 뜻밖에 없다.

한편 개인주의 문화에서는 자기 생각을 표명하는 것이 미덕이다. 자기가 느끼는 것을 사실 그대로 말하는 것이 진지하고 정직한 사람의 특성으로 통한다. 대드는 것도 좋을 수 있다. 의견 충돌로 인해 한 차원 높은 진실에 도달할 수 있다고 믿는다. 대화가 타인에게 미치는 효과를 짐작은 해야 하지만, 대개 그 때문에 사실 자체의 왜곡이 정당화되지는 않는다. 성인은 직언을 건설적으로 받아들이는 법을 배우는 것이 당연지사로 되어 있다. 가정에서 아이는 설사 진실을 말하는 것이 괴롭더라도 항상 진실을 말해야 한다고 배운다. 갈등에 대처하는 것은 가족과 함께 살아가는 일상적 삶의 일부다.

인도네시아(70~71위, IDV 14)에 있던 한 네덜란드 선교사는 자기 지역의 교구민들이 다음과 같은 성경 구절을 엉뚱한 식으로 풀이한 예에 관한 이야기를 했다.

어떤 사람이 두 아들을 두었다. 그는 맏아들에게 가서 "얘야, 오늘은 포도밭으로 가서 일해라."라고 말했다. 맏아들은 "그러겠습니다. 아버님."이라고 대답하고는 가지 않았다. 아버지는 둘째 아들에게 가서 똑같이 말했다. 둘째 아들은 "싫습니다."라고 대답은 했으나 나중에 마음을 고쳐먹고 포도밭으로 갔다. 두 아들 중 누가 아버지의 뜻을 따랐는가?[23]

성경의 해답은 '둘째 아들'이었으나 그 선교사가 만나는 인도네시아 교구민들은 '맏아들'이라고 대답했다. 그 이유는 이 아들이 형식상 화합을 따랐고 아버지 말을 거스르지 않았기 때문이다. 그가 실제로 갔느냐 안 갔느냐 하는 문제는 둘째 문제였던 것이다. 이와 관련해 헤르트 얀(Gert Jan)이 수업을 하던 중에 한 그리스 학생이 "거기에 다른 사람들이 있었나요?"라고 질문을 했다. 만약 그랬다면, 그리스 학생 생각엔 맏아들이 자기 아버지를 다른 사람들 앞에서 망신시키지 않았다는 점에서 아버지의 뜻을 따랐다고 볼 수 있다는 것이다. 그리스는 중간 정도의 집단주의 문화를 가진다.

집단주의적 가정에서는 아이가 어떤 의견을 말할 때 다른 사람들의 눈치를 보는 법을 배운다. '개인적 의견'이란 존재하지 않는다. 개인의 의견 자체가 집단에 의해 미리 결정되기 때문이다. 정해진 집단 의견이 없는 새로운 문제가 생기면 가족회의 같은 것을 열고 난 후에야 비로소 의견을 내놓을 수 있다. 집단이 지닌 의견에서 벗어나는 의견을 계속해서 내뱉는 아이는 성격이 나쁘다고 간주된다. 이와 반대로 개인주의 가족은 아이들이 스스로의 의견을 갖도록 장려하며, 남의 의견을 그대로 받아들이는 아이는 나약하다고 간주한다. 어떤 행동이 바람직한 것인지는 문화적 환경에 따라 달라진다.

집단주의 가족의 필수요소가 되는 집단에 대한 충성심은 자원을 나누어 가져야 함을 의미한다. 만약 20명이 함께 사는 확대가족의 한 구성원이 수입이 있는 직업이 있고 나머지 사람들은 그렇지 못하다면, 수입이 있는 구성원은 전 가족을 먹여 살리기 위해 자기 수입을 나머지 식구와 나누는 것이 당연한 것으로 여긴다. 이런 원리에 근거해서 한 가족 전체가 집단적으로 비용을 부담하여 가족 구성원 중 하나에게 보다 높은 수준의 고등교육을 시킬 수도 있다. 이것은 물론 이 구성원이 훗날 수입이 많은 직업을 갖게 되면 그 수입은 가족 공동의 것이 될 것이라는 기대 때문이다.

개인주의 문화에서 부모는 자식이 어릴 때부터 스스로 용돈을 벌기 위해 조그마한 일

자리를 갖는 것을 자랑스럽게 여긴다. 자기가 번 용돈을 어떻게 쓸 것인가 하는 결정도 아이가 혼자서 내린다. 다른 많은 서구 국가와 마찬가지로 네덜란드에서도 학생들의 생활비 중 상당 부분을 정부가 충당한다. 최근에는 이 체계가 부모에게 학비를 주는 형식에서 직접 학생에게 주는 형식으로 바뀌었는데, 이런 제도는 학생의 독립성을 강조하는 것이다. 이제부터 정부는 남학생이나 여학생이나 18세 이상만 되면 독립적인 경제활동자로 간주한다. 미국에서는 학생이 임시직이나 개인대출 등을 이용해 스스로 학비를 부담하는 일이 일상화되어 있다. 정부의 보조 없이도 그들은 부모에게 별로 의존하지 않으며, 좀 먼 친척에게는 전혀 의존하지 않는다.

개인주의 문화에서는 대부분의 아이가 대학에 입학할 무렵이면 스스로 살아가고 부모에게서 독립해 나갈 작정이고, 남들도 그들이 그러리라 여긴다. 집단주의 문화권에서 이러한 경우는 드물다. 상대적으로 부유한 유럽연합 19개국 대상 유로바로미터 조사 데이터를 보면, 젊은이들이 '이사 나올 형편이 안 된다.'는 주장을 하느냐 마느냐는 국가의 부가 아니라 집단주의의 문제다. 경제와 관련된 논쟁의 결말은 문화적 가치를 합리화하는 게 대부분이다.[24]

집단주의 사회에서는 가족에 대한 의무가 재정적인 것에 한하는 것이 아니라 의식에까지도 영향을 미친다. 세례식, 결혼식, 특히 장례식과 같은 가족 의식은 대단히 중요해서 빠져서는 안 되는 행사들이다. 개인주의 사회에서 살다가 이주한 경영자들은 종종 집단주의 사회의 직원들이 가족 이유를 대며 특별히 결근을 허락해 줄 것을 요청해 올 때 놀라곤 한다. 개인주의 사회에서 이주한 경영자들은 자기들이 놀림을 받고 있다고 생각하지만 대개 그런 이유들은 진실된 것이다.

개인주의 문화에서는 사람들이 만날 때 말로 대화를 해야 할 필요를 느끼며, 침묵을 지키는 것이 비정상적이라고 여긴다. 사교적인 대화가 견디기 힘들 정도로 따분해지는 것은 사실이나, 그런 식의 대화는 의무적인 것이다. 집단주의 문화에서는 함께 있다는 사실만으로도 감정적으로 충분하다. 할 말이 없을 때에는 말을 하지 않아도 된다. 자바의 귀족 출신인 인도네시아 사업가 하지위보워(Raden Mas Hadjiwibowo)는 젊은 시절의 가족 방문을 다음과 같이 회상한다.

자바의 가족 간 방문에는 사전 약속이 필요 없었다. 실제로 약속을 하려면 쉽게 할 수 있었는데, 전화가 아직 널리 보급되지 않았던 시절에도 언제든지 하인을 시켜서 약속을 청하는 편지를 보낼 수 있었기 때문이다. 그럼에도 방문통지 편지를 미리 보내지는 않았다. 사전 약속 없이 방문해서는 안 된다는 생각은 전혀 없었다. 언제나 때마침 잘 왔다는 식이었다. 불청객이란 존재하지 않았다. 문은 항상 열려 있었다(지금도 여전히 열려 있다).

자바인은 방문객을 반갑게 예의를 갖추어 마중하곤 자리에 앉기를 권했다. 곧 주인과 안주인은 재빨리 안으로 들어가 평상복보다 좀 더 나은 차림으로 갈아입고 나왔다. 주문하지 않아도 하인이 커피나 홍차를 들고 나왔다. 다과 대접을 받고 있노라면 주인과 안주인이 나와 자리를 함께 한다.

우리는 그렇게 앉아 있었지만 아무도 말을 하지 않았다. 이런 침묵을 당혹스러워 하는 사람도 없었다. 침묵 때문에 안절부절못하는 사람도 없었다. 가끔 이런저런 생각과 소식을 교환했다. 그러나 이것이 정말 필요한 것은 아니었다. 우리는 함께 있다는 것, 서로를 다시 볼 수 있다는 것만으로도 즐거웠다. 새로운 소식을 처음 교환한 후에 하는 나머지 대화들은 순전히 중복되는 것들이었다. 할 이야기가 없다고 상투적인 이야기를 늘어놓을 필요는 없었다. 한 시간 가량 지난 뒤 우리는 떠나겠다고 말했다. 우리는 서로 만족스러운 기분으로 헤어졌다. 자바섬 안의 작은 도시에서의 생활은 아직도 이런 식이다.[25]

상대적으로 부유한 19개국에 대한 유로바로미터 조사 데이터를 보면 사람들이 '매일 레스토랑이나 바에 간다.'고 주장하는 정도에서 놀라운 차이가 나타난다. 즉, 상대적으로 집단주의적인 문화에서는 이러한 형태의 사교 형태가 훨씬 더 전형적이다.[26] 개인주의 문화에서 사람들은 되도록 집에서 모이는 것을 더 선호한다. '내 집이 내 성(城)이다.'라는 속담은 개인주의적인 영국에서 유래한 것이다.

미국의 인류학자이자 인기 저술가인 홀(Edward T. Hall, 1914~2009)은 문화를 의사소통 방식에 따라 고맥락과 저맥락 차원으로 구분했다.[27] 고맥락(high context) 의사소통은 대부분의 정보가 물리적 환경 속이나 그 사람 안에 이미 들어 있기 때문에 겉으로 드러내어 이야기하거나 쓸 것이 별로 없는 의사소통을 말한다. 이런 유형의 의사소통은 집단주의 문화에서 흔히 볼 수 있다. 하지위보워의 가족 방문 경우가 그 한 예다. 저맥락(low context) 의사소통은 개인주의 문화의 전형적인 의사소통 방법이다. 집단주의 문화에서 자명하다고 여겨지는 많은 것을 개인주의 문화에서는 명시적으로 이야기해야 한다. 미국의 사업 계약서의 분량은 일본의 사업 계약서보다 훨씬 더 많다.

집단주의 가족과 관련하여 조화 다음으로 중요한 또 하나의 개념은 수치(shame)다. 개인주의 사회는 죄책감의 문화로 표현이 된다. 사회의 규칙을 어긴 사람들은 종종 죄책감을 느끼게 되는데, 이것은 남모르는 내부의 보이지 않는 안내자의 기능을 하는 개인의 양심에서 나오는 것이다. 반면, 집단주의 사회는 수치의 문화다. 한 집단 성원이 사회의 규칙을 어기면 같은 집단에 속해 있는 사람들은 집단적인 의무감에서 오는 수치를 안긴다. 수치감은 본질상 사회적이며 죄책감은 개인적이다. 수치를 느끼고 안 느끼고는 규칙 위반 사실을 남이 알고 있느냐 아니냐에 달려 있다. 수치의 원인은 위반 자체보다도 다른 사람에게 알려진다는 사실이다. 죄책감에서는 그렇지 않다. 죄책감은 비행을 다른 사람들이 알고 있건 모르건 관계없이 느낀다.

집단주의 가정이 만들어 낸 또 다른 개념은 체면(face)이다. 창피를 당했다는 의미의 '체면을 잃다'는 말은 중국어에서 영어로 들어온 표현이다. 영어에는 이에 해당하는 말이 없었다. 홍콩 사회과학자인 호(David Yau-Fai Ho)는 이 말을 다음과 같이 정의한다.

> 어떤 사람이 자기 자신의 행동이나 자기와 가까운 사람들의 행동으로 인해 자기가 점하고 있는 사회적 지위에서 마땅히 지켜야 할 일을 지키지 못했을 때 체면을 잃게 된다.[28]

중국인은 또 명예나 위신이라는 뜻으로 '누구의 체면을 살려 주다.'라는 말을 한다. 얼굴이 사람(그리고 그의 가족)에게 없어서는 안 될 부분인 것과 마찬가지로 '체면'이란 기본적으로 없어서는 안 될 그의 올바른 사회적 환경과의 관계를 나타내는 것이다. 체면이 중요해지는 것은 사회적 맥락을 많이 따지는 사회에서 생활하는 데서 온 것이다. 다른 집단주의 문화의 언어에도 비슷한 뜻을 지닌 단어들이 있다. 예를 들면, 그리스에는 휠로티모(philotimo)라는 단어가 있다. 그리스계 미국인 심리학자인 트라이언디스(Harry Triandis)는 이에 대해 다음과 같이 적고 있다.

> 어떤 사람이 내집단의 규범과 가치에 따르는 만큼 그 사람은 휠로티모스다운 것이다……

여기에는 '그 사람의 안녕에 관심을 두는' 그 사람의 가족, 친구, 기타 인물들에 대해 감수해야 하는 갖가지 희생이 포함된다. 예를 들면, 누이동생들이 적절한 지참금을 가지고 결혼할 때까지 오빠가 결혼을 미루는 것은 시골 인도인뿐만 아니라 전통적인 시골 그리스인(그리고 그 중간에 있는 많은 국가 사람)에게도 규범적으로 당연시되는 행동의 일부다.[29]

개인주의 사회에서 이와 맞먹는 특징은 '자존심'이다. 그러나 이것도 개인의 관점에서 정의되는 반면 '체면'이나 '휠로티모'는 사회적 환경의 관점에서 정의된다.

집단주의 사회에서는 대개 생물학적인 혈연 인척이 아니지만 사회적으로 자기 내집단에 속해 있는 사람들과 마치 가족과 같은 유대 관계를 형성하는 경향이 있다. 예를 들면, 라틴아메리카에서는 친척이 아니더라도 친척인 것처럼 대우하는 꼼파드레스(compadres)와 꼬마드레스(comadres)라는 제도를 통해 이와 같은 가족적 유대 관계를 만들 수 있다. 유럽 천주교 및 정교 국가에서 전통적으로 매우 강고했던 대부(godfathers), 대모(godmothers) 제도는 제도를 통한 가족적 유대 관계의 또 다른 예다. 일본에서는 과거에 나이 어린 아들을 입양 형태로 보내어 장인 밑의 도제로 만드는 제도가 있었다. 중세 중앙 유럽에도 이와 비슷한 관습이 존재했었다.

집단주의 사회에서 사람들은 친척들의 의견을 존중해야만 하기 때문에 결혼 상대자를 선정하는 것은 당사자들뿐만 아니라 당사자들의 가족 모두에게까지 중대한 사건이다. 미국 심리학자 버스(David Buss)는 결혼 상대자 후보 선정 기준에 대해 설문 조사 연구를 하였다.[30] 37개국의 응답자들은 평균 23세인 젊은 남성 및 여성으로 약 만 명이었다. 미래 신붓감 및 신랑감 각각에 대하여 일반적으로 바라는 특성은 상호간 애정, 친절함, 정서적 안정감, 지성, 건강이었다. 기타 특성은 국가 간, 신랑과 신부 간 달리 나타났다. 국가 간 차이는 주로 개인주의와 연관관계를 가졌다. 집단주의 국가의 신랑은 보다 젊은 신붓감을 선호했고, 신부의 부유함, 부지런함, 순결함에 보다 치중한다. 집단주의 국가에서 신부는 나이가 많고 부유한 신랑감을 원하는 반면, 신랑의 부지런함은 덜 중요한 역할이었으며 정조는 아무런 역할을 하지 못했다.

그러나 신부가 순결하길 바라는 신랑들의 욕구는 집단주의보다 국가의 빈곤도에 따라 더 크게 좌우되었다. 부유할수록 여성들이 교육받을 수 있는 기회도 늘어난다(어떤 사회이든 교육이란 것을 처음 받을 수 있게 되는 경우에 부모들은 집안일에 필요 없는 남자아이들에게 우선권을 준다). 여자아이들이 보다 자유롭게 돌아다니기 시작하면서 남자아이들과 만날 수 있는 기회도 더 많아진다. 사람들이 누릴 수 있는 생활 공간과 사생활도 늘어난다. 의료적 관리 및 정보 보급이 향상된다. 그중에는 피임법 노하우도 포함된다. 젊은 사람들은 성적(性的) 탐구의 기회를 보다 많이 얻게 되고, 이러한 상황에 성적 규범이 적용한다.

집단주의 사회에서 신부의 부지런함, 부유함, 순결함이 강조되는 이유는 집단주의 사회에서 결혼은 개인 간이 아닌 가족 간의 계약이기 때문이다. 신부와 신랑은 자신의 배우자에 대한 선택에 발언권이 거의 없다. 그렇다고 해서 이러한 결혼이 덜 행복하다는 의미는 아니다. 인도에서의 연구 결과에 따르면, 부부 간 만족이 연애 결혼보다 중매 결혼에서 더 높고, 미국식 결혼에서보다 인도식 연애 결혼에서 더 높았다. 문화적 개인주의가 낭만적 사랑의 가치를 촉진시키기는 하지만 친밀감에 문제를 생기게 할 수 있다.[31] 결혼에 있어서 애정의 역할에 대한 조사에서 11개국의 남녀 학부생들이 응답했는데, 한 질문은 다음과 같았다.

> "만약 어떤 남성(여성)이 당신이 바라는 여러 특성 전부를 가졌다면, 그(그녀)와 사랑에 빠지지 않았다고 해도 그 사람과 결혼하시겠습니까?"

그에 대한 응답은 미국에서는 '예' 가 4%, '아니요' 가 86%, 파키스탄에서는 '예' 가 50%, '아니요' 가 39%로, 11개 사회에서의 개인주의 정도에 따라 달리 나타났다.[32] 집단주의 사회에서 결혼을 고려할 때에는 사랑보다 다른 것들이 더 중요하다.

뉴욕의 한 시장조사회사는 2005년에 15세내지 17세 소녀들을 대상으로 아름다움 및 신체상에 관한 이상형을 연구했다. 전 세계 10개국(브라질, 캐나다, 중국, 독일, 영국, 이탈리아, 일본, 멕시코, 사우디아라비아, 미국) 도시에서 전화 인터뷰를 통해서였다. 한 문항에서는 누가 자신의 미적 이상형에 영향을 주는지를 물었다. 집단주의 문화에서 젊은 아가씨들은 대부분 자신의 내집단에 있는 여자 친구들을 꼽고, 개인주의 문화권에서는 일반적으로 소년들을 꼽는다.[33]

〈표 4-2〉에는 지금까지 설명한 집단주의와 개인주의 사회 간 핵심 차이점이 요약되어 있다.

▲ 표 4-2 | 집단주의 사회와 개인주의 사회의 핵심 차이점
Ⅰ: 일반적 규범과 가족

집단주의 사회	개인주의 사회
사람들은 확대가족 또는 기타 내집단 속에 태어나서 충성심을 바치는 대가로 계속 보호를 받는다.	모든 사람은 자기 자신과 직계 핵가족만을 스스로 돌볼 수 있도록 성장한다.
어린이는 '우리'라는 틀 안에서 생각하는 법을 배운다.	어린이는 '나'라는 의미 안에서 생각하는 법을 배운다.
가치 기준은 내집단이냐 외집단이냐에 따라 다르다: 배타주의	모두에게 동일한 가치 기준이 적용되는 것으로 간주된다: 보편주의
언제나 화합이 유지되어야 하며 직접적인 대립은 피해야 한다.	자신의 생각을 그대로 말하는 것이 정직한 사람의 특성이다.
우정은 정해져 있다.	우정은 자발적이고 길러지는 것이다.
재산은 친척들과 공유해야 한다.	재산에 대한 개인 소유권은 아이들에게도 있다.
성인 자녀가 부모와 산다.	성인 자녀는 부모의 집을 떠난다.
고맥락적 의사소통이 우세하다.	저맥락적 의사소통이 우세하다.
공공장소에서의 만남이 흔하다.	내 집이 내 성(城)이다.
규칙 위반은 자기 자신과 집단에 수치심과 체면 손상을 가져온다.	규칙 위반을 하면 죄책감과 함께 자존감이 실추된다.
신부는 젊고, 부지런하며, 순결해야 하며, 신랑이 나이가 더 많아야 한다.	결혼 상대자에 대한 기준은 미리 정해진 건 없다.
소녀들이 생각하는 미적 이상형에는 여자 친구들이 가장 많은 영향을 끼친다.	소녀들이 생각하는 미적 이상형에는 일반적으로 소년들이 가장 많은 영향을 끼친다.

● 개인주의-집단주의 문화에서의 언어, 성격, 행동

심리학자인 요시 카시마(Yoshi Kashima)와 언어학자인 에미코 카시마(Emiko Kashima)는 일본계 호주인 부부로, 문화와 언어의 관계를 연구했다. 그들은 언어의 여러 특성 가운데 문장에서 단수 일인칭 대명사인 '나(I)'를 생략하는 관습인 대명사 탈락(pronoun drop)에 대해 연구했다[예를 들어, 스페인에서 '아이 러브 유(I love you)'는 '요 테 키에로'보다는 테 카에로(te quiero)라고 한다]. 그들은 71개국에서 쓰이는 39가지 언어를 포함하여 수많은 변인 간 상관관계를 탐색했다. 가장 강력한 상관관계는 언어와 IDV 간에 발견되었다.[34] 개인주의 문화에서 쓰이는 언어는 화자 자신에 대한 경우, 화자들로 하여금

'나(I)' 대명사를 필수적으로 이용하도록 요구하는 경향이 있다. 또한 집단주의 문화에서 쓰이는 언어는 이러한 대명사의 탈락을 허용하거나 지시한다. 〈표 4-1〉에서 가장 개인주의적인 국가에서 쓰이는 언어인 영어가 '나(I)'를 대문자로 쓰는 것은 잘 알려진 사실이다.

언어는 시간에 따라 변하지만 그 변화는 아주 서서히 일어난다. 중세 시대에 쓰인 서유럽 언어에는 단수 일인칭 대명사가 쓰였다. 같은 시대부터 내려온 아랍 속담은 'the satanic I be damned!'다.[35] 문화 점수와 언어 특성 간 연결 고리는 문화적 차이의 뿌리가 아주 오래되었다는 것을 설명한다. 오랜 세월이 흐름에 따라 오늘날 차이가 사라질 것이라는 생각은 그리 믿을 것이 못된다.

중국계 미국인이자 인류학자인 수(Francis Hsu)는 서양에서 쓰이는 의미에서의 성격(personality)과 같은 말이 중국에는 없다고 주장했다. 서양에서 성격이란 개인의 특성으로, 개별적인 실재이며 사회 및 문화와 별개다. 성격을 중국어로 가장 가깝게 번역하면 렌(ren)이 되지만('人'으로 여기는데, 그렇다면 성격과는 거리가 있음–역자 주), 렌에는 개체 뿐만 아니라 자신의 존재에 의미를 주는 사회 활동의 문화 환경이 내포되어 있다.[36]

미국의 두 심리학자 마커스(Hazel Rose Markus)와 일본계 키타야마(Shinobu Kitayama)도 동일한 지적을 했다. 그들은 미국 개인들이 스스로의 자아에 초점을 맞추어, 자신의 특별한 내면적 특성을 발견하고 표현함으로써 타인들로부터 독립을 유지하고자 하는 것과 달리, 많은 아시아 문화에서 개성(individuality)의 개념은 개인들 서로 간의 근본적 관련성을 강조한다고 주장했다. 사람들이 자신의 자아를 경험하는 방식은 문화에 따라 다르다.[37] 우리가 해석하기에, 개인주의 문화는 독립적 자아를 장려하고, 집단주의 문화에서는 상호 의존적인 자아를 장려한다.

미국 심리학자 애쉬(Solomon E. Asch, 1907~1996)는 미국 개인들이 주류에 대항하여 그들의 판단을 고수해 나가는 정도를 검증하기 위해 다소 어려운 실험을 설계했다. 피험자는 자신이 두 선 중 어느 쪽이 더 긴지를 판단해야 하는 사람 집단의 한 성원이라고 여겼다. 그 집단의 기타 모든 성원은 그 피실험자 모르게 실험자와 짜고 고의적으로 틀린 답을 했다. 이 상황에서 피험자들 중 상당수가 자신의 생각과 달리 집단 의견에 동조하였다. 1950년대부터 이 실험은 수많은 국가에서 반복 연구되어 오고 있다. 잘못된 판단에

동조하는 피험자들의 비율은 국가의 IDV와 부적 상관관계를 보였다.[38]

제2장에서는 성격과 국가문화 간 관계를 언급했는데, 33개국의 '빅 파이브(Big Five)' 성격 차원의 평균 점수와 우리의 문화 차원과의 상관관계가 입증되었다. 국가의 빅 파이브 평균 점수는 IBM 문화 차원 네 가지 점수 모두와 유의한 상관을 보였지만, 가장 강력한 상관관계는 외향성과 IDV 간에 있었다.[39] (내향성의 반대인) 외향성(Extraversion)은 같은 방향으로 존재하는 일련의 자기 채점 성격 측면, 즉 온정, 사교성, 자기 주장성, 활동성, 자극 추구성 및 긍정적 감정을 통합한 것이다. 개인주의 문화의 사람들이 이와 같은 성격 측면에 집단주의 문화의 사람들보다 더 높은 점수를 받았다는 것을 외향성과 IDV 간 상관관계를 통해 알 수 있다. 독립적 자아를 장려하는 문화권 사람들이 자신들의 사교성에 더 높은 점수를 준다는 것이 놀라워 보일 수도 있겠지만, 남과 어울리는 것에 대한 의식적 결정은 사람들 간 관계가 문화에 의해 정해지지 않을 때 더 중요해질 수 있다.

미국 심리학자 마츠모토(David Matsumoto)는 표정에 대한 감정 재인(recognition)을 다룬 여러 연구를 분석했다. 학생들은 사진을 보고 표정이 행복, 놀람, 슬픔, 공포, 역겨움, 분노 어느 쪽인지를 판단했다. IBM 세트의 15개 대상국에서는 행복을 옳게 지각한 관찰자들의 비율이 IDV와 정적 상관관계, 슬픔을 옳게 지각한 비율과 부적 상관관계였다. 이에 대해 우리는 개인주의 문화가 행복감을 보이는 것을 장려하고 슬픔을 공유하는 것을 권장하지 않으며, 집단주의 문화는 행복감을 보이는 것을 권장하지 않고 슬픔을 공유하는 것을 장려하기 때문이라고 해석한다.[40]

미국 교수 르바인(Robert Levine)은 외국 유학생들에게 그들 고향에서의 생활 속도에 대한 자료를 수집해 줄 것을 요청했다. 수집 자료 중에는 걷는 속도에 대한 측정 결과도 있었다. 그 속도는 각 도시에서 쾌청한 여름날 주요 근무 시간에 붐비지 않는 두 위치 간 60피트(약 18m-역자 주) 노정을 70명의 건강한 성인들(1 : 1의 남녀 비율)이 걸어서 이동하는데 걸린, 스톱워치 시간으로 정의되었다. 그 연구에서 대상국으로 포함된 31개국 중 23개국이 IBM 세트와 중복되었는데, 걷는 속도는 IDV와 강력한 상관을 보였다. 개인주의 문화권 사람들은 보다 빨리 걷는 경향이 있었다.[41] 이에 대해 우리는 자아 개념이 물리적으로 표현된 결과라고 해석한다. 개인주의적 문화권의 사람들일수록 진전하려는 데에 보다 적극적이라는 것이다.

국가들 간 행동 차이에 대한 강력한 정보는 소비자 조사를 통해서도 얻을 수 있다. 네덜란드 마케팅 교수이자 컨설턴트인 무이즈(Marieke de Mooij)는 15개의 유럽 국가를 비교하면서 행동자료와 IDV 간 수많은 유의한 상관관계를 발견했다.[42] IDV가 높은 국가의 사람들은 낮은 IDV 국가에서의 사람들보다 단독주택에 사는 경향이 더 높았고 아파트에 사는 경향은 덜했다. 그들은 여가를 위해 개인 정원이나 캐러반(이동식 주택)을 소유하는 경향이 높았다. 애완동물 음식에 대한 가족 소비 측정 결과, 애완동물로 개와 고양이를 많이 가졌다(고양이는 개보다 더 개인주의적인 짐승이다). 또한 그들은 집을 소유하고 생명보험에 가입하는 경향이 높다. 벽 칠하기, 목 세공, 벽지 붙이기, 가정 목공, 전자제품 제작 수리, 배관공사 같은 자작 활동들(do-it-yourself activities)에 보다 많이 관여했다. 이 모는 경우에서 IDV는 국가의 부유함보다 국가 간 차이를 더 잘 설명했다. 이 경우 모두가 타인에게 의존하려 하지 않고 자립하려는 라이프 스타일을 보여 준다.

정보에 관해서는 IDV가 높은 국가의 사람들이 책을 보다 많이 읽고, 음성 메일이 있는 전화, 개인용 컴퓨터를 소유하는 경향이 더 높다. IDV가 높은 국가 거주자들은 TV 광고가 신제품 정보에 유용하다고 평정하는 빈도가 높았다. 그들은 미디어에 보다 의존하고 사회적 네트워크에는 덜 의존했다.

개인주의 문화를 가진 국가에 살고 있는 사람들이 집단주의 문화를 가진 국가에 살고 있는 사람들보다 더 건강하거나 더 병약하다는 지표는 없다. 하지만 자신의 건강 관심도에서 IDV가 높은 문화권 사람들이 IDV가 낮은 문화권 사람들의 경우보다 더하다는 점에서, IDV가 높은 문화권 사람들이 보다 자신에 초점을 맞춘다는 사실은 명확하다. 모든 의료 제공이 가능한 고소득 국가에 제한하여 분석하면, 개인주의 문화권의 사람들일수록 건강을 위한 개인 수입의 지출이 더 많다. 그 국가의 정부 역시 건강 관리에 공공 예산을 비교적 많이 지출한다.[43]

개인주의 문화와 집단주의 문화는 장애를 달리 취급한다. 호주의 건강 관리 직원들을 대상으로 한 조사에서는 장애인이 되는 것에 대한 반응이 영국계, 아랍어권, 중국, 독일어권, 그리스, 이탈리아 이민자 공동체들 간에서 다르게 나타났다. 개인주의 공동체(영국계, 독일어권)에서 장애인들은 가능한 한 정상적으로 미래의 삶을 계획하고, 의존과 도움받기를 불쾌해하며, 쾌활하고 낙관적으로 지내는 경향이 있다. 집단주의 공동체(그리스,

중국, 아랍어권)에는 고통, 부끄러움, 염세주의를 보이는 표현이 더 많다. 장애인의 가족 구성원들이 조언과 지원에 대한 요청을 받고, 그 장애인의 미래에 대한 주요 결정을 할 것이다. 이탈리아인들은 그 중간에 드는 경향이 있다. 북이탈리아는 보다 개인주의적이 지만, 호주의 이탈리아 이민자 대부분은 집단주의적인 남이탈리아 출신이다. 또 다른 연 구는 다른 집단이 장애아동을 다루는 방식에 관해 같은 건강 관리원은 패널이 응답한 결 과를 기술하였다. 개인주의적 공동체에서의 지배적 철학은 역시, 실현 가능한 활동일 경 우 장애아들을 항상 활동에 참여케 함으로써 되도록 다른 아동과 같이 장애아동을 대하 는 것이었다. 집단주의적 공동체에서 장애는 가족에게 수치스러운 것으로 보일 수 있고, 구성원들에게 낙인이 될 수 있다. 특히 그 장애아동이 아들이라면 그 아이는 남의 눈에 띄지 않게 숨겨둘 것이다.[44]

〈표 4-3〉에는 이 절에서 다룬 집단주의 및 개인주의 사회 간 핵심 차이점이 요약되어 있다.

표 4-3 │ 집단주의 사회와 개인주의 사회의 핵심 차이점
II: 언어, 성격 및 행동

집단주의 사회	개인주의 사회
'나' 라는 말의 사용을 삼간다.	'나' 라는 말을 쓰는 것이 장려된다.
의존적인 자아	독립적인 자아
성격 검사에서 내향성 점수를 높게 받는다.	성격 검사에서 외향성 점수를 높게 받는다.
슬픔을 드러내는 것을 장려하고, 행복감을 드러내는 것은 말린다.	행복감을 드러내는 것을 장려하고, 슬픔을 드러내는 것은 말린다.
느린 속도로 걷는다.	빠른 속도로 걷는다.
타인 의존적인 소비 양식을 보인다.	소비 양식에서 자기 지지적 생활 방식이 나타난다.
사회적 네트워크가 주요 정보원이다.	미디어가 주요 정보원이다.
건강 관리 충당 비용이 개인적 소득에서나 국가적 소득에서 차지하는 부분이 모두 작다.	건강 관리 충당 비용이 개인적 소득에서나 국가적 소득에서 차지하는 부분이 모두 크다.
장애인은 가족에게 부끄러운 존재이기에 숨겨야만 한다.	장애인은 되도록 정상적인 생활에 참여케 해야 한다.

◈ 학교에서의 개인주의-집단주의

어린 시절 가정에서 아이의 의식 속에 심어진 개인과 집단의 관계는 학교에서 한층 더 강화된다. 이것은 수업시간에 일어나는 행동에서 단적으로 드러난다. 개발 원조의 일환으로 개인주의적 문화 출신의 교사가 집단주의적 환경으로 이동하게 되는 경우가 종종 있다. 이런 교사가 으레 털어놓는 불만은 학생들이 수업시간에 말을 하지 않는다는 것, 심지어 교사가 질문을 던졌을 때조차 학생들이 입을 열지 않는다는 것이다. 학생은 자기가 집단의 일부라고 여기므로 집단의 승인 없이 일어나 말한다는 것은 어쭙잖다고 생각한다. 학생이 입을 열게 하려면 교사는 한 학생을 직접 지목해서 물어야 한다.

집단주의 문화의 학생은 교사가 없을 때 큰 집단 안에서 말하기를 꺼린다. 특히 집단 안에 비교적 낯선 사람, 즉 외집단 성원이 더러 섞여 있을 때 그렇다. 집단의 크기가 작아지면 이런 망설임은 다소 감소한다. 집단주의자 또는 문화적으로 이질적인 대규모 수업에서 학생 참여를 증가시키기 위한 방식은 작은 소집단을 만드는 것이다. 예를 들어, 학생들이 의자를 돌려서 3명 또는 4명씩의 소집단을 만든 다음 그 안에서 5분 동안 어떤 문제를 토론하게 할 수 있다. 그리고 각 집단이 대변인을 선출하도록 한다. 이 방식에서는 개인적 의견이 집단적 의견이 될 수 있고, 말하는 학생들은 집단 명목에서 그러는 것이다. 이후 모임에서는 대개 학생들은 대변인 역할을 돌아가면서 할 것이다.

집단주의 사회에서는 가족 영역에서 출발한 내집단-외집단 구분짓기가 학교에서도 계속되기 때문에 인종이나 가족 배경이 다른 학생들끼리 종종 학급에서 하위집단을 형성한다. 개인주의 사회에서는 공동으로 풀어야 할 과제를 주면 집단주의 사회보다 훨씬 더 쉽게 새로운 집단을 형성한다. 집단주의 사회에서는 교사나 기타 학교 직원들과 동일한 민족적 또는 가족적 배경을 가진 학생은 이런 배경으로 인해 자신이 특별 대우를 받을 것으로 기대한다. 개인주의 사회에서는 이런 것은 정실주의이며 지극히 비도덕적인 처사로 간주된다. 그러나 집단주의 사회에서는 자기와 배경이 같은 내집단 구성원을 다른 사람보다 우대하지 않는 것이 오히려 비도덕적인 것이 된다.

집단주의적 학급에서는 화합과 체면의 유지가 가장 중요한 미덕으로 등장한다. 대결과 갈등은 피하거나 피할 수 없으면 누구의 마음을 상하지 않는 형태로 만들어야 한다. 할 수만 있다면 학생들도 체면을 잃지 않도록 해야 한다. 집단의 명예를 구실로 창피를 주는 것은 위반자를 교정하는 데 효과적인 방법이다. 그런 사람은 내집단 성원이 바로잡아 준다. 교사는 어느 때나 학생을 내집단의 일부로 다루며 결코 분리된 개체로 다루지 않는다.

물론 개인주의 학급에서는 학생을 개별적인 개인으로 다루며 출신 배경에 관계없이 공정하게 대우한다. 학생 간의 집단 형성도 과제 또는 특별한 우정이나 기술에 따라 훨씬 더 임기응변으로 이루어진다. 갈등과 대결에 관한 공개적 토론은 흔히 이로운 것으로 간주되며, 체면 의식은 약하거나 아예 없다.

개인주의 사회와 집단주의 사회에서는 교육의 목적도 서로 다르게 지각된다. 개인주의 사회에서는 개인으로 하여금 여러 사람으로 이루어진 한 사회에서 각자가 자기 위치를 찾도록 준비시키는 것을 교육의 목적으로 삼는다. 이것은 새로운, 알려지지 않은, 그리고 예측할 수 없는 상황들에 대처하는 법을 배운다는 뜻이다. 새로운 것에 대한 태도가 기본적으로 긍정적이다. 학습의 목적은 일하는 법을 아는 것이 아니라 배우는 법을 아는 것이다. 배움은 일생 동안 끝나지 않는다고 가정한다. 예를 들면, 학교나 대학을 졸업한 후에도 평생교육 과정을 통해 학습이 계속된다.

집단주의 사회에서는 올바른 집단 구성원이 되는 데 필요한 기술과 미덕에의 적응이 강조된다. 그러므로 전통의 산물을 중시하게 된다. 학습은 흔히 젊을 때만 받는 일회적인 과정으로 생각하며, 젊은이는 사회 참여를 위해 일하는 법을 배워야 한다. 이는 또 하나의 통과의례다.

학업을 성공적으로 마침으로써 얻게 되는 졸업장이나 자격증의 역할도 또한 개인주의 사회와 집단주의 사회에서 서로 다르다. 개인주의 사회에서는 졸업장을 갖게 됨으로써 경제적인 가치도 상승할 뿐 아니라 자존심도 높아진다. 일종의 성취감을 맛보게 되는 것이다. 집단주의 사회에서는 졸업장을 가짐으로써 그 개인뿐만 아니라 그가 속한 내집단에게까지 명예를 안겨 주게 되며, 상류집단의 구성원과 교제할 수 있는 자격을 안겨 준다. 예를 들면, 보다 더 매력적인 결혼 상대자를 만날 수 있게 된다. 졸업장은 어떤 의미에서 '승차권'과 같은 것이다. 졸업장이 주는 사회적 인정이 어떤 학과목을 익힘으로써 얻게 되는 개인의 자존심보다 더 중요하다. 그래서 집단주의 사회에서는 암시장에서와 같이 뒷거래 방법을 써서라도 졸업장을 얻으려는 유혹이 더 강하게 작용한다.

🔿 직장에서의 개인주의-집단주의

집단주의 사회에서 아들이 자기 아버지의 직업을 따를 가능성은 개인주의 사회에서 아들이 그러할 경우보다 높다.[45] 부자(父子) 관계인 헤르트(Geert)와 헤르트 얀(Gert Jan)이 한 팀이 되어 책을 집필하는 활동이 집단주의자 문화에서는 좋게 평가받을 수 있지만 개인주의 문화에서는 이따금 비웃음을 살 수 있다. 보다 개인주의적인 사회에서는 육체 노동을 하는 아버지의 아들은 보다 자주 비육체 노동직으로 가고 그 역도 또한 같다. 보다 집단주의적인 사회에서는 직업적 유동성은 더 낮다.

개인주의 문화에서는 피고용자는 자기 자신의 이익을 좇아 행동하는 것이 당연시 된다. 따라서 업무는 이러한 개인의 이익과 고용주의 이익이 서로 잘 조화되는 방향으로 짜인다. 근로자는 '경제적인 인간'으로서 활동하도록 되어 있거나 혹은 경제적·심리적 욕구를 함께 지닌 사람으로 간주되는데, 어느 경우든 자기 나름의 욕구를 지닌 개인으로 간주된다. 집단주의 문화에서는 고용주는 한 개인만을 고용하는 것이 아니라 어떤 내집단에 소속된 사람을 고용하는 것이 된다. 피고용자는 내집단의 이익에 따라 활동하는데, 이 내집단의 이익이 자기 자신의 개인적인 이익과 상충되는 경우도 있다. 이런 사회에서는 자기 이익을 앞세우지 않고 내집단의 이익을 위해 희생적으로 행동하는 것이 당연시된다. 자기가 번 돈을 친척들과 나눠야 하는 경우도 흔하다.

집단주의 사회의 고용 과정에서는 항상 내집단을 고려한다. 대개는 가장 먼저 고용주의 친척에게 최우선권이 주어지며, 다음에는 그 회사 직원들의 친척에게 우선권이 주어진다. 자기가 이미 알고 있는 사람의 가족을 고용하면 위험부담이 그만큼 줄어들기 때문이다. 뿐만 아니라 친척은 가족의 평판을 주시하기 때문에 가족 구성원이 잘못된 행동을 할 때는 바로잡아 주는 역할을 한다. 개인주의 사회에서는 흔히 직장에 가족관계가 있는 것을 바람직하지 않은 것으로 간주한다. 왜냐하면 이럴 경우 정실주의나 이해의 갈등이 생길 우려가 있기 때문이다. 어떤 회사에서는 사원끼리 결혼한 경우 한 사람은 그 회사를 떠나야 한다는 규정을 두기도 한다.

집단주의 사회에서는 직장 자체가 감정적인 의미에서 하나의 내집단이 될 수가 있다. 이런 경향의 정도는 국가마다 다르지만 이런 식의 느낌은 거의 항상 어디서나 존재한다. 고용주와 피고용자 사이의 관계도 도덕적인 눈으로 본다. 이런 관계도 한쪽의 충성에 대한 교환 조건으로서 다른 쪽이 보호의 의무를 다하는 가족관계를 닮았다. 이런 관계에서는 직원이 일을 잘못했다고 해서 쫓아내지는 않는다. 부모가 자식을 쫓아내지 않는 것과 같다. 그러나 직원의 실적과 숙련도에 따라 맡겨지는 일이 달라지는 것은 사실이다. 이런 형태의 관계는 일본의 조직에서 가장 잘 드러난다. 일본의 경우 엄밀한 의미에서 이런 관계는 한 회사 전체 근로자의 절반이 못 되는 종신 직원들에게만 해당된다. 일본은 IDV 척도에서 중간 정도의 점수를 받았다. 개인주의 사회에서는 고용주와 피고용자 간의 관계가 주로 사업 거래, 즉 '노동 시장'에서의 살 사람과 팔 사람 간의 계산적인 관계로 파악된다. 직원이 일을 잘못한다거나 혹은 다른 고용주가 더 많은 임금을 준다는 것이 이 둘 간의 고용 관계를 끝낼 수 있는 합법적이면서 사회적으로 용인되는 사유가 된다.

미국 출신의 경영연구가 어얼리(Christopher Earley)는 실험실 실험을 통해 개인주의 사회와 집단주의 사회의 근로 기풍(ethos)의 차이를 아주 명료하게 보여 주었다. 이 실험에서는 중국 남부 출신 경영실습생 48명, 그들과 동격인 미국 출신 경영실습생 48명에게 '바구니 안 과제(in-basket task)'를 주었다. 이 과제는 메모 작성, 계획 평가, 입사 후보자들의 지원서 등과 같은 40개 항목들로 구성되어 있었는데, 각 항목당 2~5분 정도 걸리는 것들이었다. 각 국가의 참여자 중 반에게는 10명끼리 1시간에 200항목을 완성해야 한다는 집단 목표를 주었다. 나머지 반에게는 10명 개개인이 20개의 항목을 완성해야 한다는 개인 목표를 주었다. 또한 집단 목표 집단과 개인 목표 집단 모두에서 각 국가 참여자의 절반에게는 완성된 각 항목마다 자기 이름을 표시하도록 하였고, 나머지 반에게는 무기명으로 제출하도록 하였다.

집단주의적인 중국인 참여자들은 집단 목표가 주어졌을 때, 그리고 무기명으로 답을 제출하도록 했을 때 과제를 가장 잘 수행했다. 이들은 개인적으로 작업할 때, 그리고 자기 이름을 완성 항목에 기입할 때 수행 수준이 가장 떨어졌다. 개인주의적인 미국인 참여자들은 개인적으로 일할 때, 그리고 자기 이름을 표시하게 했을 때 과제 수행 수준이 가장 높았고, 집단으로서 그리고 무기명으로 작업했을 때 수행 수준이 매우 낮았다. 모든 참여자 개개인의 개인주의 또는 집단주의의 정도를 알아보기 위해 추가로 가치 검사를 실시했다. 중국인 중 소수만이 개인주의자였는데, 이들은 미국식으로 수행하였고, 미국인들 중 소수가 집단주의자였는데 이들은 중국식으로 수행하였다.[46]

실제로는 집단주의 사회와 개인주의 사회 안에 다양한 형태의 고용주-직원 관계가 존재한다. 집단주의 사회에서도 일부 고용주는 자기 직원을 내집단 성원으로 취급해야 한다는 사회의 규범을 따르지 않는다. 이런 경우 직원도 고용주에게 충성으로 보답하지 않는다. 이런 경우에는 작업 조직이 감정적 내집단으로서 하던 역할을 노동조합이 대신하게 되고, 인도의 일부 지역에서와 같은 격렬한 노사 간 충돌이 생길 수도 있다. 한편 개인주의 사회에서도 직원과 강한 집단 결속을 구축하는 고용주가 있다. 이런 경우에는 집단주의 사회에 있기 마련인 보호-충성 등식이 성립된다. 조직문화는 어느 정도는 다수 규범에서 이탈할 때도 있으며, 이런 독창성에서 경쟁적인 이익을 얻기도 한다. 제10장에서는 이와 같은 문제를 보다 자세하게 탐구할 것이다.

개인주의 사회에서의 경영관리는 개인의 경영관리다. 대개 부하 직원은 개인별로 이동시킬 수 있다. 유인 자극이나 보너스를 줄 때는 이를 각자의 수행과 연계하여야 한다. 집단주의 사회에서의 경영관리는 집단의 경영관리다. 사람들이 실제로 작업 집단과 감정적으로 일체감을 느끼는 정도는 상황에 따라 달라질 수 있다. 작업 집단 내의 민족 차 또는 다른 종류의 차이가 통합 과정에 영향을 주며, 집단주의 문화의 경영관리자는 이런 요인에 극도로 신경을 쓸 것이다. 흔히 같은 민족적 배경을 가진 사람들을 한 작업 조에 투입하는 것이 현명한 방법이 되기는 하지만, 개인주의적인 사고방식을 지닌 경영관리자는 대개 이와 같은 발상을 위험한 것으로 여기고 그 반대로 행동하려고 한다. 작업 집단이 감정적 내집단으로 기능할 때는 유인 자극이나 보너스는 개인이 아닌 집단에게 주어야 한다.

개인주의적인 중류층 문화가 두드러진 국가에서는 때로 지방의 농촌 하위 문화가 강한 집단주의적 요소를 보이는 경우가 있다. 일부 개인주의 국가 안의 산업노동인력의 다수를 차지하는 이민노동자 소수 집단에도 이와 같은 상황이 적용된다. 이런 경우 경영관리자와 지방 또는 소수 집단 노동자 사이에 문화 갈등이 빚어질 가능성이 있다. 이런 갈등은 경영진의 집단적 유인책이 노동자 문화에 적합한 유일한 방법인데도 이를 쓰기 꺼리는 경우에 명백하게 드러난다.

경영관리기술과 훈련 프로그램은 거의 전적으로 개인주의 국가에서 개발된 것이며, 따라서 집단주의 문화에는 해당되지 않는 문화적 가정에 기반을 두고 있다. 제1선 경영관리자의 훈련에서 빼놓을 수 없는 요소는 평가 면접(appraisal interviews)의 실시 방법이다. 즉, 부하 직원의 수행을 평가하는 정기적인 회의를 여는 방법이다. 이것은 목표 관리(MBO)[47]의 일부이기도 하지만, 목표 관리가 없는 곳에서도 수행평가의 실시와 '나쁜 소식'을 전달하는 능력이 성공적인 경영자가 갖추어야 할 핵심 기술로 간주되고 있다. 집단주의 사회에서는 어떤 사람의 수행에 관한 논의를 당사자와 공개적으로 하는 것은 그 사회의 화합 규범과 정면으로 충돌할 가능성이 있으며, 부하 직원은 용납하기 힘들 정도로 체면이 깎였다고 생각할 수 있다. 이런 사회에서는 좀 더 미묘하고 간접적인 방법으로 피드백을 전하는 방법이 있다. 예를 들면, 평소 주어지던 특혜를 철회한다든지 혹은 중간 사람을 통해 말로 전달하는 방법을 사용한다. 우리는 같은 고용주 밑에서 일하고 있으면서, 근무 실적이 나쁜 직원의 손위 친척뻘 되는 사람이 이런 중간 역할을 했던 예를 알고 있다. 공식적인 평가 면접을 했더라면 입었을 체면 손상을 주지 않고 이 친척은 나쁜 소식을 조카에게 전달했던 것이다.

같은 이유에서 타인에 대한 감정을 정직하게, 그리고 직접적인 방법으로 털어놓는 것을 기반으로 하는 훈련 방법은 감성훈련(sensitivity training), 참만남 집단(encounter groups) 또는 교류분석(transactional analysis) 같은 호칭으로 미국에서 간헐적으로 유행되어 오고 있는데, 집단주의 문화권에서는 활용하기에는 적합하지 않다.

집단주의 문화 형태의 근본이 되는 내집단-외집단 구별은 고용주-직원 간 관계를 넘어 사업 관계에 중대한 결과를 가져온다. 이런 이유 때문에 이 장의 서두에서 말한 요한슨 씨와 사우디아라비아에 있는 그의 스웨덴 상사들이 문화적 당혹감을 겪었던 것이다. 개인주의 사회에서는 모든 사람을 똑같이 대우해야 한다는 규범이 있다. 사회학적 전문용어로 이것은 보편주의라고 한다. 한 고객을 다른 고객들보다 우대하는 것은 옳지 못한 비윤리적 사업 관행으로 간주된다. 집단주의 사회에서는 이와 반대다. '우리 집단'과 '남의 집단' 간의 구분은 사람들 의식에 뿌리 깊게 자리 잡고 있어서, 자기 친구를 남보다 더 잘 대우해 주는 것이 자연스럽고 윤리적이며 올바른 사업 관행이 된다. 사회학자들은 이런 사고방식을 특수주의(particularism)라고 부른다. 특수주의는 미소가 WVS에서 배타주의(exclusionism)라고 칭한 것과 유사하다.

특수주의적 사고방식의 한 결과로 집단주의 사회에서는 다른 사람과 신뢰 관계가 확립되어야 비로소 어떤 사업을 할 수 있게 된다. 이러한 신뢰 관계를 통해 그 사람을 내집단 성원으로 받아들이고, 이때부터는 계속해서 우대를 받게 된다. 요한슨의 경우 이와 같이 내집단 성원으로 용납되는 데 2년이라는 세월이 걸렸으며, 이 기간 중에는 스웨덴 사업가가 반드시 중개인으로 나서야 했다. 일단 용납된 후에는 중개인의 존재가 불필요해졌다. 그러나 그들의 관계는 요한슨과의 개인적인 관계였지 그의 회사와의 관계는 아니었다. 집단주의자의 사고방식에서는 자연인만이 신뢰를 받을 자격이 있으며, 그를 통해 친구나 동료도 신뢰받을 수 있는 대상이 될 수 있다. 회사와 같은 인간이 아닌 법인체는 신뢰의 대상이 될 수 없다. 요컨대, 집단주의 사회에서는 인간 관계가 일보다 우선하며, 이것이 먼저 확립되어야 한다. 반면, 개인주의 사회에서는 일이 인간 관계보다 우선하는 것으로 되어 있다. 집단주의 문화에서 무리하게 사업을 빨리 진행하려는 순진한 서양 사업가는 외집단 성원으로 취급되어 부정적 차별을 받게 되기 쉽다.

◈ 개인주의─집단주의와 인터넷

현대 정보 및 커뮤니케이션 기술(Information and Communication Technologies: ICT) 이용에 대한 조사와 관찰 결과는 국가별로 유의한 차이를 보여 준다. 이러한 도구들 대부분이 고도로 개인주의적 사회인 미국에서 고안되었다. 정보 및 커뮤니케이션 기술 도구들은 개인을 연결하기 때문에, 개인주의 사회에서 이러한 도구들은 집단주의 사회에 비해 더 쉽게, 자주, 열심히 쓰인다. 집단주의 사회의 사람들은 자신의 사회적 환경과 관련하여 더 직접적인 수단을 가진다. 사회 활동상의 개인주의 말고도, 남성성과 불확실성 회피라는 두 가지 다른 문화적 차원도 ICT의 이용에 한몫을 담당한다. 우리는 제5장과 제6장에서 남성성 차원과 불확실성 회피 차원의 영향에 대해 다룰 것이다.

유로바로미터 조사를 보면, 개인주의자가 상대적으로 많은 유럽 국가의 사람들이 이메일을 이용하고 인터넷에 접속하는 경향이 더 많다. 그런 국가들에서는 쇼핑, 은행 업무, 공공당국에 자료를 제출 시 컴퓨터를 자주 이용하는 사람들의 비율이 더 높았다.[48]

인터넷 도입 효과에 대해 묻자, 개인주의자가 상대적으로 적은 유럽 국가들의 응답자들은 인터넷을 이용하지 않는 사람들이 그들 자신, 가족, 친구를 위한 시간을 더 많이 가진다는 것을 강조했다.[49]

〈표 4-4〉에는 학교, 직장, ICT에 관한 개인주의 및 집단주의 사회 간 핵심 차이점이 요약되어 있다.

표 4-4 | 집단주의 사회와 개인주의 사회 간의 핵심 차이점
Ⅲ: 학교, 직장 및 ICT

집단주의 사회	개인주의 사회
학생들은 집단이 허용할 때에만 수업 중에 말할 수 있다.	학생들은 수업에서 개별적으로 말하는 것으로 기대된다.
교육의 목적은 어떻게 행동할 것인가를 배우는 것이다.	교육의 목적은 어떻게 학습할 것인가를 배우는 것이다.
졸업장은 보다 높은 지위의 집단에 들어갈 자격을 부여하는 것이다.	졸업장은 경제적 가치와 자기 존중감을 높여 준다.
직업의 이동성이 낮다.	직업의 이동성이 높다.
직원들은 내집단의 이익을 추구해야 할 내집단 성원이다.	직원은 자기 이익에 부합할 경우에 그 이익을 추구할 '경제적 인간'이다.
고용 여부와 승진 결정에는 직원이 속해 있는 내집단이 고려된다.	고용 여부와 승진 결정은 오로지 기술과 규칙에 근거해서만 이뤄진다.
고용주–직원 간 관계는 가족관계와 같이 기본적으로 도덕적이다.	고용주–직원 간 관계는 노동시장에 있는 단체 간의 계약이다.
경영은 집단의 경영이다.	경영은 개인의 경영이다.
부하 직원을 직접적으로 평가하면 조화가 깨진다.	경영 훈련에서는 감정을 솔직하게 털어놓는 것을 가르친다.
내집단 고객들에게 더 잘 대해 준다: 특수주의	모든 고객이 동일하게 대우받는다: 보편주의
인간 관계가 일보다 우선이다.	일이 인간 관계보다 우선이다.
인터넷 및 이메일의 유인력이 적고, 이용 빈도가 낮다.	개인들과 연결되기 위한 인터넷 및 이메일의 유인력이 강하고, 이용 빈도가 높다.

➜ 개인주의 – 집단주의와 정부

문화 간 의사소통 분야의 전문가인 미국인 크레머(Alfred Kraemer)는 러시아 시인인 코로티치(Vladimir Korotich)가 2개월간 미국 대학을 순회하며 강연한 후에 러시아 문학잡지에 쓴 다음과 같은 내용을 인용하고 있다.

> ……미국인 청중을 기쁘게 하려는 시도는 당초부터 무리였다. 왜냐하면 20명의 청중 가운데 5명이 한 관점을, 7명이 또 다른 관점을 지니고, 나머지 8명은 어떤 관점도 지니고 있지 않을 수 있기 때문이다.[50]

이와 같은 글을 읽고 서양 독자들이 놀라는 점은 미국 학생의 태도에 관한 부분이 아니라 코로티치가 다른 것을 기대했다는 사실이다. 그는 분명히 집단주의 문화의 특징 중 하나로, 대립되는 관점을 표현하려고 하지 않는 사람들이 있는 청중들에게 익숙해져 있었던 것이다. 〈표 4-1〉을 보면 점수상 러시아는 서양 국가보다 상당히 집단주의적이라는 것을 알 수 있다.

전 세계 정치 상황을 순진하게만 관찰하면 그저 정치적 체계들이 서로 다르다는 것을 볼 뿐, 그 다른 체계를 이끌고 유지하는 국민들의 정신 자세가 다르다는 것을 감지하지 못한다. 그 국가 사람들의 공통적인 가치 체계에서 집단적 이익이 개인적 이익에 우선한다면, 개인적 이익이 집단적 이익에 우선되어야 한다는 게 지배적인 여론일 때 생기는 정부와 다른 유형의 정부가 생기게 될 것이다.

미국 전문용어에서 집단주의자(collectivist)라는 말은 이따금 공산주의식 정치 체제를 가리킬 때 쓰인다. 〈표 4-1〉에서 과거에 그랬거나 지금도 여전히 공산주의 정부 또는 국가 자본주의 정부인 국가들은 IDV가 낮은, 즉 집단주의 쪽에서 발견된다. 국민의 정신 소프트웨어에서 개인주의의 정도가 약할수록 정부가 경제 체제를 통제할 가능성이 높아진다.

1990년대 이래로 증가한 개인주의는 서양권 국가의 공공 경비 축소와 규제 완화를 이끄는 원동력 중 하나가 되었다. 심지어 에너지 공급, 대중교통 같은 국가 독점 서비스까지 실용적 이유보다 이데올로기에 따라 실행성과 신뢰성을 희생해 가면서 민영화되었다. 이는 문화적 가치가 지니는 위력을 보여 준다.

자본주의적 발명인 합동주식회사(joint stock company)—자신의 지분을 증권회사에서 거래할 수 있는 분산주주들이 소유한 기업—는 개인주의적 영국에서 만들어졌는데, 그 운영은 주체들의 개인주의적 정신을 전제로 한다.[51] 실제에서 그것을 늘 특수주의적 이해 관계에 의해 위협을 받고, 역설적으로 소위 자유시장에서 강한 정부 규제를 필요로 한다.

다른 한편으로, 집단주의 사회에서 경제적 생활은 정부가 지배하지 않는다 해도 어떤 경우에나 집단적 이익을 기반으로 한다. 중화인민공화국에는 1980년대의 경제 자유화 이후로 가족 기업이 많다. 촌락, 군대, 도시경찰이 자체 소유의 기업을 설립한 것이다.

개인주의 국가들은 집단주의 국가보다 더 부유하고 권력거리가 더 작은 경향이 있다. 이것이 모든 국가에 해당되는 통계적 관계는 아니지만, 이 관계로 인해 부, 개인주의, 그리고 작은 권력거리가 정부에 미치는 효과를 가려내기 힘들 때가 더러 있다. 예를 들어, 정치학자들은 여러 국가에 대해 언론 자유 지수를 개발해 왔다. 이 지수는 높은 IDV와 낮은 PDI와 유의하게 상관되지만 국가의 부유도와 가장 강력한 상관을 보인다. 부유한 국가에서의 언론 자유 증진은 그저 개인주의와 평등함의 문제만이 아니다. 보다 많은 신문과 TV 채널 같은 자원의 문제이자 이해집단들이 자신의 의견을 전파할 수 있는 수단을 갖는 문제이기도 하다.[52]

사생활을 위한 권리는 여러 개인주의 사회에서의 주요 테마다. 자신이 속해 있는 내집단이 언제든 자신의 개인생활을 침해하는 것을 정상적이고 옳은 것으로 여기는 집단주의 국가의 정서를 개인주의자 국가들에서는 볼 수 없다.

고객을 대우함에 있어서 보편주의와 특수주의 간 차이(요한슨 사례 참조)는 정부의 기능 전반에 적용된다. 개인주의 사회에서 법과 권리는 모든 성원에게 동일해야 하는 것이고 누구에게나 분별없이 적용되어야 하는 것이다(이 기준으로 인해 또 다른 문제에 봉착하는지 여부와 상관없이 말이다). 집단주의 사회에서는 법과 권리가 사람들의 부류마다 다를 수 있으며, 원칙대로 법이 집행되지 않는 경우를 잘못된 것으로 여기지 않는다.

국가들에서 볼 수 있는 정치 체제의 차이가 각 국가의 국민의 정신적 소프트웨어에 뿌리를 두고 있다면, 어느 한 국가의 권력, 선전, 금전으로 또 다른 국가의 체제를 변화시킬 가능성은 한계가 있다. 정신 자체가 외부의 메시지를 받아들이지 않는다면 선전과 금전은 대부분 무용지물이 된다. 가장 막강한 권력을 가진 국가조차도 다른 국가의 전 인구를 깊게 뿌리 박혀 있는 가치에서 벗어나게 세뇌시킬 수는 없다.

국제 정치에서 주요 이슈는 국가 정부의 인권 존중이다. 세계인권선언(The Universal Declaration of Human Rights)은 1948년 UN에 의해 채택되었다. 국제사면위원회(Amnesty International) 연구자였었던 휴마나(Charles Humana)는 UN 표준에서 나온 40가지 주요 문제를 토대로 여러 국가의 인권 등급을 산출했다. IBM 세트의 52개국에 있어서 휴마나의 인권 등급은 1인당 국민총소득(Gross National Income: GNI)과 큰 상관관계를 보였다. 이는 국가 간 차이의 50%를 설명했고, 문화 점수를 추가해도 설명력은 향상되지 않았다. 25개 부유국들만을 따로 보면 그림이 바뀌었다. 이 경우, IDV가 인간 권리 평정치의 차이 53%를 설명하는 단일 변인이 되었다. 나머지 27개의 빈곤국에 대해서는 1인당 GNI가 단일 설명 변인으로 남아 있긴 했지만, 차이의 14%만을 설명했다.[53] 이 관계들에 대해 우리가 내린 결론은 UN에 의해 공식화된 인권존중은 부유한 국가들이 가난한 국가들보다 더 쉽게 누릴 수 있는 호사이고, 이 부유한 국가들이 UN 표준에 동조하는 정도는 그들 문화의 개인주의 정도에 달려 있다는 것이다. 세계인권선언과 그 밖의 서약은 채택 당시 지배 권력들의 가치에 의해 고무되었는데, 이들은 개인주의적이었다.

◉ 개인주의 – 집단주의와 사상

개인주의 사회에서는 개인주의를 실천할 뿐만 아니라 개인주의가 다른 형태의 정신 소프트웨어보다 우월하다고 간주한다. 대부분의 미국인은 개인주의가 좋은 것이며, 개인주의라는 뿌리가 있었기에 자기 국가가 위대해질 수 있었다고 생각한다. 반면에 중국의 고(故) 모택동 주석은 개인주의를 악(惡)으로 규정했다. 그는 개인주의와 자유주의 때문에 이기심도 생기고 규율에 대한 반감도 생긴다고 보았다. 이런 것은 사람들로 하여금 집단의 이익보다 개인의 이익을 우선하도록 만들거나, 그저 자기 자신의 일에만 몰두하게 만든다는 것이다. 〈표 4-1〉에는 중국인 인구가 대부분을 이루는 국가 모두가 아주 낮은

IDV를 보이고 있다(홍콩 25, 중국 본토 20, 싱가포르 20, 대만 17).

유럽식 가치조사 연구에서는 1981년에 유럽 9개국을 모집단으로 해서 뽑은 대표 표본을 대상으로 자료를 수집했는데, 질문지에는 다음과 같은 글이 포함되어 있었다.

> A: 나는 자유와 평등이 모두 중요하다고 생각한다. 그러나 둘 중의 하나만을 골라야 한다면 나는 개인의 자유를 택하겠다. 즉, 모든 사람이 아무런 방해를 받지 않고 자유롭게 살아간다는 것이 더 중요하다고 생각한다.

> B: 자유와 평등이 모두 중요하다는 것은 분명하다. 그러나 둘 중의 하나만을 골라야 한다면 나는 평등을 택하겠다. 즉, 아무도 혜택에서 제외되지 않고 사회계층의 차이가 크지 않은 것이 더 중요하다고 생각한다.[54]

이는 당연히 하나의 이데올로기적 선택이다. 유럽 9개국 대부분의 응답자는 평균적으로 평등보다는 자유를 택했다. 이 자료에 대해 최초이면서 가장 풍부한 내용을 담은 보고서를 발표한 프랑스 사회학자 스테첼(Jean Stoetzel, 1910~1987)은 각 국가에 대해 자유에 대한 선호를 평등에 대한 선호로 나눈 비율치를 산출했다. 이 비율은 약 1부터 3까지의 분포를 보이는데, 스페인이 1에 가깝고(자유와 평등에 대한 선호도가 같음) 영국이 3에 가깝다(평등보다 자유를 3배가량 더 선호). 9개국에 대한 자유/평등 비율의 값은 IDV와 유의한 상관을 보였다. 즉, 한 국가가 개인주의적일수록 국민이 평등보다 자유를 선호하는 경향이 있다.[55] 자유는 개인주의적 이상이며 평등은 집단주의적 이상이다.

사회의 수준에서 개인주의와 집단주의 간 선택은 경제 이론에서 상당한 함의를 지닌다. 학문으로서의 경제학은 18세기 영국에서 출발했다. 경제학의 시조로는 아담 스미스(Adam Smith, 1723~1790)가 단연 돋보인다. 스미스는 개개인이 자기 이익을 추구할 때 '보이지 않는 손(invisible hand)'에 의해 국가의 부가 증대될 수 있다고 가정했다. 이는 개인주의에서의 순위가 오늘날에도 여전히 높은 한 국가에서 나온, 개인주의적 발상이다. 경제학은 줄곧 개인주의적 과학으로 유지되어오고 있으며, 따라서 저명한 학자들도 대부분 개인주의 국가(예: 영국, 미국) 출신들이다. 그러나 서양에서 발달한 이러한 경제 이론들은 그 토대가 개인주의적 가설이기 때문에 집단 이익이 우선하는 사회에서는 적용되지 않는 경향이 있다. 이러한 점은 가난한 국가에 대한 개발 원조와 경제적 세계화에 있어 심오한 중요성을 지닌다. 이 차원에서 문화적 차이를 고려한 대안적 경제 이론이 시급히 필요하다.

한 사회에서의 개인주의와 집단주의의 정도는 그 사회에서 만들어지는 인간 관계에 영향을 준다. 미국에서는 인간의 동기에 관한 매슬로(Abraham Maslow, 1908~1970)의 생각이 경영학도와 경영실무자의 훈련에 특히 많은 영향을 주어 왔으며, 지금도 상당한 영향력을 발휘하고 있다. 매슬로의 유명한 '인간의 욕구위계론(hierachy of human needs)'에서는 인간의 욕구가 낮은 것부터 높은 것까지 위계에 따라 다음과 같이 나열될 수 있다고 주장한다. 즉, 생리적 욕구, 안전 욕구, 소속감 욕구, 자존감 욕구, 자아실현 욕구 순이다.[56] 이 중에서 위계가 낮은 욕구들이 어느 정도 충족되어야 비로소 그보다 위계가 더 높은 욕구가 생긴다. 굶어 죽어 가고 있는 사람, 즉 생리적 욕구가 전혀 충족되지 못한 사람에게는 음식의 욕구 외에는 다른 어떤 동기도 유발되지 않는다. 종종 피라미드 모양으로 그려지는 매슬로의 위계론에서 최정상에는 자아실현(self-actualization)의 동기, 즉 개인이 가지고 있는 창조적 잠재력을 최대한으로 실현시키려는 동기가 있다. 이는 자기 일 하기를 의미한다. 물론 말할 것도 없이 이것은 개인주의 사회에서만 최상의 동기가 된다. 집단주의 문화에서는 실현의 대상이 내집단의 이익과 명예이기 때문에 내집단의 여러 성원들이 자기 희생할 수 있다. 1970년대 후반에 중국을 방문한 젊은 미국인 집단을 안내하던 통역자는 '자기 일 하기(doing your own thing)'의 참뜻을 중국말로 번역하기 어렵다고 했다. 그와 같은 사회에서 화합과 합의는 개인의 자아실현보다 유인력 있는 궁극적인 목표다.

『문화의 결과(Culture's Consequences)』가 1980년에 처음 출간된 이래, 개인주의−집단주의 차원은 심리학자들, 특히 아시아 신흥 경제국의 심리학자들에게 대단한 인기를 얻었다. 이 차원은 전통심리학이 전통경제학에 못지 않게 보편적 과학이 못된다는 것을 의미한다. 즉, 이것은 개인주의적 가정에 사로잡힌, 서양식 사고의 산물이다. 개인주의적 가정들이 집단주의적 가정들로 대체되었을 때, 중요한 점에서 차이가 나는 또 하나의 심리학이 출현한다. 예를 들어, 이 장 앞에서 논의했던 바와 같이, 개인주의적 심리학은 보편주의적이므로, '자아(eog)'를 어떤 '타자(other)'에 대립시킨다. 집단주의적 심리학에서 자아는 사회적 맥락과 불가분의 것이다. 집단주의 사회의 사람들은 배타주의적 구분을 짓는다. 즉, 자아가 속하는 내집단은 모든 외집단과 대립된다. 이는 집단주의적 사회에서의 심리학적 실험 결과가 실험 참여자들이 동일한 내집단에 속했는지 아닌지에 따라 달라진다는 것을 의미한다.

〈표 4-5〉는 〈표 4-2〉, 〈표 4-3〉, 〈표 4-4〉에 뒤이은 것이다. 즉, 이 표에는 앞선 두 절에서 다룬 개인주의 사회와 집단주의 사회 간 핵심 차이점이 요약되어 있다.

표 4-5 | 집단주의 사회와 개인주의 사회 간의 핵심 차이점
Ⅳ: 정치와 사상

집단주의 사회	개인주의 사회
집단 소속에 따라 의견이 정해진다.	모든 사람이 개인적인 의견을 갖고 있을 것으로 예상된다.
집단의 이익이 개인의 이익보다 우선이다.	개인의 이익이 집단의 이익보다 우선이다.
경제 체제에 정권이 지배적인 영향력을 갖는다.	경제 체제에 정권이 한정된 영향력만을 갖는다.
1인당 GNI가 낮다.	1인당 GNI가 높다.
회사는 가족이나 집단이 소유한다.	주식회사는 개인 투자가들이 소유한다.
개인의 삶이 집단(들)에 의해 침해당한다.	누구나 사생활을 지킬 권리가 있다.
법과 권리가 집단마다 다르다.	법과 권리가 누구에게나 동일한 것으로 간주된다.
인권 등급이 낮다.	인권 등급이 높다.
개인의 자유 이념보다 평등 이념이 우세하다.	평등 이념보다 개인의 자유 이념이 우세하다.
외국에서 들여온 경제 이론들은 집단 이익이나 특수주의적 관점을 다룰 수 없다.	본토 고유의 경제 이론들은 개인의 자기 이익 추구에 기반을 둔다.
사회의 화합과 합의가 궁극적 목표다.	개인의 자아실현이 궁극적 목표다.
애국심이 이상적인 것이다.	자립이 이상적인 것이다.
심리학적 실험의 결과가 내집단-외집단 구분에 따라 다르다.	심리학적 실험의 결과가 자아-타인 구분에 따라 다르다.

◈ 개인주의-집단주의 차의 근원

개인주의-집단주의 차의 근원은 권력거리에서의 경우와 마찬가지로 추측에 의존할 수밖에 없다. 그러나 지리적·경제적·역사적 변인들과의 통계적 관계를 알아봄으로써 이 추측을 어느 정도 뒷받침할 수 있다.

고고학자들 간의 공통적인 가정은 인간 사회가 발달하기 시작한 것이 수렵과 채집을 주로 하는 유목민 집단에서부터였다는 것이다. 그 후에 사람들이 농부로서 정착생활을 하게 되고, 농경 사회가 점점 더 커져서 마을과 도시를 거쳐 마침내는 현대의 대도시로까지 발전했다. 문화인류학자들은 현대 속의 수렵채집부족, 농경 사회, 도시화 사회를 비교해 왔다. 그들이 발견한 것은 원시 사회에서 현대 사회로 발전해 올수록 가족 복잡성이 처음에는 증가했다가 그다음에 다시 감소했다는 것이다. 수렵채집 부족은 핵가족이나 작은 무리를 지어 사는 경향이 있고, 정착해 사는 농경 사회는 대부분 복잡한 확대가족이나 마을공동체 내집단을 이루고 있다. 농부들이 도시로 옮겨가면서 확대가족의 크기가 줄어들고, 전형적인 도시가족은 다시 핵가족이 된다. 오늘날 대부분의 국가에서 농경문화와 도시문화라는 두 부류의 하위문화만이 발견된다. 이 두 유형만을 놓고 본다면 현대화란 개인주의화와 일맥상통한다.

수렵·채집 사회에 대한 정보는 호주인 시몬슨(Ray Simonsen)의 연구에서도 드러난다. 그는 VSM94(IBM 설문지의 1994년 개정판)를 가지고 다윈(Charles Darwin)의 노던 테리토리(Northern Territory, 호주 중북부의 연방직할지-역자 주)에 있는 원주민 사업가들을 호주 백인들과 비교하여 조사했다. 원주민 사회의 기반은 대부분 수렵과 채집이다. 호주 백인들과 다르게, 원주민들의 권력거리 지수는 높았고 남성성 지수는 낮았으며, 불확실성 회피 지수는 높았다. 반면에, 개인주의 지수는 백인 동포의 경우만큼 높았다.[57]

〈표 4-1〉을 보면 전통적인 농업 사회는 대부분 집단주의 쪽에 위치하고, 현대적 산업 사회는 개인주의 쪽에 위치한다. 더러 예외도 있는데, 특히 동아시아 쪽의 일본, 한국, 대만, 홍콩, 싱가포르가 산업화에도 불구하고 상당한 정도로 집단주의를 고수하고 있다.

제3장에 나오는 PDI의 경우에서처럼 국가의 어떤 양적 정보가 IDV의 차이를 가장 잘

설명하는지를 알아보기 위해 단계적 회귀분석을 적용했다. 그 결과 국가 IDV는 다음의 두 가지에 의해 정확히 예측할 수 있다는 것이 밝혀졌다.

① 국가의 **부**(부유한 국가일수록 IDV와 정적으로 연계된다)
② 국가의 지리적 **위도**(적도에 가까운 국가일수록 IDV와 부적으로 연계된다)

부(1인당 국민총소득, Gross National Income: GNI)는 원(原) IBM 50개국의 IDV 차를 71%나 설명했다. 두 가지 측정치가 완전히 다른 자료에서 나왔고, 측정 오차의 위험이 있어 두 가지 모두가 다소 애매했다는 점을 감안하면 이러한 결과는 놀라운 것이다.

상관관계로는 두 가지 관련 현상 중 어떤 것이 원인이고 어느 것이 결과인지, 혹은 두 현상이 제3의 요인 때문에 일어난 결과인지를 알 수 없다. 만약 개인주의가 부의 원인이라면 IDV 국가의 부 자체만이 아니라 경제 성장(economic growth)과도 상관을 보여야 한다. 세계은행은 경제 성장의 정도를 장기간 동안의 1인당 GNI의 연간 성장률의 평균으로 측정한다. 만약 개인주의가 부를 가져온다면 IDV가 IDV 자료 수집 이후 기간 중의 경제 성장률과 정적 상관을 보여야 한다. 그러나 (1970년 무렵에 수집된) IDV 점수와 이후의 경제 성장 간 상관은 오히려 부적이었다. 즉, 보다 개인주의적인 부국이 덜 개인주의적인 부국보다 경제 성장을 더 많이 한 것이 아니라 오히려 더 적게 했다.

1970년 IDV와 이후 국가의 부에 대한 상관관계를 가지고도 동일한 결론을 내릴 수 있다. 1970년 부의 차이는 IDV 차이의 72%를 설명했고, 1980년 부의 차이는 IDV 차이의 62%, 1990년에는 55%, 2000년에는 52%를 설명했다.[58] 만약 IDV가 GNI를 만든다는 인과관계였다면 상관관계는 시간이 지날수록 강해졌을 것이다. 다른 시기들에서 부의 차이 간 상관관계는 훨씬 더 강하다.[59]

그 역방향의 인과관계, 즉 국가의 부가 개인주의를 가져온다는 가정이 따라서 더 신빙성을 갖는다.[60] 한 국가가 부유해질수록 그 국가 국민은 자신이 좋아하는 일을 할 수 있게 하는 자원에 보다 쉽게 접근할 수 있게 된다. 마을 장터의 이야기꾼은 TV가 대신하게 된다. TV도 처음에는 마을에 겨우 하나 정도 있던 것이 점점 더 늘어나게 된다. 부유한 서양 가정에서는 식구마다 자기 TV를 따로 갖는 경우도 있다. 사막을 통과하던 대상 행렬은 수많은 버스로 대치되고, 버스는 다시 수많은 자동차로, 그리고 마침내는 가족 성원 중 성인들 각자가 자기 차를 운전하고 다니게 된다. 전 가족이 함께 살며 함께 자는 마을 오두막은 여러 개의 개인 방이 딸린 집으로 대치된다. 집단적 생활이 개인적 생활로 대치되는 것이다. 그러나 상대적으로 부유한 국가에서 보이는 경제적 성장과 개인주의 간 부적 관계는 이러한 발전이 스스로를 몰락시킬 수 있다는 것을 시사한다. 2008년 경제 위기는 매우 부유한 국가에서 시작되었다.

국가의 부와 더불어 IDV와 통계적 상관이 있는 또 다른 측정치는 바로 지도상의 위도, 즉 한 국가의 수도가 적도로부터 떨어져 있는 거리다. 이는 IDV 차이를 7% 더 설명했다. 제3장에서 위도는 권력거리 지수에 대한 가장 큰 예언변인이었다. 당시 논의했듯이 온대성 및 한대성 기후의 국가에서 사람들의 생존 여부는 그들 스스로 꾸려 나갈 수 있는 능력에 더 좌우된다. 따라서 이런 국가에서는 아이들이 자신보다 권세를 가진 타인에게서 독립적이도록 (보다 작은 권력거리를 가지도록) 교육시키는 것을 선호하게 된다. 이는 개인주의 정도에도 유리한 것으로 보인다.

권력거리를 유의하게 예언하는 데에 도움이 되었던, 한 국가의 인구 크기는 집단주의와는 무관했다. 인구 증가(10년 동안의 연간 증가 퍼센트 평균)는 집단주의와 상관이 있었지만 그것의 가장 큰 상관은 국가의 부와 같은 것이었다. 가난한 국가 가족들은 자식을 많이 낳는 경향이 있었다. 이에 대한 이유로는 여러 가지가 있는데, 가장 두드러진 것은 부인의 낮은 교육 수준과 자식들이 부모의 노후 부양을 해 줄 것이라는 기대였다. 당연히 대가족의 아이들은 개인주의적 가치보다는 집단주의적 가치를 습득할 가능성이 높다.

경제적 요인을 제외하고, 이 차원에서의 국가 간 차이는 역사적 요인으로 설명할 수 있다. 비록 로마제국이 권력거리에 미친 영향만큼 뚜렷하지는 않지만 말이다. 제7장에서 집중적으로 다루게 되겠지만, 동아시아 국가에서는 공자 사상의 영향이 집단주의 가치 체제를 뒷받침해 왔다. 다른 한편으로 서구 유럽의 일부, 특히 영국, 스코틀랜드, 네덜란드에서는 서민 생활이 여전히 아주 가난하고 농경 경제가 지배적이었던 수세기 전부터 이미 개인주의 가치가 드러나 있었다. 인도는 또 다른 사례에 해당하는 국가로, 가난한 가운데서도 개인주의 문화를 발달시켜 왔다.

◈ 개인주의-집단주의의 미래

　국가문화가 깊은 뿌리를 지니고 있음에 비추어, 개인주의-집단주의 차원에서의 국가 간 차이도 권력거리의 차이처럼 오랜 세월 동안 지속될 가능성이 많다. 그러나 국가문화들이 동질화된다면 그것은 바로 이 차원에서 일어날 가능성이 높다. 국가의 부와 개인주의 간에 강한 상관이 있는 것은 부인할 수 없는 사실인데, 인과관계의 방향은 앞서 보았듯이 부에서 개인주의 쪽으로 향한다. 급격한 경제 성장을 이룩한 국가는 개인주의로의 변화를 경험해 왔다. 예를 들어, 노인에 대한 가족의 보살핌도 점점 더 당연하지 않은 것으로 되어 가고 있다.

　그럼에도 불구하고 1인당 소득이 동등한 수준에 있는 국가들조차 그 국가의 역사에 따라 각기 다른 개인주의 가치와 집단주의 가치를 보존하고 있다. 일본과 한국 같은 동아시아권의 국가들이 그렇다. 가정, 학교, 직장 영역에서 집단주의적 요소를 계속 유지해 갈 가능성이 높다. 서구 국가 간에도 마찬가지다. 보편적인 경제 성장의 여파로 개인주의 쪽으로의 수렴이 눈에 띄게 일어나고 있기는 하지만, 영국, 스웨덴, 독일과 같은 국가들은 개인-집단 간 관계에서 계속 차이를 보이게 될 것이다. 문화는 변화하지만 함께 변화하기 때문에 국가 간 차이는 그대로 유지되며 문화 간 차이가 소멸되지 않는다.

　가난한 국가의 경우, 가난한 국가가 계속 가난한 채로 있는 한, 더 개인주의적으로 될 것이란 예상은 불가능하다. 또한 수많은 경우에서 그렇듯이 부유한 국가와 가난한 국가 간 빈부 차이가 계속되면 개인주의-집단주의에 대한 격차는 갈수록 더 커질 수 있다.

　개인주의-집단주의 차원과 관련된 가치에서의 차이는 앞으로도 존속할 것이고, 이런 차이는 국제적인 문제에 큰 역할을 할 것이다. 국가문화의 한 차원으로서의 개인주의-집단주의는 문화 간 접촉에서 많은 오해의 원인이 된다. 제11장에서는 이런 접촉에서 생기는 여러 문제가 개인주의-집단주의의 차원에서의 차이로 설명할 수 있다는 것을 보게 될 것이다.

제5장

남성적 문화와 여성적 문화

HE, SHE, AND (S)HE

헤르트(Geert)가 젊은 시절 네덜란드에서 엔지니어로 일할 때였다. 벨기에의 네덜란드어 사용 지역인 플란더스 지방의 신생 미국 공업회사에서 하급 경영직 자리를 구하려 했던 적이 있다. 헤르트는 자신의 자격이 충분하다고 생각했다. 그 국가의 4년제 과학기술대학을 졸업했고, 성적도 좋았고, 학생회 참여도 활발했다는 기록이 있었다. 게다가 유명하지만 좀 조용한 네덜란드 회사에서 엔지니어로 3년을 지낸 경력이 있었다. 헤르트는 자신의 관심과 몇 가지 이력 사항을 적은 짧은 편지를 보냈다. 직접 와 보라는 연락을 받고서 긴 기차여행 끝에 미국인 공장경영자를 마주하게 되었다. 헤르트는 최대한 공손하고 겸손하게 행동했으며, 헤르트가 자격의 소유자인지 여부를 알아보기 위해 으레 묻는 그런 질문들을 기다렸다. 그러나 놀랍게도 그는 헤르트가 기대했던 질문은 별로 하지 않고 그 대신 헤르트가 모르는 영어 단어를 사용하며 공구 설계상에 있어서 헤르트의 경험에 관해 아주 자세한 사실을 알고 싶어 했는데, 왜 그런 질문을 하는지 헤르트는 알 길이 없었다. 그러한 것들은 취직만 되면 일주일 이내에 배울 수 있는 것들이었다. 고통스러운 오해만 반 시간가량 거듭한 끝에 그는 "안됐군요. 우리는 1등급 기사를 필요로 합니다."라고 말했다. 이렇게 해서 헤르트는 구직 실패의 고배를 마셨다.

⟳ 자기주장-겸손

몇 년 후에는 헤르트 자신이 면접관이 되었고, 네덜란드인과 미국인 입사지망생을 모두 만날 기회를 갖게 되었다. 그제서야 지난 번 자신의 면접에서 어디가 잘못되었는지를 깨달았다. 네덜란드인의 눈으로 보면 미국인 입사지망생은 자기 자신을 과대 포장한다. 그들의 이력서에는 온통 최우수라는 말뿐이며, 자신의 자질이 뛰어남을 보이기 위해 각종 학위와 학점, 포상, 멤버십을 총동원한다. 면접 중에 그들은 자기주장을 내세우며, 그 고장 말을 몇 달 안에 배울 수 있다고 장담하는 것과 같은 실현 가능성이 희박한 약속을 남발한다.

미국인의 눈에 네덜란드인 입사지망생은 자신을 지나치게 비하하는 것으로 비친다. 그들은 이력서를 쓸 때 면접자가 면접을 통해 그들의 실제 능력을 알아볼 수 있다는 점을 참작하여 대개 겸손하고 짧은 이력서를 쓴다. 그들은 공부 이외에 사교나 과외활동에도 관심을 갖는 것을 당연하게 여긴다. 그들은 허풍쟁이로 보이지 않으려고 아주 조심하며, 그들이 확실히 지킬 자신이 없는 약속은 절대 하지 않으려고 한다.

미국인 면접자는 미국인이 쓴 이력서와 면접 결과를 해석하는 방법을 알고 있어서, 얻은 정보를 깎아서 보는 경향이 있다. 반면 네덜란드인 면접자는 네덜란드인 입사지망생의 버릇을 알아, 얻은 정보를 격상시키는 경향이 있다. 문화 간 오해의 시나리오는 아주 분명해진다. 미숙한 미국인 면접자에게는 미숙한 네덜란드인 입사지망생이 풋내기로 보일 것이며, 미숙한 네덜란드인 면접자에게는 미숙한 미국인 입사지망생이 허풍쟁이로 보일 것이다.

네덜란드 사회와 미국 사회는 제2장과 제3장에서 설명한 권력거리와 개인주의 차원에서는 상당히 비슷하지만, 자기주장적 행동과 겸손한 행동 중 어느 쪽을 바람직하게 생각하는가를 다루는 세 번째 차원에서는 상당히 다르다. 우리는 이 차원을 남성성-여성성 (masculinity-femininity) 차원이라고 부를 것이다.

🔵 성과 성 역할

인간 사회는 모두 남자와 여자로 구성되어 있으며, 그 수도 대체로 거의 반반씩이다. 남자들과 여자들은 생물학적으로 다르며, 생물적 생식에 있어서도 남녀 각자의 역할은 절대적이다. 아이를 임신하거나 갖게 하는 것과 직접 관련 없는 남녀의 신체적 차이는 절대적인 것이 아니라 통계적인 것이다. 남자들이 **평균적으로** 키가 더 크고 힘이 더 세지만, 여자들 중에도 상당수의 남자들보다 더 크고 힘센 사람이 많다. 여자들이 **평균적으로** 손재주가 더 좋고 물질대사가 빨라 피로 회복도 더 빠르지만, 남자들 중에도 이런 면에서 아주 뛰어난 사람이 있다.

남녀 간의 절대적·통계적인 생물학적 차이는 전 세계에 걸쳐 공통적이지만, 이들의 사회적 역할은 일부만이 생물학적 조건에 의해 결정된다. 어느 사회에서나 생식과 직접 관련이 없는 많은 행동을 여성 또는 남성에 더 적합한 것으로 본다. 그러나 특정 행동이 어느 성에 더 적합하냐는 생각은 사회에 따라 다르다. 비교적 고립된 미개 사회를 연구해 온 인류학자들은 사회적 성 역할이 극히 다양하다는 점을 강조한다.[1] 이 장에서는 생물학적 구분을 할 때는 남성(male) 및 여성(female)이라는 용어를 사용할 것이며, 문화적으로 결정되는 사회적 역할에 대해서는 **남성적**(masculine) 및 **여성적**(feminine)이란 용어를 사용할 것이다. 후자는 절대적인 것이 아니라 **상대적인** 것이다. 남자도 '여성적으로' 행동할 수 있고 여자도 '남성적으로' 행동할 수 있다. 이것은 단지 이들이 그 사회의 어떤 관습에서 이탈한다는 것을 뜻할 뿐 다른 뜻은 없다.

어떤 행동이 '여성적' 또는 '남성적'으로 간주되느냐는 전통 사회뿐만 아니라 현대 사회에서도 사회마다 제각기 다르다. 어떤 직업에 분포되어 있는 남녀의 비율을 보면 이것이 가장 명백하게 드러난다. 여자들이 러시아에서는 의사가 되는 사람이 많고, 벨기에에서는 치과의사가 되는 사람이 많으며, 서아프리카에서는 가게 주인이 되는 경우가 많다. 파키스탄에서는 타자수 중에 남자들이 많고, 네덜란드에서는 간호사의 상당수가 남자다. 일본에서는 여성 경영자가 거의 없지만 필리핀과 태국에서는 흔하다.

이렇게 각양각색임에도 불구하고 전통 사회든 현대 사회든 대부분의 사회에는 사회적

성 역할(social sex roles) 분포에서 공통적인 면이 있다. 이 시점부터 이 장에서는 성 역할이라는 말보다 현대적인 남녀 역할(gender roles)이란 용어를 쓰기로 한다. 남자들은 대체로 집 밖의 성취에 더 관심을 두는 것이 당연한 것으로 되어 있다. 전통 사회에서는 사냥이나 전쟁을 남성이 맡았으며, 현대 사회에서는 이것이 경제적인 용어를 대치했으나 근본적으로는 사냥이나 전쟁과 다를 바 없는 역할들을 한다. 간단히 말해, 남자들은 자기주장적이고 경쟁적이며 거친 것으로 간주되고, 여자들은 대체로 가정과 아이, 그리고 사람 일반을 돌보는 데 더 관심을 두는 것으로 간주된다. 즉, 더 부드러운 역할을 맡고 있는 것이다. 이와 같은 역할 형태가 어떻게 발달되어 왔는지는 쉽게 알 수 있다. 여자들은 무엇보다도 임신과 수유 때문에 적어도 이 기간 중에는 아이들 곁에 머물러 있어야 한다. 남자들은 다른 남자들이나 동물로부터의 공격에 대항해서 여자들과 아이들을 보호할 필요가 있을 때를 제외하고는 자유롭게 돌아다닐 수가 있다.

남성의 성취는 남성적인 자기주장과 경쟁을 강화시킨다. 여성의 돌봄은 여성적인 양육과 인간관계 및 생활환경에 대한 관심을 키운다.[2] 키도 더 크고 힘도 더 세고 나다닐 자유가 있는 남자들이 집 밖의 사회생활을 주도하는 경향이 있다. 집안에서는 남성과 여성 사이에 다양한 역할 분담이 가능하다. 어머니와 아버지(그리고 다른 가족구성원들)가 보여주는 역할 형태는 아이가 평생 지니게 될 정신 소프트웨어에 막강한 영향을 끼친다. 그러므로 국가 가치체계 차원들 중 하나가 부모가 제공하는 남녀 역할 모델과 관련이 있다는 것은 그리 놀라운 일이 아니다.

가족에서 시작된 남녀 역할 사회화는 또래 집단 및 학교에서 계속된다. 사회에서 남녀 성역할 패턴은 TV 프로, 영화, 아동서적, 신문, 여성 잡지 등 미디어에 매일 반영된다. 남녀 역할에 부합하는 행동은 정신 건강의 기준이다.[3] 남녀 역할은 모든 사회에서 핵심적인 부분이다.

➔ 사회집단 문화 차원으로서의 남성성–여성성

제4장에서는 IBM 질문지에 포함되었던 14개의 작업 목표에 관해 언급했었다. "이상적

인 직장에서 당신이 중요하다고 여기는 요인을 생각해 보십시오. 이 요인이 당신의 현재 직장에 포함되어 있는 정도는 무시하십시오." 14개의 작업 목표 문항에 대한 응답을 분석한 결과 두 개의 기저 차원이 나왔다. 그 하나는 개인주의-집단주의였다. 사적인 시간, 자유, 도전의 중요성은 개인주의를 나타내는 것이었고, 훈련, 물리적 조건, 기술의 활용의 중요성은 집단주의를 나타내는 것이었다.

두 번째 차원은 **남성성**(masculinity)-**여성성**(femininity)이라고 이름을 붙이게 되었다. 그 차원은 다음과 같은 직무 목표 항목들의 중요성과 매우 강력한 상관이 있었다.

〈남성성 극에 해당하는 것〉

① 수입: 높은 수입을 올릴 기회가 있을 것

② 인정: 일을 잘하면 당연히 받을 인정을 받을 것

③ 승진: 보다 높은 직책으로의 승진 기회가 있을 것

④ 도전: 도전적인 일, 즉 자신의 성취감을 주는 일이 있을 것

〈여성성 극에 해당하는 것〉

⑤ 경영자: 직속상관과 직무상 좋은 관계를 누릴 수 있을 것

⑥ 협동: 협조적인 사람들과 일할 수 있을 것

⑦ 거주 지역: 본인과 본인 가족이 바라는 지역에 거주할 수 있을 것

⑧ 고용 안정성: 본인이 원하는 한 계속해서 그 회사에 다닐 수 있다는 안정감을 줄 것

여기서 주목할 것은 작업 목표 중 도전 요인이 개인주의 차원(제4장)과도 상관되어 있다는 점이다. 나머지 7개의 목표는 남성성 또는 여성성에만 상관되어 있다.

두 번째 작업 목표 차원을 남성성-여성성이라고 부르게 된 결정적인 이유는 IBM 직원들 중 유독 이 차원에서만 남자와 여자가 일관성 있는 점수 차를 보였기 때문이다(극단적으로 여성적인 국가에서는 예외가 있었는데, 이 점은 나중에 다시 언급할 것이다). 권력거리나 개인주의 또는 불확실성 회피 차원 중 그 어느 것도 남자와 여자의 응답에서 체계적인 차이를 보이지 않았다. 지금 이 차원만이 이러한 남녀 차를 보였는데, 남자들은 특히 작업

목표 ①과 ③을, 그리고 여자들은 ⑤와 ⑥을 더 중요하게 꼽았다. 수입과 승진의 중요성은 남성적이고 자기주장적이며 경쟁적인 사회 역할과 일치한다. 경영자 및 동료들과의 관계의 중요성은 여성적이며 어진 사회 환경 지향의 역할과 일치한다.

개인주의-집단주의 차원의 경우와 마찬가지로, IBM 질문지의 8개 항목이 사회의 남성적 문화와 여성적 문화 간 차이의 전부를 말해 주는 것은 아니다. 이 항목은 단지 IBM 연구에서 실시한 질문이 나타내는 이 차원의 여러 측면을 대표할 뿐이다. 또한 이 차원이 담고 있는 내용을 파악하기 위해서는 IBM 국가들의 남성성 점수들과 사회의 다른 특징에 관한 비IBM 자료들과의 상관관계도 알아볼 필요가 있다.

이 새로운 차원과 연관된 정신 프로그래밍 사회 간 차이는 사회적이지만 감정적인 면이 더욱 많다. 사회적 역할은 외부적 요인에 의해 부과되지만 사회적 역할을 수행하는 동안 사람들이 느끼는 것은 내부에서 나오는 것이다. 따라서 다음과 같은 정의가 가능하다.

남성적이라고 불리는 사회에서는 감정상 남녀 차이가 명확하게 구별된다. 즉, 남성적 사회에서 남성들은 자기주장이 강하고 거칠고 물질적 성공에 집중해야 하는 반면, 여성들은 겸손하고 부드러우며 삶의 질에 관심이 있어야 한다.

여성적이라고 불리는 사회에서는 감정상 남녀 역할이 중첩된다. 즉, 남성과 여성 모두 겸손하고 부드러우며 삶의 질에 관심이 많아야 하는 것으로 간주된다.

IBM 데이터베이스에 들어 있는 국가의 남성성 지수(masculinity index: MAS)를 제4장에서 개인주의 지수 값의 경우와 유사한 방법으로 산출했다. MAS는 14개 직무 목표에 대한 요인분석(factor analysis)에서 국가들의 요인점수(factor score)를 토대로 한 것이다. 점수의 분포는 가장 여성적인 국가가 0에 가까운 점수를, 그리고 가장 남성적인 국가가 100에 가까운 점수를 받도록, 요인점수에 20을 곱하고 50을 더했다. 추적 연구에서는 네 가지 직무 목표의 평균 점수를 가지고 MAS를 직접적으로 산출하는 근사식을 썼다.

국가 MAS는 〈표 5-1〉에 나와 있다. 권력거리와 개인주의에 대한 지수와 마찬가지로 남성성 지수는 절대적인 것이 아니라 국가의 상대적 위치를 나타낸다. 개인주의와 다르게 남성성 지수는 국가 경제 발전의 정도와 무관하다. 남성적인 국가 중에도 **부유한 국가**

표 5-1	76개국/지역에 대한 남성성 지수(MAS)
	IBM 데이터베이스의 14가지 항목에 대한 요인 점수 + 확장판 토대

지수 순위	중앙/ 남아메리카	남/ 남동유럽	북/북서유럽 영국계	중앙/동유럽 구소련	이슬람계 중동 및 아프리카	동아시아 동남아시아	지수
1			슬로바키아				110
2						일본	95
3				헝가리			88
4			오스트리아				79
5	베네수엘라						73
6			스위스(독)				72
7		이탈리아					70
8	멕시코						69
9~10			아일랜드				68
9~10	자메이카						68
11~13						중국	66
11~13			독일				66
11~13			영국				66
14~16	콜롬비아						64
14~16						필리핀	64
14~16				폴란드			64
17~18					남아공		63
17~18	에콰도르						63
19			미국				62
20			호주				61
21			벨기에(프)				60
22~24			뉴질랜드				58
22~24			스위스(프)				58
22~24	트리니다드						58
25~27				체코			57
25~27		그리스					57
25~27						홍콩	57
28~29	아르헨티나						56
28~29						인도	56
30						방글라데시	55
31~32					아랍어권		53
31~32					모로코		53
33			캐나다(전체)				52
34~36			룩셈부르크				50
34~36						말레이시아	50
34~36						파키스탄	50

순위	국가	점수
37	브라질	49
38	싱가포르	48
39~40	이스라엘	47
39~40	몰타	47
41~42	인도네시아	46
41~42	아프리카(서)	46
43~45	캐나다(프)	45
43~45	대만	45
43~45	터키	45
46	파나마	44
47~50	벨기에(네)	43
47~50	프랑스	43
47~50	이란	43
47~50	세르비아	43
51~53	페루	42
51~53	루마니아	42
51~53	스페인	42
54	아프리카(동)	41
55~58	불가리아	40
55~58	크로아티아	40
55~58	엘살바도르	40
55~58	베트남	40
59	한국	39
60	우루과이	38
61~62	과테말라	37
61~62	수리남	37
63	러시아	36
64	태국	34
65	포르투갈	31
66	에스토니아	30
67	칠레	28
68	핀란드	26
69	코스타리카	21
70~71	리투아니아	19
70~71	슬로베니아	19
72	덴마크	16
73	네덜란드	14
74	라트비아	9
75	노르웨이	8
76	스웨덴	5

와 가난한 국가가 있고, 여성적인 국가 중에도 부유한 국가와 가난한 국가가 모두 눈에 띈다.

여성성 지수가 가장 높은 국가(72~76위)는 스웨덴, 노르웨이, 라트비아, 네덜란드, 덴마크였다. 핀란드는 68위로 이들을 바짝 뒤따른다. 〈표 5-1〉의 하단에는 라틴계 국가로, 코스타리카, 칠레, 포르투갈, 과테말라, 우루과이, 엘살바도르, 페루, 스페인, 프랑스가 있으며, 동유럽 국가로는 슬로베니아, 리투아니아, 에스토니아, 러시아, 크로아티아, 불가리아, 루마니아, 세르비아가 포함된다. 아시아에서는 태국, 한국, 베트남, 이란이 포함된다. 또 다른 여성적 문화권에는 과거 네덜란드 식민지였던 남미 수리남, 플레미시(벨기에의 네덜란드어권 지역), 동아프리카 지역의 국가들이 포함되었다.

〈표 5-1〉의 상단에는 아일랜드, 자메이카, 영국, 남아공, 미국, 호주, 뉴질랜드, 트리니다드 등 모두 영국계(Anglo)인 국가가 포함된다. 또한 유럽에서는 슬로바키아(1위), 헝가리, 오스트리아, 스위스의 독일어권, 이탈리아, 독일, 폴란드, 벨기에의 프랑스어권, 스위스가 있다. 아시아에서는 일본(2위), 중국, 필리핀이 있다. 라틴아메리카에서는 카리브해 연안의 큰 국가들인 베네수엘라, 멕시코, 콜롬비아, 에콰도르가 있다.

미국은 MAS가 62점(19위)이었고 네덜란드는 14점(73위)으로, 이 장을 시작할 때 한 이야기에 등장한 뒤 국가의 지수는 서로 현저하게 동떨어져 있었다.

◈ 기타 국가 비교 연구에서의 남성성-여성성

남성성-여성성은 국가문화의 다섯 가지 차원 중에서 논쟁의 소지가 가장 크다. 이는 호칭만의 문제가 아니라(예를 들어, 성과지향-협동지향처럼 사용자들은 명칭을 얼마든지 고쳐 부를 수 있다), 이 차원과 연관된 가치 문제에서 국가문화가 극적으로 다르다는 사실을 인식하는 문제이기도 하다. 동시에 1970년대에 헤르트(Geert)가 그 주제에 관하여 처음 출판을 한 이래 남성성-여성성 차원의 타당화의 수와 규모가 증가해 왔다. 그 타당화 사례 중 몇 가지를 묶어 1998년 『남성성과 여성성: 국가문화의 금기 차원(*Masculinity and Femininity: The Taboo Dimension of National Cultures*)』이라는 책으로 출간했다.[4] 흥미

룹게도 이 차원은 주로 미국과 영국 같은 남성적 문화권에서는 대부분 정치적으로 바르지 않은 것이지만, 스웨덴과 네덜란드 같은 여성적 문화권에서는 그렇지 않다. 금기는 문화적 가치의 강력한 발현이다.

남성성−여성성 차원이 잘 인식되지 않는 이유 중 하나는 이 차원이 국가의 부와 완전히 무관하다는 데에 있다. 세 가지 다른 IBM 차원들의 경우에는 부유한 국가가 그 차원의 특정 극(작은 권력거리, 개인주의, 다소 약한 불확실성 회피)에서 보다 자주 나타났고, 가난한 국가는 그 반대의 극에서 자주 나타났다. 특정 극과 국가의 부유함 간 연관성은 그 특정 극이 반대의 다른 극보다 더 우월하다는 암묵적 정당화가 된다. 그러나 남성성−여성성의 경우에는 그러한 전개가 이루어지지 않는다. 부유하면서 남성적인 혹은 여성적인 국가가 있는 만큼, 가난하면서 남성적인 혹은 여성적인 국가가 많이 존재한다. 그래서 부는 가치의 토대가 되는 단서가 아닌데, 이러한 점이 사람들을 혼란스럽게 만든 것이다. 몇 가지 연구 프로젝트에서는 부의 영향을 통제하고 나서야 비로소 MAS의 영향이 명백해졌다.

〈표 2−1〉에서는 IBM 조사에 대한 여섯 가지 주요 반복 연구를 설명한 바 있는데, 그중 다섯 가지가 남성성−여성성과 유사한 차원이다. 나머지 한 연구, 즉 (IBM이 아닌) 여섯 가지 국제기업의 직원을 대상으로 이루어진 쉐인(Shane)의 연구에서는 남성성 차원이 사회적으로 비위를 거스르는 것으로 간주되었기 때문에 그 차원과 관련된 질문을 제외했었다. 제2장에서 언급했듯이, 손더가드(Søndergaard)는 제2장에도 언급한 바 있는 19개 소규모 반복 연구를 개관했는데, 14개 연구가 MAS 차이를 확인했다. 이것 자체가 통계적으로 유의한 결과다.[5]

초등학교 교사를 대상으로 한 **슈워츠**(Schwartz)의 가치 연구에서는 국가 수준의 지배(mastery) 차원이 도출되었는데, 이 차원은 MAS와 유의한 상관을 가졌다.[6] 지배는 야심적, 역량적, 자신만의 목표 선정, 용기, 독립적, 성공적 가치를 긍정 극에서 모두 결합시킨 것이다. 이러한 가치들은 남성적 기풍(ethos)을 분명하게 보여 준다.[7]

하우스(Robert House)는 헤르트의 연구를 반복 검증할 의도로 GLOBE 연구를 설계했지만, 남성성과 여성성이라는 금기어까지 쓰지는 못했다. 대신, 헤르트의 남성성−여성성 차원과 개념상 연관될 수 있는 네 가지 다른 차원, 즉 자기주장성(assertiveness), 남녀평등주의(gender egalitarianism), 인정지향(humane orientation), 성과지향(performance orientation)을 GLOBE 연구에 포함시켰다. 공통 48개국에 대해 MAS와 유의하게 상관을 보인 유일한 GLOBE 차원은 자기주장성 '실태(assertiveness 'as is')'뿐이었지만, 우리는 자기주장성 '실태'와 자기주장성 '희망(assertiveness 'should be')'을 결합했을 때 MAS 차원에 더 비슷한 결과를 얻었다.[8] GLOBE는 희석된 형태로나마 우리의 MAS 차원의 자기주장성 측면을 측정하고 있었던 것이다.

GLOBE 차원과 잠정적으로 연관된 다른 차원으로, 남녀평등주의의 '실태'와 '희망' 각각 모두가 MAS와는 아니었지만 IDV와 상관이 있었다. 사회에서의 남녀평등주의에 대한 몇 가지 측면(남자가 지도자로 더 적합하고, 여자는 남자를 따라야 하지만 남자는 그럴 필요 없다)이 집단주의와 연관된다는 것을 제4장에서 보았다. 남녀평등은 국가의 부와 강력하게 상관이 있는 여성의 교육 수준과 상당한 관련이 있기 때문에 부차적으로 개인주의와 상관이 있다. MAS 차원에서 여자의 역할과 남자의 역할 간 연관성은 감정적인 수준에서 더 많이 존재하는데, 그 점에 관해서는 이 장에서 앞으로 더 다룰 것이다.

성과지향 '실태'는 불확실성 회피(Uncertainty Avoidance: UAI, 제6장 참조)와 부적으로 상관을 보였고, 성과지향 '희망'은 장기지향(Long Term Orientation: LTO, 제7장 참조)과 부적으로 상관이 있었다. 인정지향 '실태'와 '희망'은 유의한 상관관계를 나타내지 않았다. 우리는 이 GLOBE 차원의 타당성에 어느 정도 의문을 가지고 있다.[9]

개인주의 대 남성성

문헌에 나오는 국가 수준의 남성성-여성성 구분은 개인주의-집단주의 구분과 혼동하기 쉽다. 미국 출신 저자들은 여성적 목표를 집단주의적인 것으로 분류하는 경향이 있다. 그러나 한국 출신 학생은 자신의 석사학위 논문에서 남성적 목표를 집단주의로 분류했다.

[그림 5-1]에서 명백하게 드러나듯이 실제로 개인주의-집단주의와 남성성-여성성 의 두 차원은 서로 독립적이다. 모든 조합은 동일한 빈도로 발생한다. 그것들 간의 차이는 개인주의-집단주의가 '나' 대 '우리', 즉 내집단으로부터의 독립-내집단에 대한 의존이

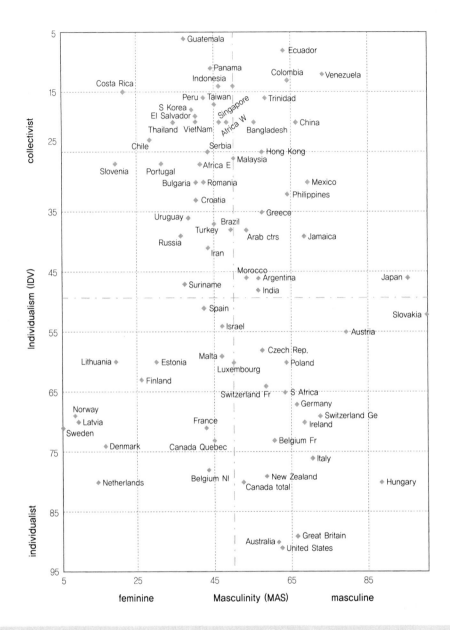

그림 5-1 | 남성성 대 개인주의

라는 점인데 반해 남성성-여성성은 자아(ego)에 대한 중시-타인과의 관계에 대한 중시에 관한 것으로 집단과의 유대(ties)와는 상관없다는 점이다. 집단주의 문화에서 관계의 주요 부분은 집단 유대에 의해 선결된다. 즉, '집단성(groupiness)'은 집단주의적인 것이지 여성적인 것이 아니다. 별개의 민족 집단 사람이지만 도움이 필요한 유대인을 돕는 선한 사마리아인(Good Samaritan)에 대한 성경 이야기는 집단주의적 가치가 아닌 여성적 가치에 관한 사례다.

제4장에서 언급했던 바와 같이, 잉글하트(Inglehard)는 높은 IDV와 낮은 MAS의 조합과 상관을 보이는 안녕(well-being)—생존(survival)이라는 주요 차원을 세계가치조사를 종합분석하여 발견해 냈다.[10] 이는 안녕을 중시함을 의미하는 점수 중 최고치가 (덴마크처럼) 개인주의적이고 여성적인 사회에서 나타나는 반면에, 생존을 중시함을 의미하는 점수 중 최고치가 (멕시코처럼) 집단주의적이고 남성적인 사회에서 나타나는 것을 의미한다. 제8장에서는 미소(Misho)의 새로운 차원인 자적(indulgence)—자제(restraint)와 연관하여 잉글하트의 안녕—생존 차원에 대한 내용을 다시 다룰 것이다.

남성성과 여성성은 한 차원인가 두 차원인가

개인주의와 집단주의의 경우에서처럼 남성성과 여성성이 두 가지 분리된 차원으로 간주되어야만 하는지에 관해 가끔 이의를 제기한다. 재차 말하지만 이러한 의문에 대한 대답은 우리의 분석 수준에 달려 있다. 사회를 비교(이 책의 주제)하려는 건지, 사회 안의 개인을 비교하려는 건지에 따라 남성성과 여성성을 어떤 차원으로 보아야 하는지가 달라진다. 개인은 남성적이면서 동시에 여성적일 수 있지만[11], 국가문화는 어느 한쪽이 우세하지 않으면 다른 한쪽이 우세하다. 한 국가에서 상대적으로 많은 사람이 남성적 가치를 지니면, 여성적 가치는 상대적으로 적은 사람이 지니는 것이다.

연령별 · 성별 국가 남성성 점수

국가의 MAS 점수는 성별에 따라 별도로 산출하기도 했다.[12] [그림 5-2]는 국가별 남성성과 남녀별 남성성 간 관계를 간소한 형태로 나타낸 것이다. 가장 여성적인(부드러운) 국

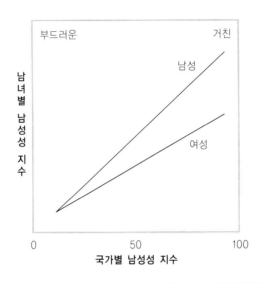

그림 5-2 | 남녀별 국가 MAS 점수

가부터 가장 남성적인(거친) 국가들 방향으로 제시되는 가운데, 남성의 가치나 여성의 가
치나 모두 거칠어지지만, 국가 간 차이는 여성의 경우에 비해 남성의 경우에서 더 크다.
가장 여성스러운 급의 국가인 스웨덴과 노르웨이에서는 남성과 여성의 점수 간 차이가
없었다. 남성과 여성 모두 동일하게 부드러운, 양육의 가치를 나타냈다. IBM 데이터베이
스에서 가장 남성적인 국가인 일본과 오스트리아에서 남자들의 점수는 매우 거칠다고 나
왔고, 여성들도 꽤 거칠다고 나왔지만, 남녀 차는 이 경우가 가장 컸다. 가장 여성적인 국
가에서 가장 남성적인 국가까지 남성에 대한 MAS 점수 범위는 여성에 대한 경우보다 약
50%가 넓었다. 국가 간 여성의 가치 차이는 국가 간 남성의 가치 차이의 경우에서보다 덜
했다. 또한 한 국가의 여성성은 자국 여성의 가치에서보다 자국 남성의 가치에서 보다 명
확하게 나타났다. 전 세계적으로 자아(ego) 가치가 문제가 되는 곳에서 여성들은 사안에
쉽게 호응해야 하는 존재로 여길 수 있다. 미국의 한 베스트셀러 제목은 『화성에서 온 남
자, 금성에서 온 여자』이지만, 여성적 문화권에서 남녀는 모두 금성에서 왔다.[13]

　　북아일랜드 출신의 린(Richard Lynn)은 42개국의 남녀 대학생들에게 경쟁력과 돈에
대한 태도 자료를 수집했다. 경쟁력에 대한 태도에서 남성은 여성보다 높은 점수를 받았
다. 네덜란드인 블리트(Evert van de Vliet)는 이에 대한 재분석 결과, 남성 점수 대 여성 점

수 비율이 MAS와 유의하게 상관되었음을 보여 주었다. 상관관계는 경쟁력에 대한 태도 점수가 남성보다 여성이 높게 나온 네덜란드에서 가장 낮았고, 독일에서 가장 높았다.[14]

[그림 5-3]은 남성성 가치에 대한 연령 효과를 그래프로 나타낸 것이다.[15] 사람들은 나이가 들수록 보다 사회적이고, 보다 덜 자아지향적인 경향이 있다(낮은 MAS). 동시에 여성과 남성의 MAS 가치 간 차이는 보다 작아지고 45세쯤 되면 서로 완전히 일치한다. 그 나이는 아이를 낳을 가능성이 있는 여성으로서의 역할이 일반적으로 종결되는 때로, 여성의 가치가 생물학적으로 남성의 것과 다르다는 근거는 (여자와 달리 남자는 여전히 자식을 낳을 수 있다는 점을 제외하고는) 없어진다.

이러한 발달은 젊은 남성과 여성에게는 과학기술적 관심이 촉진되고 (이는 남성성으로 간주할 수 있다) 나이든 남성과 여성에게는 사회적 관심이 보다 촉진된다는 관찰 결과와 상통한다. (필연적인 원기와 생명력의 측면에서가 아니라) 가치의 측면에서 나이든 사람들일수록 인력 관리자에 더 적합하고, 젊은 사람일수록 기술 관리자에 더 적합하다.

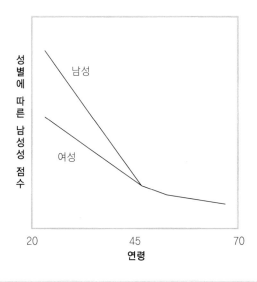

그림 5-3 │ 남녀별 및 연령별 MAS 점수

● 직종에 따른 남성성-여성성

IBM 연구에서 직종은 (직종 종사자를 훈련시킨 가치에 기반을 두어) 거친-부드러운 차원에 따라 배열할 수 있다. 따라서 어떤 직종이 더 남성적이라든가 더 여성적이라고 말할 수 있다. 당연한 이야기지만 남성적인 직종은 대개 남자로 구성된 직종이고 여성적인 직종은 대개 여성으로 구성된 직종이다. 하지만 직종 간 가치의 차가 그 직종 종사자의 남녀 성별로 인해 생기는 것은 아니다. 여성적 직종에 종사하는 남성들은 남성적 직종에 종사하는 여성들보다 더 여성적인 가치를 가졌다.

IBM에서의 직종은 다음과 같이 가장 남성적인 것에서 가장 여성적인 것까지로 배열할 수 있다.

① 판매원
② 엔지니어/과학자
③ 기술자/숙련공
④ 어떤 부문의 관리자
⑤ 반숙련 내지 비숙련 근로자
⑥ 사무직 근로자

판매원은 아주 경쟁적인 분위기에서 판매 실적에 따른 커미션을 받고 있다. 과학자, 엔지니어, 기술자, 숙련 근로자가 하는 일은 대개 과학기술적 성과에 초점을 맞추고 있다. 관리자는 과학기술적 문제와 인간적 문제 모두를 다루므로 이들의 역할에는 자기주장적이면서도 양육적인 요인이 모두 포함된다. 비숙련 내지 반숙련 근로자들은 자랑할 만한 업적을 지니지는 못하지만 대체로 팀을 이루어 일하기 때문에 이들에게는 협동이 중요하다. 사무직 근로자도 업적은 별로 없지만 이들의 일에는 사람들과의 접촉이 더욱더 필요하고, 외부 인사와의 접촉도 필요할 때가 많다.

⊙ 가정에서의 남성성 – 여성성

남녀 역할 분화에서 생물학적으로 결정된 것은 극히 일부분에 불과하기 때문에, 남녀 역할 패턴의 안정성은 거의 전적으로 사회화의 문제다. 사회화(socialization)란 남아와 여아 모두가 사회에서 자신의 위치를 학습하고, 일단 그것이 학습되면 그들 대부분은 그대로이길 바란다는 것을 의미한다. 남성 우위 사회에서 대부분의 여성은 남성 우위를 원한다.

가족은 대부분의 사람이 가장 먼저 사회화를 경험하는 곳이다. 가정 안에는 두 개의 불평등하면서 상보적인 역할 쌍이 존재하는데, 그 하나는 부모–자식 관계이고 또 하나는 남편–아내 관계다. 부모–자식 관계에 존재하는 불평등 정도 차이의 효과는 앞서 제3장에서 권력거리 차원과 연관 있는 것으로 말했다. 남편과 아내 사이의 지배적 역할 분담 정도는 한 사회의 남성성–여성성 척도에서 차지하는 위치로 반영된다.

[그림 5-4]는 MAS와 PDI를 2차원 공간으로 나타낸 것이다. 이 그림의 오른쪽 절반에 모여 있는 국가(PDI 점수가 높은 곳)에서는 부모–자식 간의 불평등이 사회활동의 규범으로 되어 있다. 아이들은 복종하도록 통제를 받는 것을 당연한 것으로 여긴다. 그림의 왼쪽 절반에 모여 있는 국가에서는 아이들의 행동이 어른들 보기에 따라 달라진다. 그림의 아래쪽 절반에 모여 있는 국가(남성성 점수가 높은 곳)에서는 아버지와 어머니의 역할의 불평등(아버지는 거칠고, 어머니는 덜 거친 쪽)이 사회활동의 규범으로 되어 있으며, 남성은 사실을 다루고 여성은 감정을 다루는 것으로 여겨진다. 그림의 위쪽 절반에 모여 있는 국가에서는 살아가면서 부딪히는 딱딱한 사실과 부드러운 감정을 남녀 상관없이 다루어도 무방한 것으로 통한다.

따라서 [그림 5-4]에서 불평등과 남성성이 겹친 오른쪽 아랫 부분은 지배적이며 엄격한 아버지와 순종적인 어머니로 이루어지는 규범을 나타내는데, 이런 국가의 어머니는 꽤 엄하지만 동시에 위안과 부드러운 감정을 주는 안식처이기도 하다. 전체 사분면(四分面)의 우하(右下) 부분에는 남자들이 마초(터프가이)로 간주되는 라틴아메리카 국가가 포함된다. 남성에게 쓰이는 것이 마치스모(machismo)라면, 이에 대해 여성에게 쓰이는 것은 마리아니스모(Marianismo, 동정녀 마리아 같음) 혹은 엠브리스모(hembrismo, 암컷이라

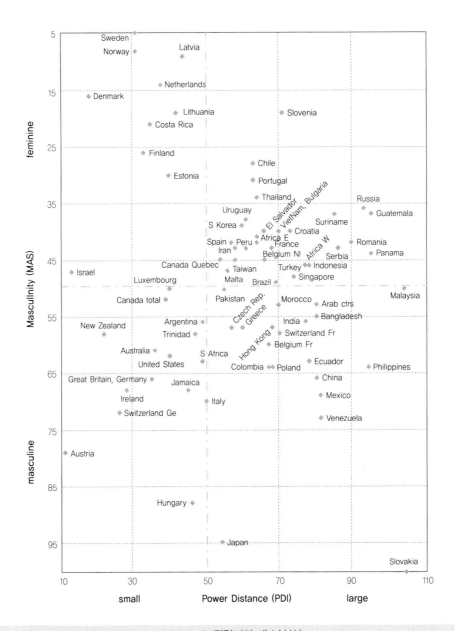

그림 5-4 | 권력거리 대 남성성

는 뜻의 hembra가 어원)다. 즉, 성자다움, 복종, 성적 불감증이 결합된 것이다.[16]

[그림 5-4]에서 우상(右上) 부분(불평등과 여성성이 겹친 부분)은 부모가 가끔은 권위와 부드러움을 동시에 제공하면서, 생활의 질과 인간관계에 대한 관심도 두 사람이 함께 지니

는, 부모 두 사람이 모두 지배적인 사회적 규범을 나타낸다.

좌하(左下) 부분(평등과 남성성이 겹친 부분)의 국가에서는 비지배적인 부모의 본을 자식이 따르는 것이 규범인데, 여기서 아버지는 보다 강경하고 딱딱한 사실을 다루며 어머니는 어느 정도 덜 강경하고 부드러운 감정을 다룬다. 그 결과 소년은 자기주장을 해야 하며, 소녀는 남을 기쁘게 해 주고 기뻐해야 한다는 역할 모델이 생겨난다. 또한 소년은 공격을 받으면 울지 않고 맞서 싸워야 하며, 소녀는 우는 것은 괜찮지만 싸워서는 안 된다.

끝으로, 좌상(左上) 부분(평등과 여성성이 겹친)의 국가에서는 부모가 지배적이지 않으면서 부모 양자가 인간관계에, 생활의 질에, 사실 그리고 감정에 공히 관심을 가지며, 가정에서는 대개 비교적 평등한 남녀 역할의 보기를 제공한다.

제4장에서는 세계 각 10개국 출신의 15~17세 연령의 소녀를 대상으로 아름다움 및 신체상에 관한 이상형에 대하여 조사한 2005년 시장연구에 대해 언급한 바 있다. 여성적인 문화권의 소녀들은 미적 이상형에 가장 영향력을 미치는 정보원(源)으로 자신들의 아버지와 어머니를 자주 언급했다. 어머니의 영향력의 경우 (보다 큰) 권력거리도 한몫을 했다. 남성적인 문화권의 소녀들은 가장 자주 미디어와 유명 인사들을 언급했다.[17]

제3장에서는 자녀를 가진 부모 간 상근직과 비상근직 부담에 관한 유로바로미터(Eurobarometer) 자료를 언급한 바 있다. 부모 중 한 사람이 상근직이나 비상근직에서 일했는지의 여부는 권력거리와 관련이 있다. 부모 중 한 사람이 상근직에서 일하고 나머지 한 사람은 아이들을 항상 돌보는 경우의 빈도가 그 데이터베이스에 들어 있다. 이 빈도의 백분율은 MAS와 정적인 관계를 가진다. 남성적인 문화권일수록 아버지가 가구의 경제적 생계를 책임지고 어머니는 가사를 돌보는 엄격한 역할 구분이 비교적 흔하다.[18]

미국의 어린 학생에 대한 연구에서는 남아와 여아에게 자신이 했던 게임을 왜 택했는지 물었다. 소년들은 그 게임으로 자신이 남과 경쟁하고 남보다 뛰어날 수 있어 택했고, 소녀들은 홀로 남겨지지 않고 남과 함께하는 재미로 택했다고 답했다. 네덜란드 연구자 **반 로섬**(Jacques van Rossum)은 이에 대한 반복 연구를 네덜란드에서 했는데, 소년과 소녀 간 게임 수행 목적에 유의한 차이가 없다는 결과를 얻었다. 이에 그는 자신이 오류를 범했다고 생각하고 연구를 다시 했다. 그렇지만 여전히 부정적인 결과가 나왔다. 여성적인 네덜란드 문화에서 아이들의 사회화에서의 성차는 크지 않다.[19]

[그림 5-4]에서의 가족 맥락은 개인주의-집단주의에도 기반을 두었다. 개인주의 사회에는 한부모 가족이 포함되는데, 그 가족에게는 역할 모델이 불완전할 수 있으므로 외부 사람의 수행을 통해 부족한 기능을 대신 충당한다. 집단주의 사회에서는 확대가족 연계를 유지하며, 복종의 모델인 아버지와 함께 조부가 살아 있는 한, 권위의 중심은 조부가 되는 것이 일반적이다.

제4장에서 언급했듯이, 버스(David Buss)와 그의 동료들은 결혼 상대자 선정에 대해 37개국에서 대규모 연구를 수행했었다. 선호는 개인주의-집단주의와 강력하게 연관되었지만, 이후 분석 결과에서는 신랑과 신부의 선호 간의 특정 차이가 MAS와 연계되었다. 남성적 문화에서는 배우자감의 부지런함과 정조가 남성에게만 중요한 것으로 간주되는 도덕적 이중 잣대를 보이는 경향이 있다. 여성적 문화에서는 중요하거나 중요하지 않은 것으로 간주되는 것이 남자에게나 여자에게나 균등하게 적용되었다.[20]

일본 시장조사 대행업체인 와코루(Wacoal)는 1993년에 아시아의 8개국 수도권 근로 여성들에게 남편감, 사귀는 남자 친구감으로 선호하는 특성에 관해 물었다. 남성적 사회에서 남편들은 건강하고 부유하며 이해심이 있어야 하는 반면에, 사귀는 남자 친구들은 인품, 애정, 지성, 유머 감각을 갖춰야 한다고 응답했다. 보다 여성적인 문화에서는 남자 친구로 선호하는 특성과 남편으로 선호하는 특성 간 차이가 거의 나타나지 않았다. 사랑의 상징이 남자 친구이고, 가족생활의 상징이 남편이라고 인식한다면, 여성적 국가에서 사랑과 가족생활은 합치될 것이라고 예상되는 반면에, 남성적 국가에서는 사랑과 가족생활을 별개의 것으로 볼 가능성이 높다. 이 분석의 독특한 측면은 IBM 자료와의 비교를 오로지 아시아 국가들끼리만 하면서, 남성성-여성성 차원이 유럽 국가들을 포함하지 않고도 타당할 수 있다는 것을 보여 준 데에 있다.[21]

미국 인류학자 미드(Margaret Mead)의 관찰에 따르면, 미국에서 미혼 남성은 사회적 이력이 나쁠수록 섹스 파트너로 덜 매력적이고 미혼 여성은 사회적 이력이 뛰어날수록 섹스 파트너로 덜 매력적이다.[22] 일본에서는 여성이 자신만의 직업을 가지면 결혼할 가능성이 감소된다.

지금까지 말한 남성적 및 여성적 사회의 핵심 차이점을 요약해 놓은 것이 〈표 5-2〉에 나와 있다.

| 표 5-2 | 여성적 사회와 남성적 사회 간의 핵심 차이점 |
| | I: 일반적 규범과 가정 |

여성적 사회	남성적 사회
삶의 질, 관계가 중요하다.	도전, 소득, 표창, 승진이 중요하다.
남자나 여자 모두 부드러워야 한다.	남자는 자기주장이 강하고 야심적이며 거칠어야 한다.
남자나 여자 모두 부드러울 수 있으며 인간관계에 관심을 가질 수 있다.	여자들은 부드럽고 인간관계를 돌보아야 한다.
가정 안에서 아버지와 어머니가 모두 사실과 감정을 공히 다룬다.	가정 안에서 아버지는 사실을, 어머니는 감정을 다룬다.
소녀들이 갖는 미적 이상형은 대부분 아버지와 어머니로부터 영향을 받은 것이다.	소녀들이 생각하는 미적 이상형은 대부분 미디어와 유명인사의 영향을 받은 것이다.
부모는 돈벌이 역할과 양육 역할을 같이 한다.	아버지가 벌고, 어머니가 양육을 하는 것이 표준형이다.
소년이나 소녀 모두 울어도 되며, 싸워서는 안 된다.	소녀는 울어도 되지만 소년은 울면 안 된다. 소년은 공격을 받을 때 맞서 싸워야 하며, 소녀는 그래도 싸워선 안 된다.
소년이나 소녀 모두 동일한 목적으로 논다.	소년은 경쟁하기 위해 놀고, 소녀는 화합하기 위해 논다.
신랑에게나 신부에게 모두 동일한 기준이 적용된다.	신부는 순결하고 근면해야 하지만, 신랑은 그럴 필요 없다.
남편은 남자 친구와 같아야 한다.	남편은 건강하고 부자이며 이해심이 많아야 하고 남자 친구는 재미있어야 한다.

남녀 역할 및 성에서의 남성성-여성성

와코루(Wacoal) 조사에서는 8개 아시아 도시에서의 미혼 근로여성을 대상으로 그녀 자신들이 생각했던 어떤 특성이 남자에게, 여자에게 또는 남자와 여자 모두에게 적용되는 것이라고 생각했는지의 여부를 물었다. 응답은 남성적 국가와 여성적 국가 간 상이했다. 보다 남성적인 국가에서는 책임감, 단호함, 활기, 야심이 남성에게만 간주되는 특성이었던 반면에, 다정함과 상냥함은 여성에게만 해당되는 것으로 간주되었다. 보다 여성적인 문화권에서는 이러한 특정 성격 모두가 남자와 여자 모두에게 적용되었다.[23]

가족 내 **남녀 역할**은 남아와 여아의 적절한 행동에 대한 가치관에 영향을 미치긴 하만, 그것이 광역 사회 내 남녀 역할 분포에 즉각적인 영향을 미치진 않는다. 이 장의 앞부분에서 논했듯이, 남성들은 평균적으로 키가 더 크고 힘이 세며, 나다니기 자유롭기 때문에 거의 모든 사회에서 전통적으로 집 밖의 사회생활을 주도했다. 오직 아주 뛰어나고 대체로 상류계층에 속한 여자들만이 타인에게 자녀 양육을 맡기고 스스로는 공적 역할을 담당할 수 있었다. 일단 사회에서 지배적 지위에 오른다 해도, 그 여자가 엄마가 아니라 할머니의 위치가 되는 45세 이후의 일이다. 결혼하지 않은 여자는 지금도 여전히 그렇지만 전통적 사회에선 드물었으며 차별받기 십상이었다.

오늘날 많은 산업사회의 여성은 아내, 어머니 및 주부 역할 이외의 다른 사회적 역할을 택할 수 있는 자유를 훨씬 더 많이 누리게 되었는데, 이는 최근 현상이다. 가정 밖에서의 남녀 역할 분포에 미치는 효과는 보다 천천히 뒤이어 나타난다. 따라서 한 국가가 남성성-여성성 척도에서 차지하는 위치가 가족 범위 밖에서의 여자들의 활동과 높은 상관을 보이지 않을 수도 있다. 이 점에 있어서는 경제적 발전과 궁핍이 가치관보다 더 큰 역할을 한다.

남성적 남녀 역할 모델은 다음과 같은 미국 인기 영화에 대한 줄거리를 통해 알 수 있다.

열네 살짜리 소년 루카스는 다른 또래 아이들 같지 않다. 그는 가냘프지만 호기심 많은 외톨이로, 축구와 또래들보다 과학과 교향곡을 재미있어 한다. 하지만 동네로 막 이사온 사랑스러운 열여섯 살 소녀 매기를 만나면서 루카스에게 변화가 생긴다. 루카스와 매기는 친구가 되지만, 루카스는 우정 그 이상의 감정을 품는다.

여름 방학 동안에는 루카스와 매기가 서로 같은 생각(축구 선수들, 치어리더들은 깊이가 없다)을 하는 것처럼 보인다. 그러나 학기가 시작되자 매기는 학교생활에 흥미를 키워 나가면서 루카스는 냉대를 받는다. 루카스는 매기가 치어리더가 되고 축구팀의 주장 캐피 로우와 데이트를 시작하는 것을 옆에서 지켜본다.

급기야 루카스는 '소속(belong)' 되고 싶어 하고, 매기를 되찾고자 축구 게임에 목숨을 건다.[24]

주류 영화는 현대적 신화다. 즉, 사회의 지배적 문화와 일치하는 영웅 모형을 만들어 낸다. 이 영화에서는 루카스나 매기 모두 한 사회에서의 적절한 역할을 위한 통과의례를 밟았다. 이때 남자들의 역할은 축구를 하면서 싸우고, 여자들의 역할은 치어리더로 측면에서서 남자들에게 홀딱 빠진 채 그들을 숭배하는 것이다.

여성성이 여권운동과 혼동되어선 안 된다. **여권운동**(feminism)은 하나의 이데올로기다. 여권운동은 사회에서 여성의 역할을 바꾸려 하는데, 조직화된 것과 그렇지 않은 것으로 갈라진다. 남성성-여성성 차원도 이데올로기와 관련된 것이다. 우리의 연구 결과, 전 세계에서 남성적인 국가일수록 여성적 형태의 여권운동이 많았다. 남성적 형태의 여권운동에서는 여성이 남성이 가진 것만큼 동일한 가능성을 가져야 한다고 주장한다. [그림 5-2]에서 보면, 남성적 형태의 여권운동은 남성의 선 쪽으로 여성의 선을 끌어올리고 싶어 하며, 오른쪽으로 이동시키는 것으로도 달성될 수 있다. 여성적 형태의 여권운동에서는 남성들을 포함하여 사회를 변화시키고 싶어 한다. 여성의 해방뿐만 아니라 남성의 해방 또한 요구한다. [그림 5-2]에서 보면, 남성의 선을 여성의 선으로 끌어내리거나 전체 사회를 왼쪽으로 이동시키는 것으로 목표를 달성할 수 있다.

남성성-여성성 척도에서 한 국가의 위치는 그 국가의 성적(性的) 행위 규범에 뚜렷한 영향을 미친다.[25] 성에 대한 감정 및 성을 경험하고 실천하는 방식은 문화의 영향을 받는다. 국가 내부의 개인마다 또한 집단마다 차이가 있지만, 남녀는 국가문화상 성문화된 규범 및 관습적 규범의 영향을 받는다.

남성적 문화와 여성적 문화 간 성 규범에 대한 주요한 차이는 [그림 5-2]의 패턴과 맞아떨어진다. 남성적 국가는 여자와 남자에게 각기 다른 기준을 적용하는 경향이 있다. 즉, 남자는 주체이고 여자 객체다. 남성적 문화에서 신부의 정조에 대한 도덕적 이중잣대, 즉 여성은 순결해야 하지만 남성은 그럴 필요 없다는 내용을 가족에 대한 절에서 이미 다룬 바 있다. 이러한 이중잣대 역시 사진이나 영화상의 신체 노출에 대한 규범에서 인식될 수 있다. 사진과 영화에서 나체의 여자를 나타내는 것보다 나체의 남자를 나타내는 것은 훨씬 강력하게 금기시된다. 여성적 문화에서는 남녀 모두에게 단 하나의 기준(공평하게 엄격하든지 아니면 공평하게 자유로운)을 적용하는 경향이 있고 신체 노출과 성행위 간 직접적인 연계는 없다.

성은 여성적 문화에서보다 남성적 문화에서 더 금기시되는 주제다. 에이즈 방지 정보

캠페인이 그 예다. 여성적 국가에서는 말하려는 내용이 직접적인 것과 달리, 남성적 국가
에서는 말할 수 있는 것이 제한되어 있고 직접적이지 않다. 모순적이게도 금기시되는 것
은 더 매력적인 것이 된다. 그리하여 여성적 국가에 비해 남성적 국가의 TV 프로그램과
광고에는 암시적이며 관능적인 상징이 더 많이 등장한다.

　남성적 국가에서는 이중잣대로 인하여 성행위의 강조를 조장한다. 즉, 남자들은 '따먹
는 것(scoring)'을, 여자들은 수탈된 느낌을 강조하게 된다. 단일 잣대를 지닌 여성적 국가
에서는 성행위란 두 사람 간의 관계라는 점에 남녀 모두가 초점을 맞춘다.

　1980년대 헤르트는 덴마크와 네덜란드의 조직문화에 관한 대규모 연구에 참여했다. 설
문지 문항에는 해고 사유에 관한 항목도 포함되어 있었다.[26] 덴마크에서의 검토회의 중
헤르트는 왜 아무도 '한 기혼남이 부하 직원과 성적 관계를 가짐'이 그 남성의 해고 사유
가 될 수 있다고 생각한 이가 없었는지를 응답자들에게 물었다. 한 여자가 나서서 말했
다. "부하 직원인 상대 여자가 원해서 성적 관계를 가진 것이면 아무런 문제가 없는 것이
니까요. 여성이 원치 않으면 상대 남자에게 꺼지라고 할 테고요." 이 대답에는 두 가지 전
제가 있다. (대부분의) 덴마크 부하 직원들은 자신의 생각을 상사에게 말하는 것을 꺼리지
않는다는 점(좁은 권력거리), (대부분의) 덴마크 남성 상사들은 여성 부하 직원이 꺼지라고
말하면 '꺼져' 줄 것이라는 점이다(여성성).

　1990년대 4개 국가에서 이루어진 '성희롱'에 대한 연구에서 브라질의 남녀 학생들은
호주·미국·독일의 남녀 학생들과 차이를 보였다. 브라질 학생들은 성희롱을 권력 남
용, 성 차별과 관련한 것으로 보기보다는 비교적 무해한 유희로 보는 경우가 많았다.[27]
IBM 연구에서 브라질은 나머지 3개국보다 MAS 점수가 낮았다(각각 61점, 62점, 66점 대
브라질 49점).

　동성애에 대한 태도 역시 문화의 남성성 정도에 따라 영향을 받는다. 호주·핀란드·
아일랜드·스웨덴 간 비교 결과, 아일랜드 및 호주의 젊은 동성애자들은 자신의 성적 기
호를 수용하는 데 문제가 더 많았으며, 핀란드에서는 덜했고, 스웨덴에서는 매우 적은 것
으로 나타났다. 이는 국가들의 MAS 순이다. 동성애는 남성적 규범을 위협하는 것으로 간
주되어 남성적 문화권에서는 거부되는 경향이 있다. 이 태도에는 동성애 빈도에 대한 과
대 평가가 수반된다. 여성적 문화에서는 동성애를 어쩔 수 없는 현실로 여기는 빈도가 더

높다.[28]

문화는 가치로 가득 차 있고, 가치는 판단을 내포한다. 이 절의 이슈는 강력하게 가치 관여적이다. 도덕적-부도덕적, 적당한-부적당한 행동에 관한 것이다. 그동안의 비교는, 도덕은 보는 사람의 눈에 있는 것이지 행위 그 자체에 존재하지 않는다는 사실을 일 깨워 줄 것이다. 사회적 관계나 성적 관계에서 최고의 방식이란 존재하지 않는다. 어느 해결책이든 그것에 수반된 규범을 따르는 것이 최고가 될 수 있다. 〈표 5-2〉에 잇따르는 〈표 5-3〉은 지금까지의 두 절에서 말한 남성적 사회와 여성적 사회의 핵심 차이점을 요약한 것이다.

◢ 표 5-3 | 여성적 사회와 남성적 사회의 핵심 차이점
　　　　　II: 남녀와 성

여성적 사회	남성적 사회
남자나 여자나 모두 책임감 있고 단호하며 야심차고 배려심 있고 온화해야 한다.	남성은 책임감 있고 단호하며 야심차야 하고, 여성은 배려심 있고 온화해야 한다.
소녀는 소년을 위해 응원하지 않는다.	여성의 야망은 남성의 성공에 길을 열어 주는 것이다.
여성 해방은 남자와 여자가 집, 일터에서 동등한 몫을 차지하는 것을 의미한다.	여성 해방은 아직까지 남성이 점유한 자리에 여성이 들어갈 수 있게 되는 것을 의미한다.
단일 잣대: 남자나 여자나 모두 주체다.	이중잣대: 남성들은 주체이고, 여성들은 객체다.
남자나 여자의 신체 노출에 대해 동일한 규범이 적용된다.	여성의 신체 노출보다 남성의 신체 노출이 더 강한 금기다.
성에 대해 터놓고 말할 수 있기 때문에 관능에 대한 암시적 상징주의가 덜하다.	성에 대해 터놓고 말하는 것이 금기이되, 관능에 대한 암시적 상징주의가 심하다.
성행위는 두 사람이 관계하는 방식 중 하나다.	성행위는 남성에게는 업적이지만, 여성에게는 '강제로 빼앗다'는 능동적 뜻인데 어울리지 않음.
성희롱은 사소한 문제다.	성희롱은 큰 문제다.
동성애는 어쩔 수 없는 현실로 간주된다.	동성애는 사회를 위협하는 요인으로 간주된다.

◈ 교육에서의 남성성-여성성

네덜란드의 어떤 경영자문 전문가가 인도네시아 다도해 전역에 걸쳐 있는 한 공공조직의 중간관리자들에게 강의한 적이 있었다. 발표 후 토론에서 자바 출신의 수강자 한 사람

이 아주 명쾌한 코멘트를 하자 강연자는 그를 공개적으로 칭찬했다. 그러자 그 자바인은 "저를 당혹스럽게 만드시는군요. 자바에서는 부모가 자식을 면전에서 칭찬하는 일은 없습니다."라고 말했다.[29]

이 이야기는 두 가지 점을 시사한다. 첫째, 가정에서의 행동 모델이 얼마나 강력하게 학교 상황으로 전이되는지를 적어도 인도네시아의 경우에서 보여 주는데, 특히 이 고장에서 교사는 아버지와 동일시된다는 점이다. 둘째, 자바의 문화에서는 네덜란드인들이 놀랄 정도로 겸손을 미덕으로 여긴다는 점이다. 인도네시아에는 많은 인종이 함께 모여 살고 있는데, 국가문화 점수는 이런 경우 잘못 해석될 수 있다. 특히 인도네시아인의 여러 인종 집단에 따라 남성성-여성성 차원에서 큰 차이가 있는데, 자바가 극단적으로 여성적인 문화에 속한다는 점에는 인도네시아인도 동의한다. 그 네덜란드 자문가에 의하면 심지어 다른 인도네시아 사람 중에도 그 자바인의 감정이 의외라는 반응을 보이는 사람이 있었다고 한다. 수마트라 섬 출신의 한 바탁(Batak)인은 자기가 모시고 있는 자바 출신 사장이 자신이 마땅히 칭찬받을 만한 일을 했다고 생각할 때에도 결코 자신을 칭찬한 적이 없었던 이유를 이제야 알겠노라고 말했다. 여성적 문화에서 교사들은 보다 열등한 학생들을 고무하기 위해, 훌륭한 학생들을 드러내고 칭찬하기보다 오히려 열등한 학생들을 칭찬해 줄 것이다. 교사에게나 학생에게나 우수함에 대한 판정은 인기 있는 일이 아니다. 사실, 우수함(excellence)은 남성적 용어다.[30]

헤르트는 다년간 네덜란드 대학에서 유럽학을 미국 학생들에게 가르쳐 왔다. 그는 미국 학생들에게 인생 목표에 대하여 네덜란드 학생들을 인터뷰해 오라는 과제를 주었다. 미국 학생들은 네덜란드 학생들이 자기들만큼 학점에 신경을 쓰지 않는 것을 보고 모두 놀라워 했다. 네덜란드 학생은 낙제만 하지 않으면 된다고 생각한다. 그들에게 우수하다는 평가는 공개적으로 떠벌릴 만한 목표가 되지 못한다. 세계 각지 출신의 학생들에 대한 헤르트 얀(Gert Jan)의 경험도 이와 유사하다. 남성적 국가 출신의 학생들은 평범한 점수로 시험을 통과하면 재시험을 요청한다. 네덜란드 학생들에게서는 거의 볼 수 없는 현상이다. 국내외에서의 강의 경험과 외국에서 온 교사들과의 토론에 비추어, 여성적 문화에서는 평범한 학생이 규범으로 간주되는 반면, 미국과 같은 남성적 문화에서는 가장 우수한 학생이 규범으로 간주된다는 결론을 내릴 수 있다. 남성적 문화의 부모는 자기 자녀가 최우수자와 같아지기를 기대한다. 네덜란드에서는 '학급 내 최우수 학생'이 약간 우스꽝스러운 존재로 여긴다.[31] 이러한 차이는 수업시간 중 행동에서 극명하게 드러난다. 남성적 문화에서는 학생들은 학급에서 눈에 띄려고 노력하며 서로 공개적으로 경쟁한다(물론, 집단주의 규범이 이를 허락하는 범위에서 그렇다. 제4장 참조).

여성적 국가에서 자기주장적인 행동과 남보다 우수해지려는 시도는 비웃음을 사기 쉽다. 우수성은 남에게 드러낼 것이 아닌 것으로, 시기를 불러일으키기 쉽다. 헤르트 얀은 자신이 열네 살 때 동급생에게 다음과 같은 말을 들었던 것을 기억한다.

> 우린 네가 똑똑한 건 알지만 넌 그걸 매번 보여 줄 필요는 없어.

몇 년 후 헤르트 얀이 스위스의 로잔(Lausanne)으로 이사 갔을 때에 그는 총명하다고 비난 아닌 칭찬을 받았다.

여성적 국가인 스칸디나비아에서 사람들은 이를 얀트법(Janteloven)이라 칭한다. 덴마크의 한 작은 마을에서 붙은 약칭인 얀트법은 덴마크 태생 노르웨이 작가 산드모스(Aksel Sandemose)가 1930년 지은 것이다. 번역된 내용은 다음과 같다.

> 당신이 뭐라도 된다고 여기지 말아야 합니다.
> 당신이 우리 급은 된다고
> 당신이 우리보다 현명하다고
> 당신이 우리보다 낫다고
> 당신이 우리보다 많이 안다고
> 당신이 우리보다 중요하다거나
> 당신이 우리보다 훌륭하다고 여기지 말아야 합니다.
> 당신은 우리를 비웃어서는 안 됩니다.
>
> 누구든 당신을 좋아할 것이라거나
> 당신이 우리를 뭐든지 가르칠 수 있다고
> 생각해서는 안 됩니다.[32]

　남성적 문화권에서는 학교에서 낙제한다는 것은 아주 큰 비극이다. 일본과 독일 같이 남성성이 아주 강한 국가의 신문을 보면 해마다 시험 실패 후 자살하는 학생에 대한 보도를 심심찮게 접할 수 있다. 1973년의 내부자 사례로, 한 하버드 대학교 경영대학원(Harvard Business School) 졸업생은 미국에 있는 이 엘리트 기관에 다니는 동안 총 4건의 자살(교수 1명, 학생 3명)이 있었다고 말했다.[33] 여성적 문화에서는 학교에서 낙제하는 것은 별로 큰 사건이 아니다. 이러한 문화에서 젊은이들의 자살 이유는 대개 성적과는 무관하다.

　영국과 미국과 같은 국가에서 경쟁적 스포츠는 교과과정에서 중요한 자리를 차지한다. "이기는 것이 전부가 아니다. 이기는 것, 오로지 그것만이 중요하다(Winning isn't everything, it's the only thing.)."[34]는 말은 한 유명한 미국 스포츠 코치가 한 선언인데, 이는 스포츠에서 우호적인 교류를 장려하지 않는다. 이와 달리 대부분의 유럽에서 스포츠는 정식 과목 이외의 것으로 교내 주요 활동에 속하지 않는다.

　상상 연구 프로젝트에서, 5개국 출신의 10~15세 아이들에게 운동장에 앉아 있는 한 사람과 그 건너편에 서서 "할 수 있으면 덤벼봐!"라고 말하는 한 명이 있는 그림을 보여 주었다. 아이들에게 그에 대한 대답으로 여덟 가지 카드에서 하나를 선택하도록 했다. 공격적인 반응은 '너 날 쳤겠다. 너 이제 맛 좀 봐야겠구나.' '선생님한테 이른다.' '우리는 더 이상 친구가 아냐.' '넌 경찰한테 잡혀갈 거야!', 타협적 반응은 '싸울 필요 없잖아. 얘기하면서 풀어보자.' '싸우지 말고 친구가 되자.' '미안해, 내가 잘못했어.' '싸우다가 누군가 다치면 어떡해?' 였다.[35] 일본 아이들의 38%, 영국 아이들의 26%, 한국 아이들의 22%, 프랑스 아이들의 18%, 태국 아이들의 17%가 공격적 응답을 택했다. 이러한 결과는 국가 MAS 점수와 거의 정확하게 맞아 떨어진다.[36] 이를 통해 공격에 있어서도 아이들의 사회화가 다르다는 것을 분명하게 알 수 있다. 6개국의 대학생을 대상으로 한 또 다른 연구에서는 자국에서 어린이들의 공격성 표현이 허용되는지 여부를 묻는 문항을 포함시켰다. '그렇다' 고 응답한 학생들은 미국이 61%, 태국이 5%로 가지각색이었는데, 이번에도 MAS와 유의한 상관관계를 보였다.[37]

　IBM 연구 결과에 따르면, 태국은 아시아에서 가장 여성적인 국가였다. 태국 문화에 대해 영국인-태국인 부부가 저술한 책에는 "태국인들은 공격에 대해 자신을 어떻게 방어할지를 학습하기보다 오히려 그 공격을 어떻게 회피할지를 학습한다. 아이들이 싸우면 그 싸움이 비록 자신을 방어하기 위한 것이라도 보통은 벌을 받는다. 문제에서 벗어날 수 있는 방법은 그 현장에서 달아나는 것이다."라는 대목이 보인다.[38]

이 장의 초반에 나온 헤르트의 입사 면접 이야기 후에 우리는 미국 입사지망생은 자기 자신을 과대 포장하는 경향이 있고, 네덜란드 입사지망생은 자기 자신을 비하하는 경향이 있다고 했다. 이에 대한 증거는 학교와 학습 맥락에서의 연구로 확인된다.

첫 번째 연구에서는 미국과 네덜란드에서 각각 800명씩 11~18세 아동 및 청소년을 대상으로 개인의 능력 및 문제점에 대한 설문 조사를 실시했다. 미국인들은 네덜란드인들보다 자신의 능력 및 문제점을 더 많이 보고했다. 미국인들이 보다 높은 점수를 받은 몇 가지 항목은 '입씨름을 잘한다.' '불필요한 것을 쌓아둔다.' '생각 없이 행동한다.' 였다. 네덜란드인들이 미국인들보다 높은 점수를 받은 항목은 단 하나뿐으로 '인생을 속 편하게 산다.' 였다. 가족과 교수들이 보고한 아이들의 문제행동에서는 두 국가 간에 차이가 나타나지 않았지만, 네덜란드 부모에 비해 미국 부모는 아이들의 능력을 높게 평가했다.[39] 미국 사회에서 젊은이들은 자아를 북돋우도록 사회화된다. 즉, 미국 젊은이들은 자신의 능력이나 문제점 모두를 진지하게 생각한다.[40] 네덜란드 젊은이들은 자아를 오히려 버리도록 사회화된다. 그에 앞서 미국과 (남성적인) 독일의 비교에서는 이러한 차이점이 발견되지 않았었다.

두 번째 연구에서는 7개국의 문해력 수준을 비교했다. 1994년에 2,000명 내지 4,000여 명의 저연령, 고연령 성인들(16세부터 65세까지의 연령)로 구성된 대표 표본이 그들의 세 가지 능력(읽기, 쓰기, 숫자 활용 능력)을 평가하는 동일 검사를 받았다. 문해력 수준에서 최고 점수대인 사람들(문해력 수준 5점 만점에서 4점, 5점 해당자) 중에서 미국인들의 79%가 자신이 '우수한(excellent)' 능력을 가졌다고 평가한 반면, 네덜란드인들은 단지 31%만이 그랬다.[41] 이러한 사실에도 불구하고 그 검사 결과는 두 집단 모두 동일하게 양호(good)한 것으로 나타났다.

교사와 학생을 평가하는 기준에 있어서도 남성적 문화와 여성적 문화 간에 차이가 있다. 남성적 문화에서 교사는 두뇌의 우수성과 학문적인 명성이, 그리고 학생은 학업성적이 주된 평가기준이 된다. 여성적 문화에서는 교사의 친절성과 사교성, 그리고 학생의 사회적 적응이 평가에 더 큰 몫을 한다.

교사들과의 인터뷰 결과, 여성적인 국가에서는 교과에 관해 학생들이 본래 가지고 있던 관심이 직업 선택에 큰 몫을 하는 반면, 남성적 국가에서는 학생들은 상대적으로 취업 기회에 따라 직업 선택을 하는 편이다.

여성적 국가에서는 최소한 그 국가가 부유하면 남자와 여자가 동일한 교과과정을 밟는 경우가 많다. 가난한 국가에서는 교육적 기회의 우선권이 거의 언제나 남자아이들에게 있다.[42]

직업 선택에서의 남녀 차는 지각 능력상 차이로 일부 설명할 수 있다. 인간의 지각(知覺)을 연구하는 심리학자들은 **장 독립적인**(field-independent) 사람과 **장 의존적인**(field-dependent) 사람으로 구별한다.[43] 장 독립적인 사람들은 벽면 위에 투사된 선이 경사진 틀 속에 있거나 자신이 경사진 의자에 앉아 있다고 하더라도 그 선이 수평인지의 여부를 제대로 판단한다. 장 의존적인 사람들은 틀이나 의자의 상태에 영향을 받았다. 장 독립적인 사람들은 내부적 준거 틀에 의존하고, 장 의존적 사람들은 환경 단서에 의해 영향을 받는다. 따라서 장 독립적인 사람들은 보다 훌륭한 분석적 기술을 지니는 경향이 있고, 장 의존적인 사람들은 사회적이고 언어적 기술 면에서 보다 뛰어난 경향이 있다. 남자들이 장 독립적이고, 여자들은 장 의존적인 경우가 많다. 남성적 문화는 보다 장 독립적이라고 평가되고, 여성적 문화는 보다 장 의존적이라고 평가되는 경향이 있으며,[44] 남성적 국가에서보다 여성적 국가에서 남녀 간 지각 능력의 차이가 덜하다.

❷ 쇼핑에서의 남성성-여성성

네덜란드 마케팅 전문가 **무이즈**(Marieke de Mooij)는 유럽의 부유한 16개국의 소비자 행동 자료를 연구했다.[45] 그녀는 남성성-여성성 차원과 관련된 몇 가지 유의한 차이들을 발견했다. 하나는 남녀 간 구매 역할 구분이었다. 여성적 문화권의 국가에서는 가족 식품을 남편이 대부분 구매한다. 또 다른 차이는 가족 자동차와 관련한 것이다. 새 자동차를 구매할 때 여성적 국가에서의 남편은 자신의 배우자를 개입시킨다. 남성적 국가에서는 남자 혼자 결정해 버리는 경향을 보이며, 이때에는 자동차 엔진 동력이 중요한 비중을 차지한다. 여성적 문화권에서 자동차 소유주는 자신의 자동차 엔진 동력에 대해서는 알지 못하는 경우가 많다. 자동차는 흔히 성적 상징으로 묘사되어 왔을 뿐만 아니라, 다수에게 지위의 상징으로도 통한다. 남성적 문화권에는 2대 이상 자동차를 가진 가족이 여성적 문화권보다 상대적으로 많다. 여성적 문화권에는 남편과 아내가 한 대의 가족용 자동차를 공유하는 경우가 더 잦다.

일반적으로 남성적 문화권에서 신분 상징적 구매가 보다 자주 일어난다. 남성적 문화권의 사람들은 비싼 시계와 진품 보석을 보다 많이 구입한다. 그들은 토산품보다 외제를 좀 더 매력적인 것으로 간주하는 경향이 있다. 관광 여행에서는 비즈니스 클래스를 타는 빈도가 높다.

여성적 문화권에서는 가정용 제품을 보다 많이 구매한다. 이 문화권의 사람들은 휴가에 자신의 '집(트레일러, 이동식 집)'을 가져가는 경우가 많다. 여성적 문화권의 사람들은 스스로 목공품을 제작하고, 자기만의 옷을 손수 만들고, 흡연가는 자신만의 담배를 말아 피는 데 많은 돈을 쓴다. 커피는 단란함의 상징이다. 여성적 문화권의 사람들은 자기 소유의 전기 커피 메이커를 갖고 있는 경우가 많아, 가정에서 언제든지 커피를 마실 수 있다.

여성적 문화권의 사람들은 소설책을 더 많이 구입하고, 남성적 문화권의 사람들은 비소설책을 더 많이 구입한다. 미국 작가 태넌(Deborah Tannen)은 남성과 여성 담화 간 차이를 지적했다. 남자들은 (정보를 전달하는) '보고형 대화(report talk)'를 더 많이 하고, 여자들은 (관계형성과 감정의 교환을 위주로 하는) '친교형 대화(rapport talk)'를 더 많이 한다는 것이다.[46] 문화수준에서도 마찬가지로 남성적 독자들은 자료와 사실에 더 관심을 가지고, 여성적 문화권의 독자들은 사실보다 이야기에 더 관심을 갖는다는 것을 무이즈의 자료를 통해 알 수 있다.

제4장에서는 IDV에 따른 인터넷 이용 빈도에 관한 조사 자료를 보았다. 인터넷은 본질적으로 개인주의적 도구다. 그러나 인터넷 이용의 개인적(비업무) 목적은 MAS와 오히려 더 상관이 있다. 인터넷과 이메일 역시 '관계' 목적뿐만 아니라 '보고' 목적으로도 쓰일 수 있다. 덜 남성적인 사회에서는 친교적 이용 빈도가 더 높다.[47]

〈표 5-4〉는 〈표 5-2〉, 〈표 5-3〉에 이어 앞의 두 절에서 다룬 핵심 차이점을 요약해 놓은 것이다.

◢ 표 5-4 | 여성적 사회와 남성적 사회 간의 핵심 차이점
Ⅲ: 교육과 소비자 행동

여성적 사회	남성적 사회
평균 수준의 학생이 규범이 된다. 약한 학생을 칭찬해 준다.	뛰어난 학생이 규범이 된다. 우수한 학생을 칭찬해 준다.
남보다 뛰어나고자 하는 학생을 시기한다.	수업에서의 경쟁, 남을 능가하기.
학교에서 낙제하는 것은 사소한 일이다.	학교에서 낙제하는 것은 엄청난 재앙이다.
경쟁적인 스포츠는 특별 활동이다.	경쟁적인 스포츠는 학과 과정의 일부다.
아이들은 비공격적이도록 사회화된다.	아이들은 공격하는 것이 허용된다.
학생들은 자기의 수행을 과소평가한다.	학생들은 자기의 수행을 과대평가한다.
다정다감한 교사들이 인정받는다.	명민한 교사들이 인정받는다.
직업 선택은 본래 가지고 있던 관심에 좌우된다.	직업 선택은 취업 기회에 좌우된다.
어느 정도는 남녀가 동일한 과목을 공부한다.	남자와 여자는 다른 과목을 공부한다.
남녀가 어린아이들을 가르친다.	여자가 어린아이들을 가르친다.
남녀가 음식물과 차(車)를 구입한다.	여자는 음식물을, 남자는 차(車)를 구입한다.
부부가 한 대의 자동차를 공유한다.	부부에게는 2대의 자동차가 필요하다.
가정적인 제품이 좀 더 많이 팔린다.	신분 상징적 제품이 좀 더 많이 팔린다.
소설을 많이 읽는다(관계지향적 말하기).	비소설을 많이 읽는다(논리적 말하기).
인터넷은 관계를 형성하기 위해 쓰인다.	인터넷은 사실 조사를 위해 쓰인다.

➔ 직장에서의 남성성–여성성

주요 미국 기업의 네덜란드 현지 제조공장에서는 지난 10년 사이에 3명의 네덜란드인 본부장이 자리를 떠났다. 미국에 있는 본사 부사장에게 이들 모두는 '유약한 사람'으로 보였다. 이들은 공장평의회가 반대한다고 직원이 좋아하지 않는 조치를 시행하는 것을 주저했다. 공장평의회란 피고용자가 자체적으로 선출하는 단체로, 네덜란드 법에 규정되어 있는 단체다. 부사장은 어차피 이 기구를 탐탁지 않게 여기던 터였다. 세 번째 본부장이 떠난 후 부사장은 인사관리자의 강력한 경고를 무시하고 직접 개입하여 공장 감독을 그 후임으로 임명했다. 부사장에게는 공장 감독만이 공장 경영팀 중 유일한 진짜 '남자'로

보였다. 그는 항상 극단적인 조치의 필요성을 지지했으며, 그 조치가 인기가 있고 없고는 도외시했으며, 보고서에서 취약 부분을 서슴지 않고 지적하곤 했다. 그렇게 함으로써 공장평의회에 현혹되지 않고 경영권이 확보된다고 보았다.

그러나 새로 임명된 공장 감독은 그때까지의 어느 경영관리자보다도 최악임이 드러났다. 6개월이 채 못 되어 그는 병가로 휴직에 들어갔고 공장은 엉망이 되었다. 그 공장에서 놀라는 사람은 아무도 없었다. 공장 사람들은 새 본부장이 마음씨는 좋지만 유약한 성격을 지닌 사람이라는 것을 잘 알고 있었다. 그는 미국인 상사에게 강력한 말을 구사함으로써 자신의 불안감을 감추고 있었던 것이다. 미국인 부사장에게 깊은 인상을 남긴 그런 자기주장은 네덜란드의 분위기에서는 허풍떠는 것으로 인식되었다. 본부장으로서 그는 아무에게도 협조를 받지 못했고, 모든 것을 자기 혼자서 하려고 하다가 이내 신경쇠약에 걸리게 되었던 것이다. 그렇게 해서 이 공장은 좋은 공장 감독과 또 한 사람의 경영관리자(본부장)를 함께 잃어버린 셈이다. 공장과 공장 감독은 모두 문화의 차이로 인해 생긴 판단 착오로 희생된 것이다.

역사적으로, 경영관리는 남성적 영국 문화와 미국 문화에서 발달한 것으로 영국계 개념이다. 영어 단어 매니지먼트(*management*)는 '손'의 뜻을 가진 라틴어 마누스(*manus*)에서 유래한다. 현대 이탈리아어 마네지아르(*maneggiare*)는 다룬다는 뜻을 갖는다. 그러나 프랑스에서 라틴 어원은 두 가지로 전개된다. 마네쥐(*manége*, 말을 조련하는 장소)와 메나주(*ménage*, 가족)다. 전자는 경영관리의 남성적 측면이고 후자는 경영관리의 여성적 측면이다. 지도력에 관한 유명한 미국 연구에서는 두 가지 차원, 즉 성과-배려 구조, 다시 말해 일에 대한 염려-사람에 대한 염려로 구분했다.[48] 기업이 성공하기 위해서는 두 가지 차원 모두가 공평하게 필요하지만, 이 두 가지 차원 간 최적 균형은 남성적, 여성적 문화권별로 다르다.

미국의 유명한 자문 회사에서 수 년 간 근무했던 한 네덜란드 남자가 네덜란드 제조회사의 최고경영진에 합류했다. 그로부터 몇 달 후, 그는 미국에서의 직장과 비교하여 현재 네덜란드 직장에서 갖는 회의의 기능이 다르다는 견해를 밝혔다. 네덜란드 상황에서 회의는 문제점을 토론하고 공통된 해결책을 찾는 곳이었다. 회의의 기능은 의견을 수렴하여 결정을 내리는 데에 있다.[49] 그가 알기로 미국 상황에서 회의란 회의 참석자들이 각자 자신의 능력을 내보이기 위해 자기주장을 하는 기회였다. 결정은 각자 저마다 다른 곳에서 개인이 내렸다.

남성성-여성성 차원은 산업적 갈등을 조정하는 방식에도 영향을 미친다. 미국은 물론이고 (영국과 아일랜드처럼) 기타 남성적 문화권에서도 갈등을 열심히 싸워서 해결해야 한다는 의식이 있다. '잘난 사람이 이기게 하라(let the best man win).' 이런 국가의 산업 관계 현장에서는 그와 같은 싸움들이 두드러진다. 경영진은 될 수 있는 대로 노동조합을 상대해야 할 상황을 피하려 하며, 노동조합이 하는 행동은 경영진의 반감을 정당화시킨다. 미국에서 노동조합과 기업 간 관계는 양쪽의 평화협정 역할을 하는 광범위한 계약에 의해 규제된다.[50]

네덜란드, 스웨덴, 덴마크와 같은 여성적 문화에서는 타협과 협상으로 갈등을 해결하는 길을 선호한다. IBM 연구에서 중간 정도의 여성적인 점수를 받은 프랑스에서는 고용주와 근로자 사이에, 그리고 사장과 부하 직원 사이에 때로 모욕적 언사가 많이 오가지만, 이와 같은 외견상의 갈등 이면에는 전형적으로 프랑스적인 '중용감각(sense of moderation)'이 있어서 당사자들이 이의가 있다는 데 동의하면서 계속 함께 일해 나갈 수 있다.[51]

남성적 사회에서의 조직은 결과를 중시하고, 수행한 것에 대해서는 형평(equity)에 기반을 두어 (모두에게 그 성적에 따라서) 보상하고자 한다. 여성적 사회에서 조직은 균등(equality)에 기반을 두어(형평과 반대로, 모두에게 그 필요에 따라서) 보상하려는 경향이 있다.

작은 것이 아름답다는 사고방식은 여성적 가치다. 유럽 6개국에서 얻은 여론조사 결과와 마찬가지로, IBM 연구에서도 대규모 조직에 대한 취업 선호는 MAS와 높은 상관관계가 있었다.[52]

한 개인의 생활에서 일이 차지하는 위치는 남성적, 여성적 문화 간에 다르다. 20세기 초 미국의 성공적인 발명가이자 사업가인 케터링(Charles F. Kettering)은 다음과 같은 말을 했다고 한다.

나는 직원들에게 종종 이렇게 말한다.

나는 내 밑에 직장을 가진 사람을 두고 싶지 않다. 내가 원하는 것은 직장에 잡힌 사람이다.

나는 직장이 사람을 잡기를 원하지, 사람이 직장을 잡기를 원치 않는다. 그리고 내가 원하는 것은 직장이 이 젊은이를 아주 단단히 붙잡고 있어서 그가 어디에 가 있든 그를 꼭 붙들고 놓지 않는 것이다. 그가 밤에 잠을 잘 때에도 직장이 그를 손아귀에 넣고 있기를 원하며, 아침에도 직장이 그의 침대 발치에 앉아 그에게 일어나서 일하러 갈 시간이라고 말해 주기를 희망한다. 이런 식으로 직장이 그 친구를 붙들고 있으면 그는 분명히 뭔가를 해 내게 될 것이다.[53]

케터링은 '젊은이(a young man)'라고만 말했을 뿐 '젊은 여자(a young woman)'라고 말하지는 않았다. 그가 생각하는 상은 남성적인 이상이다. 여성적 문화에서는 그런 인간 상이 인기가 있을 턱이 없다. 그 같은 젊은이는 일 중독에 걸린 사람으로 여길 것이다. 남성적 사회에서는 '일하기 위해 산다.'는 것이 사회정신인 반면, 여성적 사회에서는 그와 반대로 '살기 위해 일한다.'는 것이 근로정신이 된다고 할 수 있다.

유럽연합에서 실시한 여론조사에는 "만약 경제적 상황이 호전되어서 삶의 기준이 향상되었을 때, 다음 두 가지, 즉 (일하는 시간은 동일하면서) 봉급 인상, (동일한 봉급이면서) 일하는 시간 줄이기 중 어떤 것이 더 낫다고 생각하십니까?"라는 문항이 들어 있었다. 아일랜드에서는 봉급 인상 쪽이 62%, 네덜란드에서는 일하는 시간 줄이기 쪽이 64%로 차이가 났다. 그 차이는 국가의 부보다도 MAS와 더 유의한 상관관계를 가졌다. 가난한 국가의 응답자들일수록 봉급 인상 요구에 더 중점을 두긴 했지만, MAS가 더 강력한 영향력을 보였다.[54]

남성적 사회에서 소년들은 **자기주장적**이고, 야심차고, **경쟁력**을 갖도록 사회화된다. 자라서는 승진을 위해 포부를 갖는 것이 당연시된다. 남성적 사회에서 소녀들은 직업을 갖고 싶어 하는 쪽과 그렇지 않은 다수로 나뉜다. 여성적 사회의 가족에서는 아이를 겸손하고 잘 협동하는 쪽으로 사회화시킨다. 또한 이런 사회에서는 남자뿐만 아니라 여자 역시 야심이 커도 되고 그렇지 않아도 되며, 직업생활을 하고 싶어 해도 되고 하고 싶어하지 않아도 된다.

어느 문화권이든 여성적인 경영진은 남성보다 마네쥐(manége)와 메나주(ménage)를 더 잘 결합할 것 같은 여성 경영자들에게 기회를 열어 놓는다. 미국 연구자 스태텀(Anne Statham)은 비교집단으로 미국 남녀 경영자들과 그들의 비서를 인터뷰했다. 그 결과 그녀는 여자들이 일과 인간 중시를 상당히 상호 의존적으로 보는 것과 달리, 남자들은 그 둘을 서로 반대의 개념으로 본다는 결론을 내렸다.[55]

어떤 한 사회의 문화가 남성적이냐 여성적이냐 하는 것과 남녀의 취업 분포 간에는 전 세계적으로 아무런 상관관계가 없다. 남성성-여성성 차원에서 한 국가가 차지하는 위치와 남녀 역할 간의 밀접한 관계는 단지 가족 안에서만 한정된 현상이다. 가족 밖에서는 역사적으로 남자들이 줄곧 지배해 왔고, 최근에 들어서야 겨우 소수의 여자들이 가정의 굴레에서 벗어나 남자들과 동등한 위치에서 직장 세계와 정치 세계에서 활약할 수 있게 되었다. 하류 계층 여자들은 이전에도 직장 조직에 들어가기도 했으나, 이것은 단지 낮은 지위의 저임금 업종에만 한정되어 있었다. 이들은 자기 성취의 필요 때문에 일한 것이 아니라, 가족의 물질적인 생계 유지의 필요 때문에 일했었다. 그러므로 통계적으로는 한 국가의 여성이 밖에 나가 일하는 비율 자체와 그 국가의 여성성의 정도 간에는 아무런 상관도 없게 나왔던 것이다. 여성적 국가가 부유할수록 고위급 기능 전문직에 종사하는 여성들이 더 많다.[56]

비즈니스 분야에는 여러 기술을 요하지 않는 직장이 많기 때문에 질적인 면에서 불완전 고용 상태에 놓인 사람이 많기 마련이다. '직무의 인간화(humaniza-tion of work)'에 대한 수요는 여성적 국가와 마찬가지로 산업화된 남성적 국가에서도 감지되어 오고 있지만, 어떤 것이 인간화된 일로 간주되느냐는 인간적이라는 것이 의미하는 모델에 따라 달라진다. 남성적 문화에서 인간화된 일이란 인정과 진보와 도전의 기회를 더 많이 주는 것이다. 이것이 미국의 심리학자 허즈버그(Frederick Herzberg)와 같은 사람들이 주장하고 있는 직장의 질(質) 제고(job enrichment)의 원리다.[57] 이런 것의 한 보기는 단순생산직 종사 노동자에게도 그 전에는 고도로 숙련된 기술자에게만 맡겼던 기계 설치와 고장예방수리 같은 일을 맡기는 것이다. 직장의 질(質) 제고란 비교적 '여성적인(feminine)' 직업 문화를 지닌 비숙련 내지 반숙련 업무(이 장의 앞부분에서 다룸)를 '남성화' 하는 것을 의미한다.

여성적 문화에서 인간화된 직장은 상호 도움과 사회접촉의 기회를 보다 많이 제공한다. 스웨덴의 승용차 및 트럭 제조업체인 사아브(Saab)와 볼보(Volvo)는 1970년대에 독립적인 작업 집단에게 조립을 맡기는 유명한 실험을 했다. 이 실험은 직장의 사회적인 부분, 즉 직장의 '여성화(feminization)'가 가지는 중요성을 확인시켜 주었다. 1974년에 미국

디트로이트 자동차 생산노동자들(남자 4명, 여자 2명)은 스웨덴의 세데르탈예(Södertälje)에 있는 사아브 스카니아(Saab-Scania) 공장에 초청되어 집단조립체계 안에서 3주 동안 일하게 되었고, 이 실험을 한 미국 기자가 취재해 미국인이 받은 인상을 보도했다. 초청되어 온 미국인 남자 4명 전원과 여자 중 1명은 그래도 미국식 작업방식이 더 좋다고 말했다. "스튜어트 양은 디트로이트를 선택했다. 그녀가 일하는 캐딜락 공장에서는 자기하기 나름이고 혼자서도 도전거리를 만들 수 있지만, 사아브 스카니아에서는 자기의 앞뒤에 있는 사람들의 눈치를 보아야 한다."[58] 물론 스웨덴 사람들은 바로 이 때문에 집단 단위 조립방식을 채택한 것이다.

이와 같은 각자의 문화적 특성을 토대로 남성적 국가와 여성적 국가는 서로 다른 형태의 산업에서 우수성을 발휘한다. 공업적으로 발달된 남성적 문화는 제조업, 특히 대규모의 제조업에서 경쟁적인 이점을 누린다. 일을 효율적으로 잘, 그리고 신속히 처리하기 때문이다. 이들은 대형 중장비의 생산과 대량 화학제품의 생산에 뛰어나다. 여성적 문화는 자문 및 수송과 같은 서비스 산업, 주문 제조업, 그리고 고소득 농업 및 생화학과 같은 생명물질을 다루는 일에 상대적으로 유리하다. 국제적으로 일종의 노동 분업화가 존재하는데, 그것은 각 국가가 자국 국민의 문화적 성향에 맞지 않는 활동보다 문화적 성향과 일치하는 활동을 할 때 상대적으로 더 성공을 거두기 때문이다. 일본은 양질의 가전제품을 생산해 온 역사가 있다. 덴마크와 네덜란드는 서비스업, 농산물 수출, 효소와 페니실린 같은 생화학 제품에서 뛰어난 역사를 가진다.

〈표 5-5〉는 〈표 5-2〉, 〈표 5-3〉 및 〈표 5-4〉의 연장선에 있는 것으로, 지금까지 말한 남성적-여성적 사회들 간의 핵심 차이점을 요약해 놓은 것이다.

표 5-5 | 여성적 사회와 남성적 사회 간의 핵심 차이점
Ⅳ: 직장

여성적 사회	남성적 사회
가사(*ménage*)로서의 경영관리: 직관적이고 합의적이다.	조련(*manége*)으로서의 경영관리: 단호하고 공격적이다.
화해와 협상에 의해 갈등을 해결한다.	승자를 가려 결판을 내는 것으로 갈등을 해결한다.
균등(*equality*)에 기반을 두어 보상한다.	형평(*equity*)에 기반을 두어 보상한다.

보다 작은 조직을 선호한다.	보다 큰 조직을 선호한다.
살기 위해 일한다.	일하기 위해 산다.
돈보다 여가 시간이 더 생기는 것을 선호한다.	여가 시간보다 돈이 더 생기는 것을 선호한다.
직업은 남녀 모두에게 선택적이다.	직업은 남자에게 강제적이고 여자에게는 선택적이다.
전문 직종에서 여성 근로자가 차지한 비중이 보다 높다.	전문 직종에서 여성 근로자가 차지한 비중이 보다 낮다.
관계와 협동에 의한 노동의 인간화.	업무 내용의 질 제고에 의한 노동의 인간화.
농업 및 서비스 산업 분야에서 경쟁력 있다.	제조 및 대량생산, 화학 분야에서 경쟁력 있다.

정부와 남성성-여성성

국가적 가치의 형태는 보통 시민의 의식 속에만 존재하는 것이 아니라 그 국가를 이끌어가는 정치 지도자들의 의식 속에도 존재한다. 이들도 어렸을 때부터 그 사회 속에서 성장했기 때문이다. 사실상 사람들은 대개 그들이 시민에게 소중한 어떤 가치를 대표한다고 생각되기 때문에 정치 지도자로 선출되거나 발탁된다.

정치가들은 국가 전체에 지배적인 가치들을 정치적 우선순위로 번안하는 역할을 한다. 정치적 우선순위는 각 국가의 정부예산 구성비를 보면 가장 명백하게 알 수 있다. 남성성-여성성 차원은 다음과 같은 영역에 있어서의 우선순위에 영향을 미친다.

- 약한 자와의 결속-강한 자에 대한 보상
- 후진국 원조-군비 투자
- 환경 보호-경제 성장

남성적 문화를 지닌 국가는 성과지향적 사회를 추구하는 반면 여성적 국가는 복지사회를 지향한다. 세금은 내는 만큼 돌려받는다. 1994~1995년 동안 산업 선진 10개국에 대한 자료에서 빈곤 생활 계층이 차지하는 비중은 여성적인 노르웨이 4.3%에서부터 남성적인 호주 17.6%까지 다양했다. 1992년부터 2002년까지의 기간 동안 선진 18개국에서 평균 소득의 반보다 적은 소득을 올리는 계층이 차지하는 비중이 핀란드의 4.4%에서 미국의

17.0%까지 각기 달랐다. 13개 선진국의 경우에서 기능적 문맹(학교는 제대로 다녔더라도 실제로는 읽고 쓸 줄 모르는 사람)이 차지한 비중은 스웨덴의 7.5%에서 아일랜드의 22.6%까지 다양했다.[59] 이 세 가지 경우 모두에서의 비율은 MAS와 강한 상관관계를 보였다.[60]

가치 위치의 차이는 스웨덴과 네덜란드 같은 여성적 국가 출신 정치인들 및 언론인들이 가하는 비판 대 미국과 영국 같이 남성적 국가 출신들이 가하는 비판 간에서 아주 뚜렷하게 나타난다. 예컨대, 미국인은 스웨덴이나 네덜란드의 경제 문제가 세금 때문이라고 공통적으로 믿고 있는 반면, 여성적인 유럽국가 사람들은 미국의 경제 문제가 부유층으로부터 세금을 너무 적게 거두는 데서 온다고 믿는다. 그러나 조세제도가 공연히 생기는 것은 아니다. 조세제도는 기존의 가치 판단의 결과로서 정치인들이 만들어 놓은 것이다. 대부분의 스웨덴인들은 국민 모두에게 최소한의 생활의 질을 보장해 주어야 한다고 생각한다. 심지어 북서유럽의 우파 정치인들마저도 실현 가능성이 있는 한 이러한 정책에 기본적으로 반대하지 않는다.

북서유럽 복지국가는 최근 만들어진 것이 아니다. 1773년부터 1774년간 네덜란드를 방문했던 프랑스 철학자 디드로(Denis Diderot)는 높은 세금과 빈곤의 부재 모두가 복지세, 모두에게 열려 있는 양질의 의료 관리, 공공교육에 따른 것이라고 설명했다. "병원에서 가난한 사람은 보살핌을 잘 받는다. 그들은 각기 다른 침대를 쓴다."[61]

성과 대 복지에 대한 대조는 가난의 원인에 대한 관점을 나타낸다. 유럽연합에서 실시한 조사에는 다음과 같은 질문이 포함되었다.

곤궁하게 사는 사람이 왜 있다고 생각하십니까? 여기에 네 가지 의견이 있습니다. 당신의 생각과 가장 가까운 것은 어떤 것입니까?
① 그 사람들이 불운해서다.
② 의지력이 없고 게을러서다.
③ 우리 사회가 너무 불공평해서다.
④ 현대 발전에 있어서 어쩔 수 없는 부분이다."

유럽연합 가맹 12개국에서 불운함을 가난의 이유로 본 비율은 독일의 14%에서 네덜란드의 33%까지 서로 차이를 보였다. 이는 MAS와 부적으로 유의한 상관관계를 가졌다.[62] 게으름을 가난의 원인으로 본 비율은 네덜란드 10%에서 그리스 및 룩셈부르크 25%까지 다르게 나타났다. 이는 MAS와 정적인 상관관계였다. 남성적 국가에서 사람들은 빈곤 계층의 운명이 그들의 잘못이라고 여긴다. 빈곤 계층이 열심히 일하기만 한다면 궁핍하지 않을 것이기 때문에 부유 계층은 그들을 먹여 살리기 위해 돈을 대줘선 안 된다고 여기는 경우가 많다.

빈곤 계층에 대한 태도는 범법자에 대한 태도에 관한 것으로 반복 검증되었다. 1981년 유럽 9개국에서 실시한 여론조사에서 논란의 여지가 있는 행위, 즉 난폭운전, 가벼운 마약 복용, 뇌물 수령, 매춘, 이혼, 자살을 어느 정도 옹호할 수 있는지를 물었다. 응답은 허용 지수(index of permissiveness)로 축약됐으며, 그 국가 지수는 여성성과 높은 상관관계를 보였다. 어머니는 아버지에 비해 덜 엄격했다.[63]

남성성-여성성 차원은 이주민을 다루는 옳은 방식에 대한 의견과도 연관된다. 일반적으로 두 가지 반대 입장이 있다. 한쪽은 동화(assimilation, 이주민들은 자신들의 본래 문화를 포기해야 한다)를, 다른 한쪽은 융화(integration, 새로운 국가의 법과 충돌할 때에만 이주민들의 본래 종교와 문화를 바꾸게 한다)를 옹호한다. 1997년 14개 유럽연합 국가를 대상으로 한 여론조사에서 동화 대비 융화에 대한 대중적 선호는 MAS와 부적으로 강한 상관을 보였다. 이주민 취급 입장은 부가적으로, 1인당 GNP와 비교적 약한 상관관계를 보였다.[64] 남성적이고 가난한 국가의 응답자일수록 동화를 원했으며, 여성적이고 부유한 국가일수록 융화에 호의적이었다. 제4장에서는 2008년 유로바로미터 자료를 인용하는 가운데 '다른 문화에 대한 존중'을 보편주의와 연관시켰다. 26개국의 유럽인에게 '개인적으로 가장 중요한 가치'를 (12개의 목록 중 세 가지를) 택하도록 했다. 이 가치들 중 하나가 '다른 문화에 대한 존중'이었다. 이것을 선택한 응답자 비율에서 국가 간 차이는 IDV 및 낮은 MAS와 모두 상관이 있다.[65]

부유한 국가에서 강자에 대한 포상과 약자에 대한 연대 간 가치 선택은 빈곤국가에 대한 개발 원조에 지출한 국가 예산의 비중에 나타난다. 부유한 국가의 정부가 가난한 국가를 돕기 위한, GNI상 할당 비율은 크게 차이가 난다. 2005년에 덴마크, 룩셈부르크, 노르웨이, 스웨덴이 각각 자국 GNI의 0.7%를 초과하여 원조한 것과 달리, 미국은 자국 GNI의

0.22%를 지출했다.[66] 이 같은 지출 비율은 원조국들의 부와 무관하다. 높은 원조율과 상관이 있는 것은 여성적 국가 가치 체계다.[67]

인터넷 잡지 *Foreign Policy*에서는 대외 원조 자금 동향에 대한 측정뿐만 아니라, 기타 정책들(무역 동향, 이민, 투자, 평화 유지, 환경 정책)의 긍정적·부정적 영향력을 21개 부유국을 대상으로 측정하여 개발기여도지수(Commitment to Development Index: CDI)를 산출했다. CDI도 역시 MAS와 (부적으로) 유의한 상관관계를 보였다. 자국의 복지를 지지하는 정책은 해외를 돕는 정책과 때때로 충돌이 일어나기 때문에, MAS와 CDI와의 상관관계는 자금 동향과의 상관보다는 더 약했다.[68]

빈곤국을 돕는 데에 자금을 조금 지출하는 국가는 상대적으로 군비에 더 많은 돈을 쓴다. 무기 구매자와 공급자 모두가 비밀스럽게 거래를 하기 때문에 국방비 지출에 대한 신뢰할 만한 자료는 입수하기 어렵다. 접근 가능한 수치들을 가지고 우리가 내릴 수 있는 유일한 결론은, 원조국 중에서는 덜 부유한 국가가 부유한 국가에 비해 무기 공급 예산의 비중이 더 높다는 것이다.[69]

남성적 국가는 국제적인 갈등을 투쟁으로 해결하고자 하는 경향이 있으며, 여성적 국가는 타협과 협상으로 해결하고자 노력한다(직장 조직의 수준에서도 이런 구분은 있었다). 올랜드(Åland) 위기를 다룬 방법과 포클랜드(Falkland) 위기를 다룬 방법 간의 차이에서 그 뚜렷한 예를 찾아볼 수 있다.

올랜드(Åland) 섬은 스웨덴과 핀란드 중간쯤에 있는 작은 군도다. 이곳은 핀란드의 일부로서 제정 러시아에 속해 있었다. 핀란드가 1917년 러시아로부터 독립을 선언하자 그 섬의 30,000명 거주자 중 대다수는 1809년 이전에 이 땅을 통치했던 스웨덴에 병합되기를 원했다. 그러자 핀란드인들은 스웨덴 합류 운동 지도자들을 구속했다. 새로 창립된 국제연맹의 중재로 이루어진 협상을 통해 1921년에 양 당사자는 하나의 해결책에 합의를 했는데, 그 해결책이란 이 섬들은 핀란드 소속으로 남되 상당한 정도의 지역 자치권을 유지하는 것이었다.

포클랜드(Falkland) 섬도 두 국가 간에 분쟁의 대상이 되고 있는 작은 군도다. 1833년 이래로 그 섬을 식민통치해 온 영국과 1767년 이래로 이 섬에 대한 소유를 주장하며 UN이 이 주장을 지지해 줄 것을 바라오던 인근의 아르헨티나가 당사자다. 포클랜드 섬은 올랜드 섬보다 8배가량이나 크지만 거주자들은 올랜드 섬의 15분의 1도 못 되는 1,800명가량의 가난한 양치기 농군이다. 1982년 4월 아르헨티나 군대가 이 섬을 점령하자 영국 측에서도 원정대를 파견하여 점령자를 쫓아냈는데, (공식적인 통계상) 725명의 아르헨티나군과 225명의 영국군이 희생되고 양국은 엄청난 재정적 손실을 입었다. 아르헨티나와의 교역 관계에 의존하는 아일랜드의 경제는 심각한 위기에 직면하게 됐다.

이와 같이 놀라울 정도로 유사한 두 국제적 분쟁의 접근 방법 및 그 결과의 차이를 잘 설명해 줄 수 있는 것은 무엇인가? 핀란드와 스웨덴은 모두 여성적 문화를 지니고 있으며, 아르헨티나와 영국은 모두 남성적인 국가다. 포클랜드 위기가 지닌 남성주의 상징은 양쪽이 사용한 언어에 명백하게 드러난다. 불행하게도 그 많은 희생은 아무것도 해결하지 못했다. 포클랜드 섬은 여전히 영국의 보조금과 부대 상주를 필요로 하는 분쟁지역으로 남아 있다. 그러나 올랜드 섬은 핀란드에서 아주 번창한 지역 중의 하나로 성장하여 많은 스웨덴 관광객을 끌어들이고 있다.

1972년, 로마 클럽(Club of Rome)이라고 부르는 국제적 과학단체는 『성장의 한계(Limints to Growth)』라는 제목의 보고서를 출판했다. 이 보고서는 지속적인 경제 성장과 생활환경의 보호가 기본적으로 상충되는 목표임을 처음으로 대중에게 인식시켰다. 이 보고서는 세부사항에서 공박의 대상이 되기도 했고, 한동안 여기에서 제기한 문제들은 그리 급박해 보이지 않았다. 그러나 이 보고서의 기본 주제는 반박받은 적이 없으며, 적어도 우리의 생각으로는 반박 불가능한 것이다. 정부는 고통스러운 선택을 해야만 할 것이며, 이러한 선택은 한 국가 내의 지리적 · 생태학적 제약의 영향 외에 그 국가의 지배적 가치에 따라 내려지게 될 것이다. 남성적 문화권의 정부는 성장에 우선순위를 두고, 이 목표를 위해 생활환경을 희생시킬 태도를 지닐 가능성이 더 많다. 여성적 문화권의 정부는 이와 반대되는 우선순위를 선택하게 될 것이다.[70] 환경문제는 국경과 대양을 가로지르기 때문에 환경문제를 해결하는 데에는 국제적 외교가 필요하다. 범세계적 접근법이 1997년 UN 환경회의 결과인 『교토 의정서(Kyoto Protocol)』에서 정해졌다. 미국 전(前) 대통령 부시(George W. Bush)는 당선 직후인 2001년에 『교토 의정서』에서 탈퇴하면서 자신의 남성적 우선순위를 드러냈다. 전 미국 부통령 고어(Al Gore)는 2006년에 불편한 진실(An Inconvenient Truth)을 통해 환경을 공중 의제로 다시 되돌려 놓았고, 2008년에 미국 대통령 오바마(Barack Obama)는 이 분야에서 미국을 위해 새로운 주도적 역할을 하기로 했다. 그러나 이는 미국 정치권에서 힘겨운 싸움이 될 것이다.

1990~1993년 세계 가치조사에서 모집단 대표 표본은 '좌파'에서 '우파'에 걸친 한 척도에 자신들의 정치적 입장을 표시하도록 요청받았다. 남성적 국가의 투표자들은 자신의 정치적 입장을 대부분 중간에 위치시켰고, 여성적 국가의 투표자들은 좌파 쪽에 약간 더 가깝게 위치시켰다. 극소수의 사람만이 우파에 자신들의 정치적 입장을 위치시켰다.[71]

민주주의적 정치에서 남성성이냐 여성성이냐는 정책 우선순위의 사안만이 아니라, 정치적 게임의 비공식적 규칙을 나타내는 것이다. 영국, 독일 및 미국처럼 남성적 문화권에서는 정치적 담화의 스타일이 강력하게 적대적이다. 이는 최근 현상이 아니다. 1876년에 네덜란드어 신문 De Standaard는 다음과 같이 보고했다.

> 미국 정당들은 적대자에게 진흙을 던지는 것을 전혀 삼가지 않는데, 외국인들은 이에 정나미가 떨어진다고 한다.[72]

이러한 진술은 오늘날에도 여전히 유효하다. 북유럽 국가들이나 네덜란드 같은 여성적 문화권에 있는 정치 체제의 각 정당들은 서로를 비교적 점잖게 대하면서 거의 언제나 연합을 이룬다.

민주주의적 국가에서 문화적 남성성과 여성성은 선출된 대의원과 정부 요원이 여자가 될 확률에 영향력을 가진다. 2006년 24개 의회 민주주의 체제 국가 가운데 여성 의원의 비율은 영국, 프랑스, 그리스, 아일랜드, 이스라엘, 이탈리아, 일본, 미국에서 20% 미만이었고, 오스트리아, 벨기에, 덴마크, 핀란드, 독일, 아이슬란드, 네덜란드, 뉴질랜드, 노르웨이, 스페인, 스웨덴의 경우에는 30%를 넘었다. 2005년에 여성 장관의 비율은 프랑스, 그리스, 이스라엘, 이탈리아, 일본, 룩셈부르크, 포르투갈, 스위스, 미국에서 20% 미만이었고, 오스트리아, 덴마크, 핀란드, 독일, 네덜란드, 노르웨이, 스페인과 스웨덴의 경우에는 30%를 넘었다.[73] 프랑스와 포르투갈에서의 낮은 비율, 오스트리아와 독일에서의 높은 비율을 보면 권력거리 역시 한몫을 한다는 것을 알 수 있지만, 이는 주로 남성성-여성성에 따라 나뉜다. 그러나 여자는 회사에서보다 정계에서 출세하기 쉽다. 사회 변화에 따른 선거 진행의 속도가 비즈니스 변화에 따른 새 인력 선출 진행 속도보다 더 빠르다. 기업 조직에 있는 유능한 여자들은 아직도 나이든 남자들이 퇴직하거나 죽기를 기다려야만 한다. 아마도 사적 성취로서의 비즈니스보다 공익으로서 정치가 여성들을 더 끌어당길지 모른다.

● 종교와 남성성-여성성

남성성-여성성 차원과 연관된 문제는 어느 종교에서나 그 중심을 차지한다. 남성적 문화에서는 같은 인간들에게 강경한 행동을 하는 것이 옳다고 하는 강경한 하느님이나 신들이 숭배 대상이 된다. 여성적 문화에서는 동료 인간들에게 사려 깊은 행동을 요구하는 부드러운 신이나 신들이 숭배 대상이다.

기독교는 강인하고 남성적인 요소와 부드럽고 여성적인 요소들 사이에서 항상 왔다 갔다 해왔다. 기독교 성경 전체에서 구약성서는 보다 강인한 가치(눈에는 눈, 이에는 이), 신약성서는 보다 부드러운 가치(다른 쪽 뺨도 대줘라)를 나타낸다. 구약성서에서 신은 위엄이 있다. 신약성서에서 예수는 약자와 고통받는 자를 돕는다. 천주교는 상당히 남성적이고, 강인한 흐름(성전 기사단, 예수회)뿐만 아니라, 여성적이고 부드러운 흐름(프란시스코 교단)을 만들어 내기도 했다. 우리는 천주교 말고도, 강력하게 남성적인 가치를 지닌 집단들(예: 모르몬 교도들)과 매우 여성적인 가치를 지닌 집단들(예: 퀘이커 교도들, 구세군)을 발견했다. 평균적으로 천주교 전통을 가진 국가는 보다 남성적인 가치를 보존하는 경향이 있고, 신교도 전통을 가진 국가는 보다 여성적인 가치를 보존하는 경향이 있다.[74]

기독교 세계 말고도 마찬가지로 강인하면서도 부드러운 종교가 있다. 남성적인 일본에서의 불교는 여성적인 태국에서의 불교와 매우 다르다. 일본의 몇몇 젊은이들은 강인한 스승 아래에서의 명상을 통해 자기 계발을 목표로 훈련하는 선종 불교를 따른다. 1970년대에 태국의 젊은이들은 과반수가 봉사하고 구걸하며 불교 승려로 지냈다.[75] 이슬람교에서 수니파는 신념 면에서 시아파보다 더 남성적인 형태다. 수니파에서는 고통의 중요성을 강조한다. IBM 연구에서 이란(대부분 시아파)은 주로 아랍어를 사용하는 수니파 국가들보다 여성성에서 더 높은 점수를 받았다.

1990년대에 네덜란드 사회학자 버웨이즈(Johan Verweij)는 자신의 박사학위 논문에서 서양 기독교에 있어서 세속화(종교성의 상실)의 국가 간 차이를 밝히려 했다. 그는 1990~1993년 세계 가치조사(World Values Survey)에 포함된 16개 기독교 국가를 대상으로 독실함에 관한 다양한 측면의 자료를 수집했다.[76] 기존 이론들은 사회의 근대화에서 세속화의 근거를 찾았지만, 이 이론들은 근대 국가임에도 세속화되지 않은 미국의 상황을 설명하지 못했다. 버웨이즈는 스스로도 놀랄 만한 사실을 발견했는데, 바로 여자들이 남자들보다 신앙심이 깊은 경향이 있다는 사실에도 불구하고, 한 국가의 세속화 정도를 가장 잘 예측하는 것은 그 국가문화의 여성성 정도였다는 것이다. 남성적 기독교 국가에서 사람들은 자신의 신앙심을 더 깊은 것으로 평가했고, 자신의 삶에 있어서 신, 기독교 예식, 정통파적 신념 및 기독교 세계관의 중요성을 더 크게 인정했다. 여성적 가치의 국가는 남성적 가치의 국가보다 더 빠르게 세속화되었다. 이는 미국을 포함하여 모든 국가에 해당되었다.

기독교 복음서들을 보면 이들의 가치 선택이 남성성–여성성 척도에서 각기 다른 위치에 있음을 알 수 있다. 『신약성서』는 동료 간 관계의 중요성과 신과의 관계의 중요성을 정성 들여 같은 것으로 다루고 있다. 한 이야기에서, 예수는 한 바리새 사람으로부터 "율법 중에 어느 계명이 크나이까?"라는 질문을 받았다. 예수는 "네 마음을 다하고 목숨을 다하고 뜻을 다하여 주 너의 하느님을 사랑하라 하셨으니 이것이 크고 첫째 되는 계명이요. 둘째는 그와 같으니 네 이웃을 네 몸과 같이 사랑하라 하셨으니 이 두 계명이 온 율법과 선지자의 강령이니라."라고 답했다.[77]

기독교적 독실성을 비교적 남성적인 국가와 여성적인 국가 간에 비교한다는 것은 두 가지 율법 간의 균형이 발견되기 어렵다는 의미를 내포한다. 문화적 차이로 인해 몇몇 국가는 첫 번째 계명을 중시하게 되고, 다른 국가는 두 번째 계명을 중시하게 된다.

기독교 국가 중 강인하고 남성적인 사회에서는 신의 중요성이 보다 강력하게 지지되고 다른 가치들은 배제되는 것은 자명하다고 할 수 있다. 기독교에서 신은 하느님 아버지(Father)이며, 그는 남성이다. 유럽식 가치 체계 연구에서 응답자들이 평정한 신의 중요성뿐만 아니라 IBM 연구에서의 남성성 지수도 십계명(Ten Commandments)을 준수하는 정도와 모두 상관관계가 있었지만, 십계명 중 순수하게 종교적인 계명(다른 신을 섬기지 마라, 신의 이름을 더럽히지 마라, 안식일을 지켜라)과의 상관관계가 가장 높았다. 성(性)에 관한 계명(간음하지 마라, 이웃의 아내를 탐하지 마라)과의 상관관계는 이보다 약했고, 도덕적인 계명(부모를 공경하라, 살생하지 마라, 훔치지 마라, 거짓 증언하지 마라, 이웃의 물건을 탐하지 마라)의 준수와는 가장 낮은 상관관계를 가졌다. 남성적 문화권에서 주요하게 강조되는 것은 신의 이름이 갖는 감정적이고 상징적인 의미였다.[78] 신의 이름인 하느님 아버지는 남성적 사회의 사람들(남녀 가치에 있어서 불평등하게 사회화된 여자들을 포함)에게 강력한 호소력을 지닌다. 여성적 사회에서 보다 강조되는 것은 신과의 관계가 가지는 중요성보다 같은 인간들 간 관계가 가지는 중요성이다.

여성적 국가에서 세속화는 시민 도덕성의 쇠퇴를 의미하는 것이 아니다. 아일랜드, 네덜란드, 스위스에 대한 유럽/세계 가치조사 자료에서 1981~1982년판과 1990년판을 비교해 본 결과, 양자 간 관계에 대한 증거를 발견하지 못했다.[79] 부도덕한 행위가 종교로의 귀의와 역의 관계라는 단순한 공식은 결국 당치 않은 것으로 판명되었다. 시민 도덕성과 정적 연관이 있는 것은 오히려(세속화와 상관관계가 있다고 앞서 제시된 바 있는) 여성성임이 드러났다. 그 연구 결과가 1996년에 잡지 『리더스 다이제스트』에 한 실험 연구로 게재되었다. 실험에서는 200개의 가방에 약 50달러 상당의 현금뿐만 아니라 가족 사진, 소유자로 추정되는 사람의 연락처를 넣어 놓고 미국과 유럽 14개국의 대도시 및 소도시의 공공장소에 '불시에' 떨어뜨렸다. 노르웨이의 오슬로와 덴마크의 오젠세에서는 떨어뜨린 지갑 10개 중 10개가 다 돌아왔지만, 스위스의 로잔, 이탈리아의 라벤나, 독일의 바이마르에서는 단지 2개만 돌아왔다(스위스의 로잔에서 돌아온 지갑 2개 중 하나도 알바니아 사람이 발견한 것이었다). 지갑이 돌아온 수치는 국가의 여성성과 유의한 상관을 가졌고, 적은 권력거리의 추가적 영향력도 확인됐다.[80]

유사한 결과가 또 다른 실험에서 나왔는데, 이는 미국 심리학 교수 르바인(Robert Levine)의 유학생 제자들이 수행한 것이다. 23개 도시 중 각자 자신의 고향에 해당하는 곳에서 각 학생들은 일행 없이 홀로 반대 방향으로 가는 보행자 한 명이 보는 데서 펜 한 개를 '불시에' 떨어뜨렸다. 점수는 보행자가 실험자에게 주의를 주거나, 펜을 주워 주는 횟수의 비율이었다. 23개 국가에서 보행자들이 도운 비율은 국가의 여성성 점수와 유의한 상관을 보였다.[81]

모든 종교에서는 종교에 있어서 여성과 남성의 역할을 각기 다르게 명기한다. 기독교 중에는 오늘날의 여러 개신교 교회가 지도자 및 성직자 역할에 있어서 남성과 여성의 평등성을 실천하는 반면에, 성당에서는 아직도 여전히 사제직에 대한 남성의 특전을 강력히 지키고 있다. 동시에 기독교 전반에서는 여성이 남성보다 신앙심이 더 깊다. "하느님은 동등한 기회를 주는 고용주가 아닌 것 같다. 여자에게 편향되어 있다."[82] 유럽 가치조사 연구에 의하면 여자가 남자보다 신앙심이 더 깊으며, 이러한 점은 직장이 없는 여성에게 특히 그렇다. 여자의 역할이 주부에서 임금 노동자로 바뀌면 그 여자의 종교에 대한 태도는 남자의 태도에 더 가까워진다.[83]

동일 차원, 즉 남성성–여성성이 성적(性的) 행동뿐만 아니라 종교적 행동과도 연관된다는 것은 놀랄 일이 아니다. 종교는 인류에게 인간 존재가 예측할 수 없는 위험을 초월한 확신을 심어 주는 신통력을 지닌 하나의 수단이다. 출산, 결혼생활에서의 다산, 그리고 죽음이 예측할 수 없는 것들 가운데 가장 주요한 것으로 꼽힌다. 모든 종교는 출산, 결혼, 죽음 등 생사에 관한 일을 강조하며 기린다. 다산을 위한 예식은 선사시대 이래로 사실상 모든 인간 문명에서 있어 왔던 것이다. 다산을 위한 예식은 결혼식이나 임신을 기원하기 위해 봉납된 성역에서 오늘날에도 행하고 있다. 유대교와 이슬람교 대부분에서 남성 음경에 대한 할례는 종교적 공동체에 입회하는 데 필요한 하나의 조건이 되어 있다. 힌두교에서 신전 건축은 남근상(lingam)과 여음상(yoni)을 본떠서 만든 것이다. 중국 철학 및 종교적 관행들에는 남성적, 여성적 요소인 양(陽)과 음(陰)의 상보성에서 강한 의미가 부여되어 있다.

최소한 과반수의 종교에 사랑과 섹스에 대해 해야 할 것과 하지 말아야 할 것에 대한 내용이 있다. 인간의 성생활(sexuality)은 출산과 오락, 즉 생식과 재미라는 두 가지 측면이 있다. 섹스의 즐거운 측면에 대한 입장은 종교에 따라, 또한 종교 내부의 추세에 따라 각기 다르다. 남성적 문화권 종교의 일반적 추세는 출산을 강조하는 것이고, 여성적인 문화권에서의 일반적 추세는 즐거움도 중시하는 것이다. 남성적인 천주교는 즐거움을 위한 섹스를 부인했기 때문에, 사제들의 금욕 · 동정녀 마리아(Virgin Mary)에 대한 제례의식 · 출산 목적의 혼인 성사(聖事)를 제도화했다. 반면에 낙태와 피임 및 이혼은 금한다. 덜 남성적인 기독교 개신교는 천주교에서 갈라져 나오면서 금욕주의를 포기하고, 이에 따라 결혼을 성사로 간주하지 않고 이혼을 허용했다. 정통 이슬람교(Orthodox Islam)는 성적 즐거움을 남자에게는 허용하지만, 여성의 성적 즐거움은 위험한 것으로 간주한다. 인도의 성애 지침서 카마수트라(Kamasutra), 카주라호(Khajuraho)와 코국가크(Konarak)에 있는 에로틱한 사원들의 예에서 잘 드러나듯이, 성적 즐거움에 있어서 힌두교의 추세는 매우 긍정적인 태도를 취해 왔다. 여성적인 불교 국가인 태국에서 매춘부라는 직업에 대한 낙인은 서양에서보다 덜하다. 매우 여성적인 스웨덴에서 여성의 매춘은 금지되지만, 처벌받는 것은 여자가 아니라 고객이다.

섹스에 관한 과학적 이론 중에서 오스트리아(IBM 목록에서 가장 높은 MAS 점수 국가들에 속함, 79점) 출신의 프로이트(Sigmund Freud)의 연구는 주목할 만한 것이다. 정신분석학의 원조인 프로이트는 인간 성격의 발달에서 성욕이 차지하는 근본적인 중요성을 설파한다. 그는 수많은 정신병리학적 문제가 성생활의 억압 때문이라고 여긴다. 프로이트는 (자신이 남근을 가지지 못해서 질투하는) 남근 선망(penis envy)이 모든 여성에게 있다고 본다. 그가 덜 남성적인 사회 출신이었다면 과연 이와 같은 은유가 가능했을지 궁금하다. 모든 저술가나 과학자는 그가 속해 있는 사회의 소산이다. 프로이트의 연구는 그가 자랐던 남성적인 오스트리아 맥락의 직접적 반영으로 나타난 것이다.

〈표 5-6〉은 〈표 5-2〉, 〈표 5-3〉, 〈표 5-4〉, 〈표 5-5〉를 보충하여 지금까지의 두 절에서 다룬 여성적 사회와 남성적 사회 간의 핵심 차이점을 요약해 놓은 것이다.

표 5-6 | 여성적 사회와 남성적 사회 간의 핵심 차이점
V: 정치와 종교

여성적 사회	남성적 사회
복지가 사회의 이상이다. 부족한 사람이 도움을 받아야 한다.	성취가 사회의 이상이다. 강한 사람이 지지를 받아야 한다.
자유방임적인 사회다.	교화적 사회다.
다른 문화에 대한 존중: 이민자들은 융화되어야 한다.	이민자들은 모두에 동화되어야 한다.
가난한 국가들을 정부가 돕는다.	가난한 국가들은 스스로 일어서야 한다.
경제는 보호되어야 한다: 작은 것이 아름답다.	경제는 계속 성장해야 한다: 큰 것이 아름답다.
국제적 갈등을 타협과 협상으로 해결하려 한다.	국제적 갈등을 힘의 과시나 투쟁으로 해결하려 한다.
투표자들은 자신을 정치적 좌파로 위치시키는 경향이 있다.	투표자들은 자신을 정치적 중도자로 위치시키는 경향이 있다.

정치는 연합, 정치적으로 공손한 예의를 기반으로 한다.	정치적 게임은 적대적이고, 비방이 잦다.
선출된 여성 정치인이 많다.	선출된 여성 정치인이 거의 없다.
부드러운 종교.	강인한 종교.
기독교가 보다 세속화되고, 이웃에 대한 사랑을 강조한다.	기독교가 덜 세속화되고, 신에 대한 믿음을 강조한다.
남녀 모두에게 평등한 역할을 강조하는 종교가 지배적이다.	남성의 특권을 강조하는 종교가 지배적이다.
종교는 성적 즐거움에 긍정적이거나 중립적이다.	종교는 오락보다는 생식을 위한 성에 호의적이다.

◈ 남성성–여성성 차의 근원

인간의 사고방식 가운데 남녀 간의 평등 내지 불평등의 문제는 종교, 윤리, 철학만큼이나 오랜 역사를 가지고 있다. 유대교와 그리스도교 『구약성서』(기원전 5세기에 성문화됨)의 첫 번째 장인 창세기는 남녀의 창조에 대해 두 가지 상충되는 해석을 포함하고 있다. 먼저 창세기 1장 27절부터 28절까지에는 다음과 같이 쓰여 있다.

> 하느님이 자기 형상 곧 하느님의 형상대로 사람을 창조하시되 남자와 여자를 창조하시고, 그들에게 복을 주시며 이르시되 생육하고 번성하여 땅에 충만하라. 땅을 정복하라.

이 부분은 남자와 여자의 동등한 관계를 암시한다. 두 번째로, 창세기 2장 8절부터는 (구약성서 전문가들은 이 부분이 다른 원전에서 온 것이라고 하고 있음) 에덴동산의 이야기를 담고 있는데, 여기서 신이 처음으로 '남자'만을 언급했다. 그다음 창세기 2장 18절에는 다음과 같이 쓰여 있다.

> 하느님이 가라사대 '사람이 홀로 사는 것은 좋지 못하니 내가 그를 위하여 돕는 배필을 점지하리라' 하시니라.[84]

그리고는 아담의 갈비뼈로 만든 여성의 이야기가 나온다. 이 부분은 분명히 남성에게 우선권을 주고 있으며 여성은 남성을 위하여 돕는 (즉, 남성에게 맞춰지어진) 배필로 정의된다. 이것은 남성이 지배하는 사회를 정당화시켜 주는 말이다.

기원전 4세기경 고대 그리스의 철학자 플라톤(plato)은 남녀를 (생식기능에서의 역할을 떠나) 원칙적으로는 동등하며 단지 통계적으로만 다르다고 묘사했다. 『국가론』에서 그는 엘리트가 통치하는 이상적인 국가에 대한 설계를 제시하는데, 여기서 엘리트는 남성뿐만 아니라 여성도 포함한다. 물론 실제로 그리스 국가는 남성 지배 사회였다. 로마 정부도 마찬가지였다. 그러나 1세기경 적어도 한 사람의 로마 저술가 루퍼스(C. Musonius Rufus)는 남녀 평등을 옹호했으며, 특히 여성과 남성 모두가 철학을 공부할 것을 주장했다.

독일의 사회학자 엘리아스(Norbert Elias)는 남녀 간 권력의 균형이 사회의 발달에 따라 다르다고 주장했다. 로마 공화국과 초기 로마 제국(기원전 400년부터 서기 100년까지)의 시기에 도시 국가가 세계 제국으로, 원로원의 부류가 귀족들 급만이 아니라 사회적 지위가 낮고 가난한 전사들 급까지 아우르도록 발달함에 따라 귀족 여자들의 권리와 영향력도 점진적으로 증진되었다. 기원전 3세기에 로마 제국이 분열되면서 여자들의 지위는 쇠퇴하였다. 엘리아스의 초기 저서에서는 기원전 11세기 무렵 유럽, 특히 프랑스에서 질서를 중히 여기는 사회의 점진적 재건 및 전투의 감소가 어떻게 귀족 여자들에게 사회적이고 교화적인 역할을 선사했는지를 기술했다. 유럽 문명화의 역사에서 프랑스 귀족과 의회는 다른 국가 부류에 비해 선구적인 주요 모델을 제시한다. 오늘날의 남성성-여성성 차원에 있어서 프랑스 · 스페인 · 포르투갈이라는 한 축과 영국 · 독일 · 이탈리아라는 다른 한 축 간의 차이는 이러한 과정에서 비롯된 다양한 결과라고 해석할 수 있다.

인류학자인 미드(Margaret Mead)는 뉴기니아에 인접한 종족 집단들 사이에 너무나 다른 남녀 역할 분포를 발견하였다. 미드 여사는 이와 같은 다양한 성역할이 지속되어 온 이유는 이 종족 집단들의 역사와 전통이 다르기 때문임을 보여 주었다. 저자는 왜 어떤 국가에는 남성적인 문화가 지배적이고 또 어떤 국가에는 여성적인 문화가 지배적인지를 설명할 수 있는 외적인 요인과의 상관관계를 별로 발견하지 못했다. 보다 추운 기후를 지닌 국가에서 여성적 문화가 싹틀 가능성이 어느 정도 높은데, 이것은 아마도 이런 기후에서는 남녀가 똑같은 역할 분담을 함으로써 생존의 기회도 높이고 인구 증가에도 기여할 수 있기 때문인 것으로 풀이된다.

여성적 문화가 북서유럽 국가(덴마크, 핀란드, 네덜란드, 노르웨이, 스웨덴)에 집중되어 있는 점은 이 국가들이 공통되는 역사 요인을 지니고 있음을 지적한다. 북서유럽 국가의 엘리트들은 대부분 무역업이나 항해업에 종사하였다. 무역과 항해에서는 좋은 인간관계를 유지하는 것과 배와 상품을 잘 돌보는 것이 필수적인 미덕이다. 바이킹 시대(800~1000년)의 스칸디나비아 국가들에서는 남자들이 오랫동안 긴 여행을 나가 있는 동안 여자들이 마을을 다스려야 했다. 그러나 바이킹이 네덜란드에 정착한 것은 잠깐 동안에 불과했다. 일종의 정치적 상업동맹인 한자동맹(Hanseatic League, 1200~1500년)에는 독일 북부의 함부르크, 브레멘, 뤼벡 등과 같은 자유도시 및 발트해 국가를 포함한 모든 북서유럽 국가들이 가담했었다. 한자(Hansa)는 무역 도시들의 자유연합이었으며, 이곳에서 여자들은 중요한 역할을 수행했다.

> 아내는 남편의 법적 지위를 갖지는 못했지만, 대개 사업팀을 형성했다. 상인층에서도 사회의 최소 기능 단위는 바로 가족이었는데, 여기서 여성과 아이들은 맡은 역할을 지니고 있었다. 이것은 여성이 어느 정도 해방되어 있었음을 의미하며, 또 그들의 독립성과 사업기술이 증가했음을 의미한다. 실제로 어떤 여성들은 남편의 생전에 '바지입기 전쟁'에서 이기기까지 했다.[85]

1522년에 로테르담(Rotterdam) 출신 에라스무스(Erasmus)는 자신의 토론회에서 프랑스와 독일 여인숙의 서비스를 비교했는데, 그 두 곳은 그가 직접 겪어 익히 알고 있는 곳이었다. 그는 프랑스 여인숙 주인의 부인 및 딸들의 매력적인 행동, 음식의 질, 프랑스식 처세술(savoir vivre)을 언급했다. 그리고 이를 독일의 엄격함, 비융통성, 매너의 부재에 대조시켰다. 그는 프랑스 스타일과 독일 스타일을 구분하기 위하여 남성적인(masculie)이라는 용어를 실제로 썼다. 동시에 고객을 동등하게 대하는 것에 있어서는 독일 여관이 더 나았다고 보았다.[86]

영국 정치가 워싱엄(Sir Francis Walsingham)은 1858년에 정치적 팸플릿에 네덜란드와 영국을 비교하는 가운데, 잉글랜드와 저지국들(Low Countries, 역자 주-베네룩스 3국, 즉 벨기에, 네덜란드, 룩셈부르크)이 "공통적인 언어를 써 왔기 때문에 서로 닮아 남편과 부인이라고 일컬어졌다."고 썼다. 반세기가 지나 일부 영국인들은 네덜란드의 상업적 성공을 "네덜란드인들이 영국인들보다 남녀 청년에게 기하학과 숫자 공부를 대체로 더 많이 시키며 기른다."는 사실과 연계하였다. 또한 다른 곳에서는 네덜란드 상인들 및 그들의 부인들이 영국인들보다 상업에 더 정통했다고 적고 있다.[87] 비록 17세기 네덜란드에서는 여자들이 공공기관에 출입할 수 없었지만, 이런 한계 내에서 가정 밖에서 그들은 개인적으로나 집단적으로 곧잘 자기주장을 펼치는 일을 해냈다. 이 시기의 그림에서 "아버지들은 때때로 어린이들을 돌보는 일을 함께하는 것으로 나타났다." 또한 "네덜란드에서는 군사적 영광은…… 열광보다 더 경계 대상으로 받아들이기 십상이었다. 비록 직업 군인들이 17세기의 네덜란드 공화국을 방어하는 데에 결정적 역할을 하긴 했지만, 그들은 그 당시의 애국적 문화 속에서 이상할 정도로 대접받지 못했다."[88] 군사적 영웅이란 영국과 미국 같은 남성적인 국가의 역사에만 있는 것이다.

주목할 만한 점은 19세기와 20세기의 서양 국가들을 대표하는 상징적 인물들의 성별이 자국의 남성성이나 여성성에 따라 나타난다는 점이다. 영국에서는 존 불(John Bull), 미국에서는 샘 아저씨(Uncle Sam)지만, 프랑스에서는 마리안느(Marianne)[89], 네덜란드에서는 네덜란드 아가씨〔독일에서는 프라우 안체(Frau Antje)라고 불림〕다.

라틴아메리카의 국가들은 남성성-여성성 척도에서 상당한 격차를 보인다. 중남미의 작은 국가들인 페루와 칠레는 여성적인 국가에 해당되었고, 멕시코, 베네수엘라, 콜롬비아 및 에콰도르는 강력하게 남성적인 국가에 해당된다. 한 가지 설명을 생각해 본다면, 이러한 차이가 스페인 점령에 앞서 이 지역을 지배했던 다양한 인디언 문명을 각 국가가 계승한 데 기인한 것이 아닌가라는 것이다. 멕시코는 대체로 거친 아즈텍 문명을 이어 받았고, 멕시코 남부의 유카탄 반도와 그 근방의 중앙아메리카 공화국들은 덜 호전적인 마야 문명을 이어받았다. 페루와 칠레 북부는 마야 문명을 닮은 잉카 문명을 물려받았다.

모든 역사적 사례들 통해 남성성-여성성 차원에 있어서 국가 간의 차이는 수세기 전에 알려져 기술되었다는 것을 알 수 있다. 즉, 국가가 남녀 역할을 다루는 방식은 뿌리가 매우 깊다는 것이다.

남성성-여성성 차의 미래

IBM 조사 시점인 1960~1970년에 MAS와 출산력(가족당 자녀의 수)은 보다 부유한 국가들에서는 부적인 상관관계가 있었지만 보다 가난한 국가에서는 정적인 상관관계가 있었다. 가난한 국가인데 문화가 남성적이면 가족의 규모가 더 커지고, 부유한 국가에서 그러하면 가족의 규모가 더 작아졌다.[90] 전통 문화에 대한 인류학적 연구에서도 마찬가지로 여성이 남성에 종속되어 있는 사회에서는 대부분 인구가 증가한다는 결론이 나왔다.[91] 그 후 수십 년간 대부분의 국가에서 출생률은 매우 가난한 국가를 제외하고, 꽤 떨어졌다. 출산력은 여전히 국가의 빈곤과 연관이 있지만,[92] 남성성과의 관계는 더 이상 유의하지 않다.[93] 대신에 자적(Indulgence)-자제(Restraint)와의 관계를 발견했고, 이를 제8장에서 논의할 것이다.

세계에서 상대적으로 부유한 국가의 낮은 출산력은 인구가 고령화된다는 것을 의미한다. [그림 5-3]을 보면 연령이 높아질수록 남성성 점수가 감소해서, 보다 고연령인 사람들이 보다 여성적 가치로 이동할 것이라는 것을 알 수 있다. 출생률이 떨어지면 그만큼 상대적으로 일할 여성의 수가 많아지고, 또 더 많은 여성을 필요로 하게 될 것이다(젊은 남성의 수가 줄어드니까 말이다). 이 역시 상대적으로 부유한 국가가 더 여성적인 문화로의 이동을 예언한다.

과학기술의 발전은 사람들이 하는 일에도 변화를 가져온다. 상대적으로 부유한 국가에서의 정보 혁명은 오래된 업무를 없애고 새로운 업무를 창조하면서 계속되고 있다. 구조화될 수 있는 업무들은 점점 더 자동화될 것이다. 남는 일들은 본질상 자동화될 수 없는 업무뿐일 것이다. 이런 일들이란 인간과 사회의 목표 설정과 관련된 것, 즉 개인과 사회에 생의 목적을 정의해 주는 것과 같은 것이다. 이런 일은 정치나 조직에서의 최고 지도자 업무를 포함한다. 두 번째로는 창조적인 업무로서, 새로운 것을 창안하고, 이런 것을 유용성, 미, 그리고 윤리의 기준에 비추어 판단하는 일들이다. 세 번째로 자동화될 수 없는 업무 분야는 아주 많은 업무를 포함하는 범주인데, 이는 예측할 수 없는 일을 다루는 것으로서 안전, 안보, 국방 관리와 관련된 업무들이다. 끝으로 인간적 접촉이 본질적으로 요구되는 커다란 업무 범주가 있다. 감독, 연예, 사람 접대, 남의 이야기 들어주기, 물질적/정신적으로 사람들 돕기, 학습 의욕 북돋아 주기 등이 그 예다. 이러한 업무 중 어떤 것에는 컴퓨터를 자원으로 도입할 수도 있으나 그렇다고 해서 그 업무 자체를 컴퓨터가 떠맡지는 못한다. 자동화가 불가능한 업무를 수행하는 데에는 그 일을 하는 사람 자신이 여성이든 남성이든 상관없이 여성적 가치가 남성적 가치 못지않게 언제나 필수적이다. 인간적 접촉이 핵심을 이루는 그 마지막 업무 범주에서는 오히려 여성적 가치가 더 우세하다. 성취 관련 업무가 양육 관련 업무보다 더 쉽게 자동화될 수가 있다. 이렇게 볼 때, 과학기술이 발달할수록 산업사회에서 남성적 가치에서 여성적 가치로의 변화가 증폭될 전망이다.

가난한 국가들이 계속 가난한 채로 있는 한, 세계에서 상대적으로 가난한 쪽은 여성적인 가치로 이동할 것 같지는 않다. 남성성-여성성 차이는 주로 아시아 국가에서 극적인 문제가 되고 있는 여아 출생의 방지와 억압 역할을 했다. 2000년 무렵 아시아의 여아 출생률은 정상적인 출생률의 결과보다 1억 명이 모자란 것으로 추산되었다. 이러한 사실은 딸보다 아들을 갖고 싶어 하는 부모들의 바람, 선택적 낙태를 하기에 앞서 초음파 검사로 태아의 성 감별을 할 수 있게 된 점, 여자 영아 살해의 오랜 관행에서 기인한다. 남성 대비 여성의 인구 비율은 인도와 중국처럼 남성적 문화권에서보다 태국과 인도네시아 같은 여성 문화권에서 더 높다. 문제가 된 사회들의 남성성은 여성에 비해 과잉인 남성으로 인해 더욱더 증대될 것이다. 정치학자인 허드슨(Valerie Hudson)과 보어(Andrea den Boer)는 『빈 가지(Bare Branches)』라는 저서에서 사회 내 잉여 남성들이 보다 심한 폭력과 권위주의적 정치 체제와 연계될 수 있다고 주장한다.[94] 잉여 남성과 문화적 남성성 간 인과관계의 방향은 양쪽 모두가 될 수 있기에, 양자가 서로를 더 강화시킬 수도 있다.

범지구적 환경 보호를 위해선 범세계적 사고방식이 요구된다. 빈곤함이 남성성으로 이어짐으로써 다시 빈곤함으로 돌아오는 악순환은 범지구적 생존에 해롭다. 이 또한 세계 인구에 자원을 왜 공평하게 분배하려는 노력을 해야 하는지에 대한 타당한 근거가 된다.

불확실성 회피 문화와 수용 문화

WHAT IS DIFFERENT IS DANGEROUS

1960년대에 소르지(Amdt Sorge)는 서독 군대에서 복무했었다. 그가 주말 휴가를 즐기던 고향 가까이에 영국의 '라인강변군' 막사가 있었다. 소르지는 영국 막사에서 상영하고 있는 영국 영화들을 오리지널 사운드로 보고 싶었다. 그래서 그는 보초병에게 가서 자기는 독일 병사인데 영화를 볼 수 있겠느냐고 물었다. 보초병은 그를 경비대장에게 보냈고, 경비대장은 부사령관에게 전화를 하고 나서 공책 한 페이지를 찢어 그 위에 '소르지 씨의 영화 참관을 허가함'이라고 썼다. 그리고 이 허가는 부사령관이 재가했다는 사실을 추기한 다음 서명하였다.

소르지는 이 특권을 그때뿐만 아니라 다른 때에도 여러 번 사용했다. 공책 찢은 종이의 허가서와 자신의 독일군 신분증만 있으면 언제나 문이 열렸다. 그가 제대한 후에 그는 영국 보초병에게 자기가 지금은 민간인인데도 들어갈 수 있겠느냐고 물었다. 보초병은 공책종이 허가서를 보고는 "이것은 당신 개인을 위한 겁니다." 하고 말하면서 그를 들어가게 했다.

소르지는 지금 조직사회학자가 되어 있다. 그는 당시의 경험을 영국인들이 그런 갑작스러운 요청을 어떻게 처리하는지를 잘 보여 주는 예로 기억하고 있다. 이것은 소르지 자신이 길들여져 있던 독일 군대의 처리 방식과는 판이하게 다른 것이었다. 독일인들 같았으면 허가를 내주는 데 시간이 훨씬 더 걸렸을 것이고, 더 많은 상관의 허가가 있어야 했을 것이다. 그들은 신청자에 관한 정보를 더 많이 물었을 것이고, 형식적인 서류를 더 많이 발부했을 것이다. 끝으로, 이 서류는 그가 군인 자격으로서만 사용할 수 있도록 발부되어 제대 후에는 절대로 사용하지 못하도록 했을 것이다.[1]

➔ 불확실성 회피

독일과 영국은 많은 공통점이 있다. 두 국가 모두 서부유럽 국가로서 게르만어를 사용하고 있으며, 독일 재통합 이전의 인구도 엇비슷했고(약 6천만 정도씩), 영국의 왕족은 독일 계통의 피를 물려받았다. 그러나 그리 경험 많은 여행자가 아니더라도 이 두 국가 간에 커다란 문화 차가 있음을 발견할 수 있다.

영국의 사회학자인 로렌스(Peter Lawrence)는 독일에 관해 다음과 같은 기록을 남겼다.

> 독일을 여행하는 외국인에게 놀라운 점은 정확성을 대단히 중요시한다는 점이다. 열차의 객실 안에서 낯선 사람끼리 주고받는 대화의 주제는 대체로 날씨가 아닌 정확성에 관한 것이다. 독일의 장거리 열차에는 '주크벡라이터(*Zugbegleiter*, 문자 그대로 하면 '열차 동반자'라는 뜻)'라고 하는 팸플릿이 각 칸마다 배치되어 있는데, 여기에는 모든 역에서의 도착 시간과 출발 시간 및 도중의 모든 연결 지점이 상세히 열거되어 있다. 독일에서 열차가 역에 닿으면 너도 나도 주크벡라이터를 집어들고 시계를 보면서 열차가 제 시간에 맞게 가고 있는지를 확인하는 것이 거의 전국적인 오락처럼 되어 있다. 어쩌다 열차가 늦기라도 하면 확성기 방송에서 자제와 비통함의 중간쯤 되는 목소리로 이 사실을 알린다. 최악의 연착 경우는 '무기연착 (*unbestimmte Verspätung*, 열차가 어느 정도나 늦을지 모르는 경우)'인데, 이와 같이 불확실한 연착을 알리는 목소리는 마치 장례식의 추도사를 낭독하는 듯하다.[2]

소르지가 영국 보초병의 마음 편한 해결 방식에 놀란 것이나 로렌스가 정확한 독일 여행자에게 놀란 것은 두 국가가 예측 불가능한 일에 대해 참는 정도가 서로 다르다는 점을 시사한다. IBM 연구에서 영국과 독일은 권력거리(두 국가 모두 35점)와 남성성(두 국가 모두 66점) 차원에서 정확히 똑같은 점수를 얻었고, 개인주의 차원에서는 영국이 상당히 더 높은 점수를 얻었다(67점 대 89점). 그러나 두 국가 간의 가장 큰 차이는 **불확실성 회피** (uncertainty avoidance)라고 이름붙인 네 번째 차원에서 드러난다.

불확실성 회피라는 용어는 미국의 조직사회학에서, 구체적으로는 마치(James G. March)

의 책에서 빌린 것이다.[3] 마치와 그의 동료들은 미국의 조직에서 이와 같은 개념을 찾아냈다. 그러나 불확실성을 다루는 방식은 어느 국가이건 인간 제도에서 뗄 수 없는 부분이다. 우리는 인간이기 때문에 내일 무슨 일이 일어날지를 알지 못한다. 미래는 불확실하지만 어쨌든 우리는 이 불확실성을 지닌 채 살아가야 한다.

극단적인 불확실성은 참기 힘든 불안을 유발한다. 어느 사회에서나 이러한 불안을 완화할 수 있는 방법을 개발해 왔다. 이것은 과학기술, 법률, 그리고 종교의 영역에 속한다. 과학기술은 가장 원시적인 사회에서 가장 진보된 사회에 이르기까지 자연에 의해 생겨나는 불확실성을 피하는 데 도움을 준다. 법률과 규칙은 타인의 행동에서 나타날 수 있는 불확실성을 예방하고자 노력한다. 종교는 인간의 개인적 미래를 통제하는 것으로 간주되는 초월적인 힘에 대한 관계다. 종교는 인간이 혼자 힘으로 대처할 수 없는 불확실성을 수용하도록 돕는다. 일부 종교는 사후 영생에 대한 확신을 주기도 하고, 적에 대한 승리의 확신을 주기도 한다.

전통 사회를 연구하는 인류학자들은 많은 시간을 들여 과학기술, 법률, 종교를 탐구해 왔다. 이들은 인간 사회마다 불확실성을 다루는 방식이 너무나도 다름을 보여 주었다. 이 점에서는 현대 사회도 전통 사회와 본질적으로 다를 바 없다. 지구상 어디에서나 실제로 얻을 수 있는 정보는 똑같음에도 불구하고 과학기술, 법, 종교에서의 차이는 계속 유지되고 있다. 더구나 이런 차이들이 저절로 작아지고 있다는 흔적은 전혀 찾아볼 수가 없다.

불확실성의 핵심은 이것이 주관적인 경험, 즉 느낌이라는 사실이다. 사자 조련사는 자기가 키우고 있는 동물들에 둘러싸여 있어도 지극히 편안하겠지만, 우리 대부분은 아마 이런 상황에서 까무러칠 정도로 심한 두려움을 느낄 것이다. 많은 차가 질주하고 있는 고속도로에서 시속 55마일 이상으로 달리는 상황이 조련된 동물들에 둘러 싸여 있는 경우보다 통계적으로 더 위험할 텐데도, 우리는 이때에 그리 큰 공포감 없이 편안한 마음으로 운전한다.

불확실성의 느낌은 개인적이면서도 또한 부분적으로는 그 사회의 다른 구성원들과 공유하는 면도 있다. 앞의 세 장에서 논의한 가치와 마찬가지로 불확실성의 느낌도 획득되며 학습된다. 불확실성의 느낌과 이에 대처하는 방식은 그 사회의 문화적 유산에 속하며 가정, 학교, 정부와 같은 기본적인 기관을 통해 전이되고 강화된다. 이러한 것은 특정 사회의 구성원이 집단적으로 지니고 있는 가치에 투영되어 있으며, 그 뿌리는 비이성적인 것이다. 이런 것들은 다른 사회의 구성원에게는 이상하게 보이고 이해할 수 없는 것으로 여겨지는, 한 사회의 집단적인 행동 양식이 된다.

◆ 사회의 불확실성 (비)수용 능력 측정: 불확실성 회피 지수

권력거리, 개인주의-집단주의, 남성성-여성성 차원 다음으로, 불확실성 회피(강에서 약까지) 차원은 IBM 연구 과제의 네 번째 차원이다. 이 연구의 대상이 되었던 각 국가와 지역에 대해 불확실성 회피 지수(Uncertainty Avoidance Index: UAI)를 산출할 수 있었다.

불확실성 회피 차원에서의 국가 차는 원래 권력거리의 부산물로 발견되었다. 이것은 모두 직업 스트레스에 관한 하나의 질문으로 시작되었다. 그 질문이란, "당신은 일하다가 신경이 곤두서거나 긴장되는 순간을 얼마나 자주 느낍니까?" 하는 것이었는데, '항상 그렇다.' (1점)부터 '그런 적이 없다.' (5점)까지의 범위에서 대답하게 되어 있었다. 헤르트는 이 질문에 대한 응답 형태가 국가마다 아주 규칙적인 데 놀랐다. 예를 들면, 경영자든, 엔지니어든, 사무 직원이든 혹은 비숙련 공장 근로자든 관계없이 영국의 근무자가 독일의 근무자보다 항상 덜 긴장하고 있는 것으로 나타났다. 그러나 이러한 국가 간의 차이는 권력거리의 차이와는 무관하였다.

국가 간 차이를 안정되게 보여 주는 모든 질문을 면밀히 검토해 본 결과, 다음과 같은 세 가지 질문에 대한 평균 점수 사이에 강한 상관관계가 있었다.

① 위에 설명한 직업 스트레스(①~⑤점 척도상의 평균 점수).
② "비록 회사를 위하는 일이라고 생각되더라도, 회사의 규칙을 어겨서는 안 된다."라는 문장에 동의하는 정도(①~⑤점 척도상의 평균 점수). 이 질문은 '규칙지향'이라고 이름붙임.
③ 근무자들 중 그 회사를 평생직장으로 생각하여 장기적으로 머물고 싶다는 의사를 표명한 사람의 비율. 질문은 "당신은 얼마나 오랫동안 IBM에서 계속 일할 것으로 생각하십

니까?"라는 것이었는데, 응답의 범위는 '기껏해야 2년' (1점), '2년 내지 5년' (2점), '5년 이상(그러나 아마 은퇴하기 전에는 떠날 것 같다)' (3점), 그리고 '은퇴할 때까지' (4점) 였다. 한 국가에서 이 질문에 대해 3점 또는 4점에 해당하는 응답을 한 사람들의 비율이 질문 1과 2에 대한 평균 응답 점수들의 상관관계를 보였다.

처음에는 이와 같은 세 질문이 상관을 보인다는 사실이 납득이 되지 않았다. 스트레스를 많이 느끼는 사람이 무엇 때문에 규칙을 잘 지켜야 한다고 생각하며 자기 직장에 오래 머물러야겠다고 생각하는가? 그러나 이것은 잘못된 해석이다. 자료를 살펴보면 '한 사람이' 이와 같은 세 가지 태도 모두 가지고 있다는 것은 나타나 있지 않았다. 개개인의 응답을 따로따로 검토해 보면 이 세 질문에 대한 응답 간에는 상관관계가 없다. 우리가 분석한 것은 이 세 질문에 대한 국가별 평균 점수의 차이였다. 이 평균 점수들이 본 연구의 대상 국가들 간에 일관성 있는 상관을 보여 주었던 것이다. 그러므로 만약 어떤 국가에서 더 많은 사람이 일에 대한 스트레스를 느낀다면, 그 국가에서 더 많은 사람이 규칙을 지켜야 한다고 생각하며, 또한 더 많은 사람이 평생직장을 갖기를 희망한다고 해석할 수 있다. 그러나 각 국가에서 이러한 느낌을 가지고 있는 개인들이 반드시 동일인일 필요는 없다.

제2장에서 논의했던 바와 같이, 한 국가의 문화는 '평균 시민'에게 있는 속성들을 합한 것도 아니고 '전형적 인성'을 의미하는 것도 아니다. 문화란 공통된 정신 프로그램을 지니고 있는 시민의 반응 중 가장 일어날 확률이 많은 반응들의 집합이다. 일부는 이런 방식으로(예를 들면, 더 많은 긴장을 느낌), 나머지는 또 저런 방식으로(예를 들면, 규칙들이 잘 지켜지기를 바람) 반응할 수 있다. 이런 반응들이 반드시 같은 사람의 반응일 필요는 없으며, 단지 같은 사회 안에서 통계적으로 더 자주 일어난다는 것이다.

국가 수준에서 세 질문 간의 상관관계를 해석하는 것은 의미가 있다. 이 세 질문이 모두 불확실한 미래에 직면했을 때 어떤 특정 사회 안에 존재하는 불안의 수준을 표현하는 것이라고 가정할 수 있다. 이 불안 수준이 그 사회의 가족, 학교, 성인생활에서 사람들이 공유하고 있는 정신 프로그램의 본질을 형성한다. 이 불안 수준으로 인하여 상대적으로 더 많은 수의 사람들이 직장에서 신경을 곤두세우거나 긴장하게 된다(질문 1). 이유 여하를 막론하고 회사 규칙을 어기는 것은 많은 사람이 반대하는데(질문 2), 그 이유는 규칙을 어기는 경우 애매성이 대두되기 때문이다. 모든 사람이 자기가 하고 싶은 대로 하기 시작한다면 어떻게 되겠는가? 끝으로 이런 국가에서는 고용주를 바꾸는 것을 좋아하지 않는데(질문 3), 고용주를 바꾼다는 것은 곧 미지의 세계로 들어가는 모험을 의미하기 때문이다.

그러므로 불확실성 회피란 한 문화의 구성원들이 불확실한 상황이나 미지의 상황으로 인해 위협을 느끼는 정도라고 정의할 수 있다. 이러한 느낌은 긴장성 스트레스를 통해 표현되기도 하고, 예측 가능성에 대한 요구, 성문율 혹은 불문율의 필요성으로 나타나기도 한다.

76개국/지역에 대한 불확실성 회피 지수(UAI)가 〈표 6-1〉에 나열되어 있다. PDI (제3장)를 산출할 때와 유사하게, 각 국가의 지수치를 질문 1과 질문 2의 평균 점수와 질문 3의 비율 점수를 토대로 산출하였다. 산출 공식은 간단했다. 각 점수를 상수와 곱한 다음 그 세 점수들을 더하거나 빼고 마지막으로 다른 상수 하나를 합한 것이다. ① 공식을 만들 때 세 개의 질문이 최종 지수에 기여하는 정도가 같게 하면서, ② 지수의 범위가 0(불확실성 회피 성향이 가장 약한 국가)에서 100(불확실성 회피 성향이 가장 강한 국가)까지 분포하도록 했다. 공식을 만든 후 몇몇 국가들의 점수는 100을 넘었기 때문에 두 번째 목적은 완전히 이루지는 못했다.

표 6-1 | 76개국/지역의 불확실성 회피 지수(UAI)
IBM 데이터베이스의 세 가지 항목 + 확장판 토대

지수 순위	중앙/ 남아메리카	남/ 남동유럽	북/북서유럽 영국계	중앙/동유럽 구소련	이슬람계 중동 및 아프리카	동아시아 동남아시아	지수
1		그리스					112
2		포르투갈					104
3	과테말라						101
4	우루과이						100
5			벨기에(네)				97
6		몰타					96
7				러시아			95

8	엘살바도르			94
9~10			벨기에(프)	93
9~10		폴란드		93
11~13			일본	92
11~13		세르비아		92
11~13	수리남			92
14		루마니아		90
15		슬로베니아		88
16	페루			87
17~22	아르헨티나			86
17~22	칠레			86
17~22	코스타리카			86
17~22		프랑스		86
17~22	파나마			86
17~22	스페인			86
23~25		불가리아		85
23~25			한국	85
23~25		터키		85
26~27		헝가리		82
26~27	멕시코			82
28			이스라엘	81
29~30	콜롬비아			80
29~30		크로아티아		80
31~32	브라질			76
31~32	베네수엘라			76
33		이탈리아		75
34		체코 공		74
35~38		오스트리아		70
35~38		룩셈부르크		70
35~38			파키스탄	70
35~38		스위스(프)		70
39			대만	69
40~41			아랍어권	68
40~41			모로코	68
42	에콰도르			67
43~44		독일		65
43~44		리투아니아		65
45			태국	64
46		라트비아		63
47~49			방글라데시	60
47~49		캐나다 퀘백		60
47~49		에스토니아		60

50~51		핀란드		59
50~51			이란	59
52		스위스(독)		56
53	트리니다드			55
54			아프리카(서)	54
55		네덜란드		53
56			아프리카(동)	52
57~58		호주		51
57~58			슬로바키아	51
59		노르웨이		50
60~61		뉴질랜드		49
60~61			남아공(백)	49
62~63		캐나다(전체)		48
62~63			인도네시아	48
64		미국		46
65			필리핀	44
66			인도	40
67			말레이시아	36
68~69		영국		35
68~69		아일랜드		35
70~71			중국	30
70~71			베트남	30
72~73			홍콩	29
72~73		스웨덴		29
74		덴마크		23
75	자메이카			13
76			싱가포르	8

〈표 6-1〉을 보면 국가들이 무리 지어지는 방식이 앞의 세 차원 중 어느 차원의 경우와도 달리 새롭다는 것을 알 수 있다. 우리는 심지어 지역들 내부에서도 큰 차이가 있다는 것을 발견했는데, 이는 불확실성 회피의 원인이 권력거리 및 개인주의에서의 경우와는 다르다는 것을 시사한다. 라틴아메리카, 라틴유럽, 지중해 국가들이 높은 지수를 보이고 있다(112점의 그리스부터 67점의 에콰도르까지). 또한 일본과 한국의 UAI도 높다(각각 92점과 85점). 오스트리아, 독일, 스위스와 같은 독일어 사용국의 지수도 중간 정도로 높다(70점, 65점, 56점). 일본과 한국 이외의 모든 아시아 국가들(69점의 대만부터 8점의 싱가포르까지), 아프리카 국가들, 영국계 및 북유럽 국가들과 네덜란드(59점의 핀란드부터 23점의 덴마크

까지)는 중간 내지 낮은 지수를 보이고 있다. 독일은 65점(43~44위), 영국은 35점(68~
69위)을 받았다. 이 장의 서두에 소개한 이야기에서 드러나듯이, 이러한 사실은 다른 점
에서는 유사한 이 두 국가가 불확실성 회피 성향에 있어서는 문화적인 차이를 지니고 있
음을 확인하는 것이다.

◐ 불확실성 회피와 불안

불안이란 심리학과 정신의학에서 나온 용어로, '일어날지도 모르는 일에 관해 막연하
게 느끼거나 걱정하는 상태'를 표현한다.[4] 불안을 공포와 혼동해서는 안 되는데, 공포에
는 반드시 그 대상이 있다. 우리는 어떤 대상을 무서워하는 것이다. 불안에는 뚜렷한 대
상이 없다. 불안의 수준이 국가마다 다를 수 있다는 생각은 많은 연구에서 지지를 받아
왔다. 그 기원은 프랑스 사회학자인 뒤르켕(Emile Durkheim, 1858~1917)에까지 거슬러 올
라가는데, 그는 일찍이 1897년에 자살 현상에 관한 연구를 발표한 바 있다. 뒤르켕은 여
러 국가와 지역의 자살률이 놀라울 정도로 해마다 일정함을 보여 주었다. 그는 이와 같은
일정한 자살률을 해석함에 있어서, 스스로의 목숨을 끊는 것과 같은 지극히 개인적인 행
위마저도 국가마다 다른, 그러면서 시간이 지나도 거의 변하지 않고 지속되는 어떤 사회
적 힘의 영향하에 있는 증거라고 보았다.

높은 자살률은 사회의 높은 불안 수준을 반영하는 하나의 결과에 불과하다. 1970년대
에 아일랜드 심리학자인 린(Richard Lynn)은 선진 18개국을 대상으로 불안 관련 현상을
광범위하게 연구한 결과를 발표하였다. 린은 공중건강 자료와 관련 통계 자료를 이용하
여 많은 측정치가 여러 국가에서 상관관계를 보이고 있음을 지적하였다. 자살률, 알코올
중독(간경변증으로 인한 사망률로 측정), 사고사율, 인구 10,000명당 수감자의 비율 등이
그 예다. 그는 이러한 것을 한데 모아 하나의 요인으로서 불안 또는 신경증이라는 이름을
붙였다. 불안 요인과 부적 상관을 보이는 측정치들도 있다. (커피나 홍차에 들어 있는) 카
페인의 소비량, 음식물의 일일 평균 섭취 칼로리양, 심장병으로 인한 사망률, 만성 정신
병의 발생률(인구 1,000명당 정신병 환자들의 수로 측정) 등이 이러한 예다. 린은 1960년대

의 자료를 바탕으로 하여 그가 연구 대상으로 삼은 18개국 각각에 대해 불안 요인의 강도 점수를 산출하였다. 그 결과 오스트리아, 일본, 프랑스가 가장 높은 점수를 보였고, 뉴질 랜드, 영국, 아일랜드 공화국이 가장 낮은 점수를 보이는 것으로 나타난다. 린이 계산한 각 국가의 불안 점수들은 〈표 6-1〉에 열거된 IBM 연구의 UAI와 강한 상관이 있다.[5] 두 연구에서 전혀 다른 자료를 사용했기 때문에, 이 두 연구의 결과가 일치한다는 것은 결론 의 확고부동함을 아주 강력하게 지지하는 것이다. 불안 수준은 국가마다 다르며, 어떤 문 화가 다른 문화보다 더 불안해하는 것이 사실이다.

　불안 수준이 높은 문화일수록 더욱 표현적인 문화일 가능성이 높다. 이런 문화에서는 사 람들이 말할 때 대개 손동작을 함께 하는 경향이 있으며, 목소리를 높이거나 감정을 보이거 나 테이블을 탕탕 치는 행동이 사회적으로 용납된다. 일본은 이 점에서 예외에 속하는 듯하 다. 다른 아시아인들처럼 일본인들도 서양인들의 눈에는 일반적으로 감정적인 행동을 하지 않는 것으로 보인다. 그러나 일본에서도, 그리고 어느 정도는 또 한국과 대만에서도 근무 시간 이후에 동료들과 어울려 술에 취함으로써 불안의 배출구를 찾기도 한다. 술좌석에 어 울리면서 사람들은 평소에 억눌렸던 공격심, 심지어 상관에게 향하는 공격심까지 표현해 볼 수 있는 해방감을 맛보게 된다. 그러나 다음날이 되면 모든 일이 평상시처럼 진행된다. 이러한 술좌석은 불안감을 해소할 수 있는 제도화된 장소와 시간의 하나다.

　불확실성 회피 성향이 약한 국가에서는 불안 수준이 상대적으로 낮다. 린의 연구에 따 르면 이런 국가에서는 더 많은 사람이 심장병으로 죽는다. 그 이유는 아마도 이런 문화에 서는 감정을 겉으로 표현하는 정도가 더 낮기 때문인 것 같다. 공격성과 감정을 표현하지 않고 자제하는 것이 당연하게 여겨지는 것이다. 감정적으로 행동하거나 요란스럽게 행동 하는 사람들은 사회적으로 인정을 받지 못한다. 그 의미는 스트레스를 활동으로 풀어 버 릴 수가 없다는 것이다. 따라서 스트레스를 내면화하여야만 한다. 이러한 일이 계속 되풀 이되어 일어나면 심장혈관질환이 생길 가능성이 높아지는 것은 당연하다.

　린은 불안 수준이 낮은 국가에 만성 정신질환자의 수가 더 많다는 사실을 이런 사회에 서의 정신적 자극 부족 탓으로 설명한다. 즉, 불안 수준이 낮은 국가의 분위기는 대체로 가라앉아 있거나 따분하기 때문에 만성 정신질환자가 생기기 쉽다는 것이다. 커피와 홍 차는 자극성 약물이라고 할 수 있는데, 이런 사회에서는 이와 같이 카페인이 함유된 약물의 소비량이 높다. 이와 정반대의 효과를 보이는 알코올은 스트레스를 해소시키는 역할을 한다. 불확실성 회피 성향이 약한 사회에서는 평균 알코올 소비량(간경화증으로 인한 사망 빈도로 추정)이 대체로 낮다. 스칸디나비아에 있는 국가의 국민은 주기적으로 폭음을 하는 특이한 양상을 많이 보이는데, 이런 경우는 알코올이 단기간의 자극제로 이용된 것이며, 이 짧은 기간의 흥분이 지난 후에는 또 아주 오랫동안 술을 절제하게 된다. 그래서 스칸디나비아 국가들의 평균 알코올 소비량은 나머지 유럽 국가들에 비해 여전히 낮은 편이다.[6]

33개국에 대하여 빅 파이브 성격 검사에서의 국가 규범들과 UAI를 비교한 결과, 불확실성 회피 성향이 강한 문화권의 응답자들은 자신의 신경증을 보다 높게 평정했고, 우호성은 보다 낮게 평정한 것으로 나타났다. 신경증 점수는 그 국가의 문화가 남성적이었을 경우 더욱더 증가했다.[7] 신경증(정서적 안정성의 반대)은 자가 평정된 일련의 성격 측면, 즉 불안, 성난 적개심, 우울, 자의식, 충동성 및 취약성을 통합한 것이다. 우호성은 신뢰, 정직, 이타주의, 동조, 겸손, 부드러움을 통합한 것이다.

이러한 상관관계는 불확실성 회피 성향이 강한 문화 출신 사람들이 기타 문화 출신 사람들에게 왜 바쁘고 침착하지 못하며 감정적이고 공격적이며 의심이 많아 보이는지, 불확실성 회피 성향이 약한 국가의 사람들이 기타 문화 출신 사람들에게 왜 둔감하고 조용하며 까다롭지 않고 유유자적하며 절제되어 있고 게으르다는 인상을 주는지를 설명한다. 이러한 인상들은 그런 인상을 받은 사람의 눈에 있는 것이다. 즉, 이러한 인상들을 보면 그 관찰자가 속해 있는 문화의 감정성 수준이 서로 다르다는 것을 알 수 있다.

◈ 불확실성 회피와 모험 회피 간의 차이

불확실성 회피를 **모험 회피**(risk avoidance)와 혼동해서는 안 된다. 모험−불확실성의 관계는 공포−불안의 관계와 같다. 공포와 모험에는 모두 구체적인 대상이 있다. 공포의 경우에는 물질적인 대상이 있으며, 모험의 경우에는 사건이 그 대상이다. 모험은 어떤 특정 사건이 일어날 가능성의 백분율로 표현되는 경우가 많다. 불안과 불확실성은 모두 뚜렷한 대상이 없는 막연한 느낌이다. 앞에서 말했듯이 불안에는 그 대상이 없다. 불확실성에는 특별히 부여되는 확률이 없다. 불확실성이란 어떤 일이든지 일어날 가능성이 있는데 그 '어떤 일'에 대해 우리가 전혀 아무것도 알지 못하는 상황을 말한다. 불확실성을 모험으로 표현할 수 있다면 이것은 더 이상 불안의 원천이 되지 않는다. 이제 그 모험은 공포를 자아낼 수도 있으나, 또한 차를 운전하는 것이나 스포츠를 즐길 때의 모험처럼 일상적인 일로 받아들일 수도 있다.

불확실성 회피는 모험보다는 오히려 애매성(ambiguity)을 감소시킨다. 불확실성 회피 문화는 애매한 상황을 기피한다. 이런 문화에 사는 사람들은 자신들의 조직, 기관, 인간관계에서 구조를 추구한다. 이렇게 함으로써 사건들을 명확히 해석할 수 있고 예측할 수 있기 때문이다. 역설적인 것은 이런 문화의 사람들이 종종 애매성을 감소시키기 위해 모험적인 행동에 기꺼이 뛰어드는 경우가 있는데, 예를 들면 가만히 앉아서 기다리기보다는 잠재적인 적이라고 생각되는 사람에게 싸움을 거는 것과 같은 행동을 볼 수 있다.

IBM 자료를 분석해 보면 선진국의 불확실성 회피 강도와 그 국가의 고속도로상에서 허용하는 최대 속력 간의 재미있는 상관관계를 발견할 수 있다. 이 상관관계는 정적이다. 즉, 불확실성 회피 성향이 강할수록 더 빨리 차를 모는 것이다. 차를 빨리 몬다는 것은 곧 치명적인 사고를 당할 위험이 높다는 의미이므로 모험을 더 많이 한다는 이야기가 된다. 그러나 이것은 익숙한 모험으로, 이런 것은 불확실성 회피 문화들이 거리낌 없이 추구하는 것이다. 이들의 감정 상태로 인해 스트레스와 긴박감이 생기게 되며, 따라서 자연히 더 빠른 속도로 운전하고 싶어지는 것이다. 불확실성 회피 성향이 강한 국가에서 제한속도를 더 높게 책정하고 있는 것은 사실 생명보다도 시간 단축에 더 우선순위를 두는 것이라고 볼 수 있다.[8]

불확실성 회피 경향이 상대적으로 약한 국가에서는 그리 긴박한 느낌이 팽배해 있지 않으며, 따라서 제한 속도를 더 낮게 책정해도 큰 반발이 없다. 익숙한 모험뿐만 아니라 익숙하지 않은 모험도 기꺼이 받아들인다. 예를 들면, 직업을 바꾸는 것이나 규칙 없는 활동에 끼어드는 것과 같은 일도 서슴지 않는다.

반복 연구에서의 불확실성 회피: GLOBE 프로젝트

제2장에서 소개하였던 GLOBE 연구에는 **불확실성 회피 차원 '실제로 그러한 정도'** 와 '그래야 하는 정도'를 측정하기 위한 항목이 포함됐다. 앞서 이야기했듯이, GLOBE의 질문들은 우리의 것과 다르게 고안되었기 때문에 그들이 동일한 것을 측정했을 것이라고 보기 어렵다. 우리가 GLOBE의 '불확실성 회피'를 분석하자 동일한 것이 측정되지 않았음이 증명되었는데, 그 분석 결과를 보면 놀랄거리가 많다.

먼저, 48개국에 중복된 국가에 걸쳐 우리의 UAI는 GLOBE의 불확실성 회피 '실제로 그러한 정도'와 부적으로 강력한 상관관계이고, GLOBE의 불확실성 회피 '그래야 하는 정도'와는 약하게 정적인 상관관계다. GLOBE의 불확실성 회피 '실제로 그러한 정도'와 '그래야 하는 정도' 점수 간에는 두드러지게 강력한 부적 상관이 있다.[9]

우리의 측정상 불확실성 회피 정도가 강하게 나타난 국가에서 (높은 UAI: 이 장의 후반부에서 다루게 될 사회적 스트레스, 신경증, 규칙 욕구 및 기타 요인들에 비추어 타당화됨) GLOBE의 불확실성 회피 '실제로 그러한 정도' 측정치는 낮게 나타났다. GLOBE가 쓴 질문의 예시는 "이 사회에서는 심지어 실험과 혁신을 저해하면서라도 질서정연함과 일관성을 강조한다."(동의하지 않음)와 "이 사회에서는 시민들이 자신이 해야 할 것이 무엇인지 알도록 사회활동의 요건과 지시사항이 상세히 명시된다."(동의하지 않음)다. 기본적으로 측정했을 때 불확실성 회피 정도가 높게 나타난 곳에 있는 GLOBE 응답자들이 그들의 사회에 질서와 자세한 지시사항이 없다고 말한다는 것이다.[10]

GLOBE의 불확실성 회피 '그래야 하는 정도' ('희망'으로 축약함-역자 주)는 우리의 UAI와 주요한 상관관계가 없었지만, PDI와는 상관관계가 있었다. 제3장에서는 GLOBE의 권력거리 '실제로 그러한 정도' ('실태'로 축약함-역자 주)와 '그래야 하는 정도' 모두가 필자들의 PDI와의 상관관계보다 UAI와 더 높게 상관됨을 발견했다. 권력과 불확실성 차원의 의미가 우리와 GLOBE 간에 부분적으로 뒤바뀐 것으로 보인다.[11]

불확실성 회피 '희망'과 관련된 GLOBE 문항의 예는 "나는 심지어 실험과 혁신을 저해시키면서라도 질서정연함과 일관성이 강조되어야 한다고 믿는다."(동의)와 "나는 시민들이 자신이 해야 할 것이 무엇인지 알도록 사회활동의 요건과 지시사항이 상세히 명시되어야 한다고 믿는다."(동의)다. 이들 진술은 우리의 연구에서 큰 권력거리 점수를 받은 국가에서 주로 발견되었다.[12]

따라서 GLOBE의 불확실성 회피 측정은 우리의 UAI의 대안이 못 된다는 것을 보여 준다. 제3장에서는 GLOBE의 권력거리 측정이 우리의 PDI에 대안이 못 됨을 보았다. GLOBE의 권력거리와 불확실성 회피 용어의 용법은 그저 개념들의 혼란만을 일으킬 뿐이다.

◉ 직업, 성별, 연령에 따른 불확실성 회피

직업 중에는 불확실성 회피 경향이 상대적으로 강한 직종과 약한 직종을 쉽게 생각해 볼 수 있다(예: 은행 직원-저널리스트). 그러나 38개의 부서에 대한 IBM 자료의 분석 결과, UAI로 부서의 특징을 구분하기는 어려운 것으로 드러났다. 그 이유는 국가의 불확실성 회피 지수를 산출할 때 사용하는 세 개의 질문(스트레스, 규칙 지향성, 직장에 남고자 하는 의도)이 부서마다 달라져, 부서별로 상관계수를 구했을 때 이 세 질문 간 상관관계가 나오지 않기 때문이다. 만약 어떤 한 직업(또는 부서)에서의 불확실성 회피 정도를 측정하고 싶다면, 이를 위해 다른 질문을 해야 할 것이다.

남녀 차에 있어서도 마찬가지다. 같은 국가 같은 직종에서 일하는 남녀 근무자들은 스트레스 수준과 규칙 지향성에서 완전히 똑같았다. 단지 계속 머무르고자 하는 의도만이 달랐는데(평균적으로 남성이 더 오래 머무르기를 원함), 이것도 불확실성 회피 성향의 차이 때문이라고 보기는 어렵다. 이것은 단지 IBM 근무자들 중에 언젠가 아이를 낳은 후에 직장을 그만두려고 하는 젊은 여성이 상당수 있었다는 사실만을 반영할 뿐이다.

국적 이외에 UAI와 밀접한 상관을 보인 IBM 자료의 유일한 측면은 사람들의 평균연령이다. IBM 근무자들의 평균연령이 높은 국가일수록 더 높은 수준의 스트레스와 규칙 지향성 및 더 오래 머물고자 하는 의도를 보였다. UAI와 연령 간 관계에는 순환 논리가 작용한다. 즉, 불확실성 회피 성향이 강한 국가에서는 사람들이 고용주를 바꾸려는 의도도 더 약할 뿐 아니라 실제로 바꾸는 경우도 그리 흔하지 않다. 그러므로 이런 국가의 IBM

근무자들이 평균적으로 더 오래 근무했을 가능성이 크며, 따라서 자연히 이들의 평균연령도 더 높았다.[13]

🢒 가정에서의 불확실성 회피

 한 미국인 부부가 작은 이탈리아 도시에서 손주들을 돌보며 2주간을 보냈다. 이 아이들의 부모도 미국인으로 잠시 이탈리아에 머물고 있는 상태였는데 2주간 여행을 떠난 것이다. 아이들은 공공 광장에서 놀기를 아주 좋아했다. 거기에는 엄마나 유모와 함께 나와 있는 이탈리아 어린이들도 많이 있었다. 미국 어린이들은 마음대로 이리저리 뛰어 다니도록 허용이 되었다. 그들은 넘어지기도 했지만 곧 다시 일어났고, 할머니와 할아버지는 이것이 별로 위험하다고 생각하지 않았다. 그러나 이탈리아인의 반응은 사뭇 달랐다. 그들은 잠시도 자기 아이들에게서 눈을 떼지 않으려 했으며, 아이가 넘어지기라도 하면 어른이 곧장 달려가 아이를 일으켜 세우고 흙을 털어 주고 상처를 만져 주었다.[14]

 아이들은 무엇보다도 먼저 깨끗한 것과 더러운 것, 그리고 안전한 것과 위험한 것을 구분하는 법을 배운다. 어떤 것이 깨끗하고 안전하며, 어떤 것이 더럽고 위험한 것으로 간주되는지는 사회마다 그 기준이 다르며, 심지어 한 사회 안에서도 가족마다 다르다. 아이들이 배워야 하는 것은 바로 이와 같이 깨끗한 것을 더러운 것과 분류하고 안전한 것을 위험한 것과 분류하는 방법이라고 할 수 있다. 불확실성 회피 성향이 강한 문화에서는 어떤 것이 더럽고 위험한지에 관한 분류가 엄격하고 절대적이다. 아이들이 놀고 있는 광장에서 미국인 할머니와 할아버지(UAI 46점)는 보지 못하는 더러움과 위험을 이탈리아의 어머니들과 유모들(UAI 75점)은 보는 것이다.

 영국계 미국인 인류학자인 더글라스(Mary Douglas)는 더러움이란 전적으로 문화적인 해석에 달려 있는 상대적 개념이라고 주장했다. 더러움이란 기본적으로 상황에 맞지 않는 물질을 말한다. '위험한'과 '불결한'이라는 단어는 우리의 일상적 사고의 틀 내지는 정상 범주에 들어맞지 않는 것들을 지칭하는 말로 쓰인다.[15]

 더러움과 위험은 단지 물질적인 것에만 한정되는 것이 아니다. 사람들에 대해서도 더러움과 위험의 느낌이 들 수 있다. 인종차별주의는 가정에서 싹튼다. 어린이들은 어떤 특정 범주에 속하는 사람들은 지저분하고 위험하다고 배운다. 또한 사회적, 민족적, 종교적 혹은 정치적 외집단 출신의 다른 아이들을 놀이친구들로서 피하는 법을 배운다.

생각 중에도 어떤 것은 더럽고 위험한 것으로 간주할 수 있다. 가정에서 자라나는 아이들은 어떤 생각이 좋은 것이고 어떤 생각이 나쁜 것인지를 배운다. 어떤 문화에서는 좋은 사고방식과 나쁜 사고방식 사이의 경계가 아주 뚜렷하다. 대문자 'T'로 시작되는 '진리 (Truth)'가 중요하다. 이 진리에서 벗어나는 생각들은 위험하고 깨끗하지 못한 것들이다. 혹시나 하는 생각이나 상대주의가 발붙일 곳이 없다.

불확실성을 강하게 회피하는 사회에 존재하는 비교적 강한 규칙, 규범 체계는 아이들로 하여금 죄책감 및 죄악감을 더 자주 들게 하는 경향이 있다. 실제 불확실성 회피 지수가 높은 사회에서의 교육과정은 아이들의 초자아[superego, 불확실성 회피 성향이 강한 오스트리아 출신의 프로이트(Sigmund Freud)가 개발한 개념]를 보다 발달시킨다. 이런 사회에서의 아이들은 세계가 적대적인 공간이라고 배우고, 잘 알려져 있지 않은 상황들을 겪지 않도록 보호받는 경향이 있다.

불확실성 회피 성향이 약한 문화권에서도 그 나름대로 더러움과 위험에 관한 분류 체계를 가지고 있지만 그 체계들이 덜 엄밀하고, 이런 문화에서 잘 알려져 있지 않은 상황이나 사람 및 사고방식에 대해 긍정적 해석의 가능성을 열어 두는 경향이 있다. 이러한 사회에서의 규칙은 보다 융통성이 있고 초자아는 보다 약하다. 또한 세계는 주로 호의적인 것으로 그려지고 새로운 상황을 경험하는 것을 장려한다.

불확실성 회피 성향이 비교적 강한 문화권에서 아이들을 대상으로 존재하는 비교적 엄밀한 규칙 및 규범 체계는 그 문화의 언어에도 반영된다. 제4장에서 이미 소개한 바 있는 연구자들인 카시마 부부(Kashima)가 제시한 언어 구조에 대한 자료를 보면, 불확실성 회피 문화의 언어는 프랑스의 'tu'와 'vous'처럼 다른 사람들에 대한 호칭 양식이 다양한 경향이 있다. 그러한 언어를 학습한 어린이들은 엄격한 문화적 규칙에 따른 선택을 더 하게 된다. UAI가 보다 낮은 문화권의 언어에는 그러한 규칙이 더 적은 경향이 있다.[16]

불확실성 회피 성향을 강하게 띠는 정서는 한마디로 외국인 혐오증(xenophobia)이라고 요약할 수 있다. 즉, '다른 것은 무엇이든 위험하다.'는 생각이다. 불확실성 회피 성향을 약하게 띠는 정서는 이와 정반대다. 즉, '다른 것은 호기심을 자아낸다.'로 요약된다.

UAI가 높은 사회의 가정생활은 UAI가 낮은 가정생활보다 본질적으로 스트레스가 더 많다. 감정이 더 강렬하기 때문에 부모뿐만 아니라 자녀도 자신의 긍정적인 정서뿐만 아니라 부정적인 정서를 보다 감정적으로 표현한다. 이러한 점과 어울리게, 세계 가치조사(World Values Survey)의 자료 중 최소한, 비교적 부유한 국가들의 경우에는 가정생활에 대한 만족이 UAI와 부적으로 상관인 것으로 나타났다. 가난한 국가들을 포함시켰을 경우에는 가정생활에 대한 만족이 개인주의, 여성성과 더 연관되었다.[17]

2008년 유로바로미터(Eurobarometer) 자료 중 26개국을 모두 연구에 포함시켰을 경우에는 유럽연합(EU) 시민들이 '내가 사는 삶에 매우 만족한다.'고 평정한 비율의 차이를 국가의 부(1인당 GNI)가 설명했다. 부유한 19여 개국을 대상으로 분석을 제한했을 때에는 낮은 UAI 및 낮은 MAS와 더불어 높은 1인당 GNI가 그 차이를 설명했다. '내 가족생활에 매우 만족한다.'고 평정한 비율도 비슷한 패턴을 나타냈다. 즉, EU 국가 모두를 대상으로 분석했을 때에는 '내 가족생활에 매우 만족한다.'고 평정한 비율의 국가별 차이가 국가의 부와 연관되었지만, 부유한 국가에 있어서는 낮은 UAI와도 연관되었다.[18]

동일한 유로바로미터 연구에서 EU 시민들에게 일상생활에서 가족이 직면하는 어려움에 대해 질문을 했다. '아이들 양육 비용'에 표시한 비율은 당연하게도 1인당 GNI와 연관되었다. 하지만 부유한 국가들만을 대상으로 하면 그에 대한 비율은 높은 UAI와도 연관되었다.[19]

〈표 6-2〉는 지금까지 설명한 불확실성 회피 사회와 수용 사회 간 핵심 차이점을 요약한 것이다. 이 표에 있는 내용은 물론 불확실성 회피 차원에 해당하는 문화를 설명한 것이며, 대부분의 실제 국가는 양극의 중간쯤 어딘가에 위치하면서 각 국가 안에서도 상당한 차이를 보인다.

불확실성 회피, 건강, 행복

전 세계적으로 건강에 대한 자기 평정 점수는 UAI와 부적으로 상관관계인 경향이 있

◢ 표 6-2 │ 불확실성 수용 사회와 회피 사회 간의 핵심 차이점
　　　　　　사회 Ⅰ: 일반 규범과 가족

불확실성 수용 사회	불확실성 회피 사회
불확실성은 생활의 일상적인 일이며, 매일을 그대로 받아들인다.	생활 속에 내재하는 불확실성은 극복되어야 하는 지속적인 위협 요소다.
스트레스와 불안감이 낮다.	스트레스와 불안감이 높다.
공격성과 감정을 드러내서는 안 된다.	공격성과 감정은 적당한 시기와 장소에서 분출시켜도 좋다.
성격 검사에서 우호성 점수가 높다.	성격 검사에서 신경증 점수가 높다.
애매한 상황에서, 그리고 낯선 모험 앞에 편안해한다.	익숙한 모험은 허용하고 애매한 상황과 익숙하지 않은 모험을 두려워한다.
더러운 것과 꺼리는 것에 대한 아이들을 위한 규칙이 융통성 있다.	더러운 것과 꺼리는 것에 대한 아이들을 위한 규칙이 엄하다.
초자아 발달이 약하다.	초자아 발달이 강하다.
타인에 대한 호칭이 비슷하다.	타인에 대한 호칭이 여러 가지다.
다른 것은 호기심을 자아낸다.	다른 것은 위험시 한다.
느긋한 가정생활	긴장이 많은 가정생활
(국가가 부유할 시) 가정생활에 만족한다.	(국가가 부유할 시) 자녀 양육 비용을 걱정한다.

다. 건강상의 차이가 의학적 통계치에 의해 객관적으로 증명되지 않은 와중에, 불확실성을 수용하는 국가의 사람들은 더 건강하다고 느낀다. 사람은 느낀 만큼 건강하다.[20]

　의사에게 진찰받기 위해 해외로 나가는 사람들도 있는 것처럼 건강관리 관행은 국가 간에 상당한 격차가 있다. 의학적 이론과 관행은 문화적 전통과 조밀하게 뒤섞이는데, 그곳에서 불확실성 회피가 중요한 역할을 한다. 의학 저널리스트인 페이어(Lynn Payer)는 영국, 프랑스, 독일, 미국에 있으면서 자신이 환자로서 겪었던 사적 경험을 설명한다. 그녀의 사례들 중 하나는, 영국과 미국에서는 저혈압이 더 오래 사는 근거로 간주되지만(그래서 생명보험 가입료가 더 적은 것 같음) 독일(높은 UAI)에서는 질환으로 여기며 저혈압 치료를 위해 몇 가지 약을 선보이고 있다는 것이다.[21] 유럽 10개국의 의사와 환자 간 상호작용 비교 연구 결과를 보면, 불확실성을 수용하는 국가에서는 평균적으로 환자와 시선을 마주쳐 주는 횟수가 더 많았고, 의사와 환자 간 심리적 유대(rapport)를 성립하는 데에 주의

를 더 많이 기울였다.[22]

불확실성 수용 문화의 의사들은 환자들에게 처방전 없이, 위안을 주는 말만 해 주고 돌려보내는 빈도가 더 높다. 그러나 불확실성 회피 문화의 의사들은 몇 가지 약제를 처방해 주는 게 보통이고, 환자들도 의사가 그러리라고 예상한다. 프랑스에 있는 한 마을의 인구가 서서히 줄었을 때에 현지 약국이 현지 술집보다 더 오래 살아남았다고 한다. 이러한 일은 아일랜드(낮은 UAI)의 경우엔 틀림없이 해당되지 않는다.

한 국가의 불확실성 회피 규범은 건강관리 자원이 쓰이는 방식에도 반영된다. 국제연합 개발계획(The United Nations Development Programme: UNDP)에는 주민 10만 명당 의사와 간호사의 수가 보고되어 있다. 간호사 수를 의사 수로 나누면 한 명의 의사당 간호사 수를 지수로 얻는데, 이는 건강 예산의 절대 크기, 즉 국가의 부의 수준과는 상관이 없다. 의사당 간호사 지수와 UAI 간에는 부적으로 유의한 상관관계가 있다. 이는 불확실성을 회피하는 국가는 의사에 돈을 더 많이 지출하는 경향이 있고, 불확실성을 수용하는 국가는 더 많은 돈을 간호사에게 지출하는 경향이 있다는 의미다. UAI가 높은 문화권에서 의사는 보다 많은 업무를 스스로 수행해야 하며, 필수 불가결한 전문가로 간주된다.[23]

불확실성 회피 문화권에서 자신의 건강을 비교적 낮게 평정하는 경향은 자신의 불행감을 비교적 높게 평정하는 경향에 반영된다. 네덜란드 사회학자 벤호벤(Ruut Veenhoven)은 50년 동안의 국가 행복감(주관적인 웰빙)에 대한 자료를 수집하였다. 1990년 이전 기간 동안의 국가들 자료를 전부 합쳤을 때에 평균 행복감 점수는 부와 주요하게 상관되었다(부유할수록 행복해했다). 1990년 이후 기간 동안의 모든 국가 및 부유한 국가를 대상으로 했을 경우, 우리는 UAI가 평균 행복감과 가장 강력한 상관을 낸다는 것을 발견했다.[24] 그러나 평균 행복감이 가장 의미 있는 기준이 될 수는 없을 것이다. 벤호벤의 데이터베이스에는 각 국가에서의 행복감 점수에 대한 분산(dispersion) 정도가 포함되어 있었는데, 이 분산 점수는 UAI와 정적인 상관이 있었다.[25] 매우 행복한 사람들은 UAI가 높은 국가와 낮은 국가 모두에 있었지만, 별로 행복하지 않은 사람들은 UAI가 높은 국가에 유난히 많았다. 이는 UAI가 행복감보다는 불행감과 상관이 있다는 것을 의미한다. 불확실성 회피는 한 국가의 불행한 사람들 비율을 설명하는 경향이 있다.[26] 우리의 새로운 문화적 차원인 '자적-자제'(제8장)는 왜 몇몇 국가들에서 매우 행복한 사람들의 비율이 높은지를 설명할 것이다.

스미스(Peter Smith)가 대규모 국제조사를 통해 국가 수준에서 '묵종(acquiesce-nce)'을 비교함으로써(제4장 참조), 불행감에 대한 간접적이고 독창적인 측정치를 제공했다. 묵종은 어떤 질문에 대해 질문의 내용과 상관없이 긍정적인 답을 하려는 경향이다. 가치 관련 질문에 대한 이 경향은 집단주의 및 큰 권력거리와 상관관계가 있었다. 실제 상황 진술 관련 질문에 대해 언제나 긍정적인 대답을 하는 경향은 낮은 UAI와 상관이 있었다. UAI가 높은 국가의 사람들은 자신의 일터와 살림 상황의 진술에서 부적인 경향을 보였다.[27]

◉ 학교에서의 불확실성 회피

1980년경의 국제 교사 프로그램(International Teachers Program: ITP)은 경영학 과목 담당 교사들을 위한 여름 연수 코스였다. 50명가량 되는 학급에 20개국 이상의 교사들이 있었던 것 같다. 이런 학급을 잘 관찰하면 (다른 때는 교사들이었던) 학생들의 학습 습관과 자신이 가르쳤던 학생들의 행동에서 이들이 기대하는 것이 어떻게 다른지 살펴볼 기회를 가질 수 있다.

헤르트가 ITP에서 강의할 때 경험했던 딜레마는, 다양한 활동에 어느 정도의 구조를 부여하는 것이 적당할지 그 정도를 선택하는 문제였다. 예를 들면, 독일인은 분명한 주제, 상세한 과제물, 그리고 엄격한 시간표가 있는 구조화된 학습 상황을 선호했다. 그들은 자신들이 찾아낼 수 있는 정답 하나가 있는 상황을 좋아하며, 자신들이 정답을 맞혔을 때 보상이 오기를 기대했다. 이들의 선호 성향은 불확실성 회피 성향이 강한 국가의 전형적인 예다. 반면에 영국인 참가자들은 대부분 지나치게 구조화된 상황을 싫어한다. 그들은 애매한 목표, 광범위한 과제물, 그리고 시간표가 아예 없는 개방적인 학습 상황을 좋아한다. 정답이 하나밖에 있을 수 없다는 제안은 그들이 아주 싫어하는 것이다. 그들은 독창성이 보상받을 것을 기대한다. 그들의 반응은 불확실성 회피 성향이 약한 국가의 전형적인 예다.

불확실성 회피 성향이 강한 국가의 학생들은 교사가 모든 답을 알고 있는 전문가이기를 기대하고, 잘 알 수 없는 학문적 언어를 사용하는 교사들이 존경을 받는다. 이런 국가의 위대한 스승들 중에는 그 스승이 진정 의미하는 바가 무엇인지를 보다 평범한 사람들이 해설해 주어야만 이해가 갈 정도로 어려운 글을 쓰는 사람들도 있다. '독일 학생들은 자신이 이해하기가 너무 쉬운 것들은 미덥지가 않고 비과학적이라고 믿게끔 성장해 왔다.'[28] 프랑스의 학술 서적들에서는 반 페이지나 되는 긴 구절을 심심찮게 발견할 수 있다.[29] 이런 국가의 학생들은 대개 교사와 지적으로 일치하지 않는 생각을 가지고 있어도 반박하려고 하지 않는다. 어떤 중요한 주제에 관해 논문 지도교수와 의견이 맞지 않는 박사과정 학생은 자기 생각을 바꾸거나 아니면 다른 지도교수를 찾거나 하는 양자택일을 해야 한다. 학문적인 문제에 관해 지적인 이견을 말하는 것조차도 개인적 충성심이 부족한 것으로 간주된다.

불확실성 회피 성향이 약한 국가의 학생들은 '나는 모르겠다.' 고 말하는 교사들도 인정한다. 그들은 평범한 언어를 사용하는 교사들을 존경하며, 난해한 문제를 일상적인 용어로 쉽게 설명해 놓은 책을 좋아한다. 이런 문화에서는 학문적인 문제에 관해 지적인 이의를 제기하는 것은 자극을 주는 하나의 연습으로 간주되기 때문에, 논문 지도교수가 박사과정 학생을 평가할 때 학생이 논리정연하게 교수의 의견에 이의를 제기하는 정도가 클수록 그 학생을 긍정적으로 평가한다.

이와 유사하게, UAI가 낮은 국가의 학생들은 무언가를 성취하면 이를 스스로의 능력때문이라고 보고, UAI가 높은 국가의 학생들은 이를 상황이나 운 덕으로 돌린다. 서로다른 두 가지 연구에서는 각각 5개국 출신 학생들을 포함시켰는데, 두 연구 모두에서 학생들이 성취를 능력 때문이라고 보는 상대적 경향은 UAI와 부적으로 유의한 상관관계였다.[30]

지금까지 언급한 예들은 대학교와 졸업 후의 강의 학습 상황에서 발췌한 것이다. 그러나 이러한 예에서 볼 수 있는 학생과 교사의 행동과 기대는 그 이전의 초 · 중등학교를 다니는 동안 발달된 것임이 분명하다. 초 · 중등학교 수준에서, 특히 이 두 문화에 달리 작용하는 차이점 하나를 추가한다면 그것은 부모와 교사에게 기대하는 역할의 차이라고 할 수 있다. 불확실성 회피 성향이 강한 국가에서는 교사가 부모를 청중으로 끌어들이는 경우가 가끔 있기는 하지만 부모와 상담하는 경우는 아주 드물다. 부모는 평범한 사람이고 교사는 지식을 가진 전문가인 것이다. 불확실성 회피 경향이 약한 국가에서는 아이의 학습 과정에서 부모를 개입시키려 하는 교사들이 꽤 있다. 이들은 부모의 생각이 어떠한지를 적극적으로 알아보려 한다.

◉ 쇼핑에서의 불확실성 회피

이전 장에서 이미 네덜란드 마케팅 전문가 무이즈(Marieke de Mooij)의 연구를 언급했다. 그녀는 유럽에 있는 16개 부유국들의 소비자 행동 차이와 IBM 지수 간의 유의한 연계를 여럿 발견했다.[31] 불확실성 회피는 남성성–여성성 다음으로 가장 중요한 역할을 했다.

상대적으로 높은 UAI는 음식과 음료를 쇼핑하는 데에 있어 주요 제품 및 청결이 중시된다는 것을 의미한다. 불확실성 회피 문화권에서는 수돗물이 양질이더라도 수돗물보다 미네랄 물을 더 썼다. 신선한 과일을 더 많이 섭취하고 불순물이 없는 설탕을 더 소비했다. 불확실성 수용 문화에서는 청결성보다 편리함을 더 중시했다. 아이스크림, 냉동식품, 당과류, 짭짤한 스낵 등의 기성 제품들을 더 많이 소비했다.

불확실성 회피 문화권에서는 청결을 보다 중시한다. 섬유세탁가루를 더 많이 썼다. 다른 한편으로, 불확실성을 수용하는 문화에서는 청결함보다 외관을 더 중시한다. 립스틱, 보디로션, 방취제, 헤어 컨디셔너, 수분크림, 세안제 및 마스카라 등 미용 제품을 더 많이 썼다.

불확실성 회피 문화권의 사람들은 중고차보다 새로운 자동차를 더 구입했다. 그러나 불확실성을 수용하는 문화권의 사람들은 벽지를 바르고 페인트를 칠하는 것처럼 집에서의 일을 스스로 하려는 경향이 있다. 불확실성 회피 점수가 높은 국가의 사람들은 이러한 일을 전문가에게 안전하게 맡겨 버리는 것을 선호했다.

불확실성 수용 문화권의 사람들은 책과 신문을 더 많이 읽으며, 윤리적 고려사항이 구매 결정에 영향을 미쳤다고 주장한 빈도가 더 높았다.[32] UAI가 상대적으로 높은 문화권의 소비자들은 새로운 제품과 정보에 대하여 머뭇거리는 경향이 있어 전자통신 도구들(이동전화[33], 이메일, 인터넷)을 보다 느리게 도입했다. 이에 비해 [34] UAI가 상대적으로 낮은 문화권의 소비자들은 서비스 제공 업체를 비교하기 위해 인터넷을 더 자주 이용했다.[35]

불확실성 회피 문화권에서는 인쇄 및 TV 광고 캠페인에서 상품 추천시 전문가(예: 흰 가운을 입은 의사)를 내세우는 경우가 더 흔하다. 그러나 불확실성 수용 문화권의 광고는 유머를 이용하는 경우가 더 흔하다. UAI가 낮은 문화권에서는 다른 EU 국가의 판매자 광고를 읽는 빈도가 더 높다.[36]

재정적 사안에서, UAI가 높은 문화권의 사람들은 모험을 덜 한다. 그들은 주식에 더 조금 투자하고 금속 및 보석에 더 많이 투자하는 경향이 있다. 그들은 청구서를 지불하는 데에도 더 오래 걸리는데, 이러한 점은 불확실성을 수용하는 국가와 상거래를 할 때 문제가 될 수 있다.[37]

〈표 6-3〉은 〈표 6-2〉에 이어, 불확실성 수용 사회와 회피 사회 간의 핵심 차이점을 요약한 것이다. 다시 말하지만 이 표에 있는 내용은 불확실성 회피 차원에 해당하는 문화를 설명한 것이며, 대부분의 실제 국가는 양극 사이의 어딘가에 위치하면서 각 국가 안에서도 상당한 다양성을 보인다.

표 6-3 | 불확실성 수용 사회와 회피 사회 간의 핵심 차이점
사회Ⅱ: 건강, 교육, 및 쇼핑

불확실성 수용 사회	불확실성 회피 사회
불행해하는 사람들이 적다.	불행해하는 사람들이 많다.
건강과 돈에 대한 걱정이 적다.	건강과 돈에 대한 걱정이 많다.
심장마비가 많다.	심장마비가 적다.
간호사 수는 많고 의사 수는 적다.	의사 수는 많고 간호사 수는 적다.
학생들은 개방적인 학습 상황을 편안하게 느끼며, 좋은 토론에 관심을 갖는다.	학생들은 구조화된 학습 상황을 편하게 느끼며, 정답을 찾는 데 관심을 쏟는다.
교사들도 '나는 모른다.'고 말할 수 있다.	교사들은 모든 정답을 알고 있는 것으로 가정한다.
결과는 내 능력 탓으로 여긴다.	결과는 행운이나 상황의 탓으로 본다.
교사들은 부모를 참여시킨다.	교사들은 부모에게 알린다.
쇼핑할 때에 편리함을 추구한다.	쇼핑할 때에 청결과 위생을 추구한다.
중고차 구입, 가옥 수리는 스스로 한다.	새 차 구입, 가옥 수리는 전문가에게 맡긴다.
구매 시 윤리적 고려 사항을 잘 따진다.	신문과 책을 잘 읽지 않는다.
이동전화, 이메일 및 인터넷 같은 신제품과 기술을 빨리 수용한다.	신제품과 기술에 대해 주저한다.

모험 투자를 한다.	안전한 투자를 한다.
광고에서 유머에 끌린다.	광고에서 전문성에 끌린다.

🔾 직장에서의 불확실성 회피

2009년 여름 외신 보도에서는 십만여 명의 직원을 보유한 프랑스 최대 전자통신사인 프랑스 텔레콤(France Telecom) 직원들의 자살 쇄도 건을 다루었다. 2009년 9월 28일에 한 직원이 월요일 아침에 다리에서 뛰어내림으로써 18개월 동안 24번째로 자살했다. 그러한 자살 증가는 강도 높은 구조조정에 책임이 있었다. 정부 전매였던 회사가 민영화되자, 공무원으로 간주되었던 직원들은 직원들의 개인적 감정에 상관없이 관리법령에 따라 재배치되고 업무는 변경되었다. 〈표 6-1〉에서 프랑스는 UAI가 높은 국가다(점수 86점, 순위 17~22위). 구조조정의 스트레스는 희생자들의 용인 수준에 비해 너무 높았다.

이와 같은 스트레스 다음으로, UAI의 또 다른 구성 요소는 장기적 일자리를 위해 회사에 머물고자 하는 의도를 표한 IBM 직원들의 비율이었다. 이는 단지 IBM의 현상만이 아니다. UAI가 상대적으로 높은 국가에서 기타 요인이 같을 때에는 직원 및 경영자들이 장기 고용직을 찾는 빈도가 더 높았다. 동시에, 이러한 국가들에서는 (적어도 유럽에서는) 상대적으로 많은 사람이 일과 생활 간의 적절한 균형을 추구하기 어려워했다.[38]

법률과 규칙이란 한 사회가 사람들의 행동의 불확실성을 예방하고자 하는 수단으로 마련해 놓은 것이라는 점을 언급했었다. 불확실성을 꺼리는 사회에서는 고용주와 근로자의 권리와 의무를 통제하는 공식 법률과 비공식 규칙을 많이 설정해 놓고 있다. 작업 과정을 통제하는 내부 규칙도 많은데, 이 경우에는 권력거리의 수준도 한몫을 한다. 권력거리가 큰 경우에는 내부 규칙 중 상당 부분이 상사의 재량권 행사로 대치된다.

불확실성 회피 성향이 강한 문화를 지닌 사회에서는 규칙에 대한 욕구가 감정적이다. 정부 관료나 공무원, 고용주나 노동자 할 것 없이 모든 사람이 어린 시절부터 구조화된 환경 속에서 편안함을 느끼도록 프로그램되어 온 것이다. 우연적 요소가 작용하는 구석은 될 수 있는 대로 줄여야 한다.

불확실성 회피 성향이 강한 사회에서는 법률과 규칙에 대한 감정적 욕구로 인해 순전히 의식적이거나 비일관적이거나 역기능적이기도 한 규칙 혹은 규칙 지향적 행동을 낳기도 한다. 불확실성 회피 성향이 약한 국가 출신의 비판가들은 실효성이 없는 규칙도 형식적 구조에 대한 사람들의 감정적 욕구를 충족시켜 줄 수 있다는 사실을 미처 깨닫지 못한다. 실제로 일어나는 일이 무엇인지는 그리 중요치 않다. 프랑스, 미국, 네덜란드의 제조 공장을 비교 연구한 디리반느(Philippe d'Iribarne, 1989)는 프랑스 공장의 절차들 중에는 실질적인 의미가 사라진 후에야 비로소 공식적으로 운영되는 것들이 있다고 말했다. 그는 이것을 프랑스의 구체제에 대해 쓰인 '엄한 규칙, 그러나 느슨한 집행(une règle rigide, une pratique molle)' 이라는 문구에 견준다.[39]

이와 반대로, 불확실성 회피 성향이 약한 국가들에서는 공식적 규칙에 대해 감정적인 두려움이 나타난다. 차가 왼쪽으로 가야 하느냐 오른쪽으로 가야 하느냐에 대한 결정에서처럼 규칙은 절대적으로 꼭 필요한 경우에만 성립되어야 한다고 사람들은 생각한다. 그들은 많은 문제가 공식적 규칙 없이도 해결될 수 있다고 믿는다. 불확실성 회피 성향이 상당히 강한 독일인들은 버스 정류장과 가게에서 반듯하게 줄 서 있는 영국인들을 보고 아주 감탄을 한다. 영국에는 줄 서는 행동을 통제하는 법률이 없다. 이런 행동은 사회적 통제에 의해 지속적으로 강화되어 온 공중도덕 습관이다. 한 가지 역설적인 것은 불확실성 회피 성향이 약한 국가에서 상대적으로 규칙이 덜 신성시됨에도 불구하고 오히려 더 잘 지켜진다는 것이다.

영국인의 줄 서는 행동은 영국 시민이 대부분 비감정적이고 참을성 있는 본성을 지니고 있기 때문에 더욱더 촉진된다. 이 장의 앞부분에서 언급했듯이 불확실성 회피 성향이 약하다는 것은 불안 수준 또한 낮다는 것을 의미하기도 한다. 직장에서의 상황을 보면, 불확실성 회피의 불안 요인 때문에 불확실성 회피 성향이 큰 사회와 작은 사회 간의 차이가 뚜렷해짐을 알 수 있다. 불확실성 회피 성향이 강한 사회에서는 열심히 일하는 것을 좋아한다. 적어도 항상 바빠야 한다고 생각한다. 바쁜 것이 인생이고, 시간은 곧 돈이다. 불확실성 회피 성향이 약한 사회에서는 필요하다면 열심히 일할 수도 있지만 내부에서 솟아나는 어떤 압력 때문에 활동을 끊임없이 계속하지는 않는다. 그들은 쉬는 것을 좋아한다. 시간은 사람 자신이 이제 어느 쪽으로 향할 것인지를 알려주는 틀일 뿐이며, 사람이 시간을 항상 주의 깊게 지켜 보아야 하는 것은 아니다.

1970년대에 교수 로랑(André Laurent)은 퐁텐느블로(Fontainebleau)에 있는 인시드 (INSEAD) 경영대학원 과정의 선진 10개국 출신 경영인들을 대상으로 조직에 대한 그들의 신념을 조사했다. UAI와 상관관계가 있는 국가 평균 점수가 다음과 같은 문항에서 나왔다.

- 갈등을 영원히 없애는 것이 대부분의 조직에 더 유리할 것이다.
- 부하 직원이 일에 관해 물을지도 모를 대부분의 질문에 대해 경영자는 즉각 정확한 답을 할 수 있어야 한다.
- 유능한 사람이 어떤 일을 제대로 잘 하도록 하려면, 그에게 일하는 방식에 대해 아주 정확한 지시를 해 주는 것이 가장 좋은 방법일 때가 많다.
- 어느 부서의 구성원들이 각기 해야 할 역할이 복잡해질 때는 할 일을 자세히 정해 주는 것이 혼란을 막는 좋은 방법이다.
- 어느 한 조직 구조 속에 부하가 두 직속상관을 갖는 일은 절대로 없도록 해야 한다.[40]

이 문항들 모두가 불확실성 회피 지수가 높은 국가의 조직에서 볼 수 있는 애매성에 대한 두려움, 그리고 명료성과 공식화에 대한 필요성을 나타내고 있다. 불확실성 회피 지수가 낮은 국가에서 애매성과 무질서는 창조력의 조건으로 칭송된다.

불확실성 회피 문화는 작업현장에 있는 전문가를 매우 신뢰한다. 그들 조직은 보다 많은 전문가에게 의존한다. 불확실성을 수용하는 문화에서는 상식, 박학다식한 사람들을 매우 신뢰한다. 잘 알려진 사례를 하나 들자면, 전통적으로 영국에서는 좋은 대학에서 고전문학을 공부하는 것이 비즈니스 경영직으로 들어갈 수 있는 입장권 역할을 한다.

프랑스 출신의 호로비츠(Jacques Horovitz)가 수행한 영국, 프랑스, 독일 회사들의 최고경영진에 관한 연구의 결론은 영국의 최고경영자들은 전략적인 문제를 주로 맡고 일상적인 업무는 별로 맡지 않는다는 것이다. 프랑스와 독일의 경우는 이와 반대다.[41] 프랑스와 독일은 모두 영국보다 UAI가 상당히 높다(각각 86점과 65점 대 35점). 본질적으로 비구조화된 문제라고 할 수 있는 전략적인 문제들은 일상적인 업무 문제보다 더 많은 애매성에 대한 인내력을 필요로 한다. 호로비츠가 연구를 실시하던 기간 중에는 영국의 경제보다 프랑스와 독일의 경제가 더 나은 상황이었다. 그러므로 불확실성 회피 성향이 약함으로 인하여 전략적인 계획에 치중하는 것이 반드시 기업의 효율성을 높이는 것은 아니라고 할 수 있다. 기업과 국가의 경제적 성공 여부는 보다 많은 요인에 의해 좌우된다.

미국 연구자 쉐인(Scott Shane)은 국가가 인가한 새로운 상표 수가 33개국에 대한 UAI와 부적으로 상관된다는 것을 발견했다. 그는 불확실성 회피 문화에서는 혁신의 속도가 느리다고 결론지었다.[42] 쉐인과 그의 동료들은 30개국에 있는 네 가지 다국적 기업의 직원들을 대상으로 혁신 과정상 직원의 역할에 관해 조사했다. 불확실성 회피 성향이 상대적으로 강한 국가에서의 직원들은 기존 규칙과 통제에 구속받는다고 느끼는 빈도가 더 많았다.[43]

그러나 디리반느는 이와 다른 이야기를 한다. 1990년대 초기에 유럽 자동차 제조사인 프랑스의 르노(Renault)사와 스웨덴의 볼보(Volvo)사는 하나의 합작 사업을 시작했다. IBM 연구에서 프랑스는 UAI에서 높은 점수를 받았고, 스웨덴은 매우 낮은 점수를 받았다. 양쪽 국가 출신의 엔지니어 및 기술자 혼합 팀이 새로운 모델의 설계를 시작했다. 몇 년 후에 그 사업은 해체되었다. 프랑스와 스웨덴의 사회과학자들은 잘 안 된 이유가 무엇인지를 발견하고, 그 경험을 통해 학습을 할 수 있도록 관계자들을 인터뷰했다. 디리반느는 그들이 발견한 것을 다음과 같이 서술했다.

합동 팀에서는 스웨덴인들보다 오히려 프랑스인들이 더 창의적인 설계를 보여 주었다. 프랑스 팀 구성원들은 새로운 아이디어를 주저 없이 내놓았고, 새 아이디어를 지키기 위해 공격적으로 나왔다. 다른 한편에서 스웨덴인들은 지속적으로 합의를 추구했다. 합의를 필요로 함에 따라 스웨덴인들의 아이디어 제시는 제한되었고, 심지어 아이디어의 고안마저 그랬다. 스웨덴인들에게 아이디어의 표현은 사람들 간 동의를 필요로 하는 대상이다. 프랑스인들에게 아이디어의 표현은 과학기술적 적합성을 찾는 대상이 될 뿐이었다. 프랑스인들은 오직 결정 사항들의 질에만 일차적으로 관심을 가졌다. 이에 비해 스웨덴인들은 결정 과정의 정당성에만 일차적으로 관심을 가졌다. 팀 내부 협상에서는 프랑스인들이 대부분 이겼다. 스웨덴인 상관들이 책임을 팀 구성원들에게 위임하고 어디에도 나타나지 않은 반면에, 프랑스인들은 시종일관 개입된 상관들을 지지했기 때문이다. 이 불균형적 구조의 위험은 너무 늦게 발견되었다. 최

고경영진 수준에서 발생했던 상호 불신으로 인해 모험은 종결되었다.[44]

이 경우에서는 불확실성 회피 성향이 강하다고 해서 반드시 창조성을 억제하지 않고, 불확실성 회피 성향이 약하다고 해서 창조성의 흐름을 자유롭게 보장하지 않는다는 것을 시사한다. 쉐인과 디리반느가 내린 결론을 비교해 보면, 사회적 연구 결과라는 것은 연구자의 국적과 별개가 아니라는 교훈 또한 얻을 수 있다.

IBM 조사는 작은 회사보다 큰 회사를 더 선호하는 경향은 단지 남성성 지수뿐만 아니라 불확실성 회피 지수와도 정적인 상관관계가 있었다는 것을 발견했다. 조직문화에서는 큰 회사들이 서슴없이 규칙을 깨는 인트라프러너(intrapreneurs, 사내기업가들)를 포상하는 경우를 제외하고, 대체로 큰 회사들이 작은 회사들보다 덜 혁신적일 것으로 간주한다. 이 용어는 자수 성업자들(self-starters)을 의미하는 앙트러프러너(entrepreneurs, 기업가들)를 비꼰 말인데, 이들은 오스트리아계 미국 경제학자 슘페터(Joseph Schumpeter, 1883~1950)에 따르면 사회 안에 일어나는 혁신의 주요 원천이다.

슘페터의 사상은 헤르트가 네덜란드 동료 여러 명과 함께 참가하는 연구 프로젝트에서 역할을 했다. 그 프로젝트에서는 선진 21개국의 자영업 수준에 영향을 미치는 경제적이고 문화적인 요인들을 탐구했다. 국가의 불확실성 회피 지수와 자영업 수준을 비교하자 놀라운 결과가 나왔다. 불확실성 회피 성향이 상대적으로 강한 문화권에서는 자영업을 각오하고 해 보려는 사람들이 적을 것이란 예상과 달리, 그 반대로 판명되었다. 즉, 자영업률은 불확실성 회피 지수와 일관되게 긍정적인 상관을 보였다. 후속 연구에서는 높은 UAI와 일관되게 연관된 한 측면(한 사회에서의 낮은 주관적 웰빙)이 특히 그 상관관계를 설명한다는 것을 알아냈다. 결국, 자영업은 알려지지 않은 것에 대한 허용성이 상대적으로 높은 국가에서가 아니라, 사람들이 자신의 삶에 불만족을 느끼는 국가에서 더 자주 택하게 된다.[45]

슘페터의 말이 옳았다는 가정하에서는 비기업가들보다 기업가들이 더 혁신적인데, 이로부터 불확실성 회피 성향이 강한 국가에서 혁신이 적은 것이 아니라 더 많은 혁신이 예상되는 근거를 발견했다. 물론, 혁신은 개인이 다룰 수 없는 많은 것이 포함되어 이루어진 것이다. 불확실성 회피 성향이 약한 문화는 기초적 혁신에 있어서는 더 뛰어날 수 있지만, 새로운 제품이나 서비스로 혁신을 발달시키기에는 불리한 것 같다. 새로운 공정을 실행하기 위해서는 세부사항과 정확성에 대한 고려가 상당히 요구되기 때문이다. 후자는 불확실성 회피 성향이 강한 국가에서 더 잘 볼 수 있는 특성이다. 영국은 일본보다 노벨 상 수상자를 더 많이 배출했지만, 신제품을 세계시장에 더 많이 내놓는 곳은 일본이다. 이것은 혁신문화와 실천문화 간에 시너지를 보여 주는 좋은 보기다. 전자는 생각을 제공 하고 후자는 그 생각들을 개발하는 것이다.

⊙ 불확실성 회피, 남성성, 동기

근무자 동기의 문제는 경영관리의 고전적 관심 대상이다. 경영관리 연수자들과 경영학 서적의 저자들이 근무자 동기에 대해 가지고 있는 관심은 아마 예전보다 훨씬 더 클 것이 다. 불확실성 회피 성향의 차이에 따라 동기의 형태도 달라지기는 하지만, 제5장에서 논 의한 남성성–여성성 차원과 함께 살펴보면 그 형태가 훨씬 더 뚜렷이 드러난다. 그래서 [그림 6–1]에는 불확실성 회피 차원을 수직으로, 남성성 차원을 수평으로 하는 2차원 평 면 위에 각 국가의 위치를 표시해 보았다.

동기 형태를 연구함에 있어서 UAI 점수와 MAS 점수를 통합하는 방법이 유용하다는 것 은 IBM 조사 연구의 결과를 맥클러랜드(David McClelland)의 연구와 비교해 보면 잘 드 러난다. 하버드 대학교의 심리학자인 맥클러랜드는 1961년에 지금은 고전이 된 『성취 사 회(*The Achieving Society*)』라는 책을 펴냈다. 이 책에서 그는 동기 형태가 국가마다 제각 기 다르다는 사실을 파헤치고자 하였다. 그는 동기를 **성취 동기, 친애 동기, 권력 동기**로 구 분하였다. 각 국가가 지니는 세 가지 동기 각각의 강도를 그 국가의 아동도서에 나오는 이야기를 내용 분석함으로써 측정하였다. 맥클러랜드의 주장에 의하면 현대 국가에서 2~4학년 아동들이 읽는 이야기책이 지니고 있는 의미는 마치 전통 사회에서 민간설화가 지니고 있던 의미와 마찬가지라는 것이다. 민간설화는 현장 연구에 종사하던 인류학자들 이 미개민족들의 동기를 유추하기 위해 널리 사용해 왔었다. 맥클러랜드는 국가에 대해 서도 이와 똑같은 작업을 시도하였다.

맥클러랜드의 연구팀은 1925년과 1950년의 아동용 이야기책을 많은 국가에서 수집하

그림 6-1 | 남성성 대 불확실성 회피

여 분석했다. 각 국가마다 연대별로 21개씩의 이야기를 연구하고 하나하나의 이야기와 각 국가를 성취 욕구, 친애 욕구, 권력 욕구별로 점수화했다. 맥클러랜드의 목적은 아동 도서에 나오는 '성취 욕구'가 이 아동들이 성장했을 때의 그 국가의 경제적 발달 속도를 예언할 수 있음을 증명하는 것이었다. 이 문제에 관해서는 나중에 일어난 사건들을 볼 때 그가 옳지 않았음이 증명되었다. 그러나 맥클러랜드의 국가 점수들과 IBM 차원 점수들을 비교해 본 결과, 1925년의 아동도서(보다 전통적인 책들)에서 측정한 '성취 욕구'가 약한 불확실성 회피 성향과 강한 상관을 보였으며, 약한 불확실성 회피 성향과 강한 남성성을 통합했을 때에는 훨씬 더 강한 상관을 보였다.[46]

즉, 맥클러랜드의 1925년 자료로 본 각 국가의 성취 욕구 순위는 [그림 6-1]의 우측 상단(강한 성취욕구)에서 좌측 하단(약한 성취 욕구)에 이르기까지의 대각선 위에 놓인다는 의미다. UAI가 낮다는 것은 친숙하지 않은 모험을 기꺼이 수행하려는 경향을 뜻하며, MAS가 높다는 것은 눈에 보이는 결과를 중요시한다는 뜻이다. 이 두 가지는 모두 미국 전통에서 기업 활동의 구성 요소가 된다. [그림 6-1]에서 미국과 기타 영국계 국가들이, 불확실성 회피 지수는 낮고 남성성 지수는 높으며 성취 동기는 강한 우측 상단에 모여 있다는 사실은 놀라운 일이 아니다. 성취 동기를 선택함에 있어서 미국인인 맥클러랜드는 전형적인 영국계 가치 복합체를 경제적 성공의 보편적인 비법인 양 격상시켰다. 프랑스인, 스웨덴인 또는 일본인이었다면 아마도 전 세계적인 성취 동기를 고안해 내기가 더 힘들었을 것이다. '성취'라는 단어조차도 다른 언어로 정확히 번역하기가 어렵다.[47]

맥클러랜드의 연구는 제쳐두고라도, [그림 6-1]에서처럼 문화적 불확실성 회피 성향과 남성성-여성성 차원을 통합하는 것은 많은 국가가 동기 형태별로 어떻게 분류되는지를 잘 보여 준다. 출발점은 앞서 제4장에서 언급한 매슬로(Abraham Maslow)의 '인간 욕구위계론'이다. 매슬로는 욕구의 위계가 낮은 것부터 높은 것까지, 즉 생리적 욕구, 안전 욕구, 소속감 욕구, 자존감 욕구, 자아실현 욕구의 순으로 순위를 매겼다. 제4장에서는 자아실현을 최정점에 놓는 개인주의적 가정하에서 문제를 다루었다. 불확실성 회피와 남성성의 측면에서 세계의 문화가 얼마나 다양한가를 살펴볼 때 다른 조건도 더불어 고려할 필요가 있음을 깨닫게 된다.

안전 내지 안보는 불확실성 회피 성향이 강한 국가에서 다른 욕구보다 더욱 지배적일 가능성이 많다. 여성적인 문화에서는 소속(인간 관계)이 자존감보다 우선하지만 남성적인 문화에서는 자존감이 소속보다 우선한다. 그러므로 일의 유형과 같은 다른 조건이 동일하다면, [그림 6-1]에서 동기화 요인들 중 최상의 것이라고 할 수 있는 것이란 그림의 우측 상단부에서는 (자기 자신 또는 집단의) 성취와 자존감(예: 미국 등), 그림의 좌측 상단부에서는 성취와 소속(예: 스웨덴 등), 그림의 우측 하단부에서는 안보와 자존감(예: 일본, 독일 등), 그리고 그림의 좌측 하단부에서는 안보와 소속(예: 프랑스 등)이라고 할 수 있다.

이와 같은 분류에 따르면, 매슬로의 다섯 범주는 그대로 유지가 되지만 한 국가에 널리 퍼져 있는 문화 형태에 따라 그 순위는 달라질 가능성이 있음을 시사한다. 또 한 가지 곁들일 수 있는 질문은 매슬로 자신이 20세기 미국의 중류 문화에 속해 있었기 때문에 미처 깨닫지 못했을 가능성이 있는 다른 욕구들이 추가되어야 하는지의 문제다. 추가될 가능성이 있는 욕구로는 앞의 장에서 언급했던 존경, 화합, 체면, 의무 등과 같은 것이 있다.

〈표 6-4〉는 불확실성 수용 사회와 회피 사회 간의 핵심 차이점 중 직장, 조직, 동기에 대해 요약한 것이다. 다시 말하지만, 대부분의 실제 상황은 이들의 중간쯤 어딘가에 있을 것이다.

표 6-4	불확실성 수용 사회와 회피 사회 간의 핵심 차이점 사회 Ⅲ: 직장, 조직, 동기	
불확실성 수용 사회	**불확실성 회피 사회**
고용주의 잦은 교체, 짧은 근무시간	고용주 교체가 적고, 긴 근무시간, 일과 생활 균형 맞추기가 어렵다.
꼭 필요한 규칙만 둔다.	실효가 없는 규칙도 감정적으로 필요해 한다.
필요할 때만 열심히 일한다.	감정적으로 바빠야 한다는 필요를 느낀다. (열심히 일해야 한다는 내적 압력)
시간은 방향 지향의 틀이다.	시간은 돈이다.
애매성과 혼돈에 대해 수용한다.	정확성과 형식화의 욕구를 추구한다.
박학다식한 사람과 상식을 신뢰한다.	전문가와 기술적 해결을 신뢰한다.
최고경영자들은 전략에 관심을 가진다.	최고경영자들은 일상 운영에 관심을 가진다.
새로운 상표의 수가 많다.	새로운 상표의 수가 적다.
결정 과정에 초점을 맞춘다.	결정 내용에 초점을 맞춘다.
기업가는 규칙에서 상대적으로 자유롭다.	기업가는 기존 규칙에 속박당한다.
자영업자의 수가 적다.	자영업자의 수가 많다.
발명은 잘 하지만, 실행을 잘 못한다.	발명은 잘 못하지만, 실행은 잘한다.
성취와 자존감 또는 소속에 의해 동기화된다.	안정과 자존감 또는 소속에 의해 동기화된다.

➡ 불확실성 회피, 시민 및 정부

불확실성 회피 성향이 강한 국가에서는 약한 국가보다 더 엄격한 법률을 제정하는 경향이 있다. 예를 들면, 독일은 다른 법률을 모두 실행할 수 없을 경우를 위한 법률(*Notstands- gesetze*)을 가지고 있는 반면, 영국은 성문헌법조차 가지고 있지 않다. 독일에서는 노동자와 경영자 관계도 법률로 상세히 성문화되어 있으나 영국에서는 산업관계법(Industrial Relations Act)을 통과시키려 한 시도들이 한 번도 성공한 적이 없다.

불확실성 회피 성향이 약한 국가에서 법률이 효력을 발휘하지 않는 경우에는 그 법률을철회하거나 개정해야 한다는 의식이 우세하다. 불확실성 회피 성향이 강한 국가에서는 법률이 지켜지지 않는다고 해도 법률은 그런대로 안정 욕구를 충족시킨다. 그런 국가에서 법률은 종교적 율법과 매우 유사하다.

법률 제정과 그 법률의 적용은 별개다. 세계은행(World Bank) 출신의 법률 전문가들은 비교적 단순한 민사소송 두 건에 있어서 각 국가의 실행 존속 기간에 대한 자료를 100여 개국의 로펌들과 협력하여 수집했다. 그 민사소송 두 건은 은행에서 거부당한 부도 수표의 추심, 집세를 내지 않은 임차인을 내보내는 것이다. 그 기간은 최소 40일부터 최대 3년까지 다양했는데, 문화 지수가 유효한 67개국에 있어서는 민사소송 절차의 지속 기간이 UAI와 상당히 유의한 상관을 보였고, 기타 지수들이나 국가의 부와는 상관관계가 나타나지 않았다.[48] 불확실성 회피 성향이 높은 문화에서는 법률이 잘 제공되어 있지만 이 단순한 두 건의 소송에서 법률이 효력을 발휘하기까지 시민들의 시간이 더 많이 소요된다(그러니 시민들이 시도조차 하지 않은 법률이 아마도 매우 많을 것이다).

불확실성 회피가 한 사회의 입법 행위에 미치는 영향력은 개인주의와 집단주의의 정도에 따라서도 달라진다. [그림 6-2]에는 이 두 가지 차원을 서로 교차시켜 놓았다. 불확실성 회피 성향이 비교적 강한 개인주의적인 국가에서는 수칙(저맥락 의사소통, 제4장 참조)이 법률로 성문화되고 명시되는 경향이 있는 반면에, 불확실성 회피 성향이 비교적 강한 집단주의적인 국가에서는 수칙이 전통(고맥락 의사소통)에 뿌리를 두고 암묵적인 경향이 있다. 이에 그대로 들어맞는 것이 일본의 사례인데, 일본의 규칙에 관한 경향은 서양 상

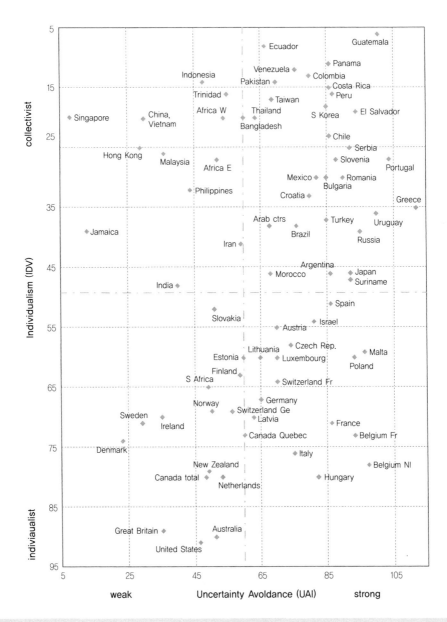

그림 6-2 | 개인주의 대 불확실성 회피성

품에 대한 일본 시장 개방 문제를 놓고 서양 국가들과 일본이 협상을 할 때 말썽거리가 된다. 일본인들은 외국 상품을 들여오는 데 방해가 되는 공식적 규칙이 전혀 없음을 정당하게 주장한다. 하지만 서양인들이 수입업자가 되는 상황에서 서양인들은 일본식 분배

체계에 널려 있는 암묵적 규칙에 봉착하게 됨으로써 오히려 골치를 앓게 된다.

제3장에서 설명했듯이, 정부 당국과 시민 간 관계에 있어서 불확실성 회피 성향이 갖는 함의는 권력거리에 따라 달라진다. PDI가 낮은 국가에 비해 높은 국가들의 정부는 무제한의 권력, 지위, 물질적인 풍요를 더 누린다. UAI가 높은 국가들에서 정부가 보유한 전문가들의 수는 UAI가 낮은 국가들보다 더 많을 것이다. 이 후자의 경우에 존재하는 불평등은 권력(power)에 속한 것이 아니라, 시민 대 정부 당국의 능력(competence)에 속하는 것이다.

시민의 능력(citizen competence)이라는 용어는 미국 정치학자인 아몬드(Gabriel Almond)와 버바(Sidney Verba)의 고전적 연구에서 처음 사용하였다. 그들은 평범한 시민에 부여되는 힘이 그들이 연구한 5개국 간에 크게 다름을 발견했다.[49] 『문화의 결과(Culture's Consequences)』에서 아몬드와 버바가 측정한 시민의 힘 지수가 불확실성 회피 성향과 강한 부적 상관을 지님이 증명되었다. 즉, 불확실성 회피 지수가 낮은 국가에서 시민의 지각된 능력이 더 높았다.

또 다른 연구에서 불확실성 회피 성향이 강한 국가의 시민은 정부 당국의 결정에 영향을 줄 수 있는 가능성에 대한 생각이 불확실성 회피 경향이 약한 국가의 시민에 비해 덜 낙관적이었다. 정부 당국이 내리는 결정에 기꺼이 반기를 들려고 하는 시민이 거의 없었으며, 있다 해도 그들의 항의 수단은 청원이나 시위처럼 비교적 틀에 박힌 것들이었다. 불확실성 회피 성향이 강한 국가의 시민 대부분은 파업이나 보이콧 같이 비교적 극단적인 저항 행위는 정부가 단호하게 저지해야 한다는 생각을 가지고 있었다.[50]

불확실성 회피 성향이 약한 국가의 시민은 자신들이 적어도 지역 수준에서 정치적 결정에 참여할 수 있다고 믿었다. 그들은 불확실성 회피 성향이 강한 국가의 시민보다 정부의 결정에 반기를 들 준비가 되어 있었으며, 온건한 저항 행위가 효과가 없을 경우에는 강력하고 비관습적인 저항을 해야 한다고 생각했다. 그들은 이런 저항을 정부가 억압해서는 안 된다고 생각한다.[51] 2007년 유로바로미터(Eurobarometer) 자료를 보면, 부유한 19개국 출신 젊은이들은 불확실성 회피 지수가 낮을수록 탄원서에 서명했을 확률이 더 높았다. 그러나 공개 시위에 참여해 본 경험에서는 추세가 오히려 그 반대였다.[52]

불확실성 회피 성향이 강한 국가의 시민은 정부의 전문적인 판단에 더 많이 의존할 뿐만 아니라 또 마땅히 그렇게 되어야 한다고 믿는다. 정부와 시민이 상호 역할에 관해 동일한 규범을 공유하고 있는 것이다. 정부는 법률적으로 생각하는 경향이 있다. 불확실성 회피 성향이 강한 국가에서는 고위 공직자가 법학 학위를 가지고 있는 경우가 불확실성 회피 성향이 약한 국가보다 더 흔하다(1977년 보도 기사에 따르면, 독일에서는 고위 공직자의 65%가 법학 학위를 가진 반면, 영국에서는 단지 3%의 고위 공직자만이 법학 학위를 가졌다).[53] 불확실성 회피 성향이 강한 국가의 공직자들은 정치인들과 정치적 절차에 대해 부정적인 감정을 품는 경향이 있었으며, 불확실성 회피 성향이 약한 국가에서는 보다 긍정적인 감정을 지니고 있었다.

불확실성 회피 성향이 강한 국가의 시민은 정치에 관심을 덜 가졌고, 자국의 정치인 및 공무원을 신뢰하는 경향이 덜 했다. 이러한 국가들에 법률이 더 많고 법을 주체로 하는 경향이 있다고 했지만, 이 내용이 그러한 국가에서 법적 체계가 더 신뢰된다는 의미는 아니다.[54] 불확실성 회피 성향이 약한 국가의 시민은 자국의 이익을 위해 자원 단체들 및 자원봉사 활동에 참여하는 빈도가 더 높았다.

벨기에 브뤼셀(Brussels)의 교외에 거주하는 한 미국인 가족은 집 근처 공항이 내는 소음이 점점 커질 것을 염려했다. 그들은 소음 감소를 위한 방책을 요구하기 위해 당국에 제출할 청원서를 가지고 돌아다녔다. 서명할 준비가 되어 있었던 것은 인근에 유일했던 이 외국인 가족뿐이었다. 벨기에인들(불확실성 회피 성향이 강한 문화)은 문제를 부인하거나("무슨 소음이요?"), 그래 봤자 당국이 귀 기울이지 않을 것이라며 서명하기를 거절했다.[55]

제5장에서는 미국의 심리학 교수 르바인(Levine)과 유학생 제자들이 수행한 '흘린 펜' 실험에 대해 설명했다. 이 실험은 도움주기 행동에 관한 범세계적 프로젝트의 일환이었다. 동일한 프로젝트에는 '장님의 길 횡단 도움주기' 실험도 포함되어 있었다. 학생들은 바쁘게 작동하는 보행 교통 신호에 대기 중인 장님 역할을 했다. '도움주기'는 신호가 초록불로 바뀌고 60초 이내에 누군가가 그 '장님'에게 초록불이라는 것을 알려주거나 그 장님이 길을 건널 때 도움을 주는 것을 의미했다. 23개국에 걸쳐 보행자들을 도운 비율은 국가의 UAI와 정적으로 유의하게 상관이 있었다. 불확실성 회피 성향이 강한 국가의 일반 국민 성원들은 신호가 초록불이 되기를 기다리는 장님을 보고 그냥 두고 있질 못했다.[56] 이 경우에는 불확실성 회피 성향이 시민들의 책임감에 긍정적 효과를 미쳤지만, 정

치에 있어서는 그렇지 않았다.

유럽에서 불확실성 회피 성향이 상대적으로 강한 국가에서는 정부 관계자가 요구할 때 언제든지 합법적으로 신분을 확인할 수 있는 신분증 소지가 대부분 의무화되어 있다. 불확실성 회피 성향이 상대적으로 약한 국가에는 이러한 의무가 대부분 없으며, 시민의 신분을 확인하는 부담이 정부 관계자들에게 있다.[57]

불확실성 회피 성향이 강한 국가에는 심지어 진보적이라고 자칭하는 정당들까지도 보수주의적 성향이 더 강하고, 법과 질서에 대한 요구가 아주 강하다. 불확실성 회피 성향이 상대적으로 약한 국가의 국민은 일반적으로 자유주의적인 경향이 있다. 이러한 국가에서는 젊은이들에 대한 긍정적 태도가 주류를 이루는 반면에, 불확실성 회피 성향이 강한 국가에서는 젊은이들은 의심쩍은 존재로 간주되는 편이다.[58] 그 역 또한 참일 수 있다. 상당수의 프랑스 샹송 음악가들이 어른들을 부정적으로 묘사하는 가사를 썼다. 예를 들어, 브라상스(Georges Brassens), 샤틀랭(Pierre Chastellain), 르포레스티에(Leforestier), 타샹(Tachan)이 그렇다.[59] 불확실성 회피 성향이 강한 국가에는 그 국가의 정치적 아성 안에 극단주의자적 소수파들이 잠복해 있을 가능성이 불확실성 회피 성향이 약한 국가에 비해 많으며, 또한 이런 국가들은 위험한 사고방식을 가진 정치 집단을 금지할 가능성이 많다. 활동이 금지된 집단은 지하조직으로 명맥을 유지하면서 심지어 테러 행위까지 일으키기도 한다. 이런 국가에는 본토 출신 테러리스트가 더 많기 마련이다.

◈ 불확실성 회피와 부패

부패는 정부의 기능에 영향을 미치는 현상으로, 이따금 공적이지 않은 조직의 기능에도 영향을 준다. 공식적, 비공식적 이면 보상(side payments)은 전 세계 곳곳에서 이루어진다. 부패라고 하는 것은 정의하기 나름이다. 우리는 사람들이 불법적으로 자신의 부를 축적하기 위해 자신의 지위를 이용하거나, 시민들이 자신의 사적 목적을 위해 당국의 협조를 매수할 때 부패라는 용어를 쓴다. 그러나 일부 국가에서 로비활동에 막대한 금액을 쓰는 것에는 무어라 할 것인가? 공식적으로는 합법적이지만 유사한 동기가 깔려 있는 이런 경우에 대해서는? 일부 회사나 산업에서 경영 책임자가 지나치게 많은 보수를 스스로에게 주는 것이나 중역 수준에서 일어나는 황금 악수(golden handshakes)에 대해서는 또 무어라 말할 것인가? 일본, 중국 등 많은 다른 국가에서는 선물을 주는 것은 한 중요한 의식으로 되어 있다. 선물을 주는 것과 뇌물 간 경계는 모호하다. 아주 엄밀하게 보자면 팁을 주는 것도 뇌물의 형태라고 간주할 수 있다.

독일 베를린에 위치한 비정부 기구인 국제투명기구(Transparency International)는 1995년부터 매년 인터넷에서 부패 인식 지수(Corruption Perceptions Index: CPI)를 발표한다. CPI는 외교국, 언론계, 비즈니스계에서 각기 다른 출처 13곳의 정보를 통합한 것이다. 지수의 범위는 최소 1점에서 최대 10점에 이르는데, 당연히 청렴한(clean) 국가가 10점, 극도로 부패한 국가가 1점을 받는다. 2008년 CPI 점수를 분석한 결과, 범세계적으로 이 점수는 국가의 부, 정확히 말하자면 국가적 빈곤에 따라 매우 강력하게 달라지는 것으로 나타났다. 필수 자료를 확보한 73개국들 중 부유함에 있어서 상위에 있는 국가들은 청렴도에 있어서도 상위에 있었고, 그 반대의 경우도 마찬가지였다. 상대적으로 빈곤한 국가들 중에서 4개국만이 청렴도에서 73개국의 평균치보다 높은 점수를 받았고, 상대적으로 부유한 국가들 중 5개국만이 부패도에서 73개국의 평균치보다 높은 점수를 받았다.[60]

빈곤 상태에서는 비공식적 방식으로 금전을 획득하는 것이 꼭 탐욕적이라고 할 순 없다. 이는 생존적 수단일 수도 있기 때문이다. 가난한 국가에서 공무원, 경찰, 교사들은 흔히 급료가 너무 형편없어 이면 보상 없이는 가족을 기본적으로 부양할 수 없고, 그러한 뒷돈을 받는 습성이 체제 전반에 만연해 있다.

상대적으로 부유한 국가에서는 더 이상 부의 차이가 부패 인식 지수의 차이를 설명하지 않는다. 대신에 우리가 보유한 데이터 세트 중에서 가장 부유한 30개국을 대상으로 했을 때에는, UAI가 2008년 CPI 점수의 차이 절반을 넘게 설명했다.[61] 19세기 영국 정치가였다가 캠브리지 대학교 교수가 된 액튼(Lord Acton)은 "권력은 부패하는 경향이 있으며, 절대 권력은 절대적으로 부패한다."라고 하였다. 이는 십중팔구 여전히 옳은 말이지만, 일반적으로 권력은 절대적인 것이 아니라 상대적인 것이다. 권력을 쥐고 있는 사람들 앞에서 시민이 느끼는 힘이 적을수록 권력을 쥐고 있는 사람들이 불법적 관행을 따르고도 모면하기가 더 수월해진다.

당연한 말이지만 부패를 저지르는 사람이 있어서 부패가 있는 것이다. 국제투명기구(Transparency International)는 CPI에 이어 뇌물 공여 지수(Bribe Payers Index: BPI)를 정기적으로 발표한다. 22개 수출국을 대상으로 했을 때에 2008년 BPI 점수는 UAI와 상관이 없었지만, 수출국의 경제적 부와는 상관이 있었다. 중국과 인도처럼 상대적으로 가난한 국가의 수출업자들이 뇌물을 더 많이 준다. 다음으로 수출국의 권력거리 또한 상당한 역할을 했다. PDI가 상대적으로 높은 국가의 수출업자들이 뇌물을 더 많이 주었다.[62]

〈표 6-5〉는 불확실성 수용 사회와 회피 사회 간의 핵심 차이점 중 정치 및 국가에 관한 것을 요약한 것이다.

◤ 표 6-5 │ 불확실성 수용 사회와 회피 사회 간의 핵심 차이점
사회 Ⅳ: 시민 및 정부

불확실성 수용 사회	불확실성 회피 사회
적은 법률, 일반법과 불문율	많은 법률, 정밀 법률과 불문율
지킬 수 없는 법률은 바꿔야 한다.	지킬 수 없는 것일지라도 법률은 필수적이다.
법에 호소할 경우 빠른 처리	법에 호소할 경우 늦은 처리
관청에 대해 시민은 힘이 있다.	관청 앞에 시민은 무력하다.
시민의 반항은 있을 수 있다.	시민의 반항은 억압되어야 한다.
공무원에게 법학 학위가 없다.	공무원에게 법학 학위가 있다.
공무원은 정치 과정을 긍정적으로 생각한다.	공무원은 정치 과정을 부정적으로 생각한다.
시민이 정치에 관심을 가진다.	시민이 정치에 관심을 갖지 않는다.
시민이 정치인, 공무원, 사법 체계를 신뢰한다.	시민이 정치인, 공무원, 사법 체계를 부정적으로 생각한다.
자원단체 및 운동 참여도가 높다.	자원단체 및 운동 참여도가 낮다.
시민의 신분 확인 책임은 당국에게 있다.	시민은 자신의 신분을 언제나 증명할 수 있어야 한다.
남이 보기에 부패가 적다.	남이 보기에 부패가 많다.
자유주의	보수주의, 법과 질서
젊은이에 대한 긍정적 태도	젊은이에 대한 부정적 태도
극단적 사상일지라도 포용력을 가진다.	극단주의가 있고, 극단주의를 억압한다.

◈ 불확실성 회피, 외국인 혐오 및 민족주의

1983년에 로테르담 출신의 16세 고등학생 한 명이 네덜란드와 오스트리아 간 교환학생 프로그램에 참여했다. 아넥(Anneke)이라고 하는 그 학생은 오스트리아에 있는 중간 규모의 마을에서 한 고등학교 교사의 가족과 지냈다. 그 가족에는 리들(Riedl) 박사, 그의 부인, 아넥과 동갑내기인 딸 힐데(Hilde) 및 두 명의 남동생이 있었다.

아넥은 힐데와 함께 학교를 다녔다. 아넥의 독일어 실력은 급속도로 향상되었다. 일요일에 그녀는 독실한 천주교 신자인 힐데와 함께 미사에 참가했다. 아넥은 개신교도였지만 개의치 않았다. 그녀는 몸소 경험하고 노래하는 것을 좋아했기 때문이다. 그녀는 자기 바이올린을 오스트리아에 가져왔고, 방과 후에 힐데와 함께 피아노, 바이올린 합주곡을 연주했다.

힐데와 지낸 지 두 달 무렵이 된 어느 날, 저녁식사 중의 대화 주제가 어쩌다가 유대인이 되었다. 힐데는 유대인에 대해 터무니없는 편견을 가진 것처럼 보였다. 아넥은 심란해졌다. 그녀는 리들 부인에게 유대인 중에 아는 사람이 있는가를 물었다. '당연히 없지!' 라는 게 리들 부인의 대답이었다.

아넥은 자신의 얼굴이 뜨거워지는 것을 느꼈다. "그럼 이제 한 명은 알게 되셨네요."라고 그녀는 말했다. "내가 유대인이에요. 최소한 우리 어머니는 유대인 가족 출신이고, 유대인 전통에 따르면 유대인 어머니에게서 태어난 사람은 무조건 유대인이기도 하거든요."

그 저녁식사는 말없이 조용하게 끝이 났다. 다음날 아침에 리들 박사는 아넥을 한쪽으로 데려가 더 이상 자기 가족과 식사할 수 없노라고 말했다. 그녀에게 음식을 따로 차려 줄 것이며, 이제는 함께 성당에도 갈 수 없을 것이라고 말했다. 그들에게는 아넥이 유대인이라는 것을 말해 주었어야 했다. 아넥은 며칠 뒤에 네덜란드로 돌아왔다.[63]

IBM 연구와 반복 연구에서 유럽연합 가맹국을 대상으로 했을 때 오스트리아와 중부유럽의 다른 국가들이 불확실성 회피 지수가 상대적으로 높았다. 유럽의 이 일대에서 반유대주의를 포함하는 민족적 편견은 수백 년 동안 확산되어 왔다. 뛰어난 오스트리아 학자들 다수가 프로이트(Sigmund Freud)를 위시하여 유대인이었다. 수많은 유대계 오스트리아인들 중 다수가 미국으로 달아났다. 그리하여 그들은 나치 강제수용소에서 비명에 가지 않을 수 있었다. 1945년 이래 오스트리아에는 유대인이 거의 없다.[64] 편견이 여전히 잔존할 수 있고, 어쩌면 걷잡을 수 없이 만연함으로써 결국에는 그 편견의 대상이 모습을 감추게 됐다는 것을 이와 같은 실화에서 볼 수 있다.

이 이야기에서 리들 부부는 다른 것은 위험하다고 느끼는 프로그램이 주입된 상태였고, 이 느낌을 자신의 자녀들에게 물려주었다. 우리는 리들의 자녀들이 그 사건을 어떻게 경험했는지, 그들의 부모만큼 편견을 가지게 되었는지 알 수 없다. 위험하다는 느낌은 소수집단(또는 과거에 소수집단이었던 대상)을 직접적인 대상으로 삼을 수 있고, 이민자와 망명자들, 그리고 다른 국가의 시민들을 향한 것일 수도 있다. 유럽위원회(European Commission)의 1997년판 보고서 『유럽에서의 인종차별주의 및 외국인 혐오증(Racism and Xenophobia in Europe)』의 자료를 보면, 이민자들은 송환되어야 한다는 의견은 불확실성 회피와 강력한 상관을 가지고 있다. 이미 예전에 IBM 연구에서 UAI가 높은 국가에서는 외국인 경영진들이 인정받는 정도가 덜했다는 것을 발견하였다.[65]

다른 국가에 대한 감정은 불확실성 회피만이 아니라 남성성에 따라서도 다르다. 그 조합이 [그림 6-1]에 제시되어 있다. 제2차 세계대전의 추축국 세력이었던 독일, 이탈리아, 그리고 일본은 전부 오른쪽 아랫부분에 위치해 있다. 즉, 높은 불확실성 회피 경향에 높은 남성성 경향이 더해진 것이다. 이런 조건으로 인해 이 세 국가들은 다른 문화 형태를 지니고 있는 국가보다 더욱 쉽게 전쟁 이전부터 자민족 중심적이고, 외국인 혐오적이며, 공격적 경향이 지배할 수 있었던 것이다. 파시즘과 인종차별주의는 불확실성 회피 성향이 강하고 남성적인 가치가 뚜렷한 문화에서 아주 잘 자란다. 역설적인 점은 이와 동일한 가치가 이 추축국 국가들이 경제적으로 빠르게 회복하는 데에 기여하였다는 점이다. 한 문화의 약점이 다른 상황에서는 장점이 될 수도 있다.

[그림 6-2]에 제시된 불확실성 회피와 개인주의의 조합은 사회가 내집단 갈등을 다루는 점에서 서로 다른 방식을 갖는다는 것을 시사한다. 한 국가의 경계 안에 서로 다른 민족적, 언어적 또는 종교적 집단이 존재하는 것은 하나의 역사적 사실이다. 어떤 국가는 다른 국가보다 동질적이다. 그 국가의 국민과 정부가 그러한 갈등을 어떻게 다루냐 하는 것은 문화적 현상이다. 우측 상단부에 있는 국가들은 불확실성 회피 성향('다른 것은 위험하다.')이 강하면서 집단주의적 배타주의(내집단과의 강한 동일시)가 결합되어 있는 국가

들이다. 이런 국가는 갈등 체제를 부인함으로써, 그리고 소수집단을 동화시키거나 억압함으로써 집단 간 갈등을 제거하려는 경향이 있다. 흔히 소수집단도 마찬가지로 불확실성 회피 성향이 강하면서 집단주의 가치를 지니고 있기 때문에 집단 간 과격한 분쟁이 일어날 가능성이 상당히 많다. [그림 6-2]의 우측 상단부에서 심각한 집단 간 갈등 문제를 안고 있는 국가는 세르비아, 아랍국, 그리고 터키다. 인도네시아와 아프리카 국가들은 4분면 중 그쪽에 가까이 있다.

말레이시아와 싱가포르처럼 [그림 6-2]의 좌측 상단부에 있는 국가도 강한 집단 정체성을 지니고 있는 국가들로 구성되어 있지만, 이 국가들은 각 집단이 서로 참고 양보하며 보완하는 잠정적 협정 방안을 찾아낼 가능성이 더 많다. 우측 하단부의 국가들은 종종 소수집단 및 민족적, 종교적 또는 언어적 상대 집단에 대해 상당한 적대감을 품고 있지만(특히 벨기에), 개인주의 국가의 보편주의에 따라 만인의 권리를 존중해야 한다는 점을 보장하려고 노력한다. 타인에 대한 극단주의는 정치적 주변부에만 허용될 수 있는 것이다. 끝으로, 미국처럼 좌측 하단부에 있는 국가들은 주류 집단이 소수집단을 통합하여 모두에게 동등한 권리를 보장하는 것을 최소한 이론적으로 지지할 것이다. 미국의 그러한 포용력은 2001년 9 · 11 공격 같은 사건으로 인해 난관에 봉착하게 되었는데, 이는 아랍계 및 아랍계처럼 보이는 미국인들이 치르는 경험에서 잘 드러난다.

불확실성 회피 성향이 강한 국가에서는 일탈자와 소수집단에 대한 포용력이 부족하기 때문에 때로는 국가 전체가 손해를 보는 경우가 있었다. 1492년 무어인으로부터 이베리아 반도를 탈환한 후, 가톨릭 군주들은 스페인과 포르투갈에서 유대인을 추방했다. 이들 국가들은 가장 진취적인 시민을 상당수 잃게 되었다. 이후 수세기 동안 이 두 제국이 멸망하게 된 원인은 바로 그 점에 있다고 여기게 되었다. 이베리아 유대인 중 한 집단이 네덜란드에 정착하여 17세기에 네덜란드의 식민지 확장에 핵심적인 공헌을 하였다. 또 다른 집단은 코스타리카로 가서, 심지어 오늘날까지도 그 국가가 라틴아메리카식의 인물주의(personalism)와 경기 침체의 긍정적인 예외로 남는 데 결정적인 역할을 하였다(제4장 참조). 근현대사에서는 히틀러가 최고의 과학자들(대부분이 유대인)을 독일에서 추방함으로써 결국은 미국인이 원자폭탄을 개발하도록 도와준 셈이 되었다.

● 불확실성 회피, 종교, 사고방식

이 장의 앞부분에서 **종교**는 인류가 불안을 회피하는 하나의 수단으로 이용되고 있음을 언급한 바 있다. 종교적인 신념은 우리가 스스로 방어할 수 없는 불확실성을 받아들일 수 있도록 도와준다. 어떤 종교들은 사후의 생명에 대한 궁극적인 확신까지 심어 주기도 한다.

〈표 6-1〉의 UAI에 따라 국가들을 분류해 보면 그 형태가 각 국가에 지배적인 종교와 어느 정도 상관되어 있다. 그리스 정교와 천주교 국가의 UAI는 대부분 높다(필리핀과 아일랜드는 예외). 이슬람 국가의 UAI는 중간쯤 된다. 개신교 국가의 UAI는 평균 이하다. 불교와 힌두교의 UAI는 중간 이하로 낮지만, 일본은 예외다.

국가들을 종교로 구분할 때의 문제점은 세계의 대(大)종교라고 할 수 있는 것들이 모두 내부적으로 이질적이라는 사실이다. 같은 천주교라 하더라도 폴란드, 페루, 이탈리아, 네덜란드의 천주교 사이에는 상당한 차이가 있다. 마찬가지로 인도네시아, 이란, 사우디, 유고슬라비아의 이슬람교도 각각 그 신앙인에게, 그리고 각 국가에 의미하는 바가 완전히 다르다. 태국, 싱가포르, 일본 불교는 각각 아주 다른 감정적, 실제적 결과들을 지니고 있다.

제1장에서 이미 제안했듯이, 종교를 바꾼다고 해서 문화적 가치가 완전히 변화함을 의미하는 것은 분명히 아니다. 종교를 바꾼 후에도 권력거리, 개인주의–집단주의, 남성성–여성성, 불확실성 회피 차원으로 표현되는 가치 복합체는 그대로 남게 된다. 이러한 가치복합체는 심지어 국민이 어떤 종교에 대해 어느 정도까지 수용적일 수 있는지, 그리고 그 국가에서 받아들인 종교가 얼마나 발달할 수 있는지까지 영향을 줄 가능성이 있다. 인도네시아 자바섬의 신비주의 종교는 힌두교, 불교, 이슬람교, 기독교로의 개종 이후에도 계속 살아남았다. 종교개혁은 기독교 국가를 로마제국의 지배하에 있던 유럽국가와 그렇지 않은 국가로 확연히 갈라놓았다. 전 로마 국가들(즉, 현재 로망스어를 사용하고 있는 국가들)은 하나같이 종교개혁을 거부하고 천주교를 유지하였고, 다른 국가들은 대부분 신교 혹은 혼합종교 국가가 되었다. 폴란드와 아일랜드는 로마제국의 일부가 되었던 적

은 없지만, 이 경우는 천주교가 국민들로 하여금 비기독교계인 억압자들에게 대항할 수 있는 정체감을 제공하였다.

불확실성 회피 성향과 종교적 신념 간의 관계를 고려함에 있어서 서양 종교들과 동양 종교들 간의 차이를 먼저 구분해 볼 필요가 있다. 유대교, 기독교, 이슬람교와 같은 서양 종교들은 모두 신의 계시에 바탕을 두고 있으며, 우리가 지금 중동이라고 부르는 곳에서 시작되었다. 서양 종교들이 동양 종교들과 다른 점은 진리(truth)에 관심을 둔다는 점이다. 서양의 계시종교들이 공유하고 있는 기본 가정은 모든 다른 진리를 배척하며 인간이 소유할 수 있는 절대적인 진리가 단 하나 존재한다는 것이다. 이러한 종교에 집착하는 국가 중 불확실성 회피 성향이 강한 사회와 약한 사회 간의 차이는 바로 이 절대적인 진리의 소유와 관련된 확실성의 정도에 있다. 불확실성 회피 성향이 강한 문화에서 흔히 가지고 있는 신념은 '단지 하나의 진리만이 있을 뿐이며, 우리가 그것을 가지고 있다. 다른 것들은 모두 거짓이다.' 라는 것이다. 이 진리를 소유하는 것이 구원에 이르는 유일한 길이며 인생의 주요 목적이다. 다른 것들은 모두 거짓이라고 믿기 때문에 이들을 개종시키거나 회피하거나 또는 죽이려고까지 할 수 있다.

서양 국가들 중 불확실성 회피 성향이 약한 문화에서도 역시 진리를 믿을 수 있지만 자신만이 그 진리를 소유하고 있다고 믿어야 할 필요성은 덜 느낀다. '단지 하나의 진리만 있을 뿐이며 우리가 그것을 찾고 있다. 다른 사람들도 또한 그 진리를 찾고 있으며, 우리는 진리를 추구하는 사람들이 서로 다른 방향에서 그것을 바라보고 있다는 사실을 인생의 엄연한 사실로 받아들인다.' 어쨌든 신은 누구든 자기 신념 때문에 단죄 받기를 원하지 않는다는 것도 이 진리의 일부다.

수세기 동안 천주교는 이단적인 생각을 지닌 많은 사람을 죽음으로 몰아넣는 종교재판을 유지해 왔으며, 저술을 금지하거나 책을 태우기도 하였다. 어떤 책은 심지어 오늘날의 천주교에서도 금서로 지정되어 있다. 이란에서는 호메이니(Ayatollah Khomeini)가 1989년 생을 마감하기 직전에 루쉬디(Salman Rushdie)가 지은 『사탄의 노래(the Satanic Verses)』라는 책을 금지시켰고, 모든 신앙인으로 하여금 이 책의 저자와 출판자를 죽이도록 종용하였다. 다른 기독교 국가의 많은 사람이 자기 국가 역사의 종교적 편협성을 알고 있으면서도 이란의 이러한 사건에 충격을 받았다는 사실은 좀 놀랍다. 몇몇 예외가 있기는 하지만

(호메이니의 행위도 예외에 속함), 역사적으로 볼 때 천주교보다는 이슬람교가 다른 종교를 허용하는 아량이 비교적 더 넓었다고 볼 수 있다. 이슬람교 터키제국에서는 '성경 속의 백성', 즉 유대인과 기독교인을 너그러이 받아들여, 특별세를 내기만 하면 자기의 종교를 계속 유지할 수 있도록 허용해 주었다. 반면에 일반적으로 비교적 더 마음이 넓다고 간주되는 개신교조차도 종교적 편협성으로 인한 희생자를 만든 예가 있는데, 그 좋은 예가 바로 1553년에 제네바에서 칼뱅(John Calvin)에 의해 화형당한 세르베(Michel Servet)다. 과거에 신교 국가들은 마녀로 생각되는 사람을 태워 죽였다. 21세기에는 기독교 원리주의적 설교자들이 롤링(Joan Rowlings)의 『해리 포터(*Harry Potter*)』 시리즈가 악마의 소행이라고 공격했다.

고해성사를 하는 것은 불확실성 회피 성향이 강한 문화 형태에 잘 들어맞는 종교의식이다. 규칙이 지켜질 수 없는 경우, 고해성사는 개인에게 죄를 물음으로써 그 규칙을 보존하는 한 방법이 된다. 천주교의 고해성사는 비교적 온건하고 신중하다. 스탈린 시대 소련의 공격적 공산주의는 이 고해성사를 대중행사로 만들어 버렸다. 반면 불확실성 회피 성향이 약한 문화에서는 규칙을 지킬 수 없다는 사실이 명백하다면 그 규칙을 바꾸려는 경향이 더 많다.

동양의 종교들은 진리에 대한 관심이 덜하다. 이들의 사고방식에는 인간이 소유할 수 있는 하나의 진리가 존재한다는 가정이 없다. 그들의 사고방식에는 불확실성에 대한 용인 말고도 여러 가지가 있는데, 그것에 대해서는 제7장에서 더 자세하게 논의할 것이다.

대다수 국민이 기독교 신자인 모든 국가를 통틀어, 인구 중에 (신교에 반대한) 구교(천주교) 신자들이 차지하는 비율과 그 국가의 UAI 간에 강한 상관이 있다. 두 번째 상관관계는 남성성 정도와의 사이에서 나타나는데, 이것은 구교가 우세한 곳에 남성적 가치가 우세함을 의미하는 것으로, 예를 들어 여성을 지도자로 받아들이기를 거부하는 것과 같은 것이다(제5장 참조).[66] 구교는 대부분의 신교 집단에는 없는 확실성을 교도에게 제공하기 때문에 불확실성 회피 성향과의 상관관계는 해석하기가 쉽다. 구교는 그러한 확실성에 대한 욕구를 지닌 문화에 호소력을 갖는다. 신교는 사람들이 확실성에 대한 욕구를 덜 느끼는 문화에서 인기를 누린다. 확실성에 대한 욕구가 강한 사람들은 정통파 기독교 집단에서 분파를 형성하여 그 안에서 정신적인 안식처를 찾는다.

유대교나 이슬람교 내에도 불확실성 회피 성향이 상대적으로 강한 분파와 약한 분파 간에 눈에 띄는 갈등이 존재한다. 그 한 분파는 독단적이고 편협하고 열광적이며 원리주의적인 반면('단지 하나의 진리만이 있을 뿐이며 우리가 그것을 가지고 있다'), 다른 한 분파는 실용적이고 포용력 있으며 자유분방하고 현대 세계에 개방적이다. 근래에는 이들 세 개의 계시종교들 모두에 열광적인 분파들이 있어서 부산하게 움직이며 떠들어대고 있다. 열광은 역사적으로 언제나 그 자체로 자멸을 불러왔기 때문에 열광적인 행위들도 언젠가는 잦아들 때가 올 것이다.

종교에 적용되는 것들은 또한 정치적 이데올로기에도 적용되는데, 이 정치적 이데올로기라는 것은 종교적 영감과 구분하기가 어려울 때가 많다. 마르크스주의(Marxism)도 많은 국가에서 하나의 세속적인 종교의 형태를 취하고 있다. 동독이 확고한 공산주의를 유지하고 있을 당시, 라이프치히 대학의 정면은 "마르크스주의는 진리이므로 전능하다!(Der Marxismus ist allmächtig, weil er wahr ist!)"[67]라고 쓰여 있는 커다란 깃발로 장식되어 있었다. 불확실성 회피 성향이 강한 문화에는 대개 다른 이데올로기를 수용하지 않는 편협한 정치 이데올로기가 있으며, 불확실성 회피 성향이 약한 문화에는 대개 포용력 있는 정치 이데올로기가 있다. 보통 '인권'에 대한 존중이 이루어지기 위해서는 서로 다른 정치 이념을 지닌 사람들에 대한 포용력이 전제되어야 한다. 몇몇 국가의 인권 유린 사례의 뿌리는 바로 그런 문화의 본질을 형성하고 있는 강한 불확실성 회피 성향에 있다고 할 수 있다. 그러나 일부 국가에서는 이런 것들은 단지 권력투쟁(및 권력거리와 관련되는 것) 또는 집단주의적인 집단 간 분쟁으로 야기된 결과에 불과할 수도 있다.

철학과 과학의 영역에서[68] 위대한 이론들은 불확실성 회피 성향이 약한 문화보다 강한 문화에서 만들어질 가능성이 더 많다. 진리의 탐구는 철학자를 기질적으로 동기화하는 요인이다. 유럽에서는 독일과 프랑스가 영국과 스웨덴보다 위대한 철학자를 더 많이 배출했다(예: 데카르트, 칸트, 헤겔, 마르크스, 니체, 사르트르). 불확실성 회피 성향이 약한 문화에서는 위대한 경험주의자, 즉 명상보다는 관찰과 실험을 통해 결론을 끌어내는 사람을 많이 배출했다(예: 뉴튼, 린네, 다윈).

학술지에 투고된 원고들에 대해 동료 전문가 입장에서 심사를 하다보면 독일인과 프랑스인이 쓴 논문은 자료에 의해 지지되지 않는 포괄적인 결론을 주장하는 경우가 흔하다는 것을 알게 된다. 영국인과 미국인들이 쓴 원고는 광대한 자료 분석 결과를 제공하지만 대담한 결론을 내리는 것을 꺼린다. 독일인과 프랑스인은 연역법에 의해, 영국인과 미국인은 귀납법에 의해 추리하는 경향이 있다.[69]

과학적 논쟁의 이면에는 때로 문화적 가정이 숨어 있다. 독일의 물리학자인 아인슈타인(Albert Einstein, 1879~1955)과 그의 덴마크 동료 보어(Niels Bohr, 1885~1962) 간의 논쟁은 원자 안에서 일어나는 어떤 과정이 법칙에 의해 지배를 받느냐 아니면 무선적(random)이냐에 관한 것이었다. 아인슈타인은 "나는 신이 주사위를 던지고 있는 것을 상상할 수가 없다."고 말했음직하고, 보어라면 신이 주사위를 던지는 모습을 상상할 수 있었을 것이다. 최근의 연구에 의하면 보어가 옳고 아인슈타인이 틀렸다는 사실이 증명되었다. 덴마크는 불확실성 회피 지수가 아주 낮은 국가다(제74위, 23점).

서로 다른 확신을 지니고 있는 사람들이 친한 친구가 될 수 있는지 여부도 한 사회의 불확실성 회피 수준에 따라 결정된다. 정신병리학자인 오스트리아의 프로이트와 스위스의 융(Gustav Jung)처럼 과학적인 의견이 일치하지 않은 후에 우정에 금이 간 학자들에 대한 이야기는 불확실성 회피 성향이 강한 국가에서 나오는 경향이 있다. 불확실성 회피 성향이 약한 국가에서는 서로 다른 과학적 의견이 반드시 우정의 방해가 되지 않는다.

제2차 세계대전 이전과 대전 중에 독일과 오스트리아의 유대계 혹은 반(反)나치 과학자들이 대부분 자기 국가를 떠나 영국과 미국으로 망명하였다. 아인슈타인, 프로이트, 포퍼(Karl Popper), 레빈(Kurt Lewin), 아도르노(Theodor Adorno) 등이 그 예다. 이들을 받아들인 국가는 이와 같은 '두뇌의 유입'으로 뜻하지 않게 아주 큰 이익을 보게 되었다. 망명자 중 더 젊은 사람들은 자신이 정착한 새로운 국가에서 각자 전공하던 과학 분야에 상당히 실질적인 공헌을 하였다. 여기에는 강한 불확실성 회피 성향에 뿌리를 두고 있는 중부 유럽의 이론적 취향과 약한 불확실성 회피 성향으로 배양된 영미계의 경험주의적 감각 간에 대단한 상승작용이 있었다.

망명자 중에는 과학적인 문화 충격을 경험한 사람도 있었다. 이전의 프랑크푸르트 사회학자였던 마르쿠제(Herbert Marcuse)는 캘리포니아에서 현대 사회에 대한 비판을 강연하다가 우연히 억압적 포용(repressive tolerance)이라는 말을 사용하게 되었다. 억압과 포용은 서로 배타적인 의미를 지니기 때문에 앞뒤가 맞지 않는 용어다. 그러나 이 용어는 마르쿠제가 독일식의 억압을 예상했다가 미국식의 지적 포용을 접하면서 겪은 당혹감을 반영해 주는 말이다.

무이즈(Marike de Mooij)는 문화적 가치가 한 국가에서 출판된 문학 소설의 주제에서뿐만 아니라 스타일에서도 인지될 수 있다고 지적했다. 그녀는 불확실성 회피 지수가 높은 국가의 세계 문학을 예로 들면서, 체코 출신 카프카(Franz Kafka)의 『성(*The Castle*)』, 독일 출신 괴테(Goethe)의 『파우스트(*Faust*)』를 언급했다. 전자에서 주요 등장인물은 비인간적 규칙에 얽매여 있다. 후자에서 남자 주인공은 절대 진리를 알기 위해 자신의 영혼을 판다. 불확실성 회피 성향이 낮은 영국에서 출판된 문학 작품에서는 대부분 실재하지 않는 일들이 생긴다. 캐롤(Lewis Carroll)의 『이상한 나라의 앨리스(*Alice in Wonderland*)』, 톨킨(Tolkien)의 『반지의 제왕(*Lord of the Rings*)』, 롤링의 『해리 포터』가 그 예다.[70]

〈표 6-6〉은 〈표 6-2〉에서부터 시작된 불확실성 수용 사회와 회피 사회 간의 핵심 차이점을 요약해 놓은 것이다. 앞의 두 절에서 망라한 이슈들이 추가되어 있다.

표 6-6 | 불확실성 수용 사회와 회피 사회 간의 핵심 차이점
사회 V: 포용력, 종교 및 사고방식

불확실성 수용 사회	불확실성 회피 사회
다른 민족에 대한 포용력이 있다.	다른 민족에 대한 편견이 있다.
외국인에 대해 긍정적이거나 중립적이다.	외국인 혐오증이 있다.
망명자들을 받아들여야 한다.	이민자들은 송환되어야 한다.
방어적인 민족주의다.	공격적인 민족주의다.
집단 간 격렬한 갈등 위험이 낮다.	집단 간 격렬한 갈등 위험이 높다.
한 종교의 진리가 타종교에 강요되어서는 안 된다.	종교에는 단지 하나의 진리만이 있을 뿐이며 우리가 그것을 가지고 있다.
계명을 따를 수 없다면 그 계명은 바뀌어야 한다.	계명을 따를 수 없으면 우리는 죄인이고 따라서 회개해야 한다.
인권 존중: 아무도 자기 신념 때문에 단죄받아서는 안 된다.	종교적이고, 정치적이며, 이데올로기적인 비포용력과 원리주의를 따른다.
철학과 과학에서 경험주의와 상대주의를 추구를 하는 경향이 있다.	철학과 과학에서 거대 이론을 추구하는 경향이 있다.
과학적 의견이 반대인 사람도 친구가 될 수 있다.	과학적 의견이 반대인 사람은 친구가 될 수 없다.
문학 작품은 공상 세계를 다룬다.	문학 작품은 규칙과 절대 진리를 다룬다.

➡ 불확실성 회피 차의 근원

권력거리의 차를 가져올 만한 근원을 제3장에서 생각해 보았다. 국가가 분류되는 형태를 살펴볼 때 그 차이의 뿌리가 2,000년 전의 로마제국에까지 소급함을 알 수 있었다. 동아시아에서는 그보다 더 오래된 중국제국에서 그 근원을 찾을 수 있었다. 두 제국이 모두 권력거리가 큰 문화 유산을 남겼다.

불확실성 회피 차원에 있어서도 역시 라틴어계 언어를 사용하는 국가들끼리 분류됨을 알 수 있다. 로마제국의 후손이라고 할 수 있는 국가는 모두 불확실성 회피 성향이 강한 쪽에 몰려 있다. 중국어 사용국인 대만, 홍콩, 싱가포르는 불확실성 회피 성향이 훨씬 낮으며, 중국계 소수집단이 중요한 위치를 차지하고 있는 태국, 인도네시아, 필리핀, 말레이시아 역시 약한 불확실성 회피 성향을 보인다.

로마제국과 중국제국은 모두 강력하게 중앙집권화된 국가였기 때문에 국민이 중앙의 명령을 당연하게 여기는 문화를 낳았다. 그러나 이 두 제국은 한 가지 중요한 면에서 서로 달랐다. 로마제국은 독특한 성문법 체계를 개발했는데, 이것은 원칙적으로 신분의 근원에 관계없이 모든 사람에게 공히 적용되었다. 그러나 중국제국은 이러한 법의 개념을 전혀 알지 못했다. 중국 정부의 지속적인 주요 원리는 로마의 '법에 의한 정치'와 대조되는 '사람에 의한 정치'였다고 할 수 있다. 중국의 판사들은 공자의 말씀과 같은 포괄적인 일반 원리를 따르도록 되어 있었다(제7장 참조).

두 갈래의 지적 전통이 이처럼 대조되는 것은 로마 유산을 물려받은 국가의 IBM 근무자들이 중국 유산을 이어받은 국가의 동료보다 더 강한 불확실성 회피 성향을 보인다는 사실을 잘 설명해 준다. 이것은 국가문화 차의 뿌리 깊은 역사적 근원을 실증해 주는 또 하나의 강력한 예가 된다. 이와 같이 오래된 역사를 볼 때 우리는 우리 생애에 이러한 가치 차가 근본적으로 변화할 수 있을 것이라는 기대를 함부로 갖지 못하게 된다.

권력거리 차는 지리학적 위도, 인구의 크기, 국가의 부와 연관될 수 있다는 것이 통계적으로 밝혀졌다(제3장 참조). 불확실성 회피 차원의 경우에서는 그러한 폭넓은 관계를 발견할 수 없었다. UAI와 경제적 부 간 관계는 지역과 시기에 따라 달라진다. 1925~1950년의 기간 동안 유럽의 경우 UAI와 경제적 부 간의 관계는 부적이었다. 불확실성 회피 성향이 강한 국가들이 제2차 세계대전 중에 더 적극적으로 전쟁을 벌였고, 그 국가들의 경제는 몹시 나빠졌다. 1950년 이후에는 그 국가들의 경제가 기사회생했기 때문에 UAI와 경제적 부 간 관계는 역전이 되었다. 종합해서 말하면, 역사 이외에는 통계적 분석을 통해 불확실성 회피 성향의 강약 원천이 될 만한 일반적 요인을 찾아낼 수 없다는 이야기다.[71]

◉ 불확실성 회피 차의 미래

IBM 연구에 기반을 둔 UAI는 시대별로 측정된 것이 없으며, 우리가 아는 한 어떤 집단에 대해 종단적으로 동등한 점수를 측정한 연구는 없다. 그런데 시간에 따른 불안의 추이에 관한 흥미롭고 역사적인 정보를 린(Richard Lynn)이 주었다. 린이 제시한 국가적 불안 점수는 이 장에서 일찍이 밝혔던 것으로서 UAI와 상관이 있었다. 린은 1935년부터 1970년까지 18개국을 대상으로 국가적 불안점수 수준을 추적할 수 있었다.[72] 1935년에 불안점수가 가장 높은 5개국은 오스트리아, 핀란드, 독일, 이탈리아, 일본이었다. 이 국가들은 제2차 세계대전 추축국 세력 및 두 국가로 그 전쟁에서 서로 한편이었다. 1935년과 1950년 사이에는 제2차 세계대전(1939~1945) 중에 패전했거나 점령당했던 국가는 모두 불안 수준이 한층 높아진 반면, 제2차 세계대전 중에 패전하지 않았거나 점령당하지 않은 9개국 중 6개국의 불안 점수는 낮아졌다. 전쟁 직후인 1950년에 불안 수준의 전체 평균 점수가 가장 높았고, 1965년에 전반적으로 점수가 하락했으며, 그 이후에 다시 상승했다.

린의 자료는 국가의 불안 수준은 안정적이지 않으며, 높은 불안 수준은 전쟁과 관련이 된다는 것을 보여 주고 있다. 제1차 세계대전이나 그 이전의 여러 전쟁이 있던 당시에도 이와 유사한 불안 수준 변동이 있었을 것으로 가정해 볼 수 있다. 그 과정은 다음과 같을 것이다.

불안 수준이 높아질 때 불확실성 회피 성향도 강해진다. 편협성, 외국인 혐오증, 종교적 및 정치적 광신주의, 그리고 이 장에서 설명한 다른 모든 형태의 불확실성 회피 성향에서 이런 과정이 눈에 두드러진다. 주도권이 광신자들의 손에 넘어가게 되고, 이로 인하여 국가는 전쟁의 소용돌이 속으로 빠져들게 된다. 전쟁에는 물론 이같은 광신주의를 보이지 않는 국가들도 개입할 가능성이 있지만, 전쟁 위협으로 인하여 불안 수준 역시 증가하게 된다.

자기 국가에서 전쟁을 경험하고 있는 국가의 경우, 전쟁이 극도로 격화됨에 따라 불안 수준은 훨씬 더 높아진다. 전쟁 후에는 먼저 직접적으로 피해를 보지 않은 국가에서, 그리고 몇 년 후에는 재건을 시작하는 국가에서 점차 스트레스가 줄어들게 된다. 불안은 감소하고 포용력은 증가하지만, 몇 년 후에는 이 경향이 역전되어 새로운 불안의 물결이 등장하게 되고 이것은 새로운 갈등의 전주곡이 될 수 있다. 경제적 과정은 중요한 역할을 수행한다. 국가가 번영하다보면 개인주의가 지지되고 불확실성 회피 성향이 가난한 자들의 집단주의와 강력하게 결합될 가능성은 약화된다([그림 6-2]).

이 악순환을 깨기 위해서는 국제적 조치가 필요하다. 60여 년 전만 해도 심한 앙숙이던 국가들이 가맹국으로 있는 유럽연합이 하나의 예가 된다. 궁극적으로 의지할 곳은 국제연합이며, 세계 평화를 위한 조치를 합법화하는 데에 이를 대신할 것이 없다.

제7장

장기지향 문화와 단기지향 문화

YESTERDAY, NOW, OR LATER?

유명한 중국 소설 『홍루몽, 紅樓夢(The Dream of the Red Chamber)』은 1760년 무렵 출판되었다. 작가 조설근(曹雪芹)은 베이징(北京) 안에 땅을 잇대어 살고 있는 한 귀족 가문 집안의 부침(浮沈)을 묘사하고 있다. 인근 부지에 사는 한 귀족 관료 가문을 번성과 쇠락이라는 두 가지 줄기에서 그린다. 두 집 사이에 그들은 양가의 젊은이들, 주로 여성들을 위한 정자도 몇 개 딸린 멋진 공동의 정원을 꾸며왔다. 젊은 여인들 중 한 사람인 탐춘(Tan Chun)이 그 정원의 책임자가 되기까지, 그 큰 정원을 유지하는 데는 많은 문제가 따랐다. 탐춘은 새로운 운영 계획을 발표했다.

원 내에 있는 할멈들 중에서 농사에 대해 이미 알고 있는 사람을 몇 명 추려서 그들에게 대정원의 관리를 맡기는 거예요. 그 할멈들에게 소작료를 내달라고 할 필요 없이 그저 매년 작물의 얼마씩만 바치라고 하면 되지요. 이렇게 하면 네 가지 이점이 있을 거예요. 첫째, 나무와 화초 등을 보살피는 일을 전담하는 사람이 생기니 정원 상태는 해마다 점점 나아질 테고, 그러면 오랫동안 방치해서 손을 댈 수 없게 되어서야 비로소 정신없이 허둥대는 일도 더 이상 없게 되지요. 둘째, 지금 같이 못쓰게 버려지지 않게 될 겁니다. 셋째, 할멈들 자체의 수입에도 약간의 보탬이 될 테니 그것이 할멈들이 일 년 내내 일하고 수고한 것에 대한 보상이 될 거예요. 어디 그뿐이겠어요. 넷째, 묘목 업자들, 암석정원 기술자, 정원 관리사에게 줄 돈을 절약하게 되니, 그렇게 해서 남는 돈을 다른 데에 활용하지 못할 이유가 없죠.[1]

이야기가 전개됨에 따라 탐춘의 민영화는 성공적으로 실현된다. 조설근은 나이든 여자들에게도 다른 누구 못지 않게 기업가적 정신을 가지는 것이 당연시되는 사회를 묘사한 것이다. 이는 그들의 마음속 소프트웨어에 있었던 것이다.

◈ 국가적 가치와 공자의 가르침

제2장에서 본드(Michael Bond)가 중국인 동료들에게 중국식 가치조사(Chinese Value Survey: CVS)에 들어갈 만한 내용을 뽑아 달라는 요청을 어떻게, 그리고 왜 했는지를 설명했다. 본드와 국제적으로 연고가 있는 이들이 1985년에 전 세계 23개국의 학생을 대상으로 CVS를 실시했었다.[2] CVS 데이터베이스 분석 결과 네 가지 차원이 나왔고, IBM 대상국과 공통되는 20개국을 대상으로 하자 네 가지 차원 중 세 가지 차원이 헤르트의 IBM 차원들 중 하나와 각각 유의한 상관관계가 있었다. 네 번째 CVS 차원은 네 번째 IBM 차원과 상관관계가 없었다. 즉, 불확실성 회피는 CVS의 네 번째 차원과 같지 않았다. 네 번째 CVS 차원은 IBM 데이터베이스 속의 가치에 들어 있지 않은 가치와 관계가 있었다. 그러나 놀랍게도 이 차원은 최근 경제 성장과 강력한 상관을 보였다. 또 나중에 밝혀진 것이지만 그것은 향후 경제 성장도를 예측했다.[3] IBM 차원에서 IDV와 어느 정도의 PDI는 국가의 부와 상관이 있었지만 성장, 즉 부의 증가와는 상관이 없었다. 우리가 알기로는 경제적 성장과 상관이 있는 비경제적 지수란 것은 밝혀진 적이 없었다. 이 발견만으로도 이 CVS 차원을 우리의 모형에 다섯 번째 새로운 차원으로 추가할 이유는 충분했다.

CVS의 네 번째 차원은 극의 한쪽에 다른 가치를 묶었다.

① 끈기(인내)
② 절약
③ 인간 관계 서열 정립과 이 질서의 준수
④ 수치심

반대 쪽 극에는 다음과 같은 가치들이 묶여 있었다.

⑤ 인사치레, 신세진 것, 받은 선물 되갚기(은혜 갚기)

⑥ 전통 존중

⑦ '체면' 유지

⑧ 진지함, 안정된 성격

중국 문화 연구자들은 이 가치들을 공자의 가르침에 들어 있는 것들로 보았는데 공자에 대해서는 제3장과 제4장에서 이미 언급했었다.

공자는 기원전 500년경에 중국에서 지체가 별로 높지 않은 계층에서 태어난 지성인이었다. 공자는 당시 분열되어 있던 중국의 제후 몇 명을 보좌하고자 했으나 이루지 못했다. 그러나 그는 재치와 지혜로 명성을 얻었으며, 후에 많은 제자가 주변에 모여들어 그의 가르침을 기록함으로써 오늘날까지 공자의 사상이 전해오고 있다. 공자는 고대 그리스의 소크라테스와 비슷한 위치에 있었던 셈이다(공자는 소크라테스보다 약 80년 정도 일찍 태어났다).

공자의 가르침은 종교적 내용이 빠진 실용적 윤리 기준에 교훈을 주는 것들이었다. 즉, 유교는 종교가 아니라 공자가 중국의 역사에서 이끌어 낸 실용적 생활 규칙이다. 공자의 가르침의 핵심 원리는 다음과 같다.

① 사회 안정은 사람들 사이의 지위 불평등에 토대를 두고 있다. 공자의 가르침 중 이 부분은 이미 제3장에서 설명했다. 그는 기본적인 인간 관계 다섯 가지를 오륜(五倫)으로 구분했다. 오륜은 군신(君臣), 부자(父子), 장유(長幼), 부부(夫婦), 붕우(朋友)다. 이 관계들은 상호 보완적 의무에 기반을 두고 있다. 예를 들면, 연소자는 연장자를 존중하고 그에 복종해야 하며, 연장자는 연소자를 보호하고 배려해야 한다. 가치 3 '인간 관계 서열 정립과 이 질서의 준수'는 이 원칙에 잘 들어맞는다.

② 가족은 모든 사회 조직의 원형이다. 사람은 일차적으로 개인이 아니라 한 가족의 구성원이다. 제4장에서 저자들은 (집단주의적) 가족에게 수치심(죄책감이 아니라)이 중시된다는 점을 강조한 바 있다. 가치 4 '수치심'을 지니는 것은 유교적 가족 기반 사회에서 기본이다.

③ 타인에 대한 착한 행동이란 자기가 대우받고 싶은 방식으로 남을 대우하는 것이다. 서양 철학에서 이는 황금률로 알려져 있지만 '않은, 않는'을 뺀 형태로 된 것이다. 공자는 인간에게는 타인에 대한 자비심이 기본적으로 있다고 보았지만, 이것은 원수를 사랑하라는 기독교의 계명에까지는 미치지 않는다. 헤르트는 만약 우리가 원수를 사랑해야 한다면 친구에게는 어떻게 해야 한단 말인가 하는 유교 신봉자의 소리를 들었다.

④ 인생에서 자기의 과업에 관한 미덕은 기술과 교육을 받으려 노력하는 것, 열심히 일하는 것, 필요 이상으로 낭비하지 않는 것, 참는 것, 그리고 포기하지 않는 것이다. 과도의 소비나 자제력 상실은 금물이다. 모든 일에는 중용을 지켜야 한다(이 규칙은 소크라테스도 만들었다). 가치 1 '끈기'와 가치 2 '절약'은 이 원리에 잘 들어맞는다.

CVS의 네 번째 차원과 연관된 것으로 밝혀진 여덟 가지 가치 중에서 첫 번째 극에 속한 네 가지 가치들 전부가 공자의 가르침과 직접적으로 공명한다. 5번부터 8번까지의 가치 중에는 중국 환경에서 쉽게 잘 알아볼 수 있는 '인사치레, 신세진 것 및 받은 선물 되갚기', '체면 유지' 행실들의 중시가 포함되지만, 이들은 유교에만 있는 것이 아닐 뿐 아니라 '전통 존중'과 '사람의 진지함과 안정'은 엄밀히 말해 중국 특유의 가치도 아니다.

CVS의 네 번째 차원은 본질적으로 '공자의 가르침'이 아니다. 극히 공자적인 가르침 중 몇 가지 가치는 실제 그 차원(효도 차원)과 상관을 보이지 않았다. CVS 차원의 '효도'는 집단주의와 상관을 보였다. 이 차원의 문제는 인도와 같은 비유교 국가도 이 차원에서 매우 높은 점수를 받았다는 것이다.

이 시점에서 잠시 멈춰, 이 여덟 가지 가치 집단이 어떻게 만들어졌는지를 생각해 보자.

① CVS 질문지를 설계한 중국 학자들은 어떤 가치를 포함시킬지를 우선 가렸다. 가치가 유관한지를 고려하는 것은 중국인의 판단 사안이었다. 서구인들이 만든 IBM 차원에 포함된 몇 가지 다른 가치들, 특히 불확실성 회피와 연관된 가치들은 CVS에 포함되지 않았다. 그렇다고 해서 그 가치가 중국에서 통하지 않았다는 말은 아니다. 그에 대한 예로, 불확실성 회피 면에서 중국 문화와 일본 문화는 큰 격차를 보인다.

② 이 여덟 가지 가치 각각에 대하여 23개국 출신 학생들이 매긴 점수들에 대한 국가별 평균

을 산출하고 그 점수에 따라 국가의 순위가 정해졌다(즉, 이 가치들로 하나의 범국가적 **차원**이 구성됐다는 것이다). 국가 수준에서의 경험적 통계 분석(요인분석-역자 주)에 따라 여덟 가지 가치가 하나의 공통적인 차원으로 결합되었다. 공통적인 차원으로 여러 가치가 하나의 차원으로 묶인 것은 서구인이나 중국인 판단으로 된 것은 아니다.[4]

IBM 연구에서 이 차원이 발견되지 않은 이유는 IBM 연구에서 유관한 질문을 포함시키지 않았기 때문이었다. IBM 질문지를 설계한 서구인들은 그것들을 유관한 것으로 간주하지 않았다. 그러나 CVS 차원은 경제 성장과 상관되었기 때문에 헤르트는 범지구적 조사도구에 그 차원이 필수적으로 추가되어야 한다고 보았다. 끈기와 절약이 미래에 대한 지향을 나타내는 반면에, 개인적 안정과 전통 존중은 현재 지향으로 볼 수 있다. 이에 헤르트는 1991년 저서의 서두에서 5번째 차원을 '장기지향(Long-Term Orientation)-단기지향(Short-Term Orientation)', 즉 LTO라고 명명했다.[5]

다섯 번째 차원은 다음과 같이 정의된다. 우선 장기지향은 미래의 보상을 지향하는 미덕의 수양을 의미한다. 특히 끈기와 절약 가치에서 그렇다. 장기지향과 반대되는 극단인 단기지향은 과거 및 현재와 연관된 미덕의 수양을 의미하며, 특히 전통 존중, '체면' 유지, 사회적 의무의 이행 가치에서 그렇다.

표 7-1 | 23개국에 대한 장기지향 지수
중국식 가치 조사(LTO-CVS) 토대

순위	나라/지역	LTO 점수
1	중국	118
2	홍콩	96
3	대만	87
4	일본	80
5	한국	75
6	브라질	65
7	인도	61
8	태국	56
9	싱가포르	48
10	네덜란드	44
11	방글라데시	40
12	스웨덴	33

13	폴란드	32
14	호주	31
15	독일	31
16	뉴질랜드	30
17	미국	29
18	영국	25
19	짐바브웨	25
20	캐나다	23
21	필리핀	19
22	나이지리아	16
23	파키스탄	00

〈표 7-1〉에는 CVS에 참여한 23개국에 대하여 새롭게 나온 차원 지수가 제시되어 있다. 최상단부는 중국[6] 및 다른 동아시아 국가들(20세기의 마지막 수십 년 간 빠르게 경제 성장을 했기 때문에 '용'이나 '호랑이'로 알려짐)이 차지했다. 유럽국가들은 중간급에 자리 잡았다. 영국과 영국계 파트너들인 호주, 뉴질랜드, 미국, 캐나다는 단기지향 측면에 해당하였다. 아프리카 국가들인 짐바브웨와 나이지리아의 점수는 필리핀과 파키스탄만큼이나 지극히 단기지향 쪽으로 나왔다.

이 새로운 차원에 대한 문제 하나는, 점수가 IBM 데이터베이스에 포함된 50여 개국 절반에 못 미치는 23개국에만 한정되었다는 것이다. 이 책의 2005년 개정판에는 추가 16개국의 LTO 점수를 반복 연구와 외삽법(extrapolation)을 토대로 실었음에도, 여전히 그 수가 너무 적고 점수의 질도 미심쩍었다.[7] 그런데 세계 가치조사(World Values Survey: WVS)에 대한 민코프(Misho Minkov)의 분석이 헤르트의 데이터베이스를 일격에 네 배로 늘려주는 기회를 제공했다. 이것은 어떤 점에서는 장기지향을 재정의하는 것을 의미했다. 그러나 저자들은 새로 얻은 점수와 그들에 대한 함의를 제시하기에 앞서, 23개국에서 나온 CVS 기반 점수에 따른 주요 결론을 먼저 살펴보겠다.

◆ 가정생활에서의 LTO-CVS 차의 함의

모든 인간 사회에서 아이들을 문명화된 인간으로 수용하기 위해서는 어느 정도의 자기

제약과 욕구 충족의 지연을 배워야 한다. 독일 사회학자 엘리아스(Norbert Elias, 1897~1990)는 인생에 대한 장기적 관점 계발 및 자기 통제(self-control)가 문명화 과정의 필수적인 단계라고 설명했다.[8] 사회 내부에서 욕구 충족을 유예하는 정도는 사회 계층과 더불어 높아지는 것이다. 즉, 상대적으로 하류층의 어린이들은 자신의 돈이나 시간을 쓰는 대로 바로 보상받고자 하는 경향이 중류층 어린이들보다 심하다.[9] 중국식 가치조사 CVS에 포함되었던 사회들 간에는 충족 지연이 LTO에 따라 다르다.

LTO가 높은 국가에서 결혼은 현실적이고, 목표 지향적인 계약이다. 1990~1993년까지의 WVS에서는 '성공적인 결혼생활을 가능케 하는 것들'에 관해서도 질문을 했는데 그 결과를 보면, LTO가 높은 국가의 가족에게는 인척들과 사는 것이 정상적인 것으로 간주되었고, 배우자 간의 관심과 취향의 차이는 문제가 아니었다. 또 다른 연구에서, LTO가 높은 국가의 학생들은 "만약 결혼생활에서 사랑이 완전히 식어 버리면 그 부부는 헤어지고 새로운 인생을 시작하는 것이 최선일 것이다."라는 진술에 대부분 동의하였다. 그래도 LTO가 높은 국가에서 실제 이혼율은 상대적으로 낮았다.[10]

제5장에서는 일본 시장조사 회사 와코루(Wacoal)가 시행한 설문 조사에 대해 언급했었다. 당시 조사에서는 아시아 8개 도시의 젊은 근로 여성에게 사귀는 남자친구로 선호하는 특성 대 남편으로 선호하는 특성에 대해 물었다. LTO가 높은 국가와 LTO가 낮은 국가 간에 가장 큰 차이가 나는 특성은 애정이었다. LTO가 높은 문화권에서는 애정이 남편과 연관되었고, LTO가 낮은 문화권에서는 애정이 남자친구와 연관되었다. 와코루 조사에는 남녀 고정관념을 다룬 부문도 포함되어 있었는데, 이 부문에 있어서 LTO가 높은 국가와 낮은 국가 간에 가장 큰 차이가 나는 특성은 겸손이었다. LTO가 높은 문화권에서는 겸손이 일반적인 인간 미덕으로 간주되었다. LTO가 낮은 문화에서는 겸손이 여성적인 것으로 여겨졌다. 하루는 헤르트의 수업 중에 한 중국인 학생이 "겸손함이 없으면 우리는 짐승보다 못해진다."라고 썼다. 그는 겸손을 '염치 알기'의 결과로서 인식했다.[11] 이 장의 후반부에서는 이 문제로 다시 돌아올 것이다.

19개국을 대상으로 한 또 다른 연구에서는 노화에 대한 학생들의 시각을 조사했다. 학생들이 생각하기에 한 사람을 '노인'이라고 말할 수 있는 연령(남자 연령은 전체 평균 60세, 여자 연령은 전체 평균 62세)은 국가의 부와 정적으로 상관이 있었고, (CVS 대상국들과 중복되는 10개국을 분석했을 때에) LTO와 부적으로 상관이 있었다. LTO가 높은 문화권이더라도 비교적 가난한 국가들은 노년을 보다 일찍 시작되는 것으로 인식했다. 그러나 이와 동일한 조사에서, LTO가 높은 국가의 학생들은 자신이 늙었을 때 인생을 보다 만족스러워할 것으로 여기는 것으로 나타났다.[12]

앞에서 1990~1993년 WVS에 포함된 '성공적인 결혼생활을 가능케 하는 것들'에 대한 부문을 언급했었다. 그 부문에서 LTO와 상관된 또 다른 문항은 어머니가 집에 없을 때에 미취학 연령의 자녀들이 괴로움을 겪는지의 여부였다. LTO가 높은 국가들의 응답자들은 그러한 경우의 자녀들이 괴로움을 겪을 것이라고 생각했다.

호주의 한 연구에서는 자녀에게 줄 선물을 고를 때에 중시하는 것이 무엇이었는지를 두 가지 인종 범주의 어머니들을 대상으로 물었다. 백인 호주 어머니들은 아이의 기분을 좋아지게 하는 것, 아이의 사랑을 얻는 것이라고 언급했다. 중국-베트남 출신 이민 1세대 어머니들은 아이의 교육에 도움이 되는 것과 재정적 상황이라고 언급했다. 이 어머니들은 어머니 자신이 얻는 이익에 대해서는 전혀 언급하지 않았다. 첫 번째 집단은 단기 이익을 목표로 했고, 두 번째 집단은 장기 이익을 목표로 했다.[13]

요약하면, LTO가 높은 문화권의 가정생활은 실용적인 결정이지만 이는 어린 아이들에 대한 주의와 실제 애정에 기반을 둔 것으로 추정된다. 자녀들은 자기가 바라는 대로 바로 충족하게 될 것을 기대하지 않으면서 절약, 무슨 목표든 끝까지 물고 늘어지는 끈기 및 겸손을 배운다. 자기주장은 장려되지 않는다.[14]

낮은 LTO 문화권에서 성장하는 어린이들은 두 가지 규범을 경험한다. 한 가지 규범은 '반드시 지켜야 할 것들(전통, 체면 유지, 착실한 사람으로 보이기, 사랑이 없어져도 결혼 예법을 따르기, 인사, 신세, 선물에 대한 답례)'에 대한 존중에 관한 것이다. 또 다른 규범은 즉각적 욕구 충족, 지출, 사회적 소비 추세에 대한 감각(남들 따라가기)에 관한 것이다. 이 두 가지 형태의 규범 간에는 잠재적 긴장이 존재하는데, 이에 따라 대단히 다양한 개인 행동이 생겨난다.

〈표 7-2〉는 지금까지 논의된 CVS 자료를 토대로 단기지향과 장기지향 간의 차이를 요약한 것이다.

표 7-2	단기지향 사회와 장기지향 사회 간의 핵심 차이점 CVS 자료 토대: 일반 규범 및 가족	
단기지향 사회	**장기지향 사회**
소비로의 사회적 압력	절약, 자원 아끼기
빠른 결과를 내려는 노력	인내, 느린 결과를 위한 꾸준한 노력
사회적, 지위에 따른 의무에 대한 관심	목적을 위한 자기희생 정신
'체면'에 대한 관심	수치심 갖기
전통 존중	상황 중시
개인적 안정성에 대한 관심	개인적 순응력에 대한 관심
결혼은 정신적 결합이다.	결혼은 실용적 결합이다.
인척과 사는 것은 불행의 씨앗이다.	인척과 사는 것은 정상적이다.
젊은 여성은 애정과 남자친구를 연결지어 생각한다.	젊은 여성은 애정과 남편을 연결지어 생각한다.
겸손은 여자에게 필요한 것이다.	겸손은 남자 여자 모두에게 필요한 것이다.
노년은 비참한 기간이지만 늦게 시작된다.	노년은 행복한 기간이고 일찍 시작된다.
미취학 아동은 남이 보살펴도 된다.	어머니에게는 미취학 자녀들을 위한 시간이 있어야 한다.
아이들은 재미와 사랑 때문에 선물을 받는다.	아이들은 교육과 발전 때문에 선물을 받는다.

◎ 사업에서의 LTO-CVS 차의 함의

청(U.T. Qing)은 그가 20세였을 때인 1921년에 싱가포르로 왔고, 이후 길거리에서 자수 섬유를 팔기 시작했다. 1932년에 그는 자기 소유의 가게를 개업했다. 제2차 세계대전 후 아들과 조카가 사업에 동참했고, 그 사업은 발전을 거듭하며 고급 백화점으로 성장했다.

이 백화점의 구조는 가족적이었고 문화는 단순했다. 독재적인 창립자는 순응적이고 유순한 추종자들의 존경의 대상이었다. 청이 의사결정과 감독을 주도하면, 직원들은 복종으로 화답했다. 그래서 화합이 잘 이루어졌다. 전원이 절약, 위계에 대한 습관적 존중, 끈기의 가치를 공유했고, 이익 극대화의 목표를 중시했다. 고참자들은 자신이 '생각하지 않았다'고 말했는데, 이는 그들의 사고가 야심으로 인해 흩어지지 않았음을 의미했다. 그들은 자신의 성과가 인정된

다는 희망 속에서 자신의 능력껏 일에만 힘 썼다.[15]

　화교에게 가족과 일은 별개가 아니다. 가족 기업체는 전형적인 것이다. 장기지향 극에 있는 가치는 기업가적 활동을 지지하는 것들이다. 끈기(인내), 즉 어떤 목표일지라도 추구하는 집념은 초보 기업가에게 필수적인 자산이다. 지위에 의한 인간 관계 서열 정립과 이 질서의 준수는 공자가 강조한 불평등한 관계 쌍을 나타낸다. 화합의 느낌과 안정된 위계 및 역할의 상호 보완성은 기업가의 역량을 발휘하기 쉽게 해 준다. 절약은 저축을 낳고, 이 저축은 또 저축자 자신이나 친척의 재투자를 위한 자본을 형성하게 한다. 염치 알기의 가치는 사회적 접촉에 대한 세심함, 약속 이행에 대한 중시를 통해 유대 관계를 보강한다. 이 가치들은 LTO-CVS의 긍정적 극에 있다.

　청에 대한 이야기에서 LTO-CVS의 부정적인 극에 있는 가치들은 언급되지 않는다. 체면에 대해 전혀 쓰여 있지 않다. 실제 동아시아에서는 체면 차리기가 많다 하더라도, 그 학생 응답자들이 의식적인 수준에서는 그 점을 덜 강조하고 싶어 한다는 것을 LTO-CVS 점수가 보여 준다. 전통 존중에 대해서도 전혀 언급되지 않는데, 다섯 마리의 용이 경제적으로 성공하게 된 비결 중의 일부는 서양의 과학기술적 혁신을 훨씬 쉽게 수용하는 데 있다.

　공자의 제자 중 한 명은 적응성에 대해 다음과 같이 묘사했다.

　　군자는 선입견에 입각한 행위나 금기 없이 생을 살아간다. 군자는 단지 당장 무엇을 하는 것이 옳은지만을 결정한다.[16]

　다섯 마리의 용으로 불리는 5개국과 태국 출신의 아시아 원로 경영 지도자들 60명과 비슷한 위치의 미국 경영자 집단에게 업무와 관련된 가치 17가지의 순위를 매겨 달라고 요청했다. 아시아인들이 선정한 상위 7가지 가치는 근면, 학문 중시, 정직, 새로운 견해에 대한 개방성, 책임, 자기 절제, 그리고 자립이었다. 미국인이 선정한 상위 7가지 가치는 표현의 자유, 개인적 자유, 자립, 개인적 권리, 근면, 개인적 성취, 그리고 자립이었다.[17] 이는 동아시아와 미국 간의 LTO 차이(근면, 학문, 개방성, 책임, 자기 절제)뿐만 아니라 IDV 차이(자유, 권리, 독자적 사고)도 확인해 준다. WVS의 후속 연구에서 자신의 가족, 일, 친구, 종교 및 정치와 비교했을 때에 여가 생활이 가지는 상대적인 중요성은 LTO-CVS와 일관되게 부적인 상관관계가 있었다.[18]

즉각적인 결과를 희생시켜서라도 시장 입지를 튼튼히 하는 데 투자하는 것은 아시아의 고 LTO 회사의 특성으로 여기고 있다. 경영관리자들(대부분 가족 구성원)에게는 그들이 공을 세울 수 있도록 시간과 자원이 허용된다. 단기지향 문화에서는 '수지(지난 달, 분기 또는 연도의 결과)'가 주요 관심사다. 통제 체계는 수지에 초점을 맞추고 경영진들은 끊임 없이 수지에 따라 평가된다. 이런 상황을 합리적이라고 하는 주장에 의해 변화하기도 하 지만, 그 합리성은 문화적인 것이고 이성 전 선택에 기초한 것이다. 단기 결정으로 인한 손실은 '금전적 고려, 근시안적 결정, 업무 진행 규제, 참신한 의견에 대한 성급한 채택 및 빠른 포기'[19]의 측면에서 분명히 나타난다. 전임자들이나 그전 전임자들이 내린 결정 의 결과임이 명백하더라도, 경영진들은 오늘의 수지에 따라 포상되거나 희생된다. 하지 만 문화적 신념 체계의 영향력으로 인해 그 체계는 지속된다.

헤르트는 동료 인맥의 도움을 받아 17개국의 주말제 MBA 학생들이 자국의 기업 지도 자들이 가지고 있다고 여기는 목표에 대해 연구했다. '향후 10년 간 이윤'의 중요시와 '올해의 이윤'에 대한 경시를 합한 결과가 LTO와 유의하게 상관을 보였다.[20]

동아시아의 기업가 정신은 기업가들의 가치에만 토대를 두고 있는 것이 아니다. 이 절 의 서두에 나오는 이야기와 학생 표본 조사를 통해 CVS 점수 산출 방식을 알아냈다는 사 실은 이들 결정적 가치들이 기업가들과 미래 기업가들, 그들의 직원들과 그들의 가족, 그 리고 그 사회의 기타 성원들, 즉 전 사회 내부에 광범위하게 담겨 있다는 것을 시사한다.

레딩(Gordon Redding)은 해외 거주 중국인 사업가의 인터뷰를 토대로 한 저서에서 효 율 및 실패에 대한 이유를 네 가지로 구분했다. 그 부분이란 수직적 협동, 수평적 협동, 통제 및 적응이다. **수직적 협동**(vertical cooperation)에 관해 그는 다음과 같이 썼다.

노동자와 소유자/경영관리자들이 심리적으로 두 진영으로 자연스럽게 갈라지는…… 분위 기가 아니다. 가치, 행동, 욕구, 포부에 있어서는 사회적으로 유사한 경향이 있다. ……이 수직 적 협동의 결과 중 하나는 자발적인 순종이다. 이 경향은 유년기와 교육기간 중에 강화된다. 또한 유교 전통상 매우 뿌리 깊게 존재하는, 권위자에 대한 존경은 평생에 걸쳐 유지된다.

……기꺼이 따르려는 의지의 연장은 일상적이고 어쩌면 따분한 일에도 부지런히 일함에 이어지는데, 이런 것을 끈질김이라 볼 수도 있다. 이것은 모호하지만, 그럼에도 이는 화교의 직무 행위의 중요한 요소다. 일종의 아주 작은 형태의 노동 윤리인 이것은 사무실과 공장에 고루 퍼져 있다. ……중국어를 통달하기 위해 요구되는 대단한 근면과 유교 가정의 엄격한 질서가 한 몫을 했다.[21]

우리는 LTO의 구성 요소가 지위에 의한 인간 관계 서열 정립, 이 질서의 유지, 그리고 끈질김이라고 본다. 끈질김은 한 사업체를 세울 때에 필요한 기업가의 한결같은 노력뿐만 아니라 근로자들이 일상 업무를 수행하는 노력에서도 발휘된다.

인간 가치와 만족에 대한 한 국제 여론 조사는 응답자들에게 두 가지 의견 중에 하나를 선택하도록 요청했다.

> 의견 1. 균등(equality)의 원리가 지나치게 강조되고 있다. 사람들은 자신의 개인적 능력에 따라 경제적이고 사회적인 삶을 택할 기회가 주어져야 한다.
> 의견 2. 자유주의가 지나쳐 경제적이고 사회적인 삶의 격차를 더욱더 벌어지게 만들고 있다. 사람들은 보다 균등하게 살아야 한다.

2번 의견을 택한 응답자의 비율은 프랑스의 30%부터 일본의 71%까지 다양했고, LTO-CVS와 유의하게 상관관계가 있었다.[22] 장기지향은 경제적이고 사회적인 지위에서의 큰 격차를 바람직하지 않은 것으로 여기는 사회에 찬성한다. 단기지향은 능력에 따라 차별이 있는 엘리트 사회에 찬성한다.

수평적 조정(Horizontal coordination)은 인맥(network)을 의미한다. 아시아 비즈니스에 존재하는('관쉬' 라고 발음되는) 연줄(guanxi)에 대한 주요 개념은 이제 세계적으로 알려졌다. 연줄은 개인적 연고를 의미하는 것인데, 가족 영역을 사업 영역과 잇는다. LTO가 높은 사회에서 성공하려면 개인이 자기만의 개인적 인맥을 가지는 것이 필요하다. 이러한 경향은 분명히 집단주의 때문이지만(업무 이전의 관계), 장기적 안목을 필요로 하기 때문이기도 하다. 핵심이 되는 연줄은 평생 가는 것이기에, 단기적인 수지타산을 이유로 이를

망가뜨리고 싶어 하지 않는다.[23]

　비즈니스에서의 적응에 인맥의 중요성이 더해진 결과, LTO가 높은 수출국은 뇌물 공여 지수(Bribe Payers Index: BPI) 평균 점수가 LTO가 낮은 국가보다 높다(제6장의 부패에 관한 절 참조). LTO가 높은 국가의 회사들은 해외 고객 및 잠재 고객에게 국제투명성기구가 뇌물로 규정하는, 이면 보상 및 접대를 할 가능성이 높다.[24]

사고방식에 대한 LTO-CVS 차의 함의

　네팔의 인류학자 프라단(Rajendra Pradhan) 박사는 1987년부터 1988년까지 네덜란드의 슌리워드(Schoonrewoerd) 마을에서 10개월간 현장연구를 했다. 그러므로 그는 서양 인류학자가 동양 마을에서 현장연구를 하는 흔한 방식을 뒤엎은 것이다. 슌리워드는 남부 네덜란드의 심장부에 있는 지방 중심지로 전형적인 네덜란드 마을이었다. 거주민은 약 1,500명 정도였고, 분파를 달리하는 두 개의 개신교 교회가 있었다. 프라단 박사는 양쪽 교회에 정식 신자로서 나가서 주로 교회의 집회를 통해 그 지역 주민들과 인맥을 쌓아 갔다. 그는 종종 예배 후에 신자 집에 초대를 받아 커피를 마시곤 했는데, 이야기의 주제는 대개 종교 문제였다. 그는 자신의 부모님은 힌두교 의식을 존중하나 자신은 시간이 너무나 많이 걸려 그 의식을 따르지 않는다고 얘기하곤 했다. 네덜란드의 집주인은 항상 그가 무엇을 믿는지를 알고 싶어 했다. 이 질문은 그가 직접적으로 대답하기 어려운 이색적인 질문이었다.

　"이곳 사람들은 모두 믿음, 믿음, 믿음에 관해서만 얘기해요." 하고 그는 당혹해했다.

　"제 고향에서 중요한 것은 의식이며 그 의식에는 사제와 가장만이 참여합니다. 다른 사람들은 무엇을 바라보는지요? '사제와 가장들?' 그저 지켜보고 제물을 바치기만 합니다. 이곳에는 의무적인 것이 너무나 많군요. 힌두교인은 '신을 믿습니까?'라는 질문은 결코 하지 않습니다. 물론 믿기도 해야 하겠지만 중요한 것은 '무엇을 하느냐'는 것입니다."[25]

　CVS 연구는 동양식 사고방식과 서양식 사고방식 간의 중요한 차이를 보여 줬다. 동양인에 의해 설계된 CVS 질문지에서는 불확실성 회피 차원을 잡아내지 못했다. IBM과 로

키치 가치(Rokeach Values) 질문지는 모두 서양인이 설계한 것으로 단기지향 대 장기지향 차원을 탐지하지 못했다. 나머지 세 차원(불확실성 회피를 뺀-역자 주)은 동양권과 서양권 할 것 없이 질문지 설계자들이 같이 인식한 기본적 인간 관계 차원들이었다.

불확실성 회피는 제6장에서 설명한다. 이는 궁극적으로 한 사회의 절대적 진리(truth) 추구에 대한 것이다. 불확실성 회피 문화권에서는 절대 진리에 대한 신념이 촉진되는 반면에, 불확실성 수용 문화권에서는 보다 상대주의적인 입장을 취한다. 서구적 사고방식에서는, 이것은 하나의 중요한 선택이고, 이는 주요 가치에 반영된다. 동양적 사고방식에서 절대적 진리에 대한 문제는 덜 중요하다.

장기지향-단기지향 차원은 한 사회에서의 미덕(virtue) 추구에 대한 것이라고 해석할 수 있다. 이 차원이 공자의 가르침과 관련을 갖는 것은 우연이 아니다. 이 장의 앞부분에서 언급했듯이 공자는 종교적 내용 없이 실천적 윤리를 가르쳤다. 그는 미덕을 다루었지만 진리의 문제는 풀지 않은 상태로 남겨 두었다. 동양적 사고방식에 따르면 미덕 추구는 핵심적인 것이다. 서양적 사고방식에 따르면 미덕이란 진리에 비하면 부차적인 것이다.

1990~1993년 WVS에서는 응답자들에게 두 가지 의견 중 하나를 선택해 달라고 요청했다.

> 진술 1. 선한 것과 악한 것이 무엇인지에 대해서 절대적으로 명백한 지침이 존재한다. 이 지침들은 상황과 상관없이 언제나 모두에게 적용되는 것이다.
> 진술 2. 선한 것과 악한 것이 무엇인지에 대해서 절대적으로 명백한 지침이란 존재할 수 없다. 선한 것과 악한 것은 상황에 따라 전적으로 다르다.

1번 진술에 동의한 비율은 나이지리아의 60%와 미국의 50%에서 스웨덴의 19%와 일본의 15%까지 다양했다. 평균적으로 가난한 국가일수록 절대적인 지침들이 있다고 믿는 경향이 있었다. 부의 영향력을 제거했을 때의 응답은 LTO-CVS와 상관이 있었다. LTO가 높은 국가에서는 선하고 악한 것이 무엇인지에 관해서 보편적인 지침이 있을 거라고 믿는 응답자 수가 비교적 적었고, 상황을 고려하는 응답자 수는 비교적 더 많았다.[26]

이 차이는 수감률, 즉 징벌시설에 유치된 인구의 점유율에 부분적으로 반영되어 있다.

2002년에 이 점유율은 주민 10만 명당, 미국 690명에서부터 영국 140명, 독일 85명, 스웨덴 65명, 일본 45명에 이르기까지 다양했다.[27] 수감률은 전 세계적으로 대개 국가의 빈곤과 연관된다(가난한 국가일수록 수감률이 높다). 그러나 이것으로는 같은 정도로 부유한 국가 간에 존재하는 막대한 수감률 차이가 설명되지 않는다. 우리는 수감률이 사회가 처벌의 목표로 간주하는 것이 무엇인지에 따라 영향을 받는다고 믿는다. 단기적인 해결법은 범죄자를 격리시킴으로써 사회를 보호하는 것이다. 장기적인 해결법은 범죄자를 개선시켜 그들을 생산적인 시민으로 거듭나게 만드는 것이다. 선한 것과 악한 것이 분명하게 별개의 것이라면, 악한 사람은 철창 안에 가둬야 할 것이다. 선한 것과 악한 것이 모두 사람의 내부에 존재하는 것이라면, 악을 행한 사람은 선해지도록 가르침을 받아야 할 것이다.

힌두교, 불교, 도교와 같은 동양의 종교들은 유대교, 기독교, 이슬람교와 같은 서양의 종교들과 철학적인 면에서 커다란 차이점을 보인다. 세 개의 서양 종교는 같은 계통의 사상에서 흘러나왔다. 역사적으로 볼 때 이 종교들은 같은 뿌리에서 자라났다. 제6장에서 주장했듯이 서양의 세 종교는 모두 진실로 믿는 자만이 접근할 수 있는 절대적 진리의 존재에 바탕을 두고 있다. 이 세 종교는 모두 그 나름의 경전을 가지고 있다. 동양에서는 비종교적 윤리라고 할 수 있는 유교나 다른 주요 종교들은 모두 인간 공동사회가 품을 수 있는 절대적 진리를 가정하지 않는다. 동양 종교는 인간이 스스로를 향상시킬 수 있는 여러 가지 방법을 제공한다. 그러나 이 방법이라는 것은 믿음에 있는 것이 아니라 의식, 명상 또는 생활 방식에 있다. 이러한 방법을 통해 보다 높은 경지의 정신적 상태 또는 궁극적으로 신과 하나가 되는 상태에 도달할 수도 있다. 그렇기 때문에 프라단 박사는 무엇을 믿느냐는 질문에 그렇게 당황했던 것이다. 이런 질문은 동양에서는 전혀 의미가 없는 것이다. 무엇을 하느냐는 것이 중요하다. 미국의 신화학자인 캠벨(Joseph Campbell)은 동양과 서양의 종교적 신화를 비교하였다. 그는 유대교, 기독교, 이슬람교에서는 물질과 정신을 분리시키는 반면, 동양의 종교와 철학에서는 물질과 정신을 하나로 봐왔다고 주장한다.[28] 이것이 바로 서양의 정신으로 만든 질문지에서는 네 번째 차원이 진리를 다루는 차원으로 나타났고, 동양의 정신으로 만든 질문지에서는 미덕을 다루는 차원으로 나타난 이유라고 하겠다.

앞서 언급했던 인간 가치와 만족에 대한 여론 조사 자료에서는 LTO가 높은 국가의 사람들이 LTO가 낮은 국가의 사람들보다 '평상시 남을 상냥하게 대하는 것, 가족, 이웃 및 친구 또는 친지와의 유대를 두텁게 하는 것'뿐만 아니라 '사회적 불평등과 부의를 바로잡는데에 노력을 기울여 모두가 평등하고 공정한 삶을 이루는 것'에 대한 자신의 공헌에 더 만족하는 것으로 나타났다.[29] 단기지향 문화권 응답자들은 이 선한 동기에 대한 자신의 공헌에 덜 만족해했다. 선한 것과 악한 것에 대한 절대적 기준이 있다고 믿는 문화권에서는 자신의 선행에 대한 노력에 만족하기는 어렵다. 장기지향 문화권에서는 '미덕(virtue)'에 대한 강력한 관심 덕분에 도덕과 관행의 실용적 통합을 가능케 한다. 미덕은 선악에 대한 절대기준에 기반을 둔 것이 아니고 상황에 따라 달라지는 것이기에, 미덕을 행하는 사람은 사회적 부정을 바로잡기 위해 그 이상의 것을 행할 필요성을 크게 느끼지 않는다.

'진리(truth)'에 대한 서양의 관심은 어떤 진술문이든 그와 반대되는 진술문과는 양립할 수 없다는 서양 논리의 공리에 의해 뒷받침되고 있다. 만약 A가 참이라면 A와 반대되는 B는 반드시 거짓이어야 한다. 동양의 논리에는 이러한 공리가 없다. 동양의 논리에서는 A가 참인 경우에도 A의 반대인 B도 참이 될 수 있으며, 이 두 가지가 합해져서 A 또는 B 중 어느 하나보다 더 우월한 지혜를 만들 수 있다. 이 같은 철학적 접근에서는 인간의 진리란 항상 불완전할 수밖에 없다. 동아시아와 동남아시아 국가의 국민은 다른 종교를 아주 쉽게 받아들일 수 있으며, 또는 동시에 하나 이상의 종교에 심취하기도 한다. 이런 철학적 배경을 지닌 국가에서는 유교와 같은 비종교적인 실천적 윤리 체계가 사회의 이정표 역할을 할 수 있다. 서양에서는 윤리적 규칙이 종교에서 파생된다. 진리에서 미덕이 나오는 것이다.

덴마크의 중국학자 웜(Verner Worm)에 따르면, 중국인은 합리성보다 상식을 우위에 둔다. 합리성은 몽상적이고 분석적이며 추상적인 것으로서 논리적 극단의 경향이 있는 반면에 상식의 정신은 보다 인간적이고 현실과 더 가깝게 접해 있다.[30]

서양 심리학에서는 인간이 인지적 일관성(cognitive consistency)을 추구한다고 가정하는데, 이는 사람이 서로 모순되는 정보를 피한다는 뜻이다. 동아시아와 동남아시아 국가에서는 이런 경우가 보다 적은 것 같다.[31] 북아메리카인에 비해 중국인은 의견 차이가 부상이나 실망보다 대인 관계에 덜 해롭다고 보았다. 다른 의견 때문에 그들의 자아가 상처받지는 않았다.[32]

한국인 심리학자 김의철은 심리학의 서양식 실천은 동아시아에 맞지 않는다는 신념을 갖고 있다.

> 심리학은…… 이성적이고 진보적이며 개인주의적 이상형을 옹호하는 구미 문화권 가치에
> 깊이 매몰되어 있다. ……이러한 신념은 학회의 조직, 연구 협동의 전개, 연구비 지원, 논문의
> 평가에 영향을 미친다. 동아시아에서는 '권리 기반' 보다 '미덕 기반' 이라 특징지을 수 있는
> 인간 관계가 중앙 무대를 차지한다. 개인들은 상호 관계망을 통해 이어진다고 여겨지고, 아이
> 디어들은 기존의 사회망을 통해 교환된다.[33]

과학과 기술에 있어 서양의 '진리'는 분석적인 사고를, 그리고 동양의 미덕은 종합적
인 사고를 자극한다. 한 중국 학생은 헤르트에게 다음과 같이 말했다.

> 중국 사회와 서양 사회의 가장 큰 차이는 서양 사회는 영웅을 숭배하고 중국인들은 성자를
> 숭배한다는 것이다. 어느 한 사람이 한 번 선행을 했다면 그 사람은 영웅이 될 수 있다. 그러나
> 성자는 모든 면에서 선해야 한다.

산업혁명 기간 중 서양에서는 '진리'에 대한 추구가 자연 법칙의 발견을 가져오고, 이것
은 인간의 진보를 위해 활용될 수 있게 되었다. 중국의 문명이 높은 수준에 있었음에도 불
구하고 중국 학자들은 뉴턴(Newton)의 법칙을 발견하지 못했다. 그들은 그저 법칙을 찾으
려 하지 않은 것이다. 중국의 문자 체계는 일반화에 대한 관심의 결여를 보여 준다. 서양의
언어에서는 음절을 몇 개의 문자로 분리시킴으로써 단지 30개가량의 기호만으로도 수많
은 말을 만들 수 있는 반면, 중국의 문화 체계에서는 각 음절마다 하나씩의 한자가 필요하
여 무려 3,000개 이상의 다른 한자들이 있어야 자유자재로 말을 만들 수 있다. 서양의 분석
적 사고는 요소(elements)에 초점을 맞춘 반면, 동양의 종합적 사고는 전체(wholes)에 초점
을 맞추었다. 물리학에서 노벨상(Nobel Prize)을 수상한 한 일본 학자는, "일본인의 심성은
추상적인 사고에 맞지 않는다." 라고 말하였다.[34]

20세기 중반에 서양의 '진리'에 대한 관심은 점차 장점에서 단점으로 변하게 되었다.
과학에서는 분석적 사고가 더 유리할 수 있었지만, 경영과 정부 운영에서는 종합의 기술

이 더 필요했던 것이다. 서양에서 분석적으로 끌어낸 과학기술의 결과를 동양에서도 자유롭게 이용할 수 있게 되자, 동양의 문화가 그들 특유의 우월한 종합 능력을 사용하여 이 과학기술을 실천에 옮기기 시작했다. 동양에서는 무엇이 진리이고 누가 옳으냐 하는 것보다 사고방식이 제각기 다른 개인의 노력을 어떻게 조정하여 공동의 목표에 도달할 수 있는가, 그리고 어떤 방식이 더 무리 없이 진행될 수 있는가 하는 것을 더 중요시하였다. 일본의 경영은, 특히 일본 직원들에 대해 이러한 실용적 종합으로 유명하다.

〈표 7-3〉은 앞의 절에서 CVS 자료를 바탕으로 제시한 단기지향과 장기지향 사회의 핵심 차이점을 요약해 놓은 것이다.

◢ 표 7-3 | 단기지향 사회와 장기지향 사회 간의 핵심 차이점
    CVS 자료 토대: 비즈니스와 사고방식

단기지향 사회	장기지향 사회
주요 업무 가치에는 자유, 권리, 성취 및 독자적 사고가 포함된다.	주요 업무 가치에는 학습, 정직, 적응성, 책임 및 자기 절제가 포함된다.
여가 시간은 중요하다.	여가 시간은 중요치 않다.
'손익계산'에 초점을 맞춘다.	시장에서의 입지에 초점을 맞춘다.
금년의 이익이 중요하다.	향후 10년의 이익이 중요하다.
경영관리자와 직원은 심리적으로 두 진영으로 갈라진다.	소유주/경영관리자와 직원은 동일한 포부를 공유한다.
능력주의, 능력에 따라 보상한다.	사회적, 경제적 차이가 큰 것은 바람직하지 않다.
사업 필요에 따라 개인적 충성도가 다르다.	인맥에 평생 투자한다, 연줄(guanxi).
진리(truth)를 소지하는 것에 관심있다.	미덕(virtue)의 요구를 따르는 것에 관심있다.
선한 것과 악한 것을 구별하는 보편적 지침이 있다.	선한 것과 악한 것은 상황에 따라 달리 판단된다.
일상의 인간 관계, 불의를 바로잡는 데 대한 자신의 공헌에 불만족해 한다.	일상의 인간 관계, 불의를 바로잡는 데 대한 자신의 공헌에 만족해 한다.
물질과 정신은 별개다.	물질과 정신은 통합되어 있다.
A가 옳으면 A의 반대인 B는 틀린 것이 되어야 한다.	A가 옳더라도, A의 반대인 B도 옳을 수 있다.
추상적 합리성에 무게를 둔다.	상식에 무게를 둔다.
인지적 일관성에 대한 욕구가 있다.	불일치는 나쁠 것 없다.
분석적 사고를 한다.	종합적 사고를 한다.

🔿 세계 가치조사 자료를 바탕으로 한 장기지향 점수

민코프는 2007년에 새로운 세 가지 차원을 선보이면서 WVS 자료에 대한 분석 연구를 발표했다. 첫째로, 배타주의(exclusionism)─보편주의(universalism) 차원은 우리의 집단주의와 상관관계가 있었는데, 그에 대해서는 제4장에서 논의했다. 둘째는 자적(indulgence)─자제(restraint) 차원인데, 그 차원은 제8장의 주제가 될 것이다. 셋째는 **기념비주의**(monumentalism)─**유연비하**(flexhumility) 차원[35]이라고 하는데, 이 차원은 LTO-CVS와 (부적으로) 강력한 상관을 보인다.[36] 기념비주의는 LTO-CVS에서의 대상 국가 차의 42%를 예언했기 때문에 두 측정치가 공통적인 근본 가치를 공유하고 있음을 시사한다.[37]

미소(Misho)의 기념비주의─유연비하 차원은 캐나다 심리학자 헤인(Steve Heine)의 연구에서 착안한 것이었다. 헤인은 자기 고양(자신에 대한 긍정적 정보를 추구하는 경향)과 자기 일관성(변하는 상황에 따라 변하지 않는 가치, 신념을 가져야 한다고 믿는 경향) 간의 관계를 보았다.[38] 헤인은 개인 차원에서 이들을 다뤘지만, 미소는 헤인의 이론이 국가 문화적 수준에도 적용될 것이라고 생각했다. WVS 자료를 통해 그가 옳았다는 것이 증명되었다.

WVS 측정치에서의 긍지(자신을 고양시키는 느낌)와 신심(信心, 불변의 가치와 신념을 뜻하는 경향이 있다)은 국가 수준에서 상관이 있었다. 자기 국가의 시민이라는 점이 아주 자랑스럽다고 말하거나 생의 주요 목표 중의 하나가 자신의 부모님을 자랑스럽게 해 드리는 것이라고 말하는 사람의 비율이 상대적으로 높은 국가에서는 신앙심이 매우 깊은 사람의 비율도 높아지는 경향이 있었다. 긍지와 신심은 함께 하나의 강력한 문화 차원을 형성했다. 이 차원에서는 자아가 자랑스럽고 안정적이며 기념비 같은 존재인 사회와 겸손과 융통성 및 변하는 상황에 대한 적응성을 장려하는 문화권의 사회가 대조를 이룬다.

CVS에서 체면 세우기는 자기 고양성의 한 형태로 간주할 수 있고, 사람됨의 꾸준함과 안정성은 자아 일관성이라는 것과 같다. 두 가지 목표 모두가 LTO-CVS 차원에 있는 단기 극에서 나타났다. 이것은 LTO와 기념비주의 간의 부적인 상관관계를 설명한다. 기념비주의 차원에서도 마찬가지로, 동아시아 국가들은 한 극(유연비하)에서 밀집된 군집을 형성했다. 아프리카 국가들과 이슬람 국가들은 반대 편에 있는 극(기념비주의)에 가깝게 포진한 것으로 발견되었고, 미국도 그쪽에 치우쳐 있었다.

이것은 매우 다른 데이터베이스 및 이론적 시각(중국인이나 북아메리카인)에서 개념적으로나 통계적으로나 유사한 차원이 나올 수 있다는 것을 보여 주었다. 물론, 기념비주의가 절약이나 끈질김을 예언하지 못하기 때문에, 그리고 LTO-CVS는 신심(信心)에 관한 것이 아니기 때문에, LTO-CVS와 기념비주의는 부분적으로만 중첩되었다. 또한 두 지수 간의 이러한 상관관계로 인해, LTO-CVS 차원에 있는 양쪽 극단의 의미들을 품은 WVS 문항에 대한 탐색이 필요해 보였다.

미소는 다음의 조건을 충족시키는 문항을 찾기위해 WVS 데이터베이스를 2008년 웨이브까지 구석구석 뒤졌다.

① LTO-CVS 항목과 개념적으로 유사하다.
② LTO-CVS와 유의한 상관관계가 있다.

이 조건들을 가장 잘 만족시키는 WVS 항목들은 다음과 같았다.[39]

① 아이들에게 바람직한 특성으로서의 절약: "집에서 아이들에게 장려할 수 있는 특성에 관한 목록이 여기 있습니다. 당신이 특별히 중요하다고 여기는 게 있다면 어떤 것입니까? 5개까지 택해 주십시오." 그 목록에는 독립심, 근면, 책임감, 상상력, 타인에 대한 포용 및 존중, 절약(돈과 물건 아끼기), 결의(끈질김), 신앙심, 이기적이지 않음 및 복종이 포함되었다. 이 항목에서는 '절약'을 택한 비율이 측정치였다.

② 국가적 자긍심: "(당신의 국가 이름 기입) 이 국가 국민인 것이 얼마나 자랑스럽습니까? 매우 자랑스럽다, 상당히 자랑스럽다, 별로 자랑스럽지 않다, 전혀 자랑스럽지 않다.": 이 항목에서는 역채점 방식에서 '아주 자랑스럽다'를 택한 비율을 역으로 채점. 이것은 자기 고양성 측면을 측정한다.[40]

③ 타인에 대한 봉사의 중요성: "다음에 나오는 각각이 당신의 삶에서 얼마나 중요한지를 표시해 주십시오. 매우 중요하다, 상당히 중요하다, 별로 중요하지 않다, 전혀 중요하지 않다. 가족, 친구, 여가시간, 정치, 일, 종교, 타인에 대한 봉사" 이 항목에서는 타인에 대한 봉사에서 '매우 중요하다'를 선택한 비율이 측정치였다.

타인에 대한 봉사는 LTO-CVS 항목에 있는 '인사치레, 신세진 것 및 받은 선물 되갚기'와 닮은 점이 있다. 자신의 삶에서 '타인에 대한 봉사'를 매우 중요하게 평가하는 것은(긍지처럼) 자기 고양의 또 다른 형태, 즉 긍정적인 자기상의 유지에 대한 관심으로 볼 수 있다. 그 세 가지 항목들끼리 상관관계가 있었고, 자료가 있는 국가들에서 이 항목들은 각각 LTO-CVS와 유의하게 상관을 보였다.[41] 우리는 그 세 가지 항목에서 84개국에 대하여 WVS에 토대를 둔 새로운 LTO 점수를 산출해 낼 수 있었다.[42] 또한 그 이후 생긴 새로운 자료 덕분에 84개국을 93개국으로까지 늘릴 수 있게 되었다.[43]

양쪽 연구 모두에 포함된 국가들에서 이 점수는 원(原) LTO-CVS 점수와 변량 52%를 공유한다.[44] 아이들에게 바람직한 특성으로서의 끈질김뿐만 아니라 전통의 중요성을 측정하는 항목들과 상관이 있다는 점에서 새로운 LTO 점수는 원 LTO 점수와 개념적으로 일치한다고 볼 수 있다.[45] 93개국에 대한 새로운 LTO 점수는 〈표 7-4〉에 제시되어 있다.

표 7-4 | WVS 자료에 의한 93개국/지역의 장기지향 지수(LTO-WVS)

지수 순위	중앙/남 아메리카	남/ 남동유럽	북/북서유럽 영국계	중앙/동유럽 구소련	이슬람계 중동 및 아프리카	동아시아 동남아시아	지수
1						한국	100
2						대만	93
3						일본	88
4						중국	87
5				우크라이나			86
6		독일					83
7~9				에스토니아			82
7~9		벨기에					82
7~9				리투아니아			82
10~11				러시아			81
10~11				벨로루시			81
12		동독					78
13				슬로바키아			77
14				몬테네그로			75
15		스위스					74
16						싱가포르	72
17				몰도바			71
18~19				체코공			70
18~19				보스니아			70

순위							점수
20~21				불가리아			69
20~21				라트비아			69
22			네덜란드				67
23				키르키스			66
24			룩셈부르크				64
25		프랑스					63
26~27						인도네시아	62
26~27				마케도니아			62
28~32				알바니아			61
28~32		이탈리아					61
28~32				아르메니아			61
28~32						홍콩*	61
28~32				아제르바이잔			61
33			오스트리아				60
34~35				크로아티아			58
34~35				헝가리			58
36						베트남	57
37			스웨덴				53
38~39				세르비아			52
38~39				루마니아			52
40~41			영국				51
40~41						인도	51
42						파키스탄	50
43				슬로베니아			49
44		스페인					48
44		스페인					48
45~46						방글라데시	47
45~46		몰타					47
47		터키					46
48		그리스					45
49	브라질						44
50						말레이시아*	41
51~54			핀란드				38
51~54				그루지야			38
51~54				폴란드			38
51~54					이스라엘		38
55~56			캐나다				36
55~56					사우디아라비아		36
57~58			덴마크				35
57~58			노르웨이				35
59~60					탄자니아		34
59~60					남아공		34

61		뉴질랜드	33
62		태국*	32
63	칠레		31
64		잠비아*	30
65~66	포르투갈		28
65~66	아이슬란드		28
67~68		부르키나파소*	27
67~68		필리핀	27
69~71	우루과이		26
69~71		알제리	26
69~71	미국		26
72~73	페루		25
72~73		이라크	25
74~76	아일랜드		24
74~76	멕시코		24
77	호주		21
78~80	아르헨티나		20
78~80		말리*	20
78~80	엘살바도르		20
81		르완다*	18
82~83		요르단	16
82~83	베네수엘라		16
84		짐바브웨	15
85~86		모로코	14
85~86		이란	14
87~90	콜롬비아		13
87~90	도미니카 공화국		13
87~90		나이지리아	13
87~90	트리니다드*		13
91		이집트	7
92		가나*	4
93	푸에르토리코		0

점수는 가장 최근 자료인 1995~2004년 기간 WVS 자료를 토대로 한다.
* 표시된 9개국은 2005~2008년 자료를 이용하면서 추가된 것이다.

우리는 새로운 지수에 장기지향(Long-Term Orientation)이라는 명칭을 일부러 그대로 유지했다. 단, 새로운 지수는 LTO-CVS와 유사하지만 동일하지는 않기 때문에 LTO-WVS라고 부를 것이다. 새로운 지수는 옛날 지수에서 영감을 받아 나온 것이지만, 다른 설문지를 바탕으로 할 수밖에 없었다. 또한 조사 시기와 응답자들도 다를 수밖에 없었다. 조사에서 개념 반복 연구의 경험에 비추어 보자면, 그런 경우 50% 공통 변량은 도달할 수 있는 최고치에 해당한다.

LTO-CVS와 LTO-WVS 간의 차이는 LTO-CVS가 중국 학자들이 설계한 조사에서 시작된 것이며 본토 중국에서 최고점을 받았다는 점이다. 이 장의 처음 부분에서 LTO 차원의 함의를 중국적 기원을 안중에 두고 풀이했었다. LTO-CVS에서의 점수는 단지 23개국에 한정되어 있었는데, 동일한 질문지를 더 많은 국가에 확장 사용한 결과는 실망스러운 것이었다.

LTO-WVS는 계속해서 갱신되는 대규모 조사 데이터베이스에서, 장기지향성의 본질에 대해 반복 연구를 시도한 것이다. 이 데이터베이스는 유럽에서 시작하여 미국의 지휘 아래 전 세계적으로 확장된 것으로서, 서양 정신의 소산이다. 여기에는 앞의 연구에 있던 중국적 특색이 빠진 것이다. 그러나 LTO-WVS는 CVS에서 나온 기본적 구별을 보다 많은 국가로 확장시키게 해 준다.

LTO-WVS는 부분적으로 국가에 대한 긍지에 입각해 있었기 때문에, 미소의 기념비주의(Monumentalism)와 강력한 상관을 보인다.[46] 동시에 IBM의 네 차원과는 통계적으로 완전히 별개였다.[47] 국가의 부와 무관했던 LTO-CVS와 달리, LTO-WVS는 국가의 부와 약한 긍정적 상관을 보였다.[48] 경제 성장과의 관계는 시기와 포함된 국가들에 따라 달라지는데, 그에 대해서는 이 장의 뒤에서 다시 다룰 것이다.

LTO-CVS 척도에 있던 23개국 중 6개국이 LTO-WVS 척도에서 눈에 띄게 위치 변동을 보였다. 그 6개국 중에서 파키스탄, 독일, 영국의 위치는 위로 이동했고, 호주, 브라질, 홍콩의 위치는 아래로 이동했다. 파키스탄은 인도, 방글라데시와 모이고, 독일과 영국은 서유럽 군집에 합류한다. 호주는 미국과 좀 더 가깝게 이동하고, 브라질은 다른 라틴아메리카 국가들과 모이며, 홍콩은 싱가포르를 앞선다. 나머지 국가들에서 CVS와 WVS 순위 간 변화는 비교적 미미하다.[49]

〈표 7-4〉에서 가장 점수가 높은 4개국은 여전히 동아시아 국가들이다. 기타 남아시아, 동남아시아 국가들은 3개국(말레이시아, 태국, 필리핀)을 제외하고, 모두가 표의 상단부에 나타난다. 표의 상반부에는 폴란드와 그루지야를 제외한 구소련 연방 국가들을 포함하여

동유럽 국가들 전부가 포함된다. 마지막으로 그 부분에는 그리스, 핀란드, 덴마크, 노르웨이, 포르투갈 및 아이슬란드를 제외한 대부분의 기타 유럽국가가 포함된다.

표의 하단부에는 영국계 4개국인 캐나다, 뉴질랜드, 미국, 호주가 포함된다. 또한 중동 및 아프리카의 모든 국가, 중남미의 모든 국가가 포함된다.

◐ 장기지향-GLOBE 차원

제2장에서 60여 개국을 대상으로 헤르트의 모형을 반복, 개선하는 연구를 하겠다고 나선 GLOBE 연구를 소개했다. 제3장부터 제6장까지 각각 GLOBE의 연구 결과를 우리의 연구 결과와 비교했다. 우리의 LTO에서 영감을 받은 GLOBE 차원은 미래지향(future orientation)이라고 불렸다.

예전 측정인 LTO-CVS는 21개 공통 국가들에서 18개 GLOBE 측정치 중 네 가지와 유의하게 상관되었지만, 결국에는 단 하나의 부적 상관관계만으로 남았다. 그 단 하나는 성과지향 '희망'이었는데, 이것은 LTO-CVS의 변량 51%를 설명했다.[50] 성과지향 '희망'은 미소의 기념비주의(Monumentalism)와도 상관이 있었는데, 이는 "우리국가가 위대한 잘나가는 국가가 되어야 한다!"를 의미한다. 이는 또한 단기지향 문화에서 전형적인 자기고양감을 의미한다. 장기지향은 유연비하와 상관이 있었는데, 이로써 앞서 본 부적 상관이 이해가 된다.

새로 나온 LTO-WVS 측정치는 GLOBE와의 공통 49개국에 대하여 GLOBE의 18가지 측정치 중 6개와 유의한 상관관계가 있었다. 이번에도 가장 강력한 상관관계는 성과지향 '희망'과 부적으로 나왔고, 집단주의 '희망'과도 부적인 상관을 보였다.[51] 집단주의 '희망'은 가족에 대한 긍지를 의미한다. 그런데 이 장의 전반부에서 우리는 LTO 문화가 높은 문화권의 가족은 가족 일에 대해 긍지를 갖기보다는 오히려 현실적임을 보았다.

우리의 장기지향의 표현으로 생각한 GLOBE의 미래지향 '실태'는 우리의 LTO 측정치들과는 상관이 없었고 오히려 낮은 UAI와 낮은 PDI의 조합과는 상관이 있었다.[52] 그 차원은 '미래에 대한 설계'에 관한 것이었는데, GLOBE 응답자들 중에서는 상대적으로 관대하고 평등주의적인 사회에 속한 이들이 '미래에 대한 설계'를 더 많이 한다고 주장했다.

GLOBE의 미래지향 '희망'은 높은 PDI와 낮은 LTO-WVS의 조합과 상관관계가 있었다.[53] 이는 '미래에 대한 설계를 하는 것이 올바른 태도다.'와 '사람들은 현재의 위기를 걱정해야 한다.'를 의미한다. 권위주의적이고 단기 지향적 문화권의 응답자들은 그와 같은 '~해야 한다.'형 진술에 동의하는 경향이 있었다. 따라서 장기지향을 '미래지향'으로 보려는 GLOBE의 시도는 완전히 실패했다. 둘 간의 유일한 상관은 부적(負的)이었다.

◉ 장기지향-단기지향, 가족관계 및 학업 성적

제4장과 제5장에서 세계 10개국 출신의 15세 내지 17세 소녀들을 대상으로 한 미(美)와 신체상 이상형에 관한 2005년 시장 연구에 대해 언급한 바 있다. 그 연구는 또 같은 국가의 18세 내지 64세 여성들로 된 큰 표본을 전화 인터뷰했다. 단기지향 문화의 여성들은 자신과 미(美)에 대한 느낌에 어머니가 긍정적인 영향을 끼쳤으며, 어머니의 미에 대한 생각이 자신의 미에 대한 생각이 되었다는 말을 더 자주 했다.[54] 우리는 딸의 자기 고양에 대한 어머니의 기여가 단기지향 문화에서 나온 것이라고 본다.

TIMSS(Trends in International Mathematics and Science Study)는 세계 대륙의 50개가 넘는 국가를 대상으로 수학 및 과학 성취에 대해 4년 주기로 실시되는 국제 비교 시험이다. 이 책이 집필된 당시 최근 연구는 2007년에 있었다. 시험 참가자들은 4학년 학생(약 10세) 또는 8학년 학생(약 14세)이다. 꾸준히 동아시아 학생들(싱가포르, 한국, 대만, 홍콩, 일본)이 다른 학생들보다 월등한 성적을 거둔다. 특히 수학에서 그렇다. 성취도가 가장 낮은 국가는 아프리카, 중동, 라틴아메리카에서 나왔다.

TIMSS의 1999년도 자료를 사용해 헤르트는 수학 성취점수가 LTO-CVS와 유의하게 상관된다는 것을 밝혀냈다. 과학 성취점수와 수학 성취점수 간에는 상호적으로 유의하게 상관관계가 있긴 했지만, 과학 성취와 LTO-CVS 간에는 유의한 상관관계가 없었다. LTO가 높은 문화에는 수학 능력을 높이는 뭔가가 있었다. 수학 성취점수는 상대적으로 부유한 국가가 상대적으로 가난한 국가보다 약간 더 우수했지만, 국가의 부보다는 LTO-CVS와

더 상관이 있었다.[55]

미소는 수학과 과학 성취 차를 자신의 기념비주의(monumentalism) 차원과 헤인 (Heine)의 이론으로 설명했었다. 자기 고양을 조장하는 문화는 교육과 같은 자기 계발 행위에 대한 아이들의 흥미를 감소시킬 것이다. 기념비주의 문화권의 사람들은 스스로에 대한 긍정적 정보를 추구하고 부정적 정보를 무시한다. 자신에게 자기 계발이 필요하다는 것을 인정하게 하려면 유연비하적인 문화가 있어야 하는 것이다.[56]

오래된 연구들을 보면, 미국에 있는 아시아 학생들은 서양 학생들에 비해 성공은 노력에 돌리고 실패는 노력 부족으로 돌리는 경향이 더 강했다. 이는 미소의 해석과 같은 선상에 있다.[57]

우리는 2007년 TIMSS 점수를 분석했는데 이들 점수를 LTO-CVS, LTO-WVS, 그리고 국가의 부와 상관관계가 있는지를 보았다. 2007년 마찬가지로 LTO-CVS는 수학 성취와 상관을 보였고 과학과는 상관이 없었다. 그렇지만 수학과 과학 점수끼리는 아주 강한 상관관계를 보였다.[58] LTO-WVS는 수학 성취와 과학 성취 모두와 아주 유의한 상관을 보였지만 수학과의 상관이 언제나 약간 더 강하게 나왔다.[59]

이런 결과들은 2007년 TIMMS 점수에서도 헤르트의 해석과 미소의 해석이 여전히 옳다는 것을 시사한다. LTO-WVS에서 점수가 높을수록 수학과 과학 점수가 높았고, 최소한 8학년 학생들에서는 국가의 부의 효과를 제거해도 이 효과는 건재하다. 4학년 학생들에서 높은 점수는 완전히 국가의 부에 의한 것이었다.[60]

동시에 LTO-CVS와의 상관관계는 수학 성적에서만 유의하고, 과학 성적에서는 유의하지 않다. 이런 상관관계를 보이는 국가에는 상당히 많은 동아시아 국가가 포함되어 있다. LTO-WVS와 상관을 보이는 국가 중에 동아시아 국가들은 비교적 소수다. 이들 상관관계는 수학과 과학 성적 모두에 유의하지만 수학과의 상관이 항상 다소 더 높다. 우리는 동아시아 학생들이 이중적 이점을 누리는데, 그들은 더 열심히 공부할 뿐만 아니라, 수학을 이해하는 문화적인 재능을 지닌다고 결론을 내렸다. 문화적인 재능은 일찍이 4학년 학생(10세)에게서 효력을 발휘하지만 성실한 노력의 효과는 8학년 학생(14세)이 되어서야 나타난다.

전통적 가설은 동아시아 학생들이 암기 학습만 한다는 것이었지만, LTO-CVS가 높은 문화권 학생들이 기초 수학에서 보이는 발군의 성적은 이러한 가설을 부정한다. 서양인들이 암기 학습이라고 본 것은 사실은 일종의 이해방식인지 모른다. 가르침과 학습은 문화적으로 결정되므로 외관상으론 유사한 행동들도 서로 전혀 다른 의미를 지닐 수 있다.[61]

기초 수학은 목표가 명백하게 정해져 있는 윤곽이 분명한 문제, 즉 '개방적(open)' 문제라기보다 '정형적(formal)' 문제를 제시한다.[62] LTO가 높은 문화권의 학생들은 그러한 문제를 풀 준비가 잘 되어 있음이 증명되었다. 홍콩 대학교(Hong Kong University)에서 장기 근무한 레딩(Gordon Redding) 교수는 다음과 같이 썼다.

> 중국 문화에서 중국어로 처음부터 교육받아 온 중국인 학생이라면 아주 특이한 세상에 시선을 고정케 하는 일련의 인지 과정을 쓰기 시작했을 것이다. …… 중국 학생들이 일정 분야, 특히 '개체와 구체(the individual and the concrete)'가 절대적인 응용과학 분야에서 뛰어나지만 철학과 사회학 같은 분야로는 쉽게 들어가지 못하는 현저한 경향에 대한 근거를 찾을 수 있다.
>
> 전통적으로 과학적 연구의 적극적 전통이 왜 중국에서는 활발했음에도 불구하고, 서양에서 그랬던 방식대로 발달하지 못했느냐는 흔히 묻는 질문이다. 그에 대한 가장 설득력 있는 설명은 유형이 근본적으로 다른 인지 구조의 차이에 집중된다.[63]

구체적인 것에 대한 재능은 실용적 문제를 푸는 재능을 뜻한다. LTO가 높은 문화권에는 왜 되느냐보다 어떤 것이 되느냐가 더 중요하다. 중국의 주석 등소평(Deng Xiaoping)은 "흰 고양이든 검은 고양이든 쥐를 잘 잡는 고양이가 좋은 고양이다."라는 격언으로도 유명하다.

◈ 장기지향－단기지향과 경제 성장

제2차 세계대전 직후 전승 국가들은 세계인권선언으로 국제연합(United Nation: UN)이 이끄는 새로운 세계 질서를 선언했다. 1950년대와 1960년대의 세계 의제 중 최우선 과제는 정치적 독립이었다. 식민지 시대가 끝나고 과거에 부유한 국가의 식민지였던 수많은 국가들이 새로운 국가가 되었다. 1970년 무렵에 우선순위는 경제적 발전으로 옮겨갔다. 이미 1994년에 설립된 3개의 국제기구, 즉 세계은행(World Bank), 국제통화기금(International Monetary Fund: IMF) 및 세계무역기구(World Trade Organization: WTO)가 빈곤 근절을 위한 공약을 내세웠다.

그러나 빈곤은 사라지지 않았다. 1970년과 2000년 사이에 일부 국가들은 '가난뱅이에서 부자' 도약을 하는 데 크게 성공했다. 절대적인 승자는 다섯 마리의 용, 즉 대만, 한국, 싱가포르, 홍콩, 일본이었다. 1997년에 그 지역에 심각한 경제 위기가 닥쳤음에도 불구하고 말이다. 대만의 2000년도 1인당 GNI는 1970년도 1인당 GNI에 비해 36배만큼 올랐다. 일본의 1인당 명목 GNI는 18배만큼 올랐다. 반면에 사하라 사막 이남의 아프리카 및 라틴아메리카 국가들의 1인당 GNI는 미미한 정도로 올랐거나 전혀 오르지 않았다.

다섯 마리 용의 경제적 성공을 경제학자들은 예견하지 못했었다. 심지어 이 국가들의 성장이 일어난 후에도 경제학자들은 한동안 이를 알아채지 못했다. 1966년 『아메리칸 이코노믹 리뷰(*American Economic Review*)』[64]에서, 저명한 세계은행 경제학자들의 이 지역에 대한 성장 예보는 홍콩과 싱가포르를 언급조차 안 했고, 대만과 한국의 성취를 과소평가했고, 인도와 스리랑카의 성취를 과대평가했다. 15년 뒤 인구 250만 명의 싱가포르는 인구 7억의 인도보다 더 많은 물량을 수출하기에 이르렀다.

다섯 마리 용의 경제적 기적이 의심의 여지가 없게 된 후에도 경제학자들은 이것을 설명하지 못했다. 경제학적 기준에 의하면 콜롬비아가 한국보다 앞서야 했지만 실제는 그 반대였다.[65] 미국의 미래학자 칸(Herman Kahn, 1922~1983)[66]은 주자학(朱子學) 가설(Neo-Confucian Hypothesis)을 세웠다. 그는 동아시아 국가의 경제적 성공이 오랜 역사를 지닌 공통된 문화적 뿌리인 유교적 가치에 원인이 있다고 보았다.

칸의 가설은 CVS가 나오기 전까지는 아직 증명되지 않은 채로 남아 있었다. 20세기 마지막 30년 동안 이루어진 경제적 성장은 LTO-CVS와 대단히 유의한 상관이 있었다. 이것이 헤르트가 5번째 차원으로 장기지향 차원을 채택하게 된 초기 이유였다.

중국식 가치조사는 1985년에 수행되었고 세계 각 23개국을 대상으로 하였다. 그 LTO 지수는 이전의 20년간(1965~1985년) 그 국가의 경제 성장과만 상관관계를 가졌던 것이 아니었다. 이 지수는 이후 10년간(1985~1995년) 이들 국가들의 경제 성장을 더 잘 예측한다는 것이 밝혀졌다.[67]

이 책을 집필하는 현재 15년의 세월이 흘렀고, LTO-CVS는 23개국에서 93개국으로 데이터베이스를 확장한 LTO-WVS가 뒤를 잇게 되었다. 달라진 세상에서 훨씬 더 많은 국가에 걸쳐서도 새로운 LTO 척도가 여전히 경제적 성장을 설명할 수 있을까?

LTO-CVS와의 상관관계가 포함된 1970~1995년 기간 중 LTO-WVS는 1인당 GNI의 성장과 여전히 상관관계를 가진다.[68] 그러나 1995~2005년 시기의 경우에는 더 이상 그렇지 않았다. 우리가 자료를 갖고 있는 모든 국가에 대해 LTO-WVS와 1995년부터 2005년까지의 1인당 GNI 성장 간의 상관관계는 거의 영에 가까웠다.[69]

그러나 1995년 이후 자료는 포함된 국가들도 달라졌고, 세계 경제도 달라졌다. 우리의 새로운 국가 목록에는 1970년 당시 독립적인 경제 체제로 존재하지 않았던 19개국이 포함된다. 구유고슬라비아는 1991년에 붕괴하기 시작하여 크로아티아, 슬로베니아, 마케도니아, 보스니아, 세르비아와 몬테네그로 간의 느슨한 연합체로 해체되었다. 1991년에는 구소련 연방도 또한 없어졌고, 러시아 연방('러시아')과 에스토니아, 리투아니아, 라트비아, 벨라루스, 우크라이나, 몰도바, 아르메니아, 그루지야, 아제르바이잔 및 카자흐스탄 등의 새로운 여러 공화국으로 교체되었다. 1993년에는 체코슬로바키아가 체코공화국과 슬로바키아공화국으로 분리되었다. 그러한 변천은 경제적 해방과 시장경제 발전 가능성을 수반하게 되었고, 신생 국가들은 각자 나름의 방식으로 이 가능성을 붙잡았다. 동부유럽에 대한 소련의 영향력도 소련연방과 더불어 사라졌기 때문에 이전에 위압적인 공산주의 경제 체제하에 있던 국가들은 이제 독자적인 경제적 노선을 택할 수 있게 되었다. 이는 1990년에 이미 서독과 재통합된 동독, 그리고 유럽연합에 뒤늦게 합류한 폴란드, 헝가리, 루마니아, 불가리아에도 적용된다. 1995년 무렵에는 이들 신생 경제 체제 모두가 어느 정도 신뢰할 수 있는 1인당 GNI 자료를 제공하는 중이었고, 2005년 무렵에는 지난 10년 동안의 성장률을 비교할 수 있는 상황이 되었다.

동아시아의 경제적 기적을 설명하는 문화 이론들은 동아시아가 왜 훨씬 이전부터 강력한 경제 성장을 이루지 못했는지를 설명하지 못했다는 이유로 흔히 비판을 받는다. 확실히 유교적 가치는 대단히 오래된 것이다. 왜 지난 2,500년 동안은 잠자고 있다가 20세기의 후반부가 되어서야 유교적 가치가 기적을 일으켰단 말인가? 이 수수께끼에 대한 답은 80년 전의 독일인 사회학자 웨버(Max Weber)가 알려준다. 그는 이른바 신교 작업 윤리 (Protestant work ethic, 기본적으로 이 장에서 우리가 논의하는 경제 성장과 연관된 일련의 가치에 대한 또 다른 호칭)가 특정 역사적 시기에만 결과를 낼 수 있었다고 보았다. 우리의 경우에는 다음의 두 조건이 충족되어야 했다.

> 조건 1. 서양 과학 기술의 존재와 그것을 이용할 수 있는 교육적 자원의 존재
> 조건 2. 지역 시장의 재화나 서비스에 대한 수요 및 공급이 있는 세계시장으로의 통합

그런데 세 번째 조건으로 초기 빈곤이 판명되었다. LTO는 가난뱅이에서 부자로 도약하는 데에 있어 어떤 사회가 다른 사회보다 왜 더 성공적이었는지를 설명하지만, 부자가 더 부자가 되는지는 설명하지 못한다. 예를 들어, 동아시아의 다섯 마리 용은 1997년의 지역 경제 위기에 봉착해 그들의 경제 상승도 갑자기 끊어졌다.

이런 고려 사항들로 인하여 우리는 1995년부터 2005년까지의 1인당 GNI의 증가와 LTO-WVS 간 관계에 대해 다시 한 번 살펴보게 되었다. 우리는 LTO-WVS 자료와 GNI 성장 자료가 있는 84개국을 1995년 1인당 GNI에 의거하여 54개의 빈곤한 국가와 30개의 부유한 국가로 나눴다.[70]

[그림 7-1]은 84개국에 대한 LTO-WVS에 대해 2005년의 1인당 GNI의 1995년의 1인당 GNI에 대한 비를 2차원 그래프로 나타낸 것이다. 그 상관관계는 54개 빈곤국에 있어서 유의하게 정적이고, 30개 부유국에 있어서 유의하게 부적이다.[71]

빈곤국들에 대한 LTO와 경제 성장 간 상관관계는 1995년 이후에도 칸의 주자학(유교) 가설을 확인해 준다. 이 상관은 또 다양한 유교적 가치들 중 어느 것이 경제 성장과 연관되는지를 알려주기도 하는데, 절약이 매우 중요한 역할을 하였다. 별도의 연구에서 민코프(Minkov)와 블라고예프(Vesselin Blagoev)는 절약에 대한 높은 비중에, 여가 시간이 중요치 않다는 사실을 추가했다. 그들은 동아시아의 경제적 성취는 전혀 기적이 아니며 근면, 절약, 보다 나은 교육의 탓으로 보는 미국의 저명한 개발경제학자들의 주장을 인용한다.[72] 물론 왜 동아시아 국가들만 이 길을 따랐고 나머지 국가들은 그러지 않았느냐는 의

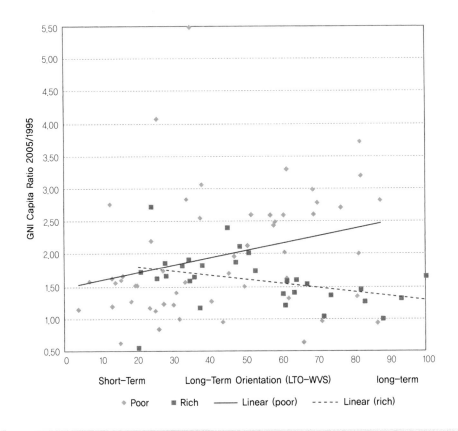

그림 7-1 | 2005년/1995년 54개 빈곤국 및 30개 부유국에 대한
비율의 1인당 GNI 대 LTO-WVS

문은 여전히 남는다.

마찬가지로 여전히 매우 흥미롭게 남아 있는 문제는, 동아시아의 발전에 있어서 문화의 역할을 증명하고, 다섯 마리 용 국가들의 경제적 성공에 대한 설명을 제공하는 하나의 차원을 분리하는 데에 동아시아적 조사 도구, 즉 CVS가 필요했다는 점이다. 그러한 가운데 우리는 한 단계 더 나아갔다. 기본적으로 서양적 도구인 WVS 속에서 이제까지 감추어져 있던 자료를 통해서도 유사한 결론이 나올 수 있다는 것을 발견한 것이다. 용들의 성장 논리는 이제 1995~2005년 기간 중에 몇몇 동유럽 국가 경제의 성장에까지 확대·적용된다.

1993년에 미국의 정치학자 리드(Russell Read)는 장기지향과 여러 저축 측정치 간의 관계를 보여 주었다. 그가 발견했던 가장 강력한 관계는 개인적 소비액과 저축액의 총 변화 퍼센트로 본 1970~1990년 기간 중의 1인당 실질 저축액의 변화인 '한계저축성향(MPS)'에 나타났다. MPS의 범위는 최저치인 미국의 3%에서부터 최고치인 싱가포르의 64%까지 다양했다.[73]

무이즈(de Mooij)는 소비자 행동을 분석하면서, LTO가 높은 국가 사람들은 장기적 목표인 부동산에 더 많이 투자하는 반면 LTO가 낮은 국가의 사람들은 상호부금에 더 많이 투자했다는 것을 발견했다.[74]

2008년에 미국에서부터 시작된 새로운 경제 위기가 세계 금융시장의 상호 의존성에 따라 세계를 강타했다. 절약의 결여, 즉 단기지향 경제가 행하던 과소비로 인해 이 새로운 재앙이 일어난 것으로 보인다.

'절약'이라는 가치 항목(끈질김과 더불어)은 1970년 무렵의 미국의 가치들을 총망라한 것이라 여겼던 로키치 가치조사(Rokeach Value Survey)에 빠져 있었다. 절약이 아닌 소비가 적어도 20세기 후반 이래로 개인적 수준에서뿐만 아니라 정부 수준에서 미국 가치였던 것 같다. 미국인들이 왜 저축을 더 하지 않느냐는 질문을 받자, 공화당원 출신 미국 대통령 2명의 경제자문위원회(Council of Economic Advisers) 의장을 지낸 스틴(Herbert Stein)은 다음과 같이 말했다.

> 경제학자들은 이 질문에 답을 하지 못했습니다. 미국의 저축률은 ……항상 다른 곳보다 낮았습니다. ……이는 아마도 미국의 생활 양식의 반영이 아닌가 싶습니다. 이것이 설명은 아니지만 말입니다.[75]

🔵 경제 성장과 정치

앞 절에서 논의한 성장의 경제적 조건 다음으로, 성장은 정치적 맥락에 따라서도 달라진다. 다섯 마리 용 국가들의 성장은 진정한 세계시장이 역사상 처음 시작된 1955년 이후에야 비로소 시작되었다. 다섯 마리의 용 국가 모두에는 필요한 지지적 정치 맥락이 존재했지만, 정부의 역할은 적극적인 지원에서부터 자유방임주의까지 각각 달랐다. 이 5개국 모두에서 노동조합은 약했고 기업 지향적이었으며, 수입 분포가 비교적 평등해서 혁명적 사회변동에 대한 지지는 높을 수가 없었다. 소란과 폭력 분출이 없지는 않았지만 유교적 중용 감각이 정치적 생활을 평온한 쪽으로 끌어가는 작용을 했다.

유교의 요람인 중국 본토에는 정치적 맥락의 영향이 뚜렷하다. 화교들은 홍콩, 싱가포르 및 대만 경제 성장의 핵심에 있었고, 이들은 인도네시아, 말레이시아, 태국 및 필리핀 등 신생 경제에 기여했다. 그들은 모국에 거주하는 친척들에 비해 기업가적 기술을 잘 행사하는 듯 보였다.

1970년에 중국 통화는 교환성이 없어서 1970년 1인당 GNI는 과대평가되었고, 이로 인해 1970년 GNI 대 2000년 GNI 비가 실제보다 낮게 나왔다. 그러나 중국의 경제 성장은 또 대약진 정책(Great Leap Forward, 1958~1959), 무산계급 문화대혁명(Proletarian Cultural Revolution, 1966~1976), 그리고 1989년 북경 천안문 광장(Square of Gate of Heavenly Peace)에서의 학생 시위에 대한 중국 정부의 무력의 여파와 같은 정치적 사건들로 인해 차질을 빚기도 했다. 다른 한편 1가구 1자녀 정책과 같은 엄격한 정치적 통제는 1인당 경제 성장률을 떨어뜨릴 급격한 인구 증가를 방지했다. 1975년부터 2007년까지 중국 인구는 연평균 1.3%씩 총 42%가 증가하여, 9억 3천만 명에서 13억 2천만 명으로 늘어났다. 2015년까지의 예측은 연평균 0.7%다. 인구 통제 효과가 비교적 낮았던 인도의 인구는 1975년부터 2007년까지 연평균 1.9%씩 총 81%가 증가하여, 6억 2천만 명에서 11억 2천만 명으로 늘어났다. 아무런 인구 통제 계획이 없었던 나이지리아의 인구는 연평균 2.9%씩 총 169%가 증가하여 5천 5백만 명에서 1억 4천 800만 명으로 늘어났다.[76]

중국의 통치자들은 세계 다른 국가에 자국의 경제를 개방함으로써 발생할 자국 내의 정치적 결과와 씨름해야 한다. 독재 정치, 무정부 상태에 빠지거나 환경을 치명적으로 파괴하지 않으면서 13억 인구 국가의 경제를 호전시키는 것은 싱가포르처럼 주민이 고작 5백만 명인 섬국가를 현대화하는 것보다 엄청나게 어렵다. 중국이 아직 매우 빈곤했던 1998년 헤르트는 한 논문에서 중국식 가치조사(Chinese Values Survey)의 함의를 분석했었다. 그 논문에서 그는 중국이 그가 훗날 장기지향(LTO)이라고 명명한 차원에서 최고점을 받은 데에 대하여 "……약간 뒤지기는 하겠지만, 인민공화국은 다섯 마리 용들의 성공을 답습할 것이고 결국에는 그중에서 가장 강력한 여섯 번째 용이 될 것이다."라고 해석했다. 이 예언이 옳다는 것은 증명되었다.[77]

이와 반대되는 1980년대 사례로는 소련 및 소련의 정치적 세력권을 들 수 있다. 소련권은 LTO-WVS 점수에 따르면 발전에 유리한 정신 소프트웨어를 지닌 국가들의 의욕을 억압했다. 여러 동구 국가가 소련 시대가 막을 내린 후 빠른 경제적 성장을 이룩한 사실이 이를 입증한다.

동아시아의 발전은 다른 국가들을 본받고자 하는 욕구를 좇아 일어났다. 일본은 17세기 이래로 줄곧 유럽, 특히 네덜란드의 과학과 과학기술을 적극적으로 연구했다. 동아시아권에서는 정부가 싫어할 때도 서양의 풍조와 유행은 인기를 누렸다. 동구 국가들은 공산주의에도 불구하고 언제나 서양을 모델로 삼았다.

LTO-WVS 지수가 낮은 국가에서는 다른 국가들을 배우려는 욕구가 반드시 나타나지는 않는다. 국가에 대한 긍지는 단기지향의 한 구성 요소이고, 지나친 국가에 대한 긍지는 경제적 재앙의 보증수표다. 미국에서는 이 지나친 긍지 덕택에 미화로 1조 달러가 드는 이라크전 개전 결정이 이루어지게 되었다. 국가에 대한 과도한 긍지는 다른 국가에 대한 몰이해와 무관심을 부추기고, 2008년 금융 위기 조성의 주역이 되었다.[78]

제9장에서는 주요 경제대국의 사업 목표와 기업 지배 구조를 비교하고, 미국 기업 지도자들의 영속성과 책임감 없는 단기 성장과 탐욕에 대한 지배적 관심이 1990년대의 국제 비교 연구에서 어떻게 드러나고 있었는지를 보여 줄 것이다.

◉ 단기지향적이기도 한 원리주의

이 장에서 일찍이 논의했듯이 유대교, 기독교 그리고 이슬람교는 같은 계통의 사상에서 흘러나온 세 가지 서양 종교다. 역사적으로 볼 때 같은 뿌리에서 자라났다. 세 종교 모두가 절대적 진리에서 미덕을 얻는다. 이들 셋은 현재에 초점을 맞추는 현대 계파와 과거에서 나오는 지혜에 초점을 맞추는 원리주의적 계파를 모두 가지고 있다. 종교적 원리주의는 장기지향-단기지향 차원에서 단기지향 극단을 대표한다. 의사결정은 오늘날 통하는 것에 따르지 않고, 옛 성서에 쓰여 있는 것의 해석에 따라 이루어진다. 원리주의는 요즘 세상의 문제를 제대로 다루지 못한다. 영국 철학자 러셀(Bertrand Russell, 1872~1970)은 다음과 같이 썼다.

> ……모든 광신적 신조는 해를 끼친다. 한 광신적 신조가 다른 광신적 신조와 경쟁이 되는 경우에 그 점이 확실하게 나타난다. 왜냐하면 그러한 경우에 증오와 분쟁이 격화되기 때문이다. 그러나 한 곳에 광신적 신조가 하나만 있는 경우에도 이 말은 해당된다. 광신적 신조는 신앙기반이 흔들리는 것을 두려워하는 까닭에 자유로운 탐구를 허용하지 아니한다. 광신적 신조는 지적인 진보를 반대한다. 보통 그러하듯이 광신적 신조가 성직자와 관계되는 경우 성직자는 지적 현상 유지를 전문으로 하는 계층을 강화하고, 확실성이 없는 것을 있는 듯이 꾸미는 데 힘을 실어 준다.[79]

세계 평화와 번영에 위협이 되는 정치적 세력으로서의 원리주의는 세 가지 서양 종교 모두에 존재한다. 현대적 계파 중에서는 이슬람 계파가 가장 약하다. 역사적으로 볼 때 9세기경부터 14세기경까지 이슬람 세계가 군사적으로뿐만 아니라 과학적으로도 앞서고 기독교 유럽은 후진적이었던 시절이 있었다. 그러나 기독교 국가들이 르네상스와 종교개혁으로 현대화의 길로 들어섰지만, 이슬람교 세계는 전통주의 속으로 숨어들었다.

미국 이슬람교 학자 르위스(Bernard Lewis)는 14세기 이후 이슬람 율법교도 학자들의 태도가 '아무것도 일어나는 것이 없는 정지된 시간의 느낌'이었으며, 밖의 세계에서 일어나는 일에 대한 관심의 결여였다고 기술했다. 지식이란 '획득되고, 축적되고, 전달되고, 해석되고 적용될 수는 있지만, 수정되거나 변형될 수는 없는 영원한 진리의 집성체'로 간주하였다. 혁신이란 사악한 것이고 이단과 유사한 것이었다. 유럽에서는 1450년 무렵에 활자 인쇄술이 발명된 반면, 터키에서는 인쇄기가 1729년에 처음으로 설치되었다. 이마저도 1742년에 보수적인 이슬람교도에 의해 다시 폐기되었다. 르위스는 다음과 같이 적는다.

서양의 도전에 대해 일본과 이슬람교 세계의 매우 다른 반응은 가끔 대비시키곤 한다. 그들의 상황은 매우 달랐다. ……이슬람교도의 유럽 인식에는 일본에게는 거의 작용이 없었거나 미미했던 요소, 즉 종교의 그림자가 드리워져 있었다. 다른 세계와 마찬가지로 이슬람교도들은 유럽을 종교의 한 틀에서 지각했다. 유럽을 볼 때, 그것은 서양인이나 유럽인이나 백인이 아니라, 우선 기독교인이었다. 중동에서는 극동에서와 다르게 기독교는 잘 알려져 있었지만 무시되었다. 결함이 있고 폐기된 종교의 신봉자들에게서 어떤 쓸 만한 교훈을 배울 수 있단 말인가?[80]

오늘날 현대 과학기술은 이슬람 세계에 침투했다. 현재 이슬람교에는 전통적인 형태와 현대적인 형태가 존재하지만, 첫 번째 것은 아직도 강력하고 공격적이다. 후진성과 빈곤에 봉착하자 어떤 집단들은 이에 대한 반응으로 예언자 마호메트(Prophet Muhammad) 당대의 법인 샤리아(sharia)의 복원을 촉구했다. 석유 자원을 통해 막대한 부를 일시적으로 축적한 이슬람 국가들은 현대 세계에의 적응이란 면에서 내내 가난한 국가들에 비하여 나을 것이 없었다. 석유 수익이 이점(利點)이라기보다는 오히려 부담이 된 꼴이었다. 다섯 마리 용 국가 중 어느 국가도 국민의 정신 소프트웨어 이외에 이렇다 할 천연자원을 갖지 못했다.

20세기 후반부에 여러 이슬람교도가 서양 국가로 이주했다. 21세기 초 유럽의 이슬람교도들은 1,300만 명으로 집계되었다. 이들의 다수가 서구 사회에 합류해 노동 계층과 중류층으로 들어갔고 서구 사회에서 책임 있는 지위도 점하게 되었다. 나머지 사람들은 통합되는 데에 실패해 대개 하류층으로 남아 새로운 게토(ghettos)를 채우고 있다. 후자 집단은 대개 이주 사회에서의 보잘것없는 위치를 보상해 주는, 그들이 진정한 가르침을 지닌 긍지를 설교하는 원리주의 형태의 이슬람교에 빠져든다.

단기지향적인 이슬람교 문화권에서는 신앙심보다는 국가에 대한 긍지로 인해 이민자들이 국적을 바꾸는 문제에서 주저하며 그래서 이중국적을 갖게 된다. 모로코 같은 국가의 정부는 이를 적극적으로 장려한다. 그런 국가에서는 위대한 자국의 자손이 시민권을 포기하고 싶어 할 수 있다는 것을 이해하지 못한다.

◈ 아프리카의 단기지향

1970년 무렵 헤르트는 유럽, 아프리카, 중동 지역에 있는 IBM에서의 인사(人事) 연구 책임자였다. 그의 책무 중 하나는 직원 선발을 위한 시험을 개발하는 것이었다. 지사장은 IBM의 프로그래밍 적성검사(Programming Aptitude Test)상의 문젯거리를 보고했다. 당시에 그 검사 도구는 컴퓨터 프로그래밍을 습득하는 데에 충분한 능력이 있는 사람을 선별하는 데 사용되었다. 그 지사장은 아프리카에서는 그 시험에 합격할 수 있는 사람이 아무도 없었고, 그래서 IBM 자체를 위해서나 IBM 고객을 위해서나 후보를 선발할 방법이 없었노라고 말했다.

프로그래밍 적성검사의 원본을 설계한 미국인 맥내머러 박사(Dr. Walter McNamara)는 공교롭게도 그즈음 막 퇴임했다. 그러나 헤르트는 맥내머러 박사가 이 문제를 해결하기 위한 연구 목적으로 3달 간 여러 아프리카 국가를 방문할 것이라는 사실을 알게 되었다. 맥내머러 박사는 귀국하여 다음과 같이 보고했다.

① 합격할 수 있는 사람이 아무도 없다는 것은 사실이 아니었다. 일부 아프리카인 후보들은 시험을 통과했지만, 그 비율이 다른 국가보다 더 낮았을 뿐이다.

② 원(原) 검사는 두 가지 양식(대학교 졸업자용, 고등학교 졸업자용)이 있었다. 아프리카 IBM 사무실에는 대학 수준 검사만 공급되었는데, 응시자 대부분은 고등학교에서 곧바로 왔기 때문에 다른 양식이 공급되었어야 했다.

③ 대부분의 응시자는 강제 선택식 시험을 받아 본 적이 없었기 때문에 시험지에 답하는 방법에 대해 사전 교육을 받아야 했다.

④ 그 시험은 미국식 영어를 사용했다. 어떤 단어들은 그 현지 영어에는 없는 것들이었다.

⑤ 원어민에게 해당되는 시간 제한이 적용되었는데, 영어가 제2언어(또는 제3언어나 제4언어)인 응답자에게는 더 긴 시간 제한이 정해져 있었지만, 시험 관리자는 이것을 알지 못했다.

맥내머러는 잠비아에 있는 여러 고등학교 졸업생을 대상으로 검사 개정판을 시험해 미국에서와 거의 같은 결과를 얻었다. 맥내머러에게 그의 뛰어난 업적에 대하여 감사 표시를 하고 헤르트는 '영어가 제2언어인 국가용 프로그래밍 적성검사(Programming Aptitude Test for Countries with English as a Second Language)'라는 이름이 붙은 새 개정판을 입수하게 되었다. 그리고 헤르트는 이 개정판을 아프리카 지역의 IBM 지사장들 협의회에서 자랑스럽게 소개했다.

헤르트의 발표에 대한 청중의 반응은 예상했던 것보다는 덜 열광적이었다. 이어 열린 커피 휴식 시간 중 IBM 가나 지사장(그러한 직위에 이른 최초 아프리카인 중 한 명)이 화장실에서 헤르트의 옆에 있다가 그의 굵은 목소리로 말했다. "나는 우리 직원들에게 미국식 검사를 원해요."

이 실화는 IBM의 아프리카 현지 법인에서 직원 선발 때 발생했던 문제는 기능 부족의 문제가 아니었다는 것을 말해 준다. 다른 국가에서도 과정을 충실하게 관리하면 원하는 수 만큼의 능력 있는 후보자들을 선발할 수 있었던 것이다. 그러나 아프리카의 그 지사장에게 이것은 문제 해결의 문제가 아니라 그의 국가적 긍지를 만족시키는 문제였던 것이다. 그는 자국민이 미국 사람들이 받는 것과 같은 시험을 받지 못한다는 사실로 인해 그의 국가적 긍지가 상했던 것이다.[81]

아프리카, 특히 사하라 사막 이남 아프리카는 개발경제학자들의 골칫거리다. 2009년에 세계 최빈국인 40개국 중 32개국이 아프리카 국가였다.[82] 아프리카 국가들은 25년 이내에 인구를 배가시킬 연 증가율 3%의 인구 폭발에 신음하고 있다. 그밖에도 인구 폭발에 대한 자연의 회답일 수 있는 에이즈와 기타 전염병들, 인간의 회답일 수 있는 극도로 피비린내 나는 전쟁과 대학살, 그리고 자국민들에 대해 부패하고 적으로 인식되는 무능한 정부 때문에 고통받고 있다. 형편이 좋은 예외가 약간 있긴 하지만, 아프리카의 50개 국가들은 건강 관리 같은 기본적 정부 업무가 붕괴되거나 소실되었다.

극단적인 사례는 1969년 이래 대통령으로 있던 바레(Siad Barre)가 1991년 국가를 군벌들 수중에 남기고 혼란 속에 빠진 국가를 떠나 도망쳤던 소말리아다. 미국인들과 에티오피아인들에 의한 외세 개입은 성공하지 못했다.[83] 2000년대에 소말리아인들은 배상금을 위해 상업용 선박을 사냥하는 능숙한 해적으로서 세계 뉴스거리로 등장했는데, 이를 책임질 정부는 없었다.

서양식 논리가 아프리카에 가끔 맞지 않다는 것은 분명했다. 헤르트는 본드의 CVS 사례 덕분에 아프리카를 위한 유사한 연구 과제를 제시할 수 있었다. 즉, 아프리카인들이 가치 질문지를 개발하고 아프리카 국가들과 비아프리카 국가 모두에 이 질문지 조사를 실시해 보라는 것이다. 그리고 발전을 위한 서양식 처방이 아프리카에서는 왜 통하지 않는지를 설명하는 새로운 차원이 나오는지를 보자는 것이었다.

그 프로젝트는 헤르트가 설립한 이문화협력연구소(the Institute for Research on Intercultural Cooperation: IRIC)[84]에서 헤르트의 후임자 누르데어하픈(Niels Noorderhaven)과 세네갈의 티자니(Bassirou Tidjani)가 맡았다. 아프리카 내 아프리카인 과학자들과 해외에 있는 아프리카인 학생들은 가치조사 항목을 제시해 달라는 요청을 받았다. '델파이(Delphi)' 접근 방식을 통해 첫 결과는 참여자들에게 익명으로 통보되고, 그들의 논평이 반영되었다. 다음에 영어나 프랑스어로 된 질문지를 아프리카 국가로는 카메룬, 가나, 세네갈, 남아프리카공화국, 탄자니아, 짐바브웨, 아프리카 외 국가로는 벨기에, 독일, 영국, 가이아나, 홍콩, 말레이시아, 네덜란드 그리고 미국의 남녀 학생 표본에게 실시했다. 이 14개국에서의 응답자들은 총 1,100명이었다.[85]

CVS와 달리 아프리카식 가치조사에서는 아프리카 특유의 새로운 가치 차원이 나오지 않았다. 모두 여섯 개 요인이 나왔는데, 이 중 네 개 요인은 IBM 차원들 중 하나와 각각 유의한 상관이 있었다. 다른 한 요인은 두 가지 언어 차이에서 나온 것으로 의미가 없는 것이었다.[86] 누르데어하픈과 티자니의 분석에서 두 번째로 강력한 나머지 한 요인은 전통적 지혜였는데, 이것은 LTO-CVS와 유의한 상관이 있었고, 그 연구에 있는 아프리카 국가(또한 유럽 중 몇 개국)를 아시아 국가와 갈라 놓았다.[87] 이 차원에 있는 단기 극에서 드러나는 항목들은 '지혜는 지식보다 더 중요하다.' 와 '지혜는 교육이 아니라 연륜에서 나오는 것이다' 였다. 이들 진술문은 유교적 가치들과 격심하게 대립된다.

이 절의 서두에 나오는 한 이야기처럼 아프리카식 가치조사에서의 이러한 결과는 아프리카 국가의 점수가 LTO-CVS와 LTO-WVS 양자 모두에서 낮았다는 사실을 확인한다. 〈표 7-4〉에서 북아프리카의 3개국과 중앙아프리카 및 남아프리카의 10개국은 모두 단기지향 쪽에 있다. 실제 결과보다는 긍지를 앞세우고, 지식과 교육 없이 지혜를 기대하는 것은 내일의 이득을 수확하기 위하여 오늘 일하고 연구하는 것을 도울 수 없다.

아프리카 국가에서는 외부인에게는 명백한 원인-결과의 관계가 가끔 부정되기도 한다. 한 예로, 남아프리카공화국 전 대통령 음베키(Thabo Mbeki)는 HIV 감염과 AIDS 간 연관성을 인정하길 거부했다. 주술에 대한 광범한 신앙은 외부인들이 보기에 아프리카인들이 자초한 악을 타인과 신비적 힘으로 돌리는 경향을 낳는다.

가치 점수들은 아프리카인들이 모두 단기지향적 사고를 하고, 동아시아인들은 모두가 장기지향적 사고를 한다는 의미를 포함하진 않는다. 그러나 이들 점수는 이 사고방식들이 공통적 행동 양식과 국가 제도의 기능이나 역기능에 영향을 줄 만큼 보편적이라는 뜻을 담고 있다. 거의 모든 아프리카 국가는 외국의 원조와 IMF 대출에 의존하고 있다. 2001년 노벨 경제학상 수상자이자 세계은행의 수석 경제학자였던 스티글리츠(Joseph Stiglitz)는 아프리카 경제문제는 IMF가 규정한 대출 조건 때문에 악화되었다고 주장한다. 세계은행에 비해 IMF는 단기지향적인 시장 원리주의 색채가 더 강했다. 이로 인해 교육, 건강, 하부 구조를 압박하는 예산 긴축을 두고, 수입 개방을 강요하며, 아프리카 수출의 서구 시장 진출구를 닫아 아프리카의 신생 기업의 황폐화를 초래했다.[88] 〈표 7-4〉는 IMF 고문들의 정신을 지배하고 있는 미국의 정신 자세를 그들의 아프리카 고객과 같은 단기지향 칸으로 분류하고 있다.

매우 단기적인 가치는 호주 원주민에 대한 연구에서도 발견되는데, 이에 대해서는 제4장에서 언급한 바 있다. 이 집단도 경제적 발전이 문제가 되고 있다.[89] 호주 원주민의 경우에서도 단기지향적인 백인 정책이 만든 조건들이 그들의 문제를 가끔 악화시킨다.

〈표 7-5〉는 WVS 자료를 토대로 장기지향과 단기지향 간의 차이를 요약한 것이다.

표 7-5 | 단기지향 사회와 장기지향 사회 간의 핵심 차이점
WVS 자료 토대

단기지향 사회	장기지향 사회
타인에 대한 봉사는 중요한 목표다.	아이들은 돈과 물건을 모으는 것을 배워야 한다.
내 국가에 대해 긍지를 가진다.	다른 국가들에서 배운다.
전통은 중요하다.	아이들은 끈기를 익혀야 한다.
(민코프의) 기념비주의	(민코프의) 유연비하

가족에 대한 긍지	가족 실용주의
어머니는 딸의 자아와 미적 감각에 긍정적인 영향을 미친다.	미에 대한 딸의 생각은 어머니의 생각과 별개다.
학생들은 성공과 실패를 운으로 본다.	학생들은 성공을 노력의 탓으로, 실패를 노력 부족의 탓으로 돌린다.
노력 부족으로 14세 학생들의 수학과 과학 성적이 낮다.	열심히 공부하기 때문에 14세 학생들의 수학과 과학 성적이 좋다.
수학에 특별한 재능이 없다.	동아시아에서는 수학을 잘한다.
이론적, 추상적 과학에 소질이 있다.	응용적, 구체적 과학에 소질이 있다.
가난한 국가에서는 경제 성장이 더디거나 없다.	가난한 국가에서는 경제 성장이 빠르다.
저축액이 낮고, 투자를 위한 여유 자금이 없다.	저축액이 높고, 투자를 위한 여유 자금이 있다.
상호 기금에 투자한다.	부동산에 투자한다.
원리주의에 끌린다.	실용주의에 끌린다.
민간 지혜 및 마법에 끌린다.	지식과 교육에 끌린다.

● 장기지향-단기지향의 미래

> 제(齊)국가의 경공(景公)이 두 번째로 공자를 접견하고 그에게 다시 물었다.
> "좋은 정부가 되는 비결은 무엇인가?" 그러자 공자는 이렇게 대답했다.
> "좋은 정부가 되려면 자원을 아껴야 합니다."[90]

미래는 장기적 문제를 어떻게 정의하느냐에 따라 달라진다. 우리의 손주들과 그들의 손주들은 오늘날 우리 행위의 장기적 결과를 받고 살아야 할 것이다. 2500년 전에 제국가의 경공이 공자에게 물은 질문은 여전히 유효하다. 좋은 정부란 무엇인가? 1999~2000년에 동아시아(중국, 일본, 한국)와 북유럽(덴마크, 핀란드, 스웨덴) 과학자들은 공동 프로젝트에서 동일한 이슈에 대하여 자국 인구의 대표 표본을 조사했다. 그 조사에서 통치자들과 국민 간의 관계 설정에 관한 의견에서 차이가 나타났고, 이는 권력거리 차원과 불확실성 회피 차원에서 국가들의 다른 위치를 반영했다. 정부의 역할에 있어서만 놀라울 정도의 의견 일치를 보이는 것으로 나타났다. 6개국의 과반수가 '오늘날의 복잡한 경제 문제를 처리할 수 있는 강력한 정부'를 지지했고, '정부의 개입이 없어도 자유시장이 이들 문제를 처리할 수 있다.'는 것은 믿지 않았다. 경제에서의 역할 다음으로 정부의 소관 업무로서 가장 강력한 합의가 있었던 것은 환경 오염과의 싸움, 화목한 사회 관계 유지였다.[91]

아시아-북유럽 연구 보고에서는 진행중인 세계화(범지구화, globalization)를 논박하는데, 아시아인들은 이를 '서구화(Westernization)', 북유럽인들은 '미국화(Americanization)'로 지각했다. 이를 통해 6개국 간에 가치 차이가 있음을 알 수 있을 뿐만 아니라, 저자들이 이런 세계화 이면에 존재하는 가치로 파악한 것이 무엇인지를 알 수 있다.[92]

우리가 보기에 이 아시아인들과 북유럽인들이 반대하는 것은 이런 식의 세계화가 보이는 단기 초점에 대한 것이다. 〈표 7-4〉의 점수를 보면, 그 연구 프로젝트에 참여한 국가 모두가 미국보다 더 장기지향적이었다. 이들 국가들의 응답자들은 좋은 정부를 미래지향적인 것으로 보았던 반면에, 세계화를 주도한 미국과 IMF는 단기 해결책에 치중했다. 실제로 경제학자 스티글리츠(Joseph Stiglitz)에 따르면, 그러한 방식의 세계화는 인류 전체를 위한 공통 미래란 관점을 따르기보다는, 과거 위치의 유지나 복귀에 토대를 둔 다른 원리주의만큼이나 시장 원리주의에 토대를 둔 것이었다.

장기적으로 생각을 하다 보면, 한정된 세계에서 그 어떤 성장도 한계가 있다는 결론에서 벗어날 수 없다. 다른 국가들을 희생시켜 이룬 성장이 아닌 다음에야, 인구는 영원히 지속적으로 성장할 수 없고 국가의 경제 또한 마찬가지다. 이 현실을 직면할 준비가 된 정치인들은 거의 없다. 이런 한계론이 가장 분명한 영역은 환경이다. 지구 온난화로 인한 기후 변화, 물 부족 및 방사능 폐기물 저장고는 고삐 풀린 성장에 대한 환경적 대가이고, 훌륭한 정부라면 이 문제를 직시해야 한다.

종교적, 정치적, 경제적 원리주의자들은 장기적 사고에 대한 공격적인 적대자다. 원리주의자들은 과거에 토대를 두고 미래에 대한 자신이 짊어질 책임을 신(神)이나 시장의 소관으로 미루고 회피하는 경향이 있다. 예컨대, 세계의 여러 곳에서 평화, 건강 및 정의를 직접적으로 위협하는 것은 인구 과잉이다. 가족계획을 위한 적절한 방법이 존재하지만 종교적, 경제적 원리주의자들은 일치단결하여 그 방법의 광범한 보급을 막으려 한다.

현 21세기에 동아시아의 경제적 중요성은 증대할 것이다. 동양의 현인들로부터 우리가 받을 수 있는 하나의 소중한 선물은 전 세계적, 장기적 사고로의 전환이 될 것이다.

제8장

자적 문화와 자제 문화

LIGHT OR DARK?

전통적으로 기독교 권역에 있는 사람이라면 들뜨고 행복해하는 시기에 유명한 영국 잡지 『이코노미스트(Economist)』 크리스마스 특별호에는 다음과 같은 기사가 실린 적이 있다.[1]

일주일에 한 번 일요일이면 홍콩은 다른 도시로 변한다. 황후상 광장(Statue Square) 부근에 있는 상업중심 지구에 수천 명의 필리핀 여성들이 밀려나와 피크닉을 하고, 춤추고, 노래하고, 수다떨고, 웃는다. ……그들은 껴안고, 수다떨고, 그리고 지껄이고, 미소짓는다. 인간의 행복이 이보다 더 잘 드러나 보일 수는 없다. 이는 일주일 중 다른 6일과는 딴판이다. 나머지 6일 동안 그 도심지를 주름잡는 이들은 괴팍하기로 유명하고 대개 무례한 중국인과 만성 스트레스에 찌든 홍콩 주재 외국인 기업인들이다. 이 6일 동안 필리핀 여성 대부분은 그 지역 154,000가구에 틀어 박혀 광둥인들의 '가정부' 또는 광둥어 아마(외국인 가사 도우미)로서 일하며 생계를 잇고 있다. 그곳에서 그녀들은 가족들과 떨어져 살면서 느끼는 외로움만이 아니라, 중국인 혹은 홍콩에 주재하는 외국인 주인들 아래에 노예 같은 삶으로 고초를 겪는다. 여기서 불가사의한 점은 홍콩에서 가장 비참함을 느껴야 할 그들이 표면상으로는 가장 행복하다는 것이다.

행복, 즉 주관적 웰빙(Subjective Well-Being: SWB, 학술적으로 선호되는 용어)은 누구나 염원하는 목표다. 고전적 불교와 같은 일부 철학 학파들은 행복 추구를 규탄한다. 그들에게 행복 추구는 떳떳치 못한 시간 낭비이며, 개명된 사람이라면 멀리해야 할 일로 보았다. 하지만 그러한 엘리트주의적 가르침은 일반 대중이 쉽게 받아들일 수 없었다. 종교에 상관없이 세계 전역의 사람들 대부분은 고전 불교의 학자들과 달리 지금-여기서 더 없는 행복한 상태에 이르고 싶어 하지, 그 상태가 덧없다는 생각 때문에 이를 단념하지 않는다.

불행하게도, 일부 국가들은 다른 국가보다 전체적으로 보편적 행복 추구가 더 뛰어나다. 낙오자 국가를 한층 불안케 하는 사실은 SWB 문화 간의 차이 연구에서 국가 순위가 매우 안정적임이 입증되었다. 대규모 행복 측정치를 토대로 나온 국가 순위는 수십 년 전에 처음 보고된 이래 당연한 변화들은 있었지만, 큰 변화는 없었던 것으로 드러났다. 흥미롭게도 어떤 연구에서는 20개 국가들의 SWB 순위와 그 국가 출신 조상을 가진 미국인 집단의 SWB 순위 간에 높은 유사성이 있다는 것이 입증되었다. 이것은 민족적 기원이 서로 다른 사람들이 동일한 환경을 공유한다고 해서 동일하게 행복해지지는 않으며, 기원이 오래된 이런 차이는 상당한 시간 동안 지속된다는 것을 의미한다.[2]

주관적 웰빙의 본질

SWB에 관한 학술 문헌은 방대하게 존재한다. 일반적으로 주관적 웰빙의 주요 측면은 두 가지로 구분된다. 하나는 한 개인의 삶에 대한 계산적 평가, 다른 하나는 한 개인의 느낌(feelings)에 대한 기술(description)이다.[3] 삶에 대한 만족감과 감정적인 정서(emotional affect)는 반드시 동일한 현상이 아니다. 어떤 사람은 반드시 고조된 심리 상태가 없어도 자신의 삶이 잘 나아가고 있다고 평가할 수 있고, 그 반대의 경우도 있을 수 있다.

세계 가치조사(World Values Survey: WVS)는 사람들이 자신의 삶에 얼마나 만족하는지, 그리고 그들이 느끼기에 얼마나 행복한지를 물어봄으로써 SWB의 두 가지 측면을 검토하였다. 이 두 가지 질문 중 첫 번째 질문에서 점수가 높은 국가가 대부분 두 번째 질문에서도 점수가 높았지만, 상관관계가 아주 강하지는 않았다. 삶에 대한 만족의 국가 간 차이는 국가 간 부 차이로 확실하게 설명할 수 있지만, 국가의 부는 WVS에서의 행복 문항과는 거의 관계가 없다. 매우 행복하다고 응답한 사람들의 백분율이 가장 높은 국가들은 빈곤하거나 특별히 부유하지 않다. 그런 국가들은 서아프리카(나이지리아, 가나)와 북부 라틴아메리카(멕시코, 엘살바도르, 콜롬비아, 베네수엘라)에 위치해 있다. 우리는 이것을 어떻게 이해해야 할까?

이런 연구 결과에 대한 불신은 드물지 않다. 일반인뿐만 아니라 일부 학자까지도 행복이라는 것을 측정하는 것에 의문을 갖는다. 그들은 행복은 너무 포착하기 힘들고 막연하며 유동적인 것이라 측정할 수 없는 것으로 여긴다. 하지만 그러한 입장은 주류 사회과학에서는 소수에 속한다. 이 문제에 관한 뛰어난 권위자들인 미국 심리학자 디너(Ed Diener), 네덜란드 사회학자 베인호번(Ruut Veenhoven) 등은 행복을 측정하는 것이 의미 있는 작업이라는 것을 의심의 여지 없이 증명해 보였다.[4] 또한 미소(Misho)는 매우 행복하다고 말하는 사람들의 비율이 높은 국가에서 심혈관계 질환으로 인한 사망률이 더 낮다는 사실을 지적했다.[5] 매우 중요한 요인, 즉 부의 국가 간 차이(와 그로 인해 사람들이 받는 건강 관리의 질)를 고려한 후에도 둘 간의 상관관계가 여전히 강하게 남는다. 사람들이 말하는 자신의 행복감은 현실과 동떨어진 빈 말이 아닌 것이다.

측정된 행복의 국가 간 차이를 설명하는 이론들이 많다.[6] 하지만 이들 이론 대다수는 적은 수의 국가 표본에 토대를 두고 있어, 보편적인 설명으로 신뢰하기 어렵다. 행복을 결정하는 요소들이 무수히 많고, 그 결정 요소 중 어떤 것은 일부 사회보다 다른 사회에 더 두드러질 수 있다는 사실은 아무도 부인할 수 없다. 그렇다고 해서 보편적인 경향을 찾는 것이 불가능한 것은 아니다.

주관적 웰빙과 세계 가치조사

제4장과 제5장에서는 잉글하트(Inglehart)의 WVS 종합 분석 결과에 포함된 차원 중 하나인 안녕(well-being)-생존(survival) 차원을 보았다. 그것은 높은 IDV-낮은 MAS의 조합과 연관된다. 행복을 결정하는 문화적 요소의 탐색이 그의 주요 관심사는 아니지만, 잉글하트 차원의 생존 극에는 불행(unhappiness)의 측정치가 포함되어 있다.[7] 이 차원인지 극인지를 정의했던 다른 항목들은 생활의 질보다 경제적, 물리적 안전 우선시, 정치적 소

극성, 동성 거부, 그리고 사람의 불신과 관련이 있었다. 그밖에 이 차원은 정치적 지도자로는 남자가 더 낫고 여자의 완성을 위해서는 아이가 필요하다는 생각, 과학기술의 중요시, 외집단 구성원들(예를 들어, 외국인들)에 대한 거부감, 낮은 자기 생활 통제력의 지각 및 기타 여러 가지가 강력하게 상관되어 있다.

잉글하트의 안녕-생존 차원은 통계적으로는 옳다. 그 차원을 정의하는 항목이 무척 다양함에도 불구하고, 연관된 전부가 부 대 빈곤의 국가 차에서 연유하는 것으로 보이기 때문에 결국은 개념적으로 무리는 없다. 이 차원은 부유한 국가와 빈곤한 국가 간의 차이들, 특정 국가가 경제적 성취를 이룬 뒤에 그 국가에서 예상할 수 있는 문화적·사회적 변화를 포괄적으로 잘 설명한다. 그러나 이런 원시적 해석에도 불구하고 설명되지 않은 많은 세부 사항이 남아있다. 예를 들어, 왜 어떤 가난한 국가에서는 매우 행복한 사람들의 비율이 그리 높은지와 같은 중요한 의문점에 대해 그 차원은 아무것도 답해 줄 수 없다.[8]

◐ 사회활동의 한 차원으로서의 자적-자제

WVS에 대한 잉글하트의 분석으로 호기심이 생긴 미소는 독자적인 분석을 하였다. 그는 잉글하트의 안녕-생존 차원이 개념적으로만이 아니라 통계적으로도 두 가지로 분리할 수 있다는 것을 발견했다. 집단 간의 관계나 개인과 집단 간의 관계(예: 지도자로 남자가 더 낫다거나 여자에게는 아이가 있어야 한다는 것에 동의)와 관련된 문항들이 미소가 보편주의(universalism)-배타주의(exclusionism)라고 명명한 차원을 구성했다. 이 차원은 제4장에서 개인주의-집단주의의 한 변종으로 다룬 바 있다. 주로 행복과 연관된 문항들은 별도의 집단으로 드러났는데 이들이 다른 차원 하나를 형성했다.[9] 90여 개가 넘는 국가에 걸쳐 두 개의 WVS 문항이 지금까지 보고된 다른 어떤 조사 변인들보다 특히 행복감을 잘 예측했다.

미소는 이 두 문항들이 차원의 핵심이라고 보았다. 다음은 그 두 문항과 행복감 문항이 WVS에 어떤 식으로 나와 있었는지를 보여 준다.

① **행복감**: "모든 것을 고려할 때 귀하는 얼마나 행복하다고 생각하십니까?" 매우 행복하다, 행복한 편이다, 별로 행복하지 않다, 전혀 행복하지 않다('매우 행복하다'를 선택한 비율).

② **삶에 대한 통제력**: "어떤 사람들은 살면서 하는 선택에서 자신이 전적으로 자유롭다고 여기는 반면에, 다른 사람들은 실제적 통제력이 없다고 느낍니다. 인생을 살아가는 방식에 대하여 귀하가 느끼는 통제력과 선택의 자유가 어느 정도인지를 '전혀 없다'는 1, '대단히 많다'는 10으로 하는 척도를 이용하여 표시해 주십시오"(WVS가 보고한 평균 국가 점수).[10]

③ **여가의 중요성**: "다음 각 항목이 귀하의 삶에서 얼마나 중요한지를 표시해 주십시오." 매우 중요하다, 다소 중요하다, 별로 중요치 않다, 전혀 중요하지 않다. 항목: "가족, 친구들, 여가시간, 정치, 일, 종교, 타인에 대한 봉사"(여가시간에서 '매우 중요하다'를 선택한 비율).[11]

그러므로 국가 수준에서의 행복감에 대한 예측변인과 상관변인은, 첫째, 삶에 대한 통제 지각, 즉 한 사람이 선택에 대한 그의 자유를 억제하는 사회적 규제 없이 거의 자기 마음대로 자신의 삶을 살 수 있다는 느낌, 둘째, 개인적 가치로서 여가의 중요성이다. 행복, 삶에 대한 통제력, 그리고 여가의 중요성은 서로 상관관계를 지니며, 이 연관성은 그 이후 계속된 조사들에서도 여전히 안정적으로 남았다. 이로써 그 문항들은 하나의 강력한 공통 차원을 정의했다.

이들 세 가지 핵심 문항 외에도, 그 차원은 친구를 두는 것을 소중히 여기는 것과 긍정적으로 상관되었고, 아이들에게 소중한 특성으로서 절약을 선택한 비율과 부적으로 상관되었다.

결론적으로 이 차원 두 개의 극 중 한 극에서는 마음대로 행동하고, 돈을 쓰고, 혼자서나 친구들과 여유롭고 재미있는 행위를 탐닉할 수 있다는 지각이 특징으로 나타난다. 이 모든 것이 상대적으로 높은 행복감을 예언한다. 반대의 극에서는 여러 사회 규범과 금지에 의해 사람의 행위가 구속된다는 지각, 여가활동을 즐기는 것, 돈 쓰는 것, 기타 유사한 도락 행위가 어느 정도 잘못된 것이라는 지각이 있다. 그 차원의 이런 특성들 때문에 미소는 그것을 'Indulgence(자적) versus Restraint(자제)' (IVR)라고 불렀다.[12]

이 차원에 대한 국가 지수는 〈표 8-1〉에 나와 있다.[13]

| 표 8-1 | 93개국 / 지역에 대한 자적-자제 지수(IVR) WVS의 세 가지 항목 토대 |

지수 순위	중앙/ 남아메리카	남/남동유럽	북/ 북서유럽	중앙/ 동유럽	이슬람계 중동 & 아프리카	동아시아 동남아시아	지수 점수
1	베네수엘라						100
2	멕시코						97
3	푸에르토리코						90
4	엘살바도르						89
5					나이지리아		84
6	콜롬비아						83
7	트리니다드						80
8			스웨덴				78
9			뉴질랜드				75
10						가나	72
11			호주				71
12~13		키프로스					70
12~13			덴마크				70
14			영국				69
15~17			캐나다				68
15~17			네덜란드				68
15~17			미국				68
18			아이슬란드				67
19~20			스위스				66
19~20		몰타					66
21~22		안도라					65
21~22			아일랜드				65
23~24					남아공		63
23~24			오스트리아				63
25	아르헨티나						62
26	브라질						59
27~29			핀란드				57
27~29						말레이시아	57
27~29			벨기에				57
30			룩셈부르크				56
31			노르웨이				55

순위							값
32	도미니카 공화국						54
33	우루과이						53
34~35					우간다		52
34~35					사우디아라비아		52
36		그리스					50
37~38						대만	46
37~38		터키					46
39~40		프랑스					48
39~40				슬로베니아			48
41~43	페루						46
41~43					에티오피아		46
41~43						싱가포르	46
44						태국	45
45~46				보스니아			44
45~46		스페인					44
47~48					요르단		43
47~48						말리	43
49~51					잠비아		42
49~51						필리핀	42
49~51						일본	42
52~53			독일				40
52~53					이란		40
54				키르키스			39
55~56					탄자니아		38
55~56						인도네시아	38
57					르완다		37
58~59						베트남	35
58~59				마케도니아			35
60			독일(동)				34
61~62		포르투갈					33
61~62				크로아티아			33
63~64					알제리		32
63~64				그루지야			32
65				헝가리			31
66		이탈리아					30
67~69						한국	29
67~69				체코공			29
67~69				폴란드			29
70~72				슬로바키아			28
70~72				세르비아			28

70~72		짐바브웨		28
73			인도	26
74		모로코		25
75			중국	24
76	아제르바이잔			22
77~80	러시아			20
77~80	몬테네그로			20
77~80	루마니아			20
77~80			방글라데시	20
81	몰도바			19
82		부르키나파소		18
83~84			홍콩	17
83~84		이라크		17
85~87	에스토니아			16
85~87	불가리아			16
85~87	리투아니아			16
88~89	벨로루시			15
88~89	알바니아			15
90	우크라이나			14
91	라트비아			13
92		이집트		4
93		파키스탄		0

이 차원에 대해 우리가 제안하는 정의는 다음과 같다.

자적(自適)은 재미있게 지내기, 삶 즐기기와 연관된 인간의 기본적·자연적 욕망에 대해 상대적으로 자유로운 충족을 허용하는 경향을 의미한다. 자적과 반대의 극, 즉 자제(自制)는 그러한 욕구 충족이 엄격한 사회적 규범에 의해 규제되고 억제될 필요가 있다는 확신을 나타낸다.

하나의 문화 차원으로서 자적-자제는 매우 특정한 현상을 측정하는 분명하게 정의된 연구 문항에 기초한 것이다. 자적 쪽에 있는 욕망의 충족이란 인간 욕망 일반의 충족이 아니라, 삶을 즐기기와 재미있게 지내기를 가리킨다는 점을 강조할 필요가 있다.

이것은 학술적 연구에 지금껏 보고된 바 없었던 참으로 새로운 차원이기에 더 연구할 가치가 있다. 자적-자제 차원은 느슨한(loose) 사회-빠듯한(tight) 사회식의 미국 인류학 구분과 어느 정도 닮아 있다. 느슨한 사회에서는 규범이 폭넓은 대안 채널들을 지니고 있고 일탈행동이 쉽사리 용인된다. 반면, 빠듯한 사회에서는 집단 조직의 강력한 가치들, 즉 영구성, 내구성 및 연대의식을 유지한다.[14] 이런 구분은 헤르트의 이전 발표물에 나오는 불확실성 회피와 개념적으로 연관되지만, 그는 그것을 측정하는 객관적 방법을 찾지 못했다.[15]

자적-자제 차원은 홍콩의 부유한 시민보다 가난한 필리핀 여성이 더 행복하다는 역설(逆說)을 해결한다. 〈표 8-1〉에서 필리핀은 홍콩보다 자적 순위가 더 높지만, 북남미 사회나 몇몇 서아프리카 국가보다는 많이 낮다.

이 책에서 설명한 IBM 차원과 IVR(자적-자제 차원)과의 상관관계는 다음과 같다.

IVR은 권력거리와 약한 부적 상관이 있어, 보다 위계적인 사회일수록 덜 자적적으로 되는 약한 경향이 있음을 보여 준다. 자적-자제 차원은 기타 IBM 차원과는 상관이 없고, LTO-CVS와도 상관이 없다.[16]

IVR과 LTO-WVS 간의 상관관계가 [그림 8-1]에 제시되어 있는데, 그 표에는 두 개 차원을 교차시킨 공간에 90개 공통 국가를 표시하고 있다. 전체 상관관계는 유의하게 부적이다.[17] 자적적 사회는 아이들에게 바람직한 특성으로 절약을 옹호하지 않는다는 사실에 비추어 이러한 부적 상관은 놀라운 일이 아니다. 하지만 LTO-WVS와 IVR의 공통 변량은 단지 20%로, 기존의 다른 두 가지 차원들인 PDI와 IDV의 공유 변량 35%보다 훨씬 작다.

[그림 8-1]의 4분면은 지역적 패턴을 분명하게 보여 준다. 자적적 경향이 높으면서 장기지향이 높은 집단들은 상대적으로 보기 드문 조합인데, 여기에는 유럽연합(European Union) 가맹국 외에 스위스, 대만, 싱가포르가 해당된다. 가장 흔한 패턴은 고 자적과 단기지향 집단이다. 남미 국가 12개국, 아프리카 4개국, 해외 영국계 4개 국가, 북유럽 5개국, 남유럽 4개국, 남동아시아 2개국이 이에 해당한다. 그다음으로 가장 흔한 패턴은 자제와 장기지향 조합 집단들이며, 동남아시아 9개국, 동유럽 19개국, 그리고 약간의 나머지 국가들이 그 경우다. 자제와 단기지향 조합은 더 드물었는데, 이슬람 5개국, 사하라 사막 이남 아프리카(Black African) 6개국, 그리고 약간의 나머지 국가들이 이에 해당되었다.

자적과 국가의 부 간에는 통계적으로 유의한 정적 관계가 있었지만 그 정도는 약했다.[18] 국가의 부는 자적의 국가 차의 약 10%를 설명한다. 자제는 다소 빈곤 국가에 생기는 경향이 있는데, 이는 납득이 간다.

◈ 기타 국가 비교 연구에서의 자적 – 자제와 주관적 웰빙

벨기에 출신의 쿠펜스(Peter Kuppens)가 이끄는 연구자들은 그들이 회상으로 본 정서경험빈도(recalled frequency of emotional experience, 긍정적, 부정적 감정을 사람들이 얼마나 잘 기억하는지)라고 부른 것을 연구했다.[19] 그 연구의 표본에는 48개국의 개인 9,300명이 포함되었다. 연구 결과 두 개의 국가 수준 차원이 나왔고, 이를 구성 요소 1(긍정적 정서)과 구성 요소 2(부정적 정서)로 불렀다. 구성 요소 1의 점수가 다른 사회보다 높은 사회 참여자들은 긍정적 정서를 더 많이 회상하는 경향이 있는 반면에, 구성 요소 2의 점수가 다른 사회보다 높은 사회 참여자들은 부정적 정서를 더 많이 상기해 냈다. 두 요소 간에는 상관이 없었다.

긍정적인 감정의 빈도를 측정하는 요소 1은 IVR과 강력한 상관이 있다.[20] 자적적인 사회의 사람들이 긍정적인 정서를 상기해 낼 확률이 높다.

이와 유사한 대규모 연구가 미국 연구자들인 쉬맥과 동료들(Ulrich Schi-mmack, Shigeiro Oishi, & Ed Diener)에 의해 보고되었다. 그들은 40개국 6,780명의 대학생에게 지난달에 얼마나 자주 유쾌한 감정을 겪었는지를 물었다. 유쾌 감정의 보고 평균 빈도는 자적과 정적인 상관을 보인다.[21] 자적적인 사회의 학생들일수록 긍정적 감정을 더 자주 겪는다고 보고했다.

IVR은 LTO–CVS와 연관이 없었지만, 본드(Michael Bond)의 중국식 가치조사는 도덕적 규율(Moral Discipline)이라고 명명된 또 다른 차원을 보고했었다. 제3장에서 우리는 그것이 권력거리와 상관된다는 것을 알았다. 그것의 양 극단은 '도덕적 규제' 대 '엄격한 규율 자세의 결여' 였다.[22] 이 차원의 정적 극을 정의하는 문항들은 '중용' '욕심을 버리고 순수함을 지킴' '욕심을 갖지 않는 것' 으로 정의된다. 이것들은 자제와 곧바로 연관되기 때문에 자적과는 부적인 상관관계를 가질 것이라 예상할 수 있다. 실제로 그러한 상관관

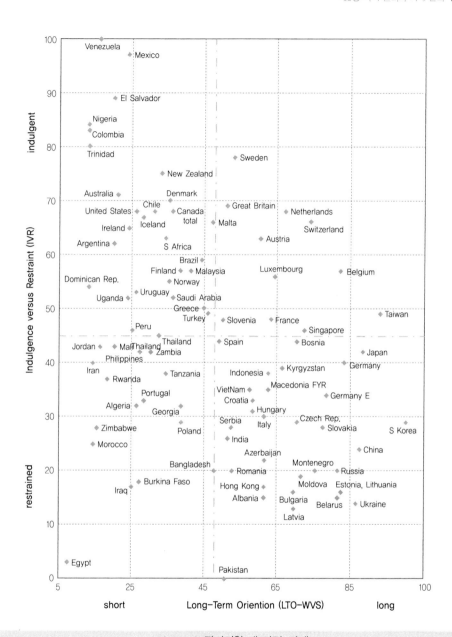

그림 8-1 | 장기지향 대 자적-자제

계가 있다.[23] 자적에서 다른 사회보다 더 높은 점수를 받은 사회는 도덕적 규율에서 다른 사회보다 더 낮은 점수를 받는다. 그런 사회의 구성원은 중용을 가치 있게 생각하지 않거나 욕망을 억제하지 못할 가능성이 크다.

본드는 뒤에 다른 연구자들과 41개 사회 출신의 학생 7,672명에 대해 일반적인 신념에 속해 있는, 그가 **사회적 공리**(Social axioms)라고 칭하는 것을 또 다른 연합 팀과 함께 연구했다.[24] 그들은 두 개의 문화 차원을 얻었는데, 그중 하나를 **사회적 냉소주의**(societal cynicism)라고 명명했다. 그런 입장은 일반적으로 '사회 문제에 신경을 쓰는 것은 자신에 골칫거리만 안겨 준다.' '인정 많은 사람은 대개 손해를 보기 마련이다' '노인은 대개 옹고집이고 편견에 사로잡혀 있다.' '생활이 넉넉해지면 사람들은 일을 그만둘 것이다.' 와 같은 진술에 대한 동의를 의미한다. 그 입장은 또 상대적으로 권력이 약한 개인에게 권력을 가진 자는 교만한 착취자라는 견해를 나타낸다. 자료에 따르면, 사회적 냉소주의는 동유럽, 동아시아(한국, 대만), 파키스탄, 태국에서 가장 강력하다. 냉소주의가 가장 약한 국가는 노르웨이, 미국, 캐나다다. 사회적 냉소주의는 IVR과 유의하게 부적 상관을 보인다.[25] 이는 덜 자적적이고 보다 자제적인 사회의 구성원들이 더 냉소적인 견해를 갖는 경향이 있다는 것을 시사한다. 사회 활동의 제한은 또한 사람들을 덜 행복하게 만들 뿐만 아니라 여러 형태의 거부행위(negativism)를 조장하는 것으로 보인다. 냉소주의는 거부행위 중 하나일 뿐이다. 다른 형태에 대해서는 추후에 다시 논하게 될 것이다.

마지막으로, 자적은 (제2장에서 설명했고 몇몇 다른 장에서 언급된) 성격 특성에 관한 빅파이브 모형(Big Five Model)의 성격 차원들 중 두 가지(외향성, 신경증)에 있어서의 국가 규준(norm)과 상관된다. 외향성(extraversion)과는 정적으로, 신경증(neuroticism)과는 부적으로 상관된다.[26] 즉, 외향성은 긍정적 감정과 연관되고 신경증은 부정적인 느낌을 경험하는 경향을 나타내기 때문에, 이러한 연구 결과는 자적-자제의 성격과 일치한다. 자적적 사회에는 외향적인 사람이 많고 신경증을 보이는 사람은 적게 분포하는 경향이 있다.

❖ 자적-자제, 주관적 건강 상태, 낙관주의 및 출생률

다른 사회보다 자적 점수가 높은 사회에서는 WVS에서 자신의 건강 상태를 '매우 양호하다.'고 평가하는 응답자의 비율이 더 높다. 이 상관관계는 부유한 국가의 경우에 특히 강하게 나타난다.[27]

퓨 연구소(Pew Research Center)는 미국에 있는 여론조사 기관이다. 퓨 연구소에서는 50여 개국에서 자료를 수집하는데, 응답자는 대체로 국가의 대표적 표본이다. 이 국가 비교 조사에 포함된 질문 중 하나는 응답자에게 미래에 대해 얼마나 낙관적인지를 묻는다. 높은 낙관주의를 보인 응답자의 비율은 자적 점수와 유의한 상관관계를 보인다.[28] 자적적인 사회일수록 낙관적인 사람들이 더 많고, 그 역(逆)도 마찬가지다.

행복, 주관적 건강 및 미래에 대한 낙관 모두가 한 사회에서 태어난 아이의 수에 영향을 미친다. 부유함, 문화적 여성성 및 아이의 수 간의 관계는 제5장에서 이야기한 바 있다. 교육 수준도 마찬가지로 영향을 미친다. 교육 수준이 낮은 집단일수록 아이를 더 많이 낳는 경향이 있다. 부유한 28개국(1999년 당시 1인당 GNI가 미화 1만 달러를 초과한) 조사에서 자적−자제가 국가의 부나 교육 수준보다 출생률을 더 잘 설명하는 주요 예측변인이다.[29] 별로 행복하지도 건강하지도 않다고 느끼는 집단은 아이를 낳는 것에 신나하지 않는 편이며, 경제적 선진국에 어울리는 교육 수준을 가진 경우 특히 그렇다.

부의 국가 차를 통제하더라도, 자적적인 국가일수록 심혈관계 질환으로 인한 사망률이 낮아진다는 것은 이미 앞에서 언급한 바 있다.[30] 이것은 (자적이 뜻하는) 높은 주관적 웰빙이 실제로는 주관적이지만은 않다는 것을 입증한다. 보다 자제적인 사회에는 실체적인 건강문제가 존재하는데, 이것은 사람들의 상상의 산물이 아니다. 심혈관계 질환은 개인 수준에서 원인이 복합적인 현상이지만, 불행감도 그 원인 중의 하나가 될 수 있는 것으로 보인다.

저출산 국가의 정부는 대부분 출생률 제고에 관심을 갖지만 출생률을 높일 방도를 갖고 있지 않다. 교육 수준 낮추기를 (그것도 선택이라 할 수 없지만) 제외하고, 단 하나뿐인 길은 그 국가의 국민 행복 수준을 높이는 것인데, 그렇게 되면 국민의 주관적 건강과 낙관이 올라갈 것이다. 불행히도 국가가 행복 인구의 비율을 상승시키는 방법은 알려진 바 없다. 경제 발전이 그러한 효과를 가져올 수도 있다. 하지만 그것은 시간이 너무 오래 걸린다. 1998년과 2008년 사이에 불가리아와 루마니아뿐만 아니라 구소련 중 유럽에 속하는 국가들 거의 모두의 1인당 GNI가 2배로 증가했다. 그러나 1998년 당시 이들 국가가 보였던 극히 낮았던 행복 수준은 십 년 뒤에도 거의 변하지 않고 그대로 남아 있다. 그리고 이들 국가들을 황폐화시킨 인구 위기는 계속되고 있다.

> 표 8-2 | 자적적 사회와 자제적 사회 간의 핵심 차이점
> I : 일반 규범, 개인적 감정 및 건강

자적적 사회	자제적 사회
매우 행복한 사람들의 비율이 높다.	매우 행복한 사람들의 비율이 낮다.
개인 삶에 대한 통제력을 지각한다.	무력감 지각: 나에게 일어난 일들은 내가 자초한 것이 아니다.
여가시간은 중요하다.	여가시간은 중요하지 않다.
친구들이 있는 것은 중요하다.	친구들이 있는 것은 중요하지 않다.
절약은 중요한 편이 아니다.	절약은 중요하다.
느슨한 사회.	빠듯한 사회.
긍정적인 감정을 회상할 가능성이 많다.	긍정적인 감정을 회상할 가능성이 적다.
도덕적 절제력이 덜하다.	도덕적으로 절제한다.
긍정적 태도	냉소주의
외향적인 성격	신경증적인 성격
건강하다고 느끼는 사람의 비율이 높다.	건강하다고 느끼는 사람의 비율이 낮다.
낙관주의자가 많다.	비관주의자가 많다.
고학력 인구의 국가에서 출생률이 높다.	고학력 인구의 국가에서 출생률이 낮다.
심혈관계 질환으로 인한 사망률이 낮다.	심혈관계 질환으로 인한 사망률이 높다.

〈표 8-2〉에는 지금까지 논의한 자적적 사회와 자제적 사회 간의 차이가 요약되어 있다.

◉ 자적-자제, 친구의 중요성 및 소비자 태도

제4장에서는 '절친한 단짝 친구'는 개인주의 사회 응답자들이 주로 선택할 가능성이 높은 가치라는 것을 보았다. 그럼 친구 일반의 중요성은 어떠할까? 만약 자적이 인생을 즐기는 경향을 나타낸다면, 친구의 역할 중 하나가 재미와 즐거움을 선사하는 것이기 때문에, 자적적인 사회에서 친구의 중요성은 더 높을 것이 예상된다.

WVS가 이 가설을 검증할 수 있는 기회를 제공한다. 한 문항에서는 응답자들에게 자신의 삶에서 친구가 얼마나 중요한지를 묻는다. '매우 중요하다.'라고 회답한 응답자들의

백분율은 IVR과 긍정적인 상관관계를 가진다. 이것은 자적적인 문화의 특징 하나로 외향성이 높다는 결과와 일치한다. 여기서 외향성은 개인 수준에서 측정된 사교성과 재미 지향성을 말한다.

퓨 연구소는 2002~2003년 조사에서 응답자들에게 외국 영화와 음악이 좋은 것인지를 물었다. 보기 중 '매우 좋다.'를 택한 응답자의 비율은 자적과 정적으로 상관된다. 자적적인 사회일수록 얼마간의 음악이나 영화 같은 수입 오락물을 전적으로 찬성하는 사람의 비율이 더 높다. 이 찬성률의 범위는 파키스탄의 11%(최하위)에서부터 나이지리아의 68%(최고위)까지 이른다. 이 비율은 WVS의 신심(신앙심)이나 애국심 측정치와 전혀 상관되지 않았기 때문에 관찰된 외국 음악 및 영화 수용률에서의 국가 간 차는 그런 면으로는 설명할 수 없다.

네덜란드 마케팅 전문가 무이즈(Marieke de Mooij)는 IVR 점수를 최근의 유로바로미터(Eurobarometer)와 다른 소비자 관련 자료와 상관시켰다. 유로바로미터가 대상으로 한 유럽연합 27개국의 경우 서구 가맹국들(보다 허용적인)은 대부분의 동구 가맹국들(보다 규제적인)과 IVR에서 갈렸다. 무이즈는 유의한 상관관계를 여러 개 발견했다. 비교적 자적적인 사회의 사람들은 가정생활에 대한 만족감을 더 많이 보고하고, 배우자 간 불공평한 가사 분담을 문제로 보는 비율이 더 높다.[31] 그들은 또한 스포츠에 적극적으로 참여하는 빈도가 더 높다(최소한 일주일에 한 번).[32] 상대적으로 자적적인 사회에서는 대개 가족·친구·동료들과 이메일을 주고받고, 외국인과 인터넷·이메일 연락을 한다고 보고하는 응답자의 빈도가 비교적 높다.[33] 그들은 또한 어류를 덜 소비하고, 무알코올 음료와 맥주를 더 많이 소비한다.[34]

세계보건기구(World Health Organization: WHO)는 세계 대다수 국가의 남성과 여성의 비만에 대한 자료를 제공한다. 영양 실조에 빠진 사람들이 대다수인 국가를 대상으로 비만율을 비교할 수는 없다. 자료가 있는 26개 부유국에서 구매력 평가지수(Purchasing Power Parity)에서의 GNI를 통제한 뒤에, 자적은 비만과 정적으로 상관된다.[35] 많은 요인이 관계되지만 구매력이 문제가 되지 않으면 자적적인 사회에서는 그렇지 않은 사회보다 소위 부실 식품(junk foods)의 소비를 마구 하여 비만에 이르는 경향이 있는 것 같다.

우리는 IVR을 GLOBE 프로젝트에 들어 있던 국가 문화 차원과도 상관시켜 보았다. 공통 49개국에서 IVR은 GLOBE의 18가지 측정치 중 다섯 가지와 유의한 상관을 보였다. 자적은 그중에서 남녀평등주의 '희망(그래야 하는 정도)' 과 가장 강력한 상관을 가졌다((남녀평등주의 실태(실제로 그러한 정도)와는 상관관계가 없었다).[36] 엄격하게 규정된 남녀 역할 구분은 자제적인 사회에서 생기기 마련이다. 다음으로, 자적은 내집단 집단주의 '실태' 와 부적으로 상관되었고, 내집단 집단주의 '희망' 과는 정적으로 상관되었다.[37] 자제적인 사회에서는 내집단 집단주의가 많고, 이에 대해 행복해하는 것으로 나타난다. 나머지 상관관계는 자적과 성과지향(performance orientation) '희망'과(정적 상관), 그리고 자기주장(assertiv-eness) '희망'과(부적 상관) 있었다.[38] 자적적인 사회는 주장적인 행동 없는 성취를 원한다.

◈ 자적-자제와 성적 관계

미국의 심리학자 슈미트(David Schmitt)는 성생활(Sexuality)에 대한 국가 비교 연구 프로젝트 (International Sexuality Description Project)를 창립하고, 그 프로젝트하에서 여러 개의 흥미로운 비교문화적 연구를 조종했다. 그 연구 중 하나는 슈미트가 사회성적 인식 (sociosexuality)이라고 명명한 것에 초점을 맞추었다. 슈미트에 따르면, 사회성적 인식이란 다음과 같이 정의되는 인간의 짝짓기에서 단일한 전략 차원이다.[39]

> 이 차원에서 상대적으로 낮은 위치를 점하는 사람들은 자제적인 사회성적 인식을 지닌다고 말한다. 그들은 일부일처제, 장기적인 구혼 기간 및 장기적인 관계에의 감정적 몰두 등의 경향이 있다. 사회성적 인식 차원의 높은 위치에 있는 사람들은 짝짓기 지향상 덜 자제적이라고 간주된다. 성적으로 난잡한 경향이 있어서 쉽게 성관계를 맺으며, 경험하는 낭만적 관계의 친밀감 수준이 낮다.

슈미트와 그의 팀의 연구 결과에 따르면, 여성 스스로가 보고한 사회성적 인식은 개인주의/보편주의와 강력한 정적 상관을 지닌다(또한 집단주의/배타주의와는 강력한 부적 상관을 지닌다). 이는 서양의 여성이 성적으로 보다 해방되어 있다는 것을 의미할 수 있지만, 동시에 가능한 해석은 집단주의 국가 여성의 경우 자신의 성생활에 대해 이야기할 때 더 조심한다는 것이다. 남성이 보고한 사회성적 인식의 차이는 개인주의 및 배타주의와 유의하게 상관되지 않는다는 것은 흥미롭다. 전 세계적으로 남자들은 성에 대해 이야기하기를 덜 꺼릴 뿐만 아니라 여러 문화권 남자들은 현실이나 상상 속에 존재하는 여자 정복을 자랑하기까지 한다.

이는 자기보고에 입각한 사회성적 인식의 국가 차에 대한 결론을 내릴 때는 조심해야 함을 의미한다. 그러나 성이 금기시되지 않는 부유한 국가에서는, 적어도 익명 조사의 경우라면, 응답자들이 사실대로 응답을 할 것을 예상할 수 있다. 이런 경우 지필 조사 결과는 신뢰할 수 있을 것이다. 하지만 개인주의의 차이(이에 따른 응답자들이 솔직히 말하는 경향의 정도의 차이)와 그것에 대한 금기에 영향을 주는 남성성(masculinity)의 차이가 사회성적 인식 자기보고 결과에 여전히 영향을 줄 수 있다. 이런 문제에도 불구하고 부유한 21개국에 대한 남자와 여자의 사회성적 인식의 국가 점수는 자적과 정적인 상관을 보였다.[40] 이것은 자적-자제의 또 다른 한 측면을 암시한다. 즉, 자적적인 사회, 특히 부유한 사회의 구성원 일수록 보다 많은 사회성적 인식을 보고할 가능성이 있다는 것이다. 자기보고는 실제 행동을 반영하고 있을 가능성이 있다. 하지만 이것은 차후 연구에서 다룰 일이다.

WVS에서의 한 문항은 응답자들(유럽인 표본)에게 잘 모르는 사람과의 성관계(casual sex)에 대한 생각을 물었다. 10점(언제나 받아들일 수 있다)을 택한 사람들의 국가 비율은 자제와 정적으로 상관된다.[41] 이 경우 질문은 규범을 묻는 형태로 만들어진 것이다. 응답자들은 자기에 대해 말하는 것이 아니라 자신이 남에게 지시하고 싶은 행동을 말한다. 따라서 얻은 결과는 신뢰할 수 있는 것이다. 비교적 자적적인 사회에는 모르는 사람과의 일회성 성관계에 대해 느슨한 규범에 반대하지 않는 사람들의 비율이 높다.

◈ 직장에서의 자적-자제

러시아의 경영학 교수이자 비교 문화 연구 전문가인 먀소에도프(Sergey Myas-oedov)는 동유럽 경영대학원에 그의 흥미로운 이야기로 이름이 난 사람이다. 그 이야기는 해외에 주재하는 미국인 경영관리자와 현지 직원이나 소비자들 간의 문화적 갈등을 보여 주는 것들이다. 그는 미국에서 안내 데스크 사람들은 소비자에게 꼭 미소를 짓게 되어 있는 것에 주목했다. 이는 미국처럼 일반적으로 자적적이고 우호적인 문화권에서는 정상적으로 보인다. 그러나 고도로 자제적인 사회에서 맥도널드(McDonald) 같은 회사가 미국 방식을 그대로 흉내내려 하면 다음과 같은 예상치 못한 결과가 있을 수 있다.

그들이 러시아에 왔을 때, 아주 강력한 기업 문화도 함께 가지고 왔다. 그들은 현지의 젊은 남녀 판매원을 교육시키기로 했다. 그들은 32개의 치아 모두를 드러내는 맥도널드식 웃음으로 판매원들이 웃게 하고 싶었다. 그러나 얼마 후, 맥도널드 전문가들은 러시아 소비자들이 판매원의 활짝 웃음에 기겁을 한다는 것을 알게 되었다. 러시아 소비자들은 놀라서 눈을 동그랗게 뜨고 그 판매원을 보았다. "왜 날보고 히죽대는 거죠?" 그들은 자체 조사를 통해 러시아에선 낯선 사람 앞에서의 활짝 웃음은 통하지 않는다는 것을 알게 되었다. 러시아인들은 낯선 사람을 우연히 만났을 때 그렇게 웃지 않는다. 만약 어떤 사람이 낯선 러시아인에게 그렇게 웃을 때 그 러시아인으로부터 기대할 수 있는 반응은 "이 사람 뭐 문제 있는 거 아냐?"이다.[42]

이러한 차이는 정치 지도자들의 대중 이미지 규범과도 연결된다. 미국에서 무표정한 얼굴(poker face)을 유지하는 것은 정치적 후보나 고위 공직자에게 치명적인 독이 될 수 있다. 미국의 공인은 자신의 정치 생활이 잘못되어 가는 게 아닌지 걱정이 되는 경우라 해도 유쾌한 표정을 지으며 낙관적인 분위기를 풍겨야 한다. 그러나 러시아에서 군은 얼굴은 진지함의 표시이고, 그래서 푸틴(Vladimir Putin)의 꾸준히 높은 신임도도 지탱되는 것 같다. 헤르트는 자적이 사진을 찍을 때의 웃어야 한다는 규범('치즈 하세요.')을 설명한다고 생각한다. 그의 동유럽 친구들에게는 그런 습관이 없다.[43]

⊙ 자적-자제와 정부

1995년부터 2004년까지의 WVS 조사에 들어 있는 한 문항은 응답자들에게 네 가지 국가적 목표(국가의 질서 유지, 국민의 결정권 증대, 물가 상승 억제, 표현의 자유 보장) 중에서 가장 중요한 것을 하나 선택해 달라고 요청한다.[44] '국가의 질서 유지'를 제1목표로 선택한 응답자들의 비율은 자적과 부적인 상관을 가지며,[45] 따라서 그 비율은 문화적 특성 규제와 정적으로 상관된다. 보다 자제적인 사회의 사람들은 (그들이 해석한 질서가 무엇이든) 대개 질서의 유지를 다른 목표보다 우선하는 중요한 국가적 목표로 간주한다.

WVS에는 자적과 국가의 최고 중요 목표로서 표현의 자유를 선택한 비율 간에 더 강한 상관관계가 있다.[46] 이러한 결과는 서양의 정치인과 언론인에게 중요하다. 왜냐하면 상당수 국가의 국민이 미국이나 네덜란드와는 다른 국가 목표 우선순위를 지녔다는 사실을 그들이 이해하지 못하기 때문이다. 표현의 자유는 자적적인 서양 사회에서 두드러진 목표가 될 수 있지만, 자제적 사회에서는 경시될 수 있으며, 더 중요한 선택을 해야 할 경우라면 더욱 그렇다. 표현의 자유를 국가의 최우선 목표로 선택한 응답자의 비율은 네덜란드의 36.6%부터 세계 최저치인 러시아의 1.5%까지 다양하다. 다른 동유럽인들과 마찬가지로 러시아인은 부유한 서양 국가 시민이 매우 중요하게 생각하는 여러 인간 권리에 대한 우선순위를 낮게 본다. 이는 독재자의 통치를 개의치 않는 사람의 비율이 러시아에서 왜 그렇게 높은지를 설명한다.

> 자제적이면서 권력거리가 큰 사회에서 독재정권은 꽤 잘 받아들일 수 있다. 그것은 또한 해외에 거주하여 서양 생활에 친숙한 러시아인들이 그곳에서 자유를 직접 목격하면서 왜 흔들리지 않는지를 설명한다. 그들은 크렘린의 고압적 수단에 대해 말할 때, 강력한 정부를 가진 것이 좋은 일이며, 그렇지 않으면 혼란이 올 것이고, 혼란은 국가에 결코 도움이 되지 않는다고 주장한다.

그와 동일한 결론이 2008년 유로바로미터(Eurobarometer) 자료에서도 나온다. 대상인

표 8-3 | 자적적 사회와 자제적 사회 간의 핵심 차이점
II: 사생활, 소비 행동, 성 및 정치

자적적 사회	자제적 사회
외국 음악 및 영화의 인가 정도가 높다.	외국 음악 및 영화의 인가 정도가 낮다.
가정생활에서 만족스러움을 느낀다.	가정생활에 만족하지 않는다.
가사는 배우자들 간에 분담되어야 한다.	불평등한 가사 분담은 문제가 되지 않는다.
스포츠 활동에 열중한다.	스포츠 활동에 거의 열중하지 않는다.
이메일과 인터넷이 개인 연락처로 쓰인다.	이메일과 인터넷이 개인 연락처로 덜 쓰인다.
외국인과 이메일 및 인터넷으로 연락하는 사람들이 많다.	외국인과 이메일 및 인터넷으로 연락하는 사람들이 드물다.
어류 소비량이 적다.	어류 소비량이 많다.
무알코올 음료 및 맥주 소비량이 많다.	무알코올 음료 및 맥주 소비량이 적다.
부유한 국가에서 비만 인구 비율이 높다.	부유한 국가에서 비만 인구 비율이 낮다.
남녀 역할 구분이 약하다.	남녀 역할 구분이 강하다.
부유한 국가에서 성 규범은 엄격하지 않다.	부유한 국가에서 성 규범은 엄격하다.
웃는 것이 규범이다.	웃는 것은 이상한 것이다.
표현의 자유는 상대적으로 중요한 것으로 간주된다.	표현의 자유는 주요 관심사가 아니다.
국가의 질서 유지는 우선 가치가 아니다.	국가의 질서 유지를 우선 가치로 여긴다.
인구 10만 명당 경찰관 수가 적다.	인구 10만 명당 경찰관 수가 많다.

유럽 26개국에서 미래를 위해 추구해야 할 목표로서 '표현의 자유'를 선택한 응답자의 비율은 자적과 강력하게 상관된다. 행복의 개념과 관련해 가장 중요한 것으로 '민주주의'를 선택한 응답자 비율과의 관계에서도 마찬가지다.[47]

앞에 나왔던 몇몇 장에서는 표현의 자유와 민주정부의 발생이 권력거리, 개인주의, 불확실성 회피와 연결되어 있음이 증명되었다. IVR과의 상관은 사람들의 정치적 이상에 관한 생각에 IVR도 또 다른 영향원임을 보여 준다.

자적 지수는 지필 조사에서 국가 통치에 대한 태도만을 예언하는 것이 아니다. 사실상 허용 지수는 자료가 있는 41개국에 대해 인구 십만 명당 경찰관 수와도 부적으로 상관된다.[48] 상대적으로 자제적인 사회에서는 그 사회의 규제 정도가 심각한 만큼 1인당 경찰관 수도 더 많다.

〈표 8-3〉에는 이 장에서 논의한 자적적 사회와 자제적 사회 간의 핵심 차이점이 요약되어 있다.

● 자적-자제에서 사회활동 차의 근원

문화 차원 대부분의 경우가 그랬듯이, 오늘날 우리가 보는 자적과 자제의 차이가 어떠한 역사적 과정에 의해서 만들어진 것인지 확신을 가지고 설명하는 것은 어렵다. 가능한 설명 하나는 미소(Misho)가 세이지(Sage) 출판사의 인류학 저널 『비교 문화 연구(Cross-Cultural Research)』에 발표한 논문과 그의 다른 논문에 제시한 바 있다.[49] 그는 자적적 사회가 1000년 전부터 오늘날까지 계속되는 유라시아적 집약 농업의 역사를 지니지 않는다고 주장한다. 전통적으로 집약 농업은 사하라 사막 이남의 아프리카에서는 행해진 바 없었다. 그러한 농업 형태들이 아메리카 대륙에 다소 존재했지만, 그곳에서는 아프리카 대륙에서와 마찬가지로 견인용 동물이 없었고, 이는 그런 농업 발달에 심각한 장애가 되었다. 반면에 스칸디나비아 반도 국가와 영어 사용 국가들은 오래 전에 전통적 집약 농업의 유산을 극복했다. 유라시아식의 고도로 집약적인 농업 형태는 그것을 행한 이들에게 셀 수 없는 재앙을 가져다 주었다. 고된 일, 계속 번갈아 나타나는 식량 풍요 시기와 기아의 시기, 압제적 정부와 착취, 참혹한 전염병 및 끊임 없는 영토 전쟁이 그것들이다. 유라시아에 있던 집약 농업 사회에서 인생은 고해며 행복 추구는 시간 낭비로 보는 불교나 진정한 행복은 내세에서만 얻을 수 있다고 가르치는 중동의 3대 종교(유대교, 기독교, 이슬람교) 같은 철학이 생겼다는 것은 매우 당연한 것이다.

수렵 채집 사회와 원예 사회는 집약 농업의 재해와 같은 정도의 고통에 시달리지 않았고, 이것으로 그 사회의 비교적 높은 자유감과 성취감을 일부 설명할 수 있다. SWV의 전문가들인 미국인 디너(Ed Diener)와 토브(William Tov)가 밝히고 있지만 이누이트족(Inuit)과 마사이족(Maasai) 사람들에 대한 연구는, 그들 부족은 가장 부유한 미국인과 같은 정도로 행복해한다는 것을 보여 준다.[50] 더 나아가 집약 농업은 차분한 기율, 미래를 위한 계획과 절약, 여가에 대한 무관심, 치밀한 사회 관리를 요하는데, 이것들은 수렵 채집 사회나 원예 사회 같은 곳에서는 필요하지도, 같은 정도로 가능하지도 않다. 서비스 기반 경제의 고도로 선진화된 현대사회는 보다 자적적인 먼 옛날의 자적적 문화로 되돌아온 것처럼 보인다. 집약 농업이 도래하기 이전의 문화로 말이다.

제 3 부

조직문화
Cultures in Organizations

제9장

조직 모델: 피라미드형, 기계형, 시장형, 가족형

PYRAMIDS, MACHINES, MARKETS AND FAMILIES: ORGANIZING ACROSS NATIONS

서부 유럽 어디엔가 중간 규모의 직물 날염 공장이 있었는데, 그 당시 이 공장은 어떻게든 생존해 보려고 안간힘을 쓰던 중이었다. 이 공장에서는 대개 아시아 국가에서 수입해 오는 옷감을 고객의 희망에 따라 여러 색상과 무늬로 염색하는 일을 했는데, 이 공장의 고객은 그 지역의 시장에서 유행하는 옷을 만들어 내는 회사들이었다. 이 공장에는 최고경영자 한 명이 있고 세 명의 기능직 경영자가 최고경영자를 보좌하였다. 기능직 경영자가 각각 디자인/판매, 제조, 재무/인사를 담당하였고, 전체 노동력의 수는 약 250명이었다.

그 공장에서는 종종 판매부 책임자와 제조부 책임자 간의 불화 때문에 작업 분위기가 흐려지곤 했다. 제조부 책임자는 세상의 모든 제조부 책임자들이 그렇듯이 생산을 순조롭게 하고 상품의 변화를 최소화하는데 관심을 두었다. 그는 고객의 주문을 묶어 한 번에 작업하기를 좋아했다. 옷감의 색상과 디자인을 바꾸려면 기계를 닦아야 했는데, 그러려면 생산 시간이 더 길어질 뿐만 아니라 비싼 물감도 낭비하게 되었다. 최악의 경우는 어두운 색상에서 밝은 색상으로 바꾸는 경우였다. 물론 어두운 색의 물감이 기계에 조금만 남아 있어도 밝은 색 옷감에 묻어 나와 상품의 질을 떨어뜨렸다. 따라서 제조부 기획자들은 깨끗한 기계에 가장 밝은 색부터 시작하여 점차 어두운 색으로 제조해 감으로써 기계 전체를 닦아야 하는 수고를 가능한 한 줄이고자 했다.

디자인/판매부 책임자는 경쟁적인 판매 시장에서 고객을 최대한으로 만족시키려고 노력하였다. 이 고객, 즉 유행의상 제조회사들은 갑자기 계획을 수정하기로 악명이 높았다.

그래서 이 회사의 납품업체였던 날염공장은 급한 주문을 받을 때가 많았다. 심지어 이러한 주문이 하찮은 것이고 별로 이익이 남지 않을 경우에도 판매부 책임자는 좀처럼 거절하지 못했다. 거절하면 그 고객은 경쟁사로 갈 것이고, 그렇게 되면 나중에 더 큰 주문을 받게 될 가능성마저 놓치게 될 것이기 때문이다. 급한 주문은 대개 제조부 경영자의 계획을 엉망으로 만들기 십상이었다. 잘 닦아놓은 기계에 어쩔 수 없이 어두운 색 물감을 급하게 묻혀야 했으며, 그러고 나서는 제조공들이 기계 전체를 다시 닦아야 했다.

급한 주문 하나를 받아들일 것이냐 말 것이냐를 놓고 흔히 이 두 책임자들 사이에 말다툼이 벌어졌다. 이러한 갈등은 비단 이 두 부서의 책임자에만 국한된 것도 아니었다. 제조부 직원은 판매부 직원의 능력을 의심했고, 판매부 직원은 제조부 직원의 능력을 의심했다. 비록 두 부서의 직원이 몇 년간이나 서로 알고 지내던 사이였음에도 불구하고 제조부와 판매부 직원은 찻집에서조차 함께 앉으려고 하지 않았다.

◉ 조직의 암묵적 모델

이 이야기는 어느 조직에서나 일어나기 마련인 아주 진부한 문제에 불과하다. 대부분의 조직 문제에서처럼 이 문제에도 구조적인 면과 인간적인 면이 있다. 이 이야기에 나오는 사람들도 그들의 정신적 소프트웨어에 따라 반응하고 있다. 이 정신적 소프트웨어의 일부는 조직이 어떠한 모양새를 갖추어야 하는지에 관한 사람들의 생각으로 구성되어 있다.

제3장~제8장에서 기술한 국가문화 차원 가운데 특히 권력거리와 불확실성 회피 차원이 조직에 관한 우리의 생각에 영향을 준다. 조직화를 위해서는 항상 두 가지 질문에 대해 답해야 하는데, 첫째, 누가 권력을 갖고 무엇을 결정하는가, 둘째, 목표 달성을 위해 어떤 규칙과 절차를 따를 것인가라는 질문이다. 첫 번째 물음에 대한 답은 권력거리에 대한 문화적 규범에 따라, 그리고 두 번째 물음에 대한 답은 불확실성 회피에 대한 문화적 규범에 따라 달라진다. 나머지 두 차원, 즉 개인주의 차원과 남성성 차원은 조직 자체보다 조직 구성원에 관한 우리의 생각에 영향을 준다.

권력거리와 불확실성 회피 차원을 평면 위에 함께 표시해 보면 [그림 9-1]과 같은 모양

이 된다. 만약 앞의 분석이 옳다면, 이 그림에서 한 국가가 차지하는 위치를 보면 그 국가
의 조직 문제 해결 방식을 짐작할 수 있을 것이다.

PDI-UAI 평면에서의 한 국가의 위치와 이 국가 사람들의 마음속에 있는 문제 해결 방

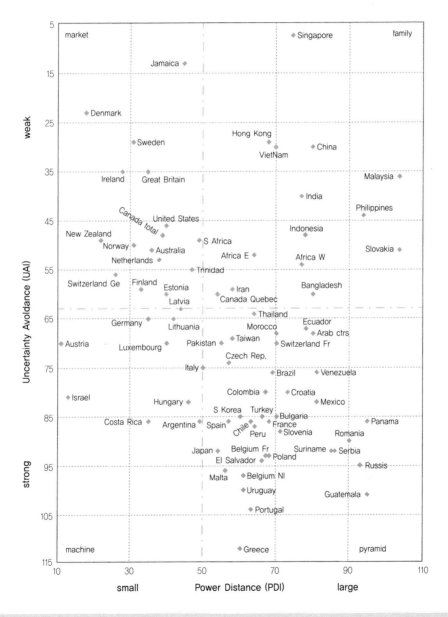

그림 9-1 | 불확실성 회피 대 권력거리

식에 영향을 주는 조직 모델 간의 관계에 대해서는 경험적인 증거가 있다. 1970년대에 프랑스 퐁텐느블로의 인시드 경영대학원 미국인 교수 스티븐스(Owen James Stevens)는 이 장의 서두에서 소개한 이야기와 아주 비슷한 사례를 자기가 가르치는 조직 행동 과목의 시험과제로 내주었다. 이 사례도 물론 한 회사 안에서 두 부서의 부장 간 갈등을 주제로 하는 것이었다. 시험과제를 받은 인시드 경영대학원 석사 과정(MBA) 학생들 중 가장 큰 집단은 프랑스, 독일, 영국의 학생들이었다. [그림 9-1]을 보면 이 국가들이 각각 우측 하단부, 좌측 하단부, 좌측 상단부에 위치함을 알 수 있다.

스티븐스는 이에 앞서 학생의 국적에 따라 문제 해결 방식에 차이가 있다는 것을 깨달았다. 그는 약 200명가량 되는 학생들의 과제물을 보관하고 있었다. 이 과제에서 학생들은 개별적으로 그들 나름의 ① 문제 진단과 ② 해결책 제시를 하게 되어 있었다. 스티븐스는 이 과제물을 제출자의 국적별로 분류하여 프랑스 학생, 독일 학생, 영국 학생의 것을 한 묶음씩 따로 읽었다.

결과는 아주 놀라웠다. 대다수의 프랑스 학생은 이 문제가 두 부서의 부장에게 보고를 받는 최고경영자가 할 일을 소홀히 한 탓으로 보았다. 프랑스 학생이 제시한 해결책은 대립하는 두 사람이 그들의 공동 상사인 최고경영자에게 자신들의 갈등 문제를 말하고 최고경영자의 명령을 따름으로써 차후의 그런 딜레마가 잘 해결될 수 있게 하는 것이다. 스티븐스는 프랑스인이 암묵적으로 지니고 있는 조직 모델은 '인간 피라미드'라고 해석하였다. 그 피라미드의 정점에는 최고경영자가 있고, 그 아래 수준에 각 부서의 부장, 그리고 부하 직원이 차례로 자리 잡고 있는 형상이다.

독일 학생은 대부분 그 문제를 구조의 부재 때문인 것으로 진단하였다. 갈등을 빚고 있는 두 부서 부장의 명확한 자질로 결론내렸다. 독일 학생이 선호하는 해결책은 구체적인 절차를 만들어 놓는 것이었다. 이 절차를 만드는 방법으로 자문을 의뢰할 수도 있고, 특별위원회를 구성할 수도 있고, 또는 공동의 상사에게 문의할 수도 있다. 스티븐스는 독일인은 조직이 '잘 돌아가는 기계'라는 생각을 갖고 있다고 보았다. 이러한 구조 속에서는 모든 일상적 문제는 규칙이 해결하기 때문에, 경영의 개입은 단지 예외적인 경우에만 필요할 뿐이다.

영국 학생은 대부분 이 문제를 인간 관계의 문제로 진단하였다. 두 부서의 부장은 서툰 협상자였기 때문에, 협상 기술 연마를 위해 그들이 (함께라면 더욱 좋고) 경영 과목을 수강할 기회를 주어야 한다는 것이다. '교류분석(transactional analysis)'이라는 것이 그 당시에는 없었지만, 이와 유사한 강의가 필요한 것으로 답했다. 영국인의 의식 속에 있는 조직의 암묵적 모델은 '마을 시장(village market)'이라고 스티븐스는 생각하였다. 여기서는 위계도 규칙도 아닌, 사태의 요구에 의해 상황(일어날 일)이 결정되기 때문이다.

스티븐스의 경험은 IBM 연구 프로젝트의 맥락에서 국가문화의 차원으로서의 권력거리 및 불확실성 회피의 발견과 때가 맞아 떨어졌다. 이 두 차원은 몇 년 전에 흔히 '아스톤 연구(Aston studies)'로 알려진 대학 연구가 발견한 차원과 유사하다. 영국 버밍햄에 있는 아스톤 대학은 1961년부터 1973년까지 '산업행정연구단(Industrial Administration Research Unit)'을 지원해 왔는데, 퓨(Derek S. Pugh), 힉스(David J. Hickson), 차일드(John Child) 등이 이 연구에 참여하였다.[1] 아스톤 연구는 다른 조직들의 구조가 지니는 주요 측면을 수량적으로 평가(즉, 측정)하고자 한 대규모 연구 시도였다. 처음에는 연구가 영국에만 한정되었으나, 나중에 다른 국가에서도 반복되었다. 아스톤 연구의 주된 결론은 조직 구조에 차이를 가져오는 두 가지 주요 차원이 '권한의 집중'과 '업무의 구조화'라는 것이었다. 한눈에 보아도 이 중 첫 번째 것은 권력거리와 두 번째 것은 불확실성 회피 차원과 관련됨을 짐작할 수 있다.

아스톤 연구자들은 조직 구조의 '딱딱한' 측면들, 즉 객관적으로 평가할 수 있는 특성을 측정하고자 하였다. 반면, 권력거리와 불확실성 회피 지수는 한 국가 안의 사람들이 지니는 부드러운, 즉 주관적인 특징을 측정한다. 이 두 가지의 연결은 조직들이 그 구성원들의 주관적, 문화적 욕구를 충족시키기 위해 구조화된다는 것을 의미한다. 사실, 스티븐스의 암묵적 조직 모델이 이것을 증명한 셈이다. '인간 피라미드' 모델을 지니고 있는 프랑스 출신의 인시드 MBA 학생들은 큰 권력거리와 강한 불확실성 회피 성향을 지닌 국가에서 왔기에, 이들은 권한을 집중시키고 활동을 구조화시키는 조치를 옹호했다. '잘 돌아가는 기계' 모델을 지니고 있는 독일 학생들은 불확실성 회피 성향은 크지만 권력거리는 작은 국가에서 왔기 때문에, 권한을 집중시키지 않으면서 업무를 구조화시키고 싶어 했다. '마을 시장' 모델을 지니고 있으며 국가문화의 권력거리도 작고 불확실성 회피 성향도 약한 영국 출신 인시드 경영대학원 MBA 학생들은 권한 집중도 없고 활동의 구조화도 없는 해결책을 옹호했다. 그러나 이 세 국가의 학생은 모두 똑같은 사례를 연구하고 있었다. 국제 업무 경험이 있는 많은 사람은 여러 차례 이와 같은 사실을 확인해 주었다. 즉, 조건이 동일할 때, 프랑스의 조직은 상대적으로 권력을 더 집중화하며, 독일 조직은 더 많은 구조를 필요로 하고, 영국 조직에 있는 사람들은 임기응변적 문제 해결 방식을 선호한다.

스티븐스의 세 가지 암묵적 모델에는 [그림 9-1]의 사분면 중 하나에 대한 설명이 빠져 있다. 이 그림의 우측 상단에는 유럽 국가는 하나도 없고 아시아와 아프리카 국가만이 있다. 이런 국가 출신 학생이 당시에는 인시드에 거의 없었고, 따라서 이 집단 자료는 부족할 수밖에 없었다. 스티븐스의 모델을 인도와 인도네시아 출신 연구자들과 토론해 본 결과, 이들 국가 조직에 해당하는 암묵적 모델은 '확대가족'이라는 제안이 나왔다. 이런 확대가족 속에서 소유주-경영자는 전능하신 (할)아버지인 셈이다. 이것은 권력거리는 크면서 불확실성 회피 성향은 약한 상황, 즉 사람들이 우리가 생각하는 갈등을 사장에게 언제나 들고가서 해소하는, 활동의 구조화는 없고 권한의 집중화만 있는 경우에 해당한다. 인도 출신의 두 미국인 네간디(Negandhi)와 프라사드(Prasad)는 미국 명문대학에서 박사학위를 받은 한 인도 중역 간부의 말을 인용하고 있다.

> 나와 내 부서에 가장 중요한 것은 내가 회사를 위해 무엇을 하느냐 또는 무엇을 성취하느냐 하는 것이 아니라, 사장의 호의가 내게 주어지느냐 하는 것이다. ……나는 사장이 말하거나 행하는 모든 것에 '예'라고 답함으로써 이 목표를 달성했다. ……그를 거역하는 것은 바로 다른 일자리를 찾는 것이나 다를 바 없다. ……나는 내 생각의 자유를 보스턴에 남겨 두고 왔다.[2]

보다 최근에, 네덜란드의 심리학자 오덴호벤(Oudenhoven)은 10개국의 700명 이상의 경영학도들로부터 그들이 지역 조직에 대해 자발적으로 작성한 자유 기술문을 수집했다.[3] 이들 경영학도들은 자신이 잘 아는 회사에 대해 여러 형용사를 마음대로 써 기술할 것을 요청받았다. 이들이 쓴 700건의 진술을 내용 분석하고, 당시 쓰인 형용사는 그와 반대되는 형용사와 짝 지어졌다. 한 쌍은 관료 체제적-비관료주의적이었고, '관료 체제적'의 빈도는 국가들의 권력거리와 상관이 있었다. 또 다른 한 쌍은 팀 작업-단독 작업이었고, '단독 작업'의 빈도는 개인주의와 상관이 있었다. 셋째는 우호적 업무 분위기-적대적 업무 분위기였고, '적대적 업무 분위기'는 남성성과 상관이 있었다.[4] 이와 같이 학생들이 자국의 조직들을 기술한 방식은 자국의 문화적 측면을 반영했다.

덴마크의 모리츤(Poul Erik Mouritzen)과 미국의 스바라(James Svara)가 주관한 정치학자 네트워크에서는 서양권 14개 민주국가의 4,000개가 넘는 도시의 지방 행정을 연구했다. 특히 그들은 각 시정의 지방자치단체장의 조사 응답을 통해 국가문화 점수를 수집했다. 그들의 연구는 IBM 조사의 반복 연구들 중 규모가 큰 연구의 하나였다(〈표 2-1〉 참조). 그들은 선출된 정치 지도자들과 임명된 공무원들의 역할을 나눠서 지방자치단체가 조직화되는 방식을 다음의 네 가지로 구분했다.

① **강한 시장형**(strong-mayor form)에서는 민선 시장이 의회의 다수를 통제하고, 모든 행정 기능을 장악한다. 최고 관리는 민선 시장의 뜻에 따른다. 이런 형태는 프랑스, 이탈리아, 포르투갈 및 스페인에서 볼 수 있다.

② **의회-관리자형**(council-manager form)에서는 모든 행정 기능을 최고 관리가 관장하지만, 정책 책임을 지지만 집행은 책임지지 않는 의회가 그를 임명한다. 이런 형태는 호주, 핀란드, 아일랜드, 노르웨이 및 미국의 소규모 시에서 볼 수 있다.

③ **위원회 지도자형**(committee-leader form)에서는 행정 기능이 선출된 정치인들, 정치 지도자(시장 직함이 있거나 없는) 및 최고 관리로 구성된 상임위원회들 간에 행정 기능이 분배된다. 이런 형태는 덴마크, 스웨덴, 영국에서 볼 수 있다.

④ **집단형**(collective form)에서는 선출된 정치인들로 구성되고 임명된 시장이 의장이 되는 집행위원회가 모든 행정 기능을 관장한다. 최고 관리는 임명된 시장에게 보고한다. 이런 형태는 벨기에와 네덜란드에서 볼 수 있다.[5]

이들 연구자들은 이 형들을 문화 조사에서 최고 관리의 응답으로 측정한 국가문화 차원 권력거리와 불확실성 회피와 관련시킨다. 이들 형의 측정치들은 IBM 연구에서의 것과 동일하지는 않더라도 유의하게 상관되었다. 이런 조건에서 14개국 자료 분석 결과 강한 시장형은 불확실성 회피 성향이 강한 국가에서 발견되었다. 의회-관리자형은 불확실성 회피 성향이 약하면서 권력거리가 중간인 국가에서 나타났다. 위원회 지도자형은 불확실성 회피 성향이 약하면서 권력거리가 작은 국가에서 발견되었다.[6]

◉ 경영학 교수도 인간이다

조직만 문화에 매인 것이 아니라 조직 이론도 마찬가지로 문화와 결부되어 있다. 그런 이론들을 쓴 교수들도 한 문화가 낳은 소산이다. 그들도 가족 속에서 자라났고 학교에 다녔으며 고용주를 위해 일했다. 그들의 경험은 바로 그들이 생각하고 집필하는 데 바탕이 되는 자료다. 학자도 다른 사람들만큼 인간적이고 문화적으로 편향되어 있다.

우리는 [그림 9-1]의 사분면, 피라미드, 기계, 시장 및 가족 중 자기가 속해 있는 사분면의 모델에 따라 조직을 기술한 고전 저자를 하나씩 골라 보았다. 이 네 사람은 대략 동시대의 인물들로, 모두 19세기 중반에 태어난 사람들이다.

앙리 화이욜(Henri Fayol, 1841~1925)은 프랑스 엔지니어였는데, 한 탄광회사의 경영에 참여하여 회장직까지 올랐다. 정년퇴임 후 그는 자신의 경험을 바탕으로 하여 『산업 및 일반행정(*Administration industrielle et générale*)』이라는 조직에 관한 선구자적 교재 한 권을 썼다. 권한 행사의 문제에 관해 그는 다음과 같이 썼다.

> 우리는 경영자의 권한을 사무실에 존재하는 법정 권한과 그의 지능, 지식, 경험, 도덕적 가치, 리더십, 근무 기록 등으로 구성되는 사적 권한으로 구분한다. 좋은 경영자에게 사적 권한은 없어서는 안 될 법정 권한의 나머지 반쪽이다.[7]

화이욜의 개념에서는 권한은 사람과 규칙(규정) 양자에 있다. 우리는 여기서 조정의 원리로 사람의 권력과 형식적인 규칙 모두를 중요하게 여기는 인간 피라미드 조직 모델을 떠올릴 수 있다.

베버(Max Weber, 1864~1920)는 대학에서 법을 공부하고 몇 년간 공무원으로 일한 경험이 있는 독일 학자였다. 그는 경제학 교수가 되었으며 독일 사회학의 창시자가 되었다.

베버는 '비인간적 권한의 형태만이 가능한, 권한에 대한 신념의 죄악'이란 17세기 청교도적 신교 교과서에 나오는 말을 인용하고 있다.[8] 베버는 자기 자신의 조직 설계론에서 관료 체제(bureaucracy)를 묘사하고 있다. 이 단어는 원래 현대 불어의 어간에 고대 그리스어의 어미를 붙여 만든 농담조의 단어였다. 오늘날 이 단어는 부정적인 의미를 내포하고 있지만 베버는 이것을 큰 조직의 이상 형태로 보았다. 관료 체제 안에서의 권한에 관하여 베버는 다음과 같이 쓰고 있다.

> (부과된) 임무의 수행을 위한 명령을 내리는 권한은 안정적인 방식으로 행사되어야 한다. 이 권한은 관료들이 ……사용할 수 있는 강제 수단의 사용에 관한 규칙을 통해서 그 한계가 엄격히 정해져 있다.[9]

베버의 개념에 의하면 진짜 권한은 규칙에 있다. '관료'의 권력은 이 규칙에 의해 엄밀하게 그 한계가 그어진다. 우리는 여기서 이러한 조직 모델이 규칙에 따라 움직이는 '잘 돌아가는 기계'와 같음을 알 수 있다.

테일러(Frederick Winslow Taylor, 1856~1915)는 미국의 엔지니어였는데, 화이욜과는 대조적으로 공장 근로자에서부터 자신의 경력을 시작하였다. 그는 야간 수업으로 학력을 쌓았다. 한 강철 회사의 수석 엔지니어에서 시작하여 최초의 경영자문위원의 한 사람이 된 인물이다. 테일러는 권한의 문제에는 전혀 관심이 없었으며, 그의 초점은 효율성에 있었다. 그는 제1선 감독의 일을 8개의 전문 부서로 나누어 그 각각을 다른 사람이 맡도록 하는 방안을 제안했다. 이와 같이 하면, 한 사람의 근로자가 전문 능력이 다른 8명의 상사를 모시게 되는 것이다. 테일러의 이런 생각은 지금까지 완전히 실행된 적은 없으나, 이런 그의 생각의 골격은 오늘의 '매트릭스 조직(matrix organization)'이라고 하는 한 명의 근로자가 두 명(또는 세 명까지)의 상사를 모시는 한 조직 형태로 발전하였다. 둘 중 한 명은 생산력 분야에, 다른 한 명은 기술적 전문 분야에 관여하는 것이 보통이다.

테일러의 『공장 경영(Shop Management)』이라는 책(Taylor, 1903)이 1913년에 불어로 번역되었는데, 화이욜이 그것을 읽고 자신이 집필한 1916년의 책에서 무려 여섯 페이지에 걸쳐 테일러의 생각을 다루었다. 화이욜은 전반적으로 감명을 받기는 했지만 테일러가 제안한 8명의 상사 체계에서 '명령 단일화 원리'가 완전히 부정되고 있다는 사실에 대해 충격을 받았다고 말했다. 화이욜은 '나로서는, 어떤 부서든 명령 단일화 원리를 무시하고서는 잘 운영될 수 없다고 믿는다. 그러나 테일러는 큰 조직을 성공적으로 경영해 왔다. 이런 모순을 어떻게 설명할 것인가?'라고 썼다.[10] 화이욜의 이 웅변조 질문은 2세기 반 전에 같은 프랑스 출신인 파스칼(Blaise Pascal)이 다음과 같이 이미 답변했었다. 즉, 한 국가에서는 진리로 여겨지는 것이 다른 국가에서는 거짓일 수 있다.

1981년 논문에서, 역시 프랑스 출신인 로랑(André Laurent)은 조사 결과 프랑스의 경영자들은 한 근로자가 두 사람의 상사에게 보고한다는 제안에 아주 강하게 반발한 반면, 예를 들어 스웨덴이나 미국 경영자들은 같은 조사에서 이 점에 관하여 별로 염려하지 않음을 보여 주었다.[11] 매트릭스 조직은 미국만큼 프랑스에서는 인기를 누리지 못했다. 로랑은 아주 재미있는 제안을 하는데, 이 제안이란 매트릭스 조직을 프랑스인이 받아들이도록 하려면 이것을 위계적인 용어로 번안해야 한다는 것이다. 즉, 한 명의 진짜 사장과 한 명 또는 그 이상의 임원진 전문가로 꾸며야 한다는 것이다. 화이욜도 1916년 책에서 테일러 체계를 논할 때 이와 똑같은 해결책을 내놓았다. 사실, 화이욜은 자기가 생각하기에 이것이 바로 테일러의 회사에서 테일러 방식이 실제로 운영되고 있는 모습 같다고 썼다.

테일러는 조직에서의 권한의 행사 문제에 관해 암묵적으로만 다룬 반면, 또 다른 조직 이론의 미국 개척자인 폴레(Mary Parker Follett, 1868~1933)는 그 문제를 정면으로 다루었다. 그녀는 다음과 같이 기술하고 있다.

> 우리가 명령만 내리는 두목과 명령이 거의 없는 두목의 두 극단을 어떻게 피할 것인가? ……나의 해결책은 명령 과정을 비인격화하는 것이다. 관련자들이 함께 상황을 연구해 상황의 법칙을 찾아내고 이 법칙에 복종하는 것이다. 누가 누구에게 명령을 내리는 것이 아니라 양자가 상황에서 명령을 받기로 합의를 보도록 하는 것이다.[12]

테일러와 폴레의 생각으로는 권한이 사람에게 있는 것도 아니고 규칙에 있는 것도 아니다. 폴레가 말했듯이 권한은 바로 그 상황 안에 있다. 우리는 이와 같은 조직 모델이 시장 모델임을 알 수 있다. 여기서는 시장 조건들에 따라 어떤 일을 할 것인가 결정된다.

손문(孫文, Sun Yat-Sen, 1866~1925)은 권력거리-불확실성 회피 차원 평면 그림의 네 번째 사분면 안에 위치하는 중국 출신의 학자다. 그는 하와이와 홍콩에서 서양식 교육을 받고 정치혁명가가 되었다. 중국은 서양보다 훨씬 더 늦게 산업화되었기 때문에 화이욜, 베버, 테일러와 동시대의 중국 산업조직 이론가는 없다. 손문은 비록 정치가이기는 했지만 조직에 관심이 있었다. 그는 병든 대청제국 정부를 근대식 중국 정부로 개혁코자 하였다. 그는 마침내 짧은 기간 동안 명목상 중화민국의 초대 대통령이 되었다. 손문이 설계한 중국 정부의 형태는 서양식과 전통 중국식의 요소가 합쳐진 것이다. 그는 행정부·입법부·사법부로 이루어지는 몽테스키외(Montesquieu)의 삼권분립 체제를 도입했다. 그러나 서양과는 달리 이 세 부처가 모두 대통령의 권한하에 있도록 하면서, 여기에 두 부처를 추가하여 모두 다섯 개의 부처가 대통령 산하에 있도록 하였다. 이 두 부처는 모두 중국의 전통에 근거한 것으로, 하나는 관리 선발을 담당하는 과시부, 다른 하나는 정부를 감사하는 감찰부였다.[13]

이 두 체계의 놀라운 혼합 형태는 형식상 현재의 대만 정부 구조의 기반이 되었는데, 대만은 국민당을 통해 손문의 아이디어를 물려받았다. 이 형태는 대통령의 권한을 강조한다(큰 권력거리). 즉, 서양에서는 법에 의한 정부를 보장하기 위해 설치한 입법부와 사법부가 통치자에게 의존하도록 되어 있다. 거기에 사람의 통치에 기반을 두는(약한 불확실성 회피 성향) 과시부와 감찰부를 이와 나란히 두고 있다. 이것은 통치자를 그 국가의 아버지로 삼는 구조의 가족 모델이다. 모두 대인 관계를 토대로 하는 것이다.

역설적이지만, 국민당을 쫓아낸 또 하나의 중국, 즉 인민공화국이 만들어 낸 문화혁명 또한 의식의 근대화를 막는다고 하여 규칙의 권위를 거부하면서 통치자(이 경우는 모택동)의 권한을 유지하려던 시도로 해석할 수 있다. 오늘날 문화혁명은 공개적으로 하나의 큰 재난으로 인식되고 있다. 그때 근대화로 통했던 것이 사실은 수백 년 된 무의식적 공포의 부활이었는지 모른다.

지금까지 여러 문화에서의 조직 모델이 조직 이론의 창시자들의 이론과 어떻게 관련되어 있는지를 살펴보았다. 최근의 이론에서도 다른 모델을 찾아볼 수 있다.

미국에서는 1970년대와 1980년대에 '거래 비용'의 관점에서 조직을 바라보는 것이 유행하였다. 경제학자인 윌리엄슨(Oliver Williamson)은 위계를 시장에 대비시켰다.[14] 그 논리를 보면 인간의 사회생활은 개인 간의 경제 거래로 이루어진다. 개인은 모든 거래가 자유 시장에서 일어날 때보다 위계 속에서 일어날 때 경제 거래(예: 정보 얻기, 믿을 사람 찾아내기 등) 비용이 낮으면 위계 조직을 형성하게 된다는 것이다. 문화적 관점에서 이 이론의 흥미로운 점은 '시장'이 출발점 내지 기초 모델이며, 조직을 시장의 실패로 설명한다. 이런 이론을 만들어 낸 문화는 피라미드처럼 내부적으로 보다 구조화된 모델을 닮은 조직보다 내부적으로 시장을 닮은 조직을 더 선호할 가능성이 많다. '시장' 철학 속의 이상적 조직 통제 원리는 개인 간 경쟁이다.

일본계 미국인이며 윌리엄슨의 동료 오우치(William Ouchi)는 시장 대신 두 대안을 제시하였는데, 하나는 '관료 체제'이고 다른 하나는 '씨족(clan)'이다. 이것은 각각 이 장 앞에서 '기계'와 '가족'이라고 부른 것들과 흡사하다.[15] 윌리엄슨과 오우치의 생각을 함께 묶으면 지금까지 설명한 네 가지 조직 모델이 모두 나온다. 그러나 시장은 이 이론의 출발점으로서 특별한 위치를 차지하는데, 이것은 이론가들의 국적으로 설명이 된다.

독일과 프랑스 조직 이론가들의 저서에서 시장의 역할은 크지 않다. 독일인의 책에서는 공식적인 체계, 즉 기계의 운영에 초점을 두는 경향이 있다.[16] 조직의 이상적인 통제 원리는 모든 사람이 의존하는 공식 규칙(formal rules)의 체계다. 프랑스인의 책은 대개 권력의 행사를 강조하며, 때로는 개인이 피라미드에 눌려 부서지지 않도록 개인을 옹호하기도 한다.[17] 통제 원리는 위계 권한이다. 규칙의 체계가 있긴 하지만 독일과는 대조적으로 상사의 개인적인 권한이 규칙에 우선한다.

모택동 문화혁명 기간 중 중국에서는 시장도 규칙도 위계도 아닌 사상주입(indoctrination)이 조직 통제의 원리로 채택되었다. 이것은 사상주입이 제대로 되었는지를 알기 위한 비교 시험으로 수세기 동안 과거제도를 시행해 온 중국의 전통과 맥을 같이 한다.

사람들의 마음속에 있는 조직 모델은 한 국가의 내부에서도 달라진다. 어느 국가든 은행은 피라미드 모델에 가깝게, 우체국은 기계 모델에 가깝게, 그리고 오케스트라는(전체적으로 이끌리는) 가족 모델에 가깝게 기능할 것이다. 우리는 대개 이러한 차이가 있을 것이라 예상하지만, 국경을 넘어서면 예상치 못했던 조직 모델의 차이를 만나게 된다. 이에 대해서는 제11장에서 다시 다룰 것이다.

🔁 문화와 조직 구조: 민츠버그의 생각을 중심으로

캐나다 출신의 민츠버그(Mintzberg)는 적어도 영어 사용권 안에서는 오늘날 가장 인기 있는 조직 구조론을 제창한 사람 중의 하나다. 그의 업적은 이 분야의 학문적 상태를 아주 실용적이고 이해하기 쉬운 작은 개념으로 요약한 데 있다.

민츠버그는 조직 내 쓸 만한 것은 모두 다섯 개로 짝 지어있다고 본다.[18] 조직은 일반적으로 다섯 개의 서로 다른 부분을 내포한다.

① 운영 핵심(일을 하는 사람들)

② 전략 정상(최고경영진)

③ 중간선(중간 계층)

④ 기술 구조(아이디어 제공 담당 기간요원)

⑤ 지원 요원(서비스 제공 담당 기간요원)

조직 일반은 대개 업무 조정을 위해 다음 다섯 가지 기제 중 하나 또는 그 이상을 사용한다.

① 상호 조정(비공식적 의사소통을 통한 사람들의 상호 조정)

② 직접 감독(상사에 의한)

③ 작업 과정의 표준화(작업 내용의 명세화)

④ 결과의 표준화(원하는 결과들의 명세화)

⑤ 기술의 표준화(작업 수행에 소요되는 훈련의 명세화)

또 대부분의 조직은 다음과 같은 다섯 가지 전형적 조직 형태 중 하나를 취한다.

① 단순 구조: 이 경우에 핵심 부서는 전략 정상이며, 조정 기제는 직접 감독이다.

② 기계 관료 체제: 이 경우에는 핵심이 기술 구조이며, 조정 기제는 작업 과정의 표준화다.

③ 전문 관료 체제: 핵심 부서는 운영 핵심이며, 조정 기제는 기술의 표준화다.

④ 분업화 형태: 핵심 부서는 중간 간부이며, 조정 기제는 결과의 표준화다.

⑤ 특별위원회: 핵심 부서는 지원 요원(때로는 운영 핵심)과 함께이며, 조정 기제는 상호 조
정이다.

민츠버그는 조정 기제를 선택할 때 가치가 중요한 역할을 한다는 점을 알고 있었다. 예
를 들면, 조직 내의 행동의 공식화(작업 과정 표준화의 한 부분)에 관해 그는 다음과 같이
쓰고 있다.

> 조직이 행동을 공식화하는 목적은 행동의 변동을 줄이고 궁극적으로 행동을 예언하고 통제
> 하며…… 활동을 조정하고…… 효율적 생산을 가져오는 기계와 같은 일관성을 확보하고……
> 고객에 대한 공정성을 확보하기 위해서다. ……조직이 행동을 공식화하는 데에는 또 다른 이
> 유도 있는데, 이것의 타당성은 다소 의심스럽다. 예를 들면, 공식화가 질서에 대한 임의적 바
> 람의 반영일 수도 있다. ……고도로 공식화된 구조는 무엇보다 깔끔하다. 그런 구조는 잘 정돈
> 된 것을 보고 싶어 하는 사람들의 마음에 든다…….[19]

민츠버그가 "타당성은 다소 의심스럽다."라고 한 말은 명백히 그 자신의 가치 선택을
반영하고 있다. 그는 가치와 국적 간, 연관성을 인정하는 단계까지 가지는 않았다. IBM
연구는 중앙집권화를 바라는 정도(권력거리에 반영됨)와 형식화(불확실성 회피 성향에 반영
됨)에 관한 가치들이 어느 정도나 사람들 마음속의 암묵적 조직 모델에 영향을 주는지,
그리고 이 모델이 얼마나 국가마다 다른지를 보여 주었다. 이것은 민츠버그의 조직 형태
의 유형론을 IBM 자료에 바탕을 둔 국가문화의 양상과 연결할 수 있다는 것을 시사한다.
이 연결이 의미하는 바는 다른 요인이 동일한 조건에서, 어떤 특정한 국가 배경을 가진
사람들은 자신의 암묵적 모델에 잘 맞기 때문에 어떤 특정한 형태를 선호할 것이라는 것
이다. 또한 다른 국가들의 비슷한 조직들이 서로 다른 문화적 선호 때문에 다른 민츠버그
의 형태 유형(configuration types)을 닮게 될 수도 있다는 것을 의미한다.

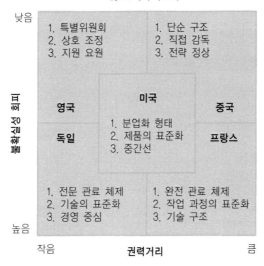

1. 선호구조
2. 선호하는 조정 방안
3. 조직의 주요부

낮음

1. 특별위원회 2. 상호 조정 3. 지원 요원	1. 단순 구조 2. 직접 감독 3. 전략 정상
영국 **독일**	미국 1. 분업화 형태 2. 제품의 표준화 3. 중간선	**중국** **프랑스**

불확실성 회피

| 1. 전문 관료 체제
2. 기술의 표준화
3. 경영 중심 | 1. 완전 관료 체제
2. 작업 과정의 표준화
3. 기술 구조 |

높음

작음   **권력거리**   큼

그림 9-2 | 민츠버그가 말한 선호된 조직 형태 다섯 가지를 권력거리 X 조직 형태 행렬 속에 배치한 결과 및 각 형태를 대표하는 전형적 국가

민츠버그의 다섯 가지 형태와 권력거리-불확실성 회피 평면 그림의 사분면 간 관계는 [그림 9-2]를 보면 쉽게 이해할 수 있다.

민츠버그는 '기계'라는 용어를 스티븐스와 우리가 사용한 의미와 다른 뜻으로 사용하고 있다. 그는 '기계 관료 체제'라는 말을 쓸 때 기술 구조(즉, 고등교육을 받은 전문가들)의 역할을 강조하고, 그가 말하는 '운영 핵심' 소속 숙련 노동자의 역할은 강조하지 않는다. 그러므로 민츠버그가 말하는 기계 관료 체제는 스티븐스의 '기계'에 해당하는 것이 아니라 '피라미드'에 해당한다. 혼동을 피하기 위해 [그림 9-2]에서 이것을 '완전 관료 체제'로 표시했다. 이것은 아스톤 연구에서 아주 유사한 구조에 대해 사용되었던 용어다 (이 장의 앞부분 참조).

특별위원회(adhocracy)는 마음속의 '마을 시장' 조직 모델에, 전문적 관료 체제 (professional bureaucracy)는 '잘 돌아가는 기계' 조직 모델에, 완전한(기계적) 관료 체제(full bureaucracy)는 '피라미드' 조직 모델에, 그리고 단순 구조(simple structure)는 '가족' 조직 모델에 해당하며, 분업화된 구조(divisionalized form)는 두 문화 차원에서 중간쯤의 위치를 차지하여 네 모델의 요소를 모두 포함하고 있다. [그림 9-2]의 중앙 부분에 위치하는 전형적인 국가는 미국으로, 이 국가에서는 분업화된 구조가 발달하여 커다란 인기를 누리고 있다.

조직에 대한 전문 서적이나 일화적 문학에 나와 있는 국가의 특징 여러 가지를 설명한다. 이런 특징은 특히 '선호되는 조정 기제'에서 더욱 뚜렷이 드러난다. 상호 조정은 조직의 시장 모델에 잘 들어맞으며, 영국계 국가에서 임기응변식 협상의 강조와 상통한다. 기술의 표준화는 독일이나 스위스 같은 국가의 근로자 전문적 자격 조건의 전통적 강조와 수습 체계가 이들 국가에서 차지하고 있는 높은 위치를 잘 설명해 준다. 직업 과정의 표준화는 프랑스의 관료주의 개념과 잘 일치한다.[20] 직접 감독은 소유주와 그 친척의 개인적인 개입을 통한 조정을 강조하는 중국의 조직에 해당한다. 결과의 표준화는 심지어 제품을 평가하기 곤란한 경우에서조차 미국이 아주 선호하는 철학이다.

◆ 기획, 통제 및 회계

문화는 조직의 기획 및 통제 절차에 강력한 영향을 미친다. 기획 및 통제는 같이 나아간다. 기획은 불확실성을 감소시키려 하는 것이고, 통제는 권력의 한 형태다. 그래서 한 국가의 기획 및 통제 절차는 그 국가의 지배적인 불확실성 회피 및 권력거리 규범에 따라 달라질 수 있다. 기획 및 통제 체계는 흔히 합리적인 수단으로 간주되지만, 실제로 그것들은 어느 정도 의식적 행사(ritual)다. 기획과 통제가 실제로 얼마나 효율적인지를 알기란 극히 어렵다. 의식적 요소들로 인하여 객관적인 평가는 불가능해진다. 그러므로 남의 문화에서 어떤 기획 및 통제 체계가 효율적이고 어떤 것이 비효율적인지를 식별해 내는 것은 어렵다. 최고경영층이 행하는 전략적 기획 및 통제의 경우를 예로 살펴보자. 제6장에서 프랑스, 독일, 영국의 최고경영진들에 대한 연구(Horovitz, 1980)에 관해 언급한 바 있다. 기획 및 통제 체계에 대한 미국 설계자들이 세운 기준으로는 영국 경영진들이 독일·프랑스 경영진보다 전략적 기획에서 앞섰다. 독일과 프랑스 경영진들은 세부사항과 단기적인 피드백에 초점을 두었다. 그럼에도 불구하고 당시 프랑스와 독일의 국가 경제는 최소한 미국 · 영국의 경제에 못지 않았다. 캐나다인인 민츠버그는 전략적 기획의 효과에 대해 강한 회의를 표명했다.[21] 의식(儀式)은 그것을 신봉하는 자에게 효과가 있다.

국가의 권력거리와 불확실성 회피가 조직의 기획과 통제 절차에 영향을 미치는 방식 몇 가지를 들면 다음과 같다.[22]

- 높은 PDI는 전략적 사고보다 정치적 사고를 키운다.
- 높은 PDI는 객관적인 기획 및 통제 체계보다는 인간적인 기획 및 통제 체계를 키운다. 위계가 높을수록 기획과 통제의 공식성이 약해진다.
- PDI가 낮은 통제 체계는 부하 직원들을 더 신임한다. 이와 반대로 PDI가 높은 통제 체계는 그러한 신임이 부족하다.
- UAI가 높으면 전략적 기획 활동을 할 가능성이 적어지는데, 그 이유는 전략적 기획이 오늘의 확실성에 의문을 품게 만들기 때문이다.
- UAI가 높으면 기획에서의 세부사항 및 단기적인 피드백에 대한 요구를 키운다.
- UAI가 높으면 전문가에게 기획을 위임함을 의미한다.
- UAI 높으면 정보의 적절성을 판단하는 시야가 더 제한됨을 의미한다.

회사가 국제화되더라도 자국의 국가문화는 계속 그 회사의 기획과 통제 체계에 강한 영향을 미친다. 유럽의 연구자 하징(Anne-Wil Harzing)과 소르지(Arndt Sorge)는 다국적 기업이 현지 법인의 수행을 어떻게 통제하는지에 관한 정보를 수집했다. 결정적인 영향력은 현지 법인에서 나오는 것이 아니라 다국적 기업의 본국에서 나왔다. 그것이 체제에 의한 비인간적 통제와 주재원에 의한 인간적 통제 행사에 보이는 차이를 설명했다.[23]

국가문화는 조직 안에서의 회계사 역할에도 반영된다. 경영자와 경영학 교수뿐만 아니라 회계사도 모두 인간이다. 게다가 그들은 한 사회의 문화 속에서 특정한 역할을 한다.[24]

제1장에서 문화는 상징, 영웅, 의식, 가치의 형태로 나타난다고 하였다. 회계(Accounting)는 사업의 언어라고 말할 수 있다. 즉, 회계라는 것은 사업을 아는 사람에게만 의미가 있는 상징의 운용이다. 화폐도 상징의 수준에 놓여 있다. 화폐는 그 자체만으로는 내재적

가치도 없고 내재적 의미도 없다. 다만, 관습에 의해 부여된 가치와 의미가 있을 뿐이다. 이것이 지니는 의미는 또한 사람에 따라 천차만별이다. 예를 들면, 회계사의 문화에서 화폐가 지니는 의미는 은행가의 문화에서 지니는 의미와 다르다. 화폐의 의미에는 국가적 요소가 있다. 제5장에서는 화폐의 중요성은 남성성과 관련이 있었다. 미국이나 독일과 같은 남성적 사회의 회계 체계에는 스웨덴이나 네덜란드와 같은 여성적 사회보다 순수한 재정적 목표의 달성을 더 강조한다. 미국과 같은 단기지향적인 사회에서는 당연한 일이지만 장기지향 사회에서보다 단기적 결과를 더 강조한다.

회계사는 조직 내에서 스스로가 영웅이 되는 경우는 극히 드물지만, 조직 내 다른 부서에 영웅을 찾아내고 신성화하는 중요한 역할을 한다. 왜냐하면 그들이 누가 착하고 악한지를 결정하기 때문이다. 이 목적을 위해 그들이 사용하는 주요 수단은 회계 책임(accountability)이라는 것인데, 즉 어떤 사람에게 개인적으로 결과에 대한 책임을 묻는 것이다. 여성적 사회보다 남성적 사회에서 측정 가능한 결과를 더 중요시하기 때문에, 이곳 회계 체계가 책임 있는 경영자를 영웅이나 악한으로 몰아붙일 가능성이 더 많다.

문화적 관점에서 보면, 조직 내의 회계 체계는 불확실성 감소를 위한 의식으로 보는 것이 가장 좋다. 이 회계 체계를 통해 사람은 혼돈스러운 세상에서 진실이 객관적 근거를 가지고 있든 없든 확실성, 단순성 및 진실에 대한 문화적 욕구를 충족시킬 수 있다. 교수이자 회계사였던 영국의 갬블링(Trevor Gambling)은 회계 정보의 대부분이 처음에 비논리적인 이유로 내렸던 결정을 사후에 정당화하는 것이라고 쓴 바 있다. 갬블링은 또 불확실성에 부딪쳤을 때 사기를 떨어뜨리지 않고 유지시켜 주는 것이 회계 정보의 주요 기능이라고 말한다. 회계사는 그들의 모델과 자료가 진실로 통할 수 있음을 확인시켜 줌으로써 분명히 부패된 현대 산업사회가 자위하면서 지낼 수 있는 길을 열어 준다.[25]

이것은 왜 무엇이 적절한 회계 방법인가에 관한 합의가 국가 간에 이루어져 있지 않은지를 설명한다. 미국의 경우에는 이러한 예들이 『일반적으로 인정된 회계 원칙 안내(Generally Accepted Accounting Principles: GAAP Guide)』라는 회계사의 필독서에 수집되어 있다. 특정 인구 집단 안에서 '일반적으로 인정된'이라는 사실이 바로 의식을 의식으로 만드는 것이다. 다른 정당화는 필요가 없다. 이 의식에 일단 동의하면 많은 문제가 다시 기술적 문제로 떠오르는데, 예를 들면 의식을 어떻게 가장 효과적으로 치르는가와 같은 것이다. 외부인의 눈에 회계 관행은 역시 불확실성을 피하는 역할을 하는 종교 의식과 공통된 점이 많은 것으로 보인다. 영국의 저널리스트인 클레벌리(Graham Cleverley)는 회계사를 사업의 '사제'라고 불렀다.[26] 우리는 이슬람교에서 이자 계산을 금하는 예에서 보듯, 때로 종교 규칙과 회계 규칙 사이에도 명시적인 연계를 발견하게 된다.

1960년대에 헤르트(Geert)의 박사 논문은 예산의 행동적 결과를 다뤘는데 이것이 뜻하지 않게 예산 회계의 의식적 성질을 지지하는 것이었다. 이것은 아주 주목할 만한 점이었다. 왜냐하면, 예산 과정은 아마도 회계 체계에서 가장 행위지향적인 부분이기 때문이다. 그 시절에 헤르트는 네덜란드 직물공장의 생산 담당 부장으로 일하고 있었는데, 예산 제도를 도입했을 때 수없이 많은 행동적인 모순점을 발견하고 놀랐다. 이 제도가 의도하는 것과 반대되는 행동이 관찰되곤 했던 것이다.

연구의 주된 결론을 논문의 제목으로 삼았는데, 그것은 『예산 통제의 게임(The Game of Budget Control)』이었다.[27] 그때의 연구는 다섯 개의 네덜란드 회사에서 모은 자료를 토대로 한 현장 연구였다. 그때는 의식(rituals)이나 문화라는 말은 하지 않고, 예산 통제가 결과에 긍정적인 영향을 주기 위해서는 하나의 게임으로서 진행되어야 한다고만 주장하였다. 게임이란 모든 인간 사회에서 아주 특수한 형태의 의식이다. 이것은 그 자체를 위해 행하는 활동이다. 기본적으로 헤르트의 연구는 예산 체계를 적절히 의식적으로 사용하는 것이 예산 체계가 결과에 영향을 미치게 만드는 일차 조건임을 보여 준 것이다. 예산 체계에서 사용하는 기술적인 측면(전문 서적에서 가장 중요하게 다루는 것)은 결과에 그리 큰 영향을 미치지 않았다. 게임을 하는 방식에 따라 게임 운영자들의 마음속에 있는 예산 체계의 의미가 달라졌으며, 이것이 바로 그 체계의 영향력을 결정하였다. 이것은 문화라는 말을 쓰기 전에 있었던 문화적인 해석인 셈이다.

회계 체계들이 불확실성을 피하기 위한 의식이라면, 한 사회의 불확실성 회피 성향 점수가 그 사회의 회계 관행에 강력한 영향을 줄 것이라고 예상할 수 있다. 불확실성 회피 성향이 강한 사회는 여러 가지 다른 경우를 어떻게 다뤄야 하는가에 관한 정확한 규칙을 더 많이 가지고 있을 것이다. 불확실성 회피 성향이 덜 강한 사회에서는 조직이나 회계사의 재량에 맡기는 부분이 상당히 많을 것이다.

회계에 있어서의 상징, 영웅 및 의식 이면에는 가치가 있다. 어떤 활동이 기술적인 필요로 결정되는 부분이 적을수록 가치의 지배를 받는 부분도 커지며, 문화 차의 영향도 더 많이 받게 된다. 회계 분야는 과학기술적인 요구가 그리 크지 않은 분야다. 역사적 뿌리를 지닌 관습이 자연의 법칙보다 더 중요하다. 따라서 회계 체계와 그것의 사용 양식이 국가문화의 배경에 따라 달라지는 것은 당연하다.

권력거리가 큰 국가에서 회계 체계는 흔히 최고권력자(들)의 결정을 정당화하기 위해 사용된다. 권력자가 원하는 이미지를 주기 위한 수단으로 회계 체계가 사용되며, 이러한 목적을 위해 숫자를 왜곡한다. 2002년 미국에서의 회계 부정행위들(가장 악명 높은 사례는 엔론 기업이었다)은 제3장의 말미에서 예고된 바 있는 권력거리가 커지는 쪽으로 변화하는 미국 사회 모습의 일단을 보여 준다.

권력거리는 또한 조직에서 낮은 지위의 직원이 회계 표준 설정 참여 요청을 받는 정도에도 영향을 미친다. 태국의 국영기업 3곳이 미국에서 설계된 참여적 원가계산 체계를 도입하려 하자 거센 반발에 직면했는데, 그런 권력의 재분배는 태국 가치에 반하는 것이었기 때문이다.[28]

독일이나 프랑스처럼 불확실성 회피 성향이 강한 국가들에서는 앞서 말했듯이 회계 체계가 더 상세할 뿐만 아니라 대체로 이론적인 기반에 서 있다. 즉, 회계 체계가 일관적인 일반 원리에서 나온 모습을 갖추는 것이다. 불확실성 회피 성향이 약한 국가에서는 회계 체계가 더 실용적이며, 임기응변적이고, 민간 전승식이다. 앞에서 든 예는 미국에 있는 일반적으로 인정된 회계 원칙(Generally Accepted Accounting Principles)이다. 독일과 일본에서는 주주에게 보내는 연례 보고는 재정적인 목적의 자산 평가와 똑같은 기준을 사용하도록 되어 있다. 네덜란드, 영국, 미국의 체계에서는 재정 당국에 보내는 결산 보고서는 주주용 보고서와는 판이하게 다르다.

개인주의 문화에서는 집단주의 문화보다 회계 체계의 정보를 더 심각하게 생각하며 더 필수적인 것으로 간주한다. 에드워드 홀(Edward Hall)에 따르면 '고맥락(high context)'으로 간주한 집단주의 문화는 조직의 건전성과 사람들의 성취를 알아볼 수 있는 여러 다른 미묘한 단서를 소유한다. 그래서 집단주의 문화는 회계사가 주는 명시적인 정보에 덜 의존한다. 그런 사회에서는 회계업이 상대적으로 낮은 지위를 차지하는 경향이 있다. 회계사의 작업은 의사 결정에 실제적인 영향을 주지 못하는 한 의식에 불과하다.

다국적 기업은 해외로 진출하는 경우 통합 목적을 위해 보편적인 회계 규칙을 강행해야 한다. IBM 연구가 보여 주었듯이, IBM처럼 철저하게 운영되고 있는 회사에서조차 회사원들이 국가마다 다른 개인적 가치들을 지니고 있다면, 다국적 기업의 현지 회사의 회계 규칙 해석은 본사가 생각하는 것과 다를 가능성이 높다.

직업 가치 체계 간의 차이가 회계사와 다른 조직 구성원 간의 의사소통에 영향을 준다. 회계를 전공하는 미국 학생은 다른 전공 학생보다 청렴성과 책임감을 중시하고 상상력을 덜 중요시하는 것으로 밝혀졌는데, 이런 사실은 불확실성 회피 가치에 따른 자기 선택이 작용했음을 암시한다.[29] 헤르트는 네덜란드와 국제 표본에서, 회계사는 정보의 형식을 강조하는 데 비해 운영 담당자는 정보의 내용을 강조한다는 것을 발견하였다.[30]

회계사는 또한 조직의 자산 가치를 결정하는 사람들이다. 자산 평가 방식에는 그 기저에 있는 비합리적인 가치 체계가 반영되는데, 예를 들면 기계는 자산으로 간주하면서 사람은 자산으로 간주하지 않는 것과 같은 것이다. 하드웨어는 소프트웨어보다 덜 불확실한 것이다.

◉ 기업 지배 구조와 사업 목표

전통적으로 기업 관리 형태, 즉 기업의 소유와 통제는 국가마다 크게 다르다. 유럽 12개국을 대상으로 이루어진 한 연구 결과를 보면(1997년에 출판됨),[31] 영국에서는 규모에 있어서 100대 기업 중 61개가 주주를 분산시킨(혼자서 20%를 넘게 보유하는 경우는 없음) 반면에, 오스트리아와 이탈리아에서는 대규모 회사들 중 어느 한 곳도 이러한 소유 형태에 해당되지 않았다. 소유권을 분산시킨 회사의 비율은 IDV와 유의한 상관을 보였다.[32]

자본주의는 역사적으로 개인주의와 결부되어 있다. 영국의 시장은 보이지 않는 손에 의해 움직인다고 하는 스미스(Adam Smith: 1723~1790)의 사상을 유산으로 계승하고 있다. 개인주의적 가치 형태에서는 개인과 조직 간의 관계는 소유주와 피고용인 양자 모두 타산적이다. 상대적으로 집단주의자 사회에서는 개인과 조직 간의 관계는 전통적으로 도덕적이다(제4장). 채용-해고나 사서-팔기식 접근은 비도덕적이거나 점잖지 않은 짓으로 간주된다. 피고용인 해고를 법으로 금지하는 경우도 더러 있다. 법의 금지가 없더라도 회사 매도와 잉여 직원 해고는 대외 이미지 실추나 신뢰의 상실로 큰 부담을 끌어 안게 된다.

권력거리의 차이는 기업 관리에도 영향을 미친다. 앞서 본 유럽 12개국을 대상으로 보았을 때, 100대 기업의 지배적인 소유권(1인, 1가족, 1회사가 20% 내지 50% 소유)은 권력거리와 정적인 상관을 보였다.[33] PDI가 큰 프랑스 은행계에서는 대규모 회사의 설치나 외국 거래는 역사적으로 중상주의(mercantilism) 원칙에 따른 정부의 강력한 지시와 통제를 받아왔다. 기타 비교적 큰 회사들은 여전히 가족 소유로 되어 있다.

덴마크, 핀란드, 노르웨이, 스웨덴 등 북유럽 국가와 오스트리아에서도 100대 기업 중 10개 이상이 협동조합 소유다. 영국과 이탈리아에서는 협동조합 소유는 영에 가깝다. 조합 소유 기업의 점유율은 남성성과 부적으로 상관되었다.[34] 협동조합은 여성적 사회에서 협력 요구를 충족시켜 주는 것이다.

러시아 경제학자 세메노프(Radislav Semenov)는 (2000년에) 서양 17개국의 기업 관리 체계를 비교했는데, 문화 점수가 기존 문헌에 제시된 그 어떤 경제 변인보다도 기업 관리 차이를 잘 설명한다고 제시했다.[35] 그는 권력거리, 불확실성 회피, 그리고 남성성을 조합하여 시장, 은행 및 기타 통제, 소유권의 집중, 정치인, 임원, 피고용인 및 투자자의 정신 자세, 경제 정책의 형성과 실시, 그리고 산업적 관계에 따라 국가들을 분류할 수 있었다. 그는 별도의 분석에서, 세계 44개국에서의 회사 소유권을 연구했는데, 그는 불확실성 회피에서만 유의한 관계를 발견했다. 그의 연구는 1990년대 동유럽에서 흔히 있었던 것 같이, 한 국가의 해결책을 타국으로 수출할 때 문화적 고려가 중요하다는 것을 보여 준다.

또한 기업 관리는 기업 재무 목표와도 연관된다. 그런 목표들이 문화와 무관하다고 보는 것은 어설픈 생각이다. 네덜란드의 연구자 베이머르(Jeroen Weimer)가 네덜란드, 독일 그리고 미국 기업 경영자들을 대상으로 시행한 면접에서 그 경영자들은 재무상 목표로서 이익 창출 외에 네덜란드인은 자산, 독일인은 은행으로부터의 독립, 미국인은 주주 가치를 말했다.[36] 이것은 국가 간의 제도적 차이(독일에서의 은행의 강한 역할)뿐만 아니라 지배적 이데올로기(미국에서는 문화 영웅으로서의 주주)를 반영한다.

최고경영자들의 개인적 목표가 재정적인 것에만 한정된 것은 아니지만, 그 목표가 어떤 것들인지는 어떻게 알아 낼 수 있을까? 최고경영자들에게 직접 물으면 자기를 위한,

공식석상에 적절한 응답만 할 것이 뻔하다. 헤르트(Geert)는 이런 딜레마를 극복하기 위해, MBA 과정을 다니는 중간 간부들과 전문가들에게 자국의 성공적인 기업 지도자들이 현재 쓰고 있는 목표를 평가해 달라고 요구했다. 업무 경험이 있는 MBA 학생들은 아마 얻을 수 있는 가장 정통한 판단자일 것이다. 국제적인 동료 네트워크의 도움으로 헤르트와 3인의 공동 저자들은 15개의 잠재적 목표 목록을 사용하여 15개국(나중에 17개국으로 확장됨) 21개 대학에서 시간제 근무중이거나 근무이력이 있는 MBA 학생 1,800명에 대해 여론 조사를 실시했다.[37] 이 목표들과 17개국에서의 그 목표들에 대해 학생들이 생각한 평균 우선순위가 〈표 9-1〉에 제시되어 있다.

상위 다섯 목표는 회사 당면의 이득(성장, 지속성, 단기 이익)과 지도자 자신(개인적 부와 권력)에 초점이 맞추어져 있다. 중간의 다섯은 투자자 관계와 미래(평판, 창의성, 장기 이익, 적법성, 피고용인 이익)와 관련된다. 하위의 다섯은 정신적인 것과 특수 이익(개인과 사

표 9-1 | 17개국 야간 MBA 학생들이 자국의 기업 지도자들에게 있다고 생각한 15개 잠정적 사업 목표의 총 우선순위

상위 다섯 가지

1. 기업의 성장
2. 기업의 지속
3. 올해의 이익
4. 개인적 부
5. 권력

중간 다섯 가지

6. 명예, 체면, 평판
7. 새로운 것의 창조
8. 10년 후의 이익
9. 법의 준수
10. 피고용인에 대한 책임

하위 다섯 가지

11. 윤리적 규범의 준수
12. 사회 일반에 대한 책임
13. 게임 및 도박 정신
14. 애국심, 국가에 대한 긍지
15. (친척의 일자리 등) 가족의 이익

회 윤리, 게임 정신, 국가, 가족)에 대한 것이다.

그러나 개개 국가에서의 귀인 목표들은 이 평균과 상당히 달랐다. 우리는 〈표 9-1〉의 순위를 토대로 하여, 각 국가에 있어서 어떤 목표가 그 순위로부터 가장 (+ 혹은 -) 일탈하는지를 보여 주는 국가 프로필을 산출했다.

〈표 9-2〉는 다섯 가지 주요 경제 체제, 즉 미국, 인도, 브라질, 중국 그리고 독일의 프로필을 보여 준다. 미국의 점수는 미국에 흩어져 있는 5개의 대학 소속 MBA 학생들에서 나온 것이고, 그 다섯 대학 점수는 대략 일치하는 목표 순위를 냈다. 그들의 일치된 순위는 〈표 9-1〉의 17개국 평균 순위와 아주 유사했다. 나머지 16개국은 어느 국가도 더 가까이 오지 못했다. 상위 다섯 가지 목표 중 네 개, 즉 성장, 개인적 부, 올해의 이익 그리고 권력은 다른 어느 국가 경영지도자보다 미국 경영지도자에게 한층 더 중요한 것으로 평정되었다. 지난 반세기 동안 미국 기업은 세계적 기업의 모델로 성장했다. MBA(경영학 석사 학위: Master of Business Administration) 과정은 미국의 발명품이다.

미국 순위와 전체 평균 순위 간의 차이에서 가장 주목할 만한 두 가지는 기업의 지속성과 윤리규범의 준수다. 미국 MBA들은 그 어떤 국가의 MBA보다 상대적으로 기업 지속성을 덜 중시했고, 국제적으로 하위 다섯 개 목표에 속했던 윤리규범 준수를 미국 MBA들은 아주 중요한 것으로 평정했다. 이전 장들에서 보여 준 바와 같이 무엇이 윤리적인지는 국가마다 다를 수 있다. 17개국에 걸쳐서, 윤리규범 준수의 순위는 법률 준수 순위 및 명예, 체면 그리고 평판 순위와 상관되는 경향이 있었다.

국제 평균 다음으로 가장 유사한 국가들은 인도와 브라질로서, 이들 또한 〈표 9-2〉에 제시되어 있다. 인도에서 기업 지속성은 최상위로 나타났다. 국제 평균과 큰 차이를 보이는 것은 애국심인데, 국제적으로는 최하위에 가깝지만 인도에서는 평균보다 훨씬 더 높게 평가하였다. 또한 10년 후 이익이 인도에서는 올해의 이익 대신에 상위 다섯 개 목표에 올랐다.

브라질의 프로필에서는 게임과 도박 정신 및 가족의 이익(친척의 일자리 등)이 평균보다 훨씬 더 중요하게 나타났다. 새로운 것에 대한 창조, 10년 후의 이익 및 피고용인에 대한 책임은 사회 일반에 대한 책임, 애국심 그리고 국가에 대한 긍지만큼이나 중요치 않은 것으로 평가되었다. 사업 목표 연구 프로젝트에 대한 우리의 첫 논문은 브라질 경영지도자

◢ 표 9-2 | 5개국에서의 지각된 사업 목표 우선순위

17개국 평균과의 비교

국제적으로 상위 5개 목표는 고딕체, 하위 5개 목표는 이탤릭체로 표시함.

미국	인도
중요함	중요함
기업의 성장 *윤리적 규범의 준수* **개인의 부** **올해의 이익** **권력**	**기업의 지속** *애국심, 국가에 대한 긍지* **권력** **기업의 성장** 10년 후의 이익
중요하지 않음	중요하지 않음
10년 후의 이익 피고용인들에 대한 책임 *가족의 이익* 새로운 것의 창조 **기업의 지속**	*가족의 이익* 법의 준수 게임 및 도박 정신 **올해의 이익** *윤리적 규범의 준수*

브라질	중국
중요함	중요함
게임과 도박 정신 **권력** **올해의 이익** **기업의 지속** *가족의 이익*	*윤리적 규범의 준수* *애국심, 국가에 대한 긍지* **권력** 명예, 체면, 평판 *사회 일반에 대한 책임*
중요하지 않음	중요하지 않음
애국심, 국가에 대한 긍지 새로운 것의 창조 *사회 일반에 대한 책임* 10년 후의 이익 피고용인에 대한 책임	*가족의 이익* *게임 및 도박 정신* **올해의 이익** **개인의 부** 법의 준수

독일
중요함
사회 일반에 대한 책임 피고용인에 대한 책임 새로운 것의 창조 10년 후의 이익 *윤리적 규범의 준수*
중요하지 않음
권력 *애국심, 국가에 대한 긍지* **개인의 부** **기업의 성장** **올해의 이익**

들을 가족 기업가로 묘사했었다.

> 브라질의 기업 선두주자들은 대부분의 다른 국가 기업 선두주자들에 비해, 다른 투자자들,
> 장기적 미래, 그리고 사회 및 국가에 별로 관심을 두지 않고 오직 자신들의 패거리만 챙긴다.

〈표 9-2〉의 나머지 두 국가 중국과 독일은 국제 평균과 가장 동떨어져 있었다. 그럼에도 중국 프로필은 인도와 여러 점에서 공통점을 지니고 있었다. 중국과 인도 모두가 평균보다 애국심을 권력과 함께 더 높은 순위에 두었고, 올해의 이익, 법률 준수는 평균보다 덜 중요한 것으로 평정되었다. 중국과 인도 간의 현저한 차이는 인도가 윤리적 규범 지키기를 맨 아래 두는 반면에, 중국은 이를 미국보다 한층 더 높게 두었다는 점이다. 또한 중국은 체면(명예와 평판에 대한 중국 용어)과 마찬가지로, 사회 일반에 대한 책임감도 평균보다 훨씬 더 중요하게 평정했다. 체면은 개인적 부를 앞질렀는데, 개인적 부는 훨씬 덜 중요한 것으로 평정되었다.

독일의 프로필은 〈표 9-1〉의 국제적 순위가 거의 반전된 형태로 나타난다. 독일에서는 국제 상위 다섯 가지 목표 중 4개가 덜 중요한 것으로 평정되었고, 사회 일반에 대한 책임은 중국에서보다 더 높게 평정되었다. 인도(그리고 중국)에서처럼 10년 후 이익은 올해의 이익보다 더 중요하게 평정되었다.

이들 15가지 목표들은 물론 서로 완전히 독립적인 것은 아니다. 통계적으로[38] 그 목표들은 다섯 가지 묶음으로 나뉘는데, 이들 묶음 각각은 하나의 딜레마로 볼 수 있다. 즉, ① 연속성, 권력 대 명예 그리고 윤리, ② 부와 가족 대 피고용인에 대한 책임, ③ 게임·창의성 대 애국심, ④ 단기 이익 대 장기 이익, ⑤ 사회에 대한 책임 대 성장으로 나뉜다.

당연히 묶음 ④, 즉 10년 후의 이익에 대한 올해 이익의 상대적 중요성은 국가의 장기 지향(Long Term Orientation) 점수를 나타냈다.[39]

묶음 ⑤에서는 성장을 사회 일반에 대한 책임에 대치시킨다. 〈표 9-1〉을 보면, 성장은 평균 목표 순위에서 단연 최고다. 실제로 사회 일반에 대한 한 국가의 책임이 성장과 비슷한 정도가 전체 평균에서 그 국가가 벗어나는 주요 이유인 것으로 드러났다.[40] 묶음 ⑤의 점수들을 보면, 미국, 호주, 그리고 홍콩이 성장에 가장 주력했고 네덜란드, 독일, 그리고

영국이 사회 일반에 대한 기업의 책임 인식에 가장 강력했다는 것을 알 수 있다.

2000년 무렵 많은 사람은 세계화(globalization)와 외국 회사 매수로 인해, 〈표 9-2〉에서 보는 것 같은 국가 간 차이가 없어질 것이고, 모든 기업 선도자들이 미국의 프로필을 답습하게 될 것이라고 여겼다. 그러한 가설은 2008년 경제 위기와 국가 목표 프로필이 수세기의 오랜 뿌리를 지닌 국가문화를 반영한다는 사실이 근거 없음을 보여 준다. 각기 다른 국가 출신의 지도자들 간에, 그리고 해외 주재 지도자들과 현지 직원들 간에 목표에 대한 갈등이 생기는 것은 기정사실이다.

2008년의 경기 침체는 미국의 재정 위기에서 시작되었다. 미국 기업들의 무책임한 관행은 미국 은행들을 재앙의 길로 몰아갔고, 현대 세계 경제의 상호 의존성으로 인하여 그 피해는 전 세계로 확산되었다.

1998년 무렵부터 국가 간 일대일 비교 연구에서 미국 경영지도자들이 그 어느 국가에서보다도 큰 것에 매료되고 있고, 더 탐욕스럽고, 단기지향적이며, 권력을 탐했음을 보여 주었다. 미국의 경영지도자들은 다른 국가 경영지도자들보다 장기적인 미래와 기업 존속을 위한 노력에 관심이 적고, 직원들에 대한 책임 의식도 적고, 혁신적이지 못했던 것으로 보였다.

이 책의 여러 장에서 기술한 미국 국가문화 양상을 통해 이러한 패턴은 보다 명확해지는데, 특히 강력한 개인주의, 남성성, 그리고 단기지향의 패턴이 드러났다. 1980년대까지는 미국 입법에서의 견제와 균형(checks and balances, 1929년 위기 이후에 미국이 도입한)이 불법 기업 관행을 예방했었지만, 후임 대통령들은 그 규제를 풀고 기업 소득세를 감면함으로써, 이전에는 폐쇄되었던 더 큰 부(富)의 축적과 규모 확대 경쟁의 문을 열어 놓았다. 이로 인해 미국 국가 예산은 엄청난 손실을 입고, 경영지도자들은 천문학적인 금액의 자기 소득을 올렸으며, 노골적인 스캔들이 다수 일어나게 되었다. 이러한 현상들은 다른 국가로도 확산되었다.

지나고 보니, 2008년 재정 위기는 1998년 우리의 목표 연구에서 이미 예견할 수 있었던 것이다. 재정 위기가 벌어진 이후에 중앙 정부는 거대한 희생을 감수하며 피해 회복(사회, 임금 노동자 및 고객 이익과 주주 이익의 재균형화)에 나섰다. 오늘날의 재정적 개편에 있어서는 유럽연합, 중국, 인도, 브라질처럼 세계의 다른 지역 출신 최고 지도자들이 점차 더 중요한 역할을 수행한다. 자원을 소유한 자가 목표를 설정한다. 따라서 세계의 사업 목표는 바로 그들이 지닌 가치의 방향으로 바뀔 것이다.

이것은 모두가 인정하는 경제 성장이란 구호를 경제전문가들이 철폐함을 전제로 한다. 경영지도자들의 목표 중에서, 성장에 대한 집착은 사회 일반에 대한 책임감을 배척했다. 영원히 성장할 수 있는 것은 없다. 경영은 균형 잡기의 기술(art of balancing)이다.

사업 목표가 국가마다 다르기 때문에 '대리 이론(agency theory)'의 파급력은 한계가 있다. 대리는 본인이 자유재량권을 한 대리인에게 위임하는 것을 가리킨다. 1980년대 이래로 이 용어는 특히 소유주들의 경영자로의 위임에 적용되어 왔다. 대리 이론들은 사회 질서, 계약적 관계 및 동기에 대한 암묵적 생각에 토대를 두고 있다. 그러한 생각은 국경에 따라 다르다.

◉ 동기 이론들과 실제

동기(Motivation)란 한 사람 안에 있는, 어느 한 행동보다 다른 행동을 선택하게 만드는 가상적인 힘이다. 따라서 마음의 집단적 프로그램으로서의 문화는 동기에서 당연한 역할을 수행한다. 문화는 우리의 행동에 영향을 미칠 뿐만 아니라 행동에 대한 우리의 설명에도 영향을 끼친다. 그래서 미국인은 직장에서 열심히 일하는 이유를 돈 때문으로, 프랑스인은 명예 때문으로, 중국인은 서로 간의 의리 때문으로 그리고 덴마크인은 동료들 때문이라고 설명할 수 있다.

동기에 대한 다른 가정들로 인해 다양한 동기 이론이 생겨났다. 동기 이론의 창시자는 오스트리아인 프로이트(Sigmund Freud)였지만, 그의 이론은 경영학과 관련해서는 거의 인용되지 않는다.[41] 경영학적 맥락에서 등장하는 고전적 동기 이론가들은 미국인들이다. 우리는 매슬로(Abraham Maslow)가 말한 인간의 욕구위계론을 제4장과 제6장에서, 성취 동기에 대한 맥클러랜드(McClelland)의 이론을 제6장에서 살펴보았다. 미국 기원을 반영하는 작업 동기에 관한 세 번째로 인기있는 이론은 허츠버그(Frederick Herzberg)의 동기(motivation) 대 위생(hygiene) 이론이다.

　1959년에 허츠버그와 동료들은 지금은 고전이 된 논문 한 편을 출판했는데,[42] 그 논문에서 그들은 작업 환경은 긍정적인 힘을 지닌 요소들(진정한 동기 요인들)과 부정적인 힘을 지닌 요소들(위생 요인들)을 포함하고 있다는 주장을 폈다. 동기 요인에는 작업 자체, 성취, 인정, 책임, 승진 등이 있다. 이것들은 일의 내재적 요소라고 불린다. 위생 요인은 동기의 결여를 막기 위해 있어야 하는 것들이지만 그 자체로서는 동기 요인이 되지 못하는 것으로, 회사 방침 및 행정, 감독, 급여, 그리고 작업 조건을 말한다. 이러한 것은 일의 외재적 요소라고 한다. 허츠버그는 이와 같은 구분이 인간 동기의 보편적인 특징이라고 가정한다. 사람들을 움직이는 것은 업무 맥락이 아니라 업무 내용이라는 것이다.

　허츠버그의 결론은 이 장의 앞부분에서 인용한 미국 출신인 폴레(Mary Parker Follett)의 말과 유사하다. 거기서 그녀는 사람들이 상황의 법칙을 찾아야 한다는 입장을 취한다. "상황의 지시를 받아라."라는 것이다. 문화적으로 보면 두 사람의 말이 모두 권력거리는 작으면서 불확실성 회피 성향은 약한 환경과 잘 맞는다. 사람을 움직이는 데 상사에의 의존이나 규칙의 필요도 별 도움이 안 된다고 여기는 것이다. 그 이론은 [그림 9-1]의 좌측 상단부에 위치한 문화와 어울린다.

　[그림 9-1]의 좌측 하단부에 있는 국가에서는 허츠버그의 이론과 달리 허츠버그가 '회사의 방침 및 행정'이라고 칭한 것에 속하는 규율을 그저 '위생'으로만 봐서는 안 된다. 이들은 초자아(일상 용어로 '의무감', 제6장 참조)에 의해 강제되는 것이므로 이런 국가에서는 진정한 동기 요인이 될 수 있다. 마찬가지로 〈표 9-1〉의 우측 부분에 있는 국가들에서는 '감독'을 위생 요인으로 보아서는 안 된다. 권력거리가 큰 이런 국가에서 보다 강력한 사람에의 의존은 기본적인 욕구로서 진정한 동기 요인이 될 수 있다. 대부분의 라틴계 국가들이 포함되는 우측 하단부의 문화권에서는 동기 요인을 공식적으로 임명된 상관이라는 의미의 상사(boss)라고 부를 수 있다. 퐁텐느블로의 인시드 경영대학원(이 장의 앞부분에서 다룬 스티븐스의 연구를 행한 곳)에서, 프랑스인으로만 이루어진 리더 없는 토론 집단은 종종 리더십 때문에 자기들끼리 싸우는 데 시간을 소비하느라고 업적이 떨어지는 경우가 많았다. 이런 일은 독일이나 영국의 학생으로 이루어진 집단이나 프랑스 학생이 섞여 있는 다국적 집단에서는 일어나지 않았다.

　아시아와 아프리카 국가들이 위치해 있는 우측 상단부 문화권에서는 동기 요인을 주인

(master)이라고 불러야 할 것 같다. 주인의 권력은 형식적인 지위보다는 전통과 카리스마에 근거한다는 점에서 '상사'와 다르다.

요약하면, 허츠버그의 이론은 이전 장에서 살펴본 다른 미국 이론들과 마찬가지로 그것이 태어난 문화적 환경에서만 유효하다. 그 이론은 문화적으로 속박을 받는 것이며, 그 저자가 성장하고 연구를 수행한 미국 환경의 부분을 반영한다.

미국의 고전적 동기 이론은 맥그리거(Douglas McGregor)의 'X 이론'과 'Y 이론'의 구분이다. 맥그리거의 저술은 그의 사상이 형성되던 1950년대 특유의 강한 인도주의 전도사적 풍미를 담고 있다. X 이론의 요지는 인간은 본디 일하는 것을 싫어하기에 할 수 있으면 일을 하지 않으려 하고, 그렇기 때문에 어떤 사람을 조직 목표를 위해 기여하게 만들기 위해서는 그를 강요하고, 벌하고, 통제해야 된다는 것이다. Y 이론의 요지는, 일에 소비하는 물리적·정신적인 노력의 소모는 놀거나 휴식을 취하는 것만큼이나 자연스러운 것이며, 적절한 조건에서라면 사람들은 책임감을 수용할 뿐만 아니라 추구하기까지도 하며, 조직의 목표 달성을 위하여 열심히 일할 것이라는 것이다. 맥그리거는 당연히 Y 이론를 지지했다.[43]

1980년대에 헤르트는 인도네시아 자카르타에서 열린 한 인적 자원 개발(Human Resource Development) 세미나에 강연자로 초청되었다. 어떤 사람이 헤르트가 인도네시아의 경영관리자들이 X 이론 대신 Y 이론을 취하게 하기 위해 그들을 어떻게 교육시킬지의 문제를 다루어야 한다고 지적했다. 이로 인해 헤르트는 X 이론과 Y 이론 양자에 들어 있는 기본 전제들(assumptions)에 관해 생각하게 되었다. 그는 다음과 같은 결론에 도달했다.

① 일은 사람들에게 좋은 것이다. 사람들이 일을 해야 한다는 것은 신의 뜻이다.
② 사람들의 능력을 최대한 활용하여야 한다. 사람들이 자신의 능력을 최대한으로 이용해야 한다는 것은 신의 뜻이다.
③ 사람들과 별개로 존재하는 '조직 목표'가 있다.
④ 조직 속에 있는 사람들은 유대가 없는 개인으로 행동한다.

이 전제들은 맥그리거가 성장했던 미국과 같은 개인주의적, 남성적 사회의 가치 위치를 나타낸다. 이 전제들 중 그 어느 것도 인도네시아나 동남아시아의 문화에 적용되지 않는다. 동남아시아의 전제들은 차라리 다음과 같을 것이다.

① 일은 필요한 것이지만, 그 자체가 목표는 아니다.

② 사람은 평화 속에 그리고 환경과의 조화 속에 자신이 설 곳을 찾아야 한다.

③ 절대적인 목표는 오직 신에게만 존재한다. 이 세상에는 권위를 가진 위치에 있는 사람들이 신이므로 그들의 목표를 따라야 한다.

④ 사람들은 가족 또는 집단의 구성원으로 행동한다. 그렇게 행동하지 않는 사람들은 사회에서 배척된다.

이와 같이 문화적으로 결정된 다른 전제들 때문에, 맥그리거의 X 이론−Y이론식 구분은 동남아시아와 무관할 수 있다. 동남아시아 문화에 보다 일치하는 구분은 화합 규범을 뒤흔드는, 상호 배타적인 대안들과 대립하지 않는 것이다. 이상적 모델이라면 오히려 서로를 보완하며 조화를 이루는 상대(대안− 역자 주)가 될 것이다. 이들을 T 이론과 T+ 이론이라 부르기로 하자. 여기서 T는 '전통(Tradition)'을 의미한다.

T 이론은 다음과 같을 수 있다.

① 이 세상에는 불평등한 질서가 있는데, 그 안에 모든 사람은 각자 자신에게 걸맞은 장소가 존재한다. 귀천은 신의 뜻에 의해 지켜진다.

② 아이들은 태어났을 때부터 자신이 소속된 자리에서 자신의 의무를 이행하는 것을 배워야 한다. 그들은 훌륭한 선생 밑에서 공부하거나 훌륭한 후원자와 일하거나, 또는 훌륭한 배우자와 결혼함으로써 자신의 위치를 향상시킬 수 있다.

③ 전통은 지혜의 원천이다. 그러므로 보통 인간은 본디 변화를 싫어하고, 당연히 가능한 한 변화를 피하려 한다.

T 이론을 부정하지 않으면서, T+ 이론은 다음과 같은 주장을 할 수 있다.

① 전통의 지혜에도 불구하고, 생활에서 변화를 겪는 것은 일하고, 놀고 혹은 휴식하는 것만큼 자연스러운 것이다.

② 변화에 대한 신념은 변화를 주도하는 지도자 자질, 변화에 따른 보상, 그리고 변치 않는 것에서 오는 부정적 결과의 함수다.

③ 새로운 상황으로 사람들을 인도할 수 있는 능력은 일부 지도자에게만 있는 것이 아니라 여러 지도자에 널리 분포되어 있다.

④ 평범한 가족의 학습 능력은 현대화를 하기에 충분하고도 남을 정도다.

따라서 동남아시아판 인적 자원 개발은 X-Y 구분과 같은 수입이론이 아니라 T와 T+ 이론 같은 것을 토대로 해야 한다.

동기 형태의 국가 간 차이는 다양한 급여 방식에 반영되어 있다. 임금과 기타 조건들은 그 국가의 노동 시장에 있는 다른 직업과 비교해 결정된다. 24개국 비교 연구에서는 급여 관행과 우리의 문화 지수 간에 다음과 같은 유의한 상관관계를 발견했다.[44]

① 권력거리가 작은 국가의 고용주는 다른 국가 고용주에 비해 부장, 전문가, 그리고 기술 요원에게 직장 탁아소를 제공하고, 직원에게 주식 매입 선택권을 주는 경우가 더 흔했다.

② 개인주의 국가의 고용주는 다른 국가의 고용주에 비해 개인 성과급을 지급하고, 부장들에게 주식 매입 선택권을 주는 경우가 더 흔했다.

③ 남성적 국가의 고용주는 직원에게 수당을 주는 경우가 더 흔했고, 여성적 국가는 사무직과 육체 노동자에게 신축적 후생, 직장 탁아소 및 출산 휴가를 주는 경우가 더 흔했다.

④ 불확실성 회피 국가의 고용주는 임금을 직원의 근무연한과 숙련도에 연관시키고 성과에 연관시키는 경우는 흔치 않았다.

◑ 리더십, 의사결정 및 권한의 위임

이탈리아의 마키아벨리(Niccol Machiavelli, 1469~1527)는 세계 문학에서 가장 먼저 지도자론으로 이름을 올린 사람 중의 하나다.[45] 그는 한때 정치가이기도 했는데, 그의 저서는 기만, 뇌물 수수, 살인을 포함하여 권력을 조작하고 유지하기 위한 가장 효과적인 기술들이 기술되었기 때문에 수세기 동안 악명을 얻게 되었다. 사실 그는 자신이 관찰한 것을 기술했을 뿐이었다. 지금으로 치면 그를 사회학자라고 할 수 있었을 것이다. 마키아벨리는 당대의 이탈리아에 대해 썼던 것인데, 그가 기술했던 것은 분명히 큰 권력거리, 남성적 맥락이었다. IBM 연구에서 이탈리아의 권력거리는 약간 큰 것으로 나왔는데, 16세기에 이 권력거리가 달랐을 것이라고 가정할 근거는 없다. IBM 연구에서 이탈리아는 여전히 남성성에서 높은 점수를 받았다.

제3장에서 우리가 주장했듯이, 한 국가에서 리도십과 복종정신(subordinateship)은 불가분의 관계다. 조직의 수직적 관계는 상사와 부하 직원 간의 공통 가치에 토대를 둔다. 지도력에 대한 신념은 한 국가의 지배적인 문화를 보여 준다. 훌륭한 지도자의 자질에 대해 물어보는 것은 곧 그들에게 자국의 문화에 대해 말해 달라고 요청하는 것과 같은 것이다. 행동의 모범이란 의미에서 지도자는 하나의 문화 영웅이다([그림 1-2] 참조).

개인주의 국가 출신의 저자들은 지도력을 그것의 맥락과 관계없이 한 사람이 획득할 수 있는 독립적인 특징으로 다루는 경향이 있다. 오스트리아나 영국, 미국 같이 개인주의적이면서 남성적인 문화권에서 나온 경영학 연구 문헌에서는 남성적 지도자를 낭만적으로 묘사하는 것이 인기가 있다. 그들은 독자들이 되고 싶어 하고, 믿고 싶어 하는 것을 기술한다. 그러나 현실 속의 지도력은 지도자와 추종자에 달려 있는, 아주 많은 상황에 달려 있다.

여성적 문화권에서는 겸손한 지도자들에 대해 호의적이다. 미국에 있는 한 유명 자문회사가 네덜란드의 한 선도 기업의 의사결정을 분석해 달라는 요청을 받은 적이 있었다. 분석 보고서에서 그 자문회사는 네덜란드 기업의 의사결정 방식 중에서도 특히 '직관'과 '합의 기반' 방식을 비판하였다.[46] 디리반느(d'Iribanne)(제3장 참조)가 시행한 미국, 네덜란드 및 프랑스 조직의 심층 비교 연구는 그 합의 원칙이 바로 네덜란드 공장의 성공을 이끈 핵심이었음을 보여 주었다. 그 네덜란드의 '해안 간척지' 합의 모델은 그 국가 경제의 초석으로 여겨지고 있다. 그러한 상황에서 외국 리더십 모델(보편적이라고 여겨지는)을 강요하는 것은 문화 자본을 무너뜨리는 것이다.

미국의 재콥스키(Ellen Jackofsky)와 스로컴(John Slocum)은 5개국의 경영 관련 출판물에 실린 최고경영자들에 대한 기술을 분석했다. 프랑스의 CEO들은 독재적인 주도권을 행사하는 것으로 묘사되었다(높은 PDI). 독일인은 부장들과 직원들의 책임과 훈련을 강조하는 것으로(낮은 PDI, 높은 UAI), 일본인은 인내하면서 조직이 자체적으로 굴러가도록 하며, 장기 시장 점유를 노리는 것으로(높은 LTO), 스웨덴인은 기업가적 모험을 하면서 동시에 자기 회사 사람들의 근로 생활의 질에도 신경을 쓰는 것으로 그려졌다(낮은 UAI, 낮은 MAS). 표본에 포함되었던 한 사람의 대만 CEO는 열심히 일하는 것과 가족을 강조했다(높은 LTO, 낮은 IDV).[47]

스웨덴의 앤더슨(Ingrid Tollgerdt-Andersson)은 8개국에서 올라온 1,400여 개의 경영 간부 대상 취업 광고를 비교했다. 그녀는 그 광고들이 개인적, 사회적 능력(예: 협동 능력)을 언급하는지 여부를 살폈다. 스웨덴, 덴마크, 노르웨이에서는 광고 사례의 80% 이상이 개인적, 사회적 능력을 언급했지만, 이탈리아와 스페인에서는 그러한 경우가 약 50%에 머물렀다. 약한 불확실성 회피가 대부분의 차이를 설명한다. 협동(cooperation)하는 능력은 불확실성 회피가 낮은 국가에서 잘 맞는 부드러운 기준이다. 여성성이 나머지 차이를 거의 모두 설명한다. 즉, 협동은 남성적인 문화에서보다 여성적인 문화에서 더 중요한 가치다.[48]

각기 다른 유형의 지도자들의 수하에 있는 부하 직원들의 만족감과 생산성에 대한 연구를 보면 국가문화의 영향력을 알 수 있다. 프랑스의 IBM 기술자들은 영국과 독일의 기술자들과 달리, 자신의 상관이 설득적이거나 온정주의적으로 보일 때 대단히 만족해 했다. 이에 비해 영국과 독일의 기술자들은 협의적이고 민주적인 상관을 좋아하는 빈도가 높았다. 페루의 노동자들은 미국의 노동자들과 달리, 친밀한 감독을 좋아했다. 인도인 조수들은 형님 같이 행동하는 감독 밑에서 일할 때 가장 높은 만족감과 성과를 보였다. 한 상황에 적합한 리더십이 그와는 달리 프로그램된 하급자들에게 꼭 적합하리라는 법은 없다.[49]

지도자 행동뿐만 아니라 하급자의 집단적 기대를 참작하지 않는 리더십 이론들은 기본적으로 역기능적이다. 트라이언디스(Harry Triandis)는 미국형 리더십이 그리스에서, 그리고 그리스형 리더십이 미국에서 어떻게 역기능적인지를 기술한 바 있다.[50] 한 국가의 이론을 다른 국가에서 가르치는 문제는 설교는 되지만 실천은 없다는 것이다. 현명한 외국 근무 경영자는 외국의 생각을 현지인 부하들의 가치에 맞도록 조용히 적응시킨다. 이런 일이 많이 일어나는 국가가 일본이다.[51] 그렇게 그리 현명하지 않은 부장들은 부적합한 접근을 한 번 써 보고, 그 접근이 통하지 않는다는 것을 깨닫고 나서 전에 통하던 방식으로 되돌아 갈 것이다.

하위직 조직 구성원들이 상사에게 불만을 털어 놓을 수 있는 고충 사안 채널(grievance channels)의 유무와 운영은 당연히 문화의 영향을 많이 받는다. 권력거리가 큰 환경에서 고충 사안 채널은 설치되기가 어렵다. 우선, 하급자들이 (당연히) 보복을 두려워할 것이기 때문이고, 다른 한편으로는, 비현실적이고 과장된 고충 사안이 나와 그것이 달리 접근하기 힘든 상급자를 향한 복수 수단으로 이용될 수 있기 때문이다. 또한 불확실성 회피도 한몫 을 한다. 불평을 허용한다는 것은 비예측적인 것을 허용한다는 것을 의미하기 때문이다.

권한 위임(empowerment)이라는 용어는 1990년대에 유행하였다. 권한 위임은 지도자와 하급자 간 의사결정 권력과 영향력을 분담하는 모든 종류의 공식적 비공식적 수단을 의미 하기도 한다. 이런 절차에 대한 옛 용어로는 참여 경영(participative management), 연대 협 의(joint consultation), 공동 결정도(Mitbestim-mung), 산업민주주의(industrial democracy), 노 동자 대표제(worker representation), 노동자 자가 경영(worker self-management), 현장 협의(shop floor consultation), 연대 결정(co-determination) 등이 있었다. 그것들의 실현 가능성은 조직 구성원들의 가치 체계에 의해 좌우된다. 즉, 최소한 지도자의 가치 체계에 못지 않게 하급자의 가치 체계에 의해 좌우된다. 여기에 관여되는 첫 번째 문화적 차원은 권력거리다. 영향력 분배는 큰 권력거리 문화보다 작은 권력거리 문화에서 더 자연스럽 다.[52] 그러나 이데올로기로 인해 이 관계가 거꾸로 될 수도 있다. IBM 조사에서 '산업 피고 용인은 경영 결정에 더 많이 참여해야 한다.'는 진술은 작은 PDI 국가보다 큰 PDI 국가에 서 훨씬 강력하게 지지되었다. 이데올로기가 현실을 보완할 수 있는 것이다.

맥그리거의 Y이론(Douglas McGregor's Theory Y)(위의 내용 참조), 리커트의 4체제(Rensis Likert's System 4) 이론 및 블레이크와 무턴의 관리 격자(Robert Blake and Jane Mouton's Managerial Grid) 이론 같은 20세기 중반의 고전적 미국 리더십 모델들은 작지만, 아주 작 지 않은 권력거리를 반영했다(IBM 연구에서 미국은 PDI에서 적당히 낮은 등수였다).[53] 이들 이론가 모두는 상관의 결정에 하급자 참여를 옹호했지만 상사가 선도하는 참여였다. 권력 거리 지수가 한층 작은 국가들(예: 스웨덴, 노르웨이, 독일 및 이스라엘)에서는 주도권이 하 급자가 선도하는 것을 가정하는 경영 모델이 개발되었다. 이것이 미국에서는 경영 선도권 이 침해당하는 것으로 간주되는 경향이 있지만, PDI 최저 수준 국가에서 사람들은 그런 식으로 생각하지 않는다. 한 미국인 강연자는 한 스칸디나비아인이 자기에게 다음과 같이 이야기한 것으로 전한다.

> 당신들은 우리가 참여를 찬성하는 바로 그 이유 때문에 참여를 반대한다. 당신들은 그것(참여-역자 주)이 어디까지 갈지 모른다고 생각한다. 우리는 그렇기 때문에 그것이 좋다고 생각한다.[54]

다른 한편, 미국의 참여 경영 이론들은 권력거리 척도에서 훨씬 높은 위치의 국가에도 적용되지 않을 가능성이 있다. 트라이언디스(Harry Triandis)는 한 그리스 직원에게 그리스에 주재 중인 미국인 상사가 어떤 일을 하는 데 얼마나 시간이 걸리겠냐고 자신의 의견을 물었을 때 "그는 사장입니다. 그런데 왜 저한테 지시를 내리지 않고 묻는 거죠?"[55]라며 당황스러워 했다는 이야기를 전한다. 국가문화, 조직문화 및 리더십에 대한 GLOBE 연구 프로젝트(제2장 참조)에 가해지는 비판적 요지 중의 하나는 질문지가 리더십에 있어서 미국식 리더십 관념을 토대로 설계되었다는 것이다.[56]

비공식적 권한 위임을 택하느냐 공식적 권한 위임을 택하느냐의 문제는 그 국가의 불확실성 회피 수준의 영향을 받는다. 따라서 이때에는 PDI와 UAI 양자를 참작해야 하는데, [그림 9-1]의 사분면에 그에 따른 네 가지 서로 다른 권력 위임 형태가 제시되어 있다. 사분면의 좌측 상단부(영국계 국가들, 스칸디나비아, 네덜란드: PDI와 UAI 양자 모두가 낮음)에서는 현장에서의 비공식적이고 자발적 참여 형태에 중점을 둔다. 좌측 하단부(독일어 사용 국가들: PDI가 작고, UAI가 높음)에서는 공식적이고, 법적으로 결정된 체계(공동결정)에 중점을 둔다. 우측(큰 PDI)에서 권력 분배는 기본적으로 모순이다. 이런 사회에서 권력의 분배는 엘리트뿐만 아니라 때로는 약자층이나 그들의 대표단체인 노동조합마저 반대하고 나설 것이다. 권력 위임을 시도하는 경우라 해도, 한 명의 힘 있는 지도자에 의해 추진되어야 한다. PDI가 높으면서 UAI는 낮은 국가(우측 상단부)에서는 계몽된 기업가와 같은 아버지형 지도자에 의해서, 그리고 PDI가 크면서 UAI도 높은 국가(우측 하단부)에서는 입법상의 도구를 이용하는 정치 리더십에 의해, 권력 위임이 추진되어야 한다. 두 가지 모두 강요된 참여를 의미하는데, 이는 물론 역설이다. 이것이 통할 수 있게 하는 방법의 하나는 참여를 특정 생활권에 제한하고 나머지 생활권에 대한 엄격한 통제를 유지하는 것이다. 바로 이것이 중국식 해결 방법으로, 중국식 해결책에서는 노동 조직의 참여 구조를 이데올로기적 이슈에서의 엄격히 통제된 위계와 결합시킨다.[57] 이 해결책이 오랜 역사를 지니고 있다는 것은 제7장 첫머리에 나온 홍루몽(Dream of the Red Chamber Garden) 속의 18세기 참여 경영 이야기에서도 드러난다.

◆ 성과 평가와 목표에 의한 관리

어느 문화권의 어느 조직이든 사람들이 수행한 성과에 의해 좌우된다. 부하 직원의 성과를 감시하는 것은 조직의 가장 낮은 단계부터 대부분 경영 개발 프로그램의 주제가 된다. 흔히 상사가 정기적으로 서면 또는 구두 평가를 해야하는 공식적 인사 고과 프로그램이 있다. 그 프로그램을 국경 너머로 전파하기 위해서는 역시 적용이 필요하다. 집단주의 국가에서 사회적 조화(調和)는 조직 운영의 한 중요 요소다. 심지어 사회적 조화는 공식적 성과보다도 아주 중요하고, 사회적 조화에 해악을 끼친 프로그램은 끝내는 공식적 성과에도 피해를 입힌다.[58] 대인 비평은 간접적으로 하거나 친척 어른처럼 믿는 중개인을 통해 해야 한다. 헤르트는 파키스탄에서의 한 사례를 기억한다. 그 사례에서는 한 다국적 기업의 인사과가 국제적으로 규정된 평가 체계에 맞는 모든 서류 작업을 해 기업 본사를 만족시켰지만, 현지 부장들은 해야 할 평가 면접을 조심스럽게 피해 갔다.

미국에서 경영학의 권위자 드러커(Peter Drucker, 1909~2005)는 성과 평가를 목표 관리(Management By Objectives: MBO)로 발전시켰다.[59] 아마도 MBO는 20세기의 가장 인기 있는 관리 기법일 것이다. MBO는 인공지능적인, 피드백-통제 철학을 토대로 한다. MBO는 조직 전체에 성과지향을 확산시키는 효과를 지닌다고 한다. MBO는 성과가 주관적인 해석 사안일 때보다 객관적으로 측정할 수 있는 경우에 훨씬 더 성공적이다. 그것은 다음과 같은 것을 전제로 한다는 점에서 미국식 가치 위치를 반영한다.

• 부하 직원은 상사와 의미 있는 대화를 할 만큼 충분히 독립적이다(그리 크지 않은 PDI).

- 상사와 부하 직원 양자가 어느 정도의 애매성을 수용할 준비가 되어 있다(낮은 UAI).
- 양자가 모두 뛰어난 실적을 중요한 목표로 본다(높은 MAS).

이번에는 독일의 예를 들어 보기로 한다. 독일 역시 PDI가 평균에 못 미치는 국가이기 때문에 MBO에서의 대화적 요소는 문제가 될 것이 없다. 그러나 독일은 UAI에서 상당히 더 높은 점수를 받았다. 따라서 애매성 수용이 비교적 약하다. 독일에서 MBO는 강력하게 공식화되어 '협동 목표 설정에 의한 관리(Management by joint goal setting)'로 변환되었다.[60]

프랑스에서 MBO는 1960년대 초에 도입되었지만, 1968년에 서양 세계를 흔들어 놓은 학생 혁명 이후 한동안 대단한 인기를 얻었다. 사람들은 이 새로운 기법이 오랜 숙원이던 조직 민주화를 가능케 할 것이라 기대했다. MBO의 프랑스식 명칭인 DPO(Direction Par Objectifs: 목표 관리)는 DPPO(Direction Participative Par Objectifs: 목표 참여관리)가 되었다. 그러나 몇 년이 지나서 한 프랑스 경영학자는 자신의 출판물에 다음과 같은 글을 썼다.

"내 생각에 DPPO의 수명은 끝이 난 것 같다. 아니 정확히 말해서 DPPO는 제대로 시작된 적도 없거니와 이데올로기와 현실을 혼동하는 우리 프랑스인의 경향이 지속되는 한 앞으로도 영원히 제대로 시작되지 않을 것이다."

이에 대해 그 저널의 편집자는 다음과 같이 덧붙였다.

"육체노동 근로자와 정신노동 근로자, 낮은 지위의 경영자들과 높은 지위의 경영자들 및 후원자들 모두가 지위 간 의존 관계를 유지하는 동일한 문화 체계에 속해 있다. 오직 이단자만이 이 체계를 정말로 싫어할 뿐이다. 그 위계적 구조는 불안을 막아 낸다. 반면에 DPO(또는 DPPO-역자 주)는 불안을 낳는다."[61]

◉ 경영 훈련과 조직 개발

이 책의 내용 전체에서, 특히 이 장의 내용에서 모든 문화권에서 사용할 수 있는 성공적인 경영자 훈련 방식은 없다. 상이한 문화권에서 성공은 각기 다르게 정의될 뿐만 아니라, 초기 교육 체계와 직장 훈련 방식도 아주 다르다. 따라서 문화적 장벽을 가로질러 경영자들을 훈련시키는 것은 불가능한 일로 보일 수 있지만, 다행스럽게도 프로그램들은 그 프로그램의 과목만으로 판단할 일은 아닌 것이다. 프로그램은 다른 중요한 기능들도 지닌다. 프로그램은 서로 다른 문화와 하위 문화 출신자들을 불러모으는데, 이 사실로 그들의 시야를 넓혀 준다. 많은 조직에서 국제 경영 개발 프로그램은 통과의례(ritesdepassage)가 되어 왔는데, 이 통과의례는 부장−참가자나 그 또는 그녀의 주변에 지금부터 그 또는 그녀가 경영자 계층에 속하게 되었다는 신호를 보낸다. 경영자 훈련 프로그램은 특정 회사나 문화 일반의 경영자 하위 문화에 대한 사회화를 제공한다. 또한 훈련 프로그램은 근무의 중단을 마련해 성찰과 새출발의 기회를 제공한다.

경영자 훈련 패키지는 21세기 중반부터 미국에서 개발되었다. 일부 접근은 감수성 훈련이나 교류분석과 같은 대인적 과정(interpersonal processes)에 관한 집중적 토의를 활용했다. 문화적으로 이 접근성은 작은 PDI, 낮은 UAI, 중간 이상의 IDV 및 중간 이하의 MAS를 전제로 했는데, 교류분석은 미국 문화와는 다소 상충하는 면이 있었다.

이러한 프로그램을 국제적 참여자들에 활용하는 경우 그들의 훈련자들이 좀처럼 이해하지 못하는 장애 행동이 발생한다. 예를 들어, 일본인이 참여자일 경우에는 그를 상대로 개인적 피드백을 주고받는 것은 실제로 불가능해 보이고, 시도했을 경우에는 의식화(意識化)된 행동만 나왔다. 즉, 피드백 수신자는 송신자를 어떤 모양으로든 모욕했다고 느꼈다. 그러한 프로그램에서 일본인 참가자들은 대인 과정 문제보다는 직무에 집중했다. 마찬가지로 대부분의 독일인도 대인 과정에 관해 말하는 것은 직무에서 쓸데없이 벗어나는 일로 간주했기 때문에 과정 문제에 대해 얘기하는 것을 달갑게 여기지 않았다.[62]

이에 병행된 추세는 조직 개발(organization development)이었는데, 조직 개발에서는 부장급과 다른 직원들이 흔히 일어나는 문제에 대해 동시에 배우고 해결하려고 노력한다. 조직 개발은 때로 대인적 과정에 대한 집중적 분석을 포함하기도 했다.

라틴 국가들의 훈련자들(그들 자신도 라틴인)은 조직 개발 프로그램의 문화적 비친화성을 보여 주는 다음과 같은 여러 이유를 말했다.

- 우리 라틴인(큰 PDI)에게는 그런 프로그램에 필요한 동등(eguality)정신이 없다.
- 우리 라틴인은 자기계발을 믿지 않는다.

- 상사로 간주되는 사람에게서 나온 경우가 아니면, 우리 라틴인은 대인 피드백을 경쟁적으로 해석하는 경향이 있다.
- 조직 개발 과정은 우리 라틴인이 용인할 수 없는 불안감을 만들어 낸다.
- 우리 라틴어 및 라틴 토의 방식은 실제 문제 해결보다는 추상적 토의에 보다 적합하다.
- 우리 라틴 조직들은 계발을 통해서가 아니라 위기와 혁명을 통해 변화된다.[63]

결론: 국적이 조직의 합리성을 정의한다

　1980년에 헤르트는 미국 저널 『조직 역학(Organizational Dynamics)』에 「동기, 리더십 및 조직: 미국 이론들이 해외에 적용될까」라는 제목의 논문을 발표했다. 이 논문에는 모진 풍파의 역사가 있다. 헤르트에게 논문을 초청하고 그 논문을 수락한 편집자가 갑작스럽게 사망했고, 그 편집자의 후임자는 그 논문을 처음에 거절했다가 나중에는 주저하며 출판했다. 편집인은 미국 및 호주 동료에게 중도적인 글을 써 줄 것을 요청했고, 그것은 다음 권에 헤르트의 회답문과 더불어 출판되었다.[64] 그 논문은 그가 예상 못했던 대격변을 일으켜 여러 중쇄본 주문이 있었고, 특히 캐나다에서 그런 주문이 많았다.

　한 이론의 타당성이 국적별로 제한된다는 생각은 미국처럼 국경이 없는 거대 국가에서보다 무수한 국경이 있는 유럽에서 보다 명백했다. 유럽에서는 인간 행동을 지배하는 법칙의 문화적 상대성이 16세기에 일찌감치 몽테뉴(Michel de Montaigne, 1533~1592)의 회의론에서 인정되어 오던 터였다. 이 장 앞에서 언급한, 파스칼(Blaise Pascal, 1623~1662)의 '이쪽 피레네 산맥에서는 진리로 통하는 것도 피레네 산맥 저쪽에서는 거짓으로 여길 수 있다.'(피레네 산맥은 프랑스와 스페인 국경을 가르는 산맥임)는 글귀는 사실 몽테뉴에게서 영감을 받은 것이다.[65] 몽테뉴와 파스칼 이래로 국적과 사고방식 간의 관계는 가끔 인정되긴 했지만, 잊혀진 경우가 더 많았다.

　이전에 나온 장들에서는 국가문화가 다를 수 있는 여섯 가지 방식을 설명했다. 이 모든 것은 조직과 경영 과정에 함의를 갖는다. 이론, 모델 및 관행은 기본적으로 문화 특수적이다. 그것들이 국경 너머까지 적용될지 모르지만, 이는 언제나 증명되어야 한다. 경영 개념이 보편적이라고 여기는 순진한 생각은 고지식한 대중용 서적에서만 발견되는 것이 아니다. 학술지들, 심지어 국제적 독자권을 가진 저널들에서조차 문화적 한계가 있는 연구 결과가 보편타당성을 지닌 것처럼 가정하는 경우가 흔하다. 그런 학술지의 논문에서는 그 논문에 쓰인 자료가 어느 국가에서 수집되었는지를 아예 언급조차 않는 게 보통이다(저자의 소속을 보면, 그런 국가는 대개 미국이다). 과학적 에티켓의 사안으로 저자들은 국제적 독자를 겨냥한 논문에는 항상 자료가 수집된 국가 및 조사 시기를 언급할 것을 제안한다.

국가적 한계를 잊으면 경영 및 조직 개념과 이론들이 그 개념과 이론들이 발생한 가치 맥락과 관계없이 외국으로 전파된다. 수입국의 유행을 의식하는 출판사들과 어리석은 독자들이 그러한 해외 전파를 조장한다. 불행하게도 유명한 격언을 뒤집어 표현하자면 "나쁜 이론 하나만큼 비실용적인 것은 없다."[66]

제2차 세계대전 전후 수십 년간 미국이 이룩한 경제적 성공은 세계 다른 지역에 있는 일부 인사들이 미국의 경영에 관한 사상이 우수하고, 따라서 그것을 베껴야 한다고 믿게 만들었다. 그들은 이런 경영 사상이 나오고 적용된 사회가 어떤 종류인지, 또한 책과 논문이 주장하듯 실제로 적용되었는지를 묻는 것을 잊었다. 미국의 경영학자 피터슨(Mark Peterson)과 헌트(Jerry Hunt)는 "미국의 규범적 이론에 대한 의문은 그 이론들이 미국에서조차 적용되느냐 하는 것이다."라고 썼다.[67] 미국의 민족 심리학자 스튜어트(Edward Stewart)는 "북미의 의사결정자들은 그들의 일과 삶에서 일반적으로 합리적 의사결정을 따르지 않으면서, 과거 사건들은 의사결정 모델에 따라 재구성한다. ……그래서 미국에서는 합리적 의사결정은 하나의 미신이다."[68] 라고 썼다. 미국의 기업 역사가인 록크(Robert Locke)는 미국에서의 성공적인 산업화가 매우 특이한 역사적 맥락 속에서 일어났으며, 이 성공적인 산업화가 사용된 경영 원칙의 질보다 외부 상황에 힘입은 바가 더 컸다는 사실을 기술했다.[69]

미국 이론이 우수하다는 생각은 '국제적인' 경영학 학술지들이 대부분 미국에서 미국 편집자들에 의해 출판된다는 점, 그리고 북미인이 아닌 저자의 논문은 수락되기가 악명 높게 어렵다는 점 때문에 강화된다.[70] 영국 교수 힉슨(David Hickson)과 퍼그(Derek Pugh)는 『조직의 위대한 저술가들(Great Writers on Organizations)』 문집에 71명의 이름을 포함시켰는데, 그 이름 중 48명이 미국인, 15명이 영국인, 2명이 캐나다인 이름이었고, 비영

국계 이름은 단 6명뿐이었다.[71]

미국의 경영학 교수이자 경영 고문인 포터(Michael Porter)는 20세기 후반기에 국가적 경쟁에 있어서 왜 어떤 국가들이 다른 국가보다 더 성공을 거두었는지를 분석했다. 그의 국가적 강점 결정 요소 '다이아몬드'는 네 가지 속성을 인정했는데, 이들은 ① 요인 조건 (여기서 요인이란 숙련노동인력, 하부구조 같은 생산 필요요인을 가리킴), ② 수요 조건, ③ 관련 및 지원 산업, ④ 기업 전략, 구조 및 경쟁이었다. 포터는 왜 어떤 국가들이 다른 국가들보다 왜 더 좋은 다이아몬드들을 가지는가라는 질문까지는 미처 다루지 못했다. 그는 여전히 경쟁 시장 자민족 중심적 법칙의 보편적 적용 가능성을 가정했다.[72]

어떤 국가는 특정 스포츠에서 탁월하고, 다른 국가는 특정 학문과 연관된다. 사회심리학을 포함한 심리학은 주로 미국적 학과다. 즉, 개인주의적이고 대체로 남성적이다. 사회학은 주로 유럽적이지만,[73] 유럽 사회학자들은 자신의 국적이 자신의 사고에 미치는 영향을 거의 고려하지 않는다. 위대한 프랑스 사회학자 브루디외(Pierre Bourdieu)는 자신이 프랑스 출신이라는 것을 전제로 그의 사상을 그가 프랑스 출신 탓으로 설명하는 평론을 맹렬히 배척했다.[74] 우리의 관점에서는 프랑스적 근원을 인식하는 것이 브루디외의 이론을 무효화시키기보다 오히려 그 이론을 더 잘 이해할 수 있게 해 준다. 우리가 미국적 근원을 깨달을 때 미국 모델이 더 유용해지는 것처럼 말이다.

조직이론에서는 저자들의 국적을 통해 조직의 근원, 조직의 성질, 조직이 성취하려는 목적에 대한 암묵적 가정을 알 수 있다. 이들 국가적 '패러다임' 모두가 '태초에는……' 이라는 말로 시작한다. 하느님이 인간을 창조하고, 인간은 조직을 만들었다. 그렇지만 인간이 조직을 만들 때에는 무엇을 염두에 두었던 것일까? 여기에 헤르트가 관찰했던 패러다임들의 목록이 있다. 태초에 인간은 다음과 같은 것을 염두에 두었다.

미국에서는	시장
프랑스에서는	권력
독일에서는	질서
폴란드와 러시아에서는	효율
네덜란드에서는	합의

스칸디나비아에서는	평등
영국에서는	체계
중국에서는	가족
일본에서는	조국

　2009년 노벨 수상자이기도 한 미국 경제학자 윌리엄슨(Oliver Williamson)은 1994년에 프랑스에서 프랑스인 사회 과학자들 두 명, 즉 파브로(Olivier Favereau)와 라제가(Emmanuel Lazega)와 함께한 공개토론회에 참가했다. 윌리엄슨은 조직 연구에 '효율성 접근방식(efficiency approach)'을 옹호했다. 권력과 권위 현상 연구에까지 이 접근을 옹호했다. "본인은 감히 보기보다 권력은 중요치 않다고 말씀드립니다."라고 그는 말했다. 파브로와 라제가는 윌리엄슨이 말하는 '거래 비용(transaction cost)' 개념은 조직의 일반 이론이 되기에는 너무 얄팍하고, 효율성은 약한 유인자극이며, 권력에 대한 윌리엄슨의 생각은 너무 한정적이라고 비판했다. 그 논의는 경제학과 사회학 간 수렴 가능성의 문제를 다루는 것으로 공표되었지만, 사실 그것은 대립되는 미국(시장)과 프랑스(권력)를 국가 패러다임의 분리로 다룬 것이었다. 윌리엄스가 인용한 자료 출처는 모두 미국이었고, 파브로와 라제가의 자료 출처는 모두 프랑스였다. 그러나 양쪽 어느 쪽도 상대가 다른 맥락에서 말했다는 것을 인지하지 못하는 것 같았고, 심지어 이론 작성과 비판에는 국가적 맥락이 있을 수 있다는 사실조차 인지하지 못한 것 같았다.[75]

　경영과 조직에 대한 보편적 해결책이 없다고 해서 국가들이 서로에게서 배울 수 없다는 것을 의미하지는 않는다. 오히려 국경 너머를 바라보는 것은 경영, 조직 혹은 정책에 대한 새로운 생각을 얻는 가장 효과적인 방법의 하나다. 그러나 사고방식의 수출은 심사숙고를 요한다. 국적이 합리성을 억제한다.

제10장

코끼리와 황새: 조직문화
THE ELEPHANT AND THE STORK: ORGANIZATIONAL CULTURES

　　HGBV(Heaven's Gate BV)는 네덜란드의 60년 역사를 가진 화학 산업의 한 생산 공장이다. 이 회사의 직원 대부분은 장기근속자들이어서 자연히 옛 일에 관한 이야기가 많다. 손으로 짐을 싣고 내리고 했을 때 일이 얼마나 힘들었는지에 관한 옛 이야기를 지금도 한다. 또 열기나 신체적 위험에 관한 이야기도 한다. HGBV는 한때 돈 많은 기업으로 여겨졌다. 수십 년 동안 생산품의 수요는 공급을 웃돌았다. 생산품을 파는 것이 아니라 분배했다고 해야 옳았다. 구매자들은 생산품을 받기 위해서 나긋나긋하게 굴고 깍듯이 예의를 지켜야 했으니 누워 떡먹기 식으로 돈이 벌렸다.

　　HGBV의 경영 방식은 가부장적이었다. 나이든 회장은 아침마다 공장을 한 바퀴 돌면서 만나는 모든 사람과 악수를 하는 것이 일과였다. 사람들의 말에 의하면 이것은 전통의 기본이 되는 것으로서 지금도 하고 있으며, 직원들은 이를 'HGBV 악수'라고 부른다. 직원은 아침에 출근하면, 으레 동료와 악수를 한다. 이런 인사법은 프랑스라면 몰라도 네덜란드에서는 이례적인 것이다. 돈 많고 가부장적인 HGBV는 옛부터 가난한 직원에 대해서, 그리고 지역사회에 대해서 시혜자로 여겨 왔다. 이런 인상은 아직도 남아 있다. 직원들은 아직도 HGBV를 많은 급여, 각종 혜택, 그리고 직장 안정 면에서 우수한 고용업체로 보고 있다. 지금도 HGBV에의 취업은 평생직장으로 여긴다. HGBV는 자기 자식이 취직되기를 바라는 그런 직장이다. 그리고 대외적으로 HGBV는 지역 스포츠 행사와 자선단체를 정기적으로 후원하고 있다. 'HGBV에의 기부 요청은 한 번도 거절당하지 않는다'는 것이 통념이 되어 있다.

근무 분위기는 여유가 있고 직원은 많은 자유를 누린다. 공장은 클럽, 마을 또는 가족이라는 말로 불리곤 한다. 25주년과 40주년 기념행사는 사람들의 이목을 집중시키며, 공장의 크리스마스 파티는 소문난 잔치가 된다. 이런 축하 행사는 오랜 역사를 지닌 의식으로 사람들은 아직도 이를 아낀다. HGBV 문화, 또는 사람들 말로 'HGBV 방식'에서는 명문화되지 않은 사회 행동 규칙을 따르는 것이 아주 중요하다. 사람은 일을 위해 사는 것이 아니라 살기 위해 일하는 것이며, 무슨 일을 하느냐가 중요한 것이 아니라 어떻게 하느냐가 중요하다. 직원은 누구나 비공식적인 인맥에 녹아들어야 하는데, 모든 위계 수준에서 그래야 한다. '녹아든다'는 말은 갈등이나 정면 대결을 피하고, 타인의 잘못을 덮어 주고, 충성심을 가지며, 친절해야 하고, 겸손하고, 마음씨 좋게 협조할 줄 아는 것을 의미한다. 누구도 좋은 의미로나 나쁜 의미로나 지나치게 튀어서는 안 된다.

HGBV 직원은 불평을 말할 수는 있지만 다른 HGBV 직원에 대해서 직접 불평을 토로하는 것은 절대로 안 된다. 불평은 친구 사이에서만 해야 하는 것이고, 상사나 외부인사에 대해서 둥지를 더럽히는 일은 안 하는 것으로 되어 있다. 이렇게 화합과 집단 단결에 대한 관심은 HGBV가 위치해 있는 고장의 지역문화와 걸맞은 것이다. 신참자는 적응만 잘 하면 바로 수용된다. 이들이 일을 잘 하느냐보다는 사회적인 적응을 잘 하느냐가 중요해서 아무리 일을 잘 해도 조화를 해치는 자는 배척된다. 관계가 악화되면 이를 치유하는 데 수년이 걸릴 수 있다. '작업상의 문제가 있으면, 이를 기분 상하게 하는 방식으로 해결하기보다는 돈이 많이 드는 한이 있더라도 한 달가량 뜸을 들이는 쪽이 낫다'.라는 것이 이들의 태도다. 회사의 규칙은 전혀 절대적이지 않다. 한 피면접자가 말했듯이, 가장 확실한 규칙은 규칙에 융통성이 있어야 한다는 것이다. 얌전히만 한다면 직원은 규칙을 위반할 수 있다. 문제가 되는 것은 규칙 위반자가 아니라 규칙 위반 사실을 문제 삼는 사람이다.

효과적이기 위해서 HGBV 리더십은 이런 사회 행동 패턴과 조화를 이루어야 한다. 경영자는 직원이 쉽게 접근할 수 있어야 하고, 공정해야 하고, 직원의 말에 귀를 기울일 줄 알아야 한다. 현재의 총책임자는 그런 지도자다. 그는 어깨에 힘주지 않으며, 상하를 막론하고 모든 직원과 원만한 관계를 유지하고 있으며, '우리와 같은 사람'이라는 인상을 풍긴다. HGBV에서의 승진은 주로 사회적 역량에 따라 이루어진다. 지나치게 두드러져서는 안 되며, 꼭 두뇌가 비상할 필요는 없지만, 사교 범위가 넓어야 하고, 비공식적 조직을 잘 알아야 하고, 자원하기보다는 초대받아야 하며, 테니스 클럽 회원이 되어야 한다. 그리고 무엇보다도 누군가 마음씨 좋은 사람이 되는 엄격한 규칙이라고 부른 것을 존중해야 한다.

그러나 최근에 이런 낭만적인 모습은 외부 영향으로 흔들리게 되었다. 첫째, 시장 상황이 바뀌는 바람에 HGBV는 유럽의 다른 공급자들과 낯선 경쟁을 해야만 했다. 비용 절감을 해야 했으므로 인력 감축이 있었다. HGBV의 전통에 따라 이 문제는 조기 은퇴를 통해 대규모 해고 없이 해결할 수 있었다. 그러나 정년 이전에 퇴직을 당하게 된 장기근속자들은 회사가 그들을 더 이상 필요로 하지 않는다는 사실에 충격을 받았다.

둘째, 더욱 심각했던 것은 HGBV가 야기한 오염으로 인해 환경주의자들의 공격을 받았다는 것이다. 회사가 오염을 일으키고 있다는 견해는 정치권에서 점점 더 많은 사람의 지지를 받고 있었다. 언젠가는 HGBV의 운영 허가가 취소될지도 모를 상황에 이르렀다. HGBV 경영진은 당국을 상대로 한 적극적인 로비, 언론 캠페인, 시민의 회사 시찰단 조직 등의 방법으로 이 문제에 대처하려고 애썼으나 효과는 미지수다. HGBV 자체 안에서는 이런 위협을 대수롭지 않게 보는 분위기였다. 사람들은 언젠가 HGBV가 없어지리라는 것을 감히 상상하지 못한다. '우리의 경영진은 언제나 해결 방안을 찾아낼 수 있었다. 이번에도 어떤 해결책이 나오겠지.' 하는 식이었다. 그러면서도 한편으로 품질 향상과 제품 다변화를 통해서 HGBV의 경쟁력을 높이려는 시도를 했다. 이것은 외부로부터의 새 사람들을 끌어들이는 것을 의미하는데, 이런 새 추세는 HGBV의 전통적 문화와 정면으로 충돌한다.[1]

조직문화 바람

앞에서 본 작은 사례는 한 조직의 문화 기술이다. HGBV 직원들은 같은 지역에 있다 해도 다른 조직의 직원과는 구별되는 그들 나름의 행동 방식과 상호작용 방식을 지니고 있다. 이제까지 이 책은 '문화'를 주로 국가와 관련해 다루었다. 영어 문헌에서 문화를 조직에 귀속시키는 일은 1960년대에 처음 등장했다. 이때를 기점으로 조직문화(organizational culture)는 조직 분위기(organizational climate)의 동의어가 되었다. 비슷한 말인 기업문화(corporate culture)라는 용어는 1970년대에 만들어졌는데, 딜(Terrence Deal)과 케네디(Allan Kennedy)가 지은 같은 제목의 책이 1982년에 미국에서 나오면서 널리 유행하게 되었다. 이 용어는 같은 맥킨지/하버드 경영대학원(McKinsey–Harvard Business School) 팀 출신인 피터스(Thomas Peters)와 워터맨(Robert Waterman)이 쓴, 같은 해에 나온 동반서적인 『초우량 기업의 조건(InSearch of Excellence)』이 성공을 거둠으로써 일상 대화의 소재가 되었다.[2] 그 이후에 이 주제에 관한 여러 언어로 된 문헌이 대량으로 나오게 되었다.

피터스와 워터맨은 다음과 같이 쓰고 있다.

> 우수한 회사의 기본적인 특징은 예외 없이 문화가 우위를 차지하고 일관성을 보이고 있었다는 것이었다. 더욱이 문화가 강할수록, 그리고 그것이 시장지향적일수록 기업 방침 요강이나 기구표 또는 세밀한 절차나 규칙의 필요가 줄어들었다. 이런 회사에서는 조직 밑바닥에 있는 사람도 대개의 상황에서 자신의 할 일을 분명히 파악하고 있었는데, 그것은 소수의 지도적 가치를 모두가 뚜렷이 알고 있었기 때문이다.[3]

한 회사나 조직의 문화를 이야기하는 것이 경영자나 회사 상담 전문가나 약간 다른 이유에서이긴 하지만 학자들에게서 유행처럼 되었다. 유행은 일시적인 것이고 이 유행 또한 언젠가는 사그라질 날이 올 것이지만 그 흔적은 남게 될 것이다. 조직/기업문화는 조직 구조나 전략이나 통제만큼 인기 있는 주제가 되었다. 이 개념에 대한 표준적 정의는 없지만, 이에 대해 글을 쓰는 인사들은 대체로 '조직문화'가 다음과 같다는 데 동의할 것이다.

- 전체적인 존재(전체가 그의 부분들의 합 이상이라는 말이다).
- 역사적으로 결정된 것(조직의 역사를 반영한다).
- 인류학자가 연구하는 대상과 관련이 있다(의식이나 상징들이 등장한다).

- 사회적 구성물이다(조직을 구성하는 사람들이 만들고 보존한다).
- 부드러운 것[피터스와 워터맨은 '부드러운 것은 딱딱하다(soft is hard)'라고 독자를 안심시키지만)].
- 변화시키기 어려운 것(얼마나 어려운지에 대해서는 이견이 있지만).

제1장에서 문화 일반은 '한 집단의 사람들 또는 한 범주를 구성하는 사람들을 다른 집단 또는 범주의 성원과 다르게 만드는 집단적 정신 프로그램 짜기'라고 정의한 바 있다. 따라서 조직문화(Organizational culture)는 한 조직의 성원을 다른 조직의 성원과 다르게 만드는 집단적 정신 프로그램 짜기라고 정의할 수 있다. 그러나 한 조직의 문화는 그 조직 성원의 마음에만 간직되는 것이 아니라 그 조직의 다른 '주주', 즉 그 조직과 교류가 있는 모든 사람(예를 들어, 소비자, 납품업자, 노동조합, 이웃, 당국 및 언론계)의 마음에도 간직된다.

피터스와 워터맨이 인용한 강한 문화를 지닌 조직은 혹자에게는 긍정적 감정을, 다른 사람에게는 부정적 감정을 불러일으킨다. 조직 관점에서 강한 문화를 갖는 것이 언제나 좋은지는 자주 논란의 대상이 된다. 그것은 치명적인 경직화의 원인이 될 수 있다.[4] 강한 조직문화에 대한 태도는 부분적으로는 국가문화 요소에 의해 결정된다. 피터스와 워터맨이 뽑은 가장 우수한 회사 중 하나인 IBM사의 문화는 저명한 프랑스 사회심리학자 파제(Max Pagès)의 1979년의 프랑스 IBM 연구에서 형편없는 것으로 묘사된 바 있다. 그는 이 회사를 '새로운 교회(la nouvelle église)'라고 불렀다.[5] 미국 사회에 비해 프랑스 사회는 일반 시민이 위계와 규칙에 매어 있다(제3, 6, 9장 참조). 프랑스 학자도 또한 그들 사회의 소산이므로 미국 학자에 비해 이지적 규칙을, 즉 조직의 합리적 요소를 더 강조하는 경향이 있다. 그러면서도 제4장에 따르면, 프랑스 문화는 개인주의적이므로 합리적 체계로부터 개인을 보호하려는 요구가 존재한다.[6]

네덜란드 사회학자 소터스(Joseph Soeters)는 피터스와 워터맨의 '우수기업' 묘사가 인권운동, 여성해방, 종교적 개종 또는 문명으로부터의 탈퇴를 주창하는 사회운동 묘사와 유사함을 보여 주었다. 미국에서는 '우수해지느니 차라리 죽는 게 낫겠다.'는 구호가 인쇄된 카드가 판매되었다. 좀 더 냉정한 방식으로, 소터스와 같은 나라인 래머스(Cornelis Lammers)는 '우수기업'이란 것은 독일 사회학자 파이퍼(Joseph Pieper)가 1931년에 이미 이야기했고 대서양 양쪽의 사회학 문헌들에서 반복되어 기술되어 온 '유기적 조직체'에 대한 조직사회학 안에 있는 이상형의 전 계보 중 최신 후예임을 밝혔다.[7]

이와 다른 반응은 덴마크와 스웨덴, 그리고 어느 정도는 노르웨이와 핀란드 등 북유럽 국가에서도 찾아볼 수 있다. 이들 사회는 미국에 비해 위계와 규칙을 덜 강조한다. 이들 여성적이며 불확실성에 대해 수용적인 국가들에서는 '조직문화'라는 생각이 환영받았는데, 그것은 이 생각이 비합리적이고 역설적인 것을 강조하기 때문이다. 그렇다고 해서 조직에 대해 기본적으로 긍정적인 태도를 갖게 되지는 않았다.[8]

스웨덴 사회학자 알베슨(Mats Alvesson)은 20년간의 조직문화 문헌들을 검토하여, 각기 다른 저자들이 사용한 메타포(은유-역자 주)에서 다음과 같은 여덟 가지로 가려냈다.

① 비공식적 계약을 위한 통제 기제(control mechanism)

② 우선순위 결정을 위한 나침반(compass)

③ 조직과의 동일시를 위한 사회적 접착제(social glue)

④ 사람들이 목을 매는 성물(sacred cow)

⑤ 정서와 그의 표현을 위한 감성 조절자(affect-regulator)

⑥ 갈등, 애매성 및 분열의 혼합(mixed bag)

⑦ 맹점으로 이르는 뻔한 생각(taken-for-granted ideas)

⑧ 새로운 가능성 탐색을 막는 폐쇄적 사고-의미 체계(closed system of ideas and meanings)[9]

아마도 문화는 조직이 지니는 무엇으로 보는 사람들과 문화는 조직이라고 보는 사람들 사이에 조직문화 저자들의 가장 기본적 구별이 존재한다. 전자는 분석적 접근을 하게 하고 변화에 관심을 갖게 한다. 이런 입장은 경영진 및 경영자문가 간에 흔하다. 후자는 종합적인 분석과 이해에 대한 관심을 지지하는데, 거의 전적으로 학자들에서 발견된다.[10]

➡ 조직문화와 국가문화 간의 차이: IRIC 프로젝트

문화라는 말을 국가와 조직에 함께 쓰기 때문에 마치 이 두 종류의 문화가 같은 현상이란 생각을 갖게 한다. 하지만 이것은 틀린 생각이다. 국가는 조직이 아니며, 이 두 종류 간 문화의 성격은 서로 다르다.

국가문화와 조직문화 간의 차이는 [그림 1-3]을 토대로 한 [그림 10-1]에 제시된 것처럼 다른 가치-관행의 조합에 토대를 두고 있다. 국가문화는 우리 인생의 초기 10년 동안 가족, 생활 환경 및 학교에서 획득한 정신 소프트웨어의 일부이기에 기본적 가치의 대부분을 포함한다. 조직문화는 우리가 청년이나 성인으로서 확고한 가치관을 가지고 업무 조직에 들어갔을 때 획득되는 것이며, 주로 조직 관행으로 구성되어 있다. 따라서 조직문화는 보다 피상적이다.[11]

[그림 10-1]에서 우리는 문화에 있어서 몇 가지 다른 수준을 표시했다. 즉, 남녀 수준 (국적보다도 더 기본적임), 사회계층 수준(상승 내지 하락의 가능성이 다소 있음), 직종 (occupation) 수준(선택한 학교교육 유형과 연관됨) 및 산업(industry) 수준(직종과 조직 사이에 위치)이다. 한 산업 또는 업종(line of business)이 논리적 또는 전통적인 이유 때문에 특정한 직종을 채용하고, 그리하여 특정 조직 관행을 유지한다.

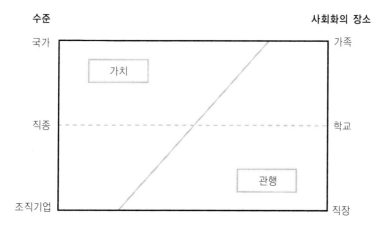

그림 10-1 | 다양한 문화 수준에서의 가치 및 관행의 균형

국가문화 간에는 (다른 면에서는 비슷한 국민들을 비교했을 때) IBM 연구가 상당한 가치 차이를 보여 주었는데, 이때 가치관은 제1장에서 말한 '좋다' '나쁘다'는 넓고 막연한 의미의 느낌이다. 현지 회사의 국적만 다를 뿐 비슷한 업무에 종사하는 IBM 직원들 간에 관행이 비슷한데도 이런 가치 차이가 나온 것이다.

누군가가 현대 세계에서 여러 국가문화가 동질화되어 가고 있다고 쓸 때, 그는 주로 관행 수준에서 나온 증거를 보고 그런 말을 하는 것이다. 입는 옷이 비슷해지고, 사는 상품도 비슷하고, 같은 유행어(상징들)를 사용하고, 같은 TV쇼와 영화(영웅)를 보고, 같은 스포츠와 여가활동(의식)을 즐기고 있음을 본다. 이런 문화의 비교적 피상적인 현상들을 보고 그것이 전부인 양 혼동하는 것이다. 보다 깊게 깔려 있으면서 관행이 갖는 의미를 결정하는 가치를 못 보고 있는 것이다. 많은 가치 수준 연구들이 국가 간에 상당한 차이가 있음을 한결같이 보여 준다. 앞의 몇몇 장에서 설명한 IBM 연구들과 그의 여러 반복 연구(〈표 2-1〉)만이 아니라, 전국 인구의 대표적 표본을 토대로 한 세계 가치조사(WVS)의 연차적 연구까지 그렇다.[12]

이 장 내용의 대부분은 IRIC(Institute for Research on Intercultural Cooperation)의 후원으로 1985년과 1987년 사이에 수행된 연구 프로젝트 결과에 토대를 둔 것이다. 그것은 IBM의 국가 비교 연구를 모델로 사용했다. 역설적이지만 IBM이 한 국가 비교 연구는 IBM의 기업문화에 대해서는 아무런 직접적 정보도 주지 못했다. 연구 대상이 된 모든 조직 단위는 다 같은 기업에 속한 것들이었고 외부 비교 기준도 없었다. 국가 비교 연구를 보완으로, IRIC 연구는 조직비교적이었다. IRIC 연구는 여러 국가의 한 기업 대신, 두 국가(덴마크, 네덜란드) 안의 여러 조직을 대상으로 했다.

IRIC 연구는 조직 수준에서 관행 대 가치의 역할이 국가 수준에서의 그것들의 역할과 정반대가 되는 것을 밝혀냈다. 소속된 조직은 다르지만 그 외는 유사한 사람들을 비교해 보니 관행 차이는 상당히 큰데, 가치 차이는 훨씬 더 작은 것으로 나타났다.

그 당시 피터스와 워터맨을 따라 대중 문헌은 공유된 가치들이 기업문화의 핵심이라고 주장했다. IRIC 프로젝트는 일상 관행의 공유된 지각이 한 조직문화의 핵심으로 간주될 수 있음을 보여 줬다. 직원들의 가치는 조직 멤버십 자체보다 그들의 성별, 연령, 교육에 따라 달랐다.

IRIC의 연구 결과와 피터스와 워터맨과 그들의 추종자들의 진술 간 차이는 미국 경영학 논문이 기업영웅들(설립자 및 중요 지도자들)의 가치를 기술하는 경향이 있는 반면 IRIC는 문화를 지탱해 나가는 일반 직원을 대상으로 질문을 했다는 사실로 설명될 수 있다. 설립자와 핵심 지도자들의 가치는 조직문화를 만들지만, 이 문화가 일반 직원에게 영향을 미치는 것은 공유된 관행을 통해서다. 설립자들과 지도자들의 가치가 성원들의 관행이 된다.

다국적 기업을 유지하고 발전하게 하는 것은 효과적인 공유 관행이다. 직원을 다양한 국적에서 고용하는 다국적 기업의 경우 직원들의 공통 가치를 전제할 수 없다. 그들은 한 국가(미국, 일본, 독일, 네덜란드 등)에서 개발한 범세계적 관행으로 회사 운영을 조정하고 통제하지만, 그런 관행은 다른 여러 국가 출신 직원들에 의해 학습될 수 있다.[13]

구성원의 가치가 그 조직 멤버십 이외의 기준에 의해 주로 좌우되는 경우라면, 이들 가치가 조직에 들어오는 길은 고용 과정을 통해서다. 다시 말해, 회사는 특정 국적, 성, 연령, 교육에 해당되는 사람들을 고용한다. 그 후에 그 조직에서 이루어지는 사회화는 관행들(상징, 영웅 및 의식)을 배우는 것이다.[14]

네덜란드의 두 연구자 소터스(Joseph Soeters)와 슈러더(Hein Schreuder)는 네덜란드 회사의 직원들과 네덜란드에서 영업하는 외국 회계 회사의 직원들을 비교했다. 그들은 두 집단 간 가치의 차이를 발견했는데, 그 차이는 직원들이 입사 후 그 회사 가치로의 사회화된 탓이 아니라, 후보들의 자기 선택(self-selection)에서 비롯된 것이라는 것을 증명할 수 있었다. 고용 대상자를 예비 선발하는 인적자원 부서는 조직의 가치를 여하튼 유지하는 데(그 결과는 여하튼) 매우 중요한 역할을 한다. 이런 역할은 HR 담당자나 다른 부서의 동료는 모르고 지날 때가 많다.

◆ IRIC 프로젝트에서의 질적 접근과 양적 접근

IRIC 프로젝트의 원 계획은 한 국가(네덜란드) 안에 있는 조직들의 비교만을 위한 연구의 목적으로 설계하였다. 자사 접근을 허용하면서 프로젝트 비용도 분담하는 네덜란드 참여자들을 필요한 수 만큼 찾는 일은 너무 힘든 일이었다. 덴마크의 한 자문가의 후한 도움 덕택에 여러 덴마크 회사를 추가할 수 있게 되었다. 최종 프로젝트는 덴마크에서 다섯, 네덜란드에서 다섯씩 서로 다른 10개 조직의 총 20개 단위를 대상으로 실행하게 되었다. IBM 국가문화 차원상에서 이들 두 국가는 상당히 비슷한 점수를 얻었는데, 양자가 모두 같은 북구-네덜란드 군집에 속한다. IRIC는 이들 국가적 맥락 안에서 다양한 직장에 접근하려는 노력을 했다. 조직문화가 서로 얼마나 다를 수 있는지를 보임으로써 얼마나 다른 것인지, 그리고 얼마나 비슷한 것인지에 대해 보다 잘 이해하게 된다. 연구의 단위는 조직 전체이기도 하고 경영진이 문화 면에서 어느 정도 동질적이라고 보는(연구 결과는 나중에 이 가정을 검증할 기회를 제공했다) 조직의 부분들이기도 했다.

〈표 10-1〉에는 20개 단위가 종사했던 활동이 제시되어 있다. 단위 크기는 작은 것은 60명에서 큰 것은 2,500명에 달했다. 20개라는 숫자는 큰 수가 아니기 때문에 각 단위를 하나의 개별적인 사례연구처럼 심층적으로, 질적으로 연구할 수 있었다. 그러면서도 모든 사례의 수량적 비교 자료에 통계적 분석을 하는 데 충분한 큰 숫자였다.

조사의 초기 단계인 질적 단계에서는 각 단위에서 뽑힌 9명을 대상으로 1인당 2~3시간 동안 일대일 심층면접(총 180회 면접)을 했다. 이들 면접의 목적은, 첫째, 그 단위 문화의 전모(게슈탈트)에 대한 질적인 감을 익히고, 둘째, 뒤에 할 조사연구에 쓸 질문지에 포함시킬 문항을 수집하는 것이었다. 면접 대상자는 각 단위의 접촉선 역할을 한 사람과 의논해서 그 문화에 대해 무엇이든 재미있고 쓸 만한 내용을 이야기해 줄 수 있다고 여겨지는 사람만을 한 사람 한 사람 뽑았다. 면접 대상자 안에는 어느 경우나 단위의 최고책임자와 그의(그녀는 없었음) 비서가 꼭 포함되도록 했다. 나머지는 모든 수준에서 업무가 다른 사람을

표 10-1 | IRIC 프로젝트의 참여 조직

개인 제조회사(전자공학, 화학, 소비자 상품)	
전체 지사 또는 생산 단위	6
본사 또는 판매 단위	3
연구 개발 단위	2
개인 서비스 회사(금융, 운송, 무역) 단위	5
공공기관(원거리 통신, 경찰) 단위	4
연구 대상 단위의 총수	20

뽑되, 고참과 신참도 뽑고 남녀도 고루 안배했다. 가끔 수위나 문지기도 훌륭한 정보 원천이 되었다. 직원 대표(공장장에 해당)는 예외 없이 포함시켰다.

면접자 팀은 18명(덴마크인이나 네덜란드인)으로 구성되었는데, 대부분은 사회과학 교육을 받은 사람이었지만 대상 단위의 활동 내용을 모르는 사람만을 썼다. 각 단위의 면접은 반은 남자 면접자, 나머지 반은 여자 면접자가 나누어서 실시했는데, 이것은 면접자의 성이 관찰 결과에 영향을 줄 가능성이 있기 때문이다. 모든 면접자는 실시 전에 같은 프로젝트 훈련을 받았으며, 자유 응답식 질문으로 구성된 포괄적인 항목표를 사용했다.

면접 항목표에는 다음과 같은 질문이 포함되어 있었다.

- 조직 상징에 관한 것: 조직 내부자만이 알아들을 수 있는 특별한 용어에는 어떤 것들이 있습니까?
- 조직 영웅에 관한 것: 여기서는 어떤 종류의 사람이 빨리 진급할 수 있습니까? 이 조직에서는 누구를 특히 의미있는 사람이라 생각하십니까?
- 조직 의식에 관한 것: 당신이 정기적으로 참가하는 모임에는 어떤 것이 있습니까? 이런 모임에서 사람들은 어떻게 행동합니까? 이 조직에서는 어떤 일이 축하 대상이 됩니까?
- 조직 가치에 관한 것: 여기서는 사람들이 어떤 일이 일어나는 것을 고대합니까? 여기서 가장 큰 실수로 보는 것은 어떤 것입니까? 당신에게 밤잠을 설치게 하는 업무상 문제는 어떤 것입니까?

면접자는 좀 더 알아볼 만한 것이 있다고 여길 때에는 자유롭게 질문을 더 하도록 했다. 면접은 녹음을 하고, 면접자는 각 면접에 대한 보고서를 작성하는데, 지정된 순서에 따라 보고 내용을 정리하고 가능하면 면접 대상자가 쓴 말을 그대로 옮기도록 했다.

이 조사의 두 번째 단계인 수량적 단계는 사전에 부호화된 답지가 딸린 질문을 사용하는 지필조사로서 전 단계와는 달리 각 단위에서 엄격히 무작위로 뽑은 표본을 대상으로 했다. 이런 표본은 대개 25명 정도(또는 단위의 수 만큼의)의 경영관리자, 25명의 대졸 수준의 비경영관리자(전문가들), 그리고 25명의 고졸 이하의 비경영관리자로 구성되었다. 조사에 사용된 질문들은 IBM 국가 간 비교 연구에 사용된 것과 새로 만든 것을 포함했지

만 대부분은 첫 단계의 면접을 토대로 만든 것이었다. 면접자들이 단위 간에 차이가 날만
한 모든 문제에 관해서 질문을 만들어 썼다. 이 중에는 특히 국가 간 비교 연구에는 들어
있지 않은, 일상 관행에 대한 지각을 다루는 질문이 상당수 포함되었다.

면접과 조사의 두 결과를 가지고 단위 경영진과 토의를 했으며, 더러는 경영진이 승낙
이 있을 때 한해서 단위의 일반 직원에게까지 결과를 알려 주었다.

◑ 심층면접 결과: SAS 사례

연구된 20개 단위는 면접자가 면접 후 각 단위의 문화에 대해 작성한 통찰력 있는 묘사
와 이들 해석에 대한 검증을 가능하게 하는 조사 결과로 구성된, 단위 수만큼의 사례 연
구를 만들어 냈다. 이 장의 시작에서 언급한 HGBV 이야기는 조사 결과에서 뽑은 것이
다. 이번에는 또 하나의 사례, 즉 스칸디나비아 항공 시스템(Scandinavian Airline System:
SAS) 코펜하겐 승객터미널의 이야기를 해 보기로 한다.

SAS는 1980년대 초에 극적인 회생 과정을 거쳤다. 새 회장 칼존(Jan Carlzon)의 영도하
에 이 회사는 공산품-공업기술 지향에서 시장-서비스 지향으로 방향을 돌렸다. 예전에
이 회사의 기획과 판매는 가장 현대적 장비를 가지고 최대의 비행시간을 만들어 내는 데
토대를 두고 있었다. 조종사, 기술자 그리고 처벌 지향적인 경영자가 회사의 영웅이었다.
성과의 악화는 재편을 불가피하게 만들었다.

칼존은 고도로 경쟁적인 항공운수 시장에서 성공하는 길은 현재나 미래 고객의 요구에
보다 잘 대응하는 길밖에 없다는 신념을 가지고 있었다. 이런 요구는 누구보다도 매일 고
객과 얼굴을 맞대고 지내는 직원이 가장 잘 알 것이었다. 이전에는 직원의 의견을 청취하
는 일이 전혀 없었다. 그들은 그저 규칙을 따르도록 훈련된 엄격한 제복의 병사였다. 이
제 이들은 '전투 일선'으로 간주되고 회사는 이들에게 명령하는 것이 아니라 이들을 지
원하는 방향으로 재편성되었다. 상급자는 자문으로 변했고, 전투 일선은 고객과의 거래
를 즉석에서 처리할 수 있는 상당한 자유 재량권을 받았다. 이들은 일을 처리한 후 결과
를 상급자에게 보고만 하면 되었고, 그것은 위험 부담에도 불구하고 직원의 판단의 자동

적 수용을 의미했다.[15]

　IRIC 연구에 참여한 단위 중 하나는 코펜하겐 공항에 있는 SAS 승객터미널이었다. 면접은 회생이 있은 지 3년 후에 행해졌다. 직원과 경영자는 제복을 입고 있었고, 규칙 바르고, 공식적이고, 시간을 엄수했다. 이들은 엄격한 구조 안에서 일하기를 즐기는 그런 부류의 사람으로 보였다. 직원들은 교대 근무를 했는데, 한때는 매우 높은 업무 압력하에서 일하다가 다음에는 비교적 할 일이 없는 시기를 번갈아 맞는 식으로 일했다. 그들은 새로운 역할을 잘 받아들였다. 회사의 역사를 말할 때는 대개 회사의 회생이 있던 때부터 말하는 경향이 있었고, 경영자의 극히 일부만이 그 이전 시절을 입에 담았다.

　면접 대상자들은 회사를 매우 자랑스럽게 생각했다. 그들 자신의 정체를 대부분 회사에서 나오는 것으로 보였다. 퇴근 후의 사교 관계도 SAS 회사원과 갖는 경우가 많았다. 칼존은 영웅으로서 흔히 그들의 입에 올랐다. 엄한 규율하에 움직여야 함에도 불구하고, 동료 간의 관계는 여유가 있었고 서로 잘 도왔다. 사생활에서 위기를 맞는 직원에 대해서는 동료와 회사가 떠받쳐 주었다. 경영자가 비경영자보다 새로운 역할을 소화하는 데 좀 더 힘들어한 것은 사실이지만 모든 수준의 경영자는 부하 앞에 모습을 보였고, 누구나 쉽게 접근할 수 있었다. 신입 사원은 공식적인 입소 절차와 문제 고객과의 모의(模擬) 접촉을 포함한 연수 프로그램을 거쳐 들어왔다. 이것은 또한 신입 사원이 이 직업에 필요한 가치와 기술을 갖추고 있는지를 알아보는 선별 도구의 역할도 했다. 이 연수 프로그램을 성공적으로 통과한 신입 사원은 회사 생활에 곧 적응할 수 있었다. 고객에 대해서 직원들은 문제 해결적인 태도를 드러냈다. 즉, 기존의 규칙을 약간 어겨서까지 고객 문제를 해결하는 창의적 방식에 대해서는 상당히 흥분했다. 즉, 진급은 동료들이 결정하는데, 승진은 가장 유능하고 남을 잘 돕는 동료에게 가는 것으로 여기고 있었다.

　이 부서가 일종의 '호손 효과(Hawthorne effect)'의 덕을 보았을 가능성도 없지 않아 있다.[16] 왜냐하면 이 부서가 회사 회생에 핵심적인 역할을 했기 때문이다. 면접 당시, 회사 회생에서 오는 환희감은 아마 절정에 달해 있었을 것이다. 회사 내부의 관찰자들은 직원의 가치가 실제로 변한 것이 아니고, 다만 회사 회생이라는 사건이 상사 복종이라는 규율을 고객 서비스라는 규율로 전환시켰다는 의견을 내놓았다.

◈ 조사 결과: 조직문화의 여섯 차원

IBM 연구는 국가문화의 네 개 차원(권력거리, 개인주의−집단주의, 남성성−여성성, 불확실성 회피)을 밝혀냈다. IBM의 국가별 현지회사는 주로 직원의 문화적 가치가 서로 달랐기 때문에 이들 차원들은 가치 차원이다. 이와는 달리, IRIC 조직 비교 연구에서 연구 대상이 된 20개의 단위들은 성원의 문화 가치에서는 큰 차이를 보이지 않았고, 그 대신 그들의 관행에서 큰 차이를 보였다.

이 지필 조사에 포함된 질문들 대부분은 응답자 소속 직장 단원의 관행의 지각을 측정했다. 이 질문들은 '내가 일하는 곳에서는'이라는 형식으로 제시되었는데, 예를 들면 다음과 같다.

내가 일하는 곳에서는:

| 회의집합시간을 엄격히 지킨다. | 1 2 3 4 5 | 회의 집합 시간을 대충만 지킨다. |

| 질보다는 양을 더 강조한다 | 1 2 3 4 5 | 양보다는 질을 더 강조한다. |

이처럼 각 문항은 반대가 되는 두 문장으로 구성되어 있다. 두 문장을 좌우 어느 편에 두는지는 무선으로 결정해서 위치가 선호와 어떤 관계가 없게 했다.

'내가 일하는 곳에서는……'으로 시작하는 질문 61개 모두는 자유면접에서 나온 정보에 입각해서 꾸며진 것인데, 이들은 IBM 연구에서와 거의 같은 식으로 통계분석이 이루어졌다. 그 결과 전혀 새로운 여섯 개 차원을 얻게 되었는데, 이들은 가치의 차원이 아닌 관행의 차원이다. 여기서 사용한 것은 61개 질문×20개 단위의 행렬로 된 자료에서의 요인분석이었다. 각 단위마다 각 질문에 대한 모든 응답자의 평균 점수를 산출했는데, 응답의 3분의 1은 경영관리자급이고, 다른 3분의 1은 전문가이고, 나머지는 비전문가였다. 이 분석은 20개 조직을 서로 구별하는 (지각된) 관행의 차원에 해당하는 여섯 개의 별개 요인을 이끌어냈다. 이들 여섯 개 차원은 서로 독립적인데, 다시 말하면 이들은 모든 가능한 조합으로 나타났다.

경험적으로 발견한 요인에 붙일 요인명을 선정하는 일은 주관적인 과정이다. 이것은 자료에서 이론으로 옮겨가는 과정이기도 하다. 붙인 이름은 몇 차례 번복을 거친 끝에 나온 것이다. 현재 붙인 이름은 소속 직원과 장시간의 논의를 거쳐 붙인 것이다. 가능하면, 차원의 극명칭이 '좋은' 극이라든가 '나쁜' 극이라는 인상을 주지 않도록 했다. 한 차원상의 점수를 좋다 또는 나쁘다고 볼 것인가는 전적으로 단위 책임자가 그 단위를 어떤 방향으로 이끌려고 하는지에 달린 것이다. 최종적으로 선정된 명칭은 다음과 같다.

① 결과지향-과정지향
② 업무지향-직원지향
③ 전문직업적-지역중심적
④ 닫힌 체계-열린 체계
⑤ 엄격한 통제-느슨한 통제
⑥ 실용적-규범적

이들 여섯 개의 조직 비교 차원의 순서(번호)는 분석에 나타난 순서를 나타내는 것인데, 이론적인 의미는 없다. 즉, 번호 1이 번호 6보다 더 중요하다거나 특별한 의미가 있는 것은 아니다. 숫자가 적은 것일수록 질문지 안에 그 차원을 다룬 문항의 수가 더 많다는 것을 의미하는데, 이것 자체는 질문지를 설계한 연구자의 관심을 반영하는 것으로 볼 수도 있다.

이들 여섯 개 차원 각각에 대해서 3개의 '내가 일하는 곳에서는……'의 핵심 질문을 선정해서 각 차원에서 각 단위의 지수를 산출할 수 있게 했다. 이 방식은 IBM 연구에서 각 국가 간 차원에 대해 각 국가의 지수를 산출한 것과 흡사하다. 이들 선정된 세 개 질문의 단위 점수는 서로 강하게 상관되어 있는 것들이었다.[17] 이들 질문의 내용은 피드백 모임에 참석한 경영자나 직원에게 차원의 성격을 전달할 수 있는 그런 것이었다.

차원 1은 수단에 대한 관심(과정지향)을 목표에 대한 관심(결과지향)에 대치시킨다. 세 개의 기본 문항은 과정지향적인 문화에서는 사람들이 모험을 회피하고 직장에서도 충분한 노력을 안 하는 것으로 자신을 지각하며, 매일 그날이 그날로 지낸다는 것을 보여 준다. 결과지향적인 문화에서는 사람들은 자신이 낯선 상황에서도 마음 편히 느끼고 최대의 노력을 경주하며, 하루하루가 새로운 도전을 가져다주는 것으로 지각한다. 0점에서 100점까지의 척도에서 0점은 20개 단위 중에서 가장 과정지향적 단위를, 그리고 100점은 가장 결과지향적 단위를 나타낸다. 앞서 언급한 바 있는 화학공장 HGBV는 2점을 받았고(매우 과정지향적이고 결과 관심은 약함), SAS 승객터미널은 100점을 받았다. 즉, 이 직장은 가장 결과지향적인 단위였다. 이 차원에서는 결과지향적인 극(極)을 '좋은' 극이라고 부르고 반대극을 '나쁜' 극이라고 부르는게 자연스러워 보이지만, 일에 따라서는 외곬으로 과정에만 치중해야 하는 작업도 있다. 우리가 조사한 단위 중 가장 과정지향적(0점 취득)인 단위는 어느 제약회사의 생산단위였다. 제약이라는 사업은 모험 회피적이고 일상적인 일정에 따라 움직이는 환경의 한 예로 자체 문화가 결과지향적으로 되기를 바란다는 것을 생각하긴 좀 힘든 경우다. 이와 비슷한 관심은 여러 다른 조직에도 존재한다. 그러니 결과지향이 언제나 '좋다'라고, 또 그의 반대 지향이 언제나 '나쁘다'고 말할 수는 없다.

　피터스(Peters)와 워터맨(Waterman)의 책 『초우량 기업의 조건(In Search of Excellence)』의 주된 주장 중 하나는 '강한' 문화가 '약한' 문화보다 더 효과적이라는 것이다. 이 명제를 확인하는 데 있어서의 한 가지 문제는 현존하는 조직/기업문화 문헌 속에서 문화의 힘에 대한 실질적(조작적) 측정의 예를 발견할 수 없다는 것이다. 이 문제가 중요해 보이므로 IRIC 프로젝트에서 우리는 문화의 힘을 측정하는 나름의 방법을 개발했다. '강한' 문화는 동질적인, 즉 응답자의 전부가 핵심 질문에 대해서 내용과는 관계 없이 대략 같은 답을 내는 문화라고 보기로 했다. 약한 문화란 이질적인 문화인데, 같은 단위에 속한 사람들이 각자 크게 다른 답을 하는 경우에 해당한다. 조사 자료에 의하면 조사 대상이 된 20개 단위에서 문화 강도(동질성)는 결과지향과 유의한 상관을 보였다.[18] 그러므로 결과지향을 효과적이라는 뜻으로 해석하면, 힘 있는 문화가 효과적이라는 피터스와 워터맨의 명제는 확인이 된 것이다.

　차원 2는 사람에 대한 관심(직원지향)을 업무 완수에 대한 관심(업무지향)과 대치시킨다. 선발된 핵심 문항을 보면 직원지향 문화에서 사람들은 자신의 개인적인 문제가 배려

된다고 느끼고, 조직이 직원의 복지를 책임지며, 중요한 결정은 집단이나 위원회가 내린다는 것을 나타낸다. 업무지향 단위에서는 사람들은 업무 완수를 위한 강한 압력을 느끼며, 그들은 조직이 직원이 하는 업무에만 관심을 갖고 그들의 개인이나 가족의 복지에는 관심이 없는 것으로 지각하고, 또 그들은 중요한 결정을 몇몇 개인이 내리는 경향이 있는 것으로 보고한다. 0점에서 100점까지 이르는 척도에서 HGBV는 100점을 받고 SAS 승객 터미널은 95점을 기록해, 양자가 극단적으로 직원지향적임을 보였다. 이 차원상에서의 점수는 단위나 회사 창립자의 철학을 반영했지만 또한 과거 사건이 남겼을지도 모르는 상처도 반영했다. 최근에 경제적 고통을 경험했던 단위, 특히 그 와중에서 대량 해고가 있었던 단위에서는 정보 제공자가 과거에는 그렇지 않았다고 한 경우에도 점수가 업무지향적으로 나왔다. 강한 직원지향 경향을 갖는 것이 좋은지 여부에 대한 의견은 조사 대상이 된 단위 지도자 간에 차이가 있었다. 피드백 토론회에서 일부 최고경영자는 자신의 단위가 보다 직원지향적이 되기를 바랐으나 다른 경영자는 반대 방향으로 되기를 바랐다.

직원지향-업무지향 차원은 널리 알려진 미국의 리더십 모델의 두 축, 즉 블레이크(Robert Blake)와 무턴(Jane Mouton)의 경영자 격자(Managerial Grid)[19]에 해당한다. 블레이크와 무턴은 이 모델에 따른 광범한 리더십 훈련 체계를 개발해 놓았다. 이 훈련에서 직원지향과 업무지향은 두 개의 독립적인 차원으로 다루어진다. 즉, 한 사람은 양자 모두에서 높을 수도, 하나에서만 높을 수도, 또는 어느 쪽에서도 높지 않을 수 있다. 이것은 이들 두 지향을 한 차원의 양극으로 보는 우리 입장과 모순되는 것으로 비칠 수 있으나, 블레이크와 무턴의 격자는 개인에 적용되는 것이고, IRIC 연구는 조직 단위를 비교하는 것이다. IRIC 연구가 보여 주는 것은 개인은 동시에 업무지향과 직원지향이 될 수 있는 반면에, 조직문화는 어느 한쪽에 치우친다는 것이다.

차원 3은 직원이 자신의 정체감을 주로 조직에서 얻는 단위(지역중심적)와 업무에서 정체감을 얻는 단위(전문직업적)와 대치시킨다. 핵심 문항에 의하면 지역중심적 문화의 성원은 조직의 규범이 직장뿐만 아니라 집에서의 행동도 관할한다고 생각한다. 이들은 회사가 직원을 뽑을 때에는 업무 능력에 못지않게 그의 사회적·가족적 배경도 참작해야 한다고 생각한다. 이들은 멀리 미래를 내다보지 않는다(아마 조직이 그들을 대신해서 그런 일을 해 줄 것이라 생각해서인지 모른다). 한편, 전문직업적 문화의 성원은 자신의 사적인 생활은 자기가 알아서 할 일이라 생각한다. 이들은 회사가 직원을 채용할 때 업무 능력만을 참작해야 한다고 생각한다. 이들은 멀리 앞을 내다본다. 미국의 사회학자 로버트 머튼(R. Menton)은 이런 차이를 지방적 대 코스모폴리탄적이라는 말로 구분해 왔는데, 즉 내부−외부 참조틀 간의 대비로 보았다.[20] 지역중심적 문화 형태라면 흔히 일본 회사를 떠올린다. IRIC 조사에서는 예상했던 대로 이 차원의 점수는 단위 성원의 교육 수준과 상관되어 있었다. 즉, 지역중심적 단위에서는 직원의 학력이 낮은 경향이 있었다. SAS 승객터미널 직원은 꽤 지역중심적이었고(23점), HGBV 직원은 평균을 약간 상회하였다(48점).

차원 4는 열린 체계를 닫힌 체계와 대치시킨다. 핵심 문항에 따르면 열린 체계의 단위 성원은 조직과 그의 직원이 신입 사원과 외부인에 대해 열려 있다고 생각한다. 거의 누구나 이 조직 안에 녹아들 수 있으며, 신참도 며칠만 지나면 편안해질 수 있다고 생각한다. 반면에 닫힌 조직에서는 조직과 그의 직원은 닫혀 있고 은밀하다는 인상을 주는 것으로 보였다. 내부 인사도 그런 인상을 받았다. 아주 특수한 사람만이 그 조직에 적응해 들어갈 수 있으며, 신참일 경우 일 년 이상이 지나야 그 분위기에 익숙해질 수 있게 된다(가장 닫힌 조직의 경영진의 한 간부는 22년이 지난 지금도 자신이 외부인이란 느낌을 받는다고 털어놓았다). 이 차원에서 HGBV는 또 한 번 중간 정도였고(51점), SAS 승객터미널은 아주 열려 있는 것으로 드러났다(9점). 이 차원이 가리키는 것은 통신 분위기다. 이것은 국적과 상관이 있는 여섯 개 '관행' 차원 중 유일한 것이었다. 네덜란드보다도 덴마크가 보다 열린 조직 통신 분위기를 지닌 것으로 보였다. 그러나 덴마크의 한 조직은 매우 닫힌 것으로 드러났다.

차원 5는 조직 안에서의 내부 구조화의 정도에 관한 것이다. 핵심 문항에 의하면 느슨한 통제 단위에 속한 사람들은 비용에 대해 생각하는 사람이 아무도 없으며, 회의 시간도 대충 지키며, 회사나 업무에 대해 농담도 곧잘 하는 것으로 생각했다. 엄격한 통제 단위에 속한 사람들은 그들의 직무 환경이 비용 의식적이고, 회의 시간은 엄수되며, 회사나 직무 또는 양자에 대해 농담을 하는 일은 드물다고 말했다. 자료에서 짐작해 보면 엄격한 공식적 통제 체제는 적어도 통계적으로 보면 옷차림과 품위 있는 행동에서 엄격한 무형적 규칙과 연계되어 있다. '느슨한'이 0이고 '엄격한'이 100인 척도에서 직원에 제복을 강요하는 SAS는 극단적으로 엄격한 것으로(96점), 그리고 HGBV는 또 한 번 중간 정도인 것으로(52점) 드러났다. 그러나 중간이라지만 다른 생산 단위와 비교에서 알 수 있듯이 생산 단위로서는 퍽 느슨한 것이었다.

마지막으로 차원 6은 널리 알려진 대 고객지향성을 다룬다. 실용적 단위는 시장에 따른다. 한편 규범적 단위는 꼭 지켜야 할 규칙을 실천하는 것이 외부 세계에 대한 그들의 과업이라고 생각한다. 핵심 문항을 보면 규범적 단위에서는 조직의 절차를 정확히 따르는 데 역점을 둔다. 이들에게는 절차가 결과보다 더 중요하다. 사업윤리와 정직성 같은 문제에서는 단위의 기준이 높은 것으로 감지되고 있다. 실용적 단위에서는 고객의 필요를 충족시키는 데 주된 역점을 두며, 절차보다는 결과를 더 중요시한다. 그리고 사업윤리의 문제에서는 독단적이기 보다는 실용적이다. SAS 승객터미널은 실용 쪽으로 최고점을 받은 단위가 되었는데(100점), 이것은 칼존(Jan Carlzon, 새로 취임한 SAS회장-역자 주) 메시지가 제대로 전달되었음을 보여 준다. HGBV는 68점으로 이 역시 실용적인 쪽에 있었다. HGBV 사례 연구에서 기술했듯이 이 회사는 과거에 고객에 대해서 매우 규범적이었으나 뒤에 새로운 경쟁적 상황을 맞아 잘 적응한 것으로 보였다.

◉ 문화 측면에서의 경쟁적 이점의 범위

여섯 차원 위에서 20단위가 보여 주는 점수 패턴을 살펴보면, 제1, 3, 5, 6차원(결과-과정, 전문직업적-지역중심적, 엄격함-느슨함, 실용적-규범적)은 그 조직이 행하는 일의 유형, 그리고 그 조직이 활동하는 시장의 유형과 관련이 있음을 알 수 있다. [그림 10-1]에 따르면 이들 네 개 차원은 부분적으로 산업(또는 기업) 문화를 반영하는 것이다. 차원 1에서는 대부분의 공장과 큰 사무실 단위가 과정지향적인 점수를 보였다. 반면에 연구/개발 단위와 서비스 단위는 보다 결과지향적인 점수를 보였다. 차원 3에서는 전통적 기술을 지닌 단위는 지역중심 쪽의 점수가 높았으며, 하이테크 단위는 전문직업 쪽 점수가 높았다. 차원 5에서는 정밀 또는 위험 생산품이나 서비스 제공(의약품 취급이나 현금거래와 같은) 단위들은 엄격한 쪽으로, 혁신적이거나 예측할 수 없는 활동이 주가 되는 단위는 느슨한 쪽으로 점수가 나왔다. 놀랍게도 우리가 연구한 두 도시의 경찰 집단은 느슨한 쪽

점수를 얻었다(16과 41). 그러나 경찰의 일은 대단히 예측불가능하며, 경찰 대원은 자신의 일과 관련한 수행 방식의 선택에 상당한 재량권을 갖는다. 차원 6에서는 서비스 단위와 경쟁적 시장에서 영업을 하는 단위는 실용 쪽의 점수를 받은 반면, 법칙의 집행에 관여하거나 독점적 영업을 하는 단위는 규범 쪽의 점수를 받았다.

이처럼 과제와 시장 환경이 차원 점수에 영향을 주지만, IRIC 연구 결과 중에는 예기치 않았던 것도 있었다. 즉, 생산 단위는 작업 현장에서조차 강한 결과지향을 보였으며, HGBV와 같은 단위는 작업과 관련하여 느슨한 통제 체계를 보이기도 했다. 이와 같이 예상을 벗어나는 결과들은 서로 유사한 단위에 비해 한 단위의 문화가 지닌 특이 요소를 나타내는 것이며, 이것은 또한 특정한 조직문화가 지닌 경쟁적 장점이나 단점을 나타내기도 한다.

다른 두 차원, 즉 차원 2(업무지향-직원지향)와 차원 4(닫힌 체계-열린 체계)는 업무와 시장의 제약은 덜받지만 창립자의 철학이나 최근에 겪은 위기와 같은 역사적 요인에 토대를 두고 있는 것으로 보인다. 차원 4(닫힌 체계-열린 체계)의 경우는 국가문화 환경도 중요한 역할을 한다는 사실을 이미 증명한 바 있다.

[그림 8-1]은 조직문화가 주로 관행으로 구성되어 있기는 하지만 가치 요소도 어느 정도 지니고 있음을 보여 준다. 조직 비교 IRIC 조사는 국가 비교 IBM 연구의 가치 문항이 포함되어 있었다. 조직들은 세 묶음의 가치에서 약간의 차이를 보였다. 첫 번째 것은 국가문화의 불확실성 회피 차원과 비슷한데, 이 차이는 국가의 UAI 산출에 쓰인 질문에서 나온 것이 아니라 다른 조사 질문에서 나온 것이다. 조직 간 불확실성 회피 측정치는 차원 4(닫힌 체계-열린 체계)와 상관이 있었는데, 당연히 불확실성 회피 경향이 약할수록 열린 대화 분위기를 지니는 것으로 밝혀졌다. 덴마크의 단위들이 한 예외만 제외하고 독일의 단위보다 훨씬 더 열린 쪽의 점수를 얻었다는 사실에서 이런 해석이 힘을 얻는다. 덴마크와 네덜란드는 국가문화 점수 대부분이 비슷하지만, 국가문화의 불확실성 회피 차원에서 가장 큰 차이를 보였는데, 덴마크의 점수가 훨씬 낮았다.

조직 간 가치의 두 번째 묶음은 권력거리를 약간 닮은 것이었다. 권력거리는 차원 1(결과지향-과정지향)과 상관되어 있었다. 즉, 권력거리가 클수록 과정지향적이었으며, 권력거리가 작을수록 결과지향적이었다.

개인주의나 남성성과 연계된 조직 비교 가치 차이는 IRIC 연구에서 발견되지 않았다. 이 연구가 사업 조직과 공공기관에 한정되었기 때문에 그랬을 수도 있다. 예를 들어, 보건이나 복지 조직을 연구에 포함시켰다면 다른 사람을 돕는 행동과 관련해 보다 광범위한 가치들이 드러났을 것이고, 그렇게 되면 남성성−여성성 차원이 나왔을 수도 있었을 것이다.

국가 비교 연구에서 개인주의 차원과 남성성 차원을 구성했던 질문들은 조직 비교 연구에서는 다른 형태로 등장했다. 그것은 일 중심주의(Work centrality, 강, 약)라고 명명되었다는데, 개인의 전체 인생에서 일이 차지하는 비중이다. 이것은 차원 3(전문직업적−지역중심적)과 상관되어 있다. 말할 것도 없이 일 중심주의는 전문직업적 조직문화에서 더 강하며, 지역중심적인 문화에서는 일 문제를 집 안에까지 끌어들이지 않는다.

여섯 개의 조직문화 차원 중 1, 3, 4차원은 어느 정도 가치와 관련되어 있다. 다른 세 차원들, 즉 차원 2, 5, 6차원은 가치와 전혀 관계가 없다. 이 차원들은 기본적인 가치의 개입 없이 사람들이 사회화된 관행을 묘사할 뿐이다.

◈ 조직문화와 조직의 기타 특징

IBM 연구에서는 국가문화의 선행조건과 결과 요인을 온갖 종류의 외부 자료와 국가 점수 간 상관관계를 내어 봄으로써 입증하였다. 이 자료 중에는 각 국가의 1인당 GNI와 같은 경제적 지표, 언론 자유 지수와 같은 정치적 측정치, 그리고 인구 증가율과 같은 인구통계학적 자료 등이 포함되었다. 뿐만 아니라 조사 대상 국가는 같지만 다른 질문과 다른 응답자를 쓴 다른 조사 자료의 결과와도 비교하였다. IRIC 조직 비교 연구에서 얻은 차원도 이와 같이 외부의 자료와 대비하여 '타당화'하는 과정을 거쳤다. 물론 이 경우 자료는 다른 방식으로 다른 원천에서 얻은 조직 단위에 관한 정보였다.

면접과 조사 이외에도 IRIC 연구에는 조직 단위 전체에 관한 수량적 자료도 포함되었다. 구조적 자료(structural data)라고 부르는 이런 정보의 예를 들면, 전체 근로자 수, 예산 구성, 경제적 결과 그리고 주요 경영진의 연령 등이 있다. 모든 구조적 자료는 헤르트가 직접 수집한 것이다. 어떤 것이 의미 있는 구조적 자료를 입수할 수 있는지를 찾아내는 일은 실제 자료 수집 과정과 동시에 진행된 하나의 발견 과정이었다. 이런 과정은 너무 복잡해서 다른 연구자에게 일일이 설명하기가 어렵다. 구조적 자료에 관한 정보를 준 사람은 최고경영자, 주요 인사담당관, 그리고 주요 예산담당관이었다. 이들에게 먼저 지필 질문지를 준 다음, 나중에 개인적으로 면접을 한 번 더 했다.

수량화를 지도한 많은 특징 중에서, 약 40개가량이 쓸모 있는 자료를 제공했다. 이 40개의 특징에 대한 20단위 각각의 점수를 여섯 개의 관행 차원 점수와 상관시켰다.[21] 이제부터는 6개의 관행 차원 각각에 대해 발견된 것 중 가장 중요한 관계들을 기술할 것이다.

관행 차원 1(과정지향-결과지향)에서의 점수는 운영 예산(일상 업무에 필요한 돈)에 있어서의 노동력과 자재 간 균형과 강한 상관을 보였다. 어떤 작업이든지 운영 예산의 가장 큰 부분을 차지하는 비용의 범주에 따라 노동중심적, 자재중심적 또는 자본중심적 형태로 구분할 수 있다. 노동중심적 단위들(근무자의 수는 일정하게 함)은 결과지향적인 점수로 치우친 반면, 자재중심적 단위들(역시 근무자의 수는 일정하게 함)은 과정지향적인 점수를 얻었다. 운영이 노동중심적인 경우, 사람들의 노력은 액면 그대로 결과에서 중요한 역할을 한다. 이로 인하여 보다 결과지향적인 문화가 싹트게 될 확률이 높다. 자재중심적 및 자본중심적인 단위들의 생산은 기술적인 과정에 의존하는 경향이 있어서, 과정지향적인 문화를 자극하게 될 것이다. 그러므로 연구/개발 단위와 서비스 단위는 결과지향적인 쪽으로, 그리고 자동화가 더 되고 있는 제조 단위와 사무 단위는 과정지향적인 쪽으로 치우쳐 있다.

결과지향성과 두 번째로 높은 상관을 보이는 것은 낮은 결근율이다. 주요 질문 내용 중에 들어 있듯이, 이것은 '사람들이 최선의 노력을 다한다.'는 사실을 입증해 주는 것이다. 그다음으로 결과지향성과 조직의 구조 간에 세 개의 유의한 상관이 있었다. 나즈막한 조직(단위 최고경영자의 통제권 폭이 더 넓은)이 더 결과지향적이다. 이것은 '형태가 단순하면 임원이 별로 필요 없다.'는 피터스와 워터맨의 공리를 확증하는 것이다. 제9장에서 언급한 바 있는 조직 구조에 관한 아스톤(Aston) 연구에 기반을 둔 세 개의 단순화된 척도를 중앙집권화, 전문화, 형식화를 측정하는 데 사용하였다.[22] 전문화와 형식화는 결과지향성과 부적 상관을 보였다. 즉, 더 전문화되고 형식화된 단위일수록 더 과정지향적인 경향이 있었다. 중앙집권화는 이 차원과 상관되어 있지 않았다. 결과지향성은 또한 교육 수준이 낮으며, 밑바닥부터 승진해 온 최고경영진을 가진 것과 상관관계가 있었다. 끝으로, 결과지향적인 단위에서는 직원 안에 노동조합 가입자가 더 적은 경향이 있었다.

차원 2(업무지향-직원지향)와 가장 강한 상관을 보인 것은 그 단위가 소속되어 있는 조직에 의해 어떤 식으로 통제받느냐 하는 것이었다. 단위의 최고경영자가 자기의 상관이 이익 또는 기타 재정적 성과를 근거로 자기를 평가한다고 말했을 때 단위 성원들은 단위 문화를 업무지향적이라고 채점했다. 그 단위의 최고경영자가 자기 상관이 예산 대비 성과로 자기를 평가한다고 느낄 때에는 이와 반대로 그 단위 성원들은 단위 문화를 직원지향적이라고 보았다. 시장에서의 이익과 같은 외적인 기준에 맞추어 운영하는 것은 예산과 같은 내적인 기준에 맞추어 운영하는 것보다 더 인정이 메마른 문화를 창출하게 되는 것 같다. 최고경영자가 사원 회보에 논쟁거리가 되는 뉴스를 실을 수 있게 허용한다고 말했을 때 그 단위 성원들은 최고경영자의 말을 뒷받침하듯, 단위 문화가 직원 지향적이라고 느꼈다.

직원지향성과 상관관계를 보인 다른 조건은 평균 근속연한(그 회사에 근무한 햇수)과 직원의 연령(나이가 더 많을수록 더 업무지향적 점수를 받음), 최고경영진의 교육 수준(덜 교육받은 팀일수록 더 업무지향적), 그리고 총투자 자본액(놀랍게도 직원 1인당 투자 자본액과는 상관이 없음) 등이었다. 투자 자본액이 많은 대형 조직은 업무지향적이라기보다는 오히려 직원지향적인 경향이 있었다.

차원 3(전문직업적-지역중심적)에서는 전통적인 기술을 지닌 단위가 더 지역중심적인 문화를 보였으며, 하이테크 단위는 더 전문직업적인 문화를 보였다. 이 차원과 가장 강한 상관을 보인 것은 여러 크기 측정치들이었다. 별로 놀라운 결과는 아니지만, 대형 조직일수록 더 전문적인 문화를 가지고 있었다. 또한 전문적인 문화에서는 노동조합 가입자 수가 더 적었다. 이런 문화의 경영자들은 평균 교육 수준과 평균 연령이 더 높았으며, 이들의 조직구조는 더 전문화를 보였다. 단위 최고경영자의 시간 예산, 즉 흥미로운 상관관계는 단위 최고경영자의 시간 배정과 관련 있었는데, 즉 그가 말하는 자기 시간을 어떤 식으로 소비하느냐의 상관이다. 전문적인 문화를 지닌 단위에서는 최고경영자들은 회의나 면담 토론에 비교적 많은 시간을 할애한다고 주장했다. 끝으로, 개인 소유의 단위는 공공 소유 단위보다 더 전문적인 경향이 있었다.

차원 4(닫힌 체계-열린 체계)는 외부 자료와 단 하나의 아주 강한 상관을 보였는데, 그것은 바로 직원 중 여자의 비율과 대화 분위기의 개방성 간 상관이었다.[23] 경영관리자 중 여자가 차지하는 비율, 그리고 최고경영진 속에 최소 한 명의 여자의 포함 여부 또한 개방성과 상관이 있었다. 그러나 이 상관관계는 연구 모집단의 2개국 구성에 따라 달라졌다. 조사 당시 선진 유럽국가 중에서 덴마크는 여성의 노동 참여 비율이 가장 높은 국가 중의 하나였으며, 네덜란드는 가장 낮은 국가 중의 하나였다(네덜란드의 여성 노동력 비율도 요즈음에는 급격히 증가하고 있는 추세이기는 하다). 또한 앞서 언급했듯이 덴마크의 단위들은 전체(하나의 예외가 있기는 하지만)로 네덜란드의 단위보다 더 개방적인 점수를 보였다. 이런 상관관계가 여성의 노동 참여와 개방적인 대화 분위기 간의 인과관계를 배제하지는 않는다. 이것은 왜 덴마크 단위들이 훨씬 더 개방적인지에 대한 설명이 될 수도 있다.

닫힌 차원-열린 체계와 관련된 상관관계들을 열거해 보면, 형식화가 닫힌 문화와 연결되어 있고(두 측정치의 좋은 교차 타당화의 예), 논란의 대상이 되는 문제의 사원 회보 게재 허용이 (당연히) 열린 문화와 연결되어 있으며, 긴 평균 근속연한이 개방적인 문화와 연결되어 있다.

차원 5(엄격한 통제-느슨한 통제)와 가장 강한 상관을 보인 것은 단위 최고경영자가 보고한 자신의 시간 배정 문항이었다. 최고경영자가 조직 내부에서 오는 보고서와 메모를 읽고 쓰는 데 비교적 많은 시간을 소비한다고 말한 단위는 비교적 엄격한 통제를 받는 것으로 밝혀졌다. 이것은 완벽하게 수긍이 가는 결과다. 또한 자재-집중적인 단위는 더 엄격하게 통제된 문화를 지니고 있었다. 이런 단위의 성과는 흔히 물질적 생산품의 작은 마진에 따라 달라지기 때문에, 이 결과 또한 수긍이 간다.

엄격한 통제는 또한 여자 경영관리자의 비율과도 상관관계가 있었으며, 그다음으로 여자 직원의 비율과도 상관관계가 있었다. 이것은 우리가 연구한 조직들에서 여성이 단순 반복적이며 사무적인 일에 더 많이 고용된 결과일 가능성이 많다. 남녀 직원과 최고경영자의 교육 수준이 낮을수록 더 엄격한 통제가 발견되었다. 여기서 우리는 제3장에서 교육 수준이 낮은 부서일수록 권력거리가 더 컸던 것을 떠올릴 수 있다. 직원 수가 최근에 늘어난 단위에서는 통제가 더 느슨해 보였다. 반면, 직원의 수가 줄어든 경우에는 통제가 더 엄격하게 보였다. 직원의 해고는 물론 예산 감축과 관련되어 있다. 끝으로, 직원의 결근율은 통제가 덜 엄격한 것으로 보이는 직장에서 더 낮았다. 결근은 분명히 엄격한 통제 체계의 압력으로부터의 도피 수단이 되는 것이다.

차원 6(실용적-규범적)은 외부 자료와 단 하나의 의미 있는 상관관계를 보였다. 표본 중 개인 소유 단위가 더 실용적이었고, 공공 단위(경찰부대)는 더 규범적이었다.

문화와 전혀 상관을 보이지 않은 외부 자료로는 조직의 수행 측정치들이 있었다. 그렇다고 해서 문화가 수행과 관련이 없다는 것은 아니다. 이런 결과는 다만 우리가 너무나 다양한 조직 단위의 수행을 마땅히 잴 수 있는 척도를 찾지 못했음을 의미한다.

이 절에서 기술한 관계들은 특정한 문화 프로필과 연결된 조직의 객관적인 조건을 보여 준다. 이것은 한 조직문화를 수정하려면 어디를 바꾸어야 하는지를 가르쳐 준다. 예를 들어, 조직 구조의 어떤 측면을 바꾸어야 할지, 아니면 최고경영자의 우선순위를 바꾸어야 할지를 알려 준다. 이 장의 끝에서 다시 이에 대한 논의를 할 것이다.

⟳ 조직의 하위문화

IRIC가 수행한 한 추적 연구(follow-up study)에서는 조직의 하위문화를 조사했다.[24] 1988년에 덴마크 보험회사는 3,400명의 직원을 조사하여 자사에 있는 전 부서의 문화를 연구해 달라고 IRIC에게 위탁했다. 그 연구에서는 이전 덴마크-네덜란드 프로젝트에서와 동일한 접근 방법인 응답식 면접방식을 통해 조사 질문지를 구성했다.

총 응답자 집단은 131개의 '유기적' 업무 집단으로 구분할 수 있었다. 이들 유기적 업무 집단은 조직을 이루는 최소단위로, 그런 집단의 구성원들은 서로 간에 일상적으로 면대면 접촉이 있었다. 경영진은 자신이 관리하는 그 집단에 포함되지 않고, 같은 수준에 있는 동료들과 한 무리를 형성했다.

이들의 조사 응답을 토대로 하여, 131개 집단은 분명하게 다른 세 개의 하부문화로 구분할 수 있었다. 그 세 개의 하부문화는 전문 직업적(professional), 행정적(administrative), 그리고 고객 접점(customer interface) 하부문화였다. 첫 번째는 경영관리자들과 고등교육을 요하는 업무에 종사하는 직원 모두를 포함했다. 두 번째에는 대부분이 여성인 사무부서 직원들이 모두 포함됐고, 세 번째에는 고객들과 직접 대응하는 두 집단으로, 판매원 집단과 소비자 불만 상담원 집단이 속해 있었다.

연구자들은 세 개의 하위문화들 간의 문화 차를 덴마크-네덜란드 연구에서 사용했던 6개 차원을 이용하여 제시했다. 전문가 집단은 가장 업무지향적이고, 전문적이며, 개방적이고, 엄격한 통제하에 있었으며, 실용적이었다. 행정 집단은 가장 지역중심적이었고 규범적이었다. 고객 접점 집단은 가장 결과지향적이고 직원지향적이고, 폐쇄적이었으며, 느슨한 통제하에 있었다. 고객 접점 하위문화는 전문직업적 문화에 대한 하나의 반(反) 문화에 해당했다.

조사가 있기 직전에 그 회사는 두 번의 내부 난동 사건을 겪었다. 판매원들이 일으킨 난동과 여성들이 일으킨 난동이었다. 판매부 난동은 작업 조건과 보수에 관한 갈등이었다. 이 판매부 파업은 가까스로 막을 수 있었다. 이 문제는 전문직의 하위문화와 고객 접점 하위문화 간의 큰 간격 탓으로 이해할 수 있다. 회사의 문화도(文化圖)에서 생긴 이러한 균열은 꽤 위험한 것이었다. 고객 접점 집단의 사람들이 사업을 일구어낸다. 이 사람들 없이 보험회사는 지탱할 수 없다. 그러나 이 회사의 주요 결정을 내리는 경영진 및 전문직업인들은 전혀 다른 하위문화에 속해 있었다. 그들은 당면 업무를 하고 매일의 수입을 올리는 사람과는 멀리 떨어져, 큰 돈, 사업 추세, 시장 지배력을 일상의 업무로 삼고 있는 고자세의 칭송 중심인 환경 속에 자리잡고 있었다. 여성들의 난동은 여성의 승진 기회가 없는 것에 대한 것이었는데, 이는 여성 직원들의 점유율이 50% 정도를 넘었을 때 일어났다. 그 난동은 전문직 하위문화와 행정직 하위문화 간의 간격으로 이해할 수 있다. 전문직 하위문화에서 나온 경영진은 여성들을 행정직 하위문화에 속하는 것으로 보았다. 틀에 박힌 업무에 종사하며 승진이 없는 직원으로 보았던 것이다. 그러나 이런 이미지가 예전에는 정확했을지 몰라도 이제는 더 이상 그렇지 않았다. 그 회사의 1,700명 여성 중 700명이 고등교육을 받았고, 다수는 전문직에 종사하고 있었으며, 행정직의 여성조차 행정직의 남성 동료에 못지않게 경력에 관심을 가지고 있었다. 면접에서는 경영관리자들이 대부분의 여성이 자신의 일과 사적, 가족생활 간의 갈등을 경험하고 있는 것으로 생각했다는 것이 밝혀졌다. 그러나 설문조사는 여자 직원의 21%가 그러한 갈등을 겪고 있다고 답한 반면, 남성은 30%가 그런 고통을 겪고 있다고 답했다. 이 결과에 대한 여성들의 설명은, 한 여성이 취직을 할 경우에 그녀는 자신의 가족문제를 꼭 해결해야 했던 반면에 대개의 남성은 그것을 결코 의식적으로 해결하지 않았기 때문이라는 것이었다.

이 보험회사의 문화를 이해하기 위해서는 하위문화 분열이 필수적이었다. 불행히도 자신들의 전문직 문화에 갇혀 문화 균열의 겁나는 측면을 깨닫지 못했다. 경영진은 조사 결과를 보고 아무런 조치도 취하지 않았다. 얼마 후 그 회사는 손해를 보기 시작했고, 몇 년 후 회사의 소유권이 넘어가고 최고경영진도 바뀌었다.

◈ 조직문화에 대한 개인의 지각

동일한 조직 단위에 속한 개인들은 조직의 관행을 어떻게 보는지에 대한 물음에 반드시 같은 답을 내지는 않는다. IRIC 연구는 개인 간의 차이에는 주목하지 않았다. 그 연구의 관심사는 조직문화 간의 차이에 있었다. 개인 차에 관심이 있던 홍콩 중문대학교(Chinese University)의 본드(Michael Bond)는 헤르트에게 이런 관점에서 IRIC 데이터베이스를 재분석하자고 제의했다. 당시 본드의 조교였던 럭(Chung-Leung Luk)은 필요한 컴퓨터 작업을 수행했다. 그 컴퓨터 작업 결과는 조직 단위의 평균 주변의 개인 점수의 분산구조를 보여 준다. 즉, 조직문화 차를 제거한 후에 남는 개인의 답이 서로 어떻게 다른지를 볼 수 있다. IRIC 프로젝트의 이 확장 연구는 홉스테드, 본드 및 럭의 공동 논문에서 기술되어 있다.[25]

개인 지각 연구는 먼저 가치 질문과 관행 질문을 따로 분석했다. 짐작대로 같은 단위 내부의 개인 간 차이는 관행들(공유하고 있는)에 대한 지각에서보다 가치들(혼자만 알고 있는)에 대한 지각에서 더 컸다. 그러나 개인에게 있어서 가치와 관행 지각은 상관된다는 것이 분명해졌기 때문에, 다음 단계 분석에서는 둘을 합쳤다. 이 합산 점수는 개인 응답의 여섯 개 차원을 가려냈다.

① **소외**(Alienation). 관행에 대한 모든 지각이 부정적인 정신상태. 소외적 응답자들은 몹시 인색했다. 그들은 조직이 덜 전문적이라고 평가했고, 경영진과의 거리를 보다 크게 느꼈으며, 동료들을 덜 신임했고, 조직 질서가 덜 선 것으로 보았으며, 조직에 보다 적대적인 감정을 가졌고, 또한 조직과 직원 간 통합이 더 약한 것으로 인식했다. 소외는 상대적으로 젊고, 상대적으로 교육 수준이 낮으며, 비관리직에 있는 직원들에서 더 강했다.

② **일 중독**(Workaholism). 이 용어는 지원적 조직에 대한 욕구 강한 헌신(예: 일이 여가시간보다 더 중요하다고 여김)에 대해 연구자들이 선정한 용어다(예: 확실한 근무 조건에서 일을 하고 싶어하기보다 일에 대치된다). 일 중독은 상대적으로 젊고, 교육 수준이 높으며, 남성이며, 관리직에 있는 직원에서 보다 강했다.

③ **야망**(Ambition) 또는 개인적 성취 욕구(예: 조직의 성공에 기여하고 싶어하고 승진 기회를 원한다).

④ **마치스모**(Machismo) 즉, 개인적 남성성으로 예를 들어, 부모는 자식에게 반에서 최고가 되도록 고무하고, 한 남자의 출세에 필요하다면 가족은 희생을 감수해야 한다.

⑤ **질서정연함**(Orderliness). 개인적으로 질서정연한 정신을 가진 직원일수록 조직을 보다 질서정연한 것으로 보았다.

⑥ **권위주의**(Authoritarianism). 예를 들어, 경영진 권위에 도전하는 것은 바람직하지 않다. 권위주의는 저학력, 여성 직원들 사이에서 보다 강했다.

조직문화에 대한 지각에 있어서 체계적인 개인 차는 성격에 토대를 두고 있을 가능성이 매우 높다. 실제로, 앞에 제시한 차원들 중 다섯 차원은 제2장에서 기술한 빅 파이브(Big Five) 성격 차원과 유사하다(경험에 대한 개방성, 철저함, 외향성, 상냥함 및 신경증). 개인적 지각 차원은 빅 파이브 차원과 다음과 같이 연결될 수 있다.[26]

① 소외가 신경증
② 일 중독이 외향성(외향성에는 **활동적인것**과 **활기 있는것**이 포함됨)
③ 야망과 경험에 대한 개방성
④ 마치스모가 부적으로 상냥함
⑤ 질서정연함이 철저함

놀랍게도 성격 요인은 어느 것도 권위주의와 상관이 없었다. 제2장에서 헤르트와 빅 파이브의 저자 맥크래(Robert R. McCrae)가 어떻게 33개국의 비교 표본에서의 평균 성격 점수가 네 가지 IBM 문화 차원 모두와 유의한 상관을 보이지만, 장기지향 차원과는 상관이 없는 것을 발견했는지를 기술한 바 있다.[27] 헤르트는 이것이 두 가지 분류 모두 서양인의 마음속에서 나왔다는 사실로 설명이 되는지 궁금했다. 국가 간에서 장기지향-단기지향과 상관될 수 있는 성격 차원을 빅 파이브 모델이 놓친 것은 아닐까?

서양에서 개발된 빅 파이브 성격 측정구가 아시아에서는 불완전할 수도 있다는 것을 보여 주는 연구 증거가 있다.[28] 중국과 필리핀에서의 연구 결과에는 6번째 성격 요인으로 '대인관계성(interpersonal relatedness)' 또는 '사교성(gregario-usness)' 요인이 나왔다. 유럽에 위치한 우리 조직문화 연구에서는 권위주의와 연관된 성격 요인을 찾지 못했다.

사교성과 권위주의는 타인에 대한 의존성이라 볼 수 있는, 6번째 공통 성격 요인의 두 가지 측면이라고 해석할 수 있다. 국가 간에 이것은 장기지향과 매우 상관이 있을 가능성이 높다. 빅 파이브(Big Five)를 빅 식스(Big Six)로 확장하면 그것의 비교 국가적 보편성을 높일 수 있을 것이다.[29]

🔶 사회과학의 정원, 꽃다발과 꽃

제1장과 제2장에서 이미 논의했지만 분석 수준에 대한 선택은 이 장에서 중요한 역할을 수행해 왔다. 국가 간, 조직의 단위 간, 그리고 개인 간에 걸쳐 동일한 종류의 자료를 비교한 결과, 세 가지 사회과학 학문들(인류학, 사회학, 심리학)에 속하는 세 가지 다른 차원 묶음을 발견했다.

국가 비교적 연구인 IBM 자료에서는 처음에 심리학적 자료라고 본 것들을 국가 수준으로 합산했다. 그 수준에서 그 자료들은 개인주의-집단주의처럼 사회를 기술하는 개념으로 용해되었는데, 그것은 실제로 인류학 혹은 정치학에 속하는 것이었다. 조직 단위의 수준에서 분석된 IRIC 조직문화 연구의 데이터베이스는 머튼(Merton)의 지방적(local)-코스모폴리탄(cosmopolitan)과 같은 조직사회학적 기본 구분을 낳았다. 같은 자료에서 조직단위 평균으로부터의 개인의 차 수준에서의 분석은 개인심리학에서의 성격 연구 결과를 지지했다.

사회, 조직 및 개인은 정원, 꽃다발, 꽃에 해당한다. 우리의 연구는 그 세 가지가 서로 연관되고, 동일한 사회적 현실의 부분이라는 것을 밝혔다. 우리의 사회 환경을 이해하기 위해서는 한 가지 수준에만 갇혀 있어서는 안 된다. 즉, 우리는 이 세 가지 모두를 고려할 채비를 갖추고 있어야 한다.[30]

직종문화

[그림 10-1]에서 직종문화(occupational culture) 수준은 국가와 조직 사이 중간에 놓여 있는데, 이는 직업현장에 들어가면 가치와 관행 양자 모두를 획득하게 되기 때문이다. 사회화의 장소는 학교나 대학이고 그 시기는 유년기와 취업 시기 사이다.

우리가 알고 있기로는 직종문화 차원을 보 주는 폭넓은 직종 비교 연구는 없다. 다섯 가지 국가문화(가치) 차원도 여섯 가지 조직문화(관행) 차원도 직종 수준에 자동적으로 적용되지는 않을 것이다. 다섯 가지 국가 비교적 차원에서 권력거리와 남성성-여성성만이 IBM에서의 직업 차이에 응용될 수 있었다.

제4장은 IBM 속의 직종들이 '개인주의적' 혹은 '집단주의적'이란 식으로는 기술이 안되지만 각 직종에 종사하는 대부분의 사람으로 하여금 그 일을 하도록 동기화시킨 것이 무엇인지에 따라, 즉 일 자체 때문에 일하는지 또는 일에서 얻는 외적 조건이나 보상 때문에 일하는지에 따라 '내재적' 또는 '외재적'으로 기술될 수 있음을 보여 주었다. 문헌조사와 약간의 추측을 통해 우리는 체계적, 직종 비교 연구가 있다면 다음의 차원을 발견할지도 모른다고 예측한다.[31]

　① 사람 취급-사물 취급(예: 간호사-엔지니어)
　② 전문가-종합가 또는 다른 관점에서, 전문직업인-비전문직업인(예: 심리학자-정치인)
　③ 규율적-독립적(예: 경찰관-가게 주인)[32]

④ 구조화된-비구조화된(예: 시스템 분석가-패션 디자이너)

⑤ 이론적-실제적(예: 교수-영업부장)

⑥ 규범적-실용적(예: 판사-광고 대행사)

이 차원들은 국가문화 차원보다는 업무 관행과 더 강력한 연관을 가질 것이고, 조직문화 차원보다는 가치와 더 강한 연관을 가질 것이다. 또한 직업 내부의 구분에도 이용될 수 있다. 예를 들어, 의사들은 사람 취급-사물 취급 차원에서 구분될 수 있을 것이다. 아이들만 아니라 가족도 대하는 소아과 의사는 사람 취급 쪽의 극단에, 그리고 신체의 세부적인 면에 초점을 맞추는 외과의사와 병리학자는 사물 취급 쪽의 극단에 배치시킬 수 있을 것이다.

◈ IRIC 연구 프로젝트의 결론: 차원 대 게슈탈트

IRIC 연구는 조직문화의 여섯 가지 차원 모델을 이끌어냈다. 여기서 조직문화는 공통적으로 지각된 관행, 즉 상징, 영웅 그리고 의식으로 정의된다. 연구 자료는 두 북서유럽 국가의 20개 조직 단위에서 수집되었다. 그러므로 같은 모델을 어느 곳의 어느 조직에나 적용할 수 있다고 주장하지 않도록 조심해야 한다. 보건이나 복지, 정부, 군대와 같은 조직 유형은 포함되지 않았다.[33] 다른 국가에서는 어떤 새 관행 차원이 발견될지 모른다. 그렇지만 우리는 조직문화가 여러 관행 차원에 의해 의미 있게 기술될 수 있다는 사실은 아마도 보편적인 진실일 것으로 믿는다. 뿐만 아니라 이런 차원들은 이 장에서 기술한 여섯 차원과 대체로 비슷할 것이며, 부분적으로는 중복될 가능성이 많다.[34]

여섯 가지 차원 모델에서의 지리적 산업 제약은 우리의 질문지가 무작정 반복 연구에는 적절하지 않다는 것을 뜻한다. 결과의 해석은 비교의 문제다. 차원 점수를 산출하는데 우리가 사용한 공식은 한 조직을 IRIC 연구의 20개 단위와 비교하기 위해 만든 것이지만 그 공식들은 다른 환경 및 다른 시기에서는 무의미하다. 새로운 연구에서는 비교할 자체적인 단위를 선택하고 자체적인 비교 표준을 개발해야 한다. 새 조사는 게슈탈트에 대한 조직들의 감을 잡기 위해, 포함시킬 조직들 전부를 대상으로 면담부터 다시 시작해야만 한다. 그다음에는 이 조직 관행에서의 핵심적인 차이를 포착할 수 있는 자체적 질문지를 구성해야 한다.[35]

여섯 차원은 한 조직의 문화를 기술하지만 지시적이지 않다. 여섯 차원 중 어느 차원의 위치도 본질적으로 좋거나 나쁜 것이 아니다. 피터스(Peters)와 워터맨(Waterman)의 저서 『초우량 기업의 조건』에는 수월성(excellence)에 대한 여덟 가지 조건들이 규범으로 제시되어 있다. 이 책은 수월성을 얻는 '하나의 최선책'이 있다고 말한다. IRIC 연구의 결과는 이것을 부정한다. 어떤 것이 좋고 나쁜지는 각 경우마다 조직이 어디로 가기를 원하느냐에 따라 달라진다. 그래서 한 목적을 위해서는 자산이 되는 문화적 특색도 다른 목적을 위해서는 어쩔 수 없이 부담이 되기도 한다. 차원 척도상의 위치에 더 바람직하다 또는 덜 바람직하다고 이름 붙이는 것은 전략적인 선택의 문제이며, 이것은 각 조직마다 달라지기 마련이다. 특히 고객지향을 특별히 강조하는 것, 즉 차원 6에서 보다 실용적이 되는 것은 서비스에 관여하는 조직이나 주문 생산품을 만드는 조직에는 의미가 크지만, 예를 들어 경쟁 가격 시장에서의 표준화 상품 제조에는 불필요하거나 심지어 해로울 수도 있다.

이 장의 앞부분에서 조직이 문화이냐 문화를 지니느냐에 관한 논쟁을 언급한 바 있다. IRIC 연구를 토대로 우리는 관행이라는 것은 조직이 지니는 특징이라고 제안한다. 조직문화에서 관행의 중요한 역할로 인해 조직문화는 어느 정도 관리 가능한 것으로 간주할 수 있다. 성인의 집단적 가치를 의도한 방향으로 변화시키는 것은 불가능하지는 않더라도 대단히 어렵다. 그러나 집단적인 관행은 구조와 체계 같은 조직적 특성에 의존하기 때문에, 이런 것을 변화시킴으로써 어느 정도 예측 가능한 방향으로 바꿀 수 있다. 그럼에도 앞에서 주장했듯이 조직문화도 어떤 면에서는 통합된 전체 또는 형태(게슈탈트)이며, 이 형태는 조직 자체로 간주할 수 있다. 조직은 가끔 동물과 비교된다. 그래서 HGBV는 (느리고, 덩치 큰, 자신에 찬) 코끼리로 그려볼 수 있고, SAS 승객터미널은 (믿음직한, 보살펴 주는, 운반을 하는) 황새로 그려볼 수 있다. 동물에 대한 은유는 게슈탈트의 가변성에서 한계를 시사한다. 즉, 코끼리를 경주마가 되도록 훈련시킬 수 있는 사람은 없고, 더더욱 황새가 되게 할 수는 없다.

관행에서의 변화는 이들 전체에 영향을 줄 수 있는 자유의 최소한에 해당한다. 즉, 동물이 자체 본질을 잃지 않고 배울 수 있는 그런 것에 해당한다. 조직문화는 전체이므로 이 구조적 변화와 체계 변화가 관련된 사람들에게 의미 있기 위해서는 통합적이고 영감을 주는 리더십 유형이 필요하다. 그 결과는 SAS 사례에서 보았듯이 새롭고 앞뒤가 잘 맞는 문화 형태가 되어야 한다.

◈ 조직문화의 관리

1980년대는 헤르트가 조직의 최고경영자들에게 조직문화 연구 프로젝트에 참여할 것을 선전하고 있을 때의 일이다. 그때 그는 "조직문화는 5년 후에 생길 조직의 물질적 자산을 예측하는 조직의 심리학적 자산에 해당한다."라고 주장했다. 우리가 볼 때, 결정적인 요소는 조직문화 그 자체가 아니라, (최고)경영진이 조직문화를 가지고 무엇을 하느냐인 것으로, 네 가지 측면이 서로 균형을 이루어야 한다([그림 10-2]).[36]

조직의 성과는 조직의 목표를 대비해 측정되어야 하고, 최고경영자들의 역할은 목표를 전략으로 전환시키는 것이다(아무 손도 안 써 나온 게 자유방임 전략밖에 안되더라도 말이다). 전략은 기성 구조와 통제 체계를 거쳐 실행되고, 그 결과는 조직문화에 의해 수정된다. 또한 이 네 가지 요소 모두가 서로에게 영향을 미친다.

IRIC 연구는 조직문화의 양적 연구가 고립된 장난으로만 사용되지 않고 대신 폭넓은 접근으로 통합되기만 하면, 그런 연구는 가능할 뿐만 아니라 유용하다는 것을 보여 주었

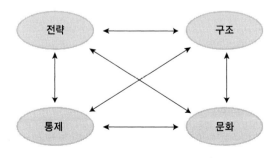

다. 하드웨어와 결산 수치로 구성된 세계에서는 점수들이 조직문화 차를 가시화한다. 가시화됨으로써 경영자의 우선순위 목록에 오르게 된다.

그러한 연구는 자문가뿐만 아니라 조직의 경영진과 성원에게 다음과 같은 실용적 목적에 쓰일 수 있다.

① 자기 조직 안의 하위문화를 알게 한다. IRIC 연구를 보험회사에 확대하면서 우리는 이것의 중요성을 알게 되었다. [그림 10-3]이 보여 주듯이 조직은 위계 수준에 따라 문화가 나뉘어 있다. 즉, 최고경영진, 중간 및 하위 수준 경영관리자, 전문직 직원, 사무직 직원, 현장 직원이 그것이다. 문화를 내부적으로 구분하게 해 줄 수 있는 다른 원천으로는 기능영역(판매대, 생산대 연구), 생산품/시장 구분, 회사운영국 그리고 합병을 겪은 조직의 경우, 이전 합병 파트너를 꼽을 수 있다. 우리는 앞에서 합병 후 20년이 지난 후에도 합병된 부분들의 문화적인 잔재가 여전히 다른 형태의 도덕적 잔재로 남아 있는 예를 보았다(제1장 참조). 이들 가능한 구분이 모두 같은 정도로 강하지는 않지만 복잡한 조직의 경영관리자와 성원은 조직의 문화도(文化圖)를 알고 있는 것이 중요하다. 그런데 실제는 그렇지 못한 경우를 보아 왔다.

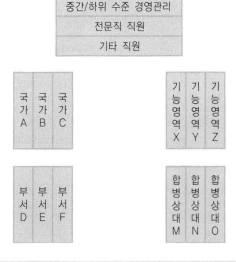

그림 10-3 | 한 조직의 문화에 있을 수 있는 하위 구분

② 문화가 미래를 위해 세워놓은 전략에 잘 들어맞는지를 검증할 수 있다. 문화적인 제약은 어떤 조직에 전략이 실행 가능한지 아닌지를 결정한다. 예를 들어, 만약 한 문화가 아주 규범적이라면, 고객 서비스에서의 경쟁 전략은 성공 확률이 그리 높지 않다.

③ 기업합병의 경우, 합병 파트너 간의 문화 갈등이 있을 수 있는 잠재적인 영역을 알려 준다. 이것은 합병을 할 것인지 말 것인지를 결정하는 데 하나의 입력 자료가 될 수 있으며, 이미 결정을 하였다면 마찰 손실을 최소화하고 독특한 문화 자본을 보존하기 위한 합병 후 통합을 관리하는 계획의 한 입력이 될 수 있다.

④ 몇 해가 지난 후 조사를 반복함으로써 시간에 따른 조직문화의 발달을 측정할 수 있다. 이렇게 함으로써 시도했던 문화 변화가 정말로 실현되었는지, 뿐만 아니라 앞의 조사 후에 일어난 외부 변화의 문화적 효과는 무엇이었는지를 보여 준다.

실제로 우리가 자신이 속해 있는 조직의 문화에 관해 무엇을 할 수 있을까? 첫째, 조직 안에서 또는 조직에 대하여 개인이 차지하는 지위에 따라 할 수 있는 일이 달라진다. 독일의 비테(Eberhard Witte)에 의한 고전적 연구는 조직의 혁신이 성공을 거두기 위해서는 두 당사자, 즉 권력 촉진자(Machtpromotor, 영어로 권력 보유자)와 전문지식 촉진자(Fach-promotor, 영어로 전문가)의 협력이 필요하다고 결론지었다.[37] 비테의 모델은 독일의 자료를 토대로 만든 것이므로 독일처럼 권력거리(권력자에게의 접근성)가 작고 불확실성 회피 성향(전문가에 대한 신임)이 강한 국가에서만 완전한 타당성을 지닐지 모른다. 그렇지만 국가문화에서는 이와 같은 두 역할을 구분할 필요가 있다. 양자는 문화 혁신에 결정적이다. 권력 촉진자의 지지는 필수적이며, 단순한 행정가가 아닌, 어느 정도의 카리스마를 지닌 사람이면 더욱 좋다. 하지만 올바른 진단을 내리고 치료를 선택하기 위해서는 전문지식 촉진자도 없어서는 안 될 존재다. 비테의 연구가 시사하는 점은 독일에서는 적어도 권력 촉진자와 전문지식 촉진자가 다른 사람이어야 한다는 것이다. 이 두 역할을 합하려고 하면 둘 중 하나가 손상이 되기 쉽다.

전문지식 촉진자는 조직문화와 하위문화의 현상을 제대로 진단해야 한다. 자기 조직의 현재 문화도를 알고 있으며 그 문화를 어떻게 바꾸어야 할지도 알고 있다고 가정하는 것은 위험하다. 조직은 정상에서 바라보느냐 아니면 실제로 작업이 이루어지는 중간이나 하위직 쪽에서 바라보느냐에 따라 아주 달라 보이는 수가 있다. IRIC 연구에서 각 단위의 경영진에게 면접 및 조사 자료에 대한 피드백을 줄 때, 그들의 직원이 조사 질문에 어떻게 답했는지를 보여 주기 전에 각 차원에서 자기 조직이 어디쯤에 있는지를 항상 추측케 했다. 경영자 중에는 놀라울 정도의 통찰력으로 올바른 추측을 하는 사람도 있었지만, 추측이 엉뚱하게 빗나간 경영자도 상당수 있었다. 희망적 사고나 터무니없는 두려움이 종종 그들의 응답에 영향을 주었다. 그러므로 올바른 진단은 꼭 필요하다.

권력 촉진자는 올바른 진단 정보를 가지고 문화적 사항을 조직 전략의 일부로 만들어야 한다. 현재의 문화도가 지니는 장단점은 무엇인가? 장점을 살리고 단점을 극복할 수 있겠는가? 조직이 현재의 문화를 가지고 계속 유지해 갈 수 있겠는가? 경영진이 조직문화를 바꾸고 싶다면 그것은 가능한가? 이때 이득이 (항상 예상을 웃도는) 비용을 앞서는가? 문화를 변화시키는 데 필요한 물적 자원과 인적 기술이 존재하는가? 만약 문화를 변화시켜야 한다고 결정했다면, 이를 실현하기 위해 어떤 조치를 취할 것인가? 권력 촉진자는 이 과정에서 자신의 역할이 결정적이며 지속적으로 필요하다는 사실을 인식하고 있는가? 상관, 이사 또는 은행이 그가 이 과정을 완수하는 데 충분한 시간을 줄 것인가(시간은 항상 생각보다 많이 걸린다)? 필요한 변화에 요구되는 충분한 지지 세력을 조직 내에서 동원할 수 있겠는가? 누가 그 지지자가 될 것인가? 누가 변화에 저항할 것인가? 이런 저항을 극복하거나 해를 주지 않는 위치로 돌릴 수 있을 것인가?

비록 문화는 '부드러운' 특징이지만, 문화를 변화시키기 위해서는 '딱딱한' 조치가 필요하다. 구조 변화는 부서를 닫는 것, 다른 부서를 여는 것, 활동을 병합하거나 분리하는 것 또는 사람 혹은 집단을 다른 지역으로 이동시키는 것 등이 될 수 있다. 일례로 사람이 개별적으로 이동할 때에는 새로운 환경의 문화에 적응해야 하고, 집단으로서 이동할 때에는 그들의 집단문화를 함께 가지고 간다. 집단을 이루고 있는 사람들은 그들 문화의 일부로서 아주 안정적이며 바꾸기 힘든 상호작용 방식을 발전시켜 왔다. 이것을 바꾼다는 것은 모든 인간관계를 재편해야 함을 뜻한다. 그러나 새로운 과제나 환경이 이러한 인간관계의 재편을 불가피하게 만들면 옛 문화의 바람직하지 못한 면이 제거될 가능성이 상당히 있다.

과정 변화는 새로운 절차를 의미한다. 통제를 제거하거나 새로운 통제를 설치하는 것, 자동화 또는 탈자동화, 통신선의 단축 또는 새로운 통신 연결의 도입 등과 같은 것이다.

어느 소재형 화학 제품 회사가 보다 이익이 많은 정제화학 제품 시장으로 옮기고 싶어 한다고 하자. 그들은 늘 보아 오던 세부적 과정 표시 그림을 포기하고 대신 배달 시간이나 고객 만족도 점검으로 이를 바꾼 뒤에야 성공할 수 있었다.

과정은 과정의 출력(outputs)에 근거해서 통제되거나 과정의 입력(inputs)을 통해 통제될 수 있다. 가능하다면 전자가 후자보다 더 효과적이다. 특히 공공 영역에서는 출력이 명백히 정의될 수 있는 활동임에도 불구하고 전통적인 예산상의 이유로 입력에 의해서만 통제되는 경우가 허다하다.

인사 변화는 직원을 새로 채용하고 승진시키는 시책을 의미한다. 인적 자원부의 문지기 역할을 잘 인식해야 한다. 인사 경영관리자는 새로운 문화에서 수정되어야 할 영웅모델을 부지불식간 조직에 그대로 유지한다. 영웅이 여자 영웅이 될 수 있는가? 귀걸이를 한 남자가 승진할 수 있는가? 경영자가 문화를 바꾸려 할 때 가장 먼저 떠올리는 연수 프로그램은 (SAS의 경우처럼) 구조적 과정 및 인사 변화에 의해 재훈련의 필요성이 확실해진 후에야 제 기능을 할 수 있다. 하드웨어의 변화로 밑받침되지 않는 연수 프로그램은 대개 입에 발림 수준에 머물 것이며, 돈의 낭비에 불과하다. 일반적으로 누군가 다른 사람을 훈련시키자는 제안은 언제나 한 번쯤 의심해 볼 필요가 있다. 훈련은 훈련받는 사람이 원하는 경우에만 효과적이다.

문화의 변화를 시도할 때 흔히 새로운 상징이 많은 주의를 받는다. 새로운 이름, 로고, 유니폼, 슬로건, 벽면의 초상화 등과 같은 상징은 쉽게 눈에 띈다. 이 모든 것은 유행하는 기업 정체성 영역에 속한다. 그러나 상징은 가장 피상적인 수준의 문화에 지나지 않는다. 더 깊은 수준의 영웅, 의식, 그리고 핵심 지도자의 가치가 뒷받침되지 않는 새로운 상징은 허풍에 불과하고 그 효과는 금새 사라지게 된다.

그중 하나가 기업 가치의 작성이다. 1990년대 이래 이것은 대다수의 국제기업이 매달린 유행이 되었다. 이 경우에 쓰인 가치라는 용어는 제1장에서 정의한 것과 완전히 다른 것이다. 기업 가치는 기업 행동을 위한 바람직한 원칙의 문자화된 진술이다. 이 가치들은 이데올로기에 속한 것이기 때문에 사람들의 감정이나 선호에 경험적 토대를 두지 않는다. 우리 생각으로는 대부분의 기업 가치 진술문은 최고경영진 한두 명의 취향에서 나온, 그저 실현 가능성이 희박한 희망 사항에 불과하나 기업문화는 최고경영진들이 말하거나 쓴 대로 움직이지 않으며, 그들의 사람됨과 그들이 하는 행동에 따라 움직인다. 2001년에 파산했던 악명 높은 미국 엔론(Enron)사의 기업 가치는 전문성(professionalism)과 정직 (integrity)이었다. 기업의 행동기록부에 의해 그 기업 가치가 확인되지 않는 한, 그리고 그 기업 가치를 따르지 않는 사람들에 대한 제재를 통해 그 가치가 유지되지 않는 한, 기 업 가치란 그 가치가 쓰인 종이 쪽지만큼의 가치도 없다. 위선은 침묵보다 더 나쁘다.[38]

조직에서의 문화 변화를 위해서는 권력 촉진자의 인내와 지속적인 주의가 필요하다. 이 과정이 문화 진단에 의해 시작된다면, 계획된 변화가 나타날 시간이 경과한 후에 이 진단을 다시 반복하는 것이 필요하다. 이런 식으로 검정 과정이 시작되는데, 실제로 일어 난 변화를 의도했던 바와 비교하고 재수정을 가할 수 있다. 조직문화가 어느 정도 관리 가능한 상태라면 이런 식으로 진행할 수 있다.

〈표 10-2〉에서는 문화를 다루는 주요 단계가 요약되어 있는데, 독자들은 이것을 실용 적인 점검 목록으로 이용할 수 있다.

◢ 표 10-2 | 조직문화의 관리

- 다른 사람이 대신할 수 없는 최고경영진의 업무다.
- 권력과 전문성이 모두 요구된다.
- 조직의 문화도에서 출발해야 한다.
- 전략의 선택이 필요하다.
- 현재의 문화가 전략과 잘 부합되는가?
- 그렇지 않다면, 전략을 바꿀 수 있는가?
- 그렇지 않다면, 어떤 문화 변화가 필요한가?
- 이런 변화가 실현 가능한가? - 우리에게 그걸 할 만한 사람이 있는가?
- 경영 지원과 재정 면에서 비용은 얼마나 들 것인가?
- 기대되는 이익이 비용보다 더 큰가?
- 변화에 소요될 기간은 현실적으로 얼마나 되는가?
- 의심의 여지가 있으면 차라리 전략을 바꾼다.
- 여러 하위문화마다 다른 접근법이 필요할 수도 있다.
- 조직 안에 변화 담당자들의 연결망을 구성한다.
- 조직의 모든 수준에서 핵심 인물을 선정한다.
- 핵심 인물이 시작하면 다른 사람들이 이에 따른다.
- 저항자들을 극복할 수 있는가?
- 필요한 구조 변화를 설계한다.
- 부서를 신설하거나 폐쇄한다.
- 부서나 업무를 병합하거나 분할한다.

- 집단이나 개인을 이동시킬 것인가?
- 업무가 적성과 잘 맞는가?
- 필요한 과정 변화를 설계한다.
- 통제를 철회하거나 신설한다.
- 자동화 또는 탈자동화한다.
- 통신망을 새로 만들거나 끊는다.
- 입력 통제를 출력 통제로 대치할 것인가?
- 인사 정책을 수정한다.
- 고용 기준을 검토한다.
- 승진 기준을 검토한다.
- 인사관리가 새로운 업무에 부응하는가?
- 시기적절한 업무 교체를 설계한다.
- 다른 사람들을 훈련시키는 계획을 의심해 본다.
- 훈련의 필요성을 훈련받는 사람 자신이 느껴야 한다.
- 조직문화의 개발 과정을 계속 점검한다.
- 지속적인 주의와 인내가 필요하다.
- 정기적으로 문화 진단을 반복한다.

결론
Implications

문화 간 만남
INTERCULTURAL ENCOUNTERS

엘치(영국 대사)는 우리가 테헤란에 도착하기 수일 전에 그곳에 도착했는데, 그 영접은 이교도의 개가 축복받은 예언자의 신하에게서 기대할 수 있을 만큼 빛나는 것이었다. ……왕자들과 귀족들이 명령에 따라 대사에게 선물을 보냈고, 그와 그의 수행원이 샤(페르시아 왕의 칭호)의 빈객이며, 이들 일행에게 언짢은 말을 할 때는 왕의 진노를 살 것이란 내용의 일반명령이 공포되었다.

이런 대접으로 보아 이교도들이 불만족해할 이유가 전혀 없어 보일 것이다. 그러나 이와는 반대로 예절의 이야기가 등장할 때마다 끝없이 문제가 생겼다. 그 엘치〔대사(ambassador)〕라는 말-역자 주)는 살아 있는 사람 중 가장 까다로운 사람이었다. 우선 앉는 문제만 하더라도, 샤를 알현하는 첫날 바닥에 앉는 것을 거부할 뿐만 아니라 의자를 내놓을 것을 고집했다. 의자가 나오니 왕좌에서 너무 멀어도 가까워도 안 되고 꼭 일정한 거리에 놓아야 한다고 고집을 부렸다. 두 번째로, 신발의 문제가 있었는데, 꼭 신발을 신을 것을 고집했고, 길을 맨발로 걸으려 하지 않았고, 우리가 신는 빨간 양말도 신으려 하지 않았다. 세 번째로 모자의 문제가 있는데, 우리가 두건을 벗는 것은 예의에 벗어나는 짓이라고 일러 주었는데도 왕께 절할 때는 모자를 벗을 것이라고 선언했다. 그리고 또 옷 문제에 와서는 가장 험악한 논쟁이 벌어졌다. 처음 적절한 의상을 그와 그의 일행에게 보낼 것이란 통보를 했다. 그 옷으로 (점잖지 않게 노출된) 그들의 몸을 가려 왕 앞에 나타나기에 손색이 없게 하기 위해서였다. 그런데 대사는 코웃음으로 이를 배척했다. 그는 자신의 왕 앞에서 입는 것과 똑같은 복장으로 페르시아의 샤 앞에 서겠다고 말했다.

제임스 모리어의 『이스파한의 하지바바의 모험』 중에서 1824, 제77장.

모리어(James J. Morier, 1780~1849)는 유럽인이고 『이스파한의 하지바바의 모험』은 가공소설이다. 그러나 모리어는 그가 무엇을 쓰고 있는지 잘 알고 있었다. 그는 오토만 터키에서 콘스탄티노플(현재의 이스탄불) 영국 영사의 아들로 태어나 자랐다. 나중에 그는 모두 7년을 현재의 이란에 해당하는 페르시아 주재 영국 외교관으로 근무했다. 『이스파한의 하지바바의 모험』이 페르시아어로 번역되었을 때, 독자들은 이것이 외국인에 의해 쓰였다는 것을 곧이듣지 않았다. 그의 저서의 1923년판 편집인의 말을 빌리면, '모리어는 기질적으로 이상적인 여행가로서 이상한 국가와 사람들에 관한 신기한 취미들을 알게 되는 것을 즐겼고, 또한 유머 섞인 동정심을 갖추고 있어서, 그로 인해 그는 자신과 전혀 다른 사람들을 움직이는 동기를 잘 이해했다.' [1] 모리어는 터키어와 페르시아어를 읽고 말할 줄 알았던 것이 분명했다. 사실상 그는 다문화인이 되어 있었던 것이다.

⊙ 비의도적 대 의도적 문화 간 갈등

인류사는 문화 집단 간의 전쟁으로 구성되어 있다. 미국의 비교 신화학 저술가인 조셉 캠벨(Joseph Campbell, 1904~1987)은 문자문명을 지니지 못한 모든 민족의 원시적 신화가 예외 없이 전쟁을 긍정하고 영광된 것으로 그리고 있다는 것을 알아냈다. 유대교와 기독교의 성서이기도 하고, 또 이슬람교의 코란의 바탕이 되기도 한 구약성서 안에는 다음과 같은 구절이 자주 나온다.

> 그러나 너희 주 하느님이 너희에게 유산으로 주는 이들 백성의 도시에서 너희는 숨 쉬는 것
> 은 하나도 남기지 말고, 너희 주 하느님이 명령하신 대로 히티트족, 아모리트족, 카나안족, 페
> 리지트족, 히비트족, 그리고 제브지트족을 완전히 파멸시킬지니라(신명기 20:16-18).

이것은 종교의 허락을 받은 인종말살 요구와 같은 것이다. [2] 같은 구약성서의 10계명 중 제5계인 '살인하지 말지어다.'는 믿는 집단의 구성원에게만 적용되는 말이다. 다른 부족을 죽임으로써 자기 부족의 터전을 넓히는 것은 허락된 일일 뿐만 아니라 신이 명령한 바

이기도 하다. 구약성서의 국가에서만이 아니라 세계의 여러 다른 지역에서도 다른 집단을 죽이거나 축출하면서 벌어지는 영토 분쟁은 오늘날까지 계속되고 있다. 오늘날 이스라엘 땅의 권리를 놓고 이스라엘인과 분쟁을 계속하고 있는 팔레스타인의 아랍 이름은 구약성서에 적혀 있는 그들의 조상의 이름과 같은 필리스틴이다.

영토 확장이 전쟁의 유일한 이유는 아니었다. 인간 집단은 타인을 집단적으로 공격하기 위한 여러 가지 다른 구실을 꾸며냈다. 외부 적의 위협만큼 내부 결속력을 유지하는 데에 더 효과적인 방법은 없었기 때문이다. 제6장에서는 여러 문화권에서의 기본적 신념이 '다른 것은 위험하다' 는 것이었음을 보았다. 인종차별주의는 한 집단이 다른 집단보다 선천적으로 우월하다는 것을 가정하는데, 이 우월성을 지키기 위해 폭력을 쓰는 것을 이것으로 정당화한다. 인종분리주의(아파르타이드)와 같은 전체주의 이데올로기는 어느 집단이 우월하고 어느 집단이 열등한지에 대한 정의를 멋대로 내린다. 그러나 이런 정의는 날이 바뀌면 달라진다. 문화비관론자들은 인간 사회가 적(敵) 없이 존재할 수 있는지를 의심케한다.

인류 기억상 끊임없이 서로 반목했던 유럽은 구 유고슬라비아 지역을 제외하고, 서로 간에 초국가적인 연합에 자발적으로 가입하는 발달 단계에 도달한 것으로 보인다. 그러나 반면에 아프리카는 대규모 전쟁과 집단 학살의 장이 되었는데, 어떤 사람들은 이를 과거 아프리카 식민 국가들의 세계대전(World Wars)으로 비유하기도 한다.[3] 제대로 돌아가는 초국가적 아프리카 연합은 아직 먼 일 같다.

문화 과정이 전쟁과 평화의 문제와 밀접한 관련이 있기는 하지만, 이 장에서는 전쟁과 평화를 주된 문제로 삼지는 않을 것이다. 그것들은 인간 집단 간의 '의도된 갈등'에 해당하는 것인데, 이 문제는 이 책에서 다루기에는 너무 벅찬 문제다. 이 장의 목적은 문화 간 접촉에서 흔히 일어나는, 그리고 아무도 그것을 바라지 않고 그것으로 인해 모두가 고통을 받지만 그래도 일어나는 의도되지 않은 갈등 살펴보는 것이다. 비의도적 갈등은 때로는 전쟁 발발의 계기가 되기도 했다. 그러나 모든 전쟁을 문화 간 의사소통 기술을 개발함으로써 예방할 수 있다는 생각은 지나치게 순진한 생각이라 할 수 있다.

현재의 여행 및 통신기술에 힘입어 현대 세계에서의 문화 간 접촉은 무서운 속도로 증가해 왔다. 영국 대사 엘치와 샤의 궁정 신하들 사이에 있었던 것 같은 오해가 오늘날은 여행자와 현지인 사이에, 학교 교사와 이민 온 학생의 부모 사이에, 그리고 국제 간 사업을 벌이려는 사업자들 간에 일어나고 있다. 모리어가 묘사한 것보다는 좀 더 미묘하지만 비슷한 뿌리를 지닌 오해가 아직도 현대의 외교관과 정치가 사이의 협상에서 중요한 역할을 하고 있다. 문화 간 의사소통 기술은 세계의 중요한 문제 해결에 관건이 되는 협상을 성공으로 이끄는 데 공헌할 수 있다. 그러한 비의도적 문화 갈등을 피하는 길이 이 장의 주제가 될 것이다.

● 문화 충격과 문화 적응

문화 간 접촉에는 형태가 유사한 심리적, 사회적 과정이 흔히 수반되기 마련이다. 가장 간단한 형태의 문화 간 접촉은 한 사람의 외국인과 새로운 문화 환경 간의 만남이다.

외국인은 대개 어떤 모양이든 **문화 충격**을 체험한다. 앞의 장들에서 거듭 밝혀진 것처럼 우리의 정신적 소프트웨어는 기본적 가치를 포함하고 있다. 이들 가치는 우리 생애 초기에 습득된 것으로 너무 익숙해서 우리는 의식하지 못한다. 이들 토대 위에 우리가 의식하고 있는 보다 피상적인 문화 산물인 의식(儀式), 영웅, 그리고 상징(제1장 참조)이 존재한다. 경험이 없는 외국인은 새 환경이 지니고 있는 이들 상징과 의식(어떤 말을 써야 할지, 어떻게 인사를 해야 하는지, 언제 선물을 해야 하는지)을 배우려는 노력은 할 수 있지만, 저변에 깔린 가치들을 느끼는 것은 고사하고 알아보지도 못할 것이다. 어떤 의미에서 낯선 이국 문화 속에 있는 방문객은 제일 쉬운 것도 새로 배워야 하는 유아의 정신 상태로 되돌아와 있다고 볼 수 있다. 이로 인해 새 환경에 대한 걱정, 무력감, 적대감을 느끼게 된다. 때로 신체적인 기능에 고장이 일어날 수도 있다. 외국 근무자나 이민자는 그 전이나 후보다 출국한 지 얼마 지나지 않아 병원 신세를 지는 경향이 있다.[4]

이국 문화 환경에서 거주하는 사람들은 흔히 [그림 11-1]과 같은 문화 적응 곡선을 따라 감정의 변동을 경험한다고 보고한다. 이 그림에서 감정(긍정적 또는 부정적)은 수직축에 표시되어 있고, 시간은 수평축에 그려져 있다. 단계 1은 (대개 짧은) 황홀감(euphoria)의 시기, 즉 밀월여행, 여행과 새 땅을 보는 흥분의 시기다. 단계 2는 **문화 충격**(culture shock)의

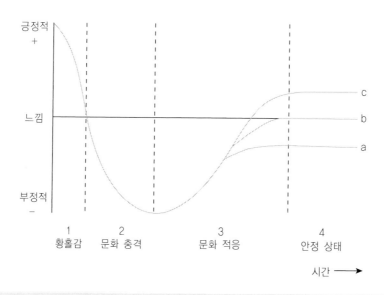

그림 11-1 | 문화 적응 곡선

시기로서 앞에서 말한 새로운 환경 속에서 실제 생활이 시작되는 시기다. 단계 3은 **문화 적응**(acculturation) 단계로서, 방문자가 새로운 조건하에서 활동하는 것을 천천히 배워 가며 현지의 가치를 얼마간 수용하고, 어느 정도 자신감을 갖게 되고, 새로운 사회망으로 편입이 될 때 시작된다. 단계 4는 최종적으로 도달하는 마음의 **안정 상태**(stable state)다. 만일 방문자가 계속 소외감을 느끼고 차별 대우를 받고 있다고 느낀다면, 모국보다는 부정적으로 기억된다(4a). 전과 다를 바 없는 상태가 될 수도 있는데(4b), 그 경우는 방문자가 양문화 적응을 이룬 것으로 간주할 수 있다. 또는 전보다 더 좋을 수도 있다(4c). 이 마지막 경우는 방문자가 '토착화'한 경우다. 즉, 로마인보다도 더 로마적으로 된 경우다.

[그림 11-1]의 시간 척도의 길이는 가변적이다. 시간의 길이는 출국 기간의 길이에 맞춰지는 것 같다. 3개월 이내의 단기 외국 근무를 하는 사람은 이 기간 내에 황홀감, 문화 충격, 그리고 문화 적응을 보고하는데, 이는 아마도 본국으로 곧 돌아갈 수 있다는 예상 덕분인 것 같다. 반면에 수년에 걸친 장기 외국 근무자들은 일 년 이상이나 문화 충격을 겪고 그 후에 문화 적응을 겪는다.

문화 충격과 이에 따른 신체적 증상은 심할 때는 근무를 중도에 중단해야 할 정도로 심각할 수 있다. 대부분 국제상사의 직원 중에는 이런 경험을 한 사람들을 찾아볼 수 있다.

또한 외국 근무자 중에는 자살을 한 예도 있다. 외국 근무자 자신보다는 그들의 배우자가 겪는 문화 충격 문제가 임기를 끝내지 못하고 조기 귀환하는 원인이 되는 경향이 있다. 외국 근무자는 그래도 본국과 문화적으로 연속되는 직장 환경을 가지고 있으므로 그나마 나은 편이다. 여행자의 천국이라 할 프랑스 니스에 남편을 따라간 어느 미국인 부인은 아파트 방 안에 틀어 박혀서 한 번도 밖에 나가지 않았다는 이야기도 있다.

경영학 논문들에서는 해외 주재자들의 높은 조기 귀환율을 흔히 언급한다. 네덜란드-오스트리아 연구가 하징(Anne-Wil Harzing)은 이 주제에 관한 30여 편의 논문을 비판적으로 개관하면서 다음과 같은 진술을 발견했다.

상당히 장시간의 경험적 연구는 선진국의 경우 해외 주재 실패율이 25~40%이고 개발도상국의 경우는 70%까지 이르는, 심각하고 고질적인 문제임을 보여 준다.

하징은 이 숫자들의 출처들을 확인하려고 노력했는데 그 숫자에 대한 증거가 거의 없음을 발견했다. 유일하게 믿을 만한 다국가, 다국적 연구는 캐나다 출신 텅 교수(Professor Rosalie Tung)의 연구였는데, 그 교수는 이문화적 교육 훈련이 실제로 이루어지기 이전인 1970년대 후반에 일본과 유럽 회사에서의 해외 주재 조기 귀환의 평균 수준은 10% 미만이었고, 미국 회사의 평균은 10~14%였으며, 20~40% 수준에서의 귀환율은 이례적인 회사에서 보고된 것이라는 것을 밝혔다. 인적자원 관리자들이 해외 주재 조기 귀환의 문제를 해결하는 데에 착수했다고 전제한다면, 이러한 상황은 그 이후에 아마도 더 개선되었을 것이다. 해외 주재 실패율이 극적으로 높다는 메시지는 해외 주재에 관한 교육 훈련 서비스를 판매하거나, 자기 직업이 가지는 중요성에 대해 스스로와 타인을 납득시키려는 이문화 자문가들에게는 솔깃할 테지만, 그것은 신화다.[5] 교육 훈련 서비스를 판매하기에 더 나은 주장은 조기 귀향률은 낮지만, 조기 귀향률의 수치 결과가 국외 거주의 문제를 실제로 측정한 것은 아니라고 하는 것이다. 즉, 국외에 머무르는 해외 근무자가 부적격하거나 둔감해서 발생한 피해가 훨씬 더 많다고 말하는 것이다.

망명입국자나 이민자 중의 일정 정도가 특히 첫 해에 육체적, 정신적인 중병을 앓거나 자살을 하거나 또는 본국으로 되돌아가야 할 정도로 심한 향수병을 앓는다.

외국 근무자나 이민자들이 문화 적응에 성공한 후 귀국을 하면 이번에는 옛 문화환경에 재적응하면서 역(逆) 문화 충격을 체험하게 된다. 이민자로서 귀국한 사람은 때로 자신이 이제 그곳에 들어맞지 않음을 발견하고 다시, 이번에는 영구적으로 출국을 하게 된다. 출국한 사람으로서 새로운 외국 환경으로 연달아 옮겨가 본 사람들의 이야기를 들으면, 문화 충격 과정이 새로 되풀이된다고 한다. 이로 보아 문화 충격은 환경마다 다르다. 문화환경이 바뀌면 새로운 충격이 기다리고 있는 것이다.

자민족 중심주의와 외국인 흠모증

또한 외국인 방문자가 방문국의 환경 안에서 만나는 몇몇 표준적인 반응 유형이 있다. 외국 문화에서 온 방문객을 맞는 국가(수용국)의 사람들은 또 다른 심리적 반응 단계를 거친다. 첫 번째 단계는 방문자 쪽의 황홀감과 유사한 **호기심**이다. 만일 방문자가 머물고 수용문화 속에서 활동을 하려고 하면 두 번째 단계인 **자민족 중심주의**(ethnocentrism)가 시작된다. 즉, 수용국 사람들은 방문자를 자신의 문화 기준에 따라 평가하려 드는데, 이때 평가는 비호의적으로 되는 경향이 있다. 그래서 방문자 영국 대사처럼 예절을 모르는 사람으로 보게 된다. 무례하기도 하고 뭘 모르기도 하고, 또 미련한 사람으로 보게 된다. 자기 중심주의가 개인에 관한 것이라면 자민족 중심주의는 민족에 관한 것으로, 둘 다 자신의 작은 세계가 우주의 중심이라고 보는 태도를 가리킨다. 만일 외국 방문자가 들어오는 일이 드물면, 수용국 사람들은 그들의 자민족 중심주의를 고집할 확률이 높다. 그러나 외국인 방문자에 자주 노출되게 되면 수용국 사람들은 제3단계, 즉 **다민족 중심주의**(polycentrism)로 옮겨가게 된다. 다민족 중심주의란 다른 종류의 사람은 다른 기준에 따라 재야 한다는 인식이다. 어떤 사람들은 외국인을 그 외국의 기준에 따라 이해하는 능력을 갖추게 되는데, 이것은 이문화성(bicultu-rality) 또는 다문화성(multiculturality)의 시작이다.[6]

제6장에서 본 바와 같이 불확실성 회피 문화는 불확실성을 수용하는 문화보다 다민족 중심주의를 더 배척한다. 그러나 한 문화 속에 있는 개인은 문화의 평균과는 같지 않기

마련인데, 그래서 비포용적인 문화에서 포용적인 사람을 만나게도 되고 포용적인 문화에서 비포용적인 사람을 만나게도 된다. 다른 종류의 민족에게 다른 기준을 적용하는 경향은 또한 외국인 흠모증(xenophilia)으로 발전할 수도 있다. 외국인 흠모증이란 외국인 문화 속에 있는 것은 무엇이든지 더 좋다는 신념이다. 일부 외국인은 이런 믿음을 확인시켜 주는 데 인색하지 않다. 자기 국가를 떠난 사람은 모국에 대한 기억을 이상화하는 경향이 있다. 물론 자민족 중심주의나 외국인 흠모증의 어느 쪽도 문화 간 협력의 건전한 기반은 되지 못한다.

◉ 집단의 만남: 자가 고정관념과 타가 고정관념

한 사람의 외국 방문자와의 만남과는 달리 집단 사이에 일어나는 문화 간 만남은 집단 감정을 불러일으킨다. 상식과는 달리 집단을 통한 문화 간 접촉은 자동적으로 상호 간 이해를 낳지는 않는다. 그런 만남은 대개 각 집단으로 하여금 자체의 정체를 확인시켜 타집단 성원은 개인으로 파악하지 않고 고정관념적으로 파악한다. 모든 중국인이 다 같아 보인다든가 모든 스코틀랜드 사람은 다 인색하다는 식이다. 타집단 성원에 관한 타가 고정관념(heterostereotypes)과는 달리 자가 고정관념(autostereotypes)은 자기 집단 성원에 관한 것이다. 그런 고정관념은 실제 사건의 지각까지 바꾸어 놓는다. 만일 자신이 속한 집단 성원 중 한 사람이 타집단 성원을 공격하면, 기필코 정반대가 사실 ('내 두 눈으로 똑똑히 보았어.')이라고 생각한다.

제4장에서 보았듯이 세계에 있는 대부분의 사람은 충성의 대가로 보호를 제공하는 공고한 내집단 성원으로 평생 집단적 사회에 산다. 그런 사회에서는 다른 문화 배경을 가진 집단은 같은 문화권에 속하는 외집단보다 한층 더 먼 외집단이 된다. 집단주의적인 사회에서 문화 간 경계선을 뛰어넘는 통합은 개인주의적인 사회에서보다 한층 더 힘들다. 이것은 아프리카의 국가에서처럼 인종이나 문화선을 무시하는 국경을 식민시대로부터 물려받은 대부분의 탈식민지 국가에서 가장 큰 문제가 되고 있다.

문화적 배경이 다른 집단 성원이 진정한 통합을 이룩하려면 이들이 동등한 존재로서 만나고 섞일 수 있는 환경이 필요하다. 스포츠클럽, 대학, 업체 군대 등이 이런 역할을 할 수 있다. 어떤 인종집단 문화는 선원이나 상인과 같은 특수한 기술을 지닌 사람들을 만들어 내는데, 그런 기술은 보다 큰 사회 안에서의 통합을 이룩하는 기반이 될 수 있다.

언어와 유머

대개의 문화 간 만남에 있어서 상대자들은 각기 다른 모국어를 사용한다. 역사를 통해서 이런 문제는 말레이어, 스와힐리어 또는 영어의 파생어와 같은 무역 언어를 사용해서 해결되어 왔다. 무역 언어(Trade languages)는 원래 언어가 혼합어(pidgin) 형태로 변한 것으로 볼 수 있으며, 현대 세계의 무역 언어는 일종의 사업용 혼합 영어로 간주할 수 있다. 언어 차이는 잘못된 문화 지각의 원인이 된다. IBM 사내의 국제적 연수 프로그램에서는 훈련자에게 참가자 동료의 장래 승진 가능성을 평가하게 한 바 있다. 그런데 실제 승진에 관해 장기적으로 추적 조사한 결과 훈련자들은 한결같이 모국어가 영어(연수 언어였음)인 사람들은 과대평가하고 프랑스어이거나 이태리어인 사람들은 과소평가했음이 드러났으며, 독일어인 사람들은 그 중간이었다.[7]

무역 언어에 의한 커뮤니케이션은 이들 단순화된 언어가 단어를 가지고 있는 문제에만 교환을 한정한다. 보다 기본적인 문화 간 이해를 증진하기 위해서는 외국 참여자가 방문국 문화의 언어를 습득해야 한다. 다른 언어로 의사소통을 한다는 것은 타인의 참조 체제를 채택하는 법을 익힌다는 뜻이다. 사람이 이언어적(二言語的)이 되지 않고도 이문화적(二文化的)이 될 수 있을지는 심히 의심스럽다.[8] 한 언어의 낱말은 양파 모형([그림 1-2] 참조) 안에서의 '상징'에 해당되고 그런 의미에서 한 문화의 표피층에 속하는 것이지만, 이들은 또한 문화전이의 도구이기도 하다. 더욱이 낱말들은 완고한 도구이기도 하다. 왜냐하면 우리의 사고는 우리 언어 속에 낱말을 찾을 수 있는 범주에 의해 영향을 받기 때문이다.[9] 많은 낱말이 원래의 언어에서 다른 언어로 흘러들어가는데, 그 이유는 그 낱말들이 무엇인가 특이한 것을 표현하기 때문이다. 예컨대, 알제브라(대수학), 매니지먼트, 컴퓨터, 아파르타이드, 마치스모, 페레스트로이카, 게이샤, 사우나, 벨트안샤우웅(세계관), 벨트슈에르쯔(염세 감정), 가라오케, 마피아, 사브아비브르(예의바름)와 같은 것들이다.

자기 자신을 두 개 이상의 언어로 표현하는 기술의 분포는 국가에 따라 크게 다르다. 스위스, 벨기에, 스칸디나비아, 싱가포르 및 네덜란드처럼 상대적으로 규모가 작고 풍족한 국가의 사람들은 외국인과 자주 접촉할 기회가 있고 좋은 교육 체계 덕에 여러 언어를 구사할 줄 아는 사람들이 많다. 그들의 조직에는 거의 언제나 몇 개 국어를 구사하는 사람들이 있기 때문에 그런 국가 조직은 문화 간 접촉에서 유리한 고지를 점하고 있다. 두 개 국어 이상을 구사할 줄 아는 사람은 다른 외국어도 쉽게 배운다.

역설적이지만 세계의 무역 언어인 영어를 모국어로 가진다는 것은 타문화와 진정한 커뮤니케이션을 한다는 면에서는 장점이 아니라 단점으로 작용한다. 모국어가 영어인 사람들 자신은 이 사실을 잘 모른다. 미국 캔자스 주의 한 농부는 "영어가 예수 그리스도에게 괜찮았다면, 그것은 내게도 괜찮아."라고 말했다고 한다.[10] 헤르트는 영국 웨일즈 경계 근처에 직장을 가지고 있는 잉글랜드인을 만난 적이 있다. 그는 경계 넘어 웨일즈 땅에 아름다운 집을 살 기회가 있었지만, 어린 아들이 학교에서 웨일즈어를 제2언어로 배우는 것이 무서워서 그 집을 포기했다고 한다. 우리가 보기에 그는 아들을 세계시민으로 교육시킬 드문 기회를 놓친 것이다.

언어와 문화는 밀접하게 연결된 것이 아니다. 따라서 한 언어를 공유한다고 문화까지 공유한다고 볼 수는 없다. 또한 언어에 차이가 있다고 해서 언제나 문화적 가치가 달라지게 하지는 않는다. 네덜란드어와 프랑스어가 두 개의 주된 국어인 벨기에서는(독어권도 작지만 있다) IBM 연구의 4개 차원 점수가 네덜란드어 지역과 프랑스어 지역 간에 거의 같으면서 프랑스와는 매우 비슷하고 네덜란드와는 매우 달랐다. 이것은 벨기에의 역사를 반영한다. 중류층과 상류층은 조상의 언어가 어느 쪽이든 그들 자신은 프랑스어를 사용했고 프랑스 문화를 받아들였다. 플랑드르 지방에 사는 하류층은 조상의 언어가 어느 쪽이든 네덜란드어를 사용했지만 지위가 상승하면 중류층의 문화에 동조했다. IBM 연구는 스위스 안의 독일어권과 프랑스어권에 대해서도 비슷한 비교를 했다. 이 경우에는 전혀 다른 모습이 나왔다. 독일어 지역은 독일과 비슷한 점수를 내고, 프랑스어 지역은 프랑스와 비슷한 점수를 냈다. 스위스의 역사적 전개는 벨기에의 것과는 매우 달랐다. 스위스에서는 언어 분포가 사회계층 구조보다는 군(cantons, 독립적인 지방)을 따랐다. 이 사실은 또한 왜 언어가 벨기에에서는 뜨거운 정치적 문제가 되지만 스위스에서는 그렇지 않은지를 이해할 수 있게 한다.[11]

언어를 모르면 그 문화의 많은 미묘한 점을 보지 못하게 되고, 그래서 어느 정도 외부인으로 머물 수밖에 없다. 이런 미묘한 것 중의 하나가 유머다. 무엇이 우스운가 하는 것은 극히 문화 특수적이다. 많은 유럽인이 독일인은 유머감각이 없다고 여기지만, 이것은 다만 그들이 다른 유머감각을 지니고 있다는 것을 의미할 뿐이다. 문화 간 접촉에서 노련한 여행가는 타문화에서 무엇이 유머가 되는지에 대해 확실히 알 때까지는 농담이나 비아냥대는 말은 금물이라는 것을 알고 있다.

인도네시아의 경영관리인 하지위보워(Raden Mas Hadjiwibowo)는 제4장에서 그의 자바 가족 방문기를 인용하면서 언급한 바 있는데, 그는 인도네시아인과 네덜란드인 간의 유머 차이에 관해서 매우 통찰력 있는 분석을 펴 냈다. 그가 보고한 사례 중 하나를 적어 본다.

업무 회의가 있는 일상적인 아침이었다. 그들은 모두 회의 탁자 주변에 둘러앉았는데 의자가 하나 부족했다. 인도네시아인 과장 사라인 마커스가 옆방에 혹시 남는 의자가 있는지 들여다보았다.

그런데 바로 옆방 사무실은 네덜란드인 과장 프란스의 사무실이었다. 그는 출타중이었지만 의자 한 개쯤 빌려 주는 것을 마다할 사람이 아니었다. 집기는 어차피 회사에 속하니까 말이다. 마커스가 막 의자를 옮겨 오고 있을 때 프란스가 다른 쪽으로 들어왔다.

프란스는 기분이 좋은 상태였다. 그는 자기 책상으로 가서 서류를 집어 들고 다시 나가려는 참이었다. 나가는 도중 그는 마커스에게 다정한 미소를 띠면서 지나가는 말로 "마커스, 신나는 훔침 놀음을 하고 계시는구만."하고 말했다. 그리고 대답도 기다리지 않고 나가 버렸다.

프란스가 점심 식사 후 사무실로 돌아와 보니 마커스가 기다리고 있었다. 그는 마커스가 이상하게도 넥타이를 매고 있는 것을 보았다. 그는 "마커스, 내 좋은 친구, 무엇을 해드릴까요?"라고 말을 건넸다. 마커스는 침통한 얼굴로 그를 지켜보면서, 의자에 꼿꼿이 앉은 채 단호하고 엄한 말투로 "프란스, 나는 이 자리를 빌려 내가 도둑이 아님을 천명합니다."라고 하는 것이었다.

깜짝 놀란 프란스는 도대체 무슨 말이냐고 물었다. 그로부터 45분이 더 경과해서야 비로소 두 사람 간의 오해를 풀 수 있었다.[12]

체면과 지위를 유지하는 것이 별로 중요하지 않은 네덜란드 문화에서는 친구 간에 농담을 할 때 '다정한 모욕'을 주는 일이 흔히 있다. '이 형편없는 놈'이라든가 '이 바보 같은 친구'라는 표현은 억양만 제대로 하면 따스한 공감대를 나타내는 것이 된다. 하지만 지위가 성역처럼 되어 있고, 체면을 유지하는 것이 필수적인 인도네시아에서는 모욕은 언제나 액면 그대로 받아들인다. 프랑스는 이것을 몰랐던 것이다.

◈ 커뮤니케이션 과학기술의 영향

인기 있는 미디어에서는 흔히 텔레비전, 이메일, 인터넷, 이동전화, 사회적 소프트웨어 같은 커뮤니케이션 과학기술을 통해 이 문화적 차가 더 이상 문제가 되지 않는 지구촌에 전 세계의 사람들을 모으게 될 것이라고 말한다. 그러나 과학기술이 문화를 아우른다는 이러한 생각은 착각이다. 기계의 소프트웨어는 세계화될 수 있을지 모르지만 그 기계들을 사용하는 정신의 소프트웨어는 그렇지 못한다.

전자 커뮤니케이션은 정보 이용자들이 접근할 수 있는 정보의 양을 막대하게 증가시키지만, 그 이용자들의 정보 흡수 능력을 증가시키는 것은 아니고, 그들의 가치 체계를 변화시키는 것도 아니다. 이용자들로서 우리는 우리의 가치에 따라 정보를 선택한다. 우리의 부모님들과 마찬가지로 우리는 우리가 선호하는 관점을 제시할 것이 예상되는 TV 프로그램을 시청하고 신문을 읽는다. 전자 정보를 거의 무제한 제공받을 수 있게 되었음에도 불구하고 우리는 기존의 사고방식을 강화하는 것들을 다시 택한다. 사람들은 어차피 했을 것을 단지 더 많이, 더 빨리 하기 위해 대개 인터넷을 이용한다는 것을 경험을 통해 알 수 있다.

커뮤니케이션 과학기술은 국가 간, 그리고 국가 안에서의 차이에 대한 의식을 증가시킨다. 혜택을 받지 못하는 사람들은 전 세계의 다른 곳에서 사람들이 어떻게 사는지를 보여 주는 텔레비전 프로그램을 시청하면서 세계의 부에 자신의 몫을 분배 받고 싶어 할 것이다. 혜택받은 사람들은 전 세계의 다른 곳에서의 고통과 분쟁에 대해 커뮤니케이션 과학기술을 통해 알게 되면서 국경을 닫고 싶어 할 것이다. 여러 권위주의적 정부는 외국 출처의 정보를 적극적으로 봉쇄한다. 정보 자유의 절대 영역으로 자부하고 있는 구글(Google)

조차 지역적 금기사항에 따라 다른 국가에 있는 사이트에 대한 접속을 금지해 왔다.

요약하면, 커뮤니케이션 과학기술 자체로 인하여 이문화 이해에 대한 필요를 감소시키지는 않을 것이다. 특히 인터넷은 극단적인 집단들이 주류 사회에서 떨어져 살며 때로는 주류 사회에 매우 적대적으로 행동하는 그들만의 정신적 패거리를 쉽게 형성하게 만든다. 현명하게 쓰일 경우, 커뮤니케이션 과학기술은 이문화 간 학습을 위한 하나의 도구가 될 수 있다.

➡ 외국 관광에서의 문화 간 접촉

외국 관광 여행은 가장 피상적인 문화 간 접촉 형태다. 단체 관광객들은 모로코, 발리 또는 칸쿤(Cancun)을 2주 동안 구경하고도 그 고장 문화는 하나도 알지 못하고 돌아갈 수 있다. 관광객을 받는 국가의 관광 요원은 여행자 문화에 대해서 좀 더 알게 되겠지만 관광객이 자국에서 어떻게 사는지에 대해서는 크게 왜곡될 것이다. 사람들이 타집단에서 얻는 것은 낱말, 유행물, 음악 등 상징 수준([그림 1-2] 참조)에 속하는 것들이다.

단체관광이 관광 대상 국가에 미치는 경제적 효과는 반드시 좋은 것만은 아니다. 흔히 전통적으로 있던 수입원이 파괴되고 관광 수익은 정부나 외국 투자가에게로만 돌아간다. 지역주민은 이득 쪽보다는 손해를 보는 쪽이 많게 된다. 환경적 효과는 재난으로 나타날 수도 있다. 여러 모로 보아서 관광사업은 좋기만 한 것은 아니다.

그러나 외국 관광은 보다 기본적인 문화 간 접촉의 시발점이 될 수 있다. 그것은 문화 집단들의 고립을 부수고 다르게 사는 사람이 있다는 인식을 심어 준다. 일부 사람들의 마음속에 뿌려진 씨는 언젠가 열매를 맺게 될 것이다. 어떤 관광객은 그들이 방문해 보고 다시 와 보고 싶은 국가의 언어와 역사를 배우기 시작하고, 관광객을 받는 쪽은 관광사업이 잘 되게 하기 위해서 관광객의 언어를 배우기 시작한다. 엉뚱한 국가 사람들이 엉뚱한 방식으로 친교를 맺게 된다. 문화 간 접촉이라는 견지에서 관광사업의 가능성은 단점을 능가한다고 볼 수 있다.

⊖ 학교에서의 문화 간 접촉

북경의 외국어 학교에서 학생들을 가르치는 미국 교사가 반에서 "사랑스런 아가씨들, 나는 당신을 사랑해요."라고 큰 소리로 말했다고 한다. 이를 본 한 중국인에 의하면, 그녀의 학생들은 모두 깜짝 놀랐다고 한다. 미국에서 학생들을 가르치고 있는 한 이탈리아 교수는 학생에게 공식적으로 자신의 강의를 평가하게 했다고 해서 매우 못마땅해 했다. 그는 학생이 교수의 질을 평가하는 것은 말도 안 된다고 생각하고 있었다. 아프리카의 어느 대학에서 강의하는 인도 강사는 입학일에서 1개월 반이나 늦게 온 학생을 받아들여야 했는데, 그 이유는 그 학생이 학장과 같은 마을 출신이었기 때문이었다. 이렇듯 학교 안에서의 문화 간 접촉은 대단히 난처한 상황을 만들어 놓을 수 있다.[13]

학교에서 일어나는 문화 간 접촉은 대개 두 가지 유형 중 어느 하나인데, 그 고장 교사와 외국인 또는 이민이나 피난 온 학생 간의 만남이거나 외국에서 전문가 초청이나 선교사로 와 있는 외국인 교사와 그 고장 학생 간의 만남이다. 교사와 학생이 자란 문화 사이에 존재하는 가치 형태의 차이가 문제의 원인이 된다. 권력거리, 개인주의, 남성성 그리고 불확실성 회피에 관한 가치에서의 차이가 학교 상황에 어떤 결과를 가져오는지는 제3장부터 제7장에 걸쳐 이미 기술한 바 있다. 이런 가치 차이는 교사와 학생, 학생과 학생, 그리고 교사와 학부모 관계에 영향을 준다.

언어는 가르치는 데 사용하는 도구이므로 앞에서 말한 언어가 문화 간 접촉에서 하는 역할에 관한 말은 학교교육에도 그대로 적용된다. 문화 적응이 잘 될 가능성은 교사가 학생의 언어로 가르치는 것이 학생이 교사의 언어로 배우는 쪽보다 높다. 왜냐하면, 교사는 어느 한 학생보다 학습 장면에 대해서 더 많은 영향력을 행사하기 때문이다.

강의에서 어떤 언어를 사용하는지가 학습 과정에 영향을 끼친다. 프랑스의 인시드 국제경영대학원에서 헤르트는 한 반에서는 프랑스어로, 다른 반에서는 영어로 동일한 경영자반 강의를 한 적이 있다. 두 반은 서너 국가 사람으로 구성되어 있었다. 프랑스어로 한 사례 연구를 토의했을 때 매우 활발하고 지적인 토론이 이루어졌지만 실용적인 결론은 나오지 않았다. 그런데 같은 주제를 영어로 토의했을 때는 얼마 안 가서 누군가가 "그래서 어쨌다는 겁니까?"라는 질문을 하게 되고 토론은 자연히 실용적인 방향으로 흘렀다. 양쪽 반에서 사용한 독서물 중 일부는 프랑스어 서적의 영역판이었고 나머지는 영어 서적의 프랑스어 번역판이었다. 양쪽 반 모두 강의에서 사용하는 언어를 더 좋아했으며 번역판 책은 "한두 쪽으로 짧게 표현할 수 있는 내용을 쓸데없이 길게 늘어놓았다."며 좋아하지 않았다. 즉, 프랑스어로 강의하는 반에서의 영어 서적의 번역판에 대한 반응은 영어로 강의하는 반에서의 프랑스어 서적의 번역판에 대한 반응과 같았다. 한 언어에서 '메시지'로 느껴지는 내용이 번역 과정에서 반드시 살아남는다는 보장은 없다. 정보는 낱말 자체가 아니라, 낱말이 문화적 틀에 맞추어질 때 생기는 것이다. 문화적으로 적절한 번역 기술의 가치는 지금보다 더 높이 평가받아야 한다.

언어의 차이 이외에 문화 간 접촉에서 학생과 교사는 인지 능력의 차이를 만나게 된다. "아프리카인 엔지니어들은 엔지니어답게 생각하지 않아요. 그들은 기기를 하나의 시스템으로 보지 않고 증상만 다루려고 해요."는 한 영국인 교육담당자가 자기 자신의 자민족 중심주의는 깨닫지 못하고 하는 소리다. 발달심리학자들의 기초 연구는 사람이 배운 내용은 그가 자라난 환경 요구에 의해 결정된다는 것을 보여 준 바 있다. 사람은 그에게 중요하고 자주 해 볼 기회가 있었던 일을 잘 하게 된다. 학교에 휴대용 계산기가 들어오기 전 세대에 속하는 아이들은 기계를 사용해서 할 계산을 머리로 해 낸다. 기억 발달을 포함해서 각종 학습 능력은 한 사회의 전체 형태에 뿌리를 박고 있다. 중국에서는 문자(보통 수준으로 학식이 있는 사람용으로 최소한 3,000개의 복잡한 문자[14]가 있다)의 성질로 인해서 아동의 형태 인지 능력의 발달이 촉진되고 또한 암기학습을 중요하게 만든다.

문화 간 문제는 자국을 떠난 교사들이 불필요한 자료들을 수입하는 데서 생기기도 한다. 브뤼셀에서 공부하고 있는 한 자이레 출신 친구는 그녀의 초등학교 교사였던 벨기에인 수녀가 『우리 조상 골족(Nos ancetres, les Gaulois)』을 역사 시간에 학생들에게 암송하게 했다고 한다. 또 어떤 영국인 강사는 중국에 교환 교수가 되어 가르칠 때 영국의 조직행동론 강의를 말 한마디 바꾸지 않고 되뇌었다고 한다. 가난한 국가에서 온 유학생이 부유한 국가 대학에서 배우는 대부분의 것은 그들 학생의 본국 상황과는 전혀 관련이 없는 것들이다. 인도 회사의 장래 경영자에게 미국 주식시장의 수학적 모델링이 무슨 관심의 대상이 되겠는가? 산업국가에서 사람을 성공하게 만드는 지식은 현재 가난에 찌든 국가의 발전에 도움이 되는 지식과는 거리가 멀 수 있다.

마지막으로 문화 간 문제는 교사와 학생이 속한 사회의 제도적 차이에서 생길 수 있다. 이런 차이는 교육과정과 그에 참여하는 사람들이 하는 역할에 대해 다른 기대를 하게 만든다. 학생과 교사가 어떤 가족 형태 출신인지? 교육 체계가 엘리트주의인지 반엘리트주의인지? 라틴아메리카의 어느 국가에서 강의하는 미국인 교수 자신은 자신이 그 국가의 경제발전에 공헌하고 있다고 생각할지 모르지만, 실제로는 엘리트 특권을 지속시키는 데 공헌하고 있을 뿐인지도 모를 일이다. 교육 체계에서 고용자는 어떤 역할을 하는가? 스위스와 독일에서는 산업이나 기업 분야의 수련을 받는 것은 대학교육을 받는 것에 못지않게 존경을 받는 진로다. 그 길로도 최고의 지위에 오를 수가 있다. 그러나 대부분의 다른 국가에서는 그렇지가 않다. 국가나 종교기구는 어떤 역할을 하는가? 일부 국가(프랑스, 러시아)에서는 국가가 교과과정을 자세히 규정하지만 다른 국가에서는 교사가 자유롭게 정한다. 공립학교와 사립학교 모두를 가지고 있는 국가에서는 사립학교는 엘리트용(미국)이거나 중도탈락자용(네덜란드, 스위스)이 된다. 이들 학교 운영자금은 어디서 오는가? 교사의 봉급은 어느 수준이고 그들의 사회적 지위는 어떤가? 중국에서는 교사가 전통적으로 존경을 받고 있지만 현재 봉급 수준은 극히 낮다. 영국에서는 교사의 지위가 전통적으로 낮고 독일과 일본에서는 높다.

● 소수자, 이주민, 난민

한 국가에서 누구를 소수자(minorities)로 여기는지는 정의를 어떻게 하느냐에 달려 있다. 그것은 인구의 분포, 인구집단의 경제적 상황, 상호 관계(단결−역자 주)의 강도처럼 확실한 사실에 근거하기도 하지만 문화적 가치(특히 불확실성 회피 및 집단주의는 외부자 집단에 꼬리표를 붙이는 것을 조장한다)와 문화적 관행(언어, 느껴진 · 기인 정체성, 역사의 해석)에 따라서도 달라진다. 이것들은 주류 이데올로기에, 때로는 소수자 이데올로기에, 그리고 상호 편견과 차별의 수준에 영향을 미친다. 소수자의 문제는 언제나 주류의 문제이기도 하며, 가끔 주류만의 문제가 된다.

전 세계 소수자들에는 다음과 같이 아주 다양한 집단이 포함된다. 그 집단들은 사회의 하류층 계급에서부터 기업가적 그리고 학계 엘리트에 이르기까지 매우 다채로운 지위를 점한다.

- 이주민들에게 밀린 본래의 주민(미국 원주민, 호주 원주민처럼)
- 경제적, 정치적, 민족적 이주민이나 난민의 자손들(미국과 호주처럼 현재는 국가들의 주류)
- 노예의 자손(미국 흑인, 북서유럽의 터키계 회교도, 지중해 인종처럼)
- 과거 식민지의 원주민(영국의 인도인, 파키스탄인, 프랑스의 북아프리카인처럼)
- 국제적 유목민(유럽의 대부분, 그리고 유럽 외에도 얼마간 존재하는 신티와 로마인들-집시)

이주는 계속 진행 중이기 때문에 여러 국가에서 주류에 대한 모습은 매우 가변적이다. 20세기 후반부에 고국을 떠나 완전히 다른 환경으로 옮겨가 사는 사람의 수는 인류 역사상 어느 때보다도 많다. 어느 경우에서든 개인과 그 가족은 그들에게 정신 프로그램을 주입한 환경과는 크게 다른 환경 속으로 투하되고, 대부분은 아무런 준비 없이 그렇게 된다. 그들은 새로운 언어를 학습해야 하지만, 그보다 훨씬 더 큰 문제는 새로운 문화 속에서 기능을 해야 한다는 것이다. 네덜란드로 이주해 온 모로코인인 가지(Hassan Bel Ghazi)는 다음과 같이 썼다.

다음과 같이 상상해 보라. 어느 날 일어나서 주위를 둘러봤는데 당신은 자신의 눈을 믿을 수 없다. ……모든 것이 거꾸로일 뿐만 아니라 뒤집혔다. ……그것들을 원래대로 돌아가게 하려고 애쓰지만, 애석하게도 영원히 거꾸로인 채로 있다. 시간을 들여, 곰곰이 다시 보면 한 가지 생각이 들게 된다. "그것들을 조종하려면 다른 모든 것처럼 내 자신도 거꾸로 두어야겠구나." 그러나 뜻대로 되지 않는다. ……그리고 그 세계는 왜 당신이 바로 선 것인지를 이해하지 못한다.[15]

주류-비주류 관계에 대한 정치적 이데올로기들은 크게 다르다. 인종차별주의자와 극

우주의자는 국경을 닫아 버리고, 현재 있는 소수자들을 쫓아내거나 그보다 더 나쁘게 대하고 싶어 한다. 문명화된 정부의 정책은 연속선상의 두 극 사이의 어느 곳을 지향한다. 한 극은 **동화**(assimilation)로, 소수 시민이 다른 모든 사람처럼 되어 가능한 한 빨리 자신의 특색을 잃는 것을 의미한다. 또 다른 극은 **통합**(integration)으로, 소수 시민이 현지 사회의 정회원으로서 수용될 뿐만 아니라 그들의 집단 정체성과 그들의 뿌리와의 연결고리를 보존해 나가도록 장려받는 것을 뜻한다. 역설적으로 통합을 지향하는 정책이 동화를 강조하는 정책보다 소수자들을 더 잘, 더 빨리 적응시킨다.

이주민들과 난민들은 때로 일시적으로 입국하지만 결국에는 장기 체류자가 된다. 거의 모든 경우에 그들은 보다 전통적이고 집단주의적인 사회에서 보다 개인주의적 사회로 옮겨 왔다. 이주민과 난민이 적응하려면 이주국의 한 동포 공동체로부터 지지를 받는 것이 매우 중요하며, 그들이 혼자일 경우에는 특히 그렇다. 하지만 가족과 함께 이주해 온 경우라고 할지라도 고국에서 그들이 익숙했던 것보다는 현재의 가족은 훨씬 협소한 집단이다. 이주민 공동체를 유지하는 것은 앞에서 기술한 통합 철학에 부합한다. 공교롭게도 수용국의 정치가들은 그들의 개인주의적 가치관으로 인해 이주민 빈민굴이 형성되는 것을 두려워해, 그리고 분산이 그들의 적응을 촉진할 것이라는 잘못된 생각에서 그들을 분산시킨다.

이주민과 난민은 대개 권력거리에서의 차이도 경험한다. 수용국은 이주민의 본국보다 더 평등주의적인 경향이 있다. 이주민은 이것을 부정적으로, 그러면서 긍정적으로 경험한다. 가령, 연장자에 대한 존경의 결여와 당국과 선생들에 대한 접근의 용이성을 경험한다. 비록 처음에는 당국을 신임하지 않는 경향이 있지만 말이다. 남성성−여성성, 불확실성 회피, 그리고 관용 차원에서의 이주민과 토착민 간의 차이는 어느 방향으로도 나올 수 있으며, 이로 인해 생기는 적응문제는 관련된 두 문화 쌍이 어떤 것이냐에 따라 달라진다.

제1세대 이주민 가족은 공통된 딜레마를 경험한다. 일터에서, 가게에서, 관청 사무실에서, 그리고 대개는 학교에서도 이주자들은 현지인과 상호작용을 하고, 현지 관행을 배우고, 현지 가치관에 마주친다. 집에 돌아가면 본국의 관행, 가치관, 그리고 인간관계 패턴을 유지하려고 애쓴다. 이들은 두 개의 세계 사이에 낀 경계인이고 매일 이 둘 사이를 오간다.

　이 가장자리 상태의 효과는 세대에 따라 또 남녀에 따라 다르다. 성인 이주민들이 그들의 자국 가치를 수용국의 가치로 바꿀 확률은 높지 않다. 그들은 잘해봤자 조금 적응할 뿐이다. 아버지는 가정에서 전통적 권위를 유지하려 한다. 직장에서 그의 지위는 대개 낮기 마련인데, 이것은 아무도 원치 않는 일거리를 잡기 때문이다. 가족은 이 사실을 알고 있고 그는 친척에 대해서 체면을 잃는다. 실직이라도 하고 있다면 체면 손상은 한층 심해진다. 그는 흔히 현지 언어를 잘 못해 고생을 하는데, 말을 잘 못하니까 자신이 바보인 것처럼 느끼게 되며, 심지어 어떤 경우에는 자신의 모국어로도 문맹자가 된다. 서류를 작성하거나 관청의 일을 볼 때는 자식이나 사회사업가의 도움을 요청해야 할 입장에 있다. 그는 흔히 고용주, 경찰, 관청 그리고 이웃으로부터 차별 대우를 받는다.

　어떤 이주문화 안에서 어머니의 지위는 가정 안에서 포로나 다름없다. 가장이 직장에 나가면 집 안에 갇혀 있는 존재다. 이런 경우 그녀는 수용국과 접촉을 갖지 못하며, 말을 배우지 못하고, 그녀의 남편과 자식에 완전히 의존하게 된다. 어떤 경우 그녀 역시 직장을 가질 수 있는데, 그녀가 가족의 주된 부양자일 때, 그것은 가장의 자존심에 결정적인 상처를 준다. 그녀는 다른 남자들을 만나게 되고 남편은 그녀의 부정을 의심하게 된다. 이래서 가끔 결혼이 파경에 이른다. 그러나 예전으로 돌아갈 수는 없다. 본국으로 돌아간 이주민들은 그들이 더 이상 그곳에 맞지 않다는 것을 깨닫고 다시 이주한다.

　이민 2세대들(새로운 국가에서 태어났거나 어려서 오게 된 자녀들)은 가족 쪽에서, 그리고 현지 학교와 공동체 쪽으로부터 서로 상반되는 정신적 프로그램을 습득하게 된다. 그들의 가치는 일부는 부모의 문화를 반영하고 일부는 새로운 국가의 문화를 반영한다. 그러나 개인, 집단, 그리고 수용국에 따라 큰 차이가 있다.[16] 아들들은 그들의 주변성 때문에 가장 시달린다. 그들 중 일부는 기적적으로 성공하기도 하는데, 보다 훌륭한 교육 기회의 혜택을 받아 고급기술 내지 전문직종에 취직한다. 그러나 나머지는 가정에서 부모의 권위로부터 도망치면서, 학교를 중퇴하고 거리 깡패의 일원이 됨으로써 집단주의적인 보호처를 얻는다. 그들은 수용국에서 새로운 하류층 계급으로 전락할 위험에 빠진다. 부모는 아들들에 비해 딸들에 대해 더 노심초사함에도 불구하고, 보통 딸들은 아들들보다 더 잘 적응한다. 학교에서 그들은 예전에 살던 전통적 사회에서는 없었던 남녀 평등을 알게 된다. 때로 부모는 중매를 통해서 딸들은 모국 출신 사람과 서둘러 결혼시킨다.[17]

그러나 이러한 문제점들 대부분은 과도기적이다. 수용국 가치를 갖게 된 제3세대 이주민들은 대부분 수용국 인구에 흡수된다. 그들은 외국식 성(foreign family name)과 어쩌면 특정 종교와 가족 전통쯤으로 구별될 수 있을 뿐이다. 이 3세대 적응 과정은 과거 세대들에도 작용했었다. 현대 사회의 인구가 커진 것은 부분적으로 외국 이주민에 힘입은 것이다.

이주민 집단이 통합되느냐 아니면 적응에 실패해 영원히 소수자가 되는지 여부는 이주민 자신 만큼 주류에 또 달려 있다. 이주민 및 난민 같은 소수자와 자주 상호작용하는 수용 사회의 기관들은 그들의 통합에 큰 역할을 할 수 있다. 그런 기관은 경찰, 사회복지사, 의사, 간호사, 인사 담당자, 관청의 민원 담당 사무원, 그리고 교사다. 권력거리가 크고 집단주의 문화권에서 온 이주민은 문화적인 이유 때문에 그러한 당국에 대한 불신이 현지 주민보다 더 강할지 모른다. 그러나 교사는, 예를 들어 그 지위로 인해 이주민 학생들의 부모에게 받는 존경 덕을 볼 수 있다. 토론을 하려면 교사들은 이주민 학생들의 부모(특히 아버지)를 초대해야만 할 것이다. 이주민 부모들이 지각하는 사회적 거리는 대부분 교사들에게 익숙한 거리보다 훨씬 크다.

불행하게도 어느 수용국이나 일부 지역민, 정치인, 경찰, 언론인, 교사, 이웃은 자민족 중심주의적 인종주의적 철학에 빠져, '다른 것은 위험하다.' 는 불확실성 회피의 원시적인 발동으로 가뜩이나 어려운 이민자들의 적응문제를 악화시킨다.

이주민 및 난민을 다루는 데는 정신건강 전문가로부터 특별한 전문성이 요구된다. 건강과 장애를 다루는 방식은 집단주의 사회와 개인주의 사회 간에 상당한 차이가 있다. 이주민들이 겪는 문화 적응 스트레스 수준이 높기 때문에 이주민은 정신건강 장애에 빠질 위험이 높은데, 수용국 환자들을 위해 개발된 정신과적 치료법은 이주민에게는 통하지 않을 수 있다. 호주처럼 이주민 인구가 큰 국가들은 하나의 전문 분야로서 초문화적 정신의학(및 초문화적 임상심리학)을 인정한다. 일부 정신과 의사들과 심리학자들은 전쟁이나 고문으로 고통을 겪는 정치적 망명자들 치료를 전문으로 하고 있다.

인종차별주의와 자민족 중심주의라는 잘못에 대한 책임은 수용국의 시민에게만 물을 수 있는 것이 아니다. 이주민들 자신도 이따금 현지인 및 다른 이주자들에게 인종주의적, 자민족 중심주의적으로 행동한다. 이주민은 낯설고 흔히 적대적인 환경에서 살기 때문에 현지인에 비해서는 변명의 여지가 더 있다고 할 수 있다. 어떤 사람은 본국에서는 종교를 믿지 않다가 이주민이 되고부터는 종교적 원리주의자가 된다. 사회의 주변 집단에서는 흔히 원리주의가 있기 마련인데, 이 이주민들은 새로운 주변인들인 것이다.

문화 간 협상

정치에서든 사업에서 또는 국제적이든 아니든, 협상에는 다음과 같은 몇 가지 공통된 보편적 특징이 있다.

- 이해 관계가 (부분적으로) 상충하는 둘 이상의 상대가 있음
- 합의 결과 예상되는 이익을 이유로 합의에 대한 공통 욕구가 있음
- 처음에는 결과가 막연함
- 당사자 간의 통신 수단이 있음
- 협상자들을 그들의 상사나 지지자와 연계시켜 주는 양측에서의 통제와 의사결정 구조가 있음

협상 기술에 대한 책들이 꾸준히 출판되어 왔다. 그것은 훈련 교육에 있어서 인기 있는 주제다. 협상은 컴퓨터를 통해 모의 시뮬레이션까지 한다. 그러나 협상 이론들과 컴퓨터 모델은 서양 사회, 특히 미국 출신의 협상가들의 목표 및 가치를 전제로 하는 경향이 있다. 국제 간 협상에서 다른 협상자는 서로 다른 가치 및 목표를 지닐 수 있다.[18]

국가문화는 다음의 몇 가지 방식으로 협상 과정에 영향을 미칠 것이다.

- 권력거리는 통제의 중앙집권화 정도, 의사결정 구조, 그리고 협상가들 지위의 중요성에 영향을 미칠 것이다.
- 집단주의는 (서로 대립적인) 협상가들 간의 안정적 관계 욕구에 영향을 미칠 것이다. 집단주의 문화에서는 한 사람을 교체한다는 것은, 새로운 관계를 성립시켜야 한다는 것을 의미하며, 시간을 요한다. 중재인(매개자)은 협상의 진척에 필요한 관계 유지에 중요한

역할을 한다.

- 남성성은 자기고양 행동 욕구, 협상자와 그들의 상사의 강자에 대한 동정 그리고 힘을 보여 분쟁을 해결하는 경향에 영향을 미칠 것이다. 여성적 문화에서는 타협을 통해 분쟁을 해결하고 합의를 위해 애쓸 가능성이 높다.
- 불확실성 회피는 애매성에 대한 (비)용인, 낯선 행동을 보이는 상대에 대한 (불)신뢰 및 협상 절차에서의 구조와 의식에 대한 욕구에 영향을 미칠 것이다.
- 장기지향은 희생을 무릅쓰고라도 바라는 목적을 달성하려는 끈기에 영향을 미칠 것이다.
- 관용은 협상 분위기, 격식의 엄격성에 영향을 미칠 것이다.

이문화 간의 효과적인 협상을 위해서는 협상가 자신의 문화적으로 결정된 가치와 비교해 타국 협상자들에게 예상할 수 있는 문화적 가치들의 범위를 잘 파악해야 한다. 효과적인 협상은 또한 다른 집단이나 집단들에게 보낸 메시지가 송신자가 의도한 방식대로 이해되는 것을 보장하는 언어와 커뮤니케이션 기술을 요한다. 마지막으로 이문화 간 협상은 중재자, 통역, 외부 통신의 취급을 포함한 회의와 시설의 계획 및 준비를 요한다.

노련한 외교관은 국가에 상관없이 대개 자기에게 협상 권한이 주어진 문제에 대해서 다른 외교관을 상대로 성공적으로 협상을 할 수 있게 하는 전문가로서의 경륜을 지니고 있다. 그러나 문제는 진정으로 중요한 문제에 있어서는 대개 외교관은 권력은 있지만 협상 기술이 없는 정치가의 지시를 받아가며 협상한다는 점이다. 정치가는 가끔 국내 소비용 발언을 하고 외교관은 협상 상대국 외교관에게 이것을 설명해야 될 입장에 놓인다. 외교관에게 주어지는 재량권의 양 자체도 하나의 문화적 특성으로 사회와 정치 체제에 따라 다르다. 현대 통신수단의 증가는 외교관의 재량권을 제약하는 데 한몫을 한다. 모리어 (Morier)의 영국 대사는 당시 본국과 교신하는데 적어도 3개월은 걸렸다는 사실만으로도 재량권을 한껏 누렸다고 볼 수 있다.

그럼에도 국제적 협상에서 협상자의 지위가 현안 결정에 걸맞은 수준의 사람인 경우 문화 간 접촉의 질이 불필요한 갈등을 피하는 데 공헌한다는 점은 의심의 여지가 없다. 이것이 왜 정상회담이 그토록 중요한지를 설명한다. 즉, 협상의 실권을 쥔 사람들의 모임이기 때문이다. 불행히도 이들 정상은 대개 자기 국가의 국가적 가치와 합치되는 신념을 강하게 지님으로 해서 현재의 지위에 오르게 된 사람들이다. 그런 이유로 인해 상대방이 다른 정신적 프로그램에 따라 움직인다는 사실을 깨닫는 데 어려움을 겪는다. 국가 수뇌에게서 신임을 받고 또 동시에 외교관적인 감각을 익히 갖춘 그런 외무장관이나 대사는 그 국가의 큰 재산이 된다.

국제연합(UN)의 각종 기관들, 유럽위원회(EC), 북대서양조약기구(NATO)와 같은 상설 국제기구는 독자적인 조직문화를 발전시켜 왔는데, 이런 문화들은 내부의 국제협상에 영향을 미친다. 외교관들의 직업문화의 경우보다 한층 더 이들 조직문화는 공유가치의 수준보다는 관행, 공통 상징물, 의식 등의 보다 표면적 수준에 위치해 있다. 예외로는 국제적십자(IRC), 국제사면위원회(AI), 그린피스(Greenpeace) 같은 '선교적(missionary)인' 국제비정부기구(NGOs)들이 있다. 따라서 국제적 협상자의 행동은 세 가지 수준의 문화, 즉 국가적, 직업적, 조직적 문화의 영향을 받는다.

사업 협상은 협상 현장의 주역들이 비전문 직업인인 경우가 더 많다는 점에서 정치 협상과 다르다. 전문가들이 협상을 준비할 순 있지만, 특별히 상대가 큰 권력거리 문화 출신일 경우에는 적절한 권력과 지위를 가진 사람들을 공식 협상에 끌어들여야 한다. 국제적 협상은 경영교육에서 특별한 주제가 되어 왔으므로 희망하건대, 미래 세대의 경영인들은 더 잘 준비되어 있기를 기대한다. 다음에서 우리는 다국적 기업의 기업 외교관의 필요성에 대해 이야기하고자 한다.

다국적 기업의 경영 조직

문화 간 접촉이 인류 사회만큼 오래된 것이라면, 다국적 기업은 조직화된 국가만큼 오래된 것이다. 경영학 교수 무어(Karl Moore)와 역사학자 르위스(David Lewis)는 기원전 100년부터 1900년까지의 지중해 지역에서의 다국적 기업의 네 가지 사례(아시리아인, 페니키아인, 그리스인, 로마인이 운영)를 기술했다. 역사는 특정한 유형의 자본주의가 다른 어느 유형보다 필연적으로, 그리고 영원히 우월하다는 주장을 정당화하지 않는다.[19]

다국적 기업 조직의 운영은 이문화 간 커뮤니케이션과 협동에 달려 있다. 제9장과 제10장에서는 공유 가치를 국가문화에, 그리고 공유 관행을 조직(기업)문화에 연관하였다. 해외에 있는 다국적 기업은 외국의 생경한 가치 패턴을 만나게 되지만, 그들이 지닌 공유 관행(상징, 영웅, 의식)을 통해 조직은 결속을 유지한다.

다국적 기업 조직의 기본 가치는 창립자 및 이후의 주요 지도자(들)의 국적과 성격에 의해 결정된다. 본국 문화가 지배적인 다국적 기업은 보다 명확한 기본 가치를 지니기 때문에, 그런 준거 체계가 충분히 공유되지 않은 국제 조직보다 운영하기가 쉽다. 다국적 기업조직에서 본국 문화의 가치와 신념은 당연한 것으로 취급되며, 기업 본부에서 준거 체제의 역할을 한다. 외국의 자회사와 기업 본부 사이에서 핵심 역할을 하는 사람들은 양문화적일 필요가 있다. 그들은 이중의 신용 관계를 필요로 하기 때문인데, 한쪽에서 본국 문화 상관들과 동료들과의 관계이고, 다른 하나는 현지 문화 부하 직원들과의 관계다. 여기에는 다음의 두 역할이 특히 중요하다.

- **진출국 사업 단위 관리자**: 그는 국제 사업본부에 보고를 한다.
- **기업 외교관**: 본국인이거나 해당 기업문화를 많이 흡수한 다른 국적자로서 직업 배경은 다를 수 있지만 여러 외국 문화 안에서 생활하고 근무한 경험을 가지고 있다. 기업의 외교 관은 다국적 기구 운영에 필수적이며, 국제적, 지역적 또는 자국 본부에서 연락관으로 또는 신규 사업의 임시 관리자로서의 역할을 한다.[20]

타국에 있는 자회사의 기타 경영자들 및 사원들이 양문화적일 필요는 없다. 외국 자회사가 공식적으로 본국 문화의 사상과 정책을 취하는 경우라고 할지라도, 내부적으로는 현지 문화의 가치 체계와 신념에 따라 운영될 것이다.

이 장의 앞부분에서 언급했듯이, 양문화성을 가진다는 것은 두 개 국어를 구사하는 것을 의미한다. 대부분의 미국 다국적 회사와 미국이 아닌 다국적 회사 간에는 조정(coordination) 전략에서 차이가 있다. 미국의 다국적 기업은 양문화성에 대한 부담을 외국인이 짊어지게 한다. 이언어적 또는 다언어적인 것은 외국인들이다(다국적 기업에 일하는 미국인 중역들은 대개 한 언어만 쓸 줄 안다). 이것은 미국인 경영 간부들이 현지에 비교적 단기간만 체류한다는 사실과도 관련이 있다. 그들은 전형적으로 외국에 2년 내지 5년간 체류

한다. 이러한 경영 간부들은 흔히 고립 구역(ghettos)에 산다. 조정의 주요 도구는 세계적으로 통합된 방침들로 구성된다. 이런 방침은 고도로 공식화되어 있기 때문에 국제 요원들의 구성을 정기적으로 바꿔 가면서 유지할 수 있다. 대부분의 비(非)미국 다국적 기업에서는 양문화성에 대한 부담을 본국인에게 지운다. 그들은 거의 언제나 다(多)언어적이다 (영국인은 예외로 칠 수 있지만 이들 조차도 미국인보다 타언어에 대개 더 능하다). 본국이 아닌 다른 국가에서의 전형적인 체류 기간은 보다 긴 경향이 있어(5 내지 15년 이상), 비미국 다국적 기업의 해외 주재 임원들은 현지에서 '원주민화' 되기도 한다. 또한 그들은 현지인들과 더 섞이고, 아이들을 현지 학교에 보내고, 고립지역에 사는 경우가 드물다. 조정의 주요 도구는 공식 절차가 아니라 해외에 주재하는 본국인들이다.[21]

유년기 이후에 양문화성을 획득하는 것은 어렵다. 실패의 수는 더 클 수 있지만 다국적 조직의 적절한 운영을 위해 필요한 것이 단지 **직무 관련 양문화성**(task-related biculturality)이기 때문에 양문화성을 그런대로 채워 나간다. 삶의 다른 측면(취향, 취미, 종교적 감정, 사적 관계)과 관련하여 다국적 기업의 해외 주재 임원들은 단일문화적인 상태로 있을 만하고, 실제 그렇게 산다.

제9장에서는 사람들 마음속 조직의 암묵적 모델이 주로 권력거리와 불확실성 회피 조합으로 좌우된다는 주장을 폈었다. 권력거리상의 차이는 불확실성 회피상의 차이보다 더 다루기 쉽다. 예를 들어, 권력거리가 작은 문화권에 본부를 둔 조직은 권력거리가 큰 국가에서 대개 성공적으로 적응한다. 권력거리가 큰 문화권의 자회사 소속 현지 경영관리자들은 본사 출신의 외국인 상사들이 보다 참여적 방식으로 행동할지라도 권위주의적인 방식을 사용할 수 있다.

제3장에서 스웨덴의 왕이 된 프랑스 장군 베르나도뜨(Bernadotte)가 겪은 문화 충격에 대한 이야기로 시작했었다. 한 프랑스 화장품 회사에서 코펜하겐의 지역 판매 관리자로 파견된 한 프랑스인은 헤르트에게 코펜하겐 사무실에서 겪은 첫날에 대해 말했다. 그는 자신의 비서를 불렀고 파리에서 했던 것과 같은 방식으로 명령을 했다. 그러나 그가 예상했던 '네, ○○님'이라는 말 대신에 그 덴마크 여성은 미소를 짓고 그를 바라보며 "왜 이렇게 하길 원하세요?"라고 말했다.

권력거리가 큰 문화를 지닌 국가들은 대규모의 다국적 기업을 거의 만들어 내지 못했다. 이러한 국가에서 다국적 운영은 정상인 수준보다 더 높은 수준의 신뢰를 필요로 하는데, 이런 국가는 본사의 경영관리자들이 편안하게 느끼기 위해 필요한 권력의 중앙집중화를 허용하지 않는다.

불확실성 회피의 격차는 그 방향이 어느 쪽이든 다국적 기업의 운영에 있어서 심각한 문제가 된다. 왜냐하면 규칙이 국가마다 다른 것을 의미할 경우에 조직을 한데 묶어 두기가 어렵기 때문이다. 불확실성 회피 경향이 약한 미국과 영국, 스웨덴 같은 국가에서는 한층 더 경영관리자와 비경영관리자 모두 딱딱한 규칙 체계를 확실히 불편해하는데, 그 규칙 중 다수가 전혀 지켜지지 않는다는 것이 분명할 때 특히 그렇다. 대부분의 라틴 세계처럼 불확실성 회피 경향이 강한 문화권에서는 사람들이 규칙 체계 구조가 없는 것에 대해 불편해하는데 이 규칙 중 다수가 실용적이지 않고 실행 불가능한 경우라 할지라도 그렇다. 불확실성 회피 차원의 양쪽 극에서 사람들이 느끼는 감정은 공격의 통제와 모르는 것 앞에서의 기본적 안정과 관련된 깊숙한 심리적 욕구를 반영한다(제6장 참조).

낯선 문화적 환경으로 이동해 온 조직은 흔히 그들이 한 일이나 원하는 것에 대한 예상치 못한 국민 또는 당국의 반응에 깜짝 놀란다. 한 사회의 집단적 가치의 영향이 이 경우처럼 분명한 곳은 없다. 이 가치들은 입법 과정의 양식에서(그리고 실제로 법에 정해진 것과는 상당히 다를 수 있는 법규가 적용되는 양식에서), 노동조합 구조 프로그램 및 권력 지위에서, 그리고 소비자나 환경론자 같은 이해관계자들 조직의 존재 유무에서 부분적으로 제도화되었다. 그 가치들은 부분적으로 신참에게는 눈에 보이지 않지만, 결국에는 언론 반응, 정부 결정 또는 초대받지 않은 이해집단들의 조직화된 행동 등으로 뚜렷한 모습을 드러낸다. 제3장부터 제8장까지 현지 환경의 반응과 연관하여 노출된 가치 차이들로부터 이끌어 낼 수 있는 몇 가지 추론은 다음과 같다.

- 시민 운동 집단은 다른 곳보다 작은 권력거리, 불확실성 수용 문화권에서 결성될 가능성이 높다.
- 상업기업들은 다른 곳보다 작은 권력거리, 불확실성 수용 문화권에서의 공중 대상 홍보에 더 관심을 가져야 할 것이다.
- 경제적, 사회적 약자를 위한 대중적 동정심 입법은 남성성이 약한 국가에서 있을 가능성

표 11-1 │ 국가 간 경쟁에서 다른 문화 간 프로필이 지니는 경쟁적 이점	
권력거리(작다) 책임 수용	권력거리(크다) 규율
불확실성 회피(약하다) 기초적 혁신	불확실성 회피(강하다) 정밀성
집단주의 헌신적 피고용자	개인주의 기동성 있는 경영
여성성 대인 서비스 주문 생산 농업 식품 생화학	남성성 대량 생산 효율성 중공업 화학 양산 화학
단기지향 빠른 적응	장기지향 새로운 시장 개발

이 높다.

- 세계에서 재난을 입은 경우 및 경제적 빈곤 국가의 원조와 세계 재난 시 대중적 동정과 정부의 민간 재정 지원은 부유하면서 남성성이 강한 국가보다 부유하지만 남성성은 약한 국가에서 더 강할 것이다.
- 환경 보존 및 삶의 질을 유지하기 위한 대중적 동정 및 입법은 권력거리가 작고 남성성이 약한 국가에서 있을 가능성이 더 높다.

세계적 사업에서 관세나 과학기술의 이점은 차차 줄어드는 경향이 있으므로, 경쟁은 자동적으로 경제적 요인에서의 경쟁 이외의 문화적 장점 또는 단점에서의 경쟁으로 바뀌게 된다. 국가문화의 여섯 가지 차원에서 한 문화가 차지하는 위치는 잠재적인 경쟁력 뿐만 아니라 단점을 제공한다. 이들 내용이 〈표 11-1〉에 요약되어 있다.

〈표 11-1〉은 어느 국가든 모든 면에서 좋을 수는 없음을 잘 보여 준다. 문화적 장점은 동시에 문화적 단점을 함축한다. 제10장에서는 조직문화에 관해서 이와 유사한 결론에 도달했다. 이 사실은 문화적 고려를 전략 계획의 일부로 삼아야 하며, 또한 활동을 이들 활동의 경쟁에 필요한 문화적 특징을 소유한 국가, 지역 그리고 조직 단위에 배정시켜야 함을 강력하게 말해 준다.

◆ 다국적 기업의 조율: 구조는 문화를 따라야

　대개의 다국적 기업은 여러 국가에 다양한 사업, 제품/시장 부서를 지니고 있다. 이들은 다른 국가문화와 기업문화 양자를 서로 연결해 주어야 한다.

　어느 조직이든 조직 구조의 목적은 활동의 조정에 있다. 이들 활동은 사업 단위(units)가 담당해서 하는데, 각 단위는 한 국가에서 한 가지 종류의 업무를 맡아 한다. 대기업 구조의 설계는 계획적이든 아니든 각 사업 단위에 대한 다음 세 가지 선택에 토대를 두고 있다.

　　① 그 단위의 입력과 출력 가운데서 어느 것을 기업의 다른 부서가 맡아 조정하게 할 것인가?
　　② 조정은 어디서 할 것인가?
　　③ 조정은 어느 정도 엄격히 또는 느슨하게 할 것인가?

　다국적-다사업 기업체는 조정을 업종별로 할 것인지 또는 지역별로 할 것인를 선택해야 한다. 핵심적인 문제는 사업 지식과 문화 지식 중 어느 것이 운영의 성공에 더 결정적이냐 하는 것인데, 고전적인 해결책은 행렬구조(matrix structure)이다. 행렬구조란 각 사업 단위의 관리자 한 사람이 각각 두 사람의 상사를 갖게 하는 것인데, 즉 모든 국가에서 이루어지는 특정 사업을 조정하는 한 사람과 어느 한 국가 안의 모든 사업 단위를 조정하는 한 사람을 상사로 두는 것이다. 행렬구조는 비용 면에서 문제가 있는데, 관리자 인원을 배로 늘려야 할 경우가 자주 생기고, 또 운영은 문제를 해결하기보다는 문제를 만들 수 있다. 그러나 하나의 구조 원리가 전체 기업에 적합할 가능성은 별로 없다. 어떤 경우에는 사업구조가 주가 되지만, 다른 경우에는 지리적 조정이 우선 고려 대상이 된다. 이는 누더기 구조를 쓰게됨을 의미하는데, 그런 구조는 아름답지는 못하겠지만, 시장 요구와 사업 단위의 문화 차를 따른다는 장점을 지닌다. 이런 구조의 명분은 한 회사가 운영하는 환경 안에 존재하는 다양성에 맞추어 내부적 다양성이 있어야 한다. 여기서 옹호하는 구조적 해결책의 다양성은 단지 장소의 다양성만이 아니라 시간의 다양성까지 포함한다. 최적의 해결책이라는 것은 시간이 지남에 따라 달라질 수 있다. 따라서 주기적 개편은 이해가 된다.

⊙ 다국적 기업의 확장: 국제적 합병 및 기타 신규 개발 사업

국경을 넘어선 합병, 인수, 합작 사업 및 제휴가 흔한 것이 되었지만,[22] 이런 것들은 비교 문화적 충돌의 지속적 원인으로 남아 있다. 국가 간 신규 개발 사업은 흔히 극적 실패로 끝난다. 레이랜드-이노센티, VFW-포커, 최근의 다사-포커, 후고벤스-헤쉬, 더 최근의 후고벤스-브리티시 스틸, 사이트론-피아트, 르노-볼보, 다임러-크라이슬러 및 알리탈리아-KLM은 악명 높은 실패 사업들 중 몇 가지 예다. 국제적 신규 개발 사업에서 재정적 고려만을 기반으로 한 경영 결정이 계속되는 한, 실패 사업 목록은 계속 늘어날 것은 확실하다. 국제적 신규 개발 사업은 거금과 권력 게임의 일환이며, 경쟁 상대가 가하는 위협(실제 혹은 상상의)에 대한 방어로 여긴다. 결정을 내리는 사람들은 새로 형성된 복합 조직 내부에 생기는 운영 문제를 상상하지 못한다. 그러한 신규 개발 사업은 국내에서 조차 성공 이력이 좋지 않은데 국경을 넘었을 때의 성공 확률은 한층 더 낮다. 문화적 조건이 좋아 보일 경우에도 새로운 협동 구조의 문화적 통합은 관리 대상이 되어야 한다. 문화적 통합은 저절로 일어나지 않는다. 문화적 통합에는 신규 개발 사업을 설계한 재정 전문가가 예측할 수 없었던 많은 시간, 에너지, 돈이 든다.

국제적 확장 형태에는 다섯 가지 방식을 구분할 수 있는데, 문화적 위험이 적은 것부터 들면 ① 초원 출발, ② 국제적 전략 제휴, ③ 외국 파트너와의 합작 사업, ④ 외국 기업 인수, ⑤ 국제적 합병이다.

초원 출발(greenfield start)이란 기업이 바닥에서부터 외국 지사를 만드는 것을 의미한다. 대개의 경우 한 사람의 사원이나 한 팀을 해외로 파견해서 이들로 하여금 현지인을 고용하고 점진적으로 현지 상사를 구축하는 방식이다. 초원 출발은 성질상 더디지만, 문화적인 위험 부담은 적은 편이다. 해외 지점의 창설자는 현지인 중에서 자기 기업의 문화에 잘 맞는 사람을 조심스럽게 선정하여 고용할 수 있다. 현지 자회사의 문화는 국가적 요소(주로 가치, 제9장 참조)와 기업 요소(주로 관행, 제10장 참조)의 결합체가 된다. 초원 출발의 성공률은 높은 편으로 IBM은 거의 전적으로 초원 출발로 시작했으며, 더 오랜 역사를 지닌 대부분의 다른 다국적 기업도 마찬가지다. 국제공인 회계사들은 1980년대 후반에 이 분야에서 회사 합병의 바람이 일기까지는 초원 방식에 따라 해외 지사를 설립해 나갔었다.

국제적 전략 제휴(international strategic alliance)는 기존 파트너들 간에 이뤄지는 조심스러운 협동 방식이다. 파트너들은 새로운 기업을 설립하지 않고, 상호 이익을 위해 특정 제품 및 시장에 관해 협력할 것에 합의한다. 위험이 프로젝트에 한정된 것이므로, 이 방법은 서로에 대해 알아보는 안전한 방법이 되며 어느 쪽도 위험에 처하지 않는다. 이런 접근이 합병이나 합작 사업으로 발전할 수도 있는데, 이 경우 파트너는 문화적 위험성을 알아볼 만큼 상대의 문화에 대해 충분히 알아야 한다.

외국 파트너와의 합작 사업(The joint venture with a foreign partner)은 둘 이상의 설립 당사자들이 자원을 합쳐 새로운 기업을 만드는 것이다. 외국 합작 회사는 초원에서 시작하는 수도 있지만, 현지 파트너가 인력의 일부를 통째로 이 합작 기업 쪽으로 돌리는 수도 있다. 당연히 후자의 경우에는 그런 현지 회사는 그 문화의 일부까지도 이전시킨다. 합작 사업은 누가 어떤 자원 또는 어떤 운영 부서를 제공하는지에 관한 명확한 약정에 의해 합작 사업의 문화적 위험을 통제할 수 있다. 운영을 양쪽에서 분담하는 경우보다는 한쪽 파트너가 전담할 때 성공률이 더 높다. 외국 합작 사업은 새롭고 독창적인 문화적 특징을 발전시킬 수 있는데, 이것은 설립 파트너에게서 나온 요소들의 상승작용 결과다. 외국 파트너와의 합작 사업은 잘 알지 못하는 국가나 시장으로 들어가고자 할 때 쓰는 위험-제한 방식이다. 나중에 파트너 중 한쪽이 나머지들을 매수하는 경우가 드물지 않게 일어난다.

외국 기업 인수(foreign acquisition)에서는 현지 회사를 외국 매입자가 통째로 매수한다. 매수된 회사는 회사의 역사, 그리고 자체의 조직문화를 지니고 있다. 그밖에 매수기업의 국가문화와 다른 국가문화를 대표한다. 외국 기업 인수는 빠르게 팽창하는 한 방법이긴 하지만 이것이 지니는 문화적 위험 부담은 만만치 않다. 가족생활에서 비유를 하면(이런 비유는 대기업의 부분 간 관계를 묘사하는 데 곧잘 이용된다), 외국 기업 인수는 사춘기에 입양한 아이를 기르는 데 비할 수 있고, 초원 출발은 자기 자식을 기르는 데 비할 수 있다. 새 성원을 통합하는 데 생기는 문제를 극복하는 방법 중 하나는 어느 정도 거리를 두고 다루는 것이다. 즉, 그것을 통합하는 것이 아니라 하나의 증권 투자로 다루는 것이다. 그러나 대개의 경우 그런 이유로 외국 기업을 사들이지는 않는다. 통합이 절대적으로 필요할 때, 문화적 충돌은 흔히 강압적 권력으로 해결한다. 즉, 요직을 자기 기업 사람으로 갈아 치우는 것이다. 다른 경우에는 요직에 있는 임원이 이런 사태가 올 때까지 기다리지 않고 미리 떠나기도 한다. 외국 기업 인수는 흔히 인간 자본의 파괴를 가져오는데, 이것은 결과 적으로 재정적 자본의 파괴로까지 이어진다. 이것은 자국 내 기업 인수에도 적용되는 것 이지만, 외국에서는 문화적 모험이 훨씬 크다. 외국 (그리고 국내) 인수를 하기에 앞서 기 업의 문화와 인수 대상 기업 문화의 분석을 먼저하는 것이 좋다. 만일 결정이 그래도 진행 으로 나오면 그런 대조 분석은 문화 관리 계획의 토대로 이용할 수 있다.

국제적 합병(Cross-international merger)은 외국 기업 인수의 문제 전부를 지닐 뿐만 아니 라 권력을 분배해야 한다는 문제까지 끌어 안는다. 문화적 문제는 이제는 일방적 결정에 의해 더 이상 해결되지 않는다. 그런 고로 국제적 합병은 극도로 위험하다.[23] 외국 기업 인 수 때보다도 예상 파트너의 기업 및 국가문화에 대한 분석은 합병 결정 과정의 일부가 되 어야 한다. 합병이 이루어지면, 이 분석 결과는 앞서와 마찬가지로 문화 통합 계획의 토대 로 이용할 수 있는데, 이런 문화 통합 계획은 사장과 같은 권력 촉진자(Machtpromotor, 제 10장 참조)의 적극적이고 장기적인 지지를 필요로 한다.

국제적 합병의 전형적인 성공 사례 두 가지는 로얄 더치 쉘(Royal Dutch Shell, 1907년 창 립)과 유니레버(Unilever, 1930년 창립)인데, 두 회사 모두 네덜란드-영국 간의 합병이다. 이 사례들을 보면 다음과 같은 몇 가지 공통점을 보인다. 우선, 상대적으로 작은 국가가 과반수의 지분을 지녔다. 또한 두 개의 본부를 두어서 어느 한 국가가 이 회사를 운영하 고 있다는 인상이 생기지 않도록 했다.[24] 통합 단계에서는 강력하고 카리스마적인 리더십 이 있었으며, 외부 위험이 있어 두 당사자들은 생존을 위해 결속을 유지했으며, 정부의 간섭을 배제하였다.

전략 제휴와 합작 사업을 겸한 널리 알려진 국제 프로젝트 사례로는 프랑스 툴루즈 (Toulouse)에 위치한 에어버스 컨소시엄(Airbus Consortium)이 있다. 이들은 세계에서 두 번 째로 큰 비행기 제조업체가 되었다. 영국, 독일, 스페인에 있는 참여 회사들이 비행기의 여 러 부품을 제작해서 프랑스 툴루즈로 넘겨 주면 그곳에서 비행기를 조립한다.

🔁 국제 마케팅, 광고, 소비자 행동

여러 제품의 질과 설계, 여러 서비스 제시 방법에는 문화가 들어 있다. 여객 항공기 조종실 설계에서 에어버스(Airbus: 유럽항공, 주로 프랑스와 독일)와 보잉(미국) 간의 차이도 그 한 예다. 에어버스 비행기는 조종사의 개입을 최소화하고 스스로 비행하도록 설계된 반면, 보잉기는 조종사의 개입과 상호 작용을 전제로 설계되었다.[25] 에어버스는 불확실성을 회피하는 설계 문화의 산물이다. 반면에 보잉기는 자신이 지휘하고 있다는 느낌을 갖기를 원하는 조종사 욕구를 존중한다.

1983년에 하버드대학교 교수 레빗(Theodore Levitt)은 『시장의 세계화(*The Globalization of Markets*)』라는 논문을 출판했다. 이 논문에서 그는 기술과 근대성으로 인하여 소비자들의 욕구와 욕망에서 전 세계적인 수렴이 일어날 것이라고 예측했다. 이로 인해 세계적 회사들은 보편적 마케팅과 광고 프로그램과 더불어 표준 브랜드를 개발할 수 있게 될 것이라고 주장한다. 1990년대에 와서 마케팅 문헌에는 이 수렴에 대해 의심을 표하는 목소리가 점점 높아졌고, 그들은 문화 차가 없어지지 않는 것을 설명하기 위해 헤르트의 문화지표를 언급했다.[26] 제4장부터 제8장에 걸쳐서 문화 차원 지수와 소비자 행동 자료 간에 보이는 중요한 상관관계에 대한 충분한 증거를 제시했는데, 그 자료는 주로 무이즈(Marieke de Mooij)의 연구를 바탕으로 한 것이었다. 무이즈는 연대별 국가의 소비자 행동 자료를 분석한 결과, 레빗의 예측과는 반대로 1980년대와 1990년대 사이에 부유한 국가들의 구매 및 소비 패턴은 그들이 수렴만큼이나 확산도 있었음이 드러났다. 부유함은 제품 및 서비스 선택의 다양화를 의미했으며, 소비자의 선택은 심리적, 사회적 영향을 반영했다. 무이즈는 다음과 같이 썼다.

소비 결정은 기능적 또는 사회적 욕구로 추동될 수 있다. 의복은 기능적 욕구를 만족시키고, 패션은 사회적 욕구를 만족시킨다. 어떤 화장용품은 기능적 욕구를 충족시키지만, 기타 화장용품은 사회적 욕구를 충족시킨다. 집은 기능적 욕구를 충족시키지만, 가정은 사회적 욕구를 충족시킨다. 문화는 사람들이 사는 집의 유형, 사람들이 그들 가정과 어떻게 연관되는지, 그리고 사람들이 그들 가정을 어떻게 돌보는지에 영향을 준다. 자동차 한 대는 기능적 욕구를 충족시킬지도 모르지만 대부분 사람에게 자동차의 유형은 사회적 욕구를 만족시킨다. 사회적 욕구는 문화 예속적이다.[27]

유럽 15개국에 걸쳐서 개인용 자동차 시장 개발에 관해 이뤄진 무이즈의 분석에 따르면, 주민 1,000명당 자동차 대수는 점차 개인의 금전 수입과 무관해지고 있음을 보여 준다. 1969년에는 주민 1,000명당 자동차 대수는 국가의 부와 강력하게 상관되었지만, 1994년에는 더 이상 그렇지 않았던 것이다. 이것을 수렴의 신호로 읽을 수 있다. 그러나 1969년과 1994년 두 기간 모두에 있어, 중고차에 대한 신차 선호는 부가 아니라 불확실성 회피에 따라서만 결정되었다. 불확실성 수용 문화에서는 국가 간의 어떠한 수렴(conrengence)도 없이, 중고차 우선 구매를 계속했다. 1970년에는 한 가구 두 대 자동차 소유는 국가의 부와 상관되었지만, 1997년에는 남성성과만 상관되었다. 남성적 문화에서는 남편과 부인이 각자의 자동차 소유를 원하는데, 부유함은 같지만 여성적인 문화에서는 부부가 한 대의 자동차를 공유하는 경우가 더 많았다. 이 점에 있어서 국가 간에는 확산(divergence)이 있었다.[28]

문화 지수에서는 불확실성 회피 지수(UAI)와 남성성 지수(MAS)가 가장 수렴을 거슬렀다. UAI는 부와 대체로 별개였고, MAS는 부와 완전히 별개여서 부의 영향을 받지 않았다. 불확실성 회피는 순수성에 대한 욕구와 전문가 지식에 대한 욕구의 차를 의미한다. 남성성–여성성은 "지위의 한 요소로서의 성공 욕구의 차를 설명하는 것인데, 그로 인해 신분 상징적 제품에 대한 매력의 국가 간 차이가 생긴다. 그것은 또한 구매와 가족 의사 결정에서의 남성과 여성의 역할도 설명한다."[29] 이들 가치 차원에서 그들 자신의 선택이 보편적이라고 생각하는 범지구적 지향을 가진 시장 상인들은 이런 차이를 흔히 간과하고 만다.

1990년대의 광고(advertising) 문헌은 점차 문화적 구분에 대한 필요성을 강조해 왔다. 무이즈는 11개국의 3,400개가 넘는 TV 상업광고를 토대로, 문화적 테마와 연계된 각 국가 특유의 광고 양식을 밝혀냈다. 예를 들면, 집단주의 문화권에서는 개인 한 명만 찍힌 사진은 드물다(아무도 이 사람과 함께하고 싶어 하지 않는다면 그 제품은 나쁜 것임이 틀림없다). 모녀 간의 논의는 권력거리가 크거나 작은 문화 모두에서 TV 상업광고의 테마가 되지만,

PDI가 큰 곳에서는 어머니가 딸에게 조언을 하고, PDI가 작은 곳에서는 딸이 어머니에게 조언을 한다.[30]

동일한 세계적 브랜드가 국가에 따라 다른 문화적 테마에 호소력을 지닐 수 있다. 광고, 특히 텔레비전 광고는 예비 구매자의 내부 동기를 표적으로 한 것이다. TV 상업광고는 지난 시대의 동화 및 신화를 현대판으로 볼 수 있는데, 이들은 사람들의 마음속 소프트웨어와 조화를 이루기 때문에 구전되고 다시 구전된 이야기들이다. 레빗 교수의 예언에도 불구하고 이들 마음들은, 세계화되지 않았으며 앞으로도 세계화되지 않을 것이다.[31]

이주자 공동체에서는 전 세계에 걸쳐 독자적인 시장을 만들어 왔는데, 식품 산업이 그렇다. 식품은 전통 및 집단 정체성과 강한 상징적 연계를 갖는데, 이주민들은 이러한 연계를 고수하고자 한다. 특히 집단주의적이고 불확실성 회피 경향이 높은 문화권에서 온 이주민들이 그렇다.

더 이상의 문화적 구분은 세계화된 시장 접근을 사용하는 회사에서조차 현지 소비자들에게 마케팅 메시지를 (이따금씩 문자 그대로) 번역하는 현지 판매 인력의 중매 역할에 의해 마련된다.[32] 예를 들어, 한 판매원이 쓸 수 있는 단도직입(directness) 정도는 문화에 따라 매우 달라진다. 판매 인력의 관리 및 보상 방식과 영업 인력에 대한 보수 및 관리 방식은 (영업 인력 및 소비자들의) 문화적 가치와 산업의 특징에 기반을 두어야만 한다. 판매원의 사업 윤리 개념은 문화에 따라 크게 다르다. 그들은 문화 지수에 포함된 몇몇 가치의 직접 조작화(operationalization) 결과다.

상품 시장보다는 못하지만 서비스 시장도 범지구화를 지원한다. 서비스는 성격상 소비자에 맞게 되어 있다. 서비스 분야에 있는 국제적 회사는 현지 경영진에 상당한 정도의 마케팅 결정권을 맡기는 경향이 있다.

새로운 국가에 온 여행객들은 손님 서비스직에 있는 사람들을 어떻게 상대해야 할지 몰라 걱정했던 경험이 있을 것이다. 즉, 언제 팁을 줘야 할지, 무슨 방법으로 얼마나 줘야 할지를 몰라 걱정한다. 팁을 주는 풍속은 국가마다 다르다. 그런 풍속은 고객과 서비스직 사람의 상호 역할을 반영한다. 팁 주기는 불평등(권력거리)과 독립성과의 갈등(집단주의)을 드러낸다.[33]

범지구화의 성공률은 국제적 구매자와 국제적 판매자가 만나는 사업 대 사업 영역인 산업 마케팅(industrial marketing)에서 더 높다. 기술 표준은 절대적이고, 기술 표준 기관에 대한 참여는 주요 산업 마케팅 도구다. 이때 앞 장에서 기술한 바와 같이 협상 과정은 매우 중요해진다.

◉ 국제 정치와 국제 조직

은퇴한 미국 외무성 관리인 피셔(Glen Fisher)는 국제관계에서의 문화의 역할을 다룬 『정신 자세(*Mindset*)』라는 통찰력 있는 책을 썼다. '문화적 안목(The cultural lens)' 이라는 한 장의 서두에서 그는 다음과 같이 썼다.

> 국제관계에 종사하는 것은 전혀 새로운 정신 자세 형태들을 상대해야 하므로 아주 특별한 업무다. 특정 집단이나 심지어 국가에 대해 이런 마음 자세를 파악하고 예측할 수 있으면 그만큼 '외교업무(foreign)' (foreign은 이질적이란 뜻도 있음-역자 주) 수행에 내재하는 불가사의의 일부도 줄어들 것이다.[34]

다양한 정신 자세는 국가가 생긴 이래 국가들의 역사에 한몫을 했을 것이 틀림없다. 네덜란드 사회학자 래머스(Cornelis Lammers, 1928~2009)는 18세기 초기의 스페인계 네덜란드(오늘날 벨기에)의 사례 연구로 이를 보여 주었다. 스페인 영주들이 떠나고 약 10년 동안(1706~1716년) 그 영토의 일부는 프랑스군에, 일부는 영국군, 다른 일부는 네덜란드군에게 점령당했다. 입수한 기록을 바탕으로 래머스는 세 가지 다른 점령 국가가 세운 정권들을 비교했다. 프랑스는 낙후된 제도를 개혁하고, 정당화되고 프랑스식 중앙집권적 합리화된 정부를 설치하려 노력했다. 영국과 네덜란드는 예전 질서를 그대로 유지했지만 네덜란드인들은 현지 권력자들에게 효율성을 명목으로 근대화할 것을 설득하려 했고, 영국인들은 거리를 두고 되도록 점령지의 국사에 개입하지 않으려고 했다.[35] 영국과 네덜란드에 비해 프랑스 접근은 큰 권력거리와 강한 불확실성 회피 성향을 지녔음을 알 수 있고, 후자의 두 국가 중 네덜란드는 합의를 통한 통치를 시도한 점에서 여성성을 드러내고 있음을 알 수 있다.

제3장부터 제8장에 걸친 각각에서는 한 문화 가치 차원을 국가적 정치 절차(processes) 혹은 정치 이슈와 연관시켰었다. 전자는 정치 게임을 하는 방식들이다. 후자는 국가 정치가들이 우선시하고 국제 장면에서 그들이 옹호하려 하는 문제들이다. 이들 장들은 가치와 정치 간의 관계는 한 국가의 부나 빈곤이라는 배경을 염두에 두고 바라 보아야 한다는 것을 보여 주었다. 가치들이 미치는 영향은 경제적 번영 수준에 따라 조절을 받는다.

권력거리와 불확실성 회피에서의 차이는 주로 정치적 절차에 영향을 미친다. 권력거리가 크다는 것은 정치적 중앙집중화, 시민과 당국 간의 협동의 결여, 그리고 정치적 폭력의 빈발을 의미한다. 불확실성 회피 경향이 강하다는 것은 규칙과 법률이 더 많고, 경제에 대한 정부의 간섭, 정부 당국에 대한 시민들의 지각된 무능력을 의미한다. 권력거리도 크면서 불확실성 회피 경향도 강하다는 것은 국가적 빈곤의 효과 때문에 그런 것이 아닐 때는 지각된 부패가 더 많다는 것을 뜻한다.

개인주의-집단주의, 남성성-여성성은 국가가 옹호하는 이슈에 주로 영향을 미친다. 개인주의는 인권, 정치 민주주의 및 시장 자본주의에 대한 관심을 의미하고 집단주의는 집단 이해 관계에 대한 관심을 의미한다. 남성성은 경제적 성장과 경쟁에 대한 초점과 기술에 대한 신뢰를 의미한다. 한편 여성성은 국가 안의 빈곤자에 대한 지지(복지), 세계에 존재하는 빈곤자 원조(개발 협력) 및 지구 환경 보존에 초점을 맞춘다. 남성성-여성성은 남성적 문화권에서 정치 담화가 적대적이고, 여성적 문화권에서는 합의 지향적이라는 점에서 정치 절차와 관련된다.

장기지향-단기지향은 정치에서의 실용주의-원리주의와 연관된다. 원리주의는 효과가 없는 것이라도 원리를 중시하고 기득권을 중시하는 것을 의미한다. 자적-자제는 표현의 자유에 대한 욕구 대 질서에 대한 욕구 간의 갈등을 보여 준다.

가치와 경제적 번영이 미치는 영향으로 미루어 볼 때 수많은 서양의 정치적 공리가 비서양 국가들에는 적용될 수 없고, 범지구적 지침으로 그리 쓸모가 없다는 것을 의미한다.

　　① 긴급한 범지구적 문제의 해결은 범세계적인 민주주의를 전제로 하지 않는다. 세계의 나
　　　머지는 서구화로 가고 있지 않다. 권위주의적 정부는 세계 도처에서 계속해서 활개칠 것

이다. 중국과 인도의 부상은 기업과 범세계적 국제 협력의 위계를 흔들어 놓을 것이다. 선거는 정치 문제에 대한 보편적 해결책이 아니다. 가난하고, 집단주의적이며, 권력거리가 크고, 불확실성 회피 성향이 강한 문화권에서 선거는 문제를 해결하기보다는 더 많은 문제를 만들어 낼 수도 있다. 알제리가 그에 대한 하나의 예가 되는데, 1990년에 그곳에서 열린 최초 총선거에서는 정치 자유를 없애자는 주장의 원리주의자들이 이겼다. 총선 후 군부는 총선 결과의 무효를 선언했다. 그리고 테러 열풍이 시작되어 8년 동안 끌면서 수만 명의 희생자를 냈다. 또 다른 사례로 들 수 있는 것은 러시아인데, 1991년에 공산주의와 소비에트 연방의 소멸은 권력의 공백을 낳았다. 민주적으로 내려진 결정을 실행하는 데에 필요한 제도가 보이지 않았다. 지역의 마피아 조직이 수탈 정치(도둑들에 의한 정부)를 수립했다. 권위주의적 정부가 다시 발을 붙인 것이다.

② 자유시장 자본주의는 보편적일 수 없다. 자유시장 자본주의는 대부분의 세계에는 없는 개인주의적 정신(mentality)을 가정한다. 제4장에서는 개인주의와 국가의 부 간의 통계적 관계를 밝혔는데, 그 인과성의 화살표는 부에서 개인주의로 향한다. 즉, 국가들은 개인주의적으로 됨으로써 부유해지는 것이 아니라, 부가 증가함에 따라 개인주의적이 되는 것이다. 자유시장 자본주의는 이미 부유해진 국가에 적합한 것으로, 가난한 국가를 부유한 국가로 바꾸지는 못한다. 1960년대 중반부터 1990년대 중반까지 매우 빠르게 발전한 동아시아의 용(드래곤)들은 정부가 흔히 강력하게 관여하는 다양한 경제 체계를 지니고 있었다.

③ 경제 개발에는 경제학자들이 무시하는 경향이 있는 환경적 부담을 수반한다. 서양 민주 국가에서의 환경 오염과 이 생활 수준은 전 세계 인구로 확장할 수 없게 만드는 자원 고갈을 의미한다. 모두를 위한 개발을 추구하는 사람들이라면 누구나 우리의 생태계를 관리하는 새로운 방식을 찾아야 한다. 그 새로운 방식이란 부유한 국가에서 삶의 질을 유지하되, 환경적 부담을 철저히 줄이는 것이다. 이런 면에서 경제적 성장이란 개념은 이미 구식일지도 모른다. 그러므로 경제 및 생태계의 질과 생존력을 위한 다른 대책이 강구되어야 한다.

④ 인권의 개념은 보편적일 수 없다. 1948년에 가결된 '세계인권선언(The Uni-versal Declaration of Human Rights)'은 개인주의적인 서양의 가치에 토대를 두었는데, 그런 가치는 세계 인구의 다수를 차지하는 집단주의권의 정치 지도자들과 일반 주민이 공유하지 않았고, 지금도 공유하고 있지 않다. 비록 불안전한 모양으로 심한 인권 침해에

반대할 때 쓰이는 규범이나마 제시하는 현 선언문의 이점을 희생시키지 않고 국제 공동
체의 선언문은, 예컨대 집단이나 소수자의 권리를 포함하는 방향으로 이를 제정해야 한
다. 그러한 개정 선언문을 토대로, 정치적, 종교적 원리주의의 희생자들을 보호할 수 있
을 것이다. 이런 보호는 국가 주권을 우선해야 한다.

여러 국가에 걸쳐 있는 공공 및 비정부 기구들은 전적으로 문화 간 통신과 협력에 의존
해 운영된다. 대부분은 국제 기구는 본국 문화를 가져선 안 되는 것으로 여기고 있다. 주
요 의사 결정자들은 일반적으로 다양한 국가 출신들이다. 유네스코(UNESCO)와 유니도
(UNIDO) 같은 종속 기구가 딸려 있는 국제연합(UN), 유럽연합(EU), 국제노동기구
(International Labour Organization) 또는 세계교회협의회(World Council of Churches)가 그
예다. 나머지 조직들은 과거와 연관된 암묵적인 모국 문화를 지니고 있다. 예를 들어, 로
마 가톨릭교회(Roman Catholic Church, 이탈리아)와 몰몬교회(Mormon Church, 미국) 같은
종교 기구, 적십자(Red Cross, 스위스)와 국제사면위원회(Amnesty International, 영국)와 같
은 인도주의적 기구가 그렇다.

국제연합이나 유럽연합 같은 연맹은 그 성격상, 하나의 지배적인 국가문화를 가져선
안 된다. 이것은 사람들 각자가 자신을 한 국가를 대표하는 사람으로써 행동하게 되어 있
고, 협상을 통해 의견의 차를 조율하게 되어 있는 그런 기구의 협력 부서에서는 별 문제
가 되지 않는다. 그러나 사람들이 각자 자신의 국가를 대표해서는 안 되고 그 기구 자체
를 대표해야 하는 경우에는 일상 업무에서 적잖은 운영 문제가 된다. 조직은 성원들이 어
떤 종류의 문화를 공유할 때에만, 즉 성원들이 함께 어떤 것을 당연한 것으로 생각할 때
에만 제 기능을 할 수 있다. UN과 EU의 일상적 운영에서는 당연한 것으로 여길 수 있는
것은 없다. 직원 선발, 지명 그리고 승진 절차에서는 일에 대한 적합성과는 다른 주장이
고려되어야 한다. 핵심 인물들이 그들의 일을 익히기도 전에 전출될 수 있다. 목표는 자
주 불명확하고, 목표가 명확한 경우라고 할지라도 수단과 목표 간의 관계가 막연하다. 그
러한 조직은 공유 관행 수준에서 강한 조직문화를 개발해야만 비효율과 낭비에서 벗어날
수 있다(제10장 참조). 좋은 업적 평가 체계는 절대적이다. 이런 조직 내부에 존재하는 국
적의 차이는 조직 업무의 절차(process) 및 내용(content) 양자에도 영향을 미친다. 즉, 조

직의 관료체제가 작동하는 방식과 조직이 시도하기로 결정하는 프로젝트에 영향을 준다. 국가 정치의 경우와 마찬가지로, 절차는 주로 권력거리와 불확실성 회피와 연관이 있고, 내용은 개인주의와 남성성과 연관이 있다.

합동 군사 개입과 평화 유지 임무 같은 임시 국제 조치에는 외국의 군대 병력들과 현지 사람들 간의 갈등뿐만 아니라 타국 군대 내에서의 다른 국적인들 간의 갈등까지 문화 갈등의 소지가 가득하다. 그러한 조치가 성공하기 위해서는 노련한 문화 관리 기술이 요구된다.[36]

경제 개발, 무개발 및 개발 협력

19세기와 20세기 초반은 유럽의 시대였다. 유럽인들과 그들의 해외 자손들은 부가 밖에서 안으로 흘러들어 오는 동안 외부 세계 대부분에 식민화한 '인류의 제왕'[37]이었다. 제2차 세계대전을 경계점으로 하여 대륙 간의 관계, 부국과 빈국 간의 관계가 완전히 뒤바뀌었다. 대전 후 30년 만에 이전의 식민지들이 거의 모두 독립국가가 되었다. 궁핍으로부터의 해방은 기본 인권으로 인식되었고, 1950년 무렵 부유국이 돈을 대고 빈국이 수혜자가 되는 개발 원조 계획이 점차 시작되었다. 1950년과 2000년 사이에는 부국으로부터의 미화 1조 달러가 넘는 공적 자금이 가난한 국가들의 개발에 소비되었다.

제5장에서 부유국들의 정부가 개발 협력에 배당한 액수가 국민총생산(GNP)에서 차지하는 백분율이 국가 간에 상당한 차이가 있으며(2005년에 미국은 GNI의 0.22%를 지출한 반면에, 덴마크, 룩셈부르크, 네덜란드, 노르웨이 및 스웨덴은 각각 0.7% 넘게 지출했다), 이 백분율이 부유한 국가의 여성성 점수와 높은 상관관계를 맺는다는 사실이 드러났다. 개발 지원금은 수혜국의 물질적 필요에 따라서라기보다는 공여국의 (심리적) 필요에 따라 배정되었던 것이다.

개발 원조 반세기를 돌아보았을 때, 대부분의 관찰자는 그 지출 효과가 보잘것없었다는 것에 동의한다. 여러 국가가 빈국에서 부국으로의 선을 넘었는데, 특히 동아시아가 그랬다. 그러나 이것은 그들이 받은 지원금의 양 때문이 아니라 그 국가 사람들의 가치와 노력 탓으로 된 것이었다. 원조금의 유입에도 불구하고 부국과 빈국 간의 소득 격차는 감소되지 않았다. 빈국에서는 그 어떤 자원 증가도 인구 증가에 묻혀 버리기 일수였기 때문에 개발은 악전고투의 길이었다. 인구 통제를 방해할 뿐만 아니라 지역 및 세계 평화를 위협하는 문화적·종교적 전통은 개발의 최대 적이다.

자국의 국민말고는 어느 누구도 그 국가를 개발할 수는 없다. 개발은 재화 속에 있는 것이 아니라 마음속에 존재한다. 타국의 자금과 전문기술은 현지 지식에 통합될 수 있는 한도에서만 효과적이다. 문헌에 나오는 개발 성공담들은 언제나 현지인들의 선진 전문기술로부터의 해방을 강조한다. 1992년 세계은행(World Bank)은 아프리카의 '최우량 관행(best practices)'에 대한 연구 프로그램에 착수했는데, 많은 사례 연구는 개발 성과를 어떻게 빨리 얻을 수 있는지를 보여 준다. 그 방법은 아프리카 사람들의 열성, 헌신 그리고 정체감을 강력하게 받쳐 주는 토착적 제도를 구축하고 동시에 법에 의한 통치를 강화하는 것과 같은 기본적 현대화를 실시하는 것이다.[38]

개발 협력의 지배적 철학은 이러한 현지와의 통합 필요성을 인정하는 일이 거의 없이 경제 모델들이 정책을 결정했다. 수십 년 동안 한 국가를 개발하는 일은 주로 경제적·과학기술적 문제로, 자금과 기술 이송의 사안으로 여겨져 왔다. 금전 지출은 주는 쪽에서는 기술 관료의 충고와 가끔 수혜로의 관료의 충고를 받는 정치인들이 결정했다. 양쪽에 존재하는 문화적 정신 프로그램에 대해서는 입에 발린 말로만 인정하고, 정작 개발 기획에 사용된 정신 프로그램은 공여국의 것뿐이었다. 예를 들어, 부패란 매우 현실적인 사실로 문헌에서 좀처럼 다루지 않았다.[39] 인류학자들이 수십 년 동안 문화가 결과에 미치는 결정적 영향을 밝혔음에도 불구하고, 문화와 기술 변화 간의 상호 관계에 대한 연구에는 아주 극히 작은 금액이 소비되었다.

개발 협력 맥락에서의 문화 간 접촉은 제도적 측면과 대인적 측면을 지니고 있다. 제도적 수준에서 많은 수혜국은 많은 공여국과 마찬가지로 협력 사업이 성공하도록 만드는데 필요한 제도적 틀을 가지고 있지 않다. 대개는 수혜국의 원시적인 제도적 구조에 실패 책임이 돌아간다. 그러나 공여국 측의 상황도 더 나을 바가 없다. 대부분의 개발 부서는 외무성에서 파생된 것으로, 이 부서의 일차적 목적은 외국에서 자국의 이익을 증진시키는 것이다. 외교관은 개발 자문 활동 분야에서 유능한 기업가로 행동하는 데 필요한 기술과 조직문화를 갖추고 있지 못하다. 개발 원조금에는 대개 정치적 꼬리가 붙어 있다. 이런 돈은 수혜국 국민과 정치가들이 그런 가치를 지니고 있고 없고와는 상관없이 공여국 국민과 정치가들의 이익은 아닐지라도 그들의 가치를 충족시키는 방향으로 사용되도록 제약되어 있다. 세계은행과 같은 국제적 기구가 자금을 대는 프로젝트에는 이런 제약이 없다. 그래도 기구의 목적을 충족시켜야 하는데, 이런 기구의 목적은 흔히 수혜국의 목적과 갈등을 빚는다.[40]

수혜국 쪽에서의 제도적 문제는 식민화와 탈식민화 과정에서 전통적 제도의 틀이 파괴된 국가에서 가장 심각하다. 이들 국가의 대부분은 사하라 남쪽 아프리카에 있다. 지역 전쟁이 평화적 개발의 산물을 파괴하지 않을 때에도 사회 안의 힘이 제도 정착을 어렵게 만든다. 제도적 전통이 파괴된 곳에서 개인의 이해가 무한정 판치게 된다. 정치가들은 전통적 규범의 규제를 받지 않고 자신과 자기 가족을 위해 부의 축적에 전념한다. 제도는 무(無)로부터 창조될 수는 없다. 제도는 가치와 역사에 뿌리를 박고 있는 생활 장치이며, 성장해야 하는 것이다. 동아시아의 일부 국가들이 경제적 성공을 거둔 것도 이들 국가가 모두 진작부터 현대에 적합한 몇백 년 묵은 제도적 틀을 지니고 있었다는 사실에 힘 입은 것이다.

개발 협력은 조직이 어떻게 움직여야 하는지에 관한 암묵적 모델들(제9장 참조)이 공여국과 수혜국 기술자 간에 서로 다르기 때문에 지장을 받았다. 아프리카의 한 국가에 용수로 체계를 설치한 독일 엔지니어링 회사 이야기를 예로 들어 보겠다. 막대한 기술적 난제를 극복하면서 공학자들은 효과적이고 작동하기 쉬운 체계를 건설했다. 그들은 이후의 사용 및 수리 작업을 위해 필요한 영어와 스와힐리어로 번역된 서류를 제공했다. 그리고 그들은 곧 떠났다. 4개월 후 그 용수로 체계는 고장이 났는데 조금도 수리되지 않았다. 현지 권력 구조가 그 프로젝트를 가족 재산으로 삼는 기회를 찾지 못했던 것이다. 용수로 체계에는 현지 '주인(master)'이 없었다.[41]

캐나다 국제개발기구(Canadian International Development Agency)가 지원한 한 고전적 연구는 외국에 있는 공여국 인력의 유효성을 결정하는 요인을 살펴보았다. 그 연구는 6개국에 나가 있는 250명의 캐나다인들과 수혜국 인력 90명을 대상으로 했다. 이 연구는 다음의 세 가지 요소를 밝혀냈다.

① 문화 간 상호작용과 훈련-현지 문화와 현지인과의 접촉과 기술 이전과 관련에서.

② 전문적 효과성-일상 과업, 직장에서의 의무와 책임과 관련에서.

③ 개인 및 가족 적응과 만족-개인으로 가족으로 해외 주재 중 기본적 만족을 느낄 수 있는 능력과 관련에서.

이들 세 가지에 대해서, 외국 근무자들은 대체로 제2 요소와 제3 요소에서는 유능한 것으로, 제1 요소에서는 부족한 것으로 드러났다. 현지인들은 문화 간 상호 작용과 훈련을 통한 업무 기술의 이전이 외국 근무 성공을 위한 가장 결정적인 차원임을 강조했다.[42]

북구 4개국(덴마크, 핀란드, 노르웨이, 스웨덴)의 개발 협력 기구가 수행한 연구에서는 동아프리카에서의 북구 기술 원조 인력의 효과성에 초점을 맞추었다. 그 연구에서는 공여국 측이 설정한 우선순위를 비판했다. 즉, 900명의 북구에서 온 현지 주재원들 중에서 2/3가 실행자(스스로 프로젝트를 수행)인 반면에 1/5만이 현지 인력 교육자이거나 현지 제도 설립 자문가였다. 연구자들에 의하면, 두 가지 범주 간의 비율은 반대여야 했다. 이렇게 하면 필요한 외국 근무 인원수를 대폭 감축시킬 수 있을 뿐만 아니라, 그들에게서 요구되는 기술의 프로필도 크게 달리 할 수 있었다.[43]

요약하면, 제도적 지지가 충분하다고 가정될 경우 개발 협력이라는 맥락의 문화 간 접촉은 지식의 쌍방향적 교류가 있을 때 생산적이 될 것이다. 즉, 공여국으로부터 수혜국으로는 기술적인 지식이 가고, 수혜국으로부터 공여국으로는 그 기술적 지식이 적용되는 맥락에 관한 문화적 지식이 가는 것이다. 기술 전문가가 문화 전문가를 만나게 되면, 그들의 상호적 전문지식이 그들 간 상호 존중의 기반이 된다.

⟳ 문화 간 의사소통의 학습

문화 간 의사소통 능력의 습득은 인식, 지식, 기술의 3단계를 거친다. 인식(Awareness)은 모든 것의 시발점이다. 내가 일정한 방식으로 성장했기 때문에 일정한 정신적 소프트웨어를 지니고 있으며, 다른 환경에서 자란 사람들은 같은 이유로 다른 정신적 소프트웨어를 지닌다는 깨달음 말이다. 집단 훈련을 연구하기 위하여 1950년에 미국에 온, 프랑스의 사회심리학자 파제(Max Pagès)는 그러한 인식이 없는 상황을 다음과 같이 기술하고 있다.

> 수용된 것은 바로 나, 즉 맥스(Max)였을 뿐 내문화는 수용되고 있지 않다는 것이 아주 분명해졌다. 나는 프랑스인이라는 이국적 특성을 지닌 또 다른 한 사람의 미국인으로 취급받았고, 이러한 특성은 특별한 셔츠 스타일과 별다를 게 없었다. 전반적으로 내가 살고 있는 지적 세계, 내가 썼거나 읽었던 책의 종류, 미국에서와 유럽 또는 프랑스에서 행하는 것 간의 차이에 대한 호기심이 존재하지 않았다.[44]

작가 모리어(James Morier)는 강한 문화적 인식을 가졌던 사람으로 알려져 있다. 이 장의 서두에 나온 그에 대한 인용문에서는 모리어를 다음과 같이 묘사하고 있다.

> 그는 자신과 전혀 다른 사람들을 움직이는 동기를 이해할 수 있게 만든 유머가 들어간 동정심을 가지고 태어났기에…….

다음은 **지식(Knowledge)**을 갖추어야 한다. 다른 문화를 상대하려면, 우리는 이들 문화에 대해 배워야 한다. 그들의 상징, 그들의 영웅 그리고 그들의 의식(儀式)에 대해 알아야 한다. 그들의 가치를 갖지는 못할지라도 적어도 그들의 가치가 우리 자신의 것과 어떻게 다른지 정도는 지적으로 파악할 수 있게 된다.

기술(Skills)은 인식과 지식에 토대를 두고 있고 여기에 실천이 보태진 것이다. 우리는 다른 문화의 상징들을 알아보고 이를 응용해야 하며, 그들의 영웅들을 알아보아야 하며, 그들의 의식을 행하며, 처음에는 단순한, 그리고 좀 뒤에는 더 복잡한 생활 문제를 풀 수 있게 되면서 새로운 환경 안에서 잘 지낸다는 만족감을 체험해야 한다.

문화 간 의사소통은 가르칠 수 있다. 어떤 사람은 이를 쉽게 배우고 어떤 사람은 그렇지 못하다. 사람들 중에서 지나치게 팽창된 자아를 지닌 사람, 불확실성에 대한 허용도가 낮은 사람, 정서 불안의 과거가 있는 사람 또는 인종 차별 감정이나 극우나 극좌 정치 사상을 지닌 사람은 자신이 아끼는 신념으로부터 거리를 두는 것을 전제로 하는 훈련에서는 부적격이라고 보아야 한다. 그런 사람들은 어차피 외국 이주에 부적합할 것이다. 가족 전체가 외국 근무를 해야 할 경우에는 배우자와 자식들이 필요한 정서적 안정성을 갖추고 있는지 확인해 두는 것이 좋다.

문화 간 의사소통에 관한 교육과정에는 두 가지 유형이 있다. 보다 전통적인 방식은 타문화에 관한 구체적인 지식에 초점을 맞춘다. 이런 과정은 더러 '외국 이주자 브리핑'이라고 부른다. 이 과정은 외국 이주 예정자와 가능하면 이들의 배우자, 자식까지 포함해서, 새 국가의 지리, 약간의 역사, 관습, 위생, '할 일과 해서는 안 될 일', '가져가야 할 물건' 등, 다시 말해서 사는 방법에 대해 가르친다. 이 과정에서는 그들 자신의 문화에 대한 이해를 돕는 내용은 포함되지 않는다. 이런 과정은 매우 유용하지만, 동기가 아주 강한 이주 예정자는 이런 정보를 스스로 책이나 비디오와 웹 자료에서도 얻을 수 있다. 실제로 이런 훈련 과정을 제공하는 기관은 대개 급히 준비를 해야 할 사람들을 위해서 훌륭한 도서, 비디오 도서관이나 웹사이트를 갖추고 있다.

어떤 특정한 배치를 위한 보다 나은 준비는 물론 현지의 언어를 학습하는 것이다. 속성 과정은 많지만 학습자가 유별나게 머리가 좋은 사람이 아니라면 새 언어를 사업 수준에서 익히는 것은 종일 매달려도 수개월은 걸린다. 이런 과정이 외국 땅에서 제공되어 학습자가 여기에만 전념할 수 있을 경우에는 기간이 약간 단축된다. 대개의 고용자는 일찍부터 충분한 사전 계획을 해 주지 않기 때문에 외국 이주 예정자가 해당 언어를 배울 시간적인 여유는 충분하지 않다. 이것은 결국 고용주의 손해다. 만일 외국 이주 예정자가 언어 학습을 할 기회가 있다면 배우자도 같이 하는 것이 좋다. 대체로 여자는 남자보다 언어를 빨리 배운다. 여자는 비언어적인 문화 단서를 익히는 데도 능숙한 편이다.

또 다른 유형의 문화 간 의사소통 교육과정은 문화 차에 대한 인식과 문화차에 대한 일반적 지식에 초점을 맞춘다. 인식 훈련은 자신의 정신적 소프트웨어와 그것이 다른 사람의 것과 어떻게 다를 수 있는지에 초점을 맞춘다. 이것은 어느 특정 이주국에만 한정되는 것이 아니다. 여기서 가르치는 지식과 기술은 어느 외국 문화 환경에도 적용된다. 이 교육과정에서는 외국 문화권에서 사는 방법보다는 어떻게 일하는지, 즉 어떻게 일을 해내는지에 대해 가르친다. 외국 이주 예정자 곁에서 배우자도 같이 과정에 참석할 수 있는데, 왜냐하면 이해할 줄 아는 배우자는 문화 충격기를 넘기는 데 극히 중요하기 때문이다.[45] 이런 훈련에는 외국 이주 예정자의 본부 상사와 이주 예정자와 앞으로 연락할 간부 전문가가 꼭 참석해야 한다. 경험에 의하면, 외국 이주자가 겪는 문제 중의 하나가 자신은 외국 거주를 안 하면서 본국에 앉아 이주자들과 연락을 취하는 본부 간부들의 이해와 지지를 얻는 것이다. 본부의 외국 담당 부서도 외국 이주자에게 요청되는 문화적 감각을 갖추어야 한다. 이 유형의 과정이 성공하기 위한 조건은 최고경영진의 확고한 신념, 훈련생들을 위한 충분한 시간 투자, 그리고 회사 인력 중 임계 집단(critical mass)이 같은 유형의 프로그램에 참여할 것 등이다.

문화 간 능력 과정을 설계하는 과정(process)은 내용(content)만큼 중요하다. 학습 과정 그 자체는 문화적으로 제약을 받는데, 이것을 놓치면 훈련가들은 자신이 가르치려고 한 것과는 다른 내용을 전달하게 된다. 본드(Michael Bond)는 홍콩에서 얻은 폭넓은 경험을 토대로 쓴 글에서 아시아 청중에게 서양식 절차를 쓰는 데 대한 주의를 환기시켰다.[46] 문화 간 훈련가 및 자문가라는 신생 직업의 직종문화는 서양, 주로 미국 관행의 기초 위에 구축된 것이다.

헤르트 얀(Gert Jan)은 문화적 다양성 탐구를 위한 집단 훈련 방법을 미국의 상담전문가 페더슨(Paul Pedersen)의 생각과 헤르트의 다섯 가지 차원모델을 이용하여 개발했는데, 그 방법은 아주 다양한 참여자에게 사용할 수 있고 이에 못지않게 다양한 실용적 응용에 활용할 수 있다. 그 방법에서는 참여자가 열 가지 **합성 문화**(synthetic cultures) 중 하나를 선택하여 그 문화와 동일시할 것을 요구받는다. 열 개의 합성 문화란 자적-자제를 제외한 이 책의 차원들을 조합에서 만들어 낸 '순수(pure)' 문화 유형들이다. 그리고 나서 참여자들은 가상적 문제 해결 상황에서 자신의 문화대로 연기하게 된다. 그들은 자신의 경험을 통해 학습하고 이문화 간 기술을 '안전(safe)' 환경에서 개발하게 된다.[47]

뿐만 아니라 자기 교육(Self-instruction)도 가능하다. 이를 위한 전통적 도구로는 **문화 소화지**(Culture Assimilator)라는 것이 있다. 이것은 수많은 짧은 사례 이야기로 구성된 프로그램 학습 도구다. 각 사례 이야기는 어떤 사람이 문화 간 만남에서 어떤 특정한 방식으로 행동하는 내용을 담고 있다. 대개 이 행동에 대해 네 개의 설명이 제시된다. 이중 하나는 외국 문화 출신의 정보 제공자가 내놓은 내부자의 설명이다. 나머지 세 개는 그 문화에 대해 모르는 외부자의 대안이다. 학생은 하나의 답을 선택하고 다음 쪽을 읽는데 거기에는 왜 선택한 답이 맞으며(문화 안 거주자의 해석과 일치하며) 틀리는지(무엇을 모르는지)를 설명하는 논평이 나와 있다. 초기 문화 소화지는 본국 문화와 현지 문화 양자에 대해서 문화-특수적이었다. 따라서 문화 소화지를 제작하는 데에 비용이 많이 들었고, 배포도 잘 되지 않았지만, 평가 연구는 그것의 장기 효과가 매우 긍정적임을 보여 주었다. 후에 초기의 특정 주제에 주요 공통 주제를 합친 일반 문화 소화지가 출판되었다.[48]

문화적 감수성이라는 것은 미묘한 것으로 언제나 편견이 끼어들 가능성이 있다. 1976년에 월남 피난민 아이들이 미국의 작은 마을의 정규 학교에 다니게 되었을 때, 미국 교육부는 교사들에게 '월남인의 교육에 관하여'라는 지시문을 내려 보냈다. 그 내용은 다음과 같다.

> 월남 학교에서는 체벌을 잘 주어 학생 참여를 못하게 되어 있다. 학생은 딱딱한 자세로 앉아 있고 누가 말을 걸어야 말을 하도록 길들여 있다. 이런 배경은 월남 학생이 자유롭게 말하는 것을 어렵게 만든다. 그러므로 수줍음을 무관심으로 곡해해서는 안 된다.[49]

언뜻 보기에는 대개의 서유럽이나 북아메리카의 독자에게 이 지시는 문제가 없어 보인다. 그러나 이 속에 담겨 있는 말 가운데는 미국 문화를 비치는 단서들을 찾아보면 이 지시에 문제가 없지 않음을 알게 된다. 이들은 다 편견의 근원들이다. 여럿 나오는데, 하나같이 편견의 근원이 되고 있다. 사실, 미국 교육부는 월남인에게 미국 젊은이의 동기를 부여하고 있다. 예를 들면, 참여 욕구를 말하고, 또 그들의 복종심이나 존경심 때문에 그랬을 수도 있는데 체벌 때문이라고 말하고 있다. 본인이 스웨덴에서 가르친 박사과정 세미나에서 한 참가자가[50] 앞의 지시문을 뒤집음으로써 다른 사람들의 눈을 뜨게 해 주었다. 즉, 미국 학생이 월남 학교에 다니게 되었다고 가정하고 말이다.

> 느슨한 질서로 인해 학생들은 교사를 제대로 존경할 수 없게 되었으며, 학생들은 무질서하게 행동하고 늘 지껄이게끔 길들여졌다. 이런 배경은 미국 학생으로 하여금 학급 안에서 얌전하고 존경을 보이는 행동을 하기 어렵게 한다. 그러므로 무례함을 존경심의 결여로 곡해해서

는 안 된다.

◆ 문화 간 이해를 위한 교육: 부모를 위한 제언

사람들에게 세상의 모든 관습 중에서 최고인 것을 하나 뽑으라고 한다면 그들은 심사숙고 끝에 결국 자신의 관습을 택할 것이다. 이처럼 어느 사회의 사람이든 자신의 관습이 다른 모든 사람들의 것보다 훨씬 낫다고 확신한다.   헤로도토스(Herodotus), the Histories, 420 BC.[51]

……세계의 여러 민족 중 영국인의 국민성이 가장 적다. 이것도 국민성이라고 보면 이야기 는 다르지만 말이다.   흄(David Hume), Essay 21, 1742.[52]

독일인은 독일에 살고 로마인은 로마에 살지.
터키인은 터키에 살지만 영국인은 집에서 살지.   고어링(J. H. Goring), 1909년작 자장가에서[53]

앞의 인용문들로 말하면, 이 책의 메시지는 모든 사람이 흄이나 고어링의 영국인과 같다는 것이다. 모든 사람은 세상을 하나의 문화라는 집의 창문을 통해 바라보며, 다른 국가에서 온 사람은 무엇인가 특이한 점(국민성이라도 좋다)을 지니고 있고 자기 국가는 정상인 듯 행동하기를 좋아한다. 불행하게도 문화적 일에서는 정상적 위치란 없다. 이런 메시지는 17세기에 지구가 우주의 중심이 아니라고 말한 갈릴레오(Galileo Galilei)의 주장 못지않게 사람을 불안하게 만드는 불안한 메시지다.

이 책에서 주장한 바대로 다문화 세계에서 생존하기 위한 자본 기술은 자신이 속한 문화의 가치들을 먼저 이해하고, 다음에는 자신의 협력 대상인 타인의 문화 가치를 이해하는 것이다. 부모로서 우리는 다른 어떤 위치에 있는 사람보다도 장래의 세계시민에게 다문화적 이해를 심어 주는 데 큰 영향력을 행사할 수 있다. 가치관은 주로 아이의 생후 첫 10년 사이에 획득되는 것으로, 가치관은 주입에 의해서라기보다는 어른과 연상의 아이들의 관찰과 모방을 통해서 흡수된다. 부모의 나름대로 문화를 사는 방식이 아이에게 문화적 정체를 제공한다. 부모가 다른 문화권에서 온 사람이나 집단에 관해 어떻게 말하고 행동하느냐에 따라 아이의 마음이 비교 문화적 이해에 있어서 얼마나 열릴 것인지 또는 닫힐 것인지가 결정된다.

이문화(二文化)적 환경에서 성장하는 것은 아이에게는 이점이 될 수 있다. 국적이 다른 부모를 두었거나 어릴 때 외국에서 살아본 경험이 있거나 또는 외국인 학교에 다녀본 경험 등이 그 예다. 그런 이문화적 배경이 이익이 될지 오히려 불이익이 될지는 부모 자신이 그런 이문화적 상황에 대해서 잘 대응하느냐 못 하느냐에 달려 있다. 외국인 친구를 가진다든가, 몇 개의 외국어를 들으면서 생활한다든가, 또는 외국 것에 대한 아이의 흥미를 일깨워 주는 부모와 함께 여행한다든가 하는 것은 분명히 이익이 된다. 그 외국어가 무엇이든 자국어 이외에 적어도 다른 언어 하나를 익힌다는 것은 다문화적 이해의 교육에서는 없어서는 안 될 요소다. 물론 이것은 그 외국어의 가르침이 효과적일 때 말이다. 학교에서의 외국어 시간이라는 것이 시간 낭비인 경우가 많은 것을 알기에 하는 말이다. 외국어 교육에서는 완전 몰입에 역점을 두어야 한다. 그래서 외국어를 쓰지 않고는 실제적인 일을 할 수 없게 되어야 한다. 진정한 이문화 또는 다문화 사람이 된다는 것은 소수 인종 집단이나 작은 국가에 속하는 아이가 누리는 이점 중의 하나다. 큰 국가 출신의 아이로서는 그렇게 되기가 쉽지 않다. 물론 인도처럼 그 국가 자체가 다언어적이라면 이야기는 달라지지만 말이다.

다문화적 이해의 확산: 미디어의 역할

잡지나 신문의 기자, 라디오와 TV 프로듀서 등 미디어 종사자들은 다문화 이해를(때로는 오해를) 만들어 내는 데 남달리 중요한 몫을 한다. 다문화적 세계에서의 생존을 위한 싸움은 대부분 미디어 속에서 일어난다. 미디어 종사자도 사람이다. 그들은 그들 나름의 문화적 가치를 지니고 있다. 다른 문화에 대한 그들의 입장은 애매하다. 한편에서 그들은 국민의 취향을 따른다. 그들의 성공 여부는 국민이 읽고 싶어 하고, 듣고 싶어 하는 것을 쓰고 말하느냐에 달려 있다. 다른 한편으로 그들은 국민의 주의를 유도할 위치에 서 있다. 즉, 어떤 현실 이미지를 만들어 내 보이는데, 많은 사람에게 그 그림은 현실 자체가 된다. 아주 세련된 사람들만이 그들이 즐겨 보고 듣는 TV쇼, 라디오 프로그램 및 신문에 담긴 다른 국가 문화에 관한 생각을 비판적으로 분석할 수 있다.

사회의 다른 영역에 사는 사람들이나 다른 사회의 사람들이 색다른 그러나 꼭 나쁘지 않은 가치 가정에 토대를 두고 생각하고 느끼고 행동한다는 인식을 미디어 종사자들이 깨닫고 있을 수도 아닐 수도 있는데, 이것은 그들이 만들어 내는 결과물에 반영된다. 그리고 국민에 대한 단순한 정보가 큰 오해를 막을 수 있다. 확실한 흑백 메시지만을 전하거나 또는 이해관계상 누가 착한 사람이고 누가 악한 사람인지를 꼭 밝히기를 원하는 기자들이 분명히 있을 것이다. 그러나 보다 고상한 야심을 가진 사람이라면 문화적 가치와 관행에서의 차이에 대한 이해를 넓힐 수 있는 큰 미개척 가능성을 한번 이용해 볼 만하다. 예를 들면, 텔레비전의 눈을 통해서 여러 국가에서의 일상 행동의 비슷한 점들을 보여 준다면, 그것은 대단히 강력한 것이 되겠지만, 아직 그런 예는 거의 찾을 수가 없다.[54]

특히 네덜란드와 같이 작은 국가에서 잘 일어나는 문제는 텔레비전과 신문사들이 매체 자료를 생산한 다른 문화적 맥락을 강조하지 않은 채 큰 국가들의 매체 자료를 수입해 쓰는 것이다. 사회 추세에 대한 조사 자료를 보도하는 신문 기사를 한 예로 들 수 있다. 이런 자료는 대개 미국에서 들어오는데, 결론은 네덜란드에서도 해당된다는 가정을 편집자가 하고 있음을 드러낸다. 이들 두 사회가 남성성-여성성 차원에서 크게 다르며(제5장), 이 차원이 여러 사회 현상에 영향을 준다는 사실을 감안하면, 미국 자료를 해석할 때 적어도 네덜란드 독자에게 주의를 환기시키는 정도의 일은 했어야 한다. 우스운 일은 어느 기자도 일본이나 독일의 통계가 네덜란드에 적용된다는 암묵적 가정하에 이들 통계를 실으려는 생각은 꿈에도 하지 않는다는 것이다.

◉ 세계적 문제는 문화 간 협력을 요구한다

오늘날 인류는 사람이 만들어 낸 갖가지 재난에 직면하고 있다. 이들 재난은 우리 조상들이 늘 당했던 자연의 재해가 아니라 문화의 재난이다.

    공통된 원인은 인간이 한정된 지구의 크기에 비해 지나치게 생산적이고 약기 때문이
다. 우리가 기술에 대해 똑똑하고 매일 더 그렇게 되고 있지만 우리는 우리 자신에 대해
아직도 모르고 있는 것이 많다. 우리의 정신적 소프트웨어는 지난 수세기 동안 만들어 놓
은 환경에 적응하고 있지 못하다. 생존의 유일한 길은 사회적 존재로서 우리 자신을 이해
하게 되고 그래서 우리의 기술적 약삭빠름을 통제하고 그것이 파괴적으로 사용되지 않게
하는 것이다. 이것은 여러 문제에 대해서 우리가 공동으로 대처할 것을 요구하는데, 불행
하게도 여러 다른 문화 가치가 사람들로 하여금 합의보다는 이견을 낳게 한다. 이런 상황
에서 문화 간 협력은 인류의 생존을 위한 최우선 조건이 되었다.

    이 책에서는 여러 가지 가치와 관련된 세계 문제를 언급한 바 있다. 경제적 문제로는
국제적 경제협력 대 경쟁, 국제적·국내적 빈부의 분포와 같은 문제가 있다. 과학기술로
인해 생기는 문제도 있는데, 과거에는 새 과학기술이 발명되면 곧바로 적용하면 되었으
나 이제는 그렇지 못하며, 이제는 인간이 만들 수 있는 것 중 어떤 것을 만들 것인지, 그
리고 생산하기로 한다면 어떤 대비를 해야 할지를 결정해야만 한다. 이런 결정은 세계적
차원에서 합의가 이루어져야 하고, 만일 국가나 집단이나 개인이 이런 결정이나 대비 준
수 사항을 존중하지 않으면 강제로라도 이를 따르도록 해야 한다. 그 예로는 평화적 내지
공격적 목적을 위한 핵에너지의 사용, 화학물질 처리와 생산, 정보기술의 응용, 유전인자
조작의 응용 등을 생각할 수 있다. 후자의 예로는 의사들이 태어날 아이의 성을 마음대로
결정할 수 있게 되는 것이다. 어떤 문화권에서는 남아 선호가 아주 강하다(제5장 참조). 윤
리적 인구학적 사실을 감안할 때 이런 기술을 멋대로 확산되게 방치해야 하는가? 만일 방
치한다면, 어디에서, 그리고 어떤 조건하에서 그렇게 할 것인가? 아니라면, 그것을 못하
게 할 수 있는가?

    세계의 인구 성장, 경제 발전 그리고 기술 발전의 병합된 결과는 우리가 아직 충분히
알 수 없는 방식으로 세계의 환경 체계에 영향을 주고 있다. 지금 세계의 여러 곳에서 일
어나고 있는 무분별한 벌목은 산림을 파괴하고 있다. 이산화탄소(CO_2)와 다른 가스 방출
의 증가로 생긴 온실효과로 인한 장기적 기후 변화는 벌써 그 모습을 드러내고 있다. 이
것은 구조적으로 수십 년에 걸친 지연 효과를 지니고 있어서 지금 가스 방출을 멈춘다 해
도 온실효과는 오랫동안 증가할 전망이다. 이런 문제에 대응하기 위해서는 지각된 국가

이익과 문화 가치 양자가 갈등을 빚고 있는 분야에서 세계 규모의 연구와 정치적 의사결정이 필요하다. 다음 세대가 거둘 이익을 위해서 오늘날 치러야 할 희생에 관한 결정은 다음 해에 재당선될 것인지 또는 내일의 권력 투쟁에서 살아남을 것인지가 주 관심사인 정치가들이 내리게 되어 있다. 그것 말고도 희생은 주된 수혜자가 아닌 세계의 다른 곳에서 치러야 한다는 문제가 있다. 온실효과를 줄이기 위해서는 열대지역의 국가들이 그들의 우림을 보존해야만 한다. 이들 국가들은 대체로 가난하고, 정부는 목재를 팔아 수입을 올리고 싶어 한다. 이들 국가들이 남아 있는 우림을 그대로 보존하는 대가로 보상을 줄 수는 없는가?

여기서 서술한 추세는 인류 전체를 위협하는 것들이다. 이들은 미래의 공동의 적에 해당한다. 옛날부터 서로 상극하는 이해 관계를 가진 지도자나 집단이 협력하게 만드는 가장 효과적인 방법은 공동의 적을 갖는 것이었다. 아마도 이들 위협이 너무 다급해져 이전에는 볼 수 없었던 문화 간 협력을 이룩하게 만들지도 모른다.

앞으로의 결과는 정치가들이 그들의 정신적 소프트웨어의 일부로 문화 간 협력기술을 획득하느냐 못하느냐에 달려 있다. 과거에 미국 외교관이었던 피셔(Glen Fisher)는 그의 저서 『정신 자세(*Mindsets*)』에서 경제, 문화, 정치 간의 관계에 대해 다음과 같이 썼다.

> 국제 경제적 과정에 대한 학제적 접근이란 존재하지 않는다. 가장 중요한 사실은 전통적인 경제 분석의 관례적 적용은 '비합리적' 행동을 허용하지 않는다는 것이다. 그러나 국가 간, 그리고 문화 간 관점에서 보면, 무엇이 합리적이고 무엇이 비합리적인지에 대한 심각한 의문이 존재한다. 양자는 극히 상대적인 용어들이고 문화에 얽매어 있다. 한 사람에게 비합리적인 것은 다른 사람에게는 매우 질서 있고 예측 가능한 행동일 수 있다. ……감상주의와 경제적 이익의 추구는 조화될 수 없다는 말을 흔히 하는데, 실은 경제 체계도 하나의 윤리 체계라고 할 수 있다. 법이나 다른 규칙에 의해서 또는 관습에 의해서 어떤 경제적 활동은 보호되고 어떤 것은 금지된다. 무엇이 보호를 받는지는 문화에 따라 다르다.[55]

무엇이 '합리적'이고 무엇이 '윤리적'인지는 문화적 가치의 위치에 따라 달라진다. 정치에서는 가치상의 위치 말고도 지각된 이해 관계가 끼어든다. 이제까지의 국제 정치에서 보면 자기 국가와는 다른 윤리적 기준을 남의 국가에 적용하려는 경향이 강했다.

정치에서 윤리에 겸손해야 한다는 점을 보여 주는 사례는 국제적 마약 거래다. 서구 국가들은 마약 반입을 막기 위해 사실상의 전쟁을 벌이고 있다. 그리 오래되지 않은 과거인 1839~1842년 사이에, 한 서구 국가(영국)는 중국과 '아편전쟁'을 치렀다. 중국 황제는 오늘날 서구 국가들이 취하고 있는 입장, 즉 마약의 국내 반입을 막으려는 입장을 취했다. 그러나 영국은 그들이 인도에서 들여오는 아편의 중국 시장에 깊은 경제적 이해 관계가 있었고, 그래서 적극적인 판매 촉진을 한 결과 다수의 중국인 중독자를 확보해 놓은 상황이었다. 영국이 아편전쟁에서 승리를 거두고, 평화조약에서 영국은 계속해서 아편을 중국에 들여올 권리를 확보했을 뿐만 아니라 중국 해안의 영구 거점으로 쓸 홍콩섬을 획득했다. 1997년에 있었던 홍콩의 중국 반환은 우습지만 아편전쟁에서 중국의 때늦은 승리가 되는 셈이다.[56]

가치의 관점에서 무기 무역이 마약 무역보다 덜 비도덕적이라고 강변하기는 어렵다. 한 가지 차이점이 있다면, 마약 거래에서는 빈국이 매도자가 되는데 무기 거래에서는 부국이 매도자가 된다는 것이다. 부국은 그들이 제3세계 국가의 개발 원조로 쓰는 것보다 더 많은 돈을 무기판매로 벌어들인다. 물론 이런 경우에 판매자나 구입자 모두 비난을 받아야 하지만, 이런 악순환의 고리를 끊는 능력은 부국 쪽에 더 있다.

무기 무역을 감축하면 내란, 테러, 살인이 줄 것이고, 그것은 또 세계 안에서 인권이 존중될 가능성을 높일 것이다. 왜냐하면 그런 무기는 흔히 인권을 유린하는 데 이용되기 때문이다. 현재로서는 세계의 모든 국가가 서구식 민주주의가 되기 바라는 것은 비현실적이겠지만, 보다 현실적인 목표는 전제적인 국가에서까지 인권이 보다 많이 존중받도록 노력하는 것이다.

이 장 앞에서 주장했듯이, 1948년에 채택된 세계인권선언은 서양권 밖의 다른 모든 지역의 정치지도자나 국민이 따르지 않는, 보편주의적이고 개인주의적인 서양 가치에 토대를 두고 있다. 그렇지만 이 선언문은 하나의 사실이고, 국제 조직이나 개인은 위배 사항이 있을 때 그것이 어느 국가에 있든 계속 위반 사실을 알리려 할 것이다. 어느 정부도 국제사면위원회의 입을 틀어막을 만큼 강력하지는 않다. 극소수의 무지막지한 정부를 제외한 대부분의 정부는 국제적 위신을 지키려 애쓴다. 세계가 하나의 상호 의존적인 단위가 됨으로 인해서 시민은 시달림을 받는 사람에 관한 정보를 전보다는 많이 접하게 된다. 동시에 그로 인해 그런 시달림을 규탄할 기회도 더 많아진다.

우리가 하나의 지구촌에 사는 것이라면,[57] 이곳에는 그저 단 하나의 극장, 하나의 장터만 있다. 우리에게는 집, 안식처, 사람을 만나고 이야기를 나눌 수 있는 곳이 필요하다. 2003년 가을 런던에서 헤르트 얀은 4대륙 출신의 학생 네 명과 한 선술집에 앉아 있었다. 인도 학생과 가나 학생은 각자의 국가를 도울 수 있는지, 어떻게 도울 수 있는지에 대해 논쟁을 벌이고 있었다. 인도 학생은 본국에 있는 아이들을 교육하기 위해 하루에 1파운드를 나누어 준다면 변화를 가져올 수 있을 것이라고 역설했다. 그러나 가나 학생은 돈을 주는 것은 상황을 더 악화시킬 뿐이고, 당분간은 그 자신이 교육받는 것이 그가 도울 수 있는 유일한 방법이라고 말했다. 그들은 꽤 격앙된 채 견해 차를 보였지만, 서로의 말을 경청했고, 친구로 남았다. 지구촌에 속한 우리에게는 그런 모임이 여럿 필요하다.

제12장

문화의 진화
THE EVOLUTION OF CULTURES

높은 도덕 수준이 각 개인과 그의 자식이 같은 부족의 다른 사람에 비해 별 다른 이점이 되지 못해도 잘 타고 난 사람들의 증가와 도덕 수준의 상승은 한 부족이 다른 부족보다 월등한 이점이 된다는 사실을 잊어서는 안 된다. 높은 수준의 애국심, 충성심, 복종, 용기, 동정심을 가져서 언제나 남을 도울 준비가 되어 있고 공동의 이익을 위해 스스로를 희생할 준비가 되어 있는 사람들이 많은 부족은 다른 부족과의 싸움에서 승리를 거둘 것이며, 이것이 바로 자연 선택일 것이다.

다윈(Charles Darwin), 1874: 『인간의 유래(The Descent of Man)』

최근에 인도네시아의 플로레스(Flores) 섬에서 '호빗(hobbits)'이라는 별명을 가진 호모 플로레시엔시스(Homo floresiensis) 화석의 발견은 상당한 소동을 일으켰다. 호모 플로레시엔시스의 조상인 **호모 에렉투스**(Homo erectus)는 멸종된 지 100만 년이 되었다고 여겨지지만, 호모 플로레시엔시스는 멸종된 지 불과 1만8천 년이 된 인종이다. 이 '숲 사람들(forest people)'에 대한 전설은 오늘날 플로레스에 살고 있는 사람들을 통해 여전히 자세하게 전해져 오고 있다. 우리의 역사는 멀리 떨어져 있는 것이 아니다. 우리 대부분은 역사를 알고 싶어 하지 않을지도 모르지만, 우리의 유전자 및 행동에 있어서 유인원 및 초기 인류[1]의 특성을 지니고 있다. 지난 수세기 동안 우리는 어떻게 구식 포유류의 특성과 최신의 상징적 특성의 혼합체인 오늘날의 우리가 되었을까?

내집단–외집단 논리가 우리로 하여금 어떤 신의 불꽃이 단번에 유인원과 우리를 갈라 놓은 것처럼 믿게 만들지만, 우리가 우리로 변한 마술적인 시점이란 존재하지 않는다. 그 게 아니라 점진적인 공진화(co-evolutim) 과정을 통해 우리의 본성과 문화가 함께 바뀐 것 이다. 영장류 동물학자들은 각기 다른 침팬지 개체군이 도구 사용과 사냥 관행에서 각기 다른 문화를 가진다는 사실을 기록해 놓고 있다. 우리 조상의 경우도 마찬가지다. 문화심 리는 하나의 종으로서의 우리 역사에 의해 형성된다. 지난 수백만 년 동안(그렇다. 수백 만) 우리는 유전적 진화 곁에서 점점 중요해지고 있는 문화 진화 과정의 가속화를 지켜봤 다. 문화 능력은 이제 우리의 생물학에서 필수적인 요소가 되었다. 지난 수만 년 동안 인 간 문화는 자연계에 존재하는 종의 집단들보다 더 빠를 뿐, 유사한 방식으로 다양화되었 다. 문화는 사람들이 문명을 설립하는데 이바지하는 하나의 수단이 되었다. 현재 우리는 거대하고 익명적인 집단 속에서 상당히 평화롭게 살 수 있다. 이것이 우리를 어디로 이끌 어 갈 것인가? 이 장에서는 최종적 관심사로서 문화적 진화의 현재와 미래에 대해 잠시 살펴본다. 우리가 우리의 문화를 어떻게 획득했는지에 대한 이해는 우리의 미래를 어떻 게 꾸밀 것인가에 대한 문제를 제기한다.

간단히 말해 이 장에서는 대개 철학적 질문이라 여겨 온 질문을 다룬다. 즉, 우리는 누 구인가, 우리는 어디에서 왔는가, 또 우리는 어디로 가고 있는가. 이 논의는 우리가 보기 에는 문화적 진화를 포괄하는 생물학적 진화의 견지를 취한다. 이는 **통섭**(consilience)적 접근이다. 즉, 일반적으로는 함께 고려하지 않는 견해를 결합시키는 접근인 것이다.[2] 이 관점을 통해 생물학적, 철학적, 역사적, 사회과학적, 실제적인 것을 서로 화해시킨다. 이 것의 단점은 이 거대 견지는 아직 이 책 대부분의 기초가 되는 그런 종류의 경험적 증거 로 밑받침될 수 없다는 것이다. 그 근거는 여러 시대와 여러 학문 분야에 걸쳐 산재한다. 관심 있는 독자들을 위해 미주에서 이 장에서 다룬 토픽들에 관해 앞으로 읽을거리에 대 한 약간의 길잡이를 제공한다.

⦿ 역사로의 타임머신 여행

다음에 나오는 것은 인간의 진화에 관한 타임머신적 견해다. 이 타임머신은 500만 년 전부터 출발할 것이다. 현재에 가까워지면 시간 속도는 떨어질 테지만, 변화 속도는 빨라지고, 그래서 경관은 빠르게 돌아갈 것이다. 지난 수백만 년 동안 부족이나 사회에서의 적자생존은 개인의 적자생존에 비해 중요성이 증가했다. 이는 다윈(Darwin, 19세기 영국인, 자연 도태에 의한 진화론을 주장한 선구자)이 이 장을 시작한 인용문에서 표명한 내용이다. 인류는 서로에 대해 더 친절해졌고 더 많은 남에게 친절해졌다. 미국의 진화론자 윌슨(David Sloan Wilson)은 다음과 같이 표현한다.

집단 간 선택이 집단 내 선택보다 우세하게 되면, 주요 진화적 변이가 발생하고, 집단은 정교한 전문화와 굉장히 복잡한 상호 의존성을 지닌 새로운 고수준의 유기체가 된다.[3]

이러한 변이가 지금 인간에게 일어나는 중이고, 이것이 진화의 이례적 가속화를 만들어 내고 있는데 우리는 그 속에 끼어 있다. 침팬지, 보노보 및 오랑우탄은 어떤 상징에 노출되면 그 상징들을 쓰는 것을 이용 학습할 수 있으며, 놀라울 정도로 영리하다. 그러나 대규모의 익명적 사회를 조직화할 줄은 모른다. 우리 인류가 또 하나의 유인원이었던 시절 이래 인류가 이룩한 가장 큰 진화적 도약은 사회적인 것이었다.

타임머신을 타는 동안의 관심사는 도덕권의 역사가 될 것이다. 아주 최근까지 생존에 가장 큰 위협은 자연적인 것이었다. 추위, 더위 그리고 포식자들은 영악하고 협동적인 행동을 통해, 더러는 이주를 통해 막아 내야 했다. 기근은 생존의 또 다른 적이었는데, 기근에 대항하기 위해 먹을 것과 마실 것을 찾으려면 여기서도 지능 및 협동이 요구되었다. 유전적 근친교배 및 회복력의 손실을 야기할 것이기 때문에, 생식 단위가 너무 작으면 유전적 동종 번식이 일어날 것이고 탄력성이 없어지기 때문에 위험했다. 고립된 자는 도태되기 쉽기 때문에, 이러한 위험은 아마도 생식 단위의 확대가 강력히 추진되게 된 원인이었을 것이다. 매우 최근에 이르러 지구의 인구 밀도가 높아지면서, 그 위험은 모습을 띠게 되었다. 전염병, 자원 고갈 그리고 경제적 또는 군사적 전쟁이 오늘날 인간이 원인인 위협 요인이 되어 있다. 결론적으로, 인간 집단이 직면한 주요 도전들은 뛰어난 협동 기술에 생존 가치를 부여하게 되었다. 이것이 이번에는 도덕권을 만들고 유지하는 한 기제로서의 문화의 진화를 촉진시키기에 이르렀다.

➡ 500만 년 전부터 100만 년 전까지: 외로운 행성

수백만 년 동안 인류의 조상들은 수십여 명으로 구성된 수렵 집단, 채집 집단 혹은 수렵 채집 집단으로 생활했다. 약 500만 년 전에 우리 조상의 혈통은 침팬지, 보노보 및 고릴라의 혈통에서 갈라져 나왔다. 이들 선조 호미닌들(Hominines, 초기 인류)은 숲을 떠나 사바나 서식지로 향하기 시작했다. 이동을 하다 보니, 키 높은 풀 속에서 먹잇감과 포식자에 대한 시야를 더 잘 확보할 수 있다는 점에서 두 다리 보행이 좋게 생각되었다. 두 다리로 서게 되면서 우리 조상은 물건을 옮기는 데 손을 쓸 수 있었고, 약 260만 년 전 무렵, 빙하기가 일어나기 시작했을 때 이는 그들이 되물리지 않은 이로운 진화 단계였다. 이 기간의 초기에는 기후가 비교적 안정적이고 물이 풍부한 온난 기후로 인해 점차로 체모가 없어지고 땀이 나게 되었다. 체모가 없어졌다는 증거는 기생충에서 나온다. 인간에게는 서로 비슷한 머릿니(head lice)와 몸니(body lice), 사면발이(pubic lice, 인간 음모에 기생하는 이−역자 주)를 지니고 있는데, 후자는 약 330만 년 전 고릴라 이에서 갈라져 나온 것으로 여기고 있다. 이때는 인간의 조상들이 고릴라를 죽이기 시작한 때로 이때 인간은 머리털과 음모를 따로 지니고 있던 때임에 틀림없다.[4]

이 기간 동안 총 호미닌 개체군은 숫자상 언제나 소규모(아마도 수만 명 규모)였으며, 그들 전부는 그들을 사냥하거나 그들이 사냥하는 짐승들에 둘러싸여 아프리카에 살았다. 180만 년 전의 호모 에렉투스(Homo erectus)보다 더 오래된 개체군이 사냥을 했는지의 여부에 대해서는 아직도 논쟁의 대상이 되고 있지만, 오늘날의 침팬지들이 집단으로 사냥을 할 수 있다는 사실에서 초기 호미닌들도 그랬을 수 있다는 것을 알 수 있다. 어떤 경우이든지 아프리카의 동물들은 멸종되지만 않으면 그 동물들의 수렵꾼들과 함께 진화해서 잘 잡히지 않는 방향으로 진화했다. 유인원과 최근의 수렵 채집자와의 관계를 토대로 유추해 보았을 때, 우리의 호미닌 조상들은 수십 명에 지나지 않는 개체들로 구성된 지역 무리로 살았을 것이다. 더 많은 인구를 부양할 수 있을 만큼 먹이가 넉넉하지 못했기 때문이다. 이들 집단에서는 고릴라, 침팬지, 보노보가 오늘날 그러는 것처럼 십중팔구 젊은 여성을 교환했을 것이다.[5] 실제로, 오늘날의 인간 사회에서도 아내들은 대부분 '놓아 버리는' 대상이고 시댁으로 이사 가며 (시집가며) 새 이름을 따르게 되지만, 남편들은 그렇지 않다.

이들 조상 무리 대부분은 영토 경계에서 남성 집단들이 일으킨 소규모 싸움을 벌였을 것이다. 물리적 힘, 질병에 대한 회복력 및 조정된 협력 행위 능력은 이 행위들의 성공을 함께 결정하는 요인들이었다. 보다 큰 무리는 작은 무리들을, 때로 성인 남성들과 유아들을 죽이고, 여성은 입양하여 작은 무리를 흡수했을 것이다. 성공적인 집단들도 야심을 가진 한 지도자가 모집단을 떠나고 집단 성원의 일부가 이를 뒤따르는 식으로 분열을 겪었을 것이다.[6]

이렇게 집단의 분열 및 융합은 수백만 년 동안 유전적·문화적 진화를 결합하는 하나의 기제로 존재해 왔다. 유인원 간에 이루어진 진화의 전형적인 과정은 하위 집단들의 분리에 따라 점차 새로운 민족(races)이 형성되고, 수백만 년 후에는 새로운 인종(species)이 형성되는 것인데, 이 과정을 종 분화(speciation)라고 한다. 그와 달리, 우리 조상들 간에 이루어진 분열과 혼합, 그리고 여자의 교환은 (동물 세계에서 흔히 있는 유전적 다양화 및 종 분화를 하는 대신에) 유전적 유사성을 촉진시켰지만 집단 간의 문화 차이를 만들어 내는 경향이 있었을 것이다. 화석 증거는 어설프고 지금도 증가하고 있는 중이라서 명칭을 붙이는 것은 아직 논란의 여지가 있고 수정이 불가피하다. 현재로서 증거는 수백만 년 전 아프리카에는 서너 개의 고립된 호미닌 집단이 존재했었음을 암시한다. 여태까지 증거물로 그들은 유전 물질에서 다양성을 창출했고, 매우 다른 종류로 발달했다. 예를 들어, 최근 발표된 '아디[Ardi: 아르디피테쿠스 라미두스(Ardipithecus ramidus)]'는 440만 년 전에 지금의 에티오피아에 살았고, 유명한 '루씨[Lucy: 오스트랄로피테쿠스 아파렌시스(Australopithecus afarensis)]'는 같은 지역에서 100만 년 뒤에 살았다. 그 후 여러 혈통이 멸종했다. 아주 거친 도구 사용의 흔적만이 발견되었다.

약 180만 년 전부터 뇌 크기가 급속하게 커지기 시작했다. 이 발달은 아마도 의사소통 기술과 진화 심리학자들이 '마음 이론(theory of mind)'이라고 부르는 것의 정교화와 연관될 것이다. 마음 이론이란 타인의 신념, 욕망 및 의도의 이해 수준이다. 오늘날의 인간은, 예를 들어 "나는 당신이 그의 고민을 그녀가 기뻐하길 그가 바랐다고 생각하고 있었다고 믿는다."처럼 다섯 수준 깊이의 말을 이해할 줄 안다. 마음 이론은 사회적으로 복잡한 세계에서 도덕권을 유지하는 데 결정적인 것으로, 우리 역사에 걸쳐 점진적으로 발달해 왔다.

이 기간과 관련하여 호미닌들이 아프리카를 얼마나 빨리, 자주 떠났는지에 대한 것과 같은 수많은 추측이 여전히 존재한다. 호모 에렉투스(Homo erectus)의 선조는 180만 년 전에 아프리카를 떠났을 것이고, 몇십만 년에 걸쳐 호모 하이델베르겐시스(Homo heidelbergensis)를 탄생시켰고, 그다음에는 유럽의 호모 네안데르탈렌시스(Homo neanderthaliensis)로 진화하였다. 한편 아시아에서는 호모 에렉투스라는 이름이 그대로 남았다. 대부분의 기간 동안 사하라는 기후가 혹독했고, 이는 바다와 더불어, 인간들의 다른 대륙으로의 이주를 막았다. 우리 조상은 아주 최근에 아프리카를 떠났는데, 다음 절에서 다시 그들을 만나게 될 것이다.

5백만 년 이전 세상에 산 유인원의 모든 종과 아종(亞種) 중에서는 우리 종만이 번성했을 뿐, 나머지는 거의 생존하지 못했다. 그럼에도 불구하고 문화는 인간에게만 유일한 것이 아니다. 세계 정복자가 되지 못한 유인원일지라도, 오늘날의 대형 유인원(보노보, 침팬지, 고릴라, 오랑우탄, 기번)은 그들의 개체군 간에 문화적 차이를 발달시켰다. 네덜란드계 미국인인 영장류 동물학자 왈(Frans de Waal)은 다양한 유인원 종이 도덕권을 유지하기 위해 각기 다른 일련의 행동을 한다는 것을 보여 주었다.[7] 다양한 종마다 내집단 단결과 외집단 폭력의 균형이 크게 다를지라도, 내집단 단결에는 언제나 외집단 폭력이 따른다. 침팬지 수컷들은 무리를 지어 이웃 종족을 습격하는 반면에, 보노보 수컷들은 통상 평화로우며 종족 간 접촉시 약간 굳어지는 것 이상의 반응은 보이지 않는다. 실제 동물원에서의 경험으로 보면, 침팬지와 보노보는 완전한 상호 교배를 통한 번식을 한다. 기타 관련된 종에서와 마찬가지로, 유전적 차이는 아주 작아 이종 교배(cross-fertilization)가 가능하다. 아마도 보노보의 소규모 집단이 약 백만 년 전쯤 콩고강을 건너면서 주류 침팬지 문화에서 갈라져 나와 뚜렷이 다른 문화를 발전시켰던 것 같다.[8]

따라서 유전적 변이와 더불어 고대 내내 아주 다양한 인간 문화가 존재했던 것으로 짐작된다. 초기 호미닌에 대한 화석 연구 결과를 보면, 남녀 간에는 골격 강도와 크기 비율에서 거대한 차이를 보인다. 우리의 초기 조상들은 상황에 따른 현저한 차이와 적응성을 보였다.

◐ 100만 년 전부터 4만 년 전까지: 얼음과 불

약 100만 년 전에 빙하기는 격심했다. 약 10만 년 전에 마지막 빙하기가 시작되었는데, 우리는 지금도 그 빙하기에 있으면서 상대적으로 따뜻한 순간을 누리고 있는 것인지도 모른다. 수백 년이란 보다 짧은 시간 척도에서조차 기후는 계속 많은 변동을 보이고 있고, 지금도 그러하다. 아프리카 대륙이 어느 정도 빙하 상태에 있었는지는 확실하지 않지만, 거기에도 분명히 기후 변동이 있었다. 우리의 이주 조상들은 최소한 100만 년 동안 간단한 도구를 사용했었고, 불을 다룰 줄 알았을 것이다. 불에 대한 화석 증거물이 석기의 화석 증거물에 비해 발견하기가 훨씬 어렵기 때문에 확신할 수는 없지만 말이다. 불은 결국 포식동물들로부터 비교적 안전한 곳에서 의사소통을 하고 사교적인 시간을 보낼 수 있는 자유를 누릴 수 있게 했다. 또한 음식을 요리함으로써 보다 많은 영양분을 추출할 수 있게 되었으며, 이러한 혜택은 규모가 큰 무리들의 생존에 도움이 되었다. 그들은 불 주변에 모여 있는 동안에 집단 조화를 증대시키는 방법으로서 웃고 노래 부르며, 춤추는 기술을 고안하고 점차 완성시켰을 것이다. 끝으로, 기후가 불규칙하게 변하고 한 세기 건너 한 번씩 긴 겨울이 닥쳤을 때 불의 사용은 아주 쓸모가 있었을 것이다. 불만 아니라 동물의 가죽도 추운 겨울에 기본적인 옷으로 쓰이기 시작했을 것이다. 인간의 옷엣니는 머릿니와 연관되지만, 사면발이(음모의 이-역자 주)와는 아니다. 옷엣니는 가느다란 털을 안으로 넣은 가죽 옷에 번성했을 것이다.[9]

실제로 인간뿐만이 아니라 빙하기를 이겨 낸 포유동물이라면 모두가 보다 큰 뇌를 발전시켰다는 것이 화석 연구에서 나타난다.[10] 멸종되지 않기 위해서 그들은 더 영리해져야만 했던 것이다. 해부학적으로 현대적인 인류의 해골은 이 무렵의 화석 유물에 나타난다.

당시의 사람들은 죽은 이들을 매장했지만, 그들은 창의적 기술 면에서 그리 두드러졌던 것은 아니다. 그들에게서 발견한 가장 진보된 기술이라고 해 봤자 단순한 손도끼 및 긁개가 전부였다. 그럼에도 그들은 다양한 거주 환경에서 살아 남았고, 그들 중 일부는 빙하기 상태에서도 그랬으니 상당히 영리했고 협력에 능했음이 틀림없다.

증거가 비록 미약하지만 고고인류학자들은 우리의 조상들이 이 기간 동안 수십 명 규모의 일차 집단으로 살다가 정기적으로 수백에 이르는 보다 큰 이차 집단으로 모이고 풍요기에는 수천 명의 집단을 이루기도 했다고 본다.[11] 이들 이차 집단은 문화적, 생식적 단위였다. 일차 집단의 규모는 일 년 내내 음식물을 공급하기에 충분히 작은 반면, 이차 집단은 유전적 변이를 유지할 수 있게 하고, 남녀 간 출산율의 변동을 완화시킬 수 있을 만큼 컸다. 이차 집단은 다른 문화집단과 싸우기도 하고, 자발적 이주, 강간, 여성 및 아이들의 납치 혹은 다른 무리에서 고립된 한 젊은이의 수용 등을 통해 유전물질을 교환했을 것이다. 유전자의 경우와 마찬가지로, 발명도 이렇게 전파되었을 것이다. 그래도 그러한 전파는 느렸을 것이고, 유전적으로 유리한 돌연변이의 발생은 총인구에 비례하는데, 총인원수는 수십만 명 수준이었기 때문에 그런 돌연변이는 드물었을 것이다.

세계 도처의 현생 인류(Moden Man)는 약 7만 년 전에 시작되어 약 4만 년 전에 한층 고조된 아프리카 이주자들에서 흘러 나왔는데, 그 후 호모 사피엔스(Homo sapiens) 외의 모든 종들이 멸종했다. 오늘날 인간의 유전적 변이는 아프리카 대륙에서 가장 큰데, 그것은 비아프리카 개체군을 만든 초기 인간 집단의 규모가 작았다는 것을 의미한다.

➲ 4만 년 전부터 1만 년 전까지: 창조적 불꽃, 멸종

약 8만 년 전부터 남아프리카에 있는 우리의 조상들은 보다 풍부한 예술 및 과학기술의 징조를 보여 주기 시작하는데, 유럽의 경우에는 약 3만2천 년 전부터다. 이 후자의 시기는 여러 종의 짐승을 그림으로 남긴 예술적 동굴 벽화 유적이 오늘날의 프랑스 오리냑(Aurignac)에서 발견되었다는 점에서 오리나시안(Aurignacien)이라고 불린다. 관능적 여성 형상을 나타낸 작은 조각상 중 최근에 발굴된 '펠스 동굴의 비너스(Venus of Hohle Fels)'

와 같은 가장 오래된 것은 이 시기의 것들이다. 또한 이때부터 사람들은 위험한 짐승들을 사냥하기 시작했다. 그들이 자신의 인척과도 적극적으로 싸웠는지 아닌지는 아직 확실하지 않다. 어쨌든 호모 네안데르탈렌시스(Home neanderthaliensis) 및 호모 에렉투스(Home erectus)의 후예들은 약 3만 년 전이 채 못 되는 시기에 양자 모두 멸종했는데, 전자는 오늘날의 스페인(Spain)에서, 후자는 오늘날 인도네시아의 플로레스(Flores) 섬에서였다.

유전학자 코크런(Gregory Cochran)과 하펜딩(Henry Harpending)[12]에 따르면, 네안데르탈인(Neanderthals)과 현생 인류는 아마 유전자를 섞었을 것이다. 그들의 혈통은 50만 년 전에 갈라져 유전적 차이를 만들어 냈지만 둘 간의 교배가 불가능할 정도로 다르지는 않았다. 현생 인류가 네안데르탈형 인간을 따라 아프리카를 떠났을 때 둘은 만났다. 네안데르탈인들은 큰 사냥감을 수렵하는 것을 전업으로 했고, 협력 기술도 가졌을 것인데, 이것이 현생 인류에게는 도움이 되었을 것이다. 그 현생 인류들은 네안데르탈인들을 경쟁에서 눌렀는데, 이는 아마 그들의 보다 우수한 기술과 향상된 언어 능력 또는 멀리 있는 타인들과의 활발한 무역, 아니면 질병에 대한 저항력 때문일 수도 있다. 상거래와 질병은 연관이 있다. 그 현생 인류들은 네안데르탈인들이 전혀 하지 못한 장거리 무역을 이미 해 왔는데[13], 무역은 처음에 감염을 불러오고, 뒤에는 질병에 대한 저항력의 확산으로 이어졌다.

비(非)아프리카의 거대 짐승 다수가 인간들에 의해 멸종되었다. 인간들은 훨씬 더 수가 많아졌고, 몇 개의 외딴 섬만을 빼고 모든 대륙으로 이주하게 되었다. 이주의 물결은 다른 종의 멸종을 초래했다. 유라시아에서 맘모스들은 인간 화석이 출현한 곳에서 사멸되었다. 맘모스가 소멸하게 된 원인이 사냥 때문인지, 다른 요인들(예: 유전적 다양성의 결여, 기후 변화) 때문인지는 여전히 논란의 여지가 있다. 다른 종에 대해서는 그림은 더 분명하다. 아메리카 대륙으로 이주한 인간은 조용한 거대 나무늘보와 같은 현지 거대 포유동물들을 멸종시켰다. 호모 사피엔스는 지구를 점유하기 시작했다.

이 기간 동안 세계 인구는 크게 증가했다. 인구 증가는 유리한 돌연변이가 생길 수 있는 확률이 비례적으로 상승함을 의미한다. 따라서 유전적 진화는 가속화될 수 있었다. 의심할 여지 없이 유전적 진화는 언제나 그랬듯이 사회적 지적 발달의 촉진제였는데, 이제 우리의 사회적 지적 능력의 발달 기준이 매우 높아졌기 때문에 문화적 진화가 비약하기 시작했다. 문화적 혁신으로의 이류는 장관이었다. 예술, 과학 공학 그리고 사냥 기술은 가속적으로 변하기 시작했다. 문화는 진화에 있어서 점점 더 중요한 기제로 자리 잡게 되었다. 상호 교류가 가능한 작은 평등주의적 무리로 아직도 크지 않은 세계 인구 속에 갇혀 살던 사람들에게는 접근하기 어렵고 두려움을 품게 하는 지도자를 경험해 본 일이 전혀 없었다. 넉넉한 천연자원과 단백질이 풍부한 양질의 음식, 그리고 발견이 자주 일어나는 상황 속에 우리 조상에게는 이때가 꽤 만족스러운 시기였을 것이다. 풍만한 가슴과 성기를 가진 작은 여성 조각상들은 어머니 같은 대지(mother earth)에 대한 감탄의 표시일 수도 있다. 그 조각상들은 인간 신체에 대한 느긋한 태도를 나타내는 것만은 틀림없다.

이 수렵·채집 무리들은 어떤 문화를 가지고 있었을까? 아니, 모두가 같은 문화를 가졌다고 생각할 이유도 없으니, 문화의 범위가 어떠했는지를 묻는 편이 더 나을지도 모른다. 문화적 가치는 화석을 남기지 않으니 추측이 불가피하다. 가령, 30명으로 구성된 한 수렵 채집인 무리가 이동해야 했다면 모두가 걸어야 하고 물건을 날라야 했을 것이다. 또 민주주의적이어야만 했을 것이다. 그 집단은 비밀 경찰이나 군대를 거느리는 지배자를 둘 만큼 규모가 크지 않았다. 거기에는 소유물이라고 할 만한 것이 거의 없었다. 그 세계 대부분은 집단이 거의 통제할 수 없는 공공재로 구성되어 있기 때문이다. 먹거리를 얻기 위해서는 집단 성원 모두가 거들어야 했을 것이다. 인간의 소화계는 가지각색의 음식을 필요로 하는데, 채집을 통해 사람들은 대부분의 사람에게 대부분의 영양소를 대부분의 시간대에 공급했을 것이다. 과일, 잎, 씨, 뿌리, 땅 벌레, 알 등을 채집하려면 장소 지세학(topology of places)적 기억이 필요하다. 그물로 물고기를 잡는 것처럼 위험하지 않은 동물을 뒤쫓는 것은 채집에 가깝지만 그때에도 집단 협력을 요할 수 있다. 사냥감 동물을 벼랑으로 몰거나 불을 이용해 기습하는 것과 같은 영리한 사냥 기법은 수반된 위험을 크게 감소시킬 수 있다. 거대하고 위험한 짐승들에 대한 모험적 사냥 유형은 영양 공급보다는 하나의 결속 의식(a bonding ritual)이나 방어로 더 쓸모가 있었을 수도 있다. 거대한 사냥감을 사냥하는 데에는 신중한 협력적 기획, 상호 지원 그리고 예기치 못한 사건에 대한 신속한 기회주의적 반응이 요구된다.

남녀 역할은 생활 위험에 따라 가변적일 수 있었다. 일부 무리들은 어떤 때에 남성들이 부족해서 사냥을 위해 여성의 도움이 필요했을 것이고 그런 형태의 여성 참여가 요구되고, 이후에 한 전통으로 자리잡았을 것이다. 사냥에는 고된 노력이 요구되고, 항상 일어나는 것이 아니었기 때문에 사냥에서의 성공은 사교하고 즐길 수 있는 기회를 제공했을 것이다. 사냥에서의 성공은 넉넉한 식량과 온 무리가 나서 고기를 처리하고 가죽을 정리하는 힘든 일거리를 만들어 주었을 것이다. 음식물을 저장하는 것이 불가능했기 때문에 나누어 가졌을 것이 분명하다. 여성들은 무리 전체의 미래를 위태롭게 할지도 모른다는 두려움에서 자기 목숨을 위험에 빠뜨릴 수는 없었을 것이기 때문에, 생명을 위협하는 활동(예: 다른 무리와의 싸움이나 모험한 사냥에 가담하는 것과 같은)은 남성들의 몫이 되었을 것이다. 한 부족에서 모든 여성이 전투 중에 용맹스럽게 죽었다고 상상해 보라. 그 부족은 소멸하고 말았을 것이다.

풍요로운 상태에서는 다른 인간 무리가 경쟁자로 등장할 수 있고, 그런 경우 집단적 싸움이 중요해졌을 것이다. 반면에 기근과 고난의 상황에서는 내분이 집단의 저항력을 약화시킬 수 있기 때문에 내부적 결속 및 관용이 필수적이었을 것이다. 보다 공격적인 무리는 평화로운 무리를 덜 풍요로운 환경으로 몰아냈을 것이다. 하지만 오늘날의 수렵채집 사회의 생활 양식에서 볼 수 있듯이, 이 주제에는 많은 변형이 있었을 것이다. 이는 진화는 그것 자체의 역사에 의해 제약받는다는 의미인 **경로 의존**(path dependency)의 한 사례다. 그 결과, 이어지는 모든 진화 단계에서 예전으로 돌아갈 방법은 없다. 따라서 집단 간 공격의 전통이 한 종족 내부의 폭력으로 변모하는 경우 그 종족은 금새 사라지게 될 것이다.

즉각적 대처(improvising)는 언제나 필수적이었다. 날씨, 사냥감의 이동 및 포식자들의 출현에 대한 불확실성은 일상의 일이었을 것이다. 기후가 계속해서 변했을 경우에 사람들은 다른 곳으로 이동하거나 이 기후에 적응했을 것이다. 그들은 상황에 따라서 야외, 동굴 또는 스스로 지은 오두막에서 살았을 것이다. 이 시기에 만들어진 다양한 형태의 각종 연장 및 무기가 발견되었는데, 이는 당시의 창조적 정신을 보여 준다. 그들은 교묘한 배를 만들었기 때문에 먹거리도 더 다양화되었을 것이다. 또한 그들은 매우 다양하고 풍부한 언어, 노래, 이야기 및 의식을 만들어 냈을 것이다. 집단 간 무역의 흔적도 존재하므로, 그 거래에 유전적 접촉이 수반되었다는 것을 상당히 확신할 수 있다. 이렇게 해서 한 집단 안의 유전적 다양성은 증대되었을 것이지만 집단들끼리는 각자의 예술과 의식으로 서로 간의 차별을 유지함으로써 종(species) 안에서의 유전적 차이는 그리 크지 않았을 것이다.

그래서 수렵채집 사회는 성과 중심(merit-based)적이고, 평등주의-기회주의적이며, 유연하고, 느긋했을 것으로 상상할 수 있다. 이 책에서 기술하는 문화 차원으로 말하면 그들의 문화는 작은 권력거리를 가졌고, 그들은 상당히 개인주의적인 편이고, 불확실성 수용적이며, 관용적이었던 것으로 보인다. 다른 문화 차원들, 남성성-여성성 차원과 장기-단기지향 차원에서는 어떠했을까? 그저 추측에 지나지 않지만 오늘날의 수렵채집 족속과의 비교가 도움이 될지 모른다. 영국 가족원이면서 만물박사인 마이클, 핸리 그리고 캐스린 데이비스(Davies)는 우리 인간의 선사시대 사회 진화의 모습을 밝히려 그들 생의 가장 좋은 시절을 보냈다. 여러 인류학자의 연구를 토대로 그들은 아주 최근까지 수렵채집인으로 살아 온 중앙 아프리카의 음부티(Mbuti) 족의 증거를 보여 준다.[14] 그들이 그려 낸 그림은 앞의 논의에서 제시된 내용과 일치한다. 예를 들면, 성역할은 어느 정도 교환 가능하고 미분화된 상태에 있었다. 기율은 심한 처벌로가 아니라 조롱으로 다스렸다. 서로 다른 일차 집단 출신 간의 결혼은 용인되었고, 기질상 충돌이 있는 경우에는 사람들은 다른 새로운 집단으로 이주하면 되었다. 남편이나 아내의 부정은 다룰거리가 되지 않았다. 이처럼 사회는 허용적이었지만 이런 자유는 뽐내는 것까지 포함하지 않았다. 가장 유능한 집단 성원들은 다른 사람들이 질투심을 불러일으키는 것을 막기 위해 자신의 재주를 위장해야 하는 것으로 알았다. 결론적으로 음부티족에서는 도덕권이 집단 성원 모두의 책임이었고, 그것은 공생공조(共生共助, live and let live)였다. 요약하면, 그들의 모습은 이 책에서 여성적, 유연겸허적(장기지향적) 문화로 소개된 것을 보여 주는 것이다.

데이비스가(家) 사람들은 음부티족을 '풍요 등급' 수렵채집 사회의 사례로 제시하고 있는데, 그 사회란 극한 기후와 식량 부족이 중대한 위협거리가 아닌 사회를 뜻한다. 호주의 건조 지대에 사는 호주 원주민들처럼 '결핍 등급' 수렵채집 사회에서는 양상이 다르고 더 복잡하다. 식량 부족은 낮은 인구 밀도를 초래하고 그것은 유전적 건강에 대한 위협으로 이어진다. 따라서 집단의 분열이나 부부의 다른 집단으로의 이주는 인구 감소를 초래하기 때문에 위태로울 수 있다. 그 결과 거기에는 대인 갈등의 여지가 없다. 호주 원주민 지역에서는 전통 사회가 엄격한 영토권, 수렵권 및 혼인 처방 등이 있었다. 남성 장로들이 지배권을 가졌고, 결혼 배우자를 배정했다. 여자들은 사춘기에 결혼한 반면에, 남자들은 남성 의식(rituals)을 따르는 여러 해를 보낸 뒤 30세 무렵에 결혼하는 것이 표준이었다. 그런 의식 중 어떤 것은 매우 고통스러운 것이었지만 단결 형성에 도움이 되었다. 지위는 개인의 공적을 통해서 얻게 되어 있었다. 의식 및 공동체의 영적 생활을 지지하는 모든 행위는 '꿈 시간(dreamtime)'이라 부른다. 이와 연관하여 종교라고 해도 좋을 것이다. 강렬하고 즐거운 꿈 시간은 상황의 가혹함을 상쇄할 수 있었을 것이고, 꿈 시간에서의 단합 의식은 2차 집단의 결속 유지에 도움이 되었을 것이다. 남자들에게는 꿈 시간 행사는 필수적이었다. 선배 남성들은 꿈 시간의 비밀을 자신의 진가를 증명한 젊은이에게만 이야기해 주었다.

혼외정사가 일어나기도 했을 것인데, 그런 정사들 중 일부는 마을 의식에서 일어났을 것이다. 격렬한 감정이 수반된 경우에 결혼 배우자 배정을 피하는 길은 야반 도주를 하는 것이었다. 여자들은 또 다른 집단으로 이동하여 사춘기에 나이가 많은 남자와 살아야 했기 때문에 일찍부터 권한이 박탈되었다. 그러나 나이가 많은 남자들은 먼저 죽기 마련이기에 과부들은 젊은이와 재혼을 할 수 있었고, 젊은 남자들의 젊은 아내들을 지도하는 지위를 얻을 수 있었다. 그럼에도 불구하고 그들은 여전히 복종하는 성으로 남아 있었고, 순종하지 않으면 가끔 매질도 당했다. 전반적으로 이 사회는 평등주의적이고 개인주의적이라는 점에서는 음부티와 유사하지만, 사회적 역할 수행의 재량권이 제한되고 처벌이 가혹하다는 점에서는 그렇지 않다. 도덕권은 영속적으로 위협받고, 이런 위험은 위법 행위를 강력하게 벌하는 가치관에 반영되어 있다. 문화 차원들로 말하면 이것은 보다 남성적이며, 불확실성 회피적이며, 기념비주의적(단기지향적), 제약적 가치관을 나타내는 것으로 보인다.[15]

이들은 단지 두 가지 예일 뿐이고, 수렵채집 사회에는 수많은 유형의 문화가 존재해 왔을 것이다. 중앙아프리카와 호주에서조차 그랬을 것이고, 세계의 기타 지역에서도 물론 그랬을 것이다. 풍요의 수준이 기후로 인해 변했을 때 문화도 그 뒤를 따랐겠지만, 문화는 문화 결부 습관들의 자체 고수 특성 때문에 느린 속도로 그랬을 것이다. 고난이 겹칠수록 보다 격렬한 꿈 시간이 창출되었을 것이다. 격렬한 꿈 시간은 그것대로 강한 의식을 갖고 있어 그것을 만들어 낸 상황이 변해도 그 자체를 영속화시킨다. 이런 역학은 장시간에 걸쳐 인류로 하여금 보다 많은 영적 감정과 의식을 갖도록 만들었을 것이다.

1만2천 년 전부터 7천5백 년 전까지: 촌락과 농업

마지막 빙하기는 2만 년 전에 가장 추웠다. 빙하기에서 벗어나는데, 적어도 임시로 나마, 8천 년이 더 걸렸고, 1만2천 년 전부터는 따뜻한 완신세(Holocene: 홀로세)가 시작되었다. 홀로세(世)는 식물과 동물들에게는 풍요기로, 인간들이 오랫동안 한 장소에 머무를수 있게 되었다. 초기에 인간들은 아직도 수백만 년 동안 작은 무리로 수렵채집 생활을했던 것처럼 여전히 그렇게 살고 있었다. 하지만 이전 시대의 사람들이 갖지 못했던 장점을 가졌었는데, 그 장점이란 우수한 창조적 지능과 조직력이었다. 홀로세의 인간은 전례없던 일들을 했다. 그들의 도덕권 감각은 보다 유연해졌고, 동물 및 식물을 도덕권 안으로 끌어들이기 시작했다. 다시 말해, 그들은 식물과 동물을 길들이기 시작했다. 몇천 년동안, 그들은 식물과 동물 모두에서 다양한 종을 길들였고, 그렇게 함으로써 과감한 유전적 선발 과정을 시작했다.

역사학자 미슨(Steven Mithen)은, 1만2천3백 년 전부터 1만8백 년 전까지 미국 레반트(Levant)에 살며 그 기간에 원예가(horticulturalists)로 발달한 나투피안들(Natufians)의 일상을 기술하고 있다.[16] 미슨의 가설에 따르면, 이 기간의 초기에 그들은 낫으로 야생 곡물을수확했는데, 이 방법에 의한 수확은 이삭에 오래 붙어 있는 곡물을 선택케 했을 것이라는것이다. 이들 곡식의 일부는 우연이나 의도에 의해 마을 근처에서 발아했다. 머지 않아알이 잘 떨어지지 않는 인간이 선택한 품종이 마을 근처에서 자랐다. 그 밖에 고고학적연구 결과를 보면, 이들 마을 각각에는 독자적인 보석류 양식이 있었다. 이 마을 사람들은 오늘날의 사회 및 하위 집단들이 그러하듯이, 상징적 집단 정체성을 발달시키는 수단으로 그들의 장식품을 이용했던 것이다.

농경은 지구상의 다양한 장소에서 동시 다발적으로 발명되었다. 생물학자 다이아몬드(Jared Diamond)는 식량 제조가 각기 다른 대륙에서 6회 내지 11회 발명되었다고 말한다.[17] 지중해 연안에서의 양과 염소, 유럽에서의 소, 중앙아시아에서의 말 등과 같이, 동물도 다양한 장소에서 길들였다. 길들일 수 있는 종은 대륙에 따라 크게 달랐는데, 그 동물이 인간과 만나게 된 시기가 언제냐에 따라 서로 달라지게 되었다. 아프리카에서는 포유류가 인간과 수백 만 년 동안 공진화했는데, 순한 특성은 선택되지 않았다. 그 이유는 당시의 인간들은 포유류를 길들일 만큼 아직 영리하지 않았지만, 확실히 죽일 수는 있었기 때문이다. 유라시아에서는 늑대, 소, 말, 양은 아프리카에서 이동해 나왔던 사람들에 의해 길들이는 대상이 되었는데, 당시에 그들은 그것들을 사육할 수 있을 만큼 영리했지만, 그것들을 멸종시키지 않을 만큼 영리하거나 신중하지 못했다. 인간 이주민의 작은 수에 비해 유라시아의 크기가 워낙 컸기 때문에 그 지역의 유순한 초식종들이 사멸하지 않을 수 있었을 것이다.

농과 기술 양자 덕분에 무역이 가능해지고 촉진되었다. 또한 말과 낙타 같은 가축 덕분에 인간은 멀리 이동할 수 있게 되었다. 인간 인구는 이제 수백만으로 증가했고, 세계의 다양한 지역 사람들이 전보다 더 자주 만나게 되었다. 그 결과 그들은 잘 혼합된 게놈(a well-mixed genome)을 유지했다. 비록 특정 대륙은 여전히 고립되어 있었지만 말이다. 빠르게 퍼질 수 있었던 유전인자는 음식 내성이나 질병의 저항력에 이점을 제공하는 것이거나 성적으로 적극적으로 선택된 것들이었을 것이다. 유전전 혼합의 한 예는 파란 눈의 확산이다. 세계에 있는 모든 파란 눈동자는 약 만 년 전 내지 6천 년 전에 오늘날의 리투아니아 부근에서 단일 유전인자의 한 돌연변이로 생긴 것으로 간주되고 있다.[18] 오늘날 파란 눈동자를 가진 사람들은 사하라와 아프가니스탄까지 퍼져 있다. 푸른 눈을 가진 사람들은 여러 문화권에서 매력 있는 배우자로 간주되었을 것이다. 왜 그리 되었는지에 대해서 추측해 볼 수 있다. 파란 눈이나 그 밖의 연한색 홍채는 관계상 이점이 될 수도 있다. 그런 눈에서는 동공의 크기가 잘 보이는데, 동공 크기는 정서적 상태와 연관된다. 실험 결과를 보면, 얼굴을 응시하는 사람들은 그들이 보는 얼굴의 동공 크기에 자신의 동공 크기를 적응시킨다.[19] 이 반응은 상호 공감 형성을 도울지 모른다. 물론 파란 눈을 가진 사람과 사랑에 빠진 이는 이 현상을 의식적으로 깨닫지는 못하지만, 그런 반응은 사랑에 빠지는 것을 용이하게 할 수 있었을 것이다.

농업은 생활 조망을 극적으로 변화시켰다. 이제 처음으로 인간은 소유물을 가지기 시작했다. 살아 있는 소나 작물의 수확 형태로 저장할 수 있는 식량을 만들어 낼 수 있게 되었다. 소유물은 어느 한 사람으로부터 다른 사람에게 두 가지 혁신(상속, 대규모 절도)을 가능케 하는 방식으로 건네질 수 있다. 이에 사회적 조직이 반응했다. 도덕 체계는 종교적 명령의 후원을 받으며 서서히 생겨났다. 상속 가능한 소유물이 있게 되면 수렵채집인들 사이에서 있던 차이보다 훨씬 큰 부와 신분의 격차가 생길 수 있다.

이 가설은 미국인 인류학자 멀더(Monique Borgerhoff Mulder)와 역사적 및 현대 소규모 사회 21개를 표하는 저자팀의 최근 연구에서 확인되었다.[20] 그 연구에서는 실제 수렵채집자 및 원예가들은 현대 사회에서 가장 평등주의적인 사회만큼 평등한 사회를 지닌 반면, 농업(농경 사회 및 목축인들)은 가장 불평등한 현대 산업국가를 넘는 강력한 위계 사회와 연관되었다는 결론을 내리고 있다. 절도가 생기면서, 도둑을 지키는 대가로 잉여물로 먹여 살리는 보초가 필요해졌다. 사람들이 서로를 모두 알고 지내는 마을보다 사회집단이 더 커지지 않는 한 집단 내에서의 절도 규모나 그 절도를 저지하기 위한 폭력의 필요성은 아마 보잘것없었을 것이다. 인접 마을이나 방랑 집단에 의한 습격이 아마 더 큰 위협이었을 것으로 진정한 불안의 원인이었을 것이다.

가장 비옥한 지역들은 정착 농경민들(agriculturalist)을 수용할 수 있었다. 사람들이 동물을 길들이는 기술을 터득하게 되자, 그들은 이동하는 동안 가축떼를 몰고 다니며 상대적으로 기후가 좋지 않은 지역을 개척할 수 있게 되었다. 유목민이 겪는 압력은 정착 농민들이 겪는 것과는 달랐다. 가축 무리는 도난당하기 쉬웠을 것이다. 도둑은 소떼를 몰고 자신의 고향 지역에서 달아나면서, 다음 용도를 위해 그 소를 살려 놓았을 것이다. 흔해진 절도를 피하기 위해 목자들은 그들의 집단 내부에서 완전히 믿을만해야 하는 동시에—범법시에 무거운 제재가 따르는—, 수렵인들보다는 외부인을 훨씬 덜 신임했을 것이라 예상할 수 있다.

여기서도 경로 의존성은 결정적이다. 집단 간에는 큰 차이가 있는데, 한 집단 내에서의 신뢰나 불신은 거의 자수적 예언(self-fulfilling prophecy)이 된다. 절도와 복수의 순환 과정은 시작되기만 하면 끊기 어렵다. 아이들은 아주 어릴 때부터 믿을 수 있는 사람이 누군지와 어떤 사람이 도난을 당할 수 있는지에 대한 기본 형태를 학습한다. 따라서 목자들 사이에서는 불확실성 회피 문화가 자리 잡을 가능성이 크다. 부족 간 또는 부족 사이 절도가 자주 일어나게 되면서 내집단 안에서의 부정 행위에 대한 강력한 금지령과 무장 경계 문화가 잇따르게 되었을 것이다. 목동들은 경비를 하는데, 농부들만큼 땀 흘리며 고생하지는 않는다. 경비는 자부심이 강한, 기념비주의적 문화와 연관될 수 있다. 오늘날 아프리카의 목축민 지역에서는 상호 간 가축 습격과 부족 간 폭력이 아직도 풍토적으로 남아 있다. 이는 내집단 충성과 외집단 의심이 강한 세계에서 자원 희소에 대해 납득이 가는 반응이다.[21]

　농업은 유전적 영향도 있었다. 초기 목동들은 자신의 소만 먹었다. 결국에는 소를 죽이지 않고 소의 피를 얻는 방법을 알아냈다. 소는 계속 풀을 혈액으로 전환시킬 수 있었기 때문에 이것은 보다 효과적이었다. 약 8500년 전에 그들은 우유를 마시기 시작했다. 이로 인해 그들은 자신의 동물들로부터 한층 더 많은 에너지를 얻을 수 있게 되었다. 처음에는 우유를 받는 성인은 극히 드물었다. 왜냐하면 유당 불내성(lactose intolerance)이 거의 대부분의 포유동물에게 생기게 되었기 때문인데, 이는 다 큰 자식이 새로 태어난 아기와 우유 때문에 경쟁하지 않게 하기 위한 방법인 것 같다. 그렇지만 지금에 이르러서는 유당 내성의 유전적 변종들(variants)은 흔한 것이 되었는데, 이는 어떻게 행동적 진화와 유전적 진화가 나란히 갈 수 있는지를 보여 주는 하나의 예가 된다. 소수의 대립 형질(한 대립 형질이란 한 유전인자의 변종이다)에만 존재하는 근소한 유전적 차이가 큰 영향을 미칠 수 있다. 우유를 소화시키는 효소인 락타아제(lactase)를 생산할 수 있게 하는 유전인자의 돌연변이는, 조금 전에 설명했듯이 우리의 조상들이 소를 사육하기 시작한 약 8500년 전부터 선택되었다. 유당에 내성이 있는 개인들이 더 많은 자식을 낳았기 때문에 그 특성이 확산되었던 것으로 보인다. 오늘날의 북유럽인은 거의 100%가 유당에 내성이 있는데, 이는 소 우유를 마신 역사가 길었다는 것을 증명한다.

　작물의 재배로 인해 다양한 선택 압력이 생기게 되었다. 농부들은 걱정할 이유가 생겼다. 일이 여러 가지로 잘못될 수 있었다. 모두 그들이 어디 사는지 알았고, 농장이 습격을 받을 수 있었고, 저축한 것들을 도적 맞을 수 있었다. 인간들의 습격이 없어도 농부들은 고된 노동을 해야만 했다. 작물을 보살펴야 했다. 그렇지 않으면 농작물은 잡초에 뒤덮여 버리거나 동물들에게 먹히거나 심한 뇌우로 인해 망가지거나 말라 죽을 수도 있었다. 농경 작물은 유해 동물 및 병원체에도 부수적 진화를 야기했다. 나일강(Nile)을 끼고 있는 인구 밀집 지역은 오염과 질환이 급속하게 진화하고 집중하기에 이상적 조건이었다. 작물들은 이집트를 괴롭힌, 성경의 열 가지 재앙(물 중독, 개구리, 모기, 파리, 가축 전염병, 우박, 화재, 메뚜기, 암흑 및 아이의 죽음) 중 어느 것에 의해서든 타격을 입을 수 있었다. 분명히 더 많은 역병들이 일어났을 것이고, 어쩌면 성경에 나오는 역병들(동물로 전염되는 인간 질병, 생쥐, 곰팡이, 바이러스, 세균성 질병 등)의 원인이 되었을 수도 있다. 농경으로 인해 서민의 건강 및 평균 수명의 수준은 떨어졌다. 작물에서 나온 음식물은 영양가가 더 적었기 때문이다. 확실히 인간 개체군이 새로운 인구와 음식을 다루는데 유전적 방식을 채택하기 전까지 농경은 처음에는 모습을 감춘 저주 바로 그 자체였다.

따라서 문화적으로 불확실성 회피가 농경생활의 위험에 대한 괜찮은 적응이었을 것이다. 더욱이 농부들은 한결같은 계절별 일거리에서 서로 협력해야만 했기에, 수렵채집자나 유목민의 경우보다 훨씬 다수가 모여 살았다. 이런 상황에서는 상당히 큰 집단주의나 권력거리와 관련된 어떤 온순함이 필요하다. 문화는 또한 생산 체계와 함께 공진화한다. 동남아시아의 노동집약적 계단식 논은 장기지향적(유연겸허적) 문화에 들어맞는다. 체계가 유지되기 위해서는 부지런한 자기 희생적 보살핌이 필요하다. 습격이 풍토적이라면 여자는 농사를 짓고 남자는 전투에 나가는 식으로 노동 분화가 일어났을 것이고, 이에 부합해 보다 남성적인 가치 체계가 생겼을 것이다.

대체로 문화의 견지에서 보면 수렵채취 시대에 반해 다양한 형태의 농경이 등장하게 되면서 가치 스펙트럼이 확장되었는데, 이는 인간 집단들에 적응적으로 작용했다. 소유물이 생기면서 농경 사회에 상속적 위계가 도입되었다. 건조한 환경에서는 훔치려는 강한 유혹이 있는 목축 생활은 특히 강한 도덕권 수호의 필요를 키웠을 것이다. 개인주의는 낮았을 것이고, 남성성은 높았을 것이며, 불확실성 회피 및 단기지향(기념비주의)은 특히 높았을 것이다.

● 7천5백 년 전부터 현재까지: 대규모 문명화

7천5백 년 전에는 농업과 농업 잉여물로 인구가 조밀한 사회가 생겨나게 되었는데 촌락이 서서히 마을로, 다시 도시로, 그리고 도시는 다시 확장된 도시, 도시 국가, 제국으로 커나갔다. 최초의 도시 무리는 비옥한 큰 강 기슭을 따라 3천5백 년 전 일어났다. 티그리스 강 및 유프라테스 강 삼각주(오늘날 이라크의 메소포타미아), 인더스강 및 나일강이 그 뚜렷한 예다.[22] 아직도 존속하고 있는 가장 오래된 제국은 중국이다. 비록 중국이 늘 통일되었던 것은 아니었지만, 중화제국은 약 4천 년간의 중단되지 않은 역사를 지니고 있다. 반면에 다른 제국들은 붕괴되었다. 지중해 동부 연안 및 아시아의 서남부에 있던 수메르, 바빌론, 이집트, 페르시아, 희랍, 로마, 오토만 같은 제국들은 한때 번성했다가 폐망했다. 남아시아 대륙 및 인도네시아의 군도에도 마우랴, 굽타, 좀 뒤에는 인도의 무갈과 자바섬의 마자파힛 같은 여러 제국이 존재했다. 중남아메리카 대륙에서는 아즈텍, 마야, 잉카 제국들이 그들의 기념비들을 남겼다. 끝으로 아프리카 대륙에서는 베닌, 에티오피아 그리고 말리와 같은 고대국가가 존재했다.

역사학자 맥닐(John Robert McNeill)과 그의 부친(William H. McNeill)은 도시 수준 문명화가 어떻게 두 주요 사회 혁신으로 이어지게 되었는지를 기술한다.[23] 수메르인의 도시들은 처음에는 대부분 종교적 의식 및 신앙으로 결속되어 있었다. 7명의 남신과 여신 무리(태양, 달, 지구, 하늘, 담수, 해수 및 태풍을 상징)가 우주를 관장했고, 이들이 이후의 여러 인도-유럽 문명의 신들의 모태가 되었다. 수메르인의 부(富)는 대초원 출신의 말 탄 강도 무리의 주의를 끌었기 때문에 대항할 군대가 만들어지게 되었다. 이 병력은 그 말탄 무리들과 싸우는 것뿐만 아니라 종교 세력과도 힘 겨루기를 시작했다. 수세기에 걸쳐서 인구 규모가 한층 더 증가했기 때문에 군사적 방어는 공동체의 생존에 점점 더 중요해졌고, 중앙집권화도 강화되었다. 모시는 신들은 이런 변화를 반영하는 경향이 있는 만큼, 수는 줄고 남성적이 되었다. 고대 문명의 이야기는 세속적 권력과 종교적 권력 간의 갈등에 관한 것으로 가득하다. 하지만 전쟁의 생존 가치는 대개 무역의 것에 미치지 못했다.

다국적 회사들은 기원전 2,000년에 이미 존재했다. 아시리아, 페니키아, 그리스 및 로마에는 각기 나름의 세계화된 사업체가 있었다.[24] 부를 위한 전쟁은 오늘날 아직도 일어나고 있기는 하지만, 주된 부의 이동 기제는 전쟁보다는 무역으로 바뀌게 되었다.

사회 규모의 확대와 발 맞추어 식물과 가축 몰이는 한 장소에서의 집중적 추수를 가능케 했다. 이러한 진보로 인해 도둑질은 촌락에 비해 훨씬 더 수지맞는 일이 되었다. 사람들은 점점 더 숙련된 영농업자가 되면서 인구 규모는 증대했다. 규모는 전문화(specialization)의 가능성을 열었다. 음식 저장소를 지키기 위해 군대를 둘 수도 있었다. 그러나 일단 군대가 설치되면 그들은 권력 탈취의 유혹에 이끌릴 수도 있었다. 예를 들어, 세금 찬

탈이나 고인이 된 황제의 승계를 위해 무장 도당들이 다투어 일어날 수 있었을 것이다. 사람들이 훨씬 더 온순하게 되어 실질적으로 노예처럼 되거나 아니면 중재, 객관적 재판과 권력의 분리를 용납하지 않는다면 폭력의 상승을 보게 되었을 것이다. 일단 국가가 나타나기 시작하자 행동적, 상징적 진화의 복잡성이 급상승했지만 아직도 고도로 경로 의존적(path dependent)이었다.

현대인들은 여전히 대규모의 익명 사회에서 사는 방법을 학습하고 있다. 하기야 그런 사회는 400세대쯤 전에 생기기 시작했었다. 그 시기에 우리의 조상들이 이룩한 사회적 혁신 중 일부를 설명하기 위해 여기서 미국 사회학자 파슨스(Talcott Parsons, 1902~1979)의 연구를 참고하기로 하겠다. 파슨스는 사회적 발명들을 진화적인 것으로 간주했다는 점에서 혁명적이었다. 그는 혁신이 한번 일어나게 되면 그것은 사라지지 않는다고 말했다. 그는 비전(vision)과 같은 생물진화적 혁신을 비유로 들었는데, 비전은 절대적인 장점을 지녔기 때문에 일단 생기면 선택에 의해 보존되고 향상된다고 보았다. 오로지 이 경우에만 진화가 집단 수준에서 일어난다. 대규모 사회는 사회적 진화를 가능하게 했을 뿐만 아니라 필연적으로 만들었다.

문명의 성장을 생각하면서 파슨스는 그런 결정적이고 되돌릴 수 없는 여러 개의 혁신을 지적했다. 그는 이러한 혁신들을 '사회의 진화적 일반 개념(evolutionary universals in society)'이라고 일컬었다. 1964년 논문에서 그는 다음과 같은 목록을 언급했다. 즉, 사회 계층을 필두로 문화적 합법화, 관료 조직, 돈과 시장, 일반화된 보편주의적 규범, 민주적 결사가 그것이다.[25] 다음의 논의에서는 이와 같은 진화적 일반 개념 각각이 한 절의 주제가 될 것이다. 여기서 순서는 꼭 역사를 따르지 않는다. 이 혁신들은 상호 의존적으로 서서히 일어났고, 그 혁신들의 요소는 농경 공동체 이전부터 존재해 왔던 것이다. 그러나 농업 및 그에 따른 인구 증가는 혁신의 발달에 크게 기여했다.

사회 계층화

계층(stratum)은 층(層)에 대한 라틴어다. 계층화는 사회에서 다양한 계층을 형성하는 과정으로, 처음에는 대개 두 가지로 시작한다. 커가는 촌락에서는 증대하는 협동에 한 요구와 더불어 다른 유인원에서 보는 것 같은 물리적 힘과 호감의 결합에 기반을 둔 단순한 계층화가 일었을 것이다. 도시에는 도시의 지도자들을 위한 그들의 역할에 기반을 둔 귀속적 권위(ascribed authority)를 만들 필요가 있었다. 그렇지 않으면 사회조직이 붕괴하거나 다른 도시나 약탈자 무리들이 그 도시를 파괴했을 것이기 때문이다. 이 요구가 인구의 대부분이 귀속 권위를 보다 쉽게 수용하도록 만들었다.

도시국가들은 싸워서 포로들을 얻게 되었는데, 이들은 쓸모가 있었다. 도시국가 역사 초기에 노예제도는 2단계 사회 계층화의 분명한 예가 된다. 지배층이 소와 작물을 보유하는 것과 동일한 방식으로 사람들을 보유했다고 말할 수도 있다. 소수 지배자가 다수의 인간 무리를 길들였다는 생각을 지지하는 생물학적 증거가 실제로 있다. 가축화된 동물들에서 일어난 것처럼 농업의 출현 이래 인간의 평균 뇌 크기가 작아졌다.[26] 그리하여 대규모 농업 사회는 우리의 조상들이 자신의 필요를 충족하기 위해 지구 에너지의 훨씬 큰 부분을 추출할 수 있게 했을 뿐만 아니라, 또한 막대한 문화적 변화를 유도하기도 했다. 엄청난 권력을 지니고 다른 생활권에서 사는 먼 인물인 지도자들에 대해 경외 감정을 갖는다는 것은 우리 진화에서 새로운 것이었다. 큰 권력거리는 농업에 의해 가능할 수 있었던 대규모 익명 사회 생활에 대한 적응 중 하나다. 이러한 적응은 상대적으로 추운 지역에서보다 도시와 국가가 더 번창했던 온대기후에서 더욱 두드러졌다. 상대적으로 추운 지역에서는 기후적 조건 때문에 농업이 잘 될 수 없었고, 따라서 인구 수준도 여러 세기 동안 훨씬 낮은 상태로 있었는데, 그 결과로 자연의 힘에 맞선 공동투쟁이 주요 관심사가 되었다. 그래서 그런 지역에서 사회는 평등주의적으로 남게 되었다.

문화적 합법화

행위의 문화적 합법화(cultural legitimation)는 사회가 확장할 때는 새로운 현상이 아니었다. 그러나 익명성 문제에 대처해야 하게 되면서 새로운 형태를 갖추게 되었다. 집단상의 문화적 합법화는 집단이 수백 명의 사람들로 한정되어 있는 한 전혀 어렵지 않았다. 집단 성원을 남들과 구분하는 일을 수천 년 동안은 개인의 인지만으로 의존했었다. 그러나 수많은 시민을 지닌 국가 수준의 사회가 되면서 모든 사람을 친히 알 수 없게 되었을 때 집단 정체성을 합법화하기 위한 새로운 기제가 필요해졌다. 혈연 관계를 초월하는 강력한 상징적 정체성이 한 국가가 존속하기 위한 필수적 조건이었다. 인더스강, 나일강, 티그리스강, 유프라테스강을 따라 존재하던 고대국가들 모두가 합법화 체계를 발전시켰는데, 이 합법화를 통해 국가의 지도자들이 그 국가의 신들과 직접적으로 연결되었다. 또한 이들 국가들은 남성 중심적 일신교를 발전시키는 경향이 있었다. 유일신은 적에 둘러싸인 수많은 사람을 지속적으로 존재하게 하는 데 이바지하는 하나의 강력한 자산이다. 즉, 대를 잇는 지배자들이 동일한 신에 동맹을 약속하면 내란의 원인이 될 수 있는 권력의 공백이 생길 일도 없고, 군주가 죽었을 때 종교 지도자들이 리더십 이전에 주도적 역할을 할 수도 있다. 그래서 국가와 제국의 세속적 지도자들은 언제나 종교의 지원을 추구해 왔고, 비종교적인 국가조차도 그랬다.

한 국가 수준의 정체성도 그 국가 내부에서 충성심의 분열이 있으면 여전히 불확실할 수 있고, 종교 개입이 없는 경우라 해도 마찬가지다. 제7장에서 논의했듯이, 이것은 아프리카의 여러 지역에서 그랬는데, 그곳에서는 부족의 유대가 우세하다. 실패한 국가의 극단적 예로 소말리아를 언급했었는데, 그곳에서는 유목 사회에 전형적인 씨족에 대한 충성심만이 남아 있었다.

문화적 합법화 현상은 생의 모든 분야에서 일어난다. 17세기에 첫 노예선이 네덜란드의 블리싱겐(Vlissingen)에 있는 항구에 입항했을 때, 현지 주민들은 노예들이 처한 비인간적인 상태를 보고 충격을 받아 그 노예들을 풀어 주려 했다. 좀 뒤에 계속해 성직자들은 네덜란드 사람들에게 노예제도는 열등한 이들 족속들을 위하는 길이라고 타이르고 있었고, 마침내 노예제도가 폐지될 때까지 수 세대가 걸렸다.[27] 전쟁에 나가는 모든 사람은 신이 자신과 함께 있다고 믿는다. 우리는 미리부터 정당한 일을 행하기보다는 우리가 행한 것을 정당화한다. 그동안 내내 우리 중 이를 알아차린 사람들은 거의 없는데, 우리의 신념이 우리가 속한 집단의 존재를 지속시키는데 도움이 된다는 것을 깨닫는 것이 집단 생존에 유리하지 않았던 것 같다.

관료 조직

그리스인 철학자 플라톤(Plato, 기원전 427~347)의 사상은 제3장과 제5장에서 언급한 바 있는데, 그는 논문 「폴리테이아(Politeia: 공화국)」[28]에서 그의 국가의 조직 원리를 썼다. 이것은 폴리틱스(politics: 정치학), 폴리티(polity: 정치적 단위), 공산주의 세계에서는 정부의 최고 권력 기구를 칭하는 폴릿뷰로(politburo)의 어원이 되었다. 뒤에 말한 용어는 제9장에서 작은 권력거리와 강한 불확실성 회피를 결합한 객관적 조직에 대한 베버(Max Weber)의 이상형으로 기술되었던 뷰러크러시(bureaucracy: 관료 제도)로 이어졌다.

관료 제도는 그것의 영향을 받는 쪽 사람들에게 반드시 평판이 좋은 것은 아니다. 그것은 감정도 없이 개인들의 관심은 무시한 채 천천히 굴러가는 거대한 기구로 간주되지만, 이 점이 바로 그것의 장점이다. 파슨스는 시민들이 참정권을 부여받게 되더라도 인격주의적 통치 체계가 거대한 정치 조직체를 결코 만족스런 방식으로 통제할 수 없다고 주장한다. 이 시민들은 공평한 대우를 원할 것이다. 관료 제도는 조직이 하는 일과 그곳에 고용된 사람들을 떼어 놓는다. 직원은 모든 소비자를 평등하게 대할 의무가 있다. 물론, 대부분의 사회에서 일부 소비자들은 다른 소비자들보다 상대적으로 더 평등하다. 베네수엘라의 차베스(Hugo Chávez)는 '알로 프레지덴테(Aló Presidente)'라는 자신의 프로그램을 국영 TV에서 몇 시간이고 방영하게 할 수 있었고, 그로 인해 존경을 받을 수 있다. 영국의 브라운(Gordon Brown)이 꿈으로나 꿀 수 있는 그런식으로 말이다. 일부 사회의 시민들이 다른 사회보다 더 많은 참정권 부여를 원한다는 것은 자명하다. 권력거리라는 문화 차원이 그러한 차이를 대부분 설명한다. 그럼에도 불구하고 관료 조직은 여전히 국가를 공평하게 조직화하기 위한 강력한 장치이며, 특히 공공재의 공급에서 그렇다.

돈과 시장

한 재화를 다른 재화로 교환하는 것을 무역의 주요 기제로 쓰는 것은 규모가 큰 한 국가 안에서나 국가 간에 있어서는 비실용적인 것이 된다. 화폐(currency)로서 조개가 사용된 것은 도시국가 이전이었을 것이고, 모든 도시국가에서는 돈(money)이 사용되었다. 돈은 운반하기 쉽고 망가지지도 않는다. 돈은 매우 다양한 상품과 서비스의 유용성을 평가하는 기제를 제공한다. 돈으로는 음식물, 노예 또는 병역을 살 수 있다. 물론 이야기하거나 협상할 수 있었으며, 이러한 목적을 위해 고대사회에서는 장이 정기적으로 열렸고, 일반 상품을 파는 상점이 출현하게 되었다.

돈은 사회를 보다 적응적으로 만들었다는 점에서 하나의 커다란 진화적 발걸음을 나타낸다. 돈은 언제나 기다릴 수 있고, 가장 원하는 것으로 밝혀진 자산을 유리한 때에 사들이는 데 쓸 수 있다. 상인, 농부 및 국가는 돈의 유연성으로 이득을 보았다. 그러나 돈에는 기억력이 없다. 돈은 무역거래와 장부 기록의 필요가 수메르인들로 하여금 최초의 표기 문자(written script)를 발명하게 만들었다.[29] 파슨스가 언급하지는 않았지만, 표기 문자는 확실히 진화적 일반 개념(evolutionary universals)의 자격이 있다.

일반화된 보편주의적 규범

관료 체제, 돈, 시장 및 문자 모두는 보편주의 쪽을 가리킨다. 관료 체제의 경우 모든 사람간의 동등성, 돈과 시장의 경우 모든 물건 간의 동등성, 그리고 표기 문자의 경우 모든 시간과 장소 간의 동등성을 가리킨다. 제4장에서는 세계 가치조사(World Value Survey: WVS)를 기반으로 나온 국가문화 차원으로서 미소(Misho)가 제시한 차원 중 하나인 보편주의와 배타주의 구분을 만났다. 이 차원은 집단주의-개인주의 차원과 강력한 상관 관계를 가졌다. 보편주의적 규범이 없으면, 소비자 중 일부가 외집단일 경우에 관료 기능의 질을 제약할 수 있으며, 화폐가 다른 집단의 통화로 바뀔 수 없으면 돈의 이용을 제약할 수 있다. 모든 인간은 동등하며 그들은 동일한 도덕권 안에 속해야 한다는 생각은 비교적 최근에 나온 것이다.[30] 세계인권선언(Universal Declaration of Human Rights, 제4장 참조)은 보편주의적 선언이다. 그럼에도 불구하고 전 세계에 있는 사회들은 아직도 그들이 다른 사회보다 어떻든 더 우월하고 더 인간답다고 느낀다. 이러한 사태는 배타주의가 지난 수 세기 동안 집단에게 생존 가치를 지녔다는 것을 강력하게 시사한다. 자신의 집단이 어떤 모양으로든지 다른 집단보다 더 우월했다고 믿지 않았던 사람들은 모든 사람이 서로 동등하다고 여기기 시작하는 것이 아니라, 다른 '우월한' 집단과 관계 맺고 싶어 했을 것이다. 보편주의는 여전히 논란의 여지가 있는 분야인데, 일부 관찰자의 말에 따르면 이는 사회 문화의 가장 두드러진 변인이다.

민주적 결사

파슨스는 민주적 결사를 선출된 지도자와 완전한 참정권을 지닌 회원으로 보았다. 그는 미국에서 1960년대에 집필 중이었는데, 당시 많은 사람은 이 모델이 전 세계적으로 급속하게 퍼질 것이라고 여기고 있었다. 다른 미국 사상가들도 그의 사상을 반영하고 있었는데, 예를 들어 베를린 장벽의 붕괴 후인 1989년에 후쿠야마(Francis Fukuyam)는 '역사의 종말'을 선언했다. 후쿠야마가 말하려 한 것은 그저 자유민주주의만이 받아들일 만한 유일한 정치 형태라는 것이었다. 물론 파슨스와 후쿠야마 모두 문화적으로 물든 그림을 보여 주었다. 제11장에서 우리는 서양의 정치 원리의 한계에 대해 상세하게 논의한 바 있다. 중국은 19세기 이전까지 수백 년 동안은 매우 부유했었고, 다시 한 번 그렇게 되려는 과정에 있다. 그러나 파슨스가 민주적 결사라고 부르는 것의 모범이 된 적은 한 번도 없었다. 중국인들은 앵글로색슨인들 보다 권위는 있어야 할 것이고 의무감과 복종이 필요하다는 것을 받아들이는 경향이 있다. 민주적 결사가 진화적 일반 개념이 될지는 두고 봐야 할 것이다. 우리의 미래가 그것이 사실임을 보여 준다 할지라도, 전 세계 민주주의 정부의 형태는 오늘날 민주주의 형태가 그러하듯 각국 시민들의 문화에 적응된 형태가 될 것이다.

● 문화적 다양성의 근원 및 변화

타임머신 여행은 약간의 차이가 있을 뿐 인류에게는 하나의 진화적 왕도가 존재하는 것처럼 보이게 했을지 모른다. 하지만 그렇지 않다. 오늘날의 사람들은 이들 다양한 혁신에 대해 굉장히 다른 역사적 경험을 가지고 있다. 영토를 가진 대규모 제국의 바로 옆에, 그리고 때로는 그 영토 내부에 서로 독립적인 소왕국이나 부족 형태의 작은 단위가 존속했다. 심지어 오늘날에도 뉴기니섬(New Guinea)에는 인구의 대부분이 상대적으로 고립된 소부족으로 사는데, 그들 각각에는 고유의 언어가 존재하며 더 큰 사회로 통합되는 경우가 거의 없다. 동일한 맥락에서, 호주의 원주민들은 언제나 채집수렵 생활을 해 왔다. 구대륙(the Old World)에 있던 고대 유목문화는 씨족 간에 전투 전통을 발달시켰다. 오랜 농업 전통을 가진 사회들은 위계적이고 집단주의적인 경향이 있다. 북서유럽 사회들과 영국계 분파 사회들은 모두 개인주의적이고 평등주의적이며, 이 일대에서는 집단주의적, 큰 권력거리에 대한 과거 흔적이 전혀 보이지 않는다. 하지만 상황은 복잡하고 경로 의존성이 중요하며, 단순한 인과 관계를 지을 수는 없다.

　다양한 민족이 여러 생계수단에 노출된 형태는 매우 다르다. 그들이 노출된 기후, 식물상, 동물상 및 지리적 배경 요인들도 마찬가지다. 더욱이 다른 장소에서 선택 압력이 다를 경우, 진화의 방향은 갈라지는 경향이 있다. 집단 수준에서의 선택적 기제는 집단 내부의 가치와 일부 관행들을 안정적으로 만들고, 집단 간의 상징적 경계를 유지하는 경향이 있다. 그 결과, 오늘날의 세계는 가치로서나 관행으로서나 모두 놀랍도록 다양한 문화를 보인다. 대부분의 문화는 주요한 변화에도 불구하고 옛 뿌리를 지니고 있다. 문화 변화는 자연의 힘과 인간의 힘의 주요 충격에 의해 야기되고 앞으로도 그런 충격에 의해 일어날 것이다. 문화 다양성이 생긴 첫째 이유는 새로운 자연환경에 대한 적응이었다. 인류가 전 세계로 퍼지면서 생존에의 욕구가 다른 문화적 해법으로 이어졌다. 색다른 환경으로의 집단적 이주는 기후 변화(사막화와 같은), 인구 과잉 또는 정치적 실정(19세기 아일랜드의 영국인 통치자들이 그랬던 것처럼)으로 인한 기근 때문에 흔히 강요되었다. 지진이나 홍수 같은 자연재해는 때로 전 사회를 쓸어버리고 다른 사회에 새 기회를 만들어 주기도 했다.

　최근 수백 년 동안 인간들은 둥지 구성(niche construction, 소위 생물학자들이 말하는)에 더 능해졌다. 불, 의복, 주택 및 온갖 유형의 과학기술을 통해 우리는 생물권의 거의 모든 것을 점유해 왔다. 그러나 네덜란드의 사회심리학자 플릿(Van de Vliert)은 여전히 기후가 주요 요인이라고 제시했다.[31] 플릿은 인간의 문명이 발달한 지난 1만 년 동안 기후가 끼친 영향력에 주목했다. 그의 연구에서 기후는 섭씨 22도(화씨 72도)라는 이상적인 온도에서 벗어난 일평균 기온을 의미하는 혹독한(demanding) 정도에 따라 분류된다. 국가 수준 자료에 대해 그가 행한 메타 분석에는 추운 겨울과 더운 여름 양자 모두가 포함된다. 기후가 혹독한 사회의 경우 혹독한 기후문제에 적극적으로 대처할 수 있는 자원을 가진 부유한 사회와 빈곤해서 그 문제를 참고 견딜 수밖에 없는 사회로 나뉜다. 전자에서는 문화가 자기 표현을 허용하고, 후자에서는 문화가 생존 욕구의 제약을 받는다. 일 년 내내 견딜 만한 기후를 가진 국가의 문화에서는 부유 정도에 따른 이러한 의존성은 나타나지 않는다. 즉, 그런 국가의 사람들은 당연히 빈곤할지라도 자기 표현을 명백히 할 수 있다. 이제 남은 의문은 왜 어떤 사회는 계속 빈곤하게 남았고, 왜 어떤 사회는 부유해졌는가 하는 것이다.

이처럼 지난 1만 년 동안, 세계 인구는 극적으로 증가했고, 오늘날 전 세계는 경쟁적인 정치 형태가 완전히 점유하였다. 그래서 최근에는 진화 압력이 급속히 이동해 왔다. 자연의 힘이 문화에서 가장 중요한 추동력 역할을 하던 곳에서는 다른 인간들의 힘이 급속하게 중요해졌다. 군사 정복은 주민을 죽이고 이주시키며 섞음으로써, 또한 새로운 지배자와 규칙을 도입함으로써 문화를 과감하게 변화시켰다. 상징적 진화 역시 사람들을 새 종교로 개종시키는 열성 어린 포교 형태로 문화를 변화시켰다. 그러나 국가들의 종교적 역사를 따라 거슬러 올라가 보면 사람들이 신봉해 온 종교가 무엇인지, 그리고 그 종교의 형태가 어떤 것인지는 문화 차이의 원인이라기보다는 이전에 존재하는 문화적 가치 양식의 결과인 것 같다. 세계의 주요 종교는 모두 그들의 역사를 통해 언젠가 골 깊은 분열을 경험한 적이 있다. 즉, 기독교에서는 천주교, 동방정교회 및 다양한 개신교 집단 간, 이슬람교에서는 수니파와 시아파 간, 유대교에서는 다양한 원리주의자 집단들 간, 그리고 불교에서는 소승과 대승 간의 분파가 그렇다. 이런 분열에서는 이전부터 존재했던 신봉자 집단들 간의 문화 차가 큰 역할을 했다. 예를 들어, 16세기 천주교 내부에서의 개혁 운동은 처음에는 유럽 전역에 영향을 미쳤다. 그러나 천여 년 이전에 고대 로마 제국에 속했던 국가들에서는 반종교 개혁이 일어 천주교의 권위가 복권되었다. 결국 개혁은 로마 전통이 없던 국가에서만 성공했다. 비록 오늘날 북유럽의 대부분이 개신교도이고 남유럽의 대부분이 천주교이긴 하지만, 문화 차를 만들어 낸 것은 종교적 분열이 아니라 로마 제국의 유산이다. 따라서 종교적 소속 그 자체는 흔히 간주되는 것과는 달리 문화와는 별개로 관련된 것이다.[32] 그럼에도 불구하고 한 종교가 일단 정착하면, 그 종교가 정착하는 기초가 된 문화 양식을 강화한다. 이 문화 양식을 그 종교 교리의 핵심 요소로 만듦으로써 말이다.

과학적 발견 및 혁신은 자생적이든 외부에서 들여온 것이든, 이전에 주장했듯이 근저에 깔린 가치보다 관행에 더 영향을 미치는 경향이 있다. 그런 변화들은 또한 전 세계적으로 파급되는 경향이 있다. 문화들이 한 공통 원인 때문에 함께 변화하는 경우에는 그 문화 간 차는 흔히 그대로 유지된다. 공통의 문화적 근원을 찾아 수 세기 전으로 거슬러 올라갈 수 있는 것은 이 때문이다.

◈ 종결되지 않은 역사

　타임머신 여행에서는 원시적 사회 포유동물, 초창기 인간 시절 그리고 문명생활을 산수 세기 사이에서 불가사의한 단절을 볼 수 없었다. 진화가 정지했다고 믿을 어떤 이유도 없다. 오히려 인간 진화가 가속화되고 있다고 믿을 만한 충분한 근거가 있을 뿐이다. 따라서 이제는 진화적 사고에 익숙해질 차례다. 진화라는 관점에서 우리 역사를 파악하게 되면 우리의 미래를 향상시키기 위하여 현재 무엇을 할지에 관해 더 정확한 식견 있는 추측을 할 수 있다. 문화의 진화는 언제나 우리 주변 곳곳에 있다. 역사는 끝나기는커녕 오히려 속도를 높이고 있다. 최근 수백 세대 동안에 사회 규모는 눈부신 증가를 보여 왔으나 이 과정은 아직 끝나지 않았다. 약 7백 세대 전인 기원전 1만5천 년 전에는 지구상에 각각 수십 내지 수백 명으로 이루어진 60만여 개의 정치 조직체가 존재했을 것이다. 오늘날에는 수백만 명의 사람들로 이루어진 200개의 정치 조직체가 존재한다. 우리는 급속하게 자연을 정복해 가고 있는 중인데, 이로 인해 우리의 인간 환경은 한층 더 중요해졌다. 점점 더 많은 기회뿐만 아니라 위협이 다른 사람들로부터 오고 있다. 그에 대한 반응으로 우리는 도덕권의 대규모 병합 및 확장 과정을 개시했다. 이 과정이 지난 수백 세대에 있어서 가장 두드러진 진화적 추세일 것이다. 동시에 우리는 수백만 년 동안 우리 조상들의 특징이었던 소부족 생활에 대한 여러 적응 형태를 여전히 간직하고 있다. 여하튼 우리 인구수가 무수히 많아지고, 너무나 풍부한 사회생활을 창출해 왔기 때문에 혁신은 우리 주위에서 미칠듯한 속도로 일어나고 있다.

　역설적인 것은 사회가 오로지 안정적 방식으로 기능할 수 있기 때문에, 그리고 그렇게 할 수 있는 한 관행과 기술은 아주 빨리 변화할 수 있다는 것이다. 한 사회는 집단적 행위 능력을 소유하기 위하여 암묵적 가치 수준에서의 문화 동질성을 필요로 하는데, 이는 한 집단이 그 집단의 환경에 적응하기 위한 하나의 조건이다. 또한 문화 동질성은 가치의 급속한 변화를 허용치 않는데, 왜냐하면 가치는 대부분 유아기에, 그리고 평생에 걸쳐 획득되는 것이기 때문이다. 가치 체계의 변화는 수 세대를 요한다. 공통적인 문화적 가치를 가진 집단들은 상황에 집단적으로 대처하는 능력은 뛰어난 반면에, 변화된 상황으로 인해 그런 공통 가치를 바꾸는 것이 생존상 유리할 때조차 가치를 바꾸지 못할 것이다. 주목할 점은 가치관의 느린 변화도 유전적 변화만이 유일한 변화 기제인 문화가 없는 상황에 비하면 그래도 매우 빠르다는 것이다.

사람들은 역사의 한창 때에 있는 것이며, 잘 뭉친 집단들은 경쟁과 협동으로 복잡하게 얼키설키 묶여 돌아가는 것이다. 일부 사회 속의 몇몇 엘리트 집단은 모든 생물을 포함할 수 있도록 도덕권을 확장하고 싶어 한다. 그래서 전 인류 및 세상의 다른 서식자들이 평화롭게 사는 용감한 신세계를 만들기를 꿈꿀 것이다. 그것은 노력할 값어치가 있는 아름다운 이상이긴 하지만, 현재로서 이것은 지상 낙원이라는 성경 속의 이상 만큼이나 현실적인 것이다. 하지만 도덕권을 확장시키려는 이러한 경향으로 인해 우리는 오늘날 우리가 서 있는 자리에 오게 되었고, 그것은 우리를 한 단계 더 앞으로 나아가게 한다. 우리는 존재한다. 고로 우리는 진화한다.

📎 진화의 본질

인류와 인류의 사회가 겪고 있는 급속한 변화가 정말 진화적이고, 이 점이 이전의 이야기에서 분명하게 나타났다면, 결론적으로 인류의 문제를 다룰 때 진화를 확고하게 이해하는 것은 중요하다. 유감스럽게도 진화(evolution)라는 단어에는 부당한 악평이 따라다닌다. 정치 이데올로기에서는 충분히 이해하지 못한 진화 사상이 쓰여 왔을 뿐만 아니라[33] 몇몇 종교 교리에는 반역사적, 절대론적 사상이 있기 때문에 진화를 둘러싸고 수많은 금기와 불안이 존재한다. 실제로 진화는 간단명료한 현상이다. 어떤 이데올로기나 종교를 저해할 필요가 없다. 세대가 부모 세대로부터 이어진 잉여(surplus) 자손을 낳되, 변이(variation)가 있으며, 각 세대에서 덜 성공적인 변종들을 도태시키는 선택(selection)이 함께 이루어지면 된다. 보다 명백히 말하자면, 진화가 일어나기 위해서는 다음과 같은 조건이 필요하다.

• 소위 복제자(replicator)라고 하는, 복제될 수 있는 어떤 것(예: 한 유전인자, 유기체, 소

　문, 의식, 이데올로기, 정부 형태, 문화 등)

- 훌륭하지만 완벽하지 않은 하나의 복제 기제로 인해 다음 세대는 이전 세대와 비슷해 보이지만 이전 세대와 전적으로 일치하지는 않는다.
- 생존할 수 있는 수보다 많은 복제물 생산
- 어떤 종류의 취사 선택 압력을 토대로 몇몇 복제물 보존

다음의 내용은 진화에 있어서 단순하지만 결정적인 다섯 가지 특징에 관한 것이다.

① **진화는 불가피하다.** 시간이 한 방향으로만 나아가는 우주에서, 영속적이지 않고 번식하지 않는 것은 멸종할 것이다. 오늘날 존재하는 비영속적인 것은 무엇이든지 암암리에 진화해 온 것이 틀림없다. 이는 살아 있는 모든 것에 적용된다. 바이러스(viruses), DNA 분자 (DNA molecules), 세포(cells), 몸체(bodies), 집단(groups)에 적용된다는 것이다. 이들의 어떤 경우이든 진화해 왔거나 그렇지 않으면 영속적으로 존재해 왔던 것이 틀림없다. 세대에 걸친 진화가 인간, 해충, 질병에게 명백히 일어나고 있으므로 인간 문화에서도 마찬가지로 일어나고 있다는 결론을 내릴 수 있다. 순환 길이로 인해, 유전적 진화가 너무나도 느리다는 것을 주의해야 한다. 새로운 줄기(strands)로 이루어진 바이러스는 매년 진화하지만, 새로운 종이 아니라면 하나의 새로운 포유동물 종이 되기까지 수백만 년이 소요될 수도 있다.

② **진화에서는 장래의 일이 고려되지 않는다.** 진화를 조종하는 메커니즘인 취사 선택은 오직 현재 상황에서만 이루어질 수 있다. 실제로 이 **취사 선택**이라는 단어는 목표 지향적 의미에서 어떻게든 최고 변종들이 있음을 암시하기 때문에 오해를 불러일으킨다. 이는 젖소를 기르는 사람들 간에 유당 내성 변종이 선택되는 경우와 같이 일어날 수 있다. 하지만 그 반대로, 부적합한 변종들은 번식에서 덜 성공적이기 때문에 제거된다. 게다가 **부동(drift)**이 일어난다. 부동은 변종들이 무작위적으로 도태되는 과정이며, 개체군의 규모가 상대적으로 작을수록 더 강력하다. 규모가 작은 개체군에서는 심지어 유리한 유전적 변종들조차 도태되는 경향이 있는데, 그 이유는 아무도 유리한 유전적 변이가 있는 상태로 태어나지 않거나 혹은 유리한 유전적 변이가 있다고 할지라도 자손 없이 죽어 버리기 때문이다. 그래서 요약하면, 취사 선택은 적합성 척도(fitness scale)의 맨 아래에서 일

어나고, 적합성 척도의 맨 꼭대기에서는 무작위적으로 일어난다. 충분히 큰 개체에서라면 자연의 취사 선택은 번식력에 유해하지 않으면 어떤 변종이든 보존될 것이다. 이는 규모가 큰 개체에서는 많은 변종이 앞으로 겪을 수 있는 새 환경에 대한 적응에 명백한 효력을 지니지는 않더라도, 잠재력을 구성하는 형태로 발생할 것을 의미한다.

③ **진화는 경로 의존적(path dependent)이다.** 진화가 무엇이든 할 수 있다고 보는 것은 잘못된 관점이다. 진화는 언제나 환경, 특히 자기 고유 역사의 제한을 받는다. 또한 진화에는 되돌림이 있을 수 없다. 인간 진화에서 이를 분명하게 볼 수 있다. 사람들은 하부추골(lower vertebrae), 고관절 및 무릎 관절이 아파서 자주 괴로워하는데, 이 관절은 우리 조상들이 아마도 키 높은 풀 속에서 이동하는 것에 적응하기 위하여 직립 보행을 한 이래로 더 부담을 받게 되었다. 일단 직립을 하게 되자 인간은 양손이 자유롭다는 부수적 편의 때문에 숲 서식지에서조차 계속해서 두 발로 걷게 되었다.[34]

④ **진화는 여러 복제자(replicators)를 이용한다.** 다윈(Darwin)은 유전인자에 대해서는 전혀 몰랐지만 진화에 대해서는 뛰어난 통찰력을 지녔다. 한 세기 뒤에 DNA 분자가 유전인자의 운반체라는 것이 발견됨으로써 그가 옳았다는 것이 증명되었다. 비록 유전인자가 우리 행성에서 진화를 위해 특출나게 성공적 복제자이긴 하지만 결코 유일한 것은 아니고, 비유전적 진화가 유전적 진화보다 덜 진화적이라는 의미는 아니다. 인간 문명의 진화는 유전인자와는 느슨하게 연결되어 있을 뿐이다. 여러 종류의 지식은 가르침을 통한 기술 전달을 통해 그 스스로를 증식시키며, 우리가 보아 온 바와 같이 문화적 가치는 또한 새로운 세대로 이전된다. 그래서 지식 및 문화의 전달 단위로서 한 사회는 인간들에서 또한 강력한 복제자가 되었다. 개인 수준에서는 유전인자를, 사회 수준에서는 지식 및 가치를 이용하듯, 진화가 다양한 복제자를 이용하여 동시에 일어날 수 있다는 생각은 다수준 선택(multilevel selection)이라고 부른다. 다윈이 『종의 기원(*On the Origin of Species*)』을 썼을 때 유전인자에 대해 알지 못했던 것만큼이나 지금 우리는 사회 수준의 진화에 대해 알고 있는 것이 없다. 관찰이 사회들의 문화적 진화가 일어났다는 사실을 지지하는 증거를 제공해 주지만, 우리는 그것이 어떻게 일어났는지에 대해서는 모른다. 바꿔 말하면, 복제자의 정확한 성격, 이른바 진화의 **근접기제(proximate mechanisms)**라고 부르는 것에 대해 사리가 통하는 생각이 우리에게는 아직 없다. 문화가 스스로를 어떻게 복제하는지, 그리고 어떻게 선택되는지에 대한 논의는 아직 미결 상태로 남아 있다.[35]

더욱이 한 개인의 경계선은 분명한 반면, 집단들의 윤곽을 아는 것은 쉽지 않다. 인간은 어느 시점에서 때로 애매한 경계를 지닌 여러 집단의 일부일 수 있다. 다가오는 세기에서는 문화적 진화의 역동에 대한 지식이 크게 성장하는 것을 볼 수 있게 되길 바란다. 다행히도 진화 메커니즘(evolutionary mechanism)은 복제자들이 어떤 것들이 되었든 기본적으로 언제나 동일하다. 수정이 가해진 증식이 있고, 선택이 있으면 선진화는 일어난다.

⑤ **진화는 진화한다.** 50억 년의 지구 역사에 걸쳐서 진화의 복잡성은 증가해 왔다. 진화에는 단지 유전인자만이 개입하는 것이 아니다. 진화는 유전인자가 존재하기 이전에 단백질 수프(protein soup)에서 발생했던 것으로, 유전인자뿐만 아니라 다른 것들과도 맞닥뜨렸다. 진화는 혼합 단백질에서 DNA 분자로 다시 세포핵이 없는 단순세포로, 공생 미생물(세포기관: organelles)을 담고 있는 복합세포로, 다시 세포군(colonies of cells)으로, 유기체(organisms)로, 사회 집단으로,[36] 이렇게 진화는 새로운 발명들과 계속해서 만난 것이다. 이제 우리 인간은 진화된 지능(brains)을 사용해 미래를 예상하고 그 미래에 영향을 미치려고 노력하는 중이다. 그래서 비록 여전히 선택 압력이 현재 상황에서 가해지고 있긴 하지만, 이 현재 상황은 미래에 대한 예측까지 포함하기 시작했다. 인간들은 문화적 가치 및 관행과 같은 몇 가지 재주를 길러왔지만, 우리는 아직도 현재의 진화적 상황에 대해 잘 모르고 있다. 특히 우리는 진화적 복제자 중 하나이기도 한 사회의 중요성을 과소평가하는 경향이 있다.

● 유전적 진화를 능가하는 진화

이것은 인간 공동체들에서의 상징적 진화가 지구상의 생물학적 변화의 원동력으로서 유전적 진화를 거의 대체했으며, 생태 역사에서 인간의 시대로 불릴 만한 시대가 약 4만 년 전에 시작되었음을 의미했다.

맥닐(McNeill)과 맥닐(McNeill), 휴먼 웹(The Human Web), 2003년

사랑에 빠져본 적이 있는가? 만약 있다면 당신 연인의 반면역계(anti-immune systems)에 대해서 걱정해 보았는가? 아마도 없었을 것이다. 그러나 연구는 우리가 반대로 면역

체계가 우리 자신을 보완하는 사람들과 사랑에 빠지게 하는 경향이 있다는 것을 보여주었다.[37] 진화적 관점에서 보자면 이러한 경향은 놀라운 것이 아니다. 전염병은 우리에게 매우 치명적인 적이었고, 취사 선택은 혼합 면역계를 가진 사람들에게 유리하게 작용했을 것이 틀림없다. 왜냐하면 그들은 더 많은 질병을 이겨내기 때문이다.[38] 그러나 우리 중 아무도 이제까지 그것을 의식적으로 감지하지 못했다. 우리에게 이러한 장래의 배우자는 단순히 더 좋아 보이거나 더 좋게 느껴지거나 더 좋은 냄새가 난다. 우리는 어떤 특정한 성질을 눈치채지 못할 수도 있다. 우리는 그저 그들을 사랑한다. 그래서 누구와 사랑에 빠질지를 결정하는 근접 기제 중의 하나는 우리의 후손을 건강하게 만들려는 진화적 목표를 달성시킨다. 부수적으로, 유전인자와 관련된 생존에 유리한 배우자 선택에 작동하는 근접 기제들이 앞으로 더욱 많이 발견할 가능성이 있다. 게다가, 모든 사람은 배우자 선택을 위한 문화적 기제에 익숙하다. 즉, 근친상간에 대한 금기는 강약에 다소 차이가 있지만 모든 사회에 존재하고 종교적, 소속과 같은 상징적 정보를 토대로 하는 여러 정교한 규칙이 배우자 선택에 영향을 미친다. 이러한 규칙은 사회마다 다르고, 집단주의, 남성적, 불확실성 회피적, 단기지향적, 제약적 문화에서 더 엄격해지는 경향이 있다.

배우자 선택에 대한 이러한 예는 맥닐(McNeill) 부자가 관점을 약간은 과장했을지도 모른다는 것을 보여 준다. 물론 상징적 진화는 점점 더 중요해지고 있고, 또한 그것이 무시무시한 속도로 작동할 수 있다는 것도 맞는 말이다. 하지만 사람들은 옛 유전적 진화에서 벗어난 것은 아니기 때문에 그들의 주장은 잘못되었다. 또한 그 주장은 기술적, 상징적 진화의 공조실현자(enabler)인 문화적 진화를 무시하고 있다. 문화적 진화를 놓치게 된 원인은 관행들이 흔히 화석을 남기는 반면 문화적 가치는 화석을 남기지 않는다는 사실로 설명이 된다.

이렇게 사람은 여러 복제자를 이용하면서 여러 수준에서 진화한다. 사정을 더 복잡하게 만드는 것은 그들이 진화하는 여러 수준이 서로 협력하기도 하고 때로는 경쟁을 한다는 것이다. 이들 수준들은 어떤 것일까? 다음 절에 그 개요가 나와 있다.[39]

유전적 선택(Genetic selection)
유전인자는 19세기 후반에 멘델(Gregor Mendel)에 의해 발견되었고, DNA 분자의 이중

나선은 1953년에 왓슨(James Watson)과 크릭(Francis Crick)에 의해 발견되었다. 유전적 진화는 다음의 메커니즘에 기초를 둔다. 즉, 한 인체에 있는 각 세포는 23개 염색체로 된 2개의 상동 세트로 구성된 전체 게놈(genome)을 지니고 있다. 2개의 상동 세트는 어머니에게서 물려받은 반쪽 게놈 세트와 아버지에게서 받은 반쪽 세트다. 우리의 난자와 정자는 염색체의 감수분열(meiosis)에 의해 형성된다. 그래서 각 난자나 정자 세포에는 23개 염색체의 두 세트 중 단 하나만이 포함된다. 감수분열을 하는 동안, 한 쌍의 상동 염색체 간에 오류와 재결합이 일어날 수 있는데, 난자나 정자 세포는 부모의 세트하고 또는 서로 간에 완전히 동일하지 않다. 그리고 수정시점에서는 난자와 정자 세포의 절반 게놈들이 또 한번 어떤 오류를 범하면서 재결합해 완전한 새로운 게놈을 형성한다. 이들 오류는 대개 **돌연변이**(mutations)라고 일컫는다. 어느 인간이나 다수의 돌연변이를 지닐 수 있다. 돌연변이는 중립적이거나 유해한 경향이 있지만, 여럿 중 하나는 장점을 품고 있다. 그러므로 유리한 돌연변이의 빈도는 총 인구에 직접적으로 비례한다.

지난 1만 년 간 발생했고, 지금도 여전히 확산 과정에 있는 인간 게놈의 유리한 돌연변이는 신진대사, 전염병에 대한 방어, 생식 및 중추 신경계의 영역에서 발견된다.[40] 우리의 유전적 진화는 아직도 농업과 막대하게 증대된 인구 규모에 적응하고 있는 중인 것으로 보인다.

'이기적인 유전자(the selfish gene)'라는 어귀는 1976년 도킨스(Richard Dawkins)의 저서 제목으로 소개된 것으로, 많은 사람에게 인기 있는 말이 되었다. 우리 신체는 우리 유전자의 한낱 운반자일 뿐이고, 우연의 법칙에 따라 진화는 그다음 세대에서 빈도를 증가시키는 유전인자를 가진 돌연변이에게 유리한 방향으로 전개될 것이라는 것이 그 골자다. 이러한 견해는 여러 증거에 의해 지지되기는 하지만, 이게 전부는 아니다.

후생적 선택(Epigenetic selection)

인간의 체세포들은 유전적으로는 동일하지만, 그래도 어떻게든 다양한 조직(tissues)으로 분화할 줄 안다. 유전적 기제의 위에(그리스어로는 '에피– epi–')는 진화의 복잡한 기구 하나가 있는 것으로 보인다. 최근 몇 년 동안 유전적으로는 동일한 개인들과 세포들 간에 발생하는 변이 증거가 축적되어 왔다. 유전자가 켜지고 꺼지는 방식에는 몇 가지가 있다. 후생적 변이의 근접 기제는 DNA가 아니라 단백질이다. 향후 몇 년 동안이면 이 영역에서 새로운 발견이 일어나 '성질 X의 유전인자(a gene for property X)'라는 우리 견해에 미묘한 차이가 첨가될 것이다. 후생적 기제에 의해 미세 조정된 유전인자 집단은 환경적 상황에 잘 대처하기 위하여 적응적 반응을 내놓을 수 있는 복잡한 엔진인 것이고, 파란 눈의 발생이 암시하는 것 같은 한 특성(trait)을 책임지는 한 유전자는 흔치 않다.

성적 선택(Sexual selection)

왜 10대들은 여드름을 없애고, 화장품을 쓰고, 운동하거나 연애 편지를 쓰는 데에 그리도 많은 시간을 보낼까? 어째서 공작새에게는 화려하기만 하고 쓸모없는 꼬리가 있을까? 어째서 명금(鳴禽)은 노래를 불러서 포식자들에게 자신의 존재를 알려 버릴까? 무슨 까닭으로 수사슴은 다른 수사슴과 싸워 중상을 입는 위험을 무릅쓰는 것일까? 이 모든 경우에 대한 대답은 같은 것이다. 고품질 배우자와의 생식(reproduction)을 할 수 있게 하기 위해서다. 그러나 성적 선택은 비대칭적(asymmetric)이다. 여성은 낳을 수 있는 자식의 수가 제한적인 반면에, 남성은 실질적으로는 무제한적인 양성 체계다. 따라서 여성은 까다로울 수 있고, 그래서 여러 종에서 남성은 여성을 놓고 경쟁한다. 이러한 사정으로 남성이 더 큰 체구를 갖게 되었다. 기나긴 역사 동안 인간 남성과 여성의 신체 크기 비율은 변화해 왔다. 현재 그 차이는 약 10%다. 평균 인간 집단은 모계쪽 조상이 부계쪽의 2배에 달한다. 그렇게 되는 이유는 여성은 대부분 아이를 가지는 데에 반해, 많은 남성은 한 자식도 두지 못하는 반면 일부 남성만이 수백 명을 두기 때문이다.[41] 몽고의 제왕 칭기즈 칸(Genghis Khan)의 경우 그는 수천 명의 자식을 두었다.

성적 선택은 개인 간의 유전적 선택을 위한 하나의 수단이지만, 인간에게 있어서 그것은 상징적 집단 경계와 강력하게 연관되어 있다. 집단주의 사회에서 배우자의 선택은 아주 중대한 사건인데, 배우자들에게만 그런 것이 아니라 양가 모두에게 그렇다(제4장 참조). 왕실 간의 결혼은 제국들을 결합시키거나 화해시키기 위해 쓰였다. 로미오와 줄리엣의 연애 감정은 큰 싸움의 원인이 되었는데, 그 이유는 그들이 서로 다투는 가문에 속해 있었기 때문이었다. 여러 종교는 비신도와의 결혼을 벌한다. 아직도 사람들은 외집단 성원과의 성관계로 인하여 매일 살해당하고 있다. 성적 규칙에 관한 한 도덕권의 작용은 매우 명시적일 수 있다. 성적 선택은 다음에 소개되는 범주인 '행동적 선택'의 한 특수 예다.

행동적 선택(Behavioral selection)

헤르트 얀(Gert Jan)이 어린아이였을 때에 그의 주변에 있는 거의 대부분의 사람이 담배를 피웠다. 담배를 피우는 것은 멋있고 사교적인 것이었다. 세련된 사람들은 저녁 식사 후에 담배를 피웠다. 오늘날 세계의 개인주의 지역에서 흡연은 특정 하위 집단에 한정되는 것으로, 흡연가들은 자신의 건강을 위험에 빠뜨리는 실패자(loser)로 널리 간주되고 있다. 배우자나 친구를 찾거나 클럽에 참가하려는 사람에게 흡연은 민감한 이슈가 될 수 있다. 모든 종류의 행위가 다 마찬가지다. 한 집단 내에서 어떤 개인은 사람들이 더 좋아하고, 남들보다 더 모방될 것이고, 그 결과 그들의 행위는 확산된다. 집단들 사이에서 어떤 집단은 다른 집단보다 더 실속 있는 상호작용 형태를 발전시키고, 그래서 다른 집단을 상대해 이긴다. 이런 형태의 선택은 직접 유전적인 것은 아니다. 물론 우리는 생물학적 능력을 넘어 행동할 수는 없지만 말이다.

행동적 선택은 환경의 중개를 거쳐 진행될 수도 있다. 집단들은 대형 초식 동물의 서식지를 위해 초목을 불태워 버릴 수도 있고, 이 집단들이나 다른 집단들은 그 동물들을 사냥할 수 있다. 집단들은 섬으로 이주하고 필요에 의해 물고기 잡는 법을 배울 수도 있다. 그들은 환경을 오염시키고 식량이나 물의 원천을 파괴할 수도 있다. 식물들로부터 영양소나 에너지를 추출하는 새로운 방식을 발견할 수도 있고, 그렇게 해서 서식지의 부담 능력을 확장시킬 수도 있다. 인간 행동의 범위는 끝이 없지만 경계가 없는 것은 아니다.

상징적 선택(Symbolic selection)

제2차 세계대전 동안에는 보기에 유대인 비슷해 보이는데 비유대인 선언장을 소지하지 않고 유럽에 살면 유죄 판결을 받는 것이나 같았다. 그 밖의 최근 전쟁 및 테러 행위에서는 상징적 이유로 인해 전사들이 서로를 죽이는 것이 전형적인 추세가 되었다. 이들 이유 중 가장 중요한 것은 아마 잘못된 종교를 지닌다는 것이었다. 인종적 생김새도 높은 점수를 받는다. 경쟁 축구팀의 팬이라는 것도 몇 가지 예에서 치명적인 결과로 이어진 바 있다. 이들은 상징적 선택의 극단적인 사례들이다. 즉, 이 선택은 사람이 행한 행동에 따라서가 아니라, 그에게 붙은 상징적 정체성에 따른 선택이다. 그러한 선택이 하나의 진화의 힘인 것은 의문의 여지가 없다.

생물학자이자 역사학자인 터친(Peter Turchin)이 주장했던 바와 같이, 상징적 이유로 박해를 받은 집단들은 대개 매우 강력한 반응을 만들어 낸다.[42] 터친은 그의 광범한 역사 자료의 분석에 기초하여, 그리고 역사에 나타난 여러 제국의 예를 인용하면서 제국의 일대기가 겹친 세 겹의 순환 패턴을 나타내고 있음을 보여 준다. 이들 중 가장 큰, 수 세기에 걸쳐 작용하는 순환 고리는 제국의 중심부에 있는 사람들의 일치된 행동 역량(capacity for concerted collective action)의 쇠퇴와 관계가 있다. 이와 동시에 주변의 박해받던 집단 중 일부는 이 역량의 증대를 보인다. 그는 설명을 위해 14세기 튀니지의 위대한 사상가 할둔(Ibn Khaldun)에게서 아사비야(asabiya)라는 용어를 차용해 온다. 할둔은 도시 거주자와 유목민 간의 갈등을 논의했는데, 그의 분석에 따르면 그가 아사비야라고 일컫는 집단 행동 능력이 결정적인 요인이었다. 아사비야란 사람들이 내집단 경쟁이란 수렁에 빠지지 않고 백성들이 거대 유기체처럼 단결된 행동을 취할 수 있는 정도를 고스란히 반영하는 변인이라 할 수 있다. 진화적 견지에서 이는 높은 아사비야를 지닌 사람들이 그들의 가치와 관행에 대한 복제를 가장 잘해 낼 것이고, 아마도 유전인자에서도 마찬가지일 것임을 의미한다.

모든 수준은 상호 작용한다(All levels interact)

유전적 선택과 후생적 선택은 개인의 복제자 수준에서 작용하는데 비해, 행동적 선택과 상징적 선택은 집단 수준의 힘이다. 성적 선택은 이 두 가지 수준 모두에서 일어날 수 있는데, 그것은 집단 수준에서 상징적 단서에 의해 수정되기 때문이다. 그래서 개인 간 경쟁과 집단 간 경쟁은 서로 배타적인 것이 아니라 오히려 동시적으로 일어난다. 한 집단에서의 개인 간 경쟁은 사정에 따라 개인이 속한 집단의 생존에 유리할 수도 유해할 수도 있다. 진화적 역사를 통틀어, 먼저 복제자들이 계속 기능하는 동안 새로운 복제자가 추가되었다. 예를 들어, 성적 선택은 매력적인 특징을 주민 안에 확산시키기 위해 유전적 진화를 이용하지만, 누가 생식을 위한 배우자로 적합한지 아닌지에 관한 사회 규칙이란 형태로 행동적, 상징적 진화의 제약을 받는다. 이런 의미에서, 우리는 더욱더 복잡해지는 근접 기제들의 뒤섞임 속에서도 진화의 산물인 동시에 창조자다. 또한 복제자가 무엇이든 진화 전부는 표류(drift)의 형태로 우연에 노출된다는 사실을 잊지 말아야 한다. 어떤 일정 복제자 수준에 사례가 많지 않다면 표류는 더 두드러질 것이다. 고작 수백 개로 병합되며 종교들과 언어들이 사라지는 지금의 현실이 표류를 증대시킬 것이다. 다른 한편, 각종 하위 집단에서의 사회 내 변이는 상승세에 있을지 모르며 새로운 종류를 만들어 낼 수 있을 것이다.

◉ 이기심 너머의 진화: 개인 너머의 집단

주장했던 바와 같이, 행동적 선택과 상징적 선택은 집단 간에 작동한다. 이 책에서 주장하는 것처럼 문화는 집단 수준에서 작동한다. 진화적으로 말해, 문화는 집단 수준에서의 행동적, 상징적 선택의 근접 기제다. 훨씬 더 근접적인 것은 문화 성립의 토대가 되는 심리적 기제들이다. 구체적으로 반사회적 인간을 제외한 모든 인간은 착한 집단 성원이 되고자 애쓴다. '착함(good)'은 문화 상대적(culture-relative) 개념인 것이다. 즉, 착하다고 간주되는 것은 집단의 문화 규칙, 상황 그리고 개인 성격에 따라 달라진다. 그럼에도 공동체에서 착하고 떳떳한 성원이 되고 싶어 하는 경향은 도처에 존재하고, 그러한 경향을 둘러싼 긍지, 경외, 수치심 및 죄책감 같은 인간 정서는 격렬해질 수 있다. 이들 정서들이 사람들로 하여금 자신의 삶을 집단에 헌신하게 하거나 자신의 목숨까지 바치게 만든다. 다른 한편, 개인의 집단 내부에서 지배나 소속을 위한 경쟁 경향 역시 시샘이나 질투와 같은 정서와 더불어 격렬한 것이다. 개인 간 경쟁은 집단 간 경쟁 못지않게 살아 있다.

집단과 개인이라는 이 두 가지 복제자들은 그들끼리도 경쟁 중이지만, 집단이 이기고 있다. 제1장에서 우리는 서로 초면인 30명에 관한 사례를 보았다. 그 30명은 풍요로운 무인도에 꼼짝하지 못하게 되었다는 것을 알게 된다. 조난된 30명의 사람들은 30명 전원이 서로에 착해야만 생존할 것이다. 반사회적 인물이 안 되는 것 이외에 그들은 서로를 동일한 도덕권의 일부라고 간주해야 하고, 개인 수준의 경쟁을 피해야 한다. 그렇지 않으면 그들은 자원 때문에 경쟁하고 싸우고 결국 서로를 죽이게 될 것이다. 이번에는 그와 유사한 섬들의 군도가 있고, 각 섬에 무작위로 섞인 사람들이 좌초되어 있다고 가정해 보라. 이번에는 어떤 일이 벌어질까? 쉬운 문제다. 모두가 공통적인 도덕권을 세우는데 성공한 섬의 사람들만이 살아 남을 것이다. 싸움이 벌어진 섬에서는 인구가 급감하고 생존 가능성은 감소할 것이다. 이 예는 사소해 보이지만 깊은 의미를 담고 있다. 집단 간 자연 선택은 평화적, 관용적, 도덕권 구축적인 개인들에게 유리한데, 왜냐하면 내분을 허용하는 집단은 번성하지 않을 것이기 때문이다.

인간의 상징적 지능은 지구상 어느 종도 비견할 수 없는 것으로 보이지만, 인간의 사회적 기술(skills)은 다른 종들과 공유한다. 동물 행동 연구가들은 개미, 벌, 장님 두더지, 돌고래, 갈까마귀, 늑대 같은 모든 사회적 동물종(種)은 교묘한 커뮤니케이션 패턴과 복잡한 메시지를 똑똑하게 이해하는 방법을 지닌다고 지적해 왔다. 이러한 특정은 사실 어느 사회적 종에게나 필수적인 것이다. 예를 들어, 꿀벌은 최소의 뇌 능력을 가지고 있음에도 불구하고 꿀을 모으기 위해 어디로 가야 할지를 다른 꿀벌에게 매우 정확히 표시해 줄 수 있다. 개미 중에는 자체 기관으로 이루어진 거주 집단을 세우고, 나머지는 우리가 소를 기르듯, 이뿐만 아니라 이의 유충도 기른다. 지질학적으로 시간을 통해 집단들은 성공적으로 진화를 해 왔다. 오늘날 전 세계의 곤충 생물량의 절반은 **진사회성**(eusociality)을 발전시킨 소수의 분류군(개미, 벌, 흰개미, 말벌)에서 유래한 것으로 추정되고 있다. 진사회성(*eusociality*의 *eu*는 그리스어로 '훌륭한'이란 뜻이다)은 수천 마리 이상도 될 수 있는 집단이 잘 통합됨으로써 집단의 어느 성원도 개별적으로는 성취할 수 없는 것을 행할 수 있는 초개체로 살 수 있는 조건을 가리킨다. 사실, 집단들의 되돌릴 수 없는 성공은 지구상 생명 진화의 한 상수(constant)다.

인간 신체와 기타 다세포 유기체는 **진핵**(eukaryotic) 세포(핵이 있는 세포-역자 주)로 구성되어 있다. 그러한 진핵 세포는 미토콘드리아와 같은 세포 기관을 지니고 있는데, 이런 세포 기관은 자체의 DNA를 가지고 있다. 이런 진핵 세포는 수십억 년 전에 보다 단순한 **원핵**(prokaryotic) 세포(핵이 없는 세포-역자 주)들의 집단들로 시작했는데, 이들은 상대를 죽이지 않고 먹어치운 다음 한 단위로서 생식하기 시작했다. 진핵 세포로의 집단화는 경쟁에서 협력으로의 변화를 형성했는데, 그것은 고도로 성공적인 혁신으로 밝혀졌다. 수백만 년 후에는 다세포 유기체가 그다음 단계의 대약진을 이루었다. 오늘날 유기체의 여러 종은 하나의 새로운 수준의 선택으로 진(眞)사회적 유기체 집단을 발전시켰다. 생물 총량으로 보아 인간은 모든 생물 중 가장 성공적이다. 아마 인간보다 더 많은 생물 총량을 이룬다고 1990년에 추정된 진사회성 개미를 제외하고 말이다.[43]

모든 수준에서, 집단들이 이룬 성공은 복잡하고 의사소통이 잘 되는 사회를 형성하는 데 거의 뇌가 없는 사회적 곤충까지도, 큰 뇌를 필요로 하지 않음을 보여 준다. 진화론적 견지에서 뇌는 최신의 발명이지만 우수한 의사소통은 집단 성공에 언제나 필요하다. 곤충들은 의사소통을 위한 근접 기제로서 시각적, 화학적 단서에 의존한다. 그동안 진화는 보다 높은 수준의 사회성으로의 도약을 이룩하기 위한 여러 가지 근접 기제를 발견해 왔다. 이 기제들 간의 공통 요소이며 진정한 진화적 요소는 진화적 의미에서 '좋은(good)' 것과 '나쁜(bad)' 것의 존재다. 착하다는 것은 독일의 철학자 칸트(Immanuel Kant, 1724~1804)의 지상명령인 '대접받고 싶은 대로 남을 대접하라.' 에 따라 자신의 집단에 봉사하는 것을 의미하는 반면에, 나쁘다는 것은 집단을 희생시키면서까지 자신의 이익을 챙기는 것을 의미한다. 예를 들어, 암세포는 다른 세포보다 더 빨리 자체를 복제함으로써 스스로에게는 좋지만, 역할에서 벗어난 짓을 함으로써 자신이 속한 유기체를 죽이므로 그것이 속한 집단인 유기체에게는 나쁜 것이다. 이것은 젊은이들에게는 암에 대항하는 강력한 선택이 존재한다는 것을 의미한다. 즉, 만약 한 젊은이가 암에 걸리면 그 젊은이는 번식하지 않을 것이고, 그래서 암에 대한 감수성은 다른 개체에 재생되지 않을 것이다. 유추하여, 도둑은 그 자신에게는 좋지만 물건을 도난당하는 사회에게는 나쁘다. 따라서 진화의 어떤 복제자 수준에서 좋은 것이 한 수준 위에서는 나쁜 것이 될 수 있다.

일단 사회성이 다음 수준에 도달하게 되면 집단 간 경쟁이 존재하는 한, 주요한 대 이변이 발생하지 않고서는 예전으로 돌아갈 수 없다. 인간이 고립된 생활 방식으로 되돌아갈 가능성은 없는 것이다. 그러기는 커녕, 공통적 도덕권에 타인을 포함시키는 새로운 경향은 더 많은 인간을 한층 더한 협력으로 몰고 갈 것이다.

◎ 생활 흐름에서의 개인과 제도

만약 집단이 매우 중요하다면, 인간 행동 연구에 적합한 분석 수준은 무엇일까? 개인일까, 아니면 집단일까? 만약 후자라면, 어떤 수준에서의 집단이어야 할까? 이것은 바다, 강, 시내 중 어떤 것이 더 중요한지를 묻는 것과 마찬가지다. 바다, 강, 시내는 모두가 중요한 것으로 서로를 보완한다. [그림 12-1]에서는 두 가지 주요 수준인 개인과 사회를 제시하는데, 후자는 깊은 문화적 가치를 운반하는 단위다. 그것은 개인의 수준(위)과 사회의 수준(아래)의 분석이 어떻게 서로를 보완하는지를 보여 준다. 왜냐하면 양자는 모두 일상생활에서 일어나는 일에 대한 이해에 도움을 주기 때문이다. 쓸 수 있는 역할들은 자발적 후보들을 그곳에서 만나고, 사회생활의 흐름은 의식에서 의식으로 흘러간다. 선택한 개인들이 넉넉하게 많다면 개인과 그들의 적응 능력의 차이는 시간이 지남에 따라 모든 살 수 있는 역할을 다른 개인들로 채울 수 있게 한다. 이 과정은 한 사회의 사회 생활에 상당한 연속성을 부여한다. 의식은 여러 세대에 걸쳐 새로운 상징적 의미가 덧씌워지거

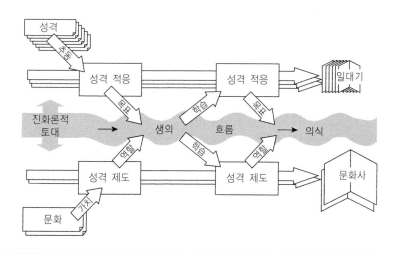

그림 12-1 | 개인과 사회 수준의 상호 항상성 체계

시간은 왼쪽에서 오른쪽으로 흐른다(McCrae & Costa, 2003)에서 영감을 받아 나왔다. 윗줄에는 개인이 어떻게 사는지가 나와 있고, 아랫줄에는 사회가 집합적 수준에서 어떻게 유사한 일대기를 갖는지에 대해 나와 있다.

나, 이름이 바뀌거나, 혹은 새로운 기술로 연출되더라도 본질에서 지속되는 경향이 있다.

이 그림은 개인이 그들의 독특한 성격을 가지고 사회 생활의 의식에 참여하고, 사회에 존재하는 제도의 본질에 따라 자신이 쓸 수 있는 역할을 찾는다는 사실에 주의를 환기시킨다. 이 그림에서는 그 밖의 집단 수준에 대해서는 다루지 않고 있다. 현실에서 사회의 수준은 그 자체로 복잡하여 온갖 하위 집단을 보인다. 개인주의적 사회에서는 개인이 서로 단절된 다양한 집단에서 움직이기 마련인 반면에, 집단주의적 사회에서는 선택의 자유는 적지만, 응집력은 더 크다. 시간이 지나면서 개인과 제도 양자 모두가 학습하고, 선택이 양자에서 일어난다. 그러나 양 수준 모두에서 **항상성**(동일성을 유지하는)의 힘이 작용한다. 사람들이 새로운 행동을 취하는 것을 학습할 수는 있어도, 사람들의 성격은 대변혁적 사건이나 질병이 혼란을 초래하지 않는 한 평생 안정적으로 남는다. 사회들도 마찬가지 경향을 보인다. 사회는 새로운 관행을 학습할 수 있지만 기본적 가치는 좀처럼 변화시키지 못한다.

이 책은 계속 한 수준에서 다른 수준으로 건너뛰었다. 그렇게 할 수밖에 없었다. 왜냐하면 사회 생활은 개인과 제도 간의 상호작용을 통해 일어나기 때문이다.

◉ 오늘날 직장에서의 진화

그래 인간사를 진화의 틀에서 일어나는 것으로 보는 것이 정치가, 지도자, 연구자 그리고 시민에게 무슨 소용이 있을까? 아주 많다. 현대 이슈들을 간단하게 절충적으로 둘러보면 이를 확인할 수 있다.

비즈니스

회사는 복제자이며, 좋은 회사는 또한 도덕권으로 기능하기도 한다. 이 책에서 보았듯이, 반드시 가치 수준에서는 그렇지 못하지만 말이다. 회사는 계속적으로 창립되고 있고, 매수 매각되고 있으며, 회사들은 파산한다. 해마다 새로운 비지니스들이 창출되고 있다. 이들 개체들이 이전 것들보다 반드시 더 나은 것은 아니지만, 그것들은 돌연변이이고, 그들 중 일부는 현재의 진화 압력에 더 잘 적용했을 수 있다. 선택 기제는 여러 요인에 입각하고 있는데, 여기에는 고위층의 친구를 사귀고, 법을 따르며, 새로운 통신기술을 이용하며, 괜찮은 대외 이미지를 만들며, 비용을 절감하고, 질을 생산하고, 혁신하는 것 등이 포함된다. 비즈니스 진화의 전체 지형은 국가들과 국제 기구들에 의해 통치되고 있는 중이다. 적어도 이 기구들은 좋은 관행을 증진시키고, 사회에 유해한 것으로 간주되는 관행들을 억제하는 데 유리한 선택 압력을 행사하려는 시도를 하고 있다.

자회사를 일구거나 자르는 것은(제11장 참조) 조직 진화의 하위 분야다. 이 과정은 돌연변이를 야기하는 데 효과적인 하나의 수단이다. 새로운 지도자나 새로운 방식을 시도하는 지도자에 의해 시작되는 새 회사는 새로운 유형의 회사의 시작이 될 수 있다. 신출 다국적 회사는 불모의 섬에 표류하게 된 30명의 사람들과 약간 비슷하다. 그들이 시작해야 할 첫 일은 일상생활을 위한 실용적 규정, 즉 한 조직문화를 만드는 것이다.

조직 이론과 비즈니스 경제학은 아직 그 이름으로 부르지 않지만 비즈니스 진화(business evolution)를 연구한다. 우리의 사회적 본능의 종족의 근원과 문화적 진화의 역동적 성질을 이해하면 조직의 성공과 실패를 더 잘 이해할 수 있게 될 것이다.[44] 경영하기(managing)란 기본적으로 조직, 이해 당사자 그리고 직원들에게 가해지는 진화 압력을 지켜보는 일이다. 이 점에서 마케팅은 소비자 행동이 가하는 선택 압력을 자신의 제품에 유리하도록 변화시키는 시도의 연구다.

정부

정치는 도덕권 수준에서의 복제자다. 정치인들은 오늘날 우리에게 가장 명백한 도덕권인 우리 국가의 규칙을 계속적으로 결정하고 변화시키고 있다. 독재국가의 요소를 가진 정부, 일당 체제, 신권 정치, 군사 정부, 다원적 민주주의, 대중적 민주주의 등의 요소를 담고 있는 무수한 형태의 정부가 공존한다. 정부는 다른 정부에게서 아이디어를 차용하고 협력하고자 한다. 시장과 무역 흐름뿐만 아니라 여러 종류의 문제와 그들의 해법이 분명히 세계화된 지금, 보다 많은 공통적인 기반을 찾으려는 전 세계적인 경향이 존재한다. 시간 척도는 수 년, 수십 년 혹은 수 세기다. 결과는 불확실한데, 왜냐하면 우리의 생리적인 집단 분열/융합(fission/fusion) 성향은 흔히 우리의 의식적인 결정보다 더 강력하기 때문이다. 어떤 중대한 고비에서는 한 사람이나 한 가지 새로운 아이디어의 존재가 세상을 바꿀 수 있지만, 대개의 경우 우리는 흐름을 따라간다. 일단 어느 민족의 집단적 감정의 흐름이 터져 나오면, 그 흐름을 거슬러 갈 도리는 없다.

기술

진화적 위험의 효과는 기술에도 해당한다. 기술은 발명된 다음에 향상되는 복제자다. 하나의 새로운 진화적 궤도가 시작될 때 상당한 융통성이 있고, 그 후 어느 정도의 동결이 일어난다. 도로 교통수단을 생각해 보라. 로마인은 그들의 제국에 도로망을 만든 최초의 사람들이었다. 그들은 최대 두 마리가 나란히 끄는 바퀴가 있는 차를 사용해 표준을 정했다. 세 마리가 아니라 많아야 두 마리의 말이 나란히 끄는 마차를 가지고 표준을 만들었다. 유럽과 그의 식민지에 걸친 도로는 로마 시대의 쌍두마차에서 유래한 형틀을 본받은 것이다. 기차 바퀴 폭과 자동차 타이어 폭이 이 넓이를 갖게 된 것은 실제적 이유 때문이다. 최초의 자동차는 말이 끄는 마차 모양을 했었고, 그로부터 자동차의 형태는 이에서 점차 발전했다. 오늘날의 물방울 모양을 한 공기역학적 자동차 몸통은 공기 저항을 낮춰 고속 주행 시 연료 효율을 높이려는 최근의 압력에서 나온 것이다.

언어

진화는 언어의 경우처럼 순수하고 상징적일 수 있다. 상징적인 언어는 약 1백만 년에서 4만 년 전경 노래와 단순한 발성에서 점진적으로 생겨 났을 것이다. 그것은 극적인 변화를 가능케 했고, 최근에는 그 자체가 초고속 상징적 진화의 대상이 되었다. 이야기 풀기(storytelling)는 언어를 토대로 발전한 모든 인간 문화의 중심 요소이고, 그것은 인간 진화에서의 주요 발명 중 하나다.[45] 날 때부터 이야기꾼인 것 외에 우리는 새로운 언어를 만들어 내는 데 이상할 정도로 뛰어났다. 기원전 약 1만 년 이래, 규모의 증가와 네트워킹의 증가로 인해 세계의 정치 조직과 민족 언어의 수는 격감했다. 그러나 동시에 새로운 발견에 대한 신조어, 암호어, 컴퓨터 용어, 집단에 기초를 둔 전문어(jargon) 및 시(詩)는 발명되고 있는 중이다. 어쨌든 사전들이 있긴 하지만 언어는 월에서 연 단위 시간 척도로 진화하고 있다. 복제자들의 세트로서의 언어는 복잡하다. 단어, 구(句), 이야기, 숙어 모두는 어떤 의미에서 언어 진화의 단위로 볼 수 있다.

이것은 단지 몇 개의 사례에 지나지 않는다. 사회과학자들로서 우리 저자들은 진화적 사상의 견지에서 우리 자신의 직업에 대해서도 몇 마디 하고자 한다. 언제나 그렇게 여겨지진 않긴 하지만 인간 행동에 대한 모든 연구, 사회과학 및 인문학의 모든 학문 분야는 행동적 혹은 상징적 진화의 어느 측면을 조사하는 것과 관련된다. 이들 학문 분야들의 범위는 개인, 소집단, 사회, 국제적 문제 등 다양하다. 문제를 더 복잡하게 만드는 것은 이들 학문 분야 대부분의 시간 척도는 고작해야 수년이거나 아예 몰역사적이다. 그 결과 이들 학문들은 대개 인간 진화의 역사와 연결되지 않는다. 이러한 전문화(specialization)로 인해 서로를 오해하거나 등한시하고, 현실 사회 생활에서 한정된 예언 가치를 지닌 산만한 학문 분야의 모습이 만들어졌다. 이런 상황 자체는 연구 대상이 그처럼 복잡하고, 연구 대상이 움직이는 표적이니만큼 이해할 수 있는 것이다. 결과적으로 사회와 동떨어진 '상아군도(ivory archipelago)'를 만듦으로써[46] 공백을 빗나간 이데올로기로 채울 틈을 남겼는데, 그 이데올로기 등은 그를 채택한 집단의 사리를 채우는 역할을 했다. 이런 사유 체계는 과학이 다루지 않는 전체론적 시각을 허용하기 때문에 널리 퍼졌다. 인간 본성을 최대한으로 인정하는 보다 역사적이고 통합적 접근은 사회과학과 인문학에 많은 도움이 될 것이다.

이것이 다가올 몇십 년 이내에 유의미한 혁신으로 기대할 수 있는 방향이다. 사회과학 자체가 진화해야 한다. 작금의 출판 아니면 도태(publish or perish)라는 유인책은 도움이 되지 않는다. 왜냐하면 그것은 보다 많은 세분화와 보다 적은 통합을 조장하기 때문이다. 사회과학을 보다 큰 규모의 진화적 틀 안에 놓는 통합적 작업을 위한 새로운 유인책이 필요하다.

이런 사례들이 보여 주는 바와 같이 진화론적 통찰은 상당히 간단한 경향이 있다. 독자들이 진화적 압력과 추세를 스스로 알아내 보기를 권장한다. 앞의 절들에서는 비즈니스, 정치, 기술 및 언어에 대한 진화적 관점에서의 간단한 생각을 적었다. 그렇다면 음악, 축구, 학교 교과과정, 영화는 어떨까? 혹은 모바일 기술이나 웹은 어떨까? 이것은 최근에 많이 논란이 되고 있는 발전으로 자세히 지켜 볼 가치가 있는 주제다.

웹과 집단 매개

　웹과 모바일 통신망이 우리를 하나의 세계 문화로 이어줄 것인가? 인류는 1994년에 켈리(Kevin Kelly)가 예언했던 것처럼 소위 히브 마인드(hyve mind)를 채택할까? 2009년 현재 '히브스(Hyves)'는 10대에 인기 있는 사회 네트워크 소프트웨어다. (원문 그대로) "나는 히브스한다, 고로 존재한다(I hyve I am)"는 헤르트 얀(Gert Jan)의 대학이 커뮤니케이션학으로 학생들을 유치하는 데에 쓴 데카르트식 슬로건이다. 그것은 곧 "너는 히브스하지 않는다. 고로 너는 존재하지 않는다."라는 뜻일까?

　모바일 통신은 확실히 혜성처럼 등장했고, 그것은 진정 변화였다. 1997년 3월 23일 네덜란드의 아약스(Ajax)팀의 서포터 피코르니(Carlo Picornie)는 축구 순교자가 되었다. 당시 축구 클럽 아약스와 페예노르트(Feyenoord)의 훌리건 서포터 집단들은 경찰 간섭 없이 서로를 찾아내는 데에 이동전화를 이용했고 베버위크(Beverwijk) 시 근방의 잔디밭에서 싸움을 벌였다. 피코르니는 몽둥이, 칼, 망치에 의해 우발적으로 살해되었다. 축구경기를 둘러싸고 장난기로 젊은 남성들의 경쟁 집단들이 패싸움과 반달리즘(vandalism)을 벌리는 것은 단지 네덜란드에서만 나타나는 현상이 아니다. 또한 행동 조정을 위해 이동전화로 연락하는 일은 실업가나 아이들이나 범죄자나 경찰할 것 없이 오늘날에는 일상적인 것이다.

　1997년 이래로, 사교 목적의 전산화된 시스템들은 상징적 진화의 흥미진진한 마당을 제공했다. 매혹적인 여러 국가에서 아이들은 할 수만 있으면 언제나 일상적으로 사회 네트워크 소프트웨어에 로그인한다. 이러한 관행은 그들이 등교 중이거나, 운동 중이거나, 취침 중이거나 한 때를 제외한 거의 모든 시간에 친구와 연결되어 있게 해 준다. 심지어 그런 때조차 그들은 이동전화를 켜놓고 있을 수도 있다. 진화론적 관점에서 사회 네트워크 소프트웨어의 채택 속도는 어마어마하다. 페이스북(Facebook), 히브스(Hyves), 링크드인(LinkedIn), 플랙소(Plaxo), 트위터(Twitter), 씽(Xing) 및 기타 사회 네트워크 소프트웨어는 독감 전염병 속도를 능가하는 속도로 빠르게 확산되어 왔는데, 이는 그저 시작일 뿐이다.

　2009년 네덜란드에서는 10대 소녀들을 대상으로 한 자궁암 생성 바이러스에 대한 백신 접종 프로그램을 반복해야만 했는데, 그 이유는 사회 네트워크 소프트웨어에 백신이 유해하다는 소문이 퍼졌기 때문이다. 당국의 정보는 무시되고, 소문으로 인해 대상 집단의 약 15%가 집에 머물게 되었다. 네덜란드에서는 백신 접종 거부에 오랜 역사가 있지만 이는 안정적인 종교 공동체에만 국한된 것이었지, 덧없는 네트워크의 것은 아니었다.

방금 기술한 이야기들의 참신함은 그저 겉보기일 뿐이다. 이들은 고대 인간 역학이다—싸움을 벌이는 남성 집단, 수다떠는 소녀 집단—그래도 새로운 통신 기술의 사용은 하나의 진화다. 이 두 사례나 그 밖의 수백만의 급격한 사회 소프트웨어 채택의 예에서는 무엇이 복제자일까? 집단 매개(group agency)다. 홀리건 사례에서는 집단 간 경쟁이 촉진되고 있고, 백신 거부 사례에서는 집단 응집력이 강화되고 있다. 이 두 가지 힘을 향상시키게 하는 모든 새로운 도구는 급속하게 채택될 것인데, 왜냐하면 그 도구가 그것을 이용하는 집단에게 선택적 이점을 주기 때문이다. 대이변이 있지 않고서는 이러한 작은 진화를 되돌릴 수는 없다.

선택 수준(유전적, 후생적, 성적, 행동적, 상징적) 중 어떤 것들이 이들 사례에 해당되는가? 아마 선택 수준 전부일 것이다. 새로운 커뮤니케이션 도구를 적절하게 이용하는 능력이 유전적으로 혹은 후생적으로 떨어지는 사람들은 사회적 부담을 지게 될 것이고, 배우자를 얻을 가능성이 낮을 것이다. 그 도구들을 배워 구사할 수 없는 사람이나 혹은 언어 능력이 불충분한 사람도 또한 불리한 처지에 있게 될 것이다. 그러나 보다 큰 선택적 효과는 집단 수준에 있게 될 것이다. 새로운 기술을 좋은 목적에 이용하는 집단들은 더 잘 움직일 것이다. 다시 말해 그런 집단들은 단결 면에서 우월하다. 그 집단들이 본래적으로 더 잘 움직이는지는 경우에 따라 다르다. 그래서 사회 소프트웨어는 집단 수준 선택을 촉진하는 또 하나의 도구다. 관계 구축 및 명성 유지를 지원하는 소프트웨어와 도덕권 유지를 돕는 기타 장치들은 빠른 진전이 있을 것이다. 교육이 중요한 문화에서는 새로운 기술이 교육에 쓰이고, 사교가 중요한 집단들에서는 교육이 그를 위해 쓰일 것이다.[47] 요약하자면, 통신 기술에서의 진보는 집단 경계를 없애지는 못할 것이지만 기존 문화를 토대로 기존 집단이 더 효과적으로 조직될 수 있게 할 것이다.

문화적 수렴과 확산

문화 가치의 발달의 연구는 부유해진 국가들에서 개인주의가 증가한다는 사실을 제외하고, 시간에 따른 국제적 수렴(convergence)의 증거가 거의 없다는 것을 거듭 보여 주었다. 수 세기 전 저술가들이 기술한 국가 간 가치 차는 계속적이고 긴밀한 접촉에도 불구하고, 오늘날에도 여전히 존재한다. 최소한 수백 년 후, 어쩌면 천 년 후에도 국가들은 여전히 문화적으로 다양한 형태로 남아 있을 것이다.

국가 간 문화적 다양성이 남아 있을 뿐만 아니라 국가 내부에서의 차이도 커지고 있는 것으로 보인다. 소수민족이 자신의 정체성에 대해 새롭게 인식하고 이 사실의 정치적 인정을 요구한다. 물론, 이러한 민족 간 차이는 항상 존재해 왔다. 바뀐 것은 집단 간 접촉의 강도인데, 이를 통해 집단 성원들의 정체감이 강화되었다. 또한 세계의 다른 곳에서는 사람들이 어떻게 사는지에 대한 정보 확산(국제적 매체)에 의해 이 소수민족에게 영향을 주었는데 후자들은 더 잘 산다고 여겨지는 다른 사람들의 삶과 자신의 상황을 비교한다. 세계 뉴스 매체는 또한 전보다 폭넓게 고통과 분쟁에 대한 정보를 확산시킨다. '인종 청소', 반란 및 폭력적 진압은 새로운 발명은 아니지만 과거에는 그런 일과 직접적으로 관련된 사람들 외에는 비교적 소수만이 그것들에 대해 알았을 것이다. 그러나 지금은 전 세계의 TV 화면에서 그런 것을 볼 수 있다. 이런 광범한 보급은 불안을 증가시키는 효과가 있는데, 특히 불확실성 회피 문화에서 그렇다. 우리의 도덕 의식은 우리의 운명보다는 다른 집단들의 운명에 눈을 뜨게 되었다. 이것은 문화적으로 같이 자라는 신호가 아니라 협력(collaboration)에 대한 신호다. 인간들은 긴급히 상이한 도덕권 간에 더 잘 협력해야만 하고 동시에 그들 간의 상징적 차이를 용인할 줄 알아야 한다. 장기적으로 진화적 사상은 이 점에 있어 희망을 제공한다. 기술이 지속적으로 협력 비용을 낮추고 갈등 비용을 높이고 있기 때문에, 도덕권의 평화 공존에의 선택적 압력이 존재한다. 그러나 앞길은 고된 것으로, 갈등의 잠재 비용은 우리 모두에게 책임 있는 행동을 요구한다.

⊙ 문화의 미래

'문화적 진화(cultural evolution)'라는 합성어는 거의 쓰이기 않기 때문에, 한 인기 있는 텍스트 프로세서에서는 두 번째 단어를 강조하여 '문화 혁명(cultural revolution)'이라는 말을 대안으로 내놓고 있다. 모순적이기는 하지만 이 과제-수준 사례는 우리가 만들어

내는 유인 자극이 우리가 겪고 있는 문화적 진화에 어떤 영향을 주고 있는지에 대해 인간이 보다 깊은 이해를 가져야 할 긴요한 필요를 떠올린다. 문화는 우리의 물질적 진화를 가속화시키지만, 우리는 문화적 진화를 통제할 수 있는가?

　문화는 생태학적 환경에 적응하고, 우리의 생태학적 환경은 물질적, 사회적 의미로 급격히 변화하고 있고, 우리 스스로가 한 일로 인해 변하고 있다. 이 책에서 기술한 문화의 여섯 가지 차원은 지난 천 년간 우리 역사에서 어떤 이슈가, 특히 농업과 대규모 사회의 발명이 세계의 여러 지역에 사회 간 차이를 만들어 냈는지를 보여 주는 하나의 순간 포착 사진이다. 만약 연구자들이 2만 년 전으로 돌아가는 여행을 떠나, 수렵채집인만이 사는 세계에서의 문화를 조사할 수 있었다면, 다른 차원을 발견했을 것이다. 예를 들어, 모든 사회가 평등주의적 무리이므로 권력거리 차원과 유사한 두드러진 차원은 발견하지 못했을 것이다.

　우리 논의의 지금 단계에서는 진화에 대해 설명한 다섯 가지 '단순하지만 결정적인 요점'을 되돌아보고, 그것이 미래의 문화에 대한 어떤 의미를 지니는지를 고찰하는 것이 유용하다.

진화는 불가피하다

　강력한 기념비주의적 가치에 입각한 세계관을 지닌 사람들은 자연, 사람 및 도덕률의 지각된 불변성에 토대를 둔 종교적 이데올로기적 견해를 취할 가능성이 있다. 그러한 태도는 실제의 현실과 심한 갈등을 빚고, 그런 갈등은 한층 더 반사실적 신념을 강화하는 악순환을 밟게 될 것이다. 우리 인간은 우리 자신의 진화가 우리 주변 도처에서 일어나고 있으며 그것은 직면해야 할 사실임을 용납하도록 자유로워질 필요가 있다.

진화는 앞을 내다보지 않는다

　진화는 하루 단위로 살지만, 그것은 우연히 인간 사회를 만났고, 그래서 우리 인간은 앞을 내다볼 수 있게 되었다. 그 결과 우리는 도덕적, 실용적 이유 모두에서 역사로부터 배우고 우리 뒤에 올 피조물들을 위해 지속 가능한 세계를 준비해야 하는 의무에 직면하게 된다. 이 의무는 또한 우리 자신의 진화를 최대한 잘 이해 할 필요를 수반한다. 구체적으로 집단 수준 선택을 무시하면서 개인 수준 선택에 초점을 맞추는 것은 자기 이익의 찬미로 이어지기 때문에 사회에 위험해질 소지를 안고 있다.

진화는 경로 의존적(path dependent)이다

소멸된 유전인자, 생물 또는 문화는 어느 것이나 영원히 사라진다. 멸종의 위협은 언제나 보존의 이유가 되지 않는다. 진화는 불가피하기 때문에 지구가 거대한 박물관으로 변할 수는 없다. 그럼에도 불구하고 이를 통해 종, 문화, 언어 및 인공물의 보존에 대한 윤리적 문제가 제기된다. 적어도 자기 이익은 유전적 다양성 따위의 보존 동기를 유발할 수 있다.

진화에는 여러 복제자(replicators)를 사용한다

유전인자, 사회의 하위 집단 및 사회들은 오늘날 진화하는 주요 복제자의 일부다. 우연의 법칙(laws of chance)은 우리의 수가 매우 많을수록 유전적 진화는 더 빠르게 진행된다는 것을 시사한다. 문화의 진화는 정치 조직체가 대규모로 병합됨에 따라 우리에게서 많은 다양성을 빼앗아 갔을지 모르지만 그 대신 사회가 내부적으로는 더 복잡해짐에 따라 문화는 더 다양해지고 있다.

진화는 진화한다

현 단계에서 새로 첨가된 문화의 진화에 대해 우리는 제한된 이해를 지니고 있다. 우리가 그래도 가지고 있는 지식은 주로 생물학자들에게서 나온 것이고, 공공 영역은 차지하고 이제 겨우 사회과학, 인문학에 영향을 주기 시작했다. 여러 학문 분야의 사회과학자들이 개인의 행동이나 소집단을 본따거나 보다 큰 사회 시스템의 행동을 연구하는 기법을 사용해 문화적 진화에 관한 연구 결과를 발표하기 시작하였다.[48] 사람들이 현재 진화의 거대한 파도를 성공적으로 순항하고자 한다면, 이들 영역에서 할 일이 너무나 많다.

우리 인간이 이 도전에 대처할 수 있을까? 현재 집단적 동물로서 우리의 성향은 우리 자신 또는 우리 집단의 이익에 정신력을 쏟는 것이다. 우리는 자신의 존재에 대해 공정해지기보다는 자신들이 신의 총아라든가 하는 것처럼 자신의 집단을 좋게 보이게 하는 것은 무엇이든지 믿는 경향이 있다. 철학과 종교는 물질적 · 생물적 세계와 아직 많이 동떨어져 있다. 이러한 상황은 냉정한 평가를 내리고 우리 세계에 대해 공동책임을 지는 일에 방해가 되고 있다.

우리 사회는 우리 진화에서 최근 일어난 사건들에 깊은 영향을 받는다. 우리 각자는 수렵, 채집, 목축, 농업의 특징을 가진 활동을 하고 있을 가능성이 있다. 어떤 활동은 수렵과 많은 공통점을 지닌다. 예를 들어, 자문가, 판매원 및 창조업 전문가들은 성공적 계약이나 창조를 한 번 이루면 그 다음번으로 옮겨가는데, 한 성공의 스릴을 경험하고 그다음 것을 사냥할 욕구를 경험한다. 다른 활동들은 목축과 유사하다. 투자가, 정치가, 연구자들은 각각 회사, 투표자 및 출판물들을 쉬지 않고 축적하며, 절도와 사기에 대해 걱정해야 한다. 쇼핑이나 상품 구경과 같은 여러 일상적 활동은 채집과 유사하다. 공장 노동자들, 교사들, 관리들은 본업 외에 자신의 삶을 견디기 쉽게 하기 위하여 사회적 의식을 이용하는, 변함없는 생활 속에 고된 일을 되풀이하는 농부에 비견할 수 있다. 이런 식의 생각을 사회 조직에도 적용할 수 있다. 예컨대, 거대한 다국적 기업에서 조직의 최고위층은 수렵이나 목축과 비슷한 생활 방식으로 지내는 반면에, 직원들은 농부식 생활을 한다. 물론 이런 기술은 원형적인 것이고 많은 경우에 맞지 않겠지만, 과거의 사회 조직이 우리의 현재에 어떻게 영향을 주고 있는지를 보여 주는 데는 유용하다.

오늘날의 인간 집단은 분열 속에 살고 있다. 우리는 어느 정도 지구 시장(global market-places)을 갖고 있긴 하지만, 제11장에서 주장했듯이 지구촌(global village)에서 살지는 않는다. 집단 간에는 발명의 연결은 있지만 충성의 분리가 존재한다. 오늘날의 우리는 너무 잘 연결되어 있기 때문에 지구상에서 어떤 기술이 단 한 번 발명되기만 하면 그 혁신을 채택함으로써 인류 전체가 진보할 수 있다. 새로 얻은 이 통신의 용이성 속에 우리의 환경은 해양 고래목의 동물들(돌고래 및 고래)이 사는 대양과 유사하다. 이들 중 큰 종의 일부는 광대한 거리를 서로 소리로 통신하는 것으로 알려져 있다. 그들에게 대양은 사실 지구촌과 비슷하다. 말하자면, 그들 모두는 한 목욕탕에 있는 셈이었다. 진화 과정에서 이 사실이 중요했을까? 고래류의 포유동물은 놀랍도록 평화롭고 사회적으로 지능적이다. 그것들은 2천여만 년 전에 바다로 돌아간 육지 포유류의 후예다. 기존 뇌 용량과 사회 구조가 환경적 요인들과 대양에서의 장거리 통신 능력과 결합하여 진화 압력이 그들의 평화 공존력을 증대시킨 진화적 압력을 만들어 썼을 것이다. 예를 들어, 향유고래는 어느 동물보다 가장 큰 뇌를 가진 세계에서 몸집이 가장 큰 포식 동물이다. 그들은 모든 동물 중에서 가장 큰 딸깍거리는 소리를 내는데, 그들은 그것이 필요하다. 예컨대, 몇 킬로미터의 깊이에서 사냥하는 거대 오징어를 음파로 탐지하기 위해서 필요하다. 향유고래에게는 적어도 네 가지로 중첩된 수준의 사회 조직을 지닌 것으로 밝혀져 있는데, 그 사회 조직은 1천킬로미터에 걸쳐서 최대 수천 마리의 개체를 포함한다.[49] 사회 조직의 규모는 더 넓을지도 모르지만, 정확한 산정은 어렵다.

우리 인간에게, 적어도 우리 대부분에게 세계는 고래가 사는 대양보다 훨씬 더 작아졌다. 뉴스와 혁신은 수 초 내는 아닐지라도 수 일이면 세계로 퍼진다. 우리는 지구 반대편에서 일어난 재난의 희생자들을 불쌍히 여기고 도울 수 있으며, 집단 충성심이란 감정은 여전히 위력을 발한다. 문화는 집단 협음(group coordination)을 하는 방향으로 진화했는데, 이를 위해서는 집단 경계를 잘 유지하는 것이 선결 조건 중 하나다. 문화적 진화의 동력은 분열(fission)-융합(fusion)의 역학이다. 사람들은 이 역학을 도덕적으로 지각한다. '우리'는 선한 반면에 '그들'은 나쁜 것이다. 그러나 우리는 한편에 무역 및 군대의 지구적 연결과 다른 한편에 우리 국민의 편협한 충성심 간의 분열을 시급히 제거해야 한다. 지난 수 천 년간, 진화는 도덕권의 확장 방향으로 압력을 가해 왔지만, 우리는 아직도 이를 완료하지 못했다. 우리에게는 전 세계의 모든 사람에까지 도덕권을 확장시키는 방향을 추구하는 길밖에 선택의 여지가 없다. 그리고 이를 행하기 위해 우리는 모든 사회성 수준(이웃에서부터 '지구촌 공동체'까지)에서 선택적 압력을 관리할 필요가 있다. 어느 집단이든 그의 도덕적 권리나 도덕적 의무를 박탈하는 일은 탄핵받아야 한다.

이 장의 메시지는 고무적인 것이다. 당신은 인간 진화의 뗄 수 없는 한 부분이고, 미래는 우리가 창조할 것이며, 아주 보잘것없어도 당신은 기여를 할 수 있다. 이와 대조적으로, 이 책의 나머지 부분의 메시지는 정신이 들게 하는 것이었다. 도덕권을 확장할 수는 있지만 문화들은 변화에 저항한다. 그렇기 때문에 전 세계 시민들이 같아질 것이라고 기대하는 것은 현실적인 것이 아니다. 그들이 모두 같아지는 것은 바람직하지도 필요하지도 않다. 사람들은 다를 것이고, 그들은 타인들이 자기들처럼 되길 원하지 않으면서 공존하는 법을 학습해야 한다. 그 밖의 다른 모든 길은 막힌 길이다.

미주

● 제1장 사회적 게임의 규칙

1 영국 사회학자 기든스(Anthony Giddens, 1938년생)는 사회학을 인간의 삶, 집단들, 사회들에 대한 연구라고 정의하는데(Giddens, 2001, p. 2), 이는 공동사회인류학(corporate social anthropology)에 포함될 수 있다. 사회학자들과 인류학자들 간 실용적 분업상, 전자는 사회 내부에서의 사회적 과정을, 후자는 사회 전체를 주시한다.

2 '집단(group)'이란 서로 접촉하고 있는 여러 사람의 집합을 뜻한다. '범주(category)'란 반드시 서로 접촉하고 있을 필요는 없지만, 어떤 공통점을 지니고 있는 사람들로 구성된다. 예를 들면, "모든 여성 경영자" 또는 "1940년 이전에 태어난 모든 사람"과 같은 것을 일종의 범주라고 할 수 있다.

3 '집단적 정신 프로그램'으로서 문화라는 개념은 프랑스 사회학자 부르디외(Pierre Bourdieu, 1930~2002)의 '아비투스'라는 개념과 유사하다. "어떤 환경 조건들로 인해 아비투스(habitus: 문화적 습성), 즉 영구적이며 전이 가능한 속성들의 체계가 생기게 된다. 이 습성은 실제 지휘자 없이 총체적으로 편성될 수 있는 관행과 이미지의 기본이 된다〔Bourdieu, 1980, pp. 88-89, 헤르트(Geert)가 번역함〕.

4 각기 다른 국가에서 실시된 동일한 성격 검사(NEO-PI-R: 5가지 주요 성격 차원에 대한 측정)에서 얻은 결과에 따르면 평균적이거나 '정상적인' 성격은 문화에 따라 다르다(Hofstede & McCrae, 2004). 제2장을 참조하라. 문화와 성격 간 관계에 대해서는 제4장~제6장에서 논의할 것이다.

5 유전적 열등 주제에 관한 비판적 논문은 Neisser 등(1996)을 참조하라.

6 화법은 언어학자, 심리학자, 기타 사회과학자들에게 공통적인 연구 영역이다. 보다 폭넓은 소개는 van Dijk(1997a, 1997b)를 참조하라.

7 이 사례는 골딩(William Golding)의 소설인 『파리대왕(*Lord of the Flies*)』으로부터 영감을 받았다. 이 소설에서는 전에 거의 만나지 않았던 아이들 집단이 고립된 곳에서 그들 자신을 함께 발견한다.

8 http://www.destentor.nl/regio/veluwewest/4803075

9 도덕권에 대한 개념은 19세기에 아일랜드의 역사학자 렉키(William Lecky)가 개발했고 미국 프린스턴 대학의 생명윤리학과 교수이자 호주 철학자인 싱어(Peter Singer)가 보급시켰다.

10 공자와 소크라테스의 가르침에 대해서는 제7장을 참조하라. 공자와 소크라테스의 교훈은 독일 철학자 칸

트(Immanuel Kant, 1724~1804)의 저서에서 주요 역할을 한다.

11 1948년 12월 10일 UN 총회가 채택하였다.

12 대륙 전역에서 인간 유전자에 구조적 차이가 있다는 것이 인간 게놈 프로젝트를 통해 확실하게 증명되었음에도 불구하고, 저명한 유전학자 카발리-스포르차(Luigi Luca Cavalli-Sforza)조차 그의 2000년도 저서 『유전인자, 민족 및 언어(*Genes, Peoples and Languages*)』에서 우리가 하나의 인종으로 간주되어야 한다고 주장한다. 하지만 그러한 주장의 토대는 도덕적일뿐 유전학적이지는 않다.

13 Brown, Bradley, & Lang (2006).

14 Navarrete et al. (2009).

15 플래토 등(Platow et al., 2006)이 실행한 호주인 실험에서는 괴로운 과업을 맡게 된 과학도들이 실험자와 공모한 행인에게 격려를 받았다. 그들은 행인인 여성이 예술학도라고 할 때보다 또 다른 과학도인 척 할 때 고통을 덜 느꼈다.

16 de Tocqueville, 195(1835), p. 155.

17 어떤 국가는 다른 국가보다 문화적으로 덜 통합적이다. 예를 들면, 구 유고슬라비아, 말레이시아, 벨기에처럼 과거 식민지였던 국가들은 언어가 여러 개이거나 구성 인종들이 다양해서 문화적 통합성이 약하다. 그러나 심지어 이런 국가 안에 있는, 서로 아주 다르다고 여기고 있는 인종집단이나 언어집단들도 다른 나라 사람과 비교할 때에는 어떤 공통 특성을 지니고 있을 수가 있다. 저자들은 벨기에와 구 유고슬라비아를 이에 대한 사례로 보여 주었다(*Culture's Consequences*, 2001, p. 501).

18 Montesquieu, 1979(1742), p. 461.

19 Harris, 1981, p. 8.

20 Lévi-Strauss & Éribon, 1988, p. 229. 헤르트가 번역하였다.

● **제2장 문화 차이 연구하기**

- -

1 대개 규범(norm)과 가치(value)라는 용어가 무분별하게 쓰일 때가 많다. 또는 로렐과 하디(Laurel and Hardy)처럼 가치와 규범(values and norms)이라는 복합 표현을 사용하기도 한다. 후자의 경우는 두 용어 중 하나는 불필요하다.

2 *Culture's Consequences*, 2001, p. 91.

3 Inkeles & Levinson, 1969(1954), p. 447.

4 이 분석은 2001년판 *Culture's Consequences*의 제2장에서 폭넓게 기술되어 있다.

5 *Culture's Consequences*, 2001, p. 64.

6 『문화의 결과(*Culture's Consequences*)』에서는 피어슨(Pearson)의 적률상관계수와 스피어만(Spearman)의 순위상관계수 모두가 사용됐다. 전자는 측정치의 절대치에 근거한 상관계수이고, 후자는 상대적 순위에 근거한 상관계수다.

7 이 책에서 상관관계에 쓰인 코드는 일반사회과학 협약을 따른 것이다. 소문자 r은 적률(일차)상관계수를 의미한다. 그리스문자 rho(ρ)는 스피어만의 순위상관계수를 의미한다. 대문자 R은 2개 혹은 더 여러 개의 변인에 따른 중다상관계수를 의미한다. 유의수준은 별표로 표시되었는데, *은 0.05 수준 이상, **은 0.01 수준 이상, ***은 0.001 수준 이상을 뜻한다. 또 다른 유의수준은 p로 명시했다. n은 상관관계에서 사례 수를 의미한다.

8 로잔(Lausanne)에 위치한 IMEDE (현 IMD). 2001년판 『문화의 결과』의 91쪽, 219쪽을 참조하라.

9 VSM은 홉스테드(Hofstede)의 국가문화연구에 대한 반복 검증을 자신의 프로젝트에 포함하고 싶어 하는 연구자들에게 유용한 표준 질문 세트다. VSM의 2008년판은 VSM08이다. www.geerthofstede.nl에서 볼 수 있다. 이전 판은 1982년과 1994년에 발행되었다.

10 Søndergaard, 1994.

11 Ng et al., 1982.

12 Hofstede & Bond, 1984.

13 1987년에 'Chinese Culture Connection'을 저자명으로 한 논문에 발표됐다. 이 저자명은 본드(Michael Bond)와 그의 팀 소속 연구자들 24명이 선정한 명칭이다. 제3장부터 제7장 및 홉스테드와 본드(Hofstede & Bond, 1988) 참조.

14 *Culture's Consequences*, 2001, pp. 503-520. p. 520에 있는 요약표에서는 유의한 일차 상관이 335가지, 유의한 2차 상관이 62가지, 유의한 3차 상관이 9가지로 집계되어 있다.

15 베네딕트(Benedict)의 저서 『문화의 패턴(*Patterns of Culture*)』 1959년판에 대한 미드(Margaret Mead)의 서문.

16 가장 높은 상관은 외향성과 내향성 간에서 나타났다(r = 0.64***)(Hofstede & McCrae, 2004). 제4장을 참조하라.

17 '당신의 삶에서'라는 말은 바라는 것에 대한 질문을 연상시키지만, '지침이 되고 있는 원칙'이라는 말 때문에 이 항목은 바람직한 것에 대한 추상적 진술이 된다.

18 가치 문항의 수와 국가의 수 모두가 시간이 갈수록 늘어났다. 2009년에 인터넷에서 실시된 슈워츠(Schwartz)의 설문 조사 설문지에는 79가지 가치가 실렸다. 슈워츠와 바디(Schwartz & Bardi, 2001)는 56개국의 교사 표본과 54개국의 학생 표본을 썼다.

19 슈워츠(Schwartz, 1994), 사지프와 슈워츠(Sagiv & Schwartz, 2000), 2001년판 『문화의 결과』 265쪽과 피터슨과 슈워츠(Peterson & Schwartz, 2002)를 참조하라. 슈워츠의 자료에서 도출된 세 가지 개요 차원과 우리 목록의 상관관계를 보여 준다. 세 가지 모두 개인주의-집단주의와 강력한 상관관계를 보였다.

20 House, Hanges, Javidan, Dorfman, & Gupta, 2004.

21 Hofstede, 2006.

22 예를 들어, 최근 세계 가치조사 웨이브(WVS Wave)의 문항에서는 응답자들에게 자신의 국가에 얼마나 '민주성(democraticness)'이 있는지를 묻는다. 국가 대표 표본에서 제공된 응답에 따르면, 일부 서양 국가(예: 스위스, 독일, 미국, 스웨덴이나 핀란드)에서보다 오히려 가나, 베트남, 요르단에 민주성이 더 많다.

23 이는 성격 심리학자 맥크래 등의 연구(McCrae, Terracciano, Realo, & Allik, 2008)에서 경험적으로 나타

났다.

24 Trompenaars, 1993.

25 처음의 다섯 가지 차원은 파슨과 쉴(Parsons & Shils, 1951), 나머지 두 가지 차원은 클럭혼과 스트로벡(Kluckhohn & Strodtbeck, 1961)에서 차용하였다.

26 그중에서도 특히 스타우퍼와 토비(Stouffer & Toby, 1951).

27 Smith, Trompenaars, & Dugan, 1995; Smith, Dugan, & Trompenaars, 1995; Smith, Peterson, & Schwartz, 2002. 우리가 알기로, 트롬페나르(Trompenaars)의 데이터베이스에 대한 학술적 출판물은 이것들뿐이다. 보고된 응답자 인원과 범주는 트롬페나르(Trompenaars, 1993)가 주장한 것과 다르다. 2001년판 『문화의 결과』 274쪽의 주석 26번 및 27번을 참조하라.

28 www.worldvaluessurvey.com. 당시 유효 WVS 자료에 대한 인쇄 요약본은 잉글하트 등(Inglehart, Basañez, & Moreno)이 발행했다.

29 민코프(Minkov, 2007)는 Flexumility라는 철자를 사용했다. '겸손(flexhumble)'이라는 형용사를 쓰기 위해 저자들은 h를 추가했다.

30 우리의 협력은 가치조사모듈(Values Survey Module)의 2008년 개정판(VSM08)으로 이어졌다. VSM08에는 기존의 홉스테드 차원 다섯 가지에 이어 민코프의 두 가지 차원이 포함되어 있다. 매뉴얼은 '겸손-과시(Flex(h)umility versus Monumentalism)'가 '단기지향의 이형(異形)이라고 할 수 있다'고 일찍이 예측한 바 있다.

31 Russell, 1979(1927), pp. 23-24.

32 주석 9번을 참조하라.

● 제3장 권력거리: 평등문화의 불평등 문화

1 Mulder (1976, 1977).

2 요인분석을 행한 행렬(matrix)은 32개의 질문(변인)과 40개의 국가(사례)로 구성되어 있었다. 요인분석 지침서들을 보면 사례 수가 적은 경우에는 요인분석법을 사용하지 말도록 권하고 있는데, 그 이유는 (사례 수가 너무 적은 경우 그중 하나라도 평균에서 많이 벗어난 사례가 있을 때 이것이 너무 큰 영향을 주어서) 요인들이 불안정해지기 때문이다. 그러나 이러한 제한은 생태학적인 요인분석에는 적용되지 않는다. 이 경우에는 각 사례의 점수 자체가 독립적인 수많은 관찰치들의 평균이기 때문이다. 요인 구조의 안정성이 이때는 그 평균치에 기여한 사람들의 수에 의해 결정된다. 그러므로 생태학적 요인분석에서는 심지어 변인 수보다 더 적은 사례 수로도 안정적인 결과를 얻을 수 있다.

3 통계적 용어로 말하면, 요인 부하가 큰 문항들을 선택하였다.

4 네 가지 스타일에 대한 전제적, 온정주의적, 상의적, 다수결 원칙이라는 호칭은 헤르트가 명명한 것이다. 설문지에서 어떻게 기술되었는지는 2001년판 『문화의 결과(Culture's Consequences)』 470쪽을 참조하라.

5 자세한 내용은 2001년판 『문화의 결과』의 501쪽부터 502쪽, 콜만 등(Kolman, Noorderhaven, Hofstede, & Dienes, 2003), 휴팅거(Huettinger, 2008)를 참조하라.

6 부르디외(Pierre Bourdieu)는 이것을 아비투스(habitus: 문화적 습성)의 한 핵심적 특징으로 본다(제1장의 주석 3 참조). 이는 필요가 미덕으로 변한다는 사실을 나타낸다. Bourdieu(1980, p. 90) 참조.

7 Sadler & Hofstede, 1976.

8 원 IBM 점수와 〈표 2-1〉에 제시된 사람들을 대상으로 측정한 PDI와의 상관계수 r은, 사회 엘리트들의 경우에 0.67***, (보다 새로운 VSM과는 0.80***), 6가지 다른 조직들의 직원들의 경우에 0.59***, 항공기 조종사들의 경우에 0.76***, 자치단체장들의 경우에 0.71***, 은행 직원들의 경우에는 0.59**이었다.

9 다양한 반복 연구들 간 상관관계는 각 반복 연구와 원 IBM 세트와의 상관관계보다 약했다(예: van Nimwegen, 2002, p. 153).

10 de Mooij, 2004.

11 Chinese Culture Connection(1987). 20개국에 대해 두 연구 모두에서 도덕적 절제는 권력거리와 0.55**, 개인주의와는 −0.54**의 상관이 있었다.

12 48개국 공동으로 PDI와 내집단 집단주의 '실태'는 0.73***, PDI와 권력거리 '실태'는 0.33*의 상관이 있었다. 해당 국가들에 대하여 권력거리 '실태'와 '희망' 간에는 강력하게 부적인 상관이 있었다(r = −0.52***). 하우스 등(Hanges, Javidan, Dorfman, & Gupta(2004, p. 543)는 47개국에 대하여 권력거리 '실태'와 권력거리 지수가 0.57***의 상관, 권력거리 '희망'과 권력거리 지수 간이 0.03의 상관을 가진다고 보고했다.

13 UAI와 권력거리 '실태'는 0.50***의 상관을 가졌다. UAI와 권력거리 '희망'은 −0.31*의 상관이 있었다.

14 물론 노동 계층(working class)이라는 단어는 묘한 구식 낱말이다. 이 낱말은 많은 국가에서 중류층보다는 실직한(일 안하는) 사람들을 지칭하는 말로 쓰인다.

15 그 이유는 국가의 PDI 점수가 사회적 평등성을 측정하기 때문이다. 사회적 지위의 차이는 직업을 구분하는 주요 기준이기도 하다.

16 *Culture's Consequences*, 2001, p. 89.

17 국가 간 비교에 사용된 IBM 직원 표본에는 〈표 3-2〉에서의 비숙련 근로자들을 제외한 모든 범주가 포함되었다. 국가 간 비교에 사용된 영국, 프랑스, 독일 직원 표본의 평균 PDI 지수는 46이었다.

18 Kohn, 1969.

19 1959년 미드(Margaret Mead)의 자문을 받아 캐나다의 국립영화위원회(National Film Board of Canada)가 제작한 고전영화인 〈네 가족(*Four Families*)〉에는 인도, 프랑스, 일본, 캐나다에서 대체로 비슷하게 맞춰진 농가들에서의 부모-자식 간의 관계가 잘 나타나 있다. 저자는 일단의 관객들에게 (권력거리 점수를 알려주기 전에) 이 영화를 보여 주었는데, 이들은 영화에 나타난 부모-자식 관계만을 보고도 이 네 국가의 권력거리 순위를 제대로 알아 맞추었다.

20 2007년 1인당 GNI가 19,000유로를 넘는 17개국에 걸쳐 높은 PDI는 부모가 모두 상근직인 가족 백분율 차의 40%를 설명했다. 낮은 PDI는 부모가 비상근직인 가족 백분율 차의 49%를 설명했다〔무이즈(Marieke de Mooij)의 호의 덕에 기재함〕.

21 이민자들을 다루는 정신건강 전문가들에게는 '범문화 정신의학(transcultural psychiatry)'이 전문 세부 전공으로 적합하다.

22 Meeuwesen, van den Brink-Muinen, & Hofstede, 2009. 유럽 10개국(벨기에, 에스토니아, 독일, 영국, 네덜란드, 폴란드, 루마니아, 스페인, 스웨덴, 및 스위스)의 환자 5,820명과 일반 개업의 307명 간 상호작용을 비디오테이프로 녹화해 알아보았다.

23 Deschepper, Grigoryan, Lundborg, Hofstede, Cohen, Van der Kelen, Deliens, & Haaijer-Ruskamp, 2008. 이 연구에는 유럽 국가에 대한 서로 다른 세 연구의 결과가 요약되어 있다. 그 세 연구는 각각 처방 약물과 자가 치료에 대한 19개국 환자 대상 조사, 항생제 사용이나 분배에 대한 24개국에서의 조사 및 약물 치료에 대한 15개국 인구 대표 표본의 유로바로미터(Eurobarometer) 자료다.

24 코트 등(de Kort, Wagenmans, van Dongen, Slotboom, Hofstede, & Veldhuizen, 인쇄 중). 25개국에 걸쳐서, PDI는 주민 100명당 기증자 수와 -0.54^{**}, 주민 1000명당 채혈 수와 -0.77^{***}, 병원에 공급된 혈액량 수와는 -0.65^{***}의 상관이 있었다.

25 d'Iribarne, 1989, p. 77. GH가 번역함.

26 목표 관리란 상사와 부하 직원 간의 정기적인 회의 체제인데, 여기서 부하 직원은 어떤 목표들을 달성할지 의사를 밝힌다. 다음 회의에서는 이 목표들의 달성 여부가 평가되며, 그다음 기간 동안의 새로운 목표가 설정된다.

27 Smith, Peterson, & Schwartz, 2002. 중복된 40개국에 걸쳐서 PDI와 수직성 지수의 상관계수는 0.60^{***}이었다. 이벤트 관리 연구 프로젝트에서 찾아낸 이 상관이 가장 강력한 것으로 확인됐다.

28 *Culture's Consequences*, 2001, p. 93. 중복된 27개국에 걸쳐 전통적 권한과 PDI 간 상관계수는 0.56^{**}이었다.

29 유로바로미터 69.1에 따르면, (2007년 1인당 GNI가 19,000유로를 초과하는) 비교적 부유한 19개국에서 높은 PDI가 경찰 불신 비율 차의 50%를 설명했다. 동일한 19개국의 젊은 유럽인을 대상으로 한 2007년 유로바로미터 조사에서는 낮은 PDI가 정당에 대한 가입 비율 차의 41%, 정책 입안자와의 토의 경험 비율 차이 39%를 설명했다(무이즈의 호의로 기재함).

30 공자의 이념에 관해서는 제6장에서 다룰 것이다.

31 너희를 위하여 보물을 땅에 쌓아 두지 마라. 거기는 좀과 동록이 해하며 도적이 구멍을 뚫고 도적질하느니라. 오직 너희를 위하여 보물을 하늘에 쌓아 두라. 거기는 좀이나 동록이 해하지 못하며 도적이 구멍을 뚫지도 못하고 도적질도 못하느니라. 네 보물 있는 그곳에는 네 마음도 있느니라[마태복음 (6: 19-21), Moffatt의 번역].

32 Machiavelli, 1955, p. 91.

33 Triandis, 1973, pp. 55-68.

34 *Culture's Consequences*, 2001, pp. 115-117.

35 *Culture's Consequences*, 2001, p. 118.

36 van de Vliert, 2009.

37 IBM 연구 프로젝트에서 1968년과 1972년에 대한 자료를 비교할 수 있다. 이 4년의 기간 동안, 사상에 대

한 소통이 국제적으로 가능해지다 보니 전 세계적 IBM 직원들 사이에 독립에 대한 욕망이 늘어났던 것 같다. 그러나 이와 같은 독립에 대한 바람의 증가는 단지, 애초에 권력거리가 작았던 국가에서의 변화 방향, 즉 지각된 권력의 평준화적 방향과만 부합했다. 사실상 권력거리가 큰 국가와 작은 국가 간의 격차는 한층 더 벌어졌다(*Culture's Consequences*, 2001, p. 136).

38 1988년 12월 23일자 네덜란드 신문 『NRC/Handelsblad』의 기사를 헤르트가 번역함.

● 제4장 개인주의 문화와 집단주의 문화

1 www.geerthofstede.nl에서 VSM94와 VSM08에 대한 매뉴얼 가이드(역주. VSM94에서는 2. Formulas for index calculation, VSM08에서는 6. Formulas for index calculation 부분)를 참조하라.

2 두 가지 변인 모두가 역시 1인당 GNI와 강력한 상관을 가졌다. 네 가지 IBM 차원의 회귀분석에서, IDV 는 안녕 대 생존의 변량 54%를 설명했고, IDV에 MAS를 추가했을 때에는(부적으로) 74%, 이 두 가지에 PDI를 추가했을 때 (역시 부적으로) 82%를 설명했다. 제5장을 참조하라. Inglehart, 1997, p. 93; *Culture's Consequences*, 2001, pp. 222-223, p. 266.

3 Minkov, 2007. 그의 최신 점수는 WVS 1995~2004년 및 2005~2008년 웨이브의 평균치에 근거한 것이 다.

4 IDV와 배타주의 간 상관계수는 −0.77***이었다(n = 41). 배타주의에 대한 IBM 차원 네 가지의 회귀분석 에서 IDV는 변량의 59%를 (부적으로) 설명했고, MAS를 추가했을 때에는 65%, PDI를 추가했을 때에는 69%를 설명했다.

5 Eurobarometer 69.1, 2008. 가치는 민주주의, 평등성, 인간 권리, 개인 자유, 평화, 종교, 인간 생명에 대한 존중, 다른 문화에 대한 존중, 법의 지배, 연대의식, 자기실현, 관용이었다. '다른 문화에 대한 존중'을 선택한 사람들 빈도의 국가차를 IDV는 30%, (낮은) MAS가 23%를 각각 설명했다(무이즈, Marieke de Mooij의 호의로 기재된 정보임).

6 원 IBM 점수와 〈표 2-1〉에 나와 있는 사람들을 대상으로 측정한 IDV와의 상관계수는 사회 엘리트의 경우는 0.69***, 서로 다른 6개 조직의 직원들의 경우에는 0.63****, 소비자들의 경우에는 0.60**, 항공기 조종사들의 경우에는 0.70***, 은행 직원들의 경우에는 0.61***이었다.

7 Chinese Culture Connection, 1987. 양쪽 연구들의 20개국에서 통합 차원은 IDV와 0.65***, PDI와 −0.58**의 상관이 있었다. 공통 17개국에서 통합 차원은 민코프의 배타주의 차원과 −0.70**의 상관이 있 었다.

8 23개국 교사들에 대한 자료를 토대로, IDV와 상관이 있는 슈워츠의 범주 중에서 세 가지는 1인당 GNI와 오히려 더 강력한 상관을 보였다. 나머지 두 가지 범주는 '위계(hierarchy)'와 '평등주의에 대한 헌신 (egalitarian commitment)'으로, IDV와 각각 부적, 정적 상관이었다.

9 Smith, Peterson, & Schwartz, 2002. 39개국에 대하여 자립-편입은 IDV와 0.64***, 평등주의-지배는

0.50***의 상관이 있었다.

10 제2장의 GLOBE 연구에 대한 저자들의 소개를 참조하라. 공통 48개국에 대하여 IDV와 내집단 집단주의 '실태'는 −0.77***의 상관관계가 있었다. IDV에 대한 GLOBE 18가지 차원의 단계적 회귀분석에서 언급된 공통 변량의 58%를 내집단 집단주의 '실태'를 설명하였다.

11 제도적 집단주의 '희망'은 UAI와 −0.46**, IDV와는 −0.40**의 상관이 있었다. 단계적 회귀분석에서, UAI는 제도적 집단주의 '희망' 변량의 15%를 설명했고, UAI에 IDV를 합쳤을 때에는 22%를 설명했다. 내집단 집단주의 '희망'은 LTO−CVS와 0.63**의 상관이 있었고, LTO−WVS와는 0.49***의 상관이 있었다. 제도적 집단주의 '실태'는 UAI와 0.41**의 상관이 있었다.

12 Smith, Peterson, & Schwartz, 2002. 그들은 첫 번째 차원을 평등주의에 대한 헌신(egalitarian commitment)−보수주의(conservatism)라고 칭했다. 35개국에 대하여 이 차원은 IDV와 0.61***의 상관이 있었다. 두 번째 차원은 충성 관여(loyal involvement)−실용적 관여(utilitarian involvement)라 명명했는데, PDI와는 0.74***, IDV와는 −0.59**의 상관이 있었다.

13 Smith, 2004. 가치가 아니라 실제 상황에 대한 기술(description)을 다루는 질문에서 묵종은 불확실성 회피와 상관이 있었다(제6장을 참조).

14 개인 수준에서의 개인주의와 집단주의의 측정치에 대한 포괄적 재검토 결과를 오이스만 등(Oyserman, Coon, & Kemmelmeie)이 발표했다.

15 〈표 2−1〉과 〈표 4−1〉의 76가지 문화에 대해 PDI와 IDV 간 상관계수는 −0.55***이고, IBM 데이터베이스의 53개 문화에 대해서 PDI와 IDV 간의 상관계수는 −0.68***였다.

16 Crozier, 1964, p. 222.

17 d'Iribarne, 1989, p. 59. Translation by GH.

18 Harrison, 1985, pp. 55−56.

19 국가 부(1인당 GNI)를 일정하게 유지했을 때, 〈표 3−1〉과 〈표 4−1〉의 69개국에 걸쳐서, PDI와 IDV 간 상관은 −0.36***이었고, IBM 데이터베이스의 50개국에 대하여 PDI와 IDV 간 상관은 −0.32***였다.

20 트라이언디스(Triandis, 1995, pp. 44−52)는 수평적, 위계적 개인주의 및 집단주의 간 구분을 소개했다. 그는 이 구분을 주로 개인 수준에 적용하였다. 사회 수준에서, 수평적−위계적 구분은 작은 권력거리−큰 권력거리와 일치한다.

21 개인적 주도력을 보다 요하는 직업과 집단 충성을 보다 요하는 직업에 대한 구분을 생각해 볼 수 있겠지만, IBM 데이터베이스의 문항은 이를 측정하기에 적절치 않았다.

22 Herzberg, Mausner, & Snyderman, 1959.

23 마태복음 21장 28~31절; Moffatt 번역판.

24 2007년 1인당 GNI가 연 19,500유로인 유럽 19개국 젊은이들을 대상으로 한 유로바로미터(Eurobarometer) 조사. 낮은 IDV가 자신의 부모님 집에서 "이사 나올 형편이 안 된다."라는 응답 빈도의 국가 간 차이 24%를 설명했다(무이즈의 호의로 기재된 정보임).

25 1983년 9월, 네덜란드의 세마포(Semafor) 4년제 경영대학에서 하지위보워가 연설한 내용의 일부임. 저자가 하지위보워의 도움을 받아 네덜란드어에서 영어로 번역함.

26 Flash Eurobarometer 241, 2008. 1인당 GNI가 19,500여 유로인 19개 유럽 국가들의 경우, 낮은 IDV가 이 문항에 대한 응답의 차이 72%를 설명했다(무이즈의 호의로 기재된 정보임).

27 Hall, 1976.

28 Ho, 1976, p. 867.

29 Triandis, 1972, p. 38.

30 Buss, 1989; Buss et al.,1990; *Culture's Consequences*, 2001, pp. 230-231.

31 Yelsma & Athappilly, 1988; Dion & Dion, 1993; *Culture's Consequences*, 2001, p. 230.

32 Levine, Sato, Hashimoto, & Verma, 1995; *Culture's Consequences*, 2001, p. 230.

33 엣코프 등(Etcoff, Orbach, Scott, & Agostino, 2006)에 근거함. 선택용 보기 범주는 여자 친구, 어머니, 연애 상대나 배우자, 미디어, 자매, 일반적인 소녀들, 유명인사, 일반적인 소년들, 아버지들이었다. IDV와 '여자 친구들' 간의 상관계수는 -0.87***, IDV와 '일반적인 소년들'과의 상관계수는 0.74**(n=10)이었다(무이즈의 호의로 기재된 정보임). 제5장과 제7장도 참조하라.

34 60개국에 걸쳐 그 상관계수는 -0.75***였고, 30개 언어권에 걸쳐서 -0.64***였다(Kashima & Kashima, 1998; *Culture's Consequences*, 2001, p. 233). 추적연구(Kashima & Kashima, 2003) 결과를 보면, 대명사 탈락이 있는 국가에서 IDV와 부 간의 관계는 비교적 약했지만, IDV와 지리상 위도(기후) 간 관계는 비교적 강력했다.

35 Habib, 1995, p. 102.

36 Hsu, 1971, pp. 23-44. 그의 기사 제목에서 그 개념은 'jen'이라고 불렸었는데, 그것은 동일한 중국어를 과거의 발음대로 표기한 것이다.

37 Markus & Kitayama, 1991.

38 R. Bond & Smith, 1996; *Culture's Consequences*, 2001, p. 232. 본드(Bond)와 스미스(Smith) 또한 미국 자료에 대한 종단적 분석을 했는데, 그 분석에서는 1950년대부터 동조가 감소한 것으로 나타났다.

39 그 상관계수는 0.64***였다. 성격 점수와 문화 차원 간 관계는 홉스테드와 맥크래(Hofstede & McCrae, 2004)에 분석되어 있다.

40 Matsumoto, 1989; *Culture's Consequences*, 2001, p. 232.

41 Levine & Norenzayan, 1999; *Culture's Consequences*, 2001, p. 233.

42 de Mooij, 2004; *Culture's Consequences*, 2001, pp. 241-242.

43 Humana, 1992; OECD, 1992; *Culture's Consequences*, 2001, pp. 242-243.

44 Westbrook & Legge, 1993; Westbrook, Legge. & Pennay, 1993.

45 *Culture's Consequences*, 2001, p. 240.

46 Earley, 1989, pp. 565-581.

47 제2장 주석 18 참조.

48 Flash Eurobarometer 241, 2008: 『26개국 EU 시민들이 본 정보 사회』 업무상이나 집에서 개인적 용도로 인터넷을 (거의) 사용하지 않는다고 답한 사람들의 비율 차이를 낮은 IDV가 20% 설명, 높은 MAS(제5장 참조)가 15% 설명했다. 높은 IDV는 다음의 ICT 활용이 이루어지는지에 대한 국가 간 차이를 주로 설

명했는데, 제품이나 서비스 구입에 대해서는 38%, 행정을 위한 양식 작성에 대해서는 36%, 은행 업무에 대해서는 31%, 개인 이메일에 대해서는 31%를 각각 설명하였다(무이즈의 호의로 기재된 정보임).

49 Flash Eurobarometer 241, 2008: 『26개국 EU 시민들이 본 정보 사회』. 인터넷을 이용하지 않는 사람들이 자신, 가족, 친구를 위한 시간을 더 많이 가진다는 것에 강력하게 동의하는 사람들의 비율에 대한 국가 간 차의 27%를 낮은 IDV가 설명했다(무이즈의 호의로 기재된 정보임).

50 1978년 8월, 뮌헨에서 개최된 국제응용심리대회(International Congress of Applied Psychology: ICAP)에서 크래머(Alfred J. Kraemer)가 발표한 논문인 『문화 간 훈련의 문화적 측면들(Cultural aspects of intercultural training)』에서 발췌함.

51 페더슨과 톰슨(Pedersen & Thomsen, 1997)이 이를 경험적으로 제시했다.

52 *Culture's Consequences*, 2001, p. 247.

53 Humana, 1992; *Culture's Consequences*, 2001, pp. 247-248.

54 English version of the text from Harding & Phillips, 1986, p. 86.

55 Stoetzel, 1983, p. 78; *Culture's Consequences*, 2001, p. 275, note 31. 자유를 평등으로 나눈 비율과 IDV 간의 순위 상관계수는 0.84**, 자유를 평등으로 나눈 비율과 PDI 간의 순위 상관계수는 거의 0이었다.

56 Maslow, 1970.

57 백인 호주인 IBM 점수 수준을 일정하게 유지할 경우, 원주민들의 점수는 PDI=80, IDV=89, MAS=22, UAI=128, LTO=-10이었다. 2001년판 『문화의 결과』의 501쪽을 참조하라.

58 IBM 표본에 있는 국가들에 대해 IDV와 1인당 GNI의 상관계수가 1970년에는 r=0.85***, 1980년에는 0.79***, 1990년에는 0.74***, 2000년에는 0.72***였다. 〈표 4-1〉에 있는 국가들 전체에 대해 2000년에는 IDV와 1인당 GNI 간 상관계수는 0.59***였다.

59 91개국에 대하여 1970년 1인당 GNP는 1980년 1인당 GNP와 0.93***의 상관이 있었고, 1990년 1인당 GNP와는 0.89***, 2000년 1인당 GNP와는 0.80***, 2007년 구매력평가지수(PPP) 환율 기준 1인당 GNI와는 0.76***의 상관이 있었다.

60 1968년부터 1972년까지의 4년 기간 동안 개인주의의 변화를 IBM 데이터뱅크로 측정할 수 있었다. 1968년, 1972년 매회 조사했던 20개국 중에 19개국이 더 부유해졌고, 이 19개국 모두가 개인주의 쪽으로 더 이동했다. 세트 중에서 유일하게 가난해진 국가인 파키스탄은 집단주의 쪽으로 약간 이동했다.

● 제5장 남성적 문화와 여성적 문화

1 예: Mead, 1962(1950).

2 코스타 등(Costa, Terraciano, & McCrae, 2001)은 NEO-PI-R Big Five 성격 검사에서 26개국의 남성과 여성의 평균 점수를 비교했다. 그들은 문화와 상관없이 고정된 남녀 차를 발견했다. 여성들은 N(neuroticism: 신경증)과 A(agreeableness: 우호성)의 모든 측면에서만 스스로를 높게 평점했고, 다른

성격 측면에서는 온정, 사교성, 긍정적 감정들, 미학적 개방성에서 더 높게 평점했다. 남성들은 자기주장성, 흥분 추구, 관념적 개방성에서 스스로를 보다 높게 평점했다.

3 *Culture's Consequences*, 2001, p. 280, following Broverman, Vogel, Broverman, Clarkson & Rosenkrantz, 1972.

4 Hofstede with Arrindell, Best, De Mooij, Hoppe, Van de Vliert, Van Rossum, Verweij, Vunderink, & Williams, 1998.

5 사인검증(Sign Test)에 따르면, 그 차원은 0.05 수준에서 유의하게 지지된다(일방).

6 *Culture's Consequences*, 2001, p. 265. 23개국에 대하여 상관계수는 0.53**이었다.

7 본드(Bond)의 23개국을 대상으로 한 중국식 가치조사(Chinese Value Survey)는 MAS와 상관이 있는 '인정(human-heartedness)' 차원을 가려냈다. 남성성에서 높은 지수를 받은 국가의 학생들은 인내, 공손, 친절함을 강조했다. 이 연관성은 놀라운 것이다. 극이 뒤바뀌었을 거라고 생각할 수도 있다. 헤르트는 자료 처리 시 마이너스(-) 기호가 빠졌던 것은 아닌지 항상 의심을 한다. 분석이 제대로 된 것이었다면, 우리는 이 결과를 제2장에서 설명한 바라는 것과 바람직한 것 간 차이의 사례로 해석해야 한다.

8 48개의 공통 국가에 걸쳐서 MAS는 자기주장성 '실태'와 0.30*의 상관을 보였고, 자기주장성 '실태'에 자기주장성 '희망'이 더해진 중다 상관계수는 양자를 모두 정적으로 취했을 때 0.43***이었다. 자기주장성 '실태'와 '희망' 간에는 -0.33*의 유의한 부적 상관이 있는데, 이는 주목할 만한 결과다.

9 다른 GLOBE 차원끼리 비교했을 때, 인정지향 '실태'는 약한 자기주장성과 작은 권력거리 '실태'를 조합한 경우와 강력하게 상관되었다. 인정지향 '실태'는 하나의 독립적인 차원이 아니었다. 인정지향 '희망' 역시 마찬가지로 하나의 독립적인 차원이 아니었다. 이는 약한 불확실성 회피 '희망', 낮은 제도적 집단주의 '희망', 작은 권력거리 '희망'과 강력한 상관을 가졌다.

10 *Culture's Consequences*, 2001, p. 266. IDV와 MAS와의 중다 상관계수는 0.86***이었다.

11 Bem, 1975, p. 636.

12 IBM 조사 대상 인구에서 여성의 비율은 파키스탄의 4.0%부터 핀란드의 16.2%까지 격차가 났다. 2001년판 『문화의 결과』의 286쪽을 보면, MAS는 모든 국가의 여성 비율을 상수로 일정하게 유지하여 다시 계산되었다. 여성의 비율은 본래 여성성과 상관관계가 있기 때문에, 점수에 미치는 영향력은 극히 작았다.

13 Gray, 1993. 이 의견은 무이즈(Marieke de Mooij)의 도움을 받았다.

14 Lynn, 1991; Van de Vliert, 1998, Table 7.2; *Culture's Consequences*, 2001, p. 308.

15 2001년판 『문화의 결과』 289쪽부터 291쪽을 토대로 함.

16 Stevens, 1973; Gonzalez, 1982; *Culture's Consequences*, 2001, p. 309.

17 엣코프 등(Etcoff, Orbach, Scott, & Agostino, 2006)을 토대로 MAS는 '아버지' 선택과는 -0.79**, '어머니' 선택과는 -0.75**(n=10)의 상관관계를 가졌다. 단계적 회귀분석에서 MAS는 '어머니'의 변량 57%를 설명했고, MAS에 PDI를 추가하였을 때에는 76%를 설명했다. MAS는 '미디어'와는 0.88***; '유명인사'와는 -0.62*(n=10)의 상관관계를 가졌다(무이즈의 호의로 기재된 정보임). 제4장과 제7장을 참조하라.

18 Flash Eurobarometer 247, 2008. 2007년 1인당 GNI가 19,000여 유로인 18개국에 대하여 높은 MAS는

부모 중 한 명이 상근직을 갖고 다른 한 명은 가사를 전업으로 돌보는 가족 비율 차의 24%를 설명했다(무이즈의 호의로 기재된 정보임).

19 Van Rossum, 1998; *Culture's Consequences*, 2001, p. 300.

20 *Culture's Consequences*, 2001, p. 302.

21 Hofstede, 1996b; *Culture's Consequences*, 2001, p. 302.

22 Mead, 1962(1950), p. 271.

23 *Culture's Consequences*, 2001, p. 309.

24 출처는 대서양 횡단 비행 중에 그 영화를 상영한 KLM 기내에 있던 잡지 해설이다.루카스(Lucas)는 미국 10대를 대상으로 한 1986년 영화였다. 셀서(David Seltzer)가 감독했다.

25 이 절의 상당 부분은 홉스테드 등(Hofstede et al., 1998, Chapter 10: Comparative Studies of Sexual Behavior)에서 발췌한 것이다.

26 Hofstede, Neuyen, Ohayv, & Sanders, 1990. 제8장을 참조하라.

27 Pryor, Desouza, Fitness, Hutz, Kumpf, Lubbert, Pesonen, & Erber, 1997, p. 526.

28 *Culture's Consequences*, 2001, p. 325; Ross, 1989.

29 Dr. Jan A.C. de Kock van Leeuwen, personal communication.

30 한때 미국 베스트셀러였던, 피터스와 워터맨(Peters & Waterman, 1982)의 저서 『초우량 기업의 조건(*In Search of Excellence*)』에 쓰임.

31 이 두 가지 기풍 유형 간 차이는 최근 현상이 아니다. 국제 보이스카웃 운동의 창시자인 파월 경(Lord Robert Baden Powell, 1857~1941)은 로버 스카웃(Rover Scouts, 16세 이상 소년들)을 위해 『성공을 향한 유랑(*Rovering to Success*)』이라는 책을 썼다. 1920년대부터 내려오는 이 책 제목의 네덜란드 번역판은 『행복으로 이르는 유랑길(*Zwervend op de weg naar levensgeluk*)』이라고 한다. 네덜란드 번역가가 생각하기에 '성공'이란 목표는 젊은이들에게 별로 호소력 있는 것이 아니었던 것이다. 네덜란드어에서 이 낱말은 깊이가 없다는 의미를 풍긴다. 어떤 청소년 지도자도 이것이 인생의 주요 목표라고 내세우진 않을 것이다.

32 Sandemose, 1938. Translation by GH with thanks to Denise Daval Ohayv.

33 Cohen, 1973.

34 Lasch, 1980, p. 117.

35 Hastings & Hastings, 1980; *Culture's Consequences*, 2001, p. 303. 이 표본은 국가당 약 1,500명으로 매우 컸다. 해스팅과 해스팅(Hastings & Hastings)은 응답자들의 남녀 분포에 대한 설명을 제공하지 않았지만, 우리는 5개국 모두에서 남녀 비율이 50/50일 것이라고 간주한다. 싸우는 그림에서 행위자는 분명히 소년들이었다.

36 0.97**의 상관관계가 나타났다.

37 Ryback, Sanders, Lorentz, & Koestenblatt, 1980; *Culture's Consequences*, 2001, p. 301.

38 Cooper & Cooper, 1982, p. 80.

39 Verhulst, Achenbach, Ferdinand, & Kasius, 1993; *Culture's Consequences*, 2001, pp. 303-304.

40 미국 작가 래쉬(Christopher Lasch)는 이를 나르시즘의 문화(The Culture of Narcissism)라고 불렀다 (Lasch, 1980).

41 OECD, 1995; Hofstede et al., 1998, Table 5.2; *Culture's Consequences*, 2001, p. 304. 7개 국가/언어 집단에서 자신을 '우수하다'고 평가한 비율은 MAS와 순위 상관이 있었다(rho＝0.71*).

42 *Culture's Consequences*, 2001, p. 304.

43 Witkin, 1977, p. 85; Witkin & Goodenough, 1977, p. 682.

44 남성적인 2개국과 덜 남성적인 2개국을 비교한 연구는 쿠넨 등(Kühnen, Hannover, Roeder, Shah, Schubert, Upmeyer, & Zakaria, 2001)의 것이 있다. 그 저자들은 발견된 차이의 원인을 착오로 개인주의-집단주의 탓으로 돌렸다.

45 *Culture's Consequences*, 2001, pp. 310-311; de Mooij & Hofstede, 2002; de Mooij, 2004.

46 Tannen, 1992.

47 Flash Eurobarometer 241, 2008: 『EU 시민들이 본 정보 사회』, (지난 3달 동안) 개인 용도를 위해 하루에 인터넷에 접속한 횟수를 26개국에서 낮은 MAS가 20%, 높은 IDV가 추가적인 17%를 설명하였다. 부유한 19개국에서는 낮은 MAS만이 유의했으며 국가 차의 36%를 설명했다(무이즈의 호의로 기재된 정보임).

48 Fleishman, Harris, & Burtt, 1955; Blake & Mouton, 1964.

49 디리반느(Philippe d'Iribarne)는 합의가 이뤄지기 위해서는, 그가 연구한 네덜란드 제조 공장 경영관리에서의 주요 특성이 필요하다고 여긴다. 디리반느(d'Iribarne, 1989)의 234쪽부터 255쪽까지를 참조하라.

50 디리반느(d'Iribarne, 1989, p. 144)는 이와 같은 계약이 미국 산업 관계 현장에 수반되는 특이한 양상이라고 말한다.

51 프랑스의 이 중용 감각에 대해서 디리반느(d'Iribarne, 1989, p. 31; pp. 60-61)를 참조하라.

52 *Culture's Consequences*, 2001, p. 290; p. 317.

53 *Coronect*, 1949년 9월호, p. 72. 웨버(Webber, 1969, p. 31)로부터 화이트(William F. Whyte)가 인용함.

54 *Culture's Consequences*, 2001, p. 317.

55 Statham, 1987.

56 *Culture's Consequences*, 2001, pp. 307-308.

57 Herzberg, 1966.

58 *Culture's Consequences*, 2001, pp. 315-316.

59 *Human Development Report*, 2006, 표 4.

60 기능적 문맹 비율과의 상관계수는 0.93***, 가난함 비율과는 0.72**, 중간 소득의 절반 미만 소득 비율과는 0.64**였다.

61 Diderot, 1982[1780], pp. 124-125, translation by GH.

62 Eurobarometer, 1990; Culture's Consequences, 2001, pp. 318-319. (룩셈부르크를 제외한) 11개국에 걸쳐서 MAS와의 상관계수는 -0.63*이었다.

63 유럽 가치연구: Stoetzel, 1983, p. 37. 허용 지수와 MAS 간 순위 상관계수는 -0.83**이었다.

64 Eurobarometer report on *Racism and Xenophobia in Europe*, 1997. MAS와의 상관계수는

−0.72**이었다.

65 Eurobarometer 69.1, 2008. 그 가치는 민주주의, 평등, 인간 권리, 개인 자유, 평화, 종교, 인간 생명에 대한 존중, 다른 문화에 대한 존중, 법의 지배, 연대의식, 자기 실현, 관용이었다. IDV가 '다른 문화에 대한 존중'을 선택한 사람들의 국가 간 빈도 차 30%를 설명했고, 낮은 MAS가 또 다른 23%를 설명했다(무이즈의 호의로 기재된 정보임).

66 Website UNDP. 2000년에 미국은 GNI의 0.10%를 기여했다. 늘어난 액수는 이라크와 아프가니스탄 프로젝트에 들어간 것이었다.

67 20개 원조국에서 GNI 대비 2000년도 원조액 백분율과 MAS 간에는 −0.75***의 상관이 나타났다.

68 21개 원조국에서 MAS와 CDI 간 상관계수는 −0.46*였다. 2003년판 『외교 정책(*Foreign Policy*)』의 자료.

69 *Culture's Consequences*, 2001, p. 271.

70 성장 제한의 필요를 설득력 있게 옹호한 사람은 슈마허(Schumacher, 1973)였다.

71 *Culture's Consequences*, 2001, p. 321. 326개 국가에 걸쳐서, MAS와 '중립(center)' 간의 상관계수는 0.59**, MAS와 '좌파(left)' 간의 상관계수는 −0.36*이었다.

72 Lammers, 1989, p. 43.

73 *Human Development Report*, 2006, 표 25 및 표 29.

74 천주교/개신교(Catholic/Protestant)의 비율에 대한 첫 번째 상관은 불확실성 회피에 있었다. 제5장과 『문화의 결과(*Culture's Consequences*, 2001, p. 200)』를 참조하라.

75 Cooper & Cooper, 1982, p. 97.

76 Verweij, 1998; Verweij, Ester, & Nauta, 1997; *Culture's Consequences*, 2001, p. 327.

77 St. Matthew, 22: 37−40, Moffatt translation.

78 Stoetzel, 1983, pp. 98−101.

79 Halman & Petterson, 1996.

80 1996년판 6월 22일자 『이코노미스트(*The Economist*)』에 보고됨. 지갑이 돌아온 수치와 MAS 간에 −0.60**의 상관. 낮은 MAS가 변량의 36%를 설명하고, 낮은 MAS에 낮은 PDI를 추가하면 변량의 57%가 설명된다.

81 Levine, Norenzayan, & Philbrick, 2001; Hofstede, 2001b. MAS와의 순위 상관은 −0.36*이다.

82 Walter, 1990, p. 87.

83 Stoetzel, 1983, p. 92.

84 Version of the British and Foreign Bible Society(1954)에서 인용한 것이다.

85 원전 H. Samsonowicz의 '*Die Bedeutung des Grosshandels fir die Entwicklung der polnischen Kultur bis zum Beginn desJahrhunderts*' 로서, *Studia Historiae Economica* 제5권(1970)의 p. 92부터임. Schildhauer(1985, p. 107)에서 인용.

86 Erasmus, 2001(1524), pp. 174−181.

87 Haley, 1988, p. 39; pp. 110−111.

88 Schama, 1987, p. 404; p. 541; p. 240.

89 미쇼드(Michaud)가 편집자인 『집단 정체성에 관한 프랑스어 독본(*A French Reader on Collective Identities*, 1978, p. 75)』에서는 '프랑스의 여성적 이미지'에 대해 언급하고 있다.

90 *Culture's Consequences*, 2001, p. 331.

91 Levinson, 1977, p. 763.

92 전 세계 고소득 국가의 2004년부터 2015년까지 인구는 연평균 0.5%, 저소득 국가에서는 연간 1.7% 성장할 것으로 예상된다(*Human Development Report*, 2006, 표 5).

93 부유한 국가들 중에 1995~2000년 기간 동안 출산율(fertility rates)은 불확실성 회피와 부적으로 유의한 순위 상관이 있었다. 2000~2005년 기간 동안 출산율은 개인주의와 주요하게 부적으로 유의한 상관을 가졌다(*Human Development Report*, 2002, 2006).

94 Hudson & den Boer, 2004.

● 제6장 불확실성 회피 문화와 수용 문화

1 직접 대화.

2 Lawrence, 1980, p. 133.

3 이 용어는 시어트와 마아치(Cyert & March, 1963, p. 118)의 저서에서 처음 사용됨.

4 *Webster's New World Dictionary of the American Language*, College Edition. 1964.

5 순위 상관계수는 0.73***였다. Lynn, 1971; *Culture's Consequences*, 2001, pp. 155-156, p. 188.

6 Wikipedia, 2008.

7 Costa & McCrae's NEO-PI-R. UAI와 신경증 간 상관계수는 0.58**였다. UAI에 MAS를 추가하였을 때 중다 상관계수는 0.74***; UAI와 우호성 간 상관계수는 -0.55**이었다. 출처: Hofstede & McCrae, 2004.

8 *Culture's Consequences*, 2001, p. 199.

9 48개국 사례에 대해 UAI와 GLOBE의 불확실성 회피 '실태'와는 -0.61***의 상관이 있었다. UAI와 GLOBE의 불확실성 회피 '희망'과는 +0.37*의 상관이 있었다. 반면에 GLOBE의 불확실성 회피 '희망'과 '실태' 간에는 -0.70***의 상관이 있었다.

10 48개국에 대해 단계적 회귀분석을 실시한 결과, GLOBE의 불확실성 회피 '실태'는 저자들의 UAI의 36%를 설명하고, 인정 지향 '실태'를 추가하였을 때에는 설명력이 48%로 늘어났으며, 그다음으로 자기주장성을 추가하자 51%로 치솟았다.

11 GLOBE의 불확실성 회피 '희망'과 저자들의 PDI는 +0.702***의 상관관계가 있었고, GLOBE의 불확실성 회피 '희망'과 저자들의 IDV 간에는 -0.698**의 상관이 있었다. 반면에, GLOBE의 불확실성 회피 '희망'이 저자들의 UAI와 단지 +0.37**만의 상관이 있었다. 저자들의 UAI와 GLOBE의 권력거리 '실태' 간에는 0.50***의 상관이 있었고, 저자들의 UAI와 GLOBE의 권력거리 '희망' 간에는 -0.31*의 상관이 있었다.

12 48개국에 대해 단계적 회귀분석을 실시한 결과 GLOBE의 불확실성 회피 '실태'의 48%가 저자들의 PDI

에 의해 설명되었고, IDV를 추가하자 56%로 설명력이 늘어났으며, 그다음으로 UAI를 덧붙였을 때는 59%로 치솟았다.

13 연령을 통제한 다음 국가당 불확실성 회피 지수를 산출함으로써 검증이 이루어졌다. 평균 연령을 일정한 것으로 전제했을 때 국가 차이 〈표 5-1〉의 점수와 매우 유사하게 남은 것으로 나타났다. 2001년판 『문화의 결과(Culture's Consequences)』의 184쪽부터 185쪽을 참조하라.

14 직접 대화.

15 Douglas, 1966.

16 Kashima & Kashima, 1998. 52개국을 대상으로 UAI와 2인칭 대명사 보유 정도의 상관계수는 0.43**이었다.

17 Culture's Consequences, 2001, pp. 157~191, 상대적으로 부유한 19개국에 대하여 순위 상관계수는 −0.71***이었다.

18 Standard Eurobarometer 69, 2008. "당신이 지내는 삶에 매우 만족한다." 26개국에 걸쳐서 1인당 GNI가 44%를 설명했다. 19개국에 걸쳐, 낮은 UAI가 43%를 설명했고, 낮은 MAS가 추가로 24%를 설명했으며, 1인당 GNI가 또 다른 9%를 설명했다. Flash Eurobarometer 247, 2008. '가정생활에 매우 만족한다.' 25개국에 걸쳐 1인당 GNI가 64%를 설명했고, 상대적으로 부유한 18개국 대상으로는 1인당 GNI가 59%를 설명했으며, 낮은 UAI가 또 다른 14%를 설명했다(무이즈의 호의로 기재된 정보임).

19 Flash Eurobarometer 247, 2008. 25개국 대상으로, 자녀 양육 비용 문제에 처했다는 비율은 1인당 GNI와 0.66***의 상관이 있었고, 부유한 18개국에 걸쳐 GNI와 −0.54*의 상관이 있었으며, UAI와는 0.52*의 상관이 있었다(무이즈의 호의로 기재된 정보임).

20 World Values Survey, 1995-2004, 47개국에 걸쳐서 UAI와 "매우 건강하다"라고 느낀 사람들의 비율 간에는 −0.60***의 상관이 있었다.

21 Payer, 1989.

22 Meeuwesen, van den Brink-Muinen, & Hofstede, 2009. 그 연구에서는 벨기에, 에스토니아, 독일, 영국, 네덜란드, 폴란드, 루마니아, 스페인, 스웨덴 및 스위스의 일반 개업의 307명과 환자 5,820명 간 이루어진 대화를 비디오테이프로 녹화하는 방법을 썼다.

23 Human Development Report, 1999, 표 9. 간호사/의사와 UAI 간 순위 상관관계는 −0.54***였다.

24 Based on Veenhoven, 1993. 2001년판 『문화의 결과』, 158쪽을 참조하라. 21개국의 경우에 상관계수는 −0.64**이었다.

25 26개국에 대하여 행복감의 분산과 UAI 간의 상관관계는 0.50**이었다. 2001년판 『문화의 결과』, 158쪽에서는 부적인 상관관계라고 잘못 해석했는데, 이를 정정한다.

26 World Values Survey, 1995-2004. 50개국에 걸쳐 UAI와 '매우 불행하다'의 비율 간에는 0.47***의 상관이 있었다. UAI와 '매우 행복하다'의 비율 간에는 −0.30*의 상관이 있었다.

27 Smith, 2004. 그 자료는 GLOBE 연구의 '실태' 부문이 출처다. 총 수준 점수치와 UAI 간의 상관계수는 −0.68**이었다.

28 Stroebe, 1976, pp. 509-511.

29 브루디외(Pierre Bourdieu)의 연구 사례는 이전 장에서 언급했다.

30 *Culture's Consequences*, 2001, p. 163. 그 연구는 챈들러 등(Chandler, Shama, Wolf, & Planchard, 1981)과 얀과 가이어(Yan & Gaier, 1994)가 수행했고, 미국식 척도인 '다차원 다요인 인과 척도(the Multi-dimensional Multi-attribution Causality Scale: MMCS)'를 이용했다. 속성은 능력과 노력(내부통제 요인), 상황과 운(외부통제 요인)으로 설정되었다. 몇 개 안 되는 국가를 대상으로 분석했음에도 불구하고, 성취의 원인을 능력 때문이라고 보는 경향이 UAI와 부적으로 유의한 상관을 보였다(챈들러 등의 자료에서는 r=-0.87*, 얀과 가이어의 자료에서는 -0.91*).

31 de Mooij, 2004, 2010; *Culture's Consequences*, 2001, p. 170; de Mooij & Hofstede, 2002.

32 Special Eurobarometer 298, 2006. "인터넷에서의 소비자 보호(*Consumer protection in the internet*)". 19개 부유국에 대한 UAI가 차이의 48%를 설명했다(무이즈의 호의로 기재된 정보임).

33 홉스테드(Gert Jan Hofstede, 2001)는 세계은행자료(World bank data)를 이동전화가 시장에 나온 연도에 대하여 분석했고, UAI와의 강한 상관이 전 세계적으로 이동전화가 흔해진 만큼, 시간이 갈수록 저하된다는 것을 밝혔다.

34 Flash Eurobarometer 241, 2008. 'EU 시민들이 본 정보사회' 유럽 19개 부유국에 걸쳐서, 인터넷에 접속해 보지 않은 사람들 비율의 국가 간 차 61%를 UAI가 설명했다(무이즈의 호의로 기재된 정보임).

35 Flash Eurobarometer 243, 2009. "대리 서비스 제공자에 대한 소비자 견해(*Consumers' view on switching service providers*)". EU의 19개 부유국 간 차이: 낮은 UAI가 46%를 설명, 낮은 MAS가 또 다른 19%, 높은 IDV가 또 다른 10%, 모두 합쳤을 때 75%를 설명했다(무이즈의 호의로 기재된 정보임).

36 Special Eurobarometer 298, 2008. "인터넷에서의 소비자 보호(*Consumer protection in the internet*)". 19개 부유국에 걸쳐서 UAI가 차이의 36%를 설명했고, IDV가 또 다른 22%를 설명했다(무이즈의 호의로 기재된 정보임).

37 de Mooij, 2004, p. 154.

38 Flash Eurobarometer 247, 2008. '일과 생활 간 균형을 잡기 어렵다.'에 '매우' 혹은 '완전히 그렇다'고 답한 비율. 25개국의 경우, 높은 UAI가 차이의 42%를 설명했다. 부유한 18개국에 걸쳐서는 높은 UAI가 53%를 설명했다. 부유함의 수렴으로 인해 문화가 설명 변인으로서 더 중요해졌다(무이즈의 호의로 기재된 정보임).

39 d'Iribarne, 1989, pp. 26-76.

40 *Culture's Consequences*, 2001, pp. 190-192.

41 Horovitz, 1980.

42 *Culture's Consequences*, 2001, p. 167; Shane, 1993.

43 *Culture's Consequences*, 2001, p. 166; Shane, Venkataraman, & Macmillan, 1995.

44 d'Iribarne, 1998.

45 Wildeman, Hofstede, Noorderhaven, Thurik, Verhoeven, & Wennekers, 1999; *Culture's Consequences*, 2001, p. 165. 영국이라는 한 국가에 대한 종단 연구 결과, 스스로를 위해 창업한 사람들이 다른 조건은 유사하지만 남에게 고용된 다른 사람들보다 자신의 삶에 만족했다는 것이 증명됐다. 적어

도 이 사람들의 경우에는 애초 불만으로부터의 도피가 자영업의 성공으로 이어졌다(Blanchflower & Oswald, 1998).

46 *Culture's Consequences*, 2001, pp. 163-165, p. 192. 1962년에 UAI와 맥클러랜드의 성취 욕구 점수 간 상관계수는 −0.64***이었다. 또한 성취 욕구와 UAI 및 MAR 간 중다 상관계수는 R=0.73***였다. 1950년 도 국가의 순위는 IBM 지수 중 어떤 것과도 상관관계를 나타내지 않고, 1925년 같은 국가에 대한 순위와 도 상관을 보이지 않았다. 그 이유는 아마도 보다 전통적이라고 할 수 있는 1925년도의 이야기들이 맥클 러랜드(McClelland)가 찾고자 했던 인류학자들의 민간신화들과 더 비슷했기 때문이었던 것 같다. 제2차 세계대전 후인 1950년에는 국제적 커뮤니케이션이 엄청나게 증가했고, 이 기간 중에 만들어진 아동도서 에는 혁신적인 교육가의 생각이 더 많이 반영되었을 것이며, 옛 전통은 그만큼 덜 반영되었을 것이다.

47 1925년도 맥클러랜드의 성취 욕구 점수는 IDV와 유의하게 순위상관되었고(r=0.48**), 사회적 구조에 따 라 관계들이 선결되지 않는 경우에는 더 중요한 관계를 나타냈다. 1925년도 자료에서의 권력 욕구 점수 와 1950년도 자료에서의 총 세 가지 욕구 점수는 IBM 지수나 1인당 GNI 중 어느 한 가지와도 유의한 상 관을 가지지 않았다. 2001년판 『문화의 결과』의 192쪽을 참조하라.

48 얀코프 등(Djankov, La Porta, Lopez de Silanes, & Shleifer, 2003)의 자료는 암스테르담에 있는 자유대 학(Free University)의 블랜큰버그 교수(Professor Erhard Blankenburg)의 관대한 도움으로 받은 것이 다. 저자들은 67개국에 대한 UAI가 수표 추심 기간과 0.42, 임차인을 쫓아내는 기간과 0.40, 두 소송의 평 균 기간과 0.47의 스피어만(Spearman) 순위 상관이 있다는 것을 발견했다(모두 0.001 수준을 벗어남).

49 Almond & Verba, 1963.

50 헤르트는 사례 연구 『대성당에서의 대결(*Confrontation in the Cathedral*)』을 출판했다. 1972년 스위스 로잔의 중등학교에서 벌어진 사건을 토대로 한 것이다. 그 사건에서 헤르트 얀은 학생으로 참석해 있었 다. 경건한 수상식 도중에 당시 수상자였던 한 명석한 학생이 교육적 체제를 비판하는 연설을 했다. 현지 당국은 큰 충격을 받았고 그 사례는 극적으로 확대되어 나갔다(Hofstede, 1994a: 제11장)

51 *Culture's Consequences*, 2001, p. 172.

52 Eurobarometer Young Europeans, 2007. '다음 중 어떤 것이라도 해본 적 있습니까?' 19개국에 대해 UAI는 '청원에 서명'과 상관되어(r=−0.54**), '공개 시위에 참여'와 상관되었다(r=0.41*)(무이즈의 호 의로 기재된 정보임).

53 Aberbach & Putnam, 1977; *Culture's Consequences*, 2001, p. 173.

54 1990년-1993년 간의 세계 가치조사(World Values Survey) 및 1994년 유로바로미터(Eurobarometer) 출처 자료를 토대로 함. 2001년판 『문화의 결과』의 171쪽과 174쪽을 참조하라.

55 직접 대화.

56 Levine, Norenzayan, & Philbrick, 2001; Hofstede, 2001b. UAI와의 순위 상관계수는 0.59**였다.

57 2001년판 『문화의 결과』 p.172; 2001년 9월 28일자 *NRC/Handelsblad*. 『문화의 결과』에서 언급했던 것과 달 리, 오스트리아에는 신분증 카드를 소지해야 하는 의무가 없다. 네덜란드에서는 2005년에 재도입되었다. 이로 인해 상관계수가 0.75**까지로 줄었다.

58 *Culture's Consequences*, 2001, p.129.

59 Georges Brassens: *La mauvaise réputation*; Pierre Chastellain: *La recherche infinie*; Catherine Leforestier: *Normal*; Henri Tachan: *Serpents et sornettes*.

60 부와 CPI 간 상관관계는 0.85***이었다. 상대적으로 부유한 국가들은 2005년도 구매력평가지수(PPP) 환율 기준 1인당 GNI가 미화 13,300달러를 넘었다. 상대적으로 청렴한 국가들은 2008년도 청렴도 지수가 5.0 이상이었다. 비교적 빈곤하지만 평균보다 청렴하다고 평가된 국가는 칠레, 우루과이, 말레이시아 및 코스타리카였다. 비교적 부유하지만 평균보다 부패했다고 평가된 국가는 이탈리아, 그리스, 리투아니아, 폴란드 및 아르헨티나였다.

61 2005년도 구매력평가지수(PPP) 환율 기준 1인당 GNI가 미화 18,000달러를 넘는 국가들이다. 상관계수는 0.73***이었다.

62 부유한 수출국과 빈곤한 수출국 간 넓은 격차 때문에 순위 상관을 이용했다. 22개국 사례들에 대해 2008년 BPI와 2005년도 구매력평가지수(PPP) 환율 기준 1인당 GNI 간에는 스피어만(Spearman) 순위 상관계수가 0.79***였고, 2008년 BPI와 PDI 간의 순위 상관계수는 −0.72***였다. 국가의 부는 BPI 차이의 64%를 설명하고, 부에 PDI를 추가했을 때에는 BPI 차이의 76%를 설명한다(BPI도 CPI처럼 10점 만점으로, 점수가 높을수록 청렴도가 높고 낮을수록 부패도가 높음을 의미함 − 역자 주).

63 '아넥(Anneke)'과 그녀의 부모를 상대로 나눈 직접 대화.

64 예외적인 인물 중 한 명이 사회주의 지도자이자, 수년간 여당의 총수였던 크라이스키(Bruno Kreisky)다. 역설적이게도, 크라이스키는 대다수의 오스트리아인들에게 대단히 인기가 많다.

65 *Culture's Consequences*, 2001, pp. 175, 196.

66 *Culture's Consequences*, 2001, p. 200.

67 1989년 12월 23일자의 *NRC/Handelsblad*에 네덜란드의 저널리스트인 쉬나벨(Paul Schnabel)이 작성한 기사를 인용함.

68 미국의 신화 작가인 캠블(Joseph Campbell)에 의하면 종교는 과학에 그 뿌리를 두고 있다. 현재 지구상에 존재하는 종교들은 수천 년 전 종교가 처음 뿌리를 내릴 당시의 과학의 상태를 반영하는 것이다. Campbell, 1988, p. 90 참조.

69 연역법: 이미 알려져 있는 원리로부터 논리적인 결론으로 추리해 가는 방법.
귀납법: 특수한 사실로부터의 추론을 통해 일반적인 결론에 도달하는 방법.

70 무이즈의 관찰 결과임. 출처인 『문학 속에 반영된 국가문화 가치(*The Reflection of Values of National Culture in Literature*)』는 미 출판 학회(2000년 9월) 발표 논문임.

71 *Culture's Consequences*, 2001, p. 201.

72 린은 1935년, 1950년, 1955년, 1960년, 1965년 및 1970년 점수를 산출했다(Lynn, 1975; *Culture's Consequences*, 2001, p. 182). 1940년과 1945년도 자료는 제2차 세계대전 때문에 빠졌다.

● 제7장 장기지향 문화와 단기지향 문화

1 Cao, 1980(1760), Vol.3, p. 69.

2 Chinese Culture Connection, 1987.

3 총 23개국에 대하여, 새로운 차원은 1965~1985년의 경제성장과 상관되었고(r=0.64**), 1985~1995년 경제적 성장과 상관되었다(r=0.70**). 홉스테드와 본드(Hofstede & Bond, 1988)와 2001년판 『문화의 결과』 367쪽을 참조하라.

4 이로써 팡(Fang, 2003)의 비판은 반박된다. 팡은 이러한 가치들을 한 차원으로 합치는 것이 중국에서는 이해될 수 없다고 중국 문화의 내부인으로서 주장한다. 헤르트가 2001년판 『문화의 결과』의 17쪽에서 주장했던 바와 같이, 생태학적 논리는 개별적 논리와 다르다. "인류학자들이 언제나 강조하는 한 가지는, 서로 연관된 것처럼 보이지 않는 사회적 측면이 실제로는 연관된다는 점이다.(Harris, 1981, p. 8)."

5 일찍이 본드(Michael Bond)는 긍정적 극을 '유교적 일 역동성(Confucian work dynamism)' 이라고 묘사했다. 1998년에는 홉스테드와 본드(Hofstede & Bond, 1998)는 그 차원을 '유교적 역동성' 이라고 불렀다. 그러나 그 차원에 대한 국가 점수들은 전 대륙에서 공자에 대해 전혀 들어본 적이 없는 응답자들로부터 수집된 것이었다. 그 뒤에 나온 저술에서 헤르트는 설문지의 기원보다는 가치의 성격을 나타내는 명칭을 쓰게 되었다.

6 1980년대에 중국의 대학들과 서구의 연구자들 간의 의사소통은 여전히 고된 것이었다. 그래서 중국 자료는 다른 국가 점수가 이미 0~100 척도로 환산된 이후에야 입수되었다. 이러한 이유로 중국 점수가 118점이 된 것이다.

7 1994년 가치조사모듈(Values Survey Module)에는 LTO 문항 네 개가 포함되었지만, 반복 연구에서는 단지 두 개의 문항만 CVS 응답자들의 것과 일치하는 응답이 나왔다. 우리는 또한 CVS에 없는 여러 국가의 점수를 외삽법으로 산출함에 있어 LTO와 상관관계가 있는 지수인, 리드(Read, 1993)의 한계저축성향(Marginal Propensity to Save)을 이용했다.

8 Elias, 1969, pp. 336-341.

9 슈나이더와 리스가르드(Schneider & Lysgaard, 1953)는 미국 고등학생들에 관한 조사에서 욕구 충족 지연이 부모의 직업 종류에 따라 증대하였다고 밝혔다.

10 Levine, Sato, Hashimoto, & Verma, 1995; *Culture's Consequences*, 2001, p. 360.

11 *Culture's Consequences*, 2001, pp. 360-361.

12 Best & Williams, 1996; *Culture's Consequences*, 2001, p. 361.

13 *Culture's Consequences*, 2001, p. 359; Hill & Romm, 1996. 그들의 연구 대상 중에는 이스라엘 출신 어머니들도 있었는데, 그녀들의 응답은 두 호주 어머니 집단들 응답의 중간에 위치했다.

14 Bond & Wang, 1983, p. 60.

15 Chew-Lim Fee Yee, 박사학위 논문, 1997, p. 98.

16 Li Chi, a collection of writings of the disciples of Confucius codified around 100 B.C.; in Watts, 1979, p. 83.

17 Wirthlin Worldwide, 1996.

18 *Culture's Consequences*, 2001, p. 356. 1993년 WVS 자료에서 11개국에 걸친 그 상관계수는 −0.51*이었다. 나이지리아의 응답자들 중에서는 68%, 중국의 응답자들 중에서는 14%가 여가 시간을 매우 중요하다고 평가했다.

19 Mamman & Saffu, 1998.

20 제9장 및 홉스테드 등(Hofstede, Van Deusen, Mueller, Charles, & The Business Goals Network, 2002, p. 800)을 참조하라. 중복 12개국에 대한 다중 상관은 R=0.62*이었다.

21 Redding, 1990, p. 209.

22 Hastings & Hastings, 1981. 11개국에 걸쳐 0.69**의 상관을 보였다.

23 Yeung & Tung, 1996.

24 2002년 자료가 유효한 19개국에 대하여 CIEC와 LTO 간에는 r=−.67**의 상관이 있었고, LTO가 높은 국가일수록 뇌물 공여가 더 흔하다.

25 Herman Vuijsje, "*Twee koffie, twee koekjes*", in NRC/Handelsblad, April 16, 1988. 인용문은 헤르트가 번역.

26 *Culture's Consequences*, 2001, p. 363.

27 2002년 1월 18일자 NRC/Handelsblad에 슈프(Rob Schoof)가 런던 킹스칼리지의 국제교도소연구센터 (International Center for Prison Studies) 출처 정보에 근거하여 작성한 기사의 자료.

28 Campbell, 1988(1972). pp. 71−75.

29 Hastings & Hastings, 1981; *Culture's Consequences*, 2001, p. 361.

30 Worm, 1997, p. 52. 린유탕(Lin Yutang)이 쓴 『내 조국 내 민족(*My Country and my People*)』이라는 책의 글을 인용.

31 Carr, Munro, & Bishop, 1996.

32 Gao, Ting−Toomey, & Gudykunst, 1996, p. 293.

33 Kim, 1995, p. 663.

34 Yukawa Hideki, in Moore, 1967, p. 290.

35 민코프(Minkov, 2007)는 '유연비하(Flexumility)'라는 철자를 썼다. '유연적 비하의(flexhumble)'라는 형용사를 쓰기 위해 저자들은 h를 추가했다.

36 CVS 대상 23개국 중 (필요한 WVS 자료가 빠진 태국을 제외하고) 22개국에 대하여 −0.65**의 상관관계가 나타났다.

37 새로운 버전인 2008년도 가치조사모듈(Values Survey Module, VSM08)에서 저자들은 기념비주의와 장기지향이 한 차원으로 병합될 것이라고 보고, 양자 모두를 포함시켰다.

38 Heine, 2003; Minkov, 2007, pp. 164.

39 '타인에 대한 경의의 중요성'은 2005년도 이전의 WVS 웨이브에서만 나타났다. 일관성을 위해 미소(Misho)는 세 가지 항목 모두에 대해 2005~2008년판을 제외하였다. 1995~2004년 기간부터 그는 각 항목에 대해 최신 자료를 이용했다.

40 우리는 미소(Misho)가 잉글하트(Inglehart)에게서 차용한 방법을 따랐다. 이 방법은 국가적 평균이 아니라 항목 척도에서 특별한 위치를 선택한 사람들의 비율을 사용하는 것이다. 그 방법에 따라 우리는 긍정적인 극, 즉 '매우 중요하다.' '매우 자랑스럽다.' 또는 '나와 아주 많이 흡사하다.' 같은 선지(option)를 택한 사람들의 비율을 사용했다. 이 방법을 채택한 이유는 국가 대표 표본에 이 방법을 쓰면 수많은 외부 변인에 관한 예측 능력이 가장 높아지는 것으로 보였기 때문이다.

41 이 항목들과 LTO-CVS 간의 상관관계는 다음과 같다. 절약과의 상관계수는 0.53(p=0.013, n=21)이고, 국가에 대한 긍지와의 상관계수는 −0.64(p=0.002, n=21), 타인에 대한 경의와의 상관계수는 −0.70(p=0.008, n=13)으로 나타났다.

42 요인분석 결과, 세 가지 항목들은 단일 요인으로 나왔는데, 이 요인은 2.10의 고유치를 가지며 변량의 70%를 설명했다. 문항 부하량은 타인에 대한 봉사에서는 0.94, 국가에 대한 긍지에서는 0.86, 아이에서의 절약에서는 −0.70이었다. 타인에 대한 봉사에는 결측치가 상당수 있었기 때문에, 빠져 있는 요인 점수를 다른 두 개 변인이 예측할 수 있는 선형회귀분석을 했다. 단계적 회귀분석 결과, 두 가지 항목 모두가 매우 신뢰할 수 있는 누적 설명력(R2=0.97)을 가진, 유의한 예측변인이었다. 우리는 요인분석에서 얻은 점수에 예측치를 더한 뒤에 점수의 기호를 역으로 바꾸면서 0~100 척도상에 맞게 환산했다.

43 40번 주석에서 언급했듯이, 미소(Misho)는 2005~2008년 웨이브(wave)를 제외했다. 9개국에 대하여 1994~2004년 점수에서는 한 국가 이상이 빠져 있지만 2005~2008년 자료에서는 모두 유효했기에 저자들은 후자를 이용했다. 〈표 7-4〉에서 이 국가들은 별표(*)로 표시되어 있다.

44 (1995~2004년 기간의 결측 자료가 2005~2008년 자료로 대체된 홍콩과 태국을 제외하고) 공통 사례 21개에 대해 상관계수는 0.72***였다.

45 전통의 중요성은 2005~2008년도 WVS 웨이브의 항목 v89에서 측정되었는데, 이는 같은 부문의 다른 항목들에서처럼, 슈워츠(Shalom Schwartz)의 연구에 기반을 둔 것이다. v89 항목은 다음과 같이 나타난다. "각 설명문의 인물이 귀하와 '아주 많이 흡사하다.' , '많이 흡사하다.' , '약간 흡사하다.' , '흡사하지 않다.' , '전혀 흡사하지 않다.' 에 대해 이 카드를 이용하여 표시해 주시겠습니까? (각 설명문에 한 가지로만 응답해 주십시오.) 이 사람에게 전통은 중요하다. 즉, 이 사람에게 종교나 가족에 의해 전해진 풍습을 따르는 것은 중요하다." LTO에 대한 저자들의 새로운 측정은 '나와 아주 많이 흡사하다.' 를 선택한 응답자들의 비율과 −0.56**의 상관관계(n=37)를 가진다. 인내의 중요성은 저자들의 새로운 LTO 점수에서의 '절약' 이 그랬듯이, WVS에서 아이들을 위한 바람직한 특성으로서 측정된다. 그 항목은 2005년 이전에는 A039로, 이후에는 v18로 부호화되고 있다. LTO-WVS는 A039와 0.49***의 상관을 가지고(n=83), v18과는 0.49**의 상관을 가진다(n=41).

46 민코프(Minkov, 2007)가 기념비주의 점수를 제공한 57개국에 걸쳐서 이것은 LTO-WVS와 −0.85***의 상관관계가 있었다.

47 LTO-WVS와 IBM 차원(PDI, IDV, UAI) 간에는 공통적인 63개국에 대하여 각각 0.05, 0.08, −0.04의 상관관계가 있었다.

48 LTO-WVS와 구매력평가지수(PPP) 환율 기준 2005년 국가의 부 간에는 공통적인 88개국에 대하여 0.28**의 상관관계가 있었다(p=0.009).

49 스피어만(Spearman)의 순위 상관계수는 0.85***(n=17)이었다.

50 LTO-CVS는 성과지향 '희망'과 상관된다. 단계적 회귀분석에서는 이 차원만이 남았다.

51 LTO-WVS은 성과지향 '희망' 과 −0.46**, 집단주의 '희망' 과 −0.49****의 상관이 있었다. 단계적 회귀분석에서는 혼란스런 모형이 산출되었다. 즉, (수정결정계수에 따르면) 집단주의 '희망' 은 부적인 22%, 제도적 집단주의 '실태' 를 추가하였을 때에는 35%를 정적으로, 인정지향 '실태' 를 추가하였을 때에는 47%를 부적으로, 또한 권력거리 '실태' 를 추가하였을 때에는 51%를 정적으로 설명했다.

52 미래지향 '실태' 는 UAI와는 −0.60***의 상관을, PDI와는 −0.38**의 상관을 가졌다. 단계적 회귀분석에서, UAI는 변량의 34%를, UAI와 (낮은) PDI를 합쳤을 때에는 변량의 40%를 설명했다(수정된 근거).

53 미래지향 '희망' 은 PDI와 r=0.47**, LTO-WVS와는 r=−0.33*의 상관을 가졌다. 단계적 회귀분석에서는 PDI가 변량의 17%를, PDI에 낮은 LTO-CVS를 추가했을 때에는 23%를 설명했다(수정된 R^2근거). 미래지향 '실태' 와 '희망' 간에는 53개국에 대하여 −0.47***의 부적인 상관관계가 있었다.

54 엣코프 등(Etcoff, Orbach, Scott, & Agostino, 2006)을 토대로 하였다. LTO-WVS와 "나의 어머니는 내 자신과 미에 대해 가지는 나의 느낌에 긍정적으로 영향을 미쳤다" 간에는 −0.80**, "내 어머니의 미적 이상형에 따라 내 이상형이 정해졌다." 간에는 −0.57*(n=10)의 상관이 있었다(Mooij의 호의로 기재된 정보임).

55 *Culture' s Consequences*, 2001, p. 365.

56 Minkov, 2007, 2008.

57 Yan & Gaier, 1994; Stevenson & Lee, 1996, p. 136.

58 LTO-CVS와 4학년 수학 간에는 0.82** (n=11, *p*=0.002), 4학년 과학 간에는 r=0.57(n=11, *p*=0.065), 8학년 수학 간에는 0.65*(n=10, *p*=0.043), 8학년 과학 간에는 r=0.42(n=10, *p*=0.230)의 상관이 있었다. 구매력평가지수(PPP) 환율 기준 2005년 1인당 GNI를 통제하면 그 차이는 더 극명해진다. 수학 성취와 과학 성취 간에는 양 연령 집단에서 r=0.93**의 상관관계가 있음에도 이런 차이(수학과 과학 간−역자 주)가 났다.

59 LTO-WVS는 4학년 수학과 r=0.70***(n=30), 4학년 과학과 r=0.66***(n=30), 8학년 수학과 r=0.73***(n=36), 8학년 과학과 r=0.68***(n=36)의 상관이 있었다.

60 구매력평가지수(PPP) 환율 기준 2005년 1인당 GNI를 통제한 후에는 LTO-WVS와 4학년 학생들의 수학 및 과학 성취 간의 상관관계가 유의하지 않게 되었다. 8학년 학생들에 대한 상관관계만이 유의하게 남았는데, 과학 성취와의 관계보다 수학 성취와의 관계가 여전히 더 강력했다.

61 Hofstede, 1986; Biggs, 1996.

62 Gert Jan Hofstede, 1995.

63 Redding, 1980, pp. 196−197.

64 Chenery & Strout, 1966.

65 콜롬비아의 1인당 GNI는 1970년에 미화 340달러, 2000년에 2,080달러였다. 한국에서의 1인당 GNI는 1970년에 250달러, 2000년에 8,910달러였다(World Bank Atlas, 1972; World Development Report, 2002).

66 Kahn, 1979.

67 주석 3번을 참조하라. 새로운 차원은 전 23개 CVS국에 대하여 1965년부터 1985년까지의 1인당 GNI 성장과는 r=0.64**, 1985년부터 1995년까지의 1인당 GNI 성장과는 r=0.70***의 상관을 가졌다.

68 LTO-WVS는 유효 자료가 있는 70개국에 대하여 1970년부터 1995년까지의 1인당 GNI 성장과 0.52***의 상관이 있었다. 극단치의 효과를 감소시키는 순위 상관계수는 0.34**였다. 우리는 소련에 대한 1970년도 자료를 1995년도 러시아 자료와 1970년도 유고슬라비아 자료를, 1995년의 세르비아 및 몬테네그로 자료와 1979년 체코슬로바키아 자료를 1995년 체코공화국 자료와 합쳤다.

69 LTO-WVS는 84개국에 대하여 1995년부터 2000년까지의 1인당 GNI의 성장률과 r=0.10의 상관이 있었다. 순위 상관계수는 0.12였다.

70 1995년 1인당 GNI로 순위가 매겨진 84개국의 목록에는 빈곤한 54개국(미화 120달러의 탄자니아에서 미화 5,170달러의 우루과이까지)과 부유한 30개국(미화 8,030달러의 아르헨티나에서 미화 41,210달러의 룩셈부르크까지) 간의 자연적 단절을 이루는 중간의 간격이 있었다.

71 부유국은 아르헨티나, 오스트리아, 호주, 벨기에, 캐나다, 덴마크, 핀란드, 프랑스, 독일, 영국, 그리스, 홍콩, 아이슬란드, 아일랜드, 이탈리아, 이스라엘, 일본, 한국, 룩셈부르크, 네덜란드, 뉴질랜드, 노르웨이, 포르투갈, 슬로베니아, 싱가포르, 스페인, 스웨덴, 스위스, 대만, 미국이었다. [그림 7-1]에서는 이 30개 부유국과 54개 빈곤국에 대한 회귀선이 서로 역전되는 상관관계를 보여 준다. 상관계수들의 차이는 1인당 GNI의 극단치 효과를 줄이는 스피어만(Spearman)의 순위 상관계수(rho)를 이용할 경우에 가장 강력하다. 부유국에 대한 순위 상관계수는 −0.46*(p=0.011)이었고, 빈곤국에 대한 순위 상관계수는 0.32*(p=0.018)이었다.

72 민코프와 블라고흐의 논문(Minkov & Blagoev, 2009)이 이 절을 작성하는 데 영감을 주었다.

73 Read, 1993. LTO와 MPS 간에는 CVS의 23개국에 대하여 r=0.58**의 상관이 있었다.

74 de Mooij, 2004. 15개국에 걸쳐 부동산과는 0.43의 순위 상관계수(거의 유의함. 0.054 수준), 상호기금과는 −0.66**의 순위 상관계수가 나타났다.

75 1989년 2월 9일자 NRC/Handelsblad에 게재된 나픈(Ben Knapen)의 글. 네덜란드어로 쓰였던 것을 헤르트가 번역.

76 1977년판, 2009년판 『세계 개발 보고서(World Development Reports)』.

77 Hofstede & Bond, 1988, p. 19.

78 McDonald & Robinson, 2009.

79 Russell, 1976(1952), p. 101.

80 Lewis, 1982, pp. 297, 229, 224, 168, and 302.

81 홉스테드의 글(Hofstede, 1994b)을 개작한 것임.

82 http://aneki.com/countries

83 van der Veen, 2002, pp. 171−175.

84 1980년에 시작하여 2004년까지 존속(최근 소재지는 Tilburg).

85 Noorderhaven & Tidjani, 2001.

86 누르데어하픈(Noorderhaven)과 티자니(Tidjani)의 논문에서는 여덟 가지 요인이 언급되지만, 그들은 가장 강력한 최초 요인을 다시 세 가지 하위 요인으로 분할했다. 요인 3부터 요인 6까지에 대한 우리의 해석은 누르데어하픈과 티자니의 것과는 약간 다르지만, 같은 자료를 바탕으로 한 것이다.

87 *Culture's Consequences*, 2001, pp. 369-370. LTO-CVS 점수가 산출된 10개국에 대하여 -0.95***의 상관관계가 있었다.

88 Stiglitz, 2002.

89 시몬슨(Ray Simonsen)의 연구임. *Culture's Consequences*, 2001, p. 501을 참조하라.

90 Kelen, 1983(1971), p. 44.

91 Helgesen & Kim, 2002, pp. 28-29.

92 Helgesen & Kim, 2002, pp. 8-9.

● 제8장 자적 문화와 자제 문화

1 2001년 12월 22일자 「이코노미스트(The Economist)」

2 Rice & Steele, 2004.

3 SWB의 두 측면은 흔히 '인지적(cognitive)' 측면과 '쾌락적(hedonic)' 측면이라 불린다.

4 Veenhoven, 1993.

5 Minkov, 2009.

6 상당히 완전한 목록을 보려면 민코프(Minkov, 2009)를 참조하라.

7 Inglehart & Baker, 2000. 엄밀하게 말하면, 잉글하트는 자신이 매우 행복하지 않다고 말한 응답자의 비율을 사용했고, 잉글하트의 이후 논문에서는 '웰빙' 대신에, '자아-표현(self-expression)'이라는 용어가 쓰였다.

8 극단적 응답 경향, 즉 여러 보기(예: '매우 행복하다, 행복한 편이다, 별로 행복하지 않다, 전혀 행복하지 않다')가 주어졌을 때 질문 내용과 상관없이, 일부 국가가 극단적이고 긍정적인 입장을 체계적으로 선호하는 경향은 이 사례에서 개입되지 않는 것으로 보인다. 민코프(Minkov, 2009)는 WVS에서 바로 행복 문항에서의 극단적 위치가 여러 외부 변인들과 가장 높은 상관관계를 낸다는 것을 보여 준다. 따라서 이 결과는 쓸모 없는 것이 아니라 가장 의미 있는 결과인 것이다.

9 Minkov, 2009. 요인분석의 결과는 항상 포함된 특정 변인에 의해 좌우된다. 분석 문항을 선택하는 데 하나의 확실한 방법이란 없기 때문에, 그 과정은 불가피하게 어느 정도의 주관성을 내포한다.

10 평균 점수는 척도의 6 이상을 선택한 백분율과 통계적으로 동일하다.

11 1995년부터 2004년간 WVS 연구에서 이 문항들은 '행복감은 A008, 삶에 대한 통제력은 A173, 여가의 중요성은 v6'과 같이 부호화되었다.

12 Minkov, 2007.

13 1995년부터 2004년, 2005년부터 2008년까지의 각 국가 점수들의 평균치를 구한 뒤에 그 점수들을 산출했다. 1회만 연구된 국가들에는 각 문항의 단일 점수들을 사용했다. 그런 다음 세 개 문항의 평균 국가 점수를 요인분석했다. 그 결과 다음과 같은 부하치를 가진 단일 요인이 산출되었다(매우 행복하다: 0.87, 삶에 대한 평균 통제력: 0.84, 여가-매우 중요하다: 0.84). 최종적으로, 그 요인 점수들은 0~100 척도 점수로 변환되었다.

14 Pelto, 1968; Earley, 1997, p. 53; Triandis, 2002.

15 *Culture's Consequences*, 2001, pp. 176 and 207.

16 중복된 62개국에서 IVR과 PDI 간에는 −0.30*의 상관이 있었다. IVR과 홉스테드(Hofstede)의 나머지 세 차원(IDV, MAS, UAI) 간의 상관은 유의하지 않았다(각각 r=0.16, 0.07, −0.06). CVS에서는 23개국에 걸쳐 IVR과 LTO−CVS 간에 −0.30(p=0.17)의 상관이 있었다.

17 IVR과 LTO−WVS 간 상관관계는 91개 공통 국가에서만이 아니라, LTO−WVS에서의 추정치를 제외하고 남은 82개국에서도 −0.45***의 상관이 있었다.

18 87개국에 대해 IVR과 2005년 구매력평가지수(PPP) 환율 기준 1인당 GNI 간에는 r=0.32** (p=0.002)의 상관이 있었다.

19 Kuppens, Ceulemans, Timmerman, Diener, & Kim-Prieto, 2006.

20 공통 45개국에 걸쳐 0.65***의 상관이 나타났다.

21 쉬맥 등(Schimmack, Oishi, & Diener, 2002, Table 1, p. 709)의 자료. 공통 36개국에 걸쳐서 0.49*의 상관이 나타났다.

22 *Chinese Culture Connection*, 1987, p. 151.

23 제3장의 주석 11번을 참조하라. 공통 국가의 수가 22개국으로 더 늘어났기 때문에 도덕적 규율과 IVR 간의 상관(r=−0.54***)은 도덕적 규율과 PDI 간의 상관, 도덕적 규율과 IDV 간의 상관보다 더 강력하다.

24 Bond et al., 2004.

25 39개국의 공통 국가에 걸쳐서 −0.49**의 상관을 보였다.

26 34개국에 걸쳐서 자적 점수는 외향성(McCrae, 2002)과 0.42*, 신경증과는 −0.46**의 상관관계를 갖는다.

27 자신의 건강을 '매우 양호하다.'고 평가한 응답자들 비율(1995~2004)과 자적 간에는 79개국에 대해 0.67***의 상관을 보인다. 부유한 22개국의 경우에는 0.78***이다.

28 퓨 연구소(Pew Research Center, 2007, p. 4)의 자료이다. 39개 공통 국가에 걸쳐 0.54***의 상관관계가 나타났다.

29 자적과 2005~2010년 간의 합계 출산율(2009년 UN 통계처의 자료) 간에는 부유한 28개국에 대해 0.63***의 상관이 있다. 단계적 회귀분석 결과, 자적은 출산율의 변량 중 42%를 설명하고, 교육(2006년 UNDP의 UN 개발계획 교육 지수)의 차이가 출산율의 변량 중 또 다른 21%를 설명하는 반면에, 부의 차이는 설명력이 전혀 없다.

30 자적과 2002년 인구 10만 명당 심혈관계 질환으로 인한 연령 표준화 사망률 간에는 −0.60*** (n=88)의 상관이 있다. 1999년 1인당 GNI를 통제한 후에는 −0.41의 유의한 상관이 남는다.

31 Flash Eurobarometer 247, 2008. "가정생활" EU 25개국(키프로스와 룩셈부르크를 제외한 전부), 가정생

활에 매우 만족하는 사람의 비율(%), r=0.91***. 가족과 연관된 일상의 문제에서 가사 분담의 불공평함을 선택한 사람들의 비율(%), r=0.45*.

32 Flash Eurobarometer 241, 2008. '정보사회' EU 25개국, 매일 스포츠 활동을 하는 사람의 비율(%) + 최소한 일주일에 한 번 스포츠 활동을 하는 사람의 비율(%), r=0.82***.

33 Eurobarometer 278, 2007. "유럽의 문화적 가치" EU 25개국, EU 국가, 가족, 친구들, 동료들과 이메일을 주고받는 사람의 비율(%), r=0.53**, 외국인들과 인터넷으로 통신하거나 이메일을 주고받는 사람의 비율(%), r=0.69***.

34 Euromonitor 1997, 1996년 동안의 각종 음식 및 음료 제품 소비, 유럽 14개국+세계 24개국. IVR은 어류 소비와 부적인 상관(r=-0.48***)을 지니며, 탄산음료의 소비와는 정적인 상관(r=0.62***)을 지닌다. 이는 맥주 소비(낮은 PDI 다음)와 무알코올 음료 총소비(1인당 GNI와 MAS 다음)의 단계적 회귀분석 시 나타난 것이다.

35 이러한 부유 26개국에서의 자적과 비만 간 영차 상관(2005년 세계보건기구(World Health Organization)의 남녀 자료를 바탕으로 산출됨)은 0.39*이다. 1999년 구매력평가지수(PPP) 환율 기준 1인당 GNI를 통제했을 때는 이 상관이 0.48*로 높아진다.

36 IVR과 남녀평등주의 '희망-그래야 하는 정도' 간에는 49개국에 대해 0.49***의 상관을 보였다.

37 IVR과 내집단 집단주의 '실태-실제로 그러한 정도' 간에는 -0.46**, IVR과 내집단 집단주의 '희망' 간에는 0.42**의 상관이 나타났다.

38 IVR과 성과지향 '희망' 간에는 r=0.35*, IVR과 자기주장성 '희망' 간에는 r=-0.29*의 상관이 나타났다.

39 Schmitt, 2005, p. 247.

40 허용과 슈미츠(Schmitt, 2005)의 사회성적 인식(sociosexuality) 점수. 남자들의 평균 국가 점수의 경우 r=0.45*, 여자들의 평균 국가 점수의 경우에는 r=0.54*의 상관관계가 있다.

41 문항 F 131, 34개국에 대하여 r=-0.52**의 상관이 나타났다.

42 Myasoedov, 2003.

43 웃음 규범은 사진 촬영이 대중화된 시대부터 시작되었다. 그 전에는 촬영 시간이 너무 길어 자연스럽게 웃는 모습으로 사진 찍히는 것이 불가능했다.

44 문항 E 003.

45 83개국에 대하여 r=-0.46***.

46 83개국에 대하여 r=0.62***. 표현의 자유 항목은 권력거리 및 개인주의와도 정적으로 상관된다. 그러나 단계적 회귀분석 결과, 권력거리와 자적만이 국가의 제1목표로서의 표현의 자유를 유의하게 예측하는 변인이다.

47 무이즈(Marieke de Mooij)의 호의로 기재된 정보임. Standard Eurobarometer 69, 2008. "유럽 가치(European Value)". 25개 EU 회원국 및 터키, IVR과 미래에 추구해야 할 목표 중에서 '언론의 자유'를 선택한 사람들의 비율(%) 간에는 0.75***의 상관. 행복의 개념과 관련된 것들 중 매우 중요한 것으로 '민주주의'를 선택한 사람들의 비율과는 0.59***의 상관.

48 2004년 UN 마약범죄사무국(UN Office on Drugs and Crime)의 자료가 출처이다. 자적과 인구 10만 명

당 경찰관 인원 수 간에는 -0.42***의 상관이 있다. 이 변인과 이 책에서 논의한 기타 차원들 간에는 그보다 높은 상관이 없다.

49 Minkov, 2007, 2009.

50 Diener & Tov, 2007.

● 제9장 조직모델: 피라미드형, 기계형, 시장형, 가족형

1 Pugh & Hickson, 1976.

2 Negandhi & Prasad, 1971, p. 128.

3 van Oudenhoven, 2001. 그 국가들은 벨기에, 캐나다, 덴마크, 프랑스, 독일, 그리스, 네덜란드, 스페인, 영국 및 미국이었다.

4 *Culture's Consequences*, 2001, p. 378. 관료주의는 PDI와는 0.66*, UAI와는 0.63*의 상관이 있었고, 개별적 업무는 IDV와 0.47, 적대적 업무 분위기는 MAS와 0.49의 상관이 있었다($p < 0.10$).

5 2005년에 네덜란드 의회에서는 시장 임명제를 시장 선출제로 바꾸는 데에 찬성 결의했지만, 그 안건은 상원에서 좌초되었다.

6 Mouritzen & Svara, 2002, pp. 55-56 and 75.

7 Fayol, 1970(1916), p. 21; translation by GH.

8 Weber, 1976(1930), p. 224.

9 Weber, 1970(1948), p. 196. Translated from *Wirtschaft und Gesellschaft*, 1921, Part III, Ch.6, p. 650.

10 Fayol, 1970(1916), p. 85.

11 Laurent, 1981, pp. 101-114.

12 From a paper presented in 1925, in Metcalf & Urwick, 1940, pp. 58-59.

13 유교적 가치는 손문의 오권 분립에서도 분명하다. 당시 과시부와 감찰부는 관리들의 미덕을 보장해야만 했다.

14 Williamson, 1975.

15 Ouchi, 1980, pp. 129-141.

16 Kieser & Kubicek, 1983.

17 Crozier & Friedberg, 1977; Pagès, Bonetti, de Gaulejac, & Descendre, 1979.

18 Mintzberg, 1983. 이것은 민츠버그(Mintzberg, 1979)의 것을 단순화한 것이다. 민츠버그(Mintzberg, 1989)에서는 '규범의 표준화(standardization of norms)' 뿐만 아니라 '전교적 형태(missionary configuration)' 가 첨가되었다. 필자들이 생각하기에 이것은 그 자체로서 한 유형이라기보다는 다른 유형들의 한 측면인 것 같다. 이것은 제10장에서 논의하게 될 조직 문화의 '강도(strength)' 를 다룬다.

19 Mintzberg, 1983, pp. 34-35.

20 프랑스 고전에서 설명됨. 그 고전은 조직 사회학자 크로지에(Crozier, 1964)의 『관료체제 현상(*The Bureaucratic Phenomenon*)』.

21 Mintzberg, 1993.

22 *Culture's Consequences*, 2001, p. 382.

23 Harzing & Sorge, 2003. 8개 업종에 있어서 9개국에 창설된, 다국적 기업들(100여 개)의 현지 법인(22개국의 약 300개) 자료를 바탕으로 함. 그들의 논문에서는 본국 문화가 어떠한 방식으로 영향을 미치는지는 기술되지 않았지만, 당연한 가설은 본국의 불확실성 회피가 체계에 의한 비개인적 통제에 영향을 미치고, 본국의 권력거리가 현지 주재원들에 의한 개인적 통제에 영향을 미친다는 것이다.

24 그레이(Gray, 1988, pp. 1-15)가 작성한 주제에 관한 연구 가설들.

25 Gambling, 1977, pp. 141-151.

26 Cleverley, 1971.

27 Hofstede, 1967.

28 Morakul & Wu, 2001.

29 Baker, 1976, pp. 886-893.

30 Hofstede, 1978.

31 Pedersen & Thomsen, 1997. 국가들은 오스트리아, 벨기에, 덴마크, 핀란드, 프랑스, 독일, 이탈리아, 네덜란드, 노르웨이, 스페인, 스웨덴 및 영국이었다.

32 상관계수 r = 0.65*.

33 상관계수 r = 0.52*. *Culture's Consequences*, 2001, p. 384를 참조하라.

34 오스트리아의 점수에도 불구하고, 상관계수는 -0.77**이었다.

35 Semenov, 2000. 그 17개국들은 페더슨과 톰슨(Pedersen & Thomsen)의 연구 대상 국가들에 호주, 캐나다, 아일랜드, 뉴질랜드, 미국이 추가된 것임.

36 Weimer, 1995, p. 336; *Culture's Consequences*, 2001, p. 385.

37 Hofstede, Van Deusen, Mueller, Charles, & the Business Goals Network, 2002. 중국에 대한 자료는 그 국가에서 업무 경험이 있는 중국인으로부터 공급받았지만, 호주와 미국의 연구 자료분과 덴마크의 자료(Aarhus, n=62)는 2002년에 추가되었다(Hofstede, 2007b 참조)

38 15가지 목표×17개국 행렬의 요인분석 결과. 거의 같은 정도로 강력한 요인들 다섯개가 변량의 78%를 설명했다.

39 LTO-CVS, r =-0.59*, n=13.

40 묶음 ⑤에서 국가들의 요인 점수는 평균 순위에 대한 국가 유사도와 0.73***의 상관관계를 가졌다.

41 한 예외는 네덜란드 학자 브리스(Manfred Kets de Vries)였는데, 그는 프로이트 학설에 따라 경영진들의 행동을 분석했다(예: Kets de Vries, 2001).

42 Herzberg, Mausner, & Snyderman, 1959.

43 다음 부분은 Hofstede, 1988와 *Culture's Consequences*, 2001, p. 387에 토대를 둔 것이다.

44 Schuler & Rogovsky, 1998; *Culture's Consequences*, 2001, pp. 387-388.

45 The Ruler, Machiavelli, 1955(1517).

46 *Culture's Consequences*, 2001, p. 388.

47 Jackofsky & Slocum, 1988; *Culture's Consequences*, 2001, p. 388

48 Tollgerdt-Andersson, 1996. 그 국가들은 덴마크, 프랑스, 독일, 이탈리아, 노르웨이, 스페인, 스웨덴 및 영국이었다. 그 비율과 UAI는 −0.86**, UAI와 MAS를 더했을 때와는 −0.95***의 상관을 나타냈다.

49 *Culture's Consequences*, 2001, pp. 388-389.

50 Triandis, 1973, p. 165.

51 *Culture's Consequences*, 2001, p. 389.

52 Klidas, 2001.

53 McGregor, 1960; Blake & Mouton, 1964; Likert, 1967.

54 Jenkins, 1973, p. 258; 그 강연자는 허츠버그(Frederick Herzberg)였다.

55 Triandis, 1973, pp. 55-68.

56 Hoppe & Bhagat, 2007.

57 Laaksonen, 1977.

58 *Culture's Consequences*, 2001, p. 391.

59 Drucker, 1955, Chapter 11.

60 Führung durch Zielvereinbarung; Ferguson, 1973, p. 15.

61 Franck, 1973, 헤르트(Geert Hofstede)가 번역함.

62 *Culture's Consequences*, 2001, p. 390.

63 마가헤스(Magalhaes, 1984), 그리고 보비(Anne-Marie Bouvy)와 인절리리(Giorgio Inzerilli)와의 토의에서 영감을 받았음.

64 Hofstede, 1980b; 골드스테인(Goodstein, 1981)과 헌트(Hunt, 1981)가 논평했고, 홉스테드(Hofstede, 1981)가 회답했다. 웃기는 뒷얘기를 하나 하자면, 편집자의 요청 때문에 논문의 최종판 내용은 대폭 수정되었지만, 관리상의 오류 때문에 수정 전의 원논문이 출판되었다.

65 Pascal, *Pensées*, 60, 294: *Vérité en-deça des Pyrenées, erreur au-delà*. Montaigne, *Essais* II, XII, 34: *Quelle vérit que ces montagnes bornent, qui est mensonge au monde qui se tient au delà?* (산맥의 사슬로 묶인 이 진실, 산 너머 사람들에게는 거짓이 되는 이 진실은 어떤 진실이란 말인가? 헤르트가 번역함)

66 레빈(Kurt Lewin)의 "좋은 이론만큼 실용적인 것이 없다."는 말에서 기인함.

67 Peterson & Hunt, 1997, p. 214.

68 Stewart, 1985, p. 209.

69 Locke, 1996.

70 유럽에서는 널리 느껴지지만, 바루흐(Baruch, 2001)가 증명했다. 7대 경영학 저널에 실린 1,000여 개 논문의 약 2천 명 저자들의 근거지에 대한 분석을 토대로 하였다.

71 Pugh & Hickson, 1993; Hickson & Pugh, 2001, p. 8.

72 Porter, 1990. 포터(Porter)의 자민족 중심주의에 대한 비판과 포터의 대응에 대해서는 보치와 프루젠

(van den Bosch & van Prooijen, 1992), 포터(Porter, 1992), 데비스와 엘리스(Davies & Ellis, 2000), 바니(Barney, 2002, p. 54)를 참조하라.

73 사회과학 논문 인용 색인(the Social Science Citation Index: SSCI)에서 가장 많이 인용된 심리학자들은 모두 미국인이다. SSCI가 주로 미국 학술지를 토대로 함에도 불구하고, 가장 많이 인용된 사회학자들은 거의 모두 유럽인이다.

74 Bourdieu & Wacquant, 1992, pp. 45, 115.

75 Hofstede, 1996a; *Culture's Consequences*, 2001, p. 381. 2000년에 출판된 한 논문에서 윌리엄슨(Oliver Williamson)은 신제도주의 경제학(New Institutional Economics)에 자신을 치부했다. 이 경제학은 문화를 다루지만 이론에 대한 국가적 억제까지 인정하는 것은 아니다.

● 제10장 코끼리와 황새: 조직문화

1 이 사례는 Hofstede, Neuijen, Ohayv, & Sanders(1990)에서 발췌한 것이다. 이 장의 나머지 부분도 그 논문에 많이 의존하고 있다.

2 Deal & Kennedy, 1982; Peters & Waterman, 1982.

3 Peters & Waterman, 1982, pp. 75-76.

4 예로 Wilkins & Ouchi(1983, p. 477), Schein(1985, p. 315), Weick(1985, p. 385), Saffold(1988)의 비평들을 참조하라.

5 Pagès, Bonetti, de Gaulejac, & Descendre, 1979.

6 이는 크로지에(Crozier, 1964), 크로지에와 프리드버그(Crozier 1964; Friedberg, 1977)의 연구에서처럼 프랑스 조직사회학에서도 눈에 띈다.

7 Soeters, 1986; Lammers, 1988.

8 예로 Westerlund & Sjöstrand, 1975; March & Olsen, 1976; Broms & Gahmberg, 1983; Brunsson, 1985에 나온다.

9 Alvesson, 2002, pp. 38-39.

10 Smircich, 1983.

11 우리가 관행(practices) 이라고 부르는 것은 관습, 풍습, 습관, 습속, 전통, 관례등으로 부를 수도 있다. 관행은 지난 세기에 영국의 인류학 개척자 테일러(Edward B. Tylor)에 의해 이미 문화의 일부로 인정된 바 있었다. "문화는 지식, 신념, 예술, 도덕, 법, 풍습 그리고 사회 성원으로서의 인간이 획득한 능력과 습관 등을 포함하는 복잡한 전체다." (Tylor, 1924(1871))

12 Inglehart, Basañez, & Moreno, 1998; Halman, 2001; www.worldvaluessurvey.org.

13 Harzing & Sorge, 2003.

14 Soeters & Schreuder, 1988.

15 Carlzon, 1987.

16 호손 효과(Hawthorne effect)란 실험에 뽑힌 사원들이 뽑혔다는 사실로 동기화되어 그 자체만으로 실험의 성공이 보장되는 것을 의미한다. 그 명칭은 미국의 Western Electric Corgoration의 호손공장의 이름을 따서 붙인 것인데, 이 공장에서 1920~1930년대에 엘튼 메이오(Elton Mayo) 교수가 작업 조직에 관한 일련의 고전적인 실험을 행했었다.

17 20개 단위에 대한 $6 \times 3 = 18$ 질문만의 요인분석 결과, 단위 간 평균 점수의 변량 중 86%가 설명되었다.

18 문화 강도를 조작적으로 정의하면, 18개의 주요 관행 질문(한 차원당 3개씩)에 대한 한 단위 내 개인 점수의 평균 표준편차다. 표준편차가 작을수록 강한 문화를 의미한다. 실제 평균 표준편차는 0.87부터 1.08까지 분포되어 있었으며, 이 평균 표준편차와 20개 단위의 '결과지향' 점수 간 스피어만 순위 상관계수는 -0.71^{***}이었다.

19 Blake & Mouton, 1964.

20 Merton, 1968[1949].

21 40개 특징과 6차원에서 있을 수 있는 상관관계수 중 우연으로 1% 수준에서 유의한 상관이 2개 내지 3개가 나올 수 있고 5% 수준에서는 그런 우연한 유의상관이 12개가 나올 수 있다. 실제로 나온 상관을 보면 1% 수준으로 유의한 상관이 15개가 나오고 5% 수준에서는 28개가 나왔다. 따라서 우연히 얻은 상관관계 중 아주 작은 부분 밖에 설명하지 못한다.

22 Pugh & Hickson, 1976.

23 상관계수 $r = 0.78^{***}$.

24 *Culture's Consequences*, 2001, pp. 405-408.

25 Hofstede, Bond, & Luk, 1993 and *Culture's Consequences*, 2001, pp. 411-413.

26 McCrae & John, 1992.

27 Hofstede, McCrae, 2004. 33개국에 걸쳐서, 모든 다섯 가지의 문화 차원이 적어도 한 개의 성격 요인과 유의한 상관을 보였다. 그러나 다섯 가지 문화 차원에 대한 성격 점수의 중다회귀분석에서는 IBM 차원의 원(原) 네 가지 차원만이 유의하게 남았다. 장기지향과 성격과의 상관관계는 처음 네 가지 문화 차원을 통제하고 나면 사라졌다.

28 *Culture's Consequences*, 2001, p. 210.

29 Hofstede, 2007a.

30 *Culture's Consequences*, 2001, pp. 413-414; Hofstede, 1995, p. 216.

31 *Culture's Consequences*, 2001, pp. 414-415.

32 Soeters(2000, pp. 465-466)는 제복을 입는 직종인 경찰, 군대, 소방대에서 공통적인 직종문화를 발견했는데, 그들 모두는 비교적 사회에서 고립되어 있었다.

33 Sanders & van der Veen, 1998. IRIC 질문지를 12개국 병원 중환자실에서 재사용한 결과에 대해 보고함. 단위 문화들은 네 가지 차원(IRIC 연구에서의 차원 1, 2, 4차원, 즉 낮은 안정 욕구)에 따라 차이를 보였다. 단위 안에서 이루어진 면접을 통해 만든 맞춤형 질문지가 사용되었다면 새로운 추가적인 차원이 나왔을지도 모른다.

34 스위스 경영 자문가 펌핀(Cuno Pümpin)은 IRIC 프로젝트에서 발견된 차원들과 다섯 가지가 유사한 일곱 가지 차원모델을 기술한 바 있다(결과지향, 직원지향, 회사지향, 비용지향 및 고객지향). 그의 출판물에서는 어떻게 이 차원들이 발견되었는지에 대해 설명하지 않는다(Pümpin, 1984; Pümpin, Kobi, & Wüthrich, 1985). 인도에서는 칸드왈라 교수(Pradip Khandwalla, 1985)가 75개 조직들의 경영자들을 대상으로 저자들의 "내가 일하는 곳은……." 질문과 유사한 5점 척도 설문 조사 문항을 이용하여 저자들의 결과지향-과정지향과 꼭 닮은 한 요인을 발견했다.

35 홉스테드 등(Hofstede, Neuijen, Ohayv, & Sanders, 1990)의 논문에는 IRIC 연구에서 지수를 산출하는 데에 이용된 질문 내용이 나열되어 있다.

36 이것은 맥켄지의 자문가 7-s 틀 구조, 전략, 체제, 공유 가치, 기술, 스타일 및 직원(Structure, Strategy, Systems, Shared values, Skills, Style and Staff)보다 더 간단하다(Peters & Waterman, 1982, p. 10).

37 Witte, 1973. 영어 요약이 비테(Witte, 1977)에 나와 있다.

38 님베겐(van Nimwegen, 2002)의 박사학위 연구에서는 한 국제은행 기업 가치의 19개국 현지 지사의 해석 및 함의 차이를 분석했다. 그의 연구는 제2장에서 언급한 IBM 연구의 주요 반복 연구들 중의 하나다.

●제11장 문화 간 만남

1 Morier, 1923(1824). 원문에서의 인용문은 pp. 434-435에서 옴. 편집자의 말의 인용은 p.6에서 나왔음.

2 이 단은 캠벨(Joseph Campbell, 1988, pp. 174-206)의 '전쟁과 평화의 신화(*Mythologies of War and Peace*)' 에서 영감을 받은 것임.

3 van der Veen, 2002.

4 문화 충격 관련 연구들의 개관을 검토하려면 와드 등(Ward, Bochner, & Furnham, 2001)을 참조하라.

5 Harzing, 1995, 2001; Tung, 1982, pp. 57-71.

6 미국의 펄무터(Howard V. Perlmutter) 교수는 다국적 기업의 발달에서 자민족 중심(ethnocentric), 다민족 중심(polycentric), 지구 중심(geocentric)의 세 단계설을 내놓았다. 회사가 진출해 있는 수용국 국민이 국가 특유의 기준을 버리고 끝내 지구 중심이 될 가능성은 별로 없다.

7 Hofstede, 1994, Chapter 15.

8 Peterson & Pike, 2002.

9 문화인류학에서는 우리가 사용하는 언어에 의해서 우리의 사고가 영향을 받는 현상을 세이퍼-워프 정리(the Sapir-Whorf theorem)라 부르는데, 이 명칭은 이 원리를 공식화한 세이퍼(Edward Sapir)와 워프(Benjamin Lee Whorf)의 이름을 따른 것이다.

10 미국의 비평가이며 풍자가인 멘켄(Henry Louis Mencken, 1880~1956)의 것으로 알려져 있다.

11 *Culture's Consequences*, 2001, pp. 63-65.

12 하지위보워(R. M. Hadjiwibowo)가 1983년 9월에 행한 연설에서 인용. 네덜란드어에서 원저자의 의견을 참작해 헤르트가 번역.

13 이 절은 홉스테드(Hofstede, 1986)에서 발췌한 부분을 사용한 것이다.

14 태국, 홍콩 및 마카오에서는 전통 문자를 쓰는데, 그곳 문자는 최고 23개 획으로 되어 있다. 본토 중국과 싱가포르에서는 단순화된 문자를 사용하는데 비중국인에게는 아직도 꽤 복잡하게 느껴진다.

15 Bel Ghazi, 1982, p. 82. 네덜란드어로 되어 있는 것을 헤르트(Geert)가 번역함.

16 관련 연구들의 개관으로는 Culture's Consequences, 2001, pp. 430-431과 주석을 참조하라.

17 여러 이슬람 문화에서는 동족 결혼을 하기에(그들에게는 친사촌끼리 결혼하는 것이 허용된다), 여자들은 필요하면 본국의 친척과 결혼한다.

18 사례들을 보려면 Sebenius(2002)를 참조하라.

19 Moore & Lewis, 1999, p. 278.

20 Saner & Yiu, 2000.

21 이 때문에 해외 주재원 후보의 선발 기준이 달라진다. Caligiuri(2000)와 Franke & Nicholson(2002)을 참조하라.

22 World Investment Report, 2000.

23 Schenk, 2001; Apfelthaler, Muller, & Rehder, 2002.

24 2007년에 쉘(Shell)은 본사 운영을 네덜란드 헤이그(Hague)에 집중시키되, 영국 법에 따라 운영되었다.

25 Sherman, Helmreich, & Merritt, 1997.

26 E. g. Lord & Ranft, 2000; Lynch & Beck, 2001; 개관은 Culture's Consequences, 2001, p. 448과 주석을 참조하라.

27 de Mooij, 1998, pp. 58-59.

28 de Mooij, 2004, p. 256.

29 de Mooij, 1998, p. 57.

30 de Mooij, 2010, 제9장.

31 지속적인, 때로는 증가하는 문화적 분화를 보이는 영역은 포장 설계다. 동일한 제품을 다양한 문화에서 팔기 위해서는 다양한 포장이 필요하다(van den Berg-Weitzel & van de Laar, 2000).

32 이 절의 나머지는 Culture's Consequences, 2001, p. 450-451과 주석에 보고된 연구 요약이다.

33 린(Lynn)은 2000년에 팁에 관한 연구를 보고했다. 미소는 2006년에 린에게서 국가 자료를 입수했다. 팁을 주기는 PDI와 0.49**의 상관관계를, IDV와는 −0.41*(n = 27)의 상관관계를 가졌다.

34 Fisher, 1988, p. 41. 헤르트의 연구를 알지 못했음에도, 피셔는 문화에 대한 접근에서 헤르트와 매우 유사한 접근을 썼다. 예를 들어, 그는 정신의 컴퓨터 비유를 사용했다.

35 Lammers, 2003.

36 Groterath, 2000; Soeters & Recht, 2001.

37 이것은 대영제국 시대에 관한 Kiernan(1969)의 책 제목이다.

38 Dia, 1996.

39 예를 들어, 포터(Michael Porter)의 1990년 저서 『국가의 경쟁적 이점(*The Competitive Advantage of Nations*)』은 부패에 대해 언급하지 않는다.

40 많은 사람이 세계은행(World Bank)이 미국 이익에 기여한다고 생각한다(Stiglitz, 2002).

41 아프리카의 개발에 전념한 저자들은 개인적 성취 욕구보다는 사회적 성취 욕구 충족을 강조한다(Afro-Centric Alliance, 2001). d' Iribarne, 2002도 참조하라.

42 Hawes & Kealey, 1979.

43 Forss, Carlsen, Fryland, Sitari, & Vilby, 1988. 이 연구는 네덜란드의 IRIC가 행한 탐색 연구를 계속한 것이다. IRIC의 설계는 개발 기구들과 다국적 기업을 한 연구 안에서 병합하여 외국 이주자들의 효율성에 영향을 주는 요인을 추출하는 것이었다. Anderson과 Hofstede(1984) 참조. 공기관과 사기업 협력 계획이 무너지게 되자 북구개발기구들이 자력으로 이 연구를 속행했다.

44 Pagès, 1971, p. 281.

45 캐나다 출신 교수 아들러(Nancy Adler)는 경영 간부 배우자의 역할에 초점을 맞추었는데, 배우자와의 인터뷰 비디오를 만들었다. 아들러(Adler, 1991)를 참조하라.

46 Bond, 1992.

47 Hofstede, Pedersen, & Hofstede, 2002.

48 Cushner & Brislin(1996)의 2차 개정판. 그 소화지는 주로 미국 문화와 제3세계 국가문화 간 차이를 망라한다. 대부분이 개인주의-집단주의 및 권력거리 차원을 다룬다.

49 이 예는 크레머(Alfred J. Kraemer)가 작성한 학회 발표용 논문(Munchen, 1978)에서 취한 것이다.

50 Ake Phillips.

51 Herodotus, *the Histories*, 1997 edition. Book 3 (Thalia), entry 38, p. 243.

52 Hume, 1882(1742), p. 252.

53 Renier(1931)가 인용한 'The Ballard of Lake Laloo and Other Rhymes'

54 고전적 예로는 1959년에 캐나다의 국립영화위원회가 제작한 미드(Margaret Mead)의 영화 〈네 가족 (Four Families)〉이 있다. 그 영화에서는 인도, 프랑스, 일본 및 캐나다의 부모들과 어린 자식들 간의 관계를 보여 준다. 또 다른 예로는 일본, 중국, 하와이의 4세 연령의 유치원생들의 교실 활동에 대해 토빈 등(Tobin, Wu, & Danielson, 1989)이 쓴 저서와 함께 제작된 비디오가 있다.

55 Fisher, 1988, pp. 144, 혹은 ~ 153.

56 1839~1842년의 전쟁은 제1차 아편전쟁에 불과하다. 제2차 아편전쟁 후 1860년에 영국은 홍콩섬 건너편 본토에 위치한 카울룬(Kowloon)을 얻었고, 1898년에는 카울룬에 인접한 '새 영토'의 사용권을 얻어 냈다. 이 임차는 99년간으로 체결되었는데, 따라서 1997년에 만기가 되었다. 그때 이들 식민지 전체가 중국에 반환되었다.

57 지구촌(global village)이라는 용어는 캐나다의 매체 철학자 맥루한(Marshall McLuhan)이 만들어 냈다. 무이즈(de Mooij, 2004, p. 1)를 참조하라.

● 제12장 문화의 진화

1 호미닌(Hominins)은 계통 분류학상 예전에 호미니드(*hominids*)라 부른 대상의 새로운 명칭이다. 호미닌에는 아르디피테쿠스(Ardipithecus), 오스트랄로피테쿠스(Australopithecus), 파란트로푸스(Paranthropus) 및 호모(Homo) 속(屬)이 포함된다.

2 『통섭: 지식의 통합(*Consilience: the Unity of Knowledge*)』은 학문 분야의 경계 너머를 바라보는 연구의 실천을 주장한 생물학자 윌슨(Edward O. Wilson, 1998)이 쓴 선지자적 저서의 제목이다.

3 Wilson, Van Vugt, & O' Gorman, 2008.

4 웨이스(Weiss, 2009)는 인체 기생충에 대한 최근 연구에 대한 매우 읽기 쉬운 설명과 해석을 제공한다.

5 오늘날에도 인간은 외부인과 대면하는 것을 본능적으로 두려워하되, 그 외부인이 여성일 경우에는 이 공포를 극복하는 법을 더 잘 학습할 수 있다. Navarrete et al.(2009)을 참조하라. 이 작가들은 흑인 및 백인 미국 시민을 대상으로 연구했다. 그들은 불안과 외국인 혐오증에 대한 신경생리학적 표식이 발견될 것이라고 본다.

6 이 행동은 오늘날의 마운틴 고릴라에서 기록되었다. 한 BBC 다큐멘터리 〈고릴라 왕(The Gorilla King)〉에서는, 자신의 아들 중 하나가 지도자가 되고 싶어하는 큰 집단의 우두머리 수컷인 타이투스(Titus)가 어떻게 춥고 황량한 산의 꼭대기로 자신의 집단을 이끌고 그곳에 머무르는지를 보여 준다. 이틀 뒤에 그 젊은 수컷 고릴라가 집단의 거의 반을 이끌고 떠나자 늙은 지도자도 집단의 나머지 고릴라들과 함께 다른 방향으로 떠난다.

7 de Waal, 1982, 1997.

8 『정치하는 원숭이(*Chimpanzee Politics*, 1982)』에서 왈(Frans de Waal)은 1980년대 초기에 아른헴 동물원(Arnhem zoo)의 침팬지 개체군에 대해 기술한다. 한 암컷 침팬지 마마(Mama)는 집단의 우두머리였고, 세 마리의 성인 수컷 침팬지가 들어온 후에도 여전히 우두머리로 남았다. 마마가 몇 주 동안 집단과 떨어져 있게 되었을 때 비로소 수컷 침팬지들은 지도자 역할을 맡았고, 마마가 마침내 돌아온 후에도 지도자의 지위를 내놓지 않았다. 보노보의 정착 역사가 그들 사회의 특징인 암컷 지배를 낳은 것으로 추측된다.

9 Weiss, 2009.

10 Richerson & Boyd, 2005.

11 Davies, Davies, & Davies, 1992.

12 Cochran & Harpending, 2009.

13 Cochran & Harpending, 2009.

14 Davies, Davies, & Davies, 1992.

15 이 제언은 호주, 다윈(Darwin)에 있는 빅토리아 대학교(Victoria University)의 시몬슨 박사(Dr . Ray Simonsen)가 수집한 자료에서 어느 정도 확인되었고, 1998년에 헤르트에게 구두로 전달되었다(제4장 참조). 시몬슨은 호주 원주민들의 PDI가 80, IDV가 90, MAS가 22, UAI가 128, LTO가 −10이라는 것을 알아냈다.

16 Mithen, 2003.

17 Diamond, 1997.

18 Cochran & Harpending. 2009, p. 150. 이 저자들은 앞으로 눈동자 색과 그것의 진화적 장점에 대해 더 많은 발견이 있을 것을 기대하고 있다.

19 Harrison et al., 2006.

20 Borgerhoff Mulder et al., 2009.

21 Kuznar & Sedlmeyer, 2005와 인류학적 논문에 대한 그가 든 수많은 참고 문헌들.

22 페루에서 리오 수페(Rio Supe) 계곡을 따라 존재하는 고대 도시 무리가 최근 아주 뜻밖에 발견되었다. 그 도시 무리의 연대는 잉카(Inca)보다 훨씬 이전인 약 5천 년 전이다. 카랄(Caral)이라는 도시가 가장 잘 알려져 있다. 다음의 주소에서 사례를 볼 수 있다. (http://en. wikipedia. org/wiki/norte_chico_civilization).

23 McNeill & McNeill, 2003.

24 Moore & Lewis, 1999.

25 Parsons, 1964.

26 Cochran & Harpending, 2009.

27 영국인 사학자 스카마(Simon Schama)는 1987년 네덜란드의 황금시대를 다룬 그의 1987년 저서 『너무 많이 가진 자의 고민(*The Embarrassment of Riches*)』에서 이에 대해 썼다.

28 '국가(The State)'는 '공화국(The Republic)'으로 번역되었다. 플라톤〔Plato, (기원전 375년)1974〕 참조.

29 McNeill & McNeill, 2003.

30 역사학자 아메스토(Felipe Fernández-Armesto, 2004)의 말에 의함.

31 van de Vliert, 2009. 블리트(van de Vliert)의 분석은 WVS 자료를 토대로 한 것이다.

32 이는 우리가 헌팅턴(Huntington)의 문명들의 충돌(*Clash of Civilizations*)에 대해서 동의하지 않음을 의미한다.

33 나치 이데올로기는 인종 또는 준 인종적(pseudo-ethnic) 상징적으로 정의된 집단 간의 도덕권을 짓밟았다. 이 이데올로기는 오래된 민족 감정에 호소하지만, 계속해서 도덕권이 통합하고 확장하는 최근 수백 년 간의 도덕성 역사의 동향과는 어긋난다.

34 생물학에서는 투입 변인은 거의 변하지 않는데 한 체계의 행동(behavior of a system)이 갑자기 변화하고 조건이 본래대로 되돌아가더라도 체계 행동은 본래대로 되돌아가지 않는 이력 현상(hysteresis)이라고 한다.

35 도킨스(Richard Dawkins, 1976)는 밈(meme)의 개념을 유전인자의 상징적 동의어로 제안했다. 이 단어에는 인기를 누렸지만, 사회적 진화의 복잡성을 다루기에는 적절치 않은 것 같다.

36 이 장에서 지구 생물의 모든 진화를 다루는 것은 불가능할 것이다. 이에 대해 처음 읽고자 한다면 윌슨(David Sloan Wilson)의 『모두를 위한 진화론(*Evolution for Everyone, 2007*)』이 적절하지만, 그 밖에도 읽을거리가 여럿 존재한다.

37 Garver-Apgar et al., 2006. 이 논문에서는 그 후의 연구 결과로 여성들이 자신의 배우자의 것과 유사한 면역계 유전자를 가졌을 경우에 자신의 배우자가 아닌 다른 남성에게 성적으로 끌릴 가능성이 더 크

다는 내용을 보고하고 있다.

38 인간의 질병과 면역계 간의 공진화에 대해 알아보려면, 네스와 윌리엄스(Nesse & Williams, 1995)를 참조하라.

39 재브론카와 램(Jablonka & Lamb, 2005)에서 영감을 받았다.

40 Cochran & Harpending, 2009. 이 저자들은 이 점을 최근 수 세기 동안 아쉬케나지 유대인(Ashkenazi Jews)이 이룬 우수한 학술적 성과의 유전적 설명으로 해명하고 있다.

41 Baumeister, 2007.

42 Turchin, 2006.

43 Holldobler & Wilson, 1990.

44 Richerson, Collins, & Genet, 2006.

45 이야기 풀기(storytelling)의 진화에 대해서는 보이드(Boyd, 2009)를 참조하라.

46 이는 이전에 인용했던 윌슨(David Sloan Wilson)이 2007년판 『모두를 위한 진화론(*Evolution for Everyone*)』에서 과학의 고립과 분열을 가리키기 위해 만든 조어다.

47 G. J. Hofstede, 2001. 세계은행(World Bank) 자료에 대한 연구에서 헤르트 얀(Gert Jan)은 새로운 커뮤니케이션 기술의 확산 및 그것들이 쓰이는 구체적 용도 양자 모두가 문화 의존임을 발견했다.

48 예로 경제학자이고 게임 이론가인 악텔(Robert Axtell)과 엡스테인(Joshua M. Epstein), 게임이론가 액슬로드(Robert Axelrod) 그리고 사회학자 길버트(Nigel Gilbert) 등의 연구를 참조하라. 소위 행위자 기반 모델들(agent-based models)은 개인 행동을 인풋으로 이용하여 사회의 돌발적 행동을 연구하기 위해 많이 쓰이는 모델링 기법이다. 헤르트 얀(Gert Jan)은 행위자 기반 모델에 행위자의 문화를 포함시킴으로써 이 연구의 흐름에 기여하였다.

49 Mann, Connor, Tyack, & Whitehead (Eds.), 2000.

참고문헌

* 신문기사와 미출간 자료들은 각 장 안에서 각주로 처리함.

Aberbach, J. D., & R. D. Putnam (1977). *Paths to the Top: The Origins and Careers of Political and Administrative Elites.* Ann Arbor: University of Michigan Press.

Adebayo, A. (1988). The masculine side of planned parenthood: An explanatory analysis. *Journal of Comparative Family Studies* 19: 55–67.

Adler, N. J. (1991). *International Dimensions of Organizational Behavior.* 2nd ed. Boston: Kent Publishing Company.

Afro–Centric Alliance (2001). Indigenising organisational change: Localisation in Tanzania and Malawi. *Journal of Managerial Psychology* 16: 59–78.

Almond, G. A., and S. Verba (1963). *The Civic Culture: Political Attitudes and Democracy in Five Nations.* Princeton, NJ: Princeton University Press.

Alvesson, M. (2002). *Understanding Organizational Culture.* London: Sage.

Andersson, L., and G. Hofstede (1984). *The Effectiveness of Expatriates: Report on a Feasibility Study.* Tilburg, Neth.: IRIC.

Apfelthaler, G., H. J. Muller, and R. R. Rehder (2002). Corporate global culture as competitive advantage: Learning from Germany and Japan in Alabama and Austria? *Journal of World Business* 37: 108–18.

Argyle, M., M. Henderson, M. Bond, Y. Iizuka, and A. Contarello (1986). Cross–cultural variations in relationship rules. *International Journal of Psychology* 21: 287–315.

Baker, C. R. (1976). An investigation of differences in values: Accounting majors versus non–accounting majors. *The Accounting Review* 51(4): 886–93.

Barney, J. B. (2002). Strategic management: From informed conversation to academic discipline. *Academy of Management Executive* 16: 53−57.

Baruch, J. (2001). Global or North American? A geographical based comparative analysis of publications in top management journals. *International Journal of Cross−Cultural Management* 1: 109−26.

Baumeister, R. F. (2007). Is There Anything Good About Men? Invited address, American Psychological Association annual convention, San Francisco.

Bel Ghazi, H. (1982). *Over twee culturen: Uitbuiting en opportunisme.* Rotterdam: Futile.

Bem, S. L. (1975). Sex role adaptability: One consequence of psychological androgyny. *Journal of Personality and Social Psychology* 31: 634−43.

Benedict, R. (1959[1934]). *Patterns of Culture (with a Preface by Margaret Mead).* Boston: Houghton Mifflin.

Best, D. L., and J. E. Williams (1996). Anticipation of aging: A cross−cultural examination of young adults' views of growing old. *In Asian Contributions to Cross−Cultural Psychology,* ed. J. Pandey, D. Sinha, and D. P. S. Bhawuk, 274−88. New Delhi: Sage.

Biggs, J. B. (1996). Approaches to learning of Asian students: A multiple paradox. In *Asian Contributions to Cross−Cultural Psychology,* ed. J. Pandey, D. Sinha, and D. P. S. Bhawuk, 180−99. New Delhi: Sage.

Blake, R. R., and J. S. Mouton (1964). *The Managerial Grid.* Houston: Gulf Publishing Co.

Blanchflower, D. G., and A. J. Oswald (1998). What makes an entrepreneur? *Journal of Labour Economics* 16(1): 26−60.

Bond, M. H. (1992). The process of enhancing cross−cultural competence in Hong−Kong organizations. *International Journal of Intercultural Relations* 16: 395−412.

Bond, M. H., and S. H. Wang (1983). Aggressive behavior and the problem of maintaining order and harmony. In *Global Perspectives on Aggression,* ed. A. P. Goldstein and M. H. Segall, 58−73. New York: Pergamon.

Bond, M. H., et al. (2004). Culture−level dimensions of social axioms and their correlates across 41 cultures. *Journal of Cross−Cultural Psychology* 35: 548−70.

Bond, R., and P. B. Smith (1996). Cultural and conformity: A meta−analysis of studies using Asch's

(1952, 1956) line judgment task. *Psychological Bulletin* 119: 111–37.

Borgerhoff Mulder, M., et al. (2009). Intergenerational wealth transmission and the dynamics of inequality in small–scale societies. *Science* 326: 682–88.

Bourdieu, P. (1980). *Le sens pratique*. Paris: Editions de Minuit.

Bourdieu, P., and L. J. D. Wacquant (1992). *Réponses: Pour une anthropologie réflexive*. Paris: Seuil.

Boyd, B. (2009). *On the Origin of Stories*. Cambridge, MA: Harvard University Press.

Broms, H., and H. Gahmberg (1983). Communication to self in organizations and cultures. *Administrative Science Quarterly* 28: 482–95.

Broverman, I. K., S. R. Vogel, D. M. Broverman, F. E. Clarkson, and P. S. Rosenkrantz (1972). Sex–role stereotypes: A current appraisal. *Journal of Social Issues* 28(2): 59–78.

Brown, L. M., M. M. Bradley, and P. J. Lang (2006). Affective reactions to pictures of ingroup and outgroup members. *Biological Psychology* 71: 303–11.

Brunsson, N. (1985). *The Irrational Organization*. Chichester, UK: Wiley.

Buss, D. M. (1989). Sex differences in human mate preferences: Evolutionary hypotheses tested in 37 cultures. *Behavioral and Brain Sciences* 12: 1–49.

Buss, D. M., et al. (1990). International preferences in selecting mates. *Journal of Cross–Cultural Psychology* 21: 5–47.

Caligiuri, P. M. (2000). The Big Five personality characteristics as predictors of expatriate's desire to terminate the assignment and supervisor rated performance. *Personnel Psychology* 53: 67–88.

Campbell, J. (1988). *Myths to Live By*. New York: Bantam Books. [Original work published 1972.]

Cao Xueqin (1980). *The Story of the Stone, also known as The Dream of the Red Chamber*. Vol. 3: *The Warning Voice*. Translated by David Hawkes. Harmondsworth, Mddx., UK: Penguin Books. [Original Chinese version published c. 1760.]

Carlzon, J. (1987). *Moments of Truth*. Cambridge, MA: Ballinger Publishing Company.

Carr, S. C., D. Munro, and G. D. Bishop (1996). Attitude assessment in non–Western countries: Critical modifications to Likert scaling. *Psychologia* 39: 55–59.

Castells, M. (2001). *The Internet Galaxy*. Oxford: Oxford University Press.

Cavalli−Sforza, L. L. (2000). *Genes, Peoples and Languages*. Berkeley: University of California Press.

Chandler, T. A., D. D. Shama, F. M. Wolf, and S. K. Planchard (1981). Multiattributional causality: A five cross−national samples study. *Journal of Cross−Cultural Psychology* 12: 207−21.

Chenery, H. B., and A. M. Strout (1966). Foreign assistance and economic development. *American Economic Review* 56(4): 679−733.

Chew−Lim, F. Y. (1997). Evolution of Organisational Culture: A Singaporean Experience. Ph.D. dissertation, University of Hong Kong, School of Business.

Chinese Culture Connection (1987). Chinese values and the search for culture−free dimensions of culture. *Journal of Cross−Cultural Psychology* 18(2): 143−64.

Cleverley, G. (1971). *Managers and Magic*. London: Longman.

Cochran, G., and H. Harpending (2009). *The 10,000 Years Explosion: How Civilization Accelerated Human Evolution*. New York: Basic Books.

Cohen, P. (1973). *The Gospel According to the Harvard Business School: The Education of America's Managerial Elite*. Garden City, NY: Doubleday.

Cooper, R., and N. Cooper (1982). *Culture Shock! Thailand…, and How to Survive It*. Singapore: Times Books International.

Costa, P. T. Jr., A. Terraciano, and R. R. McCrae (2001). Gender differences in personality traits across cultures: Robust and surprising findings. *Journal of Personality and Social Psychology* 81: 322−31.

Crozier, M. (1964). *The Bureaucratic Phenomenon*. Chicago: University of Chicago Press.

Crozier, M., and E. Friedberg (1977). *L'acteur et le système: Les contraintes de l'action collective*. Paris: Seuil.

Cushner, K., and R. W. Brislin (1996). *Intercultural Interactions: A Practical Guide*. 2nd ed. Thousand Oaks, CA: Sage.

Cyert, R. M., and J. G. March (1963). *A Behavioral Theory of the Firm*. Englewood Cliffs, NJ: Prentice−Hall.

Darwin C. (2004[1874]). *The Descent of Man*. Harmondsworth, Mddx., UK: Penguin.

Davies, H., and P. Ellis (2000). Porter's competitive advantage of nations: Time for the final judgement? *Journal of Management Studies* 37 (December 8): 1189−1213.

Davies, M., H. Davies, and K. Davies (1992). *Humankind the Gatherer−Hunter: From Earliest Times to Industry.* Swanley, Kent, UK: Myddle−Brockton.

Dawkins, R. (1976). *The Selfish Gene.* Oxford: Oxford University Press.

Deal, T. E., and A. A. Kennedy (1982). *Corporate Cultures: The Rites and Rituals of Corporate Life.* Reading, MA: Addison−Wesley.

de Kort, W., E. Wagenmans, A. van Dongen, Y. Slotboom, G. Hofstede, and I. Veldhuizen (2010). Blood product collection and supply: Just a matter of money? *Vox Sanguinis*, 98.

de Mooij, M. (1998). Masculinity/femininity and consumer behavior. In G. Hofstede et al., *Masculinity and Femininity: The Taboo Dimension of National Cultures*, 55−73. Thousand Oaks, CA: Sage.

de Mooij, M. (2004). *Consumer Behavior and Culture: Consequences for Global Marketing and Advertising.* Thousand Oaks, CA: Sage.

de Mooij, M. (2010). *Global Marketing and Advertising: Understanding Cultural Paradoxes.* 3rd ed. Thousand Oaks, CA: Sage.

de Mooij, M., and G. Hofstede (2002). Convergence and divergence in consumer behavior: Implications for international retailing. *Journal of Retailing* 78: 61−69.

Deschepper, R., L. Grigoryan, C. Stalsby Lundborg, G. Hofstede, J. Cohen, G. Van der Kelen, L. Deliens, and F. M. Haaijer−Ruskamp (2008). Are cultural dimensions relevant for explaining cross−national differences in antibiotic use in Europe? *BMC Health Services Research* 8. London: BioMed Central.

de Waal. F. (1982). *Chimpanzee Politics: Power and Sex Among Apes.* New York: Harper & Row.

de Waal. F. (1997). *Good Natured: The Origins of Right and Wrong in Humans and Other Animals.* Cambridge, MA: Harvard University Press.

de Waal. F. (2001). *The Ape and the Sushi Master: Cultural Reflections of Primatologist.* New York: Basic Books.

Dia, M. (1996). *Africa's Management in the 1990s and Beyond: Reconciling Indigenous and Transplanted Institutions.* Washington, DC: World Bank.

Diamond, J. (1997). *Guns, Germs, and Steel: The Fates of Human Societies.* New York: W. W. Norton.

Diderot, D. (1982). *Voyage en Hollande.* Paris: François Maspéro. [Original work published 1780.]

Diener, E., and M. Diener (1995). Cross−cultural correlates of life−satisfaction and self−esteem. *Journal of Personality and Social Psychology* 68: 653−63.

Diener, E., and W. Tov (2007). Culture and subjective well−being. In *Handbook of Cultural Psychology*, ed. S. Kitayama and D. Cohen, 691−713. New York: Guilford.

Dion, K. K., and K. L. Dion (1993). Individualistic and collectivistic perspectives on gender and the cultural context of love and intimacy. *Journal of Social Issues* 49(3): 53−69.

d' Iribarne, P. (1989). *La logique de l' honneur: Gestion des entreprises et traditions nationales.* Paris: Seuil.

d' Iribarne, P. (1998). Comment s' accoreder: Une rencontre franco−suédoise. In *Cultures et mondialisation: Gérer par−delà des frontières*, ed. P. d' Iribarne, A. Henry, J. P. Segal, S. Chevrier, and T. Globokar, 89−115. Paris: Seuil.

d' Iribarne, P. (2002). Motivating workers in emerging countries: Universal tools and local adaptations. *Journal of Organizational Behavior* 23(3): 243−56.

Djankov, S., R. La Porta, F. Lopez−de−Silanes, and A. Shleifer (2003). *The Practice of Justice.* Report by the World Bank. worldbank.org/publicsector/legal/index.cfm.

Douglas, M. (1966). *Purity and Danger.* London: Routledge and Kegan Paul.

Drucker, P. F. (1955). *The Practice of Management.* London: Mercury.

Earley, P. C. (1989). Social loafing and collectivism: A comparison of the United States and the People' s Republic of China. *Administrative Science Quarterly* 34: 565−81.

Earley, P. C. (1997). *Face, Harmony and Social Structure: An Analysis of Organization Behavior Across Cultures.* New York: Oxford University Press.

The Econonmist (2001). An Anthropology of Happiness. In *Christmas Special*, December 22, p. 70.

Elias, N. (1969). *Ueber den Prozess der Zivilisation.* Frankfurt (Main): Suhrkamp.

Erasmus, D. (2001). *Gesprekken (Colloquia).* Amsterdam: Athenaeum−Polak & van Gennep.

[Original Latin text 1524.]

Etcoff, N., S. Orbach, J. Scott, and H. Agostino (2006). *Beyond Stereotypes: Rebuilding the Foundation of Beauty Beliefs.* campaignforrealbeauty.com/ dovebeyondstereotypeswhite-paper.pdf.

Eurobarometer (various issues and years). Brussels: European Commission.

Euromonitor (various issues and years). London: Euromonitor International.

Fang, T. (2003). A critique of Hofstede's fifth national culture dimension. *International Journal of Cross-Cultural Management* 3(3): 347-68.

Fayol, H. (1970). *Administration industrielle et générale.* Paris: Dunod. [Original work published 1916.]

Ferguson, I. R. G. (1973). *Management by Objectives in Deutschland.* Frankfurt: Herder und Herder.

Fernández-Armesto, F. (2004). *So You Think You're Human? A Brief History of Humankind.* Oxford: Oxford University Press.

Fisher, G. (1988). *Mindsets: The Role of Culture and Perception in International Relations.* Yarmouth, ME: Intercultural Press.

Fleishman, E. A., E. F. Harris, and H. E. Burtt (1955). *Leadership and Supervision in Industry.* Columbus: Ohio State University, Bureau of Educational Research.

Foreign Policy magazine and the Center for Global Development (2003). Ranking the Rich: Which Country Really Helps the Poor? foreignpolicy.com, May 9.

Forss, K., J. Carlsen, E. Frøyland, T., Sitari, and K. Vilby (1988). *Evaluation of the Effectiveness of Technical Assistance Personnel Financed by the Nordic Countries.* Stockholm: Swedish International Development Authority.

Franck, G. (1973). Ëpitaphe pour la D.P.O. *Le Management* 3: 8-14.

Franke, J., and N. Nicholson (2002). Who shall we send? Cultural and other influences on the rating of selection criteria for expatriate assignments. *International Journal of Cross-Cultural Management* 1: 21-36.

Gambling, T. (1977). Magic, accounting and morale. *Accounting, Organizations and Society* 2: 141-51.

Gao, G., S. Ting-Toomey, and W. B. Gudykunst (1996). Chinese communication processes. In *The Handbook of Chinese Psychology*, ed. M. H. Bond, 280-93. Hong Kong: Oxford University Press.

Garver-Apgar, C. E., S. W. Gangestad, R. Thornhill, R. D. Miller, and J. J. Olp (2006). MHC alleles, sexual responsivity, and unfaithfulness in romantic couples. *Psychological Science* 17: 830-35.

Giddens, A. (2001). *Sociology*. 4th ed. Cambridge, UK: Polity Press.

Golding, W. (1978[1954]). *Lord of the Flies*. Brighton: Guild Books.

Gonzalez, A. (1982). Sex roles of the traditional Mexican family: A comparison of Chicano and Anglo students' attitudes. *Journal of Cross-Cultural Psychology* 13: 330-39.

Goodstein, L. D. (1981). Commentary: Do American theories apply abroad? *Organizational Dynamics* 10(1): 49-54.

Gould, S. J. (1996). *The Mismeasure of Man*. New York: Norton & Company.

Gray, J. (1993). *Men Are from Mars, Women Are from Venus*. London: Harper Collins.

Gray, S. J. (1988). Towards a theory of cultural influence on the development of accounting systems internationally. *Abacus* 24(1): 1-15.

Groterath, A. (2000). Operatione Babele: La comunicazione interculturale nelle missioni di pace. Thesis Peacekeeping and Security Course, Rome University.

Habib, S. (1995). Concepts fondamentaux et fragments de psychosociologie dans l' oeuvre d'Ibn-Khaldoun: Al-Muqaddima (1375-1377). *Les Cahiers Internationaux de Psychologie Sociale* 27: 101-21.

Haley, K. H. D. (1988). *The British and the Dutch: Political and Cultural Relations Through the Ages*. London: George Philip.

Hall, E. T. (1976). *Beyond Culture*. Garden City, NY: Doubleday Anchor Books.

Halman, L. (2001). *The European Values Study: A Third Wave*. Tilburg, Neth.: ESC, WORC, Tilburg University.

Halman, L., and T. Petterson (1996). The shifting sources of morality: From religion to post-materialism? In *Political Value Change in Western Democracies: Integration, Values, Identification, and Participation*, ed. L. Halman and N. Nevitte, 261-84. Tilburg, Neth.:

Tilburg University Press.

Harding, S., D. Phillips, and M. Fogarty (1986). *Contrasting Values in Western Europe*. London: Macmillan.

Harris, M. (1981). *America Now: The Anthropology of a Changing Culture*. New York: Simon & Schuster.

Harrison, L. E. (1985). *Underdevelopment Is a State of Mind*. Lanham, MD: Madison Books.

Harrison, N. A., T. Singer, P. Rothstein, R. J. Dolan, and H. D. Critchley (2006). Pupillary contagion: Central mechanisms engaged in sadness processing. *Social, Cognitive and Affective Neuroscience* 1(1): 5−17.

Harzing, A. W. (1995). The persistent myth of high expatriate failure rates. *International Journal of Human Resource Management* 6: 457−74.

Harzing, A. W. (2001). Are our referencing errors undermining our scholarship and credibility? The case of expatriate failure rates. *Journal of Organizational Behavior* 23: 127−48.

Harzing, A. W., and A. Sorge (2003). The relative impact of country of origin and universal contingencies on internationalization strategies and corporate control in multinational enterprises: Worldwide and European perspectives. *Organization Studies* 24(2): 187−214.

Hastings, H. E., and P. K. Hastings. (1980). *Index to International Public Opinion 1979−1980*. Oxford: Clio.

Hastings, H. E., and P. K. Hastings. (1981). *Index to International Public Opinion 1980−1981*. Oxford: Clio.

Hawes, F., and D. J. Kealey (1979). *Canadians in Development: An Empirical Study of Adaptation and Effectiveness on Overseas Assignment*. Ottawa: Canadian International Development Agency.

Heine, S. J. (2003). An exploration of cultural variation in self−enhancing and self−improving motivations. In *Cross−Cultural Differences in Perspectives of the Self*, ed. V. Murphy−Berman and J. J. Berman, 101−28. Nebraska Symposium on Motivation, vol. 49. Lincoln: University of Nebraska Press.

Helgesen, G., and U. Kim (2002). *Good Government: Nordic and East Indian Perspectives*. Copenhagen: NIAS Press in collaboration with DUPI (Dansk Udenrigspolitisk Institut−

Danish Institute of International Affairs).

Helmreich, R. L., and A. C. Merritt (1998). *Culture at Work in Aviation and Medicine: National, Organizational and Professional Influences.* Aldershot, Hants., UK: Ashgate.

Herodotus (1997[420 B.C.]). *The Histories.* Translated by Rosalind Thomas. New York: Everyman's Library.

Herzberg, F. (1966). *Work and the Nature of Man.* Boston: World Publishing Co.

Herzberg, F., B. Mausner, and B. B. Snyderman (1959). *The Motivation to Work.* New York: John Wiley & Sons.

Hickson, D. J., and D. S. Pugh (2001). *Management Worldwide: Distinctive Styles amid Globalization.* New enhanced ed. Harmondsworth, Mddx., UK: Penguin Books.

Hill, C., and C. T. Romm (1996). The role of mothers as gift givers: A comparison across 3 cultures. *Advances in Consumer Research* 23: 21−27.

Ho, D. Y. F. (1976). On the concept of face. *American Journal of Sociology* 81: 867−84.

Hofstede, G. (1967). *The Game of Budget Control: How to Live with Budgetary Standards and Yet Be Motivated by Them.* Assen, Neth.: Van Gorcum.

Hofstede, G. (1978). The poverty of management control philosophy. *Academy of Management Review* 3: 450−61.

Hofstede, G. (1980a). *Culture's Consequences: International Differences in Work−Related Values.* Beverly Hills, CA: Sage.

Hofstede, G. (1980b). Motivation, leadership, and organization: Do American theories apply abroad? *Organizational Dynamics* 9(1): 42−63.

Hofstede, G. (1981a). Do American theories apply abroad? A reply to Goodstein and Hunt. *Organizational Dynamics* 10(1): 63−68.

Hofstede, G. (1981b). Management control of public and not−for−profit activities. *Accounting, Organizations and Society* 6(3): 193−221.

Hofstede, G. (1984). *Culture's Consequences: International Differences in Work−Related Values.* Abridged ed. Beverly Hills, CA: Sage.

Hofstede, G. (1986). Cultural differences in teaching and learning. *International Journal of Intercultural Relations* 10(3): 301−20.

Hofstede, G. (1988). McGregor in Southeast Asia? In *Social Values and Development: Asian Perspectives*, ed. D. Sinha, and H. S. R. Kao, 304–14. New Delhi: Sage.

Hofstede, G. (1991). *Cultures and Organizations: Software of the Mind*. London: Mcgraw–Hill UK.

Hofstede, G. (1994a). *Uncommon Sense About Organizations: Cases, Studies, and Field Observations*. Thousand Oaks, CA: Sage.

Hofstede, G. (1994b). Cultural and other differences in teaching and learning. In *The Principles of Multicultural Tertiary Education*, ed. A. van der Walt, 71–79. Selected papers delivered at an international conference. Vaal Triangle Technikon, Vander–bijlpark, South Africa.

Hofstede, G. (1995). Multilevel research of human systems: Flowers, bouquets, and gardens. *Human Systems Research* 14: 207–17.

Hofstede, G. (1996a). An American in Paris: The influence of nationality on organization theories. *Organization Studies* 17: 525–37.

Hofstede, G. (1996b). Gender stereotypes and partner preferences of Asian women in masculine and feminine cultures. *Journal of Cross–Cultural Psychology* 27: 533–46.

Hofstede, G. (2001a). *Culture's Consequences: Comparing Values, Behaviors, Institutions, and Organizations Across Nations*. Thousand Oaks, CA: Sage.

Hofstede, G. (2001b). Comparing behaviors across nations: Some suggestions to Levine and Norenzayan. *Cross–Cultural Psychology Bulletin* 35(3): 27–29.

Hofstede, G. (2006). What did GLOBE really measure? Researchers' minds versus respondents' minds. *Journal of International Business Studies* 37: 882–96.

Hofstede, G. (2007a). A European in Asia. *Asian Journal of Social Psychology* 10: 16–21.

Hofstede, G. (2007b). Asian management in the 21st century. *Asia Pacific Journal of Management* 24: 411–20.

Hofstede, G., and M. H. Bond (1984). Hofstede's culture dimensions: An independent validation using Rokeach's Value Survey. *Journal of Cross–Cultural Psychology* 15(4): 417–33.

Hofstede, G., and M. H. Bond (1988). The Confucius connection: From cultural roots to economic growth. *Organizational Dynamics* 16(4): 4–21.

Hofstede, G., M. H. Bond, and C. L. Luk (1993). Individual perceptions of organizational cultures: A methodological treatise on levels of analysis. *Organizational Studies* 14: 483–503.

Hofstede, G., and R. R. McCrae (2004). Personality and culture revisited: Linking traits and dimensions of culture. *Cross-Cultural Research* 38(1): 52–88.

Hofstede, G., B. Neuijen, D. D. Ohayv, and G. Sanders (1990). Measuring organizational cultures. *Administrative Science Quarterly* 35: 286–316.

Hofstede, G., C. A. van Deusen, C. B. Mueller, T. A. Charles, and the Business Goals Network (2002). What goals do business leaders pursue? A study in fifteen countries. *Journal of International Business Studies* 33(4): 785–803.

Hofstede, G., et al. (1998). *Masculinity and Femininity: The Taboo Dimension of National Cultures*. Thousand Oaks, CA: Sage.

Hofstede, G. J. (1995). Open problems, formal problems. *Revue des Systèmes de Décision* 4(2): 155–65.

Hofstede, G. J. (2001). Adoption of communication technologies and national culture. *Systèmes d' Information et Management* 3(6): 55–74.

Hofstede, G. J., P. B. Pedersen, and G. Hofstede (2002). *Exploring Culture: Exercises, Stories and Synthetic Cultures*. Yarmouth, ME: Intercultural Press.

Holldobler, B., and E. O. Wilson (1990). *The Ants*. Cambridge, MA: Harvard University Press.

Hoppe, M. H. (1990). A Comparative Study of Country Elites: International Differences in Work-Related Values and Learning and Their Implications for Management Training and Development. Ph.D. dissertation, University of North Carolina at Chapel Hill.

Hoppe, M. H. (1998). Validating the masculinity/femininity dimensions on elites from nineteen countries. In G. Hofstede et al., *Masculinity and Femininity: The Taboo Dimension of National Cultures*, 29–43. Thousand Oaks, CA: Sage.

Hoppe, M. H., and R. S. Bhagat (2007). Leadership in the United States: The leader as a cultural hero. In *Culture and Leadership Across the World: The GLOBE Book of In-Depth Studies of 25 Societies*, ed. J. S. Chhokar, F. C. Brodbeck, and R. J. House, 475–535. Thousand Oaks, CA: Sage.

Horovitz, J. H. (1980). *Top Management Control in Europe*. London: Macmillan.

House, R. J., P. Hanges, M. Javidan, P. W. Dorfman, and V. Gupta, ed. (2004). *Culture,*

Leadership, and Organizations: The GLOBE Study of 62 Societies. Thousand Oaks, CA: Sage.

Hsu, F. L. K. (1971). Psychological homeostasis and jen: Conceptual tools for advancing psychological anthropology. *American Anthropologist* 73: 23−44.

Hudson, V. M., and A. den Boer (2004). *Bare Branches: The Security Implications of Asia's Surplus Male Population*. Cambridge, MA: MIT Press.

Huettinger, M. (2006). Cultural dimensions in business life: Hofstede's indices for Latvia and Lithuania. *Baltic Journal of Management* 3: 359−67.

Humana, C. (1992). *World Human Rights Guide*. 3rd ed. New York: Oxford University Press.

Human Development Report, 1999. New York: Oxford University Press.

Human Development Report, 2002. New York: Oxford University Press.

Human Development Report, 2006. New York: Oxford University Press.

Hume, D. (1882). *The Philosophical Works*, 3 vol. Edited by T. H. Green, and T. H. Grose. London; reprinted in facsimile, 1964, by Scientia Verlag, Aalen, Ger. FRG.[Original text published 1742.]

Hunt, J. W. (1981). Commentary: Do American theories apply abroad? *Organizational Dynamics* 10(1): 55−62.

Huntington, S. P. (1998). *The Clash of Civilizations and the Remaking of the World Order*. New York: Simon & Schuster.

Inglehart, R. (1997). *Modernization and Postmodernization: Cultural, Economic, and Political Change in 43 Societies*. Princeton, NJ: Princeton University Press.

Inglehart, R., and W. E. Baker (2000). Modernization, cultural change, and the persistence of traditional values. *American Sociological Review* 65: 19−51.

Inglehart, R., M. Basañez, and A. Moreno (1998). *Human Values and Beliefs: A Cross−Cultural Sourcebook*. Ann Arbor: University of Michigan Press.

Inkeles, A., and D. J. Levinson (1969). National character: The study of modal perspective and sociocultural systems. In *The Handbook of Social Psychology*, ed. G. Lindzey, and E. Aronson. 2nd ed., vol 4. Reading, MA: Addison−Wesley. [Original work published 1954.]

Jablonka, E., and M. J. Lamb (2005). *Evolution in Four Dimensions: Genetic, Epigenetic, Behavioral, and Symbolic Variation in the History of Life*. Cambridge, MA: MIT Press.

Jackofsky, E. F., and J. W. Slocum (1988). CEO roles across cultures. In *The Executive Effect: Concepts and Methods for Studying Top Managers*, ed. D. C. Hambrick, 76–99. Greenwich, CT: JAI.

Jenkins, D. (1973). *Blue and White Collar Democracy*. Garden City, NY: Doubleday.

Kahn, H. (1979). *World Economic Development: 1979 and Beyond*. London: Croom Helm.

Kashima, E. S., and Y. Kashima (1998). Culture and language: The case of cultural dimensions and personal pronoun use. *Journal of Cross–Cultural Psychology* 29: 461–86.

Kashima, Y., and E. S. Kashima (2003). Individualism, GNP, climate, and pronoun drop: Is individualism determined by affluence and climate, or does language use play a role? *Journal of Cross–Cultural Psychology* 34(1): 125–34.

Kelen, B. (1983). *Confucius in Life and Legend*. Singapore: Graham Brash (Pte.) Ltd. [Original work published 1971.]

Kelly, K. (1994). *Out of Control: The New Biology of Machines, Social Systems, and the Economic World*. Reading, MA: Addison–Wesley.

Kets de Vries, M. F. R. (2001). *The Leadership Mystique: A User's Manual for the Human Enterprise*. London: Financial Times/Prentice–Hall.

Khandwalla, P. N. (1985). Pioneering innovative management: An Indian excellence. *Organization Studies* 6: 161–83.

Kiernan, V. G. (1969). *The Lords of Humankind: European Attitudes Towards the Outside World in the Imperial Age*. Harmondsworth, Mddx., UK: Pelican.

Kieser, A., and H. Kubicek (1983). *Organisation*. Berlin: Walter de Gruyter.

Kim, U. (1995). Psychology, science, and culture: Cross–cultural analysis of national psychologies. *International Journal of Psychology* 30: 663–79.

Klidas, A. K. (2001). Employee Empowerment in the European Hotel Industry: Meaning, Process and Cultural Relativity. Ph.D. dissertation, University of Tilburg. Amsterdam: Thela Thesis.

Kluckhohn, F. R., and F. L. Strodtbeck (1961). *Variations in Value Orientations*. Westport, CT: Greenwood.

Kohn, M. L. (1969). *Class and Conformity: A Study in Values*. Homewood, IL: Dorsey Press.

Kolman, L., N. G. Noorderhaven, G. Hofstede, and E. Dienes (2003). Cross–cultural differences in Central Europe. *Journal of Managerial Psychology* 18: 76−88.

Kuhn, T. S. (1970). *The Structure of Scientific Revolutions*. 2nd enlarged ed. Chicago: University of Chicago Press.

Kühnen, U., B. Hannover, U. Roeder, A. A. Shah, B. Schubert, A. Upmeyer, and S. Zakaria (2001). Cross−cultural variations in identifying embedded figures: Comparisons from the United States, Germany, Russia, and Malaysia. *Journal of Cross−Cultural Psychology* 32(3): 365−71.

Kuppens, P., E. Ceulemans, M. E. Timmerman, E. Diener, and C. Kim−Prieto (2006). Universal intracultural and intercultural dimensions of the recalled frequency of emotional experience. *Journal of Cross−Cultural Psychology* 37: 491−515.

Kuznar, L., and R. Sedlmeyer (2005). Collective violence in Darfur: An agent−based model of pastoral nomad/sedentary peasant interaction. *Mathematical Anthropology and Cultural Theory: An International Journal* 1(4): 1−22.

Laaksonen, O. J. (1977). The power of Chinese enterprises. *International Studies of Management and Organization* 7(1): 71−90.

Lammers, A. (1989). *Uncle Sam en Jan Salie: Hoe Nederland Amerika ontdekte*. Amsterdam: Balans.

Lammers, C. J. (1988). Transience and persistence of ideal types in organization theory. *Research in the Sociology of Organizations* 6: 203−24.

Lammers, C. J. (2003). Occupational regimes alike and unlike. *Organization Studies* 9: 1379−1403.

Lasch, C. (1980). *The Culture of Narcissism: American Life in an Age of Diminishing Expectations*. New York: Warner.

Laurent, A. (1981). Matrix organizations and Latin culture. *International Studies of Management and Organization* 10(4): 101−14.

Lawrence, P. (1980). *Managers and Management in West Germany*. London: Croom Helm.

Leung, K., and F. J. R. van de Vijver (2008). Strategies for strengthening causal inferences in cross−cultural research: The consilience approach. *International Journal of Cross−Cultural Management* 8: 145−69.

Levine, R., S. Sato, T. Hashimoto, and J. Verma (1995). Love and marriage in 11 cultures. *Journal of Cross-Cultural Psychology* 30: 178-205.

Levine, R. V., and A. Norenzayan (1999). The pace of life in 31 countries. *Journal of Cross-Cultural Psychology* 30: 178-205.

Levine, R. V., A. Norenzayan, and K. Philbrick (2001). Cross-cultural differences in helping strangers. *Journal of Cross-Cultural Psychology* 32(5): 543-60.

Levinson, D. (1977). What have we learned from cross-cultural surveys? *American Behavioral Scientist* 20: 757-92.

Lévi-Strauss, C., and D. Eribon (1988). *De près et de loin.* Paris: Editions Odile Jacob.

Lewis, B. (1982). *The Muslim Discovery of Europe.* London: Weidenfield & Nicholson.

Likert, R. (1961). *New Patterns of Management.* New York: McGraw-Hill.

Locke, R. R. (1996). *The Collapse of the American Management Mystique.* Oxford: Oxford University Press.

Lord, M. D., and A. L. Ranft (2000). Organizational learning about new international markets: Exploring the internal transfer of local market knowledge. *Journal of International Business Studies* 31(4): 573-89.

Lynch, P. D., and J. C. Beck (2001). Profiles of Internet buyers in 20 countries: Evidence for region-specific strategies. *Journal of International Business Studies* 32(4): 725-48.

Lynn, M. (2000). National character and tipping customs: The needs for achievement, affiliation and power as predictors of the prevalence of tipping. *International Journal of Hospitality Management* 19(2): 205-10.

Lynn, R. (1971). *Personality and National Character.* Oxford: Pergamon Press.

Lynn, R. (1975). National differences in anxiety 1935-65. In *Stress and Anxiety*, Part 2, ed. I. G. Sarason and C. D. Spielberger, 257-74. Washington, DC: Hemisphere.

Lynn, R. (1991). *The Secret of the Miracle Economy: Different National Attitudes to Competitiveness and Money.* London: Social Affairs Unit.

Machiavelli, N. (1955). *The Ruler.* Translated by P. Rodd. Los Angeles: Gateway Editions. [Originally published in Italian, 1517.]

Magalhaes, R. (1984). Organisation development in Latin countries: Fact or fiction. *Leadership and Organization Development Journal* 5(5): 17−21.

Mamman, A., and K. Saffu (1998). Short−termism, control, quick−fix and bottom line. *Journal of Managerial Psychology* 13: 291−308.

Mann, J., R. C. Connor, P. L. Tyack, and H. Whitehead, ed. (2000). *Cetacean Societies: Field Studies of Dolphins and Whales.* Chicago: University of Chicago Press.

March, J. G., and J. P. Olsen (1976). *Ambiguity and Choice in Organizations.* Bergen, Norway: Universitetsforlaget.

Markus, H. R, and S. Kitayama (1991). Culture and the self: Implications for cognition, emotion, and motivation. *Psychological Review* 98: 224−53.

Maslow, A. H. (1970). *Motivation and Personality.* 2nd ed. New York: Harper & Row.

Matsumoto, D. (1989). Cultural influences on the perception of emotion. *Journal of Cross−Cultural Psychology* 20: 92−105.

McClelland, D. (1961). *The Achieving Society.* Princeton, NJ: Van Nostrand.

McCrae, R. R. (2002). NEO−PI−R data from 36 cultures: Further intercultural comparisons. In *The Five−Factor Model of Personality Across Cultures*, ed. R. R. McCrae, and J. Allik. New York: Kluwer Academic/Plenum Publishers.

McCrae, R. R., and P. T. Costa (2003). *Personality in Adulthood: A Five−Factor Theory Perspective.* New York: Guilford Press.

McCrae, R. R., and O. P. John (1992). An introduction to the five−factor model and its applications. *Journal of Personality and Social Psychology* 60: 175−215.

McCrae, R. R., A. Terracciano, A. Realo, and J. Allik (2008). Interpreting GLOBE societal practices scales. *Journal of Cross−Cultural Psychology* 39: 805−10.

McDonald, L. G., and P. Robinson (2009). *A Colossal Failure of Common Sense: The Inside Story of the Collapse of Lehman Brothers.* New York: Crown Business.

McGregor, D. (1960). *The Human Side of Enterprise.* New York: McGraw−Hill.

McNeill, J. R., and W. H. McNeill (2003). *The Human Web: A Bird's−Eye View of World History.* New York: W. W. Norton.

Mead, M. (1962). *Male and Female.* London: Penguin Books. [Original work published 1950.]

Meeuwesen, L., E. van den Brink−Muinen, and G. Hofsted (2009). Can dimensions of national culture predict cross-national differences in medical communication? *Patient Education and Counseling* 75: 58-66.

Merritt, A. (2000). Culture in the cockpit: Do Hofstede's dimensions relplicate? *Journal of Cross-Cultural Psychology* 31(3): 283-301.

Merton, R. K. (1968). *Social Theory and Social Structure*. Enlarged ed. New York: Free Press. [Original work published 1949.]

Metcalf, H. C., and L. Urwick (1940). *Dynamic Administration: The Collected Papers of Mary Parker Follett*. New York: Harper & Row.

Michaud, G., ed. (1978). *Identites collectives et relations inter-culturelles*. Paris: Presses Universitaires de France.

Minkov, M. (2007). *What Makes Us Different and Similar: A New Interpretation of the World Values Survey and Other Cross-Cultural Data*. Sofia, Bulgaria: Klasika i Stil.

Minkov, M. (2008). Self-enhancement and self-stability predict school achievement at the national level. *Cross-Cultural Research* 42: 172-96.

Minkov, M. (2009). Predictors of differences in subjective well-being across 97 nations. *Cross-Cultural Research* 43: 152-79.

Minkov, M., and V. Blagoev (2009). Cultural values predict subsequent economic growth. *International Journal of Cross-Cultural Management* 9(1): 5-24.

Mintzberg, H. (1983). *Structure in Fives: Designing Effective Organizations*. Englewood Cliffs, NJ: Prentice-Hall.

Mintzberg, H. (1989). *Mintzberg on Management: Inside Our Strange World of Organizations*. New York: The Free Press.

Mintzberg, H. (1993). The pitfalls of strategic planning. *California Management Review* 36(1): 32-47.

Mithen, S. (2003). *After the Ice: A Global Human History 20,000-5,000 B.C.* London: Weidenfeld & Nicolson.

Montesquieu, C.-L. de (1979). *De l'esprit des lois*, vol. 1. Paris: GF-Flammarion. [Original work published 1742.]

Moore, C. A. (1967). Editior's supplement: The enigmatic Japanese mind. In *The Japanese Mind:*

Essentials of Japanese Philosophy and Culture, ed. C. A. Moore, 288–313. Tokyo: C. E. Tuttle.

Moore, K., and D. Lewis (1999). *Birth of the Multinational: Two Thousand Years of Ancient Business History, from Ashur to Augustus*. Copenhagen: Copenhagen Business School Press.

Morakul, S., and F. H. Wu (2001). Cultural influences on the ABC implementation in Thailand's environment. *Journal of Managerial Psychology* 16: 142–58.

Morier, J. J. (1923). *The Adventures of Hajji Baba of Ispahan*. Edited with an introduction and notes by C. W. Stewart. London: Oxford University Press. [Original work published 1824.]

Mouritzen, P. E., and J. H. Svara (2002). *Leadership at the Apex: Politicians and Administrators in Western Local Governments*. Pittsburgh, PA: University of Pittsburgh Press.

Mulder, M. (1976). Reduction of power differences in practice: The power distance reduction theory and its applications. In *European Contributions to Organization Theory*, ed. G. Hofstede, and M. S. Kassem, 79–94. Assen, Neth.: Van Gorcum.

Mulder, M. (1977). *The Daily Power Game*. Leiden, Neth.: Martinus Nijhoff.

Myasoedov, S. (2003). Chairperson's introduction. In *Business Cooperation and Business Schools Cooperation: New Opportunities Within CEEMAN*, ed. M. Minkov, and B. Vilfan, 17. 11th CEEMAN Annual Conference, Sofia, Bulgaria. Ljubljana, Slovenia: CEEMAN.

National Center for Education Statistics (1999). *TIMSS (Third International Mathematics and Science Study)*. http://nces.ed.gov/timss.

Navarrete, C. D., A. Olsson, A. K. Ho, W. B. Mendes, L. Thomsen, and J. Sidanius (2009). Fear extinction to an out–group face: The role of target gender. *Psychological* Science 20(2): 155–58.

Negandhi, A. R., and S. B. Prasad (1971). *Comparative Management*. New York: Appleton–Century–Crofts.

Neisser, U., G. Boodoo, T. J. Bouchard, A. W. Boykin, N. Brody, S. J. Ceci, D. F. Halpern, J. C. Loehlin, R. Perloff, R. J. Sternberg, and S. Urbina (1996). Intelligence: Knowns and unknowns. *American Psychologist* 51(2): 77–101.

Nesse, R. M., and G. C. Wiliams (1995). *Why We Get Sick: The New Science of Darwinian*

Medicine. New York: Times Books.

Ng, S. H., et al. (1982). Human Values in Nine Countries. In *Diversity and Unity in Cross—Cultural Psychology*, ed. R. Rath et al., 196—205. Lisse, Neth.: Swets & Zeitlinger.

Noorderhaven, N. G., and B. Tidjani (2001). Culture, governance, and economic performance: An explorative study with a special focus on Africa. *International Journal of Cross—Cultural Management* 1: 31—52.

OECD (Organization for Economic Cooperation and Development) (1995). *Literacy, Economy and Society: Results of the First International Adult Literacy Survey*. Paris: OECD and Development Statistics Canada.

Ouchi, W. G. (1980). Markets, bureaucracies and clans. *Administrative Science Quarterly* 25: 129—41.

Oyserman, D., H. M. Coon, and M. Kemmelmeier (2002). Rethinking individualism and collectivism: Evaluations of theoretical assumptions and meta—analyses. *Psychological Bulletin* 128: 3—72.

Page, M. (1972). *The Company Savage: Life in the Corporate Jungle*. London: Coronet.

Pagès, M. (1971). Bethel culture, 1969: Impressions of an immigrant. *Journal of Applied Behavioral Science* 7: 267—84.

Pagès, M., M. Bonetti, V. de Gaulejac, and D. Descendre (1979). *l' Emprise de l' organisation*. Paris: Presses Universitaires de France.

Parsons, T. (1964). Evolutionary universals in society. *American Sociological Review* 29(3): 339—57.

Parsons, T., and E. A. Shils (1951). *Toward a General Theory of Action*. Cambridge, MA: Harvard University Press.

Pascal, B. (1972). *Pensèes*. Preface and introduction by Léon Brunschvicg. Paris: Le Livre de Poche. [Original publication 1667.]

Payer, L. (1989). *Medicine and Culture: Notions of Health and Sickness in Britain, the U.S., France and West Germany*. London: Victor Gollancz.

Pedersen, T., and S. Thomsen (1997). European patterns of corporate ownership: A twelve-country study. *Journal of International Business Studies* 28: 759—78.

Pelto, P. J. (1968). The difference between 'tight' and 'loose' societies. *TransAction* (April): 37–40.

Peters, T. J., and R. H. Waterman (1982). *In Search of Excellence: Lessons from America's Best-Run companies*. New York: Harper & Row.

Peterson, M. F., and J. G. Hunt (1997). International perspectives on international leadership. *Leadership Quarterly* 8(3): 203–31.

Peterson, M. F., and K. L. Pike (2002). Emics and ethics for organizational studies: A lesson in contrast from linguistics. *International Journal of Cross-Cultural Management* 2: 5–19.

Pew Research Center (2007). *Global Opinion Trends 2002–2007*. Internet publication. Retrieved February 20, 2008, from http://pewglobal.org/reports/pdf/257.pdf and http://pewglobal.org/reports/pdf/257topline-trend.pdf.

Plato (1974 [375 B.C.]). *The Republic*. Translated by Desmond Lee. Harmondsworth, Mddx., UK: Penguin Classics.

Platow, M. J., N. J. Voudouris, M. Coulson, N. Gilford, R. Jamieson, L. Najdovski, N. Papaleo, C. Pollard, and L. Terry (2006). In-group reassurance in a pain setting produces lower level of physiological arousal: Direct support for a self-categorization analysis of social influence. *European Journal of Social Psychology* 37: 649–60.

Porter, M. E. (1990). *The Competitive Advantage of Nations*. London: Macmillan.

Porter, M. E. (1992). A note on culture and competitive advantage: Response to van den Bosch and van Prooijen. *European Management Journal* 10: 178.

Pryor, J. B., E. R. DeSouza, J. Fitness, C. Hutz, M. Kumpf, K. Lubbert, O. Pesonen, and M. W. Erber (1997). Gender differences in the interpretation of social-sexual behavior: A cross-cultural perspective on sexual harassment. *Journal of Cross-Cultural Psychology* 28: 509–34.

Pugh, D. S., and D. J. Hickson (1976). *Organizational Structure in Its Context: The Aston Programme I*. Westmead, Farnborough, Hants., UK: Saxon House.

Pugh, D. S., and D. J. Hickson (1993). *Great Writers on Organizations*. Omnibus ed. Aldershot: Dartmouth.

Pümpin, C. (1984). Unternehmenskultur, Unternehmensstrategie und Unternehmenserfolg. *GDI Impuls* 2: 19–30, Bern, Switz.: Gottlieb Duttweiler Institut.

Pümpin, C., J. M. Kobi, and H. A. Wüthrich (1985). *La culture de l'entreprise: Le profil stratégique qui conduit au succès.* Bern, Switz.: Banque Populaire Suisse.

Read, R. (1993). Politics and Policies of National Economic Growth. Ph.D. dissertation, Stanford University.

Redding, S. G. (1980). Management education for Orientals. In *Breaking Down Barriers: Practice and Priorities for International Management Education,* ed. B. Garratt, and J. Stopford, 193–214. Westmead, Farnborough, Hants.: Gower.

Redding, S. G. (1990). *The Spirit of Chinese Capitalism.* Berlin: Walter de Gruyter.

Rendell, L., and H. Whitehead (2001). Culture in whales and dolphins. *Behavioral and Brain Sciences* 24(2): 309–30.

Renier, G. J. (1931). *The English: Are They Human?* London: William & Norgate.

Rice, T. W., and B. J. Steele (2004). Subjective well–being and culture across time and space. *Journal of Cross–Cultural Psychology* 35: 633–47.

Richerson, P. J., and R. Boyd (2005). *Not by Genes Alone: How Culture Transformed Human Evolution.* Chicago: University of Chicago Press.

Richerson, P. J., D. Collins, and R. M. Genet (2006). Why managers need evolutionary theory of organizations. *Strategic Organization* 4(2): 201–11.

Rose, R. (1955). *Twelve Angry Men: A Play in Two Acts.* London: Samuel French.

Ross, M. W. (1989). Gay youth in four cultures: A comparative study. *Journal of Homosexuality* 17: 299–314.

Russell, B. (1976). *The Impact of Science on Society.* London: Unwin Paperbacks. [Original work published 1952.]

Russell, B. (1979). *An Outline of Philosophy.* London: Unwin Paperbacks. [Original work published 1927.]

Ryback, D., A. L. Sanders, J. Lorentz, and M. Koestenblatt (1980). Child–rearing practices reported by students in six cultures. *Journal of Psychology* 110: 153–62.

Sadler, P. J., and G. Hofstede (1976). Leadership styles: Preferences and perceptions of employees of an international company in different countries. *International Studies of Management and Organization* 6(3): 87–113.

Saffold, G. S. (1988). Culture traits, strength, and organizational performance: Moving beyond 'strong' culture. *Academy of Management Review* 13: 546–58.

Sagiv, L., and S. H. Schwartz (2000). A new look at national culture: Illustrative applications to role stress and managerial behavior. In *Handbook of Organizational Culture and Climate*, ed. N. M. Ashkanasy, C. P. M. Wilderom, and M. F. Peterson, 417–35. Thousand Oaks, CA: Sage.

Sandemose, A. (1938). *En flygtling krydser sit spor* [A Fugitive Crosses His Own Track]. Copenhagen: Gyldendals Bogklub. [Danish translation. Originally published in Norwegian, 1933.]

Sanders, G., and J. van der Veen (1998). Culture in ICUs. In *Organisation and Management of Intensive Care*, ed. D. Reis Miranda, D. W. Ryan, W. B. Schaufeli, and V. Fidler, 208–19. Berlin: Springer–Verlag.

Saner, R., and L. Yiu (2000). Developing sustainable trans–border regions: The need for business diplomats, entrepreneurial politicians and cultural ambassadors. *Social Strategies* 23(October): 411–28.

Schama, S. (1987). *The Embarrassment of Riches: An Interpretation of Dutch Culture in the Golden Age*. New York: Alfred A. Knopf.

Schein, E. H. (1985). *Organizational Culture and Leadership: A Dynamic View*. San Francisco: Jossey–Bass.

Schenk, E. J. J. (2001). *Economie en strategie van de megafusie*. The Hague: Elsevier Wetenschappelijke Publicaties.

Schildhauer, J. (1985). *The Hansa: History and Culture*. Leipzig, Ger.: Edition Leipzig.

Schimmack, U., S. Oishi, and E. Diener (2002). Cultural influences on the relation between pleasant emotions and unpleasant emotions: Asian dialectic philosophies or individualism–collectivism? *Cognition and Emotion* 16(6): 705–19.

Schmitt, D. P. (2005). Sociosexuality from Argentina to Zimbabwe: A 48–nation study of sex, culture, and strategies of human mating. *Behavioral and Brain Sciences* 28: 247–311.

Schneider, L., and S. Lysgaard (1953). The deferred gratification pattern: A preliminary study. *American Sociological Review* 18: 142–49.

Schramm-Nielsen, J. (2001). Cultural dimensions of decision making: Denmark and France compared. *Journal of Managerial Psychology* 16: 404-23.

Schuler, R. S., and N. Rogovsky (1998). Understanding compensation practice variation across firms: The impact of national cultures. *Journal of International Business Studies* 29: 159-77.

Schumacher, E. F. (1973). *Small Is Beautiful: A Study of Economics as if People Mattered.* London: Sphere.

Schwartz, S. H. (1994). Beyond individualism/collectivism—new cultural dimensions of values. In *Individualism and Collectivism: Theory, Method and Applications*, ed. U. Kim, H. C. Triandis, Ç. Kagitçibasi, S. C. Choi, and G. Yoon, 85-119. Thousand Oaks, CA: Sage.

Schwartz, S. H., and A. Bardi (2001). Value hierarchies across cultures: Taking a similarities perspective. *Journal of Cross-Cultural Psychology* 32(3): 268-90.

Sebenius, J. K. (2002). The hidden challenge of cross-border negotiations. *Harvard Business Review* (March): 76-85.

Semenov, R. (2000). *Cross-Country Differences in Economic Governance: Culture as a Major Explanatory Factor.* Ph.D. dissertation, Tilburg, Neth.: Tilburg University.

Shane, S. A. (1993). Cultural influences on national rates of innovation. *Journal of Business Venturing* 8: 59-73.

Shane, S. A. (1995). Uncertainty avoidance and the preference for innovation championing roles. *Journal of International Business Studies* 26: 47-68.

Shane, S. A., and S. Venkataraman (1996). Renegade and rational championing strategies. *Organization Studies* 17: 751-72.

Shane, S. A., S. Venkataraman, and I. C. Macmillan (1995). Cultural differences in innovation championing strategies. *Journal of Management* 21: 931-52.

Sherman, P. J., R. L. Helmreich, and A. C. Merritt (1997). National culture and flight deck automation: Results of a multination survey. *International Journal of Aviation Psychology* 7(4): 311-29.

Smircich, L. (1983). Concepts of culture and organizational analysis. *Administrative Science Quarterly* 28: 339-58.

Smith, P. B. (2004). Acquiescent response bias as an aspect of cultural communication style.

Journal of Cross-Cultural Psychology 35: 50-61.

Smith, P. B., S. Dugan, and F. Trompenaars (1996). National culture and the values of organizational employees: A dimensional analysis across 43 nations. *Journal of Cross-Cultural Psychology* 27: 231-64.

Smith, P. B., M. F. Peterson, and S. H. Schwartz (2002). Cultural values, sources of guidance, and their relevance to managerial behavior: A 47-nation study. *Journal of Cross-Cultural Psychology* 33(2): 188-208.

Smith, P. B., F. Trompenaars, and S. Dugan (1995). The Rotter Locus of Control Scale in 43 countries: A test of cultural relativity. *International Journal of Psychology* 30: 377-400.

Soeters, J. (1986). Excellent companies as social movements. *Journal of Management Studies* 23: 299-313.

Soeters, J. (2000). Culture in uniformed organizations. In *Handbook of Organizational Culture and Climate*, ed. N. M. Ashkanasy, C. P. M. Wilderom, and M. F. Peterson, 465-81. Thousand Oaks, CA: Sage.

Soeters, J., and R. Recht (2001). Convergence or divergence in the multinational classroom? Experiences from the military. *International Journal of Intercultural Relations* 25: 423-40.

Soeters, J., and H. Schreuder (1986). Nationale en organisatieculturen in accountantskantoren. *Sociologische Gids* 33(2): 100-21.

Søndergaard, M. (1994). Hofstede's consequences: A study of reviews, citations and replications. *Organization Studies* 15: 447-56.

Søndergaard, M. (2002). Values of local government CEOs in job motivation: How do CEOs see the ideal job? In *Social Bonds to City Hall*, ed. P. Dahler-Larsen, 57-75. Odense, Den.: Odense University Press.

Statham, A. (1987). The gender model revisited: Differences in the management styles of men and women. *Sex Roles* 16: 409-29.

Stevens, E. P. (1973). Marianismo: The other face of machismo in Latin America. In *Female and Male in Latin America*, ed. A. Pescatello, 90-101. Pittsburgh, PA: University of Pittsburgh Press.

Stevenson, H. W., and S. Y. Lee (1996). The academic achievement of Chinese students. In *The*

Handbook of Chinese Psychology, ed. M. H. Bond. Hong Kong: Oxford University Press.

Stewart, E. C. (1985). Culture and decision-making. In *Communication, Culture, and Organizational Processes*, ed. W. B. Gudykunst, L. P. Stewart, and S. Ting-Toomey, 177–211. Beverly Hills, CA: Sage.

Stiglitz, J. E. (2002). *Globalization and Its Discontents*. New York: W. W. Norton & Company.

Stoetzel, J. (1983). *Les valeurs du temps présént*. Paris: Presses Universitaires de France.

Stouffer, S. A., and J. Toby (1951). Role conflict and personality. *American Journal of Sociology* 56(5): 395–406.

Stroebe, W. (1976). Is social psychology really that complicated? A review of Martin Irle's Lehrbuch der Sozialpsychologie. *European Journal of Social Psychology* 6(4): 509–11.

Tannen, D. (1992). *You Just Don't Understand: Women and Men in Conversation*. London: Virago.

Tobin, J. J., D. Y. H. Wu, and D. H. Danielson (1989). *Pre-school in Three Cultures: Japan, China, and the United States*. New Haven, CT: Yale University Press.

Tocqueville, A. de (1956). *Democracy in America*. Edited and abridged by R. D. Heffner. New York: Mentor Books. [Original work published 1835.]

Tollgerdt-Andersson, I. (1996). Attitudes, values and demands on leadership: A cultural comparison among some European countries. In *Managing Across Cultures: Issues and Perspectives*, ed. P. Joynt. and M. Warner, 166–78. London: Thomson.

Triandis, H. C. (1972). *The Analysis of Subjective Culture*. New York: Wiley-Interscience.

Triandis, H. C. (1973). Culture training, cognitive complexity and interpersonal attitudes. In *Readings in Intercultural Communication*, ed. D. S. Hoopes, 55–68. Pittsburgh, PA: Regional Council for International Education.

Triandis, H. C. (1995). *Individualism and Collectivism*. Boulder, CO: Westmore.

Triandis, H. C. (2002). Odysseus wandered for 10, I wondered for 50 years. In *Online Readings in Psychology and Culture*, ed. W. J. Lonner, D. L. Dinnel, S. A. Hayes, and D. N. Sattler. Internet publication. Retrieved July 21, 2005, from wwu.edu/~culture.

Trompenaars, F. (1993). *Riding the Waves of Culture: Understanding Cultural Diversity in Business*. London: Economist Books.

Tung, R. L. (1982). Selection and training procedures of U.S., European and Japanese multinationals. *California Management Review* 25(1): 57–71.

Turchin, P. (2006). *War and Peace and War: The Rise and Fall of Empires*. New York: Plume.

Tylor, E. B. (1924). *Primitive Culture*. Gloucester, MA: Smith. [Original work published 1871.]

UNICEF (1995). *The State of the World's Children 1995*. New York: UNICEF/Oxford University Press.

UN Office on Drugs and Crime (2004). *Seventh United Nations Survey of Crime Trends and Operations of Criminal Justice Systems, Covering the Period 1998–2000*. Internet publication. Retrieved January 20, 2006, from unodc.org/pdf/ crime/seventh_survey/ 7sv.pdf.

UN Statistics Division (2009). *Statistics and Indicators on Women and Men. Social Indicators. Total Fertility Rates*. Internet publication. Retrieved September 28, 2009, from http://unstats.un.org/unsd/demographic/products/indwm/tab2c.htm.

van den Berg–Weitzel, L., and G. van de Laar (2000). Relation between culture and communication in packaging design. *Brand Management* 8(3): 171–84.

van den Bosch, F. A. J., and A. A. van Prooijen (1992). The competitive advantage of European nations: The impact of national culture, a missing element in Porter's analysis. *European Management Journal* 10: 173–78.

van der Veen, R. (2002). *Afrika: Van de Koude Oorlog naar de 21e Eeuw*. Amsterdam: KIT Publishers.

van de Vliert, E. (1998). Gender role gaps, competitiveness, and masculinity. In G. Hofstede et al., *Masculinity and Femininity: The Taboo Dimension of National Cultures*, 117–29. Thousand Oaks, CA: Sage.

van de Vliert, E. (2009). *Climate, Affluence, and Culture*. New York: Cambridge University Press.

van Dijk, T., ed. (1997a). *Discourse as Structure and Process*. London: Sage.

van Dijk, T., ed. (1997b). *Discourse as Social Interaction*. London: Sage.

van Haaf, J., M. C. C. Vonk, and F. J. R. van de Vijver (2002). Structural equivalence of the social norms scale of the world values survey. In *New Directions in Cross–Cultural Psychology*, ed. P. Boski, F. J. R. van de Vijver, and A. M. Chodynicka, 165–82. Warsaw: Wydawnictwo

Instytutu Psychologii PAN.

van Nimwegen, T. (2002). *Global Banking, Global Values: The In-House Reception of the Corporate Values of ABN AMRO.* Ph.D. dissertation, Nyenrode University, Delft: Eburon.

van Oudenhoven, J. P. (2001). Do organizations reflect national cultures? A 10-nation study. *International Journal of Intercultural Relations* 25: 89-107.

van Rossum, J. H. A. (1998). Why children play: American versus Dutch boys and girls. In G. Hofstede et al., *Masculinity and Femininity: The Taboo Dimension of National Cultures*, 130-38. Thousand Oaks, CA: Sage.

Veenhoven, R. (1993). *Happiness in Nations: Subjective Appreciation of Life in 56 Nations, 1946-1992.* Rotterdam: Erasmus University, Department of Social Sciences.

Verhulst, F. C., T. M. Achenbach, R. F. Ferdinand, and M. C. Kasius (1993). Epidemiological comparisons of American and Dutch adolescents' self-reports. *Journal of the American Academy of Child and Adolescent Psychiatry* 32: 1135-44.

Verweij, J. (1998). The importance of femininity in explaining cross-national differences in secularization. In G. Hofstede et al., *Masculinity and Femininity: The Taboo Dimension of National Cultures*, 179-91. Thousand Oaks, CA: Sage.

Verweij, J., P. Ester, and R. Nauta (1997). Secularization as an economic and cultural phenomenon: A cross-nation analysis. *Journal for the Scientific Study of Religion* 36: 309-24.

Walter, T. (1990). Why are most churchgoers women? In *Vox Angelica XX: Biblical and Other Essays from London Bible College*, ed. H. Rowdon. London: Paternoster.

Ward, C., S. Bochner, and A. Furnham (2001). *The Psychology of Culture Shock.* 2nd ed. London: Routledge.

Watts, A. (1979). *Tao: The Watercourse Way.* Harmondsworth, Mddx., UK: Pelican.

Webber, R. A., ed. (1969). *Culture and Management.* Homewood, IL: Irwin.

Weber, M. (1970). *Essays in Sociology.* Edited by H. H. Gerth. and C. W. Mills. London: Routledge & Kegan Paul. [Original work published 1948.]

Weber, M. (1976). *The Protestant Ethic and the Spirit of Capitalism.* London: George Allen & Unwin. [Original work published 1930.]

Weick, K. E. (1985). The significance of corporate culture. In *Organizational Culture*, ed. P. J. Frost,

L. F. Moore, M. R. Louis, C. C. Lundberg, and J. Martin, 381–89. Beverly Hills, CA: Sage.

Weimer, J. (1995). *Corporate Financial Goals: A Multiple Constituency Approach to a Comparative Study of Dutch, U.S., and German Firms*. Ph.D. dissertation. Enschede, Neth.: Twente University.

Weiss, R. A. (2009). Apes, lice and prehistory. *Journal of Biology* 8: 20.

Westbrook, M. T., and V. Legge (1993). Health practitioners' perceptions of family attitudes towards children with disabilities: A comparison of six communities in a multicultural society. *Rehabilitation Psychology* 38(3): 177–85.

Westbrook, M. T., V. Legge, and M. Pennay (1993). Men's reactions to becoming disabled: A comparison of six communities in a multicultural society. *Journal of Applied Rehabilitation Counseling* 24(3): 35–41.

Westerlund, G., and S. E. Sjöstrand (1975). *Organizational Myths*. London: Harper & Row.

Wildeman, R. E., G. Hofstede, N. G. Noorderhaven, A. R. Thurik, W. H. J. Verhoeven, and A. R. M. Wennekers (1999). *Culture's Role in Entrepreneurship: Self-Employment out of Dissatisfaction*. Rotterdam: Rotterdam Institute for Business Economic Studies.

Wilkins, A. L., and W. G. Ouchi (1983). Efficient cultures: Exploring the relationship between culture and organizational performance. *Administrative Science Quarterly* 28: 468–81.

Williamson, O. E. (1975). *Markets and Hierarchies: Analysis and Antitrust Implications*. New York: Free Press.

Williamson, O. E. (2000). The New Institutional Economics: Taking stock, looking ahead. *Journal of Economic Literature* 38: 595–613.

Wilson, D. S. (2007). *Evolution for Everyone: How Darwin's Theory Can Change the Way We Think About Our Lives*. New York: Bantam Dell.

Wilson, D. S., M. Van Vugt, and R. O'Gorman (2008). Multilevel selection theory and major evolutionary transitions: Implications for psychological science. *Current Directions in Psychological Science* 17(1): 6–9.

Wilson, E. O. (1998). *Consilience: The Unity of Knowledge*. London: Abacus.

Wirthlin Worldwide (1996). *Asian Values and Commercial Success*. decima.com/publiens/report/wr9603.htm.

Witkin, H. A. (1977). Theory in cross–cultural research: Its uses and risks. In *Basic Problems in Cross–Cultural Psychology*, ed. Y. H. Poortinga, 82–91. Amsterdam: Swets & Zeitlinger.

Witkin, H. A., and D. R. Goodenough (1977). Field dependence and interpersonal behavior. *Psychological Bulletin* 84: 661–89.

Witte, E. (1973). *Organisation für Innovationsentscheidungen: Das Promotoren–Modell*. Göttingen FRG: Verlag Otto Schwarz & Co.

Witte, E. (1977). Power and innovation: A two–center theory. *International Studies of Management and Organization* 7(1): 47–70.

World Bank (1972) *World Bank Atlas*. Washington, DC: World Bank.

World Development Report (2009). *Building Institutions for Markets*. New York: Oxford University Press.

World Health Organization (2005). *WHO Global InfoBase Online. BMI/Overweight/ Obesity*. Internet publication. Retrieved December 7, 2006, from who.int/ ncd_surveillance/infobase/web/infobasecommon.

World Health Organization (2008). *World Health Statistics 2008*. Geneva: WHO Press.

World Investment Report (2000). *Cross–Border Mergers and Acquisitions and Development*. New York: United Nations.

World Values Survey (current). worldvaluessurvey.org.

Worm, V. (1997). *Vikings and Mandarins: Sino–Scandanavian Business Cooperation in Cross– Cultural Settings*. Copenhagen: Handelshøjskolens Forlag.

Wu, T. Y. (1980). *Roots of Chinese Culture*. Singapore: Federal Publications.

Yan, W. F., and E. L. Gaier (1994). Causal attributions for college success and failure: An Asian– American comparison. *Journal of Cross–Cultural Psychology* 25: 146–58.

Yelsma, P., and K. Athappilly (1988). Marital satisfaction and communication practices: Comparisons among Indian and American couples. *Journal of Comparative Family Studies* 19: 37–54.

Yeung, I. Y. M., and R. L. Tung (1996). *Achieving Business Success in Confucian Societies: The Importance of Guanxi (Connections)*. New York: American Management Association.

Zürcher, E. (1993). Confucianism for Development? Valedictory lecture, Leiden University.

용어 해설

가치(values) 일의 어떤 상태를 다른 상태보다 선호하는 포괄적 경향성.

개인주의(individualism) 집단주의의 반대. 집단주의와 함께 국가문화의 한 차원을 이룬다. 개인주의는 개인 간의 유대가 느슨한 사회를 말한다. 모든 사람은 자기 자신과 자기의 직계가족만을 돌보는 것이 당연시된다.

개인주의 지수(individualism index: IDV) IBM 연구에 토대를 둔, 국가문화의 개인주의의 정도를 나타내는 측정치.

게슈탈트(Gestalt) 부분으로 나누어 연구하면 그 의미를 상실하는, 있는 대로 연구해야 하는 통합된 전체. 독일어에서 나온 말로 '형태(form)'를 뜻한다.

경로 의존성(path dependency) 진화(혹은 다른 과정)가 스스로의 역사에 의해 제한된다는 사실. 그 결과 다음번의 진화 단계는 예전으로 되돌아갈 방법이 언제나 없다.

고정관념(stereotyping) 유사한 특성들이 집합체(집단, 범주 혹은 문화)의 모든 성원에게 있는 것이라고 여기는 근거의 형태.

관료 체제(bureaucracy) 엄격한 규칙들이 있고 지위에 따라 권한이 정해지는 조직의 한 형태.

관행(practices) 사람들이 행하는 것의 범위. 이 범위에는 사람들이 참여하는 의식(rituals), 존경하는 영웅(heroes), 웅대하는 상징(symbols)이 포함되고, 사람들의 가치(values)는 제외된다.

국가문화(national culture) 한 국가 안에서 성장함으로써 획득하게 되는 정신의 집합적 프로그램이다.

구매력 평가 지수(Purchasing Power Parity: PPP) 국민총소득(gross national income)의 비교 근거. 현지 화폐의 구매력이 고려된다.

국민성(national character) 이 책에서 '국가문화(national culture)'라고 한 것에 쓰였던 과거의

용어. '국민성'이란 말의 단점은 사회 체계보다 개인적 측면을 강조한다는 것이다.

국민총생산(Gross National Product: GNP) 한 국가의 경제가 일 년간 생산하는 재화와 서비스의 총 유통 측정치. 여기에는 국내 거주자들의 외국 투자 수입은 포함되나 외국 거주자들의 국내 투자 수입은 포함되지 않는다.

국민총소득(Gross National Income: GNI) 한 국가의 경제가 연간 산출한 재화 및 용역의 총유량에 대한 단위. 국내 거주자들이 국외 투자로 벌어들인 소득은 포함되되, 국외 거주자들이 국내 투자로 벌어들인 소득은 제외된 것이다.

권력거리(power distance) 한 나라의 기관과 조직 속에서 약한 자가 권력 분배의 불평등을 당연한 것으로 받아들이는 정도. 국가문화의 한 차원(권력거리가 작은 것에서 큰 것까지).

권력거리 지수(Power Distance Index: PDI) IBM 연구에 입각한 국가문화의 한 차원인 권력거리의 정도를 나타내는 측정치.

권한 분산(empowerment) 직원들의 업무 상황에 있어서 그들의 영향력을 증진시키는 방법.

기념비주의(monumentalism) 인간 자아를 자랑스럽고 안정적인, 한 덩어리 돌로 지어진 기념비 같은 상태로 나타내는 사회의 특성. 이와 상반된 극인 유연비하(flexhumility)와 더불어, 세계가치조사(WVS)에 근거하여 민코프(Misho Minkov)가 제시한 국가문화 차원 중 하나다.

기업가치(corporate values) 기업의 경영진 및 직원에게 있어서의 바람직한 특성 및 행동이 기술된 목록.

기업문화(corporate culture) 한 기업체 수준에서의 조직의 문화. 조직문화(organizational culture) 참조.

기업 정체성(corporate identity) 같은 기업에 속한 자회사들의 공통 상징(예: 로고).

남성성(masculinity) 여성성의 반대. 여성성과 함께 국가문화의 한 차원을 이룬다. 남성성은 사회적 성역할이 뚜렷하게 구분되는 사회를 지칭한다. 남성은 공격적이며 거칠고 물질적인 성공에 중점을 두는 것으로, 그리고 여성은 보다 겸손하고 부드러우며 생활의 질에 관심을 갖는 것으로 간주한다.

남성성 지수(masculinity index: MAS) IBM 연구에 토대를 둔, 남성성이란 국가문화 차원의 정도를 나타내는 측정치.

내집단(ingroup) 구성원으로부터 충성을 받는 대가로 그들을 보호해주고 그들에게 정체감을 주는 단결된 집단.

단기지향(short-term orientation) 장기지향성의 반대. 장기지향성과 함께 원래 '유교적 역동주의'라고 부르던 국가 문화 차원을 구성한다. 단기지향성은 과거와 현재에 관한 것, 특히 전통 존중, '체면' 유지, 사회적 의무 완수와 같은 미덕을 장려하는 것에 해당한다.

대리(agency) 조직을 대신하여 행위할 수 있는 권한이 위임된 사람들이 해당 업무를 이행하는 방식. 집단 에이전시(group agency)도 함께 참조.

도덕권(道德圈, moral circle) 완전한 도덕적 권리 및 의무를 대개 무의식적적으로 부여받은 모든 사람들의 집단. 사람들은 각기 다른 도달 정도(degrees of reach)에 있는 몇몇의 도덕권에 속할 수 있다(예: 국가, 종교, 조직, 가족).

동기(motivation) 한 개인이 한 행동보다 다른 행동을 선택하게 만드는 개인의 내부에서 작용하는 힘.

매트릭스 조직(matrix organization) 한 사람이 자기 업무의 각기 다른 측면에 대해 둘 또는 세 명의 상관에게 보고할 수 있게 되어 있는 조직 구조. 예를 들어, 통상 업무 면과 전문직 면 또는 회사 사업 면과 국가 사업 면을 각기 다른 상관에게 보고하게 되어 있는 조직.

모험(risk) 어떤 행위가 원치 않는, 그러나 알려져 있는 어떤 결과를 낼 가능성.

문화(culture) ① 마음의 훈련이나 세련화, 문명. 이 책에서는 이런 뜻의 문화를 '문화 1'이라고 부른다. ② 한 집단 또는 범주의 사람들을 다른 집단이나 범주의 사람들과 달라지게 만드는 집합적 프로그램. 이 뜻은 인류학에서 말하는 '문화'와 일치하는 것으로 이 책 전반에 걸쳐 사용된 정의다.

문화 동화자(culture assimilator) 문화 간 의사소통 기술 개발을 위한 프로그램 학습 도구.

문화적 정당화(cultural legitimation) 관행이 도덕적으로 용인될 수 있도록 해당 관행의 상징적 명분을 구하는 것. 이해 관계에 따라 무의식적으로, 항상 문화적 가치 때문에 추진되는 게 일반적이다.

문화적 정체성(cultural identity) 정체성(identity)을 참조하라. 정체성은 의식적인 것이므로 문화와 혼동해서는 안 된다. 문화는 일반적으로 무의식적인 것이다.

문화 충격(culture shock) 사람이 낯선 문화 환경 속에 들어갈 때 겪게 되는 괴로운 상태. 신체적 증상을 수반할 수도 있다.

배타주의(exclusionism) 집단 소속에 따라 사람들을 대하는 것으로, 외부인을 배척하는 반면에 동일시되는 집단에게만 호의를 남겨두는 문화 경향. 이와 상반된 극인 보편주의(universalism)와 더불어, 세계 가치조사(WVS)에 근거하여 민코프(Misho Minkov)가 제시한 국가문화 차원 중 하나다.

보편주의(universalism) 개인주의 사회에 팽배해 있는 사고방식의 하나로, 모든 개인에게 같은 기준을 적용해야 한다는 사상.

복제자(replicator) 하나의 진화 과정에 속하는 선택(selection)의 한 단위. 생물학적이든 그렇지 않든, 변화와 더불어 번식하는 것이라면 무엇이든 복제자일 수 있다.

불안(anxiety) 일어날지도 모르는 일에 관해 마음이 편치 않거나 또는 걱정하는 막연한 상태.

불확실성 회피(uncertainty avoidance) 한 문화의 구성원들이 불확실하거나 알 수 없는 상황에 처했을 때 위협을 느끼는 정도. 국가문화의 한 차원(약한 불확실성 회피부터 강한 불확실성 회피까지).

불확실성 회피 지수(Uncertainty Avoidance Index: UAI) IBM 연구에 근거한 한 국가문화의 불확실성 회피 정도 측정치.

사회 계층(social stratification) 한 사회에서 두드러지게 상이한 신분과 특권을 가진, 둘 이상의 부류들에 대한 실재.

사회화(socialization) 한 문화에의 참여로 인해 그 문화에 속한 가치와 관행을 획득하는 것.

상관관계(correlation) 두 묶음의 수치들에 따라 변하는 정도를 나타내는 통계학 용어. 상관 계수는 최대치 1.00(완전한 일치)부터 0(무관)을 거쳐 최소치 −1.00(완전한 불일치)까지 달라질 수 있다.

상대주의(relativism) 다른 사람이나 집단이 지닌 이론이나 가치를 자신의 것에 못지 않게 이치에 맞는다고 수용하는 자세.

상징(symbols) 같은 문화를 향유하는 사람들만이 알아차릴 수 있는 특수한 의미를 지닌 단어, 그림, 몸짓 또는 대상들.

안면 타당도(face validity) 연구 결과의 분석 후에만 드러날 수 있는 숨겨진 어떤 것을 측정하는 것처럼 보이기보다 오히려 항목의 용어가 제시하는 것을 바로 측정하는 것처럼 보이는 설문지상 연구 항목의 속성.

여성성(femininity) 남성성의 반대. 남성성과 함께 국가문화의 한 차원을 이룬다. 여성성은 사회적 성 역할이 중첩되는 사회에 해당한다. 남녀 모두가 겸손하고 부드럽고 생활의 질을 중요시한다.

영웅(heroes) 한 문화에서 높이 추앙받는 특성을 지니고 있다는 여겨지는, 실존이나 상상의 인물로서, 행동의 모델 역할을 하는 사람.

외국인 혐오증(xenophobia) 외국인과 외국 문물은 위험하다고 보는 태도.

외국인 흠모증(xenophilia)   외국인과 외국 문물은 우월하다고 보는 태도.

요인분석(factor analysis)   관찰된 현상들 안에 드러나는 차이를 최소의 기저 공통 요인들로 설명할 수 있게 설계된 수리통계적 기법.

원리주의(fundamentalism)   오로지 하나의 진리만이 있으며 자기 집단이 바로 이 진리를 소유하고 있다는 신념. 이런 진리는 아주 상세히 규정하는 것이 상례다.

유교적 역동성(Confucian dynamism)   중국식 가치조사(Chinese Value Survey)를 사용하여 학생 표본을 대상으로 실시한 연구에서 발견된 국가문화의 한 차원. 이 책에서는 장기지향성, 단기지향성이라는 새 이름을 붙임.

유연비하(flexhumility 혹은 flexumility)   변하는 상황에 대한 적응, 융통성, 겸손을 장려하는 문화를 가진 사회의 특성을 나타내는 신조어. 이와 상반된 극인 기념비주의(monumentalism)와 더불어, 세계 가치조사에 근거하여 민코프가 제시한 국가문화 차원들 중 하나다.

유형론(typology)   하나의 현상을 기술하는 데 사용되는 이상적인 유형의 묶음.

의식(rituals)   원하는 목표에 도달하는 데 기술적인 면에서는 불필요하더라도 한 문화 안에서는 사회적으로 없어서는 안 되는 것으로 간주되는 집합적 활동. 그러므로 의식은 의식 그 자체를 위해 행함.

이데올로기(ideology)   도덕적 표준이 설정되고, 인생에 대한 목적이 부여될 수 있도록 제공되는 일련의 일관적 관념들.

인간성(human nature)   현대의 인간 모두가 공유하고 있는 일련의 특성.

인류학(anthropology)   인간의 신체적, 사회적, 문화적 차이를 연구하는 학문. 이 책에서 '인류학'이라는 말이 나올 때는 언제나 인간 사회, 특히 전통 사회나 미개 사회(그렇다고 꼭 이런 사회에만 한정되는 것은 아님)에 관한 종합적인 연구를 지칭하는 사회 인류학 또는 문화 인류학을 가리킨다.

자민족 중심주의(ethnocentrism)   자기 사회의 기준을 다른 사회의 사람들에게 적용하는 것.

자연 선택(natural selection)   모체가 같은 유형인 자손들의 나름 생존. 그 유형(복제자: replicator)의 진화를 초래함. 자연도태와 같은 뜻.

자적(indulgence)   이와 상반된 극인 자제(restraint)와 더불어, 국가문화 차원 중 하나를 구성한다. 자적은 재밌게 지내고 삶을 즐기는 것과 관련된 인간의 기본적이고 자연적 욕망을 비교적 자유롭게 충족하도록 허용하는 사회를 상징한다.

자제(restraint)   이와 상반된 극인 자적(indulgence)과 더불어, 국가문화 차원들 중 하나를 구성한다. **자제적 사회**는 엄격한 사회적 규범으로 욕구의 충족을 규제하고 억압하는 사회를 의미한다.

장기지향(Long-Term Orientation) 단기지향성의 반대. 단기지향성과 더불어, 원래 유교적 역동주의(Confucian dynamism)로 명명되었던 국가문화 차원을 이룬다. 장기지향성은 미래에 올 보상, 특히 인내와 절제와 같은 미덕을 장려하는 것에 해당한다.

장기지향 지수(long-term orientation index: LTO) 학생 표본 대상의 중국식 가치조사연구에 근거한 한 국가문화의 장기지향성 정도 측정치.

정체성(identity) 한 사람이 한 집단이나 범주 성원으로서의 자기 자신과 갖는 친밀 관계. 국가적, 지역적 태생, 언어 혹은 종교적 소속에 뿌리를 두는 경우가 많다. 또한 정체성을 보유한 사람이나 정체성이 공유되지 않는 환경 혹은 양쪽 모두에게 의식적이고 가시적이다. 기업 정체성(corporate identity)도 함께 참조하라.

제도(institution) 한 집단의 사람들이 상징적 기능의 기원이라고 생각하는 일련의 조직적 활동들. 제도들은 하나의 물리적 형태(하나의 학교)나 단순히 상징적인 형태(결혼)일 수 있다.

조직문화(organizational culture) 한 조직의 구성원을 다른 조직의 구성원과 구별하는 마음의 집합적 프로그래밍.

주관적 웰빙(subjective well-being) 한 사람이 삶에 대한 만족(인지적 평가)이나 정서(진행 중인 감정적 반응)에 관하여 자신의 삶에 대해 내린 평가적 반응.

진화(evolution) 수세대의 복제자(예: 유전자, 개인 혹은 집단)가 작은 변이를 가진 잉여 자손들을 생산하고, 이들 중 몇몇은 나머지들보다 더 많은 자손들을 생산하는 하나의 과정. 즉, 상대적으로 성공적이지 못한 변종이 자연 선택에 의해 걸러진다.

진화의 근접기제(proximate mechanism of evolution) 단위(units)의 진화를 이끄는 복제 및 선택의 실제적 과정. 예를 들어, 이야기는 구두상 혹은 집필상 수정이 있는 개작(retelling)을 통해 진화하고, 개인은 돌연변이가 있는 유성 생식을 통해 진화한다.

집단 에이전시(group agency) 한 집단의 담합적, 집단적 행위 능력.

집단 정체성(group identity) 정체성(identity) 참조.

집단주의(collectivism) 개인주의의 반대. 개인주의와 함께 국가문화의 한 차원을 이룬다. 집단주의는 사람들이 태어날 때부터 줄곧 강력하고 응집력 있는 내집단에 통합되어 있으면서 일생 동안 계속해서 집단의 보호를 받는 대가로 절대적인 충성을 바치게 되어 있는 사회를 가리킨다.

차원(dimension) 측정할 수 있는, 즉 수치로 표현할 수 있는 현상의 한 측면.

차원 모델(dimensional model) 현상을 기술화하기 위해 함께 사용되는 차원들의 조.

체면(face) 집단주의 사회에서 개인의 사회적 지위와 관련된 기본적 요구사항을 어떤 사람이 제대로 지켜나갈 때 이런 자질을 가리키는 말.

타당화(validation) 한 연구의 결론을 독립적인 다른 자료에 비추어 검증하는 것.

통계적으로 유의한(statistically significant) 두 측정치 간의 관계가 우연에 의해 나왔을 가능성이 거의 없음을 나타내는 용어. 5%, 1% 또는 0.1%로 대개 나타내는 '유의도 수준(significance level)'은 관계가 아직도 우연적일 위험도를 가리킨다.

특수주의(particularism) 집단주의 사회에 흔한 사고방식의 하나로, 한 사람을 다루는 기준은 상대가 어떤 집단에 속하느냐에 따라 당연히 달라져야 한다는 생각.

패러다임(paradigm) 한 과학 분야를 지배하며 그 분야의 과학자들의 사고에 제약을 가하는 공통된 가정들의 묶음.

항상성(homeostasis) 사회적 체계나 유기체가 외부 변화 시 벌충을 통해 내부의 안정성을 유지하려는 경향.

핵가족(nuclear family) 1촌간 친척(부모와 자식)만을 포함하는 가족 집단.

확대가족(extended family) 조부모, 삼촌, 고모나 이모, 조카 등 2촌이나 3촌 (혹은 그 이상까지의) 친척을 포함하는 가족 집단.

호미닌(hominin) 현생 인류의 조상. 이전 분류 체계에서는 '호미니드(hominid)'라고 불렸음.

찾아보기

| 내 용 |

Geert Hofstede는 Delft 기술대학교에서 기계공학을 전공하고 네덜란드 기업의 기술 및 경영 분야에서 10년 간 일했으며, Groningen 대학교에서 The Game of Budget Control 주제로 사회심리학 박사학위를 받았다. 이후 유럽 IBM에 합류하여 인사 연구 부서를 창설하고 경영했다. 그는 IMD(Lausanne), INSEAD(Fontainebleau), the European Institute for Advanced Studies in Management(Brussels), IIASA(Laxenburg Castle, Austria)를 거쳐 1993년 정년퇴임할 때까지 Maastricht 대학교에서 조직인류학과 국제경영을 가르쳤다. 현재 그는 Hong Kong대학교의 명예교수 및 방문교수, 그리고 Tilburg 대학교 경제학 연구센터의 Extra-Mural Fellow로 일하고 있다. 그의 책은 19개 국어로 번역되었고, 여러 편의 논문도 사회과학과 경영학 저널에 실렸다.

Gert Jan Hofstede는 Geert의 장남으로, 네덜란드와 스위스에서 학교에 다녔으며, 프랑스어를 제2언어로 습득했다. 네덜란드 Wageningen 대학에서 인구생물학으로 학위를 받았고, 1984년에는 컴퓨터 프로그래머가 되었으며, 1986년부터 Wageningen 대학에서 가르쳤다. 1992에 같은 대학에서 Modesty in Modelling이라는 주제로 생산기획 분야 박사학위를 받았다. 최근에는 Wageningen 대학교 사회과학대학에서 정보기술 분야의 부교수로 재직 중이다. Gert Jan의 관심은 사회 변화와 문화 안정성 간의 상호작용에 있다. 최근에는 조직 네트워크에서의 신뢰와 투명성, 그리고 그 결과로서 e-비즈니스의 채택 등에 관한 논문을 출판했다. 2008년에는 시뮬레이션 게임의 비밀에 관한 실용적 연구를 담은 편저서 Why do games work를 냈다. 인간 문화의 생물학적 기반과 그것이 현대 사회에 주는 영향에도 관심을 두고 있다.

Michael Minkov(Misho)는 영국 Portsmouth 대학교에서 조직행동의 비교문화적 인식을 강의하고 있으며, Sofia 국제대학에서 경영학도 가르치고 있다. 그는 1987년에 Sofia 대학교를 졸업하고, 언어학, 문화, 문학 분야 석사학위를 받았으며, 같은 대학 스칸디나비아학과에서 박사 과정을 마치고 있는 중이다. 그는 New Bulgarian 대학교에서 인류학을 공부했고, 슬로베니아의 International Executive Development Center에서 경영학을 공부했다. 그는 문화 차이에 관해 네 권의 책과 많은 논문을 발표했다. Geert Hofstede의 제자로, 그의 비교문화적 분석 패러다임을 따르고 있다. 이 작업은 그로 하여금 새로운 문화 차원을 발견하는 데 도움을 주었으며, 그중 하나는 고전적인 Hofstede의 문화 모델을 확장시키는 새로운 문화 차원으로 이 책에 추가했다.

저자
소개

■ 차재호

서울대학교 심리학과 졸업(1956년)

서울대학교 대학원 심리학 석사(1962년)

미국 아리조나 대학교 심리학 석사(1967년, 동물심리학 전공)

미국 캘리포니아 대학교(UCLA) 심리학 박사(1971년, 사회심리학 전공)

미국 캘리포니아 주립대학교(Cal State Coll-Dominguez Hills) 강사(1972년)

미국 캘리포니아 주립대학교(Cal State Univ-LA) 강사(1972년)

서울대학교 교수(1974~1999년)

한국심리학회 회장(1982~1983년)

서울대학교 심리학과 명예교수

대한민국 학술원 회원(2004~현재)

〈저서 및 역서〉

실험설계법(1966년, 역), 한국의 남아존중사상(1975년), 사회과학방법론(1982년), 자유와 존엄을 넘어서
(1982년, 역), 사회심리실험연습(1987년), 프로이트 자서전(1989년, 역), 문화 설계의 심리학(1994년)

■ 나은영

서울대학교 영어영문학과 학사(1985년)

서울대학교 심리학과 석사(1987년)

미국 예일대학교 사회심리학 박사(1992년)

전북대학교 심리학과 교수(1995~2000년)

서강대학교 신문방송학과 교수(2000~현재)

(2003~2004년 서강대학교 대외협력처장, 2008~2010년 서강대학교 언론대학원 부원장 역임)

〈저서〉

미디어심리학(2010)(한국방송학회 저술 부문 학술상). 인간 커뮤니케이션과 미디어(2002, 문화관광부 우수학
술도서 선정). 정신, 자아, 사회(2010) 한국연구재단 명저 번역 지원.

세계의 문화와 조직
Cultures and Organizations(3th ed.)

2014년 3월 25일 1판 1쇄 발행
2023년 6월 20일 1판 5쇄 발행

지은이 • Geert Hofstede · Gert Jan Hofstede · Michael Minkov
옮긴이 • 차재호 · 나은영
펴낸이 • 김 진 환
펴낸곳 • (주) 학지사

       04031 서울특별시 마포구 양화로 15길 20 마인드월드빌딩 5층
대표전화 • 02) 330-5114   팩스 • 02) 324-2345
등록번호 • 제313-2006-000265호
홈페이지 • http://www.hakjisa.co.kr
페이스북 • https://www.facebook.com/hakjisabook

ISBN 978-89-997-0331-7 03300

정가 23,000원

출판미디어기업 학지사

간호보건의학출판 학지사메디컬 www.hakjisamd.co.kr
심리검사연구소 인싸이트 www.inpsyt.co.kr
학술논문서비스 뉴논문 www.newnonmun.com
원격교육연수원 카운피아 www.counpia.com